U0449716

归善斋《尚书》别诰十种章句集解 上卷

尤韶华 ◎ 纂

中国社会科学院创新工程学术出版资助项目

SENTENTIAL VARIORUM ON TEN OTHER ADMONISHMENT IN SHANGSHU

中国社会科学出版社

图书在版编目（CIP）数据

归善斋《尚书》别诂十种章句集解：全三卷／尤韶华纂．—北京：中国社会科学出版社，2018.5

ISBN 978-7-5203-1729-0

Ⅰ.①归… Ⅱ.①尤… Ⅲ.①中国历史-商周时代②《尚书》-研究 Ⅳ.①K221.04

中国版本图书馆 CIP 数据核字（2017）第 306642 号

出 版 人	赵剑英
责任编辑	任　明
责任校对	郝阳洋
责任印制	李寡寡

出　　版	中国社会科学出版社
社　　址	北京鼓楼西大街甲 158 号
邮　　编	100720
网　　址	http://www.csspw.cn
发 行 部	010-84083685
门 市 部	010-84029450
经　　销	新华书店及其他书店
印刷装订	北京君升印刷有限公司
版　　次	2018 年 5 月第 1 版
印　　次	2018 年 5 月第 1 次印刷
开　　本	710×1000　1/16
印　　张	153.75
插　　页	2
字　　数	2600 千字
定　　价	800.00 元（全三卷）

凡购买中国社会科学出版社图书，如有质量问题请与本社营销中心联系调换

电话：010-84083683

版权所有　侵权必究

凡　　例

《〈尚书〉章句集解》一至三册，未设凡例，给读者带来不便，特采纳学长俞荣根教授建议，从本册起均加设凡例。

一、编号

《钦定四库全书》有五十余种《书》类著作，可分为几类：（1）基本上对《尚书》逐篇逐句解说；（2）对各篇的某些章句考据解说；（3）只就数篇加以解说；（4）仅就单篇解说。

凡第一类的著述，悉列有编号，从1至22，以便查考。其余各类均不编号，仅就其所涉及的章句，收录于第一类之后。

二、按语

各家解说体例纷杂，分句分段各异，长短不一。《尚书注疏》最早，汉孔传分句最细，故以其为准，作为标题，列为目录。其余著述，依照各自章句的自然段落，归于其下。

按语有两类，其一是各书自有按语，表明缺失，或残篇。

其二是编纂者按语，凡长于汉孔传分句的，则于下文中注明（归善斋按，见某句）。凡1至22编号著述有断句不同的，则注明（归善斋按，另见某句）。凡遇有阙篇，而原书未有按语的，注明（归善斋按，无此篇）。凡某句未有解说的，则注明（归善斋按，未解）。编号13（宋）魏了翁《尚书要义》引用《尚书注疏》，凡有章句未引的，则注明（归善斋按，未引）。

三、引号

引号有两类，一是经查证的原文；一是容易歧义的字句，以引号分开。

标点符号并非尽都确切，读者可能各有见解，仅供参考。

总　目

·上卷·

篇　一

自　序	3
商书·盘庚上第九	8
商书　盘庚中第十	259
商书　盘庚下第十一	440

篇　二

商书　西伯戡黎第十六	533
周书　武成第五	610

·中卷·

篇　三

周书　多士第十六	873
周书　多方第二十	1090
周书　君奭第十八	1392

1

· 下 卷 ·

篇 四

周书　周官第二十二 ……………………………………… 1705

周书　吕刑第二十九 ……………………………………… 1991

后　记 ……………………………………………………… 2421

目 录

·上卷·

篇 一

自 序 ·· 3

商书·盘庚上第九 ·································· 8
　盘庚五迁，将治亳殷 ······························ 8
　民咨胥怨 ·· 19
　作《盘庚》三篇 ·································· 22
　《盘庚上》 ·· 26
　盘庚迁于殷 ······································· 34
　民不适有居 ······································· 42
　率吁众戚，出矢言 ······························· 45
　曰，我王来，既爰宅于兹 ······················ 48
　重我民，无尽刘 ·································· 52
　不能胥匡以生，卜稽，曰其如台 ·············· 55
　先王有服，恪谨天命，兹犹不常宁 ··········· 58
　不常厥邑，于今五邦 ···························· 67
　今不承于古，罔知天之断命 ···················· 71
　矧曰，其克从先王之烈 ························· 74

1

若颠木之有由蘖	77
天其永我命于兹新邑	82
绍复先王之大业，底绥四方	85
盘庚敩于民，由乃在位，以常旧服，正法度	87
曰，无或敢伏小人之攸箴	99
王命众悉至于庭	102
王若曰，格汝众，予告汝训	106
汝猷黜乃心，无傲从康	111
古我先王，亦惟图任旧人共政	114
王播告之修，不匿厥指	123
王用丕钦；罔有逸言，民用丕变	126
今汝聒聒，起信险肤，予弗知乃所讼	129
非予自荒兹德，惟汝含德，不惕予一人，予若观火	133
予亦拙谋，作乃逸	138
若网在纲，有条而不紊，若农服田，力穑乃亦有秋	140
汝克黜乃心，施实德于民，至于婚友，丕乃敢大言汝有积德	149
乃不畏戎毒于远迩，惰农自安，不昏作劳，不服田亩，越其罔有黍稷	156
汝不和吉言于百姓，惟汝自生毒	164
乃败祸奸宄，以自灾于厥身	171
乃既先恶于民，乃奉其恫，汝悔身何及	174
相时憸民，犹胥顾于箴言，其发有逸口，矧予制乃短长之命	177
汝曷弗告朕，而胥动以浮言，恐沉于众	184
若火之燎于原，不可向迩，其犹可扑灭	187
则惟汝众自作弗靖，非予有咎	191
迟任有言曰，人惟求旧，器非求旧，惟新	194
古我先王暨乃祖乃父，胥及逸勤，予敢动用非罚	203
世选尔劳，予不掩尔善	210
兹予大享于先王，尔祖其从与享之	213
作福作灾，予亦不敢动用非德	217

予告汝于难，若射之有志 ………………………………………… 220
汝无侮老成人，无弱孤有幼 …………………………………… 227
各长于厥居，勉出乃力，听予一人之作猷 …………………… 231
无有远迩，用罪伐厥死，用德彰厥善 ………………………… 234
邦之臧，惟汝众 ………………………………………………… 240
邦之不臧，惟予一人有佚罚 …………………………………… 245
凡尔众，其惟致告 ……………………………………………… 247
自今至于后日，各恭尔事，齐乃位，度乃口 ………………… 252
罚及尔身，弗可悔 ……………………………………………… 255

商书　盘庚中第十 ……………………………………………… 259
盘庚作，惟涉河以民迁 ………………………………………… 260
乃话民之弗率，诞告用亶其有众 ……………………………… 268
咸造，勿亵在王庭 ……………………………………………… 272
盘庚乃登进厥民 ………………………………………………… 275
曰，明听朕言，无荒失朕命 …………………………………… 278
呜呼！古我前后，罔不惟民之承 ……………………………… 281
保后胥戚，鲜以不浮于天时 …………………………………… 288
殷降大虐，先王不怀 …………………………………………… 291
厥攸作，视民利用迁 …………………………………………… 295
汝曷弗念我古后之闻 …………………………………………… 298
承汝，俾汝，惟喜康共，非汝有咎比于罚 …………………… 301
予若吁怀兹新邑，亦惟汝，故以丕从厥志 …………………… 305
今予将试以汝迁，安定厥邦 …………………………………… 310
汝不忧朕心之攸困 ……………………………………………… 315
乃咸大不宣乃心钦念，以忧动予一人 ………………………… 321
尔惟自鞠自苦 …………………………………………………… 323
若乘舟，汝弗济，臭厥载 ……………………………………… 326
尔忱不属，惟胥以沉，不其或稽，自怒曷瘳 ………………… 330
汝不谋长以思乃灾，汝诞劝忧 ………………………………… 334

3

今其有今罔后，汝何生在上 ………………………………… 340
今予命汝一，无起秽以自臭 ………………………………… 343
恐人倚乃身，迂乃心 ………………………………………… 348
予迓续乃命于天，予岂汝威，用奉畜汝众 ………………… 351
予念我先神后之劳尔先，予丕克羞尔，用怀尔然 ………… 356
失于政，陈于兹，高后丕乃崇降罪疾，曰，曷虐朕民 …… 364
汝万民乃不生生，暨予一人猷同心 ………………………… 369
先后丕降与汝罪疾，曰，曷不暨朕幼孙有比 ……………… 374
故有爽德，自上其罚汝，汝罔能迪 ………………………… 377
古我先后既劳乃祖乃父 ……………………………………… 380
汝共作我畜民，汝有戕则在乃心 …………………………… 389
我先后绥乃祖乃父，乃祖乃父乃断弃汝，不救乃死 ……… 392
兹予有乱政同位，具乃贝玉 ………………………………… 395
乃祖乃父丕乃告我高后曰，作丕刑于朕孙 ………………… 402
迪高后丕乃崇降弗祥 ………………………………………… 405
呜呼！今予告汝不易 ………………………………………… 408
永敬大恤，无胥绝远 ………………………………………… 417
汝分猷念以相从，各设中于乃心 …………………………… 420
乃有不吉不迪 ………………………………………………… 423
颠越不恭，暂遇奸宄 ………………………………………… 429
我乃劓殄灭之，无遗育，无俾易种于兹新邑 ……………… 432
往哉！生生！今予将试以汝迁，永建乃家 ………………… 435

商书　盘庚下第十一 …………………………………………… 440
盘庚既迁，奠厥攸居，乃正厥位 …………………………… 440
绥爰有众，曰，无戏怠，懋建大命 ………………………… 450
今予其敷心腹肾肠，历告尔百姓于朕志 …………………… 456
罔罪尔众，尔无共怒，协比谗言予一人 …………………… 461
古我先王将多于前功 ………………………………………… 464
适于山，用降我凶德，嘉绩于朕邦 ………………………… 472

今我民用荡析离居，罔有定极 …………………………………… 476
尔谓朕曷震动万民以迁 …………………………………………… 480
肆上帝将复我高祖之德，乱越我家 ……………………………… 483
朕及笃敬，恭承民命，用永地于新邑 …………………………… 487
肆予冲人，非废厥谋，吊由灵 …………………………………… 490
各非敢违卜，用宏兹贲 …………………………………………… 497
呜呼！邦伯、师长、百执事之人，尚皆隐哉 ………………… 500
予其懋简相尔念敬我众 …………………………………………… 507
朕不肩好货，敢恭生生鞠人，谋人之保居，叙钦 …………… 510
今我既羞告尔于朕志，若否，罔有弗钦 ……………………… 516
无总于货宝，生生自庸 …………………………………………… 520
式敷民德，永肩一心 ……………………………………………… 524

篇 二

商书 西伯戡黎第十六 …………………………………………… 533
   殷始咎周 ………………………………………………………… 533
   周人乘黎 ………………………………………………………… 540
   祖伊恐 …………………………………………………………… 543
   奔告于受 ………………………………………………………… 546
   作《西伯戡黎》 ………………………………………………… 549
   《西伯戡黎》 …………………………………………………… 552
   西伯既戡黎 ……………………………………………………… 559
   祖伊恐，奔告于王，曰，天子！天既讫我殷命 …………… 570
   格人元龟，罔敢知吉 …………………………………………… 576
   非先王不相我后人，惟王淫戏，用自绝 …………………… 579
   故天弃我，不有康食，不虞天性，不迪率典 ……………… 583
   今我民罔弗欲丧，曰，天曷不降威？大命不挚，今王其如台 … 588
   王曰，呜呼！我生不有命在天 ……………………………… 592
   祖伊反，曰，呜呼！乃罪多，参在上，乃能责命于天 …… 599

5

殷之即丧，指乃功，不无戮于尔邦 …… 604

周书　武成第五 …… 610

武王伐殷，往伐归兽 …… 610
识其政事 …… 616
作《武成》 …… 619
《武成》 …… 622
惟一月壬辰，旁死魄 …… 630
越翼日，癸巳，王朝步自周，于征伐商 …… 643
厥四月，哉生明，王来自商，至于丰 …… 648
乃偃武修文 …… 655
归马于华山之阳，放牛于桃林之野，示天下弗服 …… 660
丁未，祀于周庙，邦甸、侯、卫，骏奔走，执豆笾 …… 665
越三日，庚戌，柴、望，大告武成 …… 675
既生魄，庶邦冢君暨百工，受命于周 …… 680
王若曰，呜呼！群后 …… 687
惟先王建邦启土 …… 698
公刘克笃前烈 …… 706
至于大王肇基王迹，王季其勤王家 …… 710
我文考文王克成厥勋，诞膺天命，以抚方夏 …… 713
大邦畏其力，小邦怀其德 …… 717
惟九年，大统未集 …… 720
予小子其承厥志 …… 724
底商之罪，告于皇天、后土，所过名山大川 …… 727
曰，惟有道曾孙周王发，将有大正于商 …… 739
今商王受无道 …… 743
暴殄天物，害虐烝民 …… 746
为天下逋逃主，萃渊薮 …… 750
予小子既获仁人，敢祗承上帝，以遏乱略 …… 753
华夏蛮貊，罔不率，俾恭天成命 …… 757

肆予东征，绥厥士女 …………………………………………… 762
惟其士女，篚厥玄黄，昭我周王 …………………………… 766
天休震动，用附我大邑周 …………………………………… 769
惟尔有神，尚克相予，以济兆民，无作神羞 ……………… 771
既戊午，师逾孟津；癸亥，陈于商郊，俟天休命 ………… 777
甲子昧爽，受率其旅若林，会于牧野 ……………………… 792
罔有敌于我师，前徒倒戈，攻于后以北，血流漂杵 ……… 796
一戎衣，天下大定 …………………………………………… 802
乃反商政，政由旧 …………………………………………… 805
释箕子囚，封比干墓，式商容闾 …………………………… 813
散鹿台之财，发钜桥之粟 …………………………………… 818
大赉于四海，而万姓悦服 …………………………………… 822
列爵惟五 ……………………………………………………… 825
分土惟三 ……………………………………………………… 837
建官惟贤 ……………………………………………………… 842
位事惟能 ……………………………………………………… 847
重民五教 ……………………………………………………… 850
惟食、丧、祭 ………………………………………………… 854
惇信明义 ……………………………………………………… 857
崇德报功 ……………………………………………………… 860
垂拱而天下治 ………………………………………………… 863

· 上 卷 ·

篇一

自　　序

　　《归善斋〈尚书〉别诰十篇章句集解》，是《归善斋〈尚书〉章句集解》的第四册。第一册《归善斋〈尚书〉二典章句集解》、第二册《归善斋〈尚书〉三谟章句集解》、第三册《归善斋〈尚书〉十诰章句集解》已分别于2014年、2015年、2016年出版。《归善斋〈尚书〉章句集解》，意在汇集众家之解，以供读者探觅其善，以免限于一家之言。

　　《钦定四库全书》有五十余种《书》类著作，可分为几类：第一，基本上对《尚书》逐篇逐句解说，有（汉）孔氏撰（唐）陆德明音义孔颖达疏《尚书注疏》、（宋）苏轼《书传》、（宋）林之奇《尚书全解》、（宋）史浩《尚书讲义》、（宋）夏僎《夏氏尚书详解》、（宋）时澜《增修东莱书说》、（宋）黄度《尚书说》、（宋）袁燮《絜斋家塾书钞》、（宋）蔡沈《书经集传》、（宋）黄伦《尚书精义》、（宋）陈经《陈氏尚书详解》、（宋）钱时《融堂书解》、（宋）魏了翁《尚书要义》、（宋）陈大猷《书集传或问》、（宋）胡士行《胡氏尚书详解》、（元）吴澄撰《书纂言》、（元）陈栎《尚书集传纂疏》、（元）许谦《读书丛说》、（元）董鼎《书传辑录纂注》、（元）朱祖义《尚书句解》、（明）王樵《尚书日记》、（清）《御制日讲书经解义》。第二，对各篇的某些章句考据解说，有（宋）金履祥《尚书表注》、（元）黄镇成《尚书通考》、（元）陈师凯《书蔡传旁通》、（元）王充耘《读书管见》、（元）陈悦道《书义断法》、（明）梅鷟《尚书考异》、（明）马明衡《尚书疑义》、（明）袁仁《尚书砭蔡编》、（明）陈泰交《尚书注考》、（明）陈第《尚书疏衍》、（清）王夫之《尚书稗疏》、(清)毛奇龄《尚书广听录》、(清)朱鹤龄《尚书埤传》、(元)王充耘《书义矜式》、(清)张英《书经衷论》、(清)孙之騄辑《尚书大传》、(清)蒋廷锡《尚书地理今释》。第三，只就数篇加以解说，有(清)李光地《尚书七篇解义》、(宋)杨简《五诰解》。第四，仅就单篇解说，有(宋)毛晃《禹贡指南》、(宋)程大昌《禹贡论》、(宋)傅寅《禹贡说断》、(清)朱鹤龄《禹贡长笺》、(清)胡渭《禹贡锥指》、(清)徐文靖《禹贡会笺》、(宋)胡瑗《洪范口义》、(宋)赵善湘《洪范统一》、(明)黄道周《洪范明义》、(清)胡渭《洪范正论》。此外，(清)阎若璩《古文尚书疏证》、(清)毛奇龄《古文尚书冤词》则论辩今古文《尚书》。以上著作，均或多或少表达自己的见解。此外，(元)王天与《尚书纂传》、(明)刘三吾《书传会选》、(清)《书经大全》仅仅汇集相关解说。

这些著作起于汉唐，迄于明清，而以宋代居多，汉唐仅《尚书注疏》一部。文化是一种积淀，后人的著作征引前人的著作。越往后，征引越多。而后人对前人的征引，或褒，或贬，或认同，或质疑，或补充，可以从这些征引中看到《书》学的发展轨迹。其中汉唐二孔的《尚书注疏》和南宋蔡沈的《书经集传》最为重要。其他《书》类著述大多围绕《尚书注疏》《书经集传》而作。唐宋时，《尚书注疏》立于官学，而元明清《书经集传》立于官学。《书经集传》为朱熹门人蔡沈受师命所作，部分书稿经朱熹审定。元明及清代前期《书》类著述，大多认同《书经集传》。元代吴澄《书纂言》、陈栎《尚书集传纂疏》、董鼎《书传辑录纂注》并辑录朱熹语录。晚清学者排斥宋学，重刊《十三经注疏》，以阮元主持校刻为善本。

《尚书》毕竟是为政之书，仅从字面训诂，难以准确理解。因而还需要从政治、法律、历史、礼乐、哲学、文学的角度予以探究，而这方面正是宋代《书》学以及元明学者之所长。四库本所载《书》类著述对《尚书》的解说涉及各个方面，尤其典章制度，律历器物，天文地理的源流考据，或繁或简。一些长篇解说，对于经文的理解大有裨益。经学数千年，不同的时代，不同的学者，不同的背景，不同的感悟，各自的思维方法、视觉角度、经历理念导致歧义。各家著述各有其善，即使是有一言之善也值得采用。

《书》类著述，以解说、考据《尚书》章句为宗旨。《归善斋〈尚书〉章句集解》，按照章句分解汇集，故题名为"章句集解"。《四库全书》提要及各自的序言，叙述各家著述的简要内容和《书》学发展的历史沿革，故列于篇首，以供参考。《古文尚书疏证》《古文尚书冤词》未就章句作专门解说，拟将列于《归善斋〈尚书〉章句集解》篇末作为附录。《尚书纂传》《书传会选》《书经大全》未有独立见解，不予列入章句解说，以免重复。各家解说体例纷杂，分句分段各异，长短不一。《尚书注疏》最早，汉孔传分句最细，故以其为准，作为标题，列为目录。其余著述，依照各自章句的自然段落，归于其下，凡长于此句的，则于下文中注明见于何句。

《归善斋〈尚书〉章句集解》依据唐孔颖达的分类编纂而成。第三册《归善斋〈尚书〉十诰章句集解》，以"诰"为名的《仲虺之诰》《汤诰》《大诰》《康诰》《酒诰》《召诰》《洛诰》《康王之诰》八篇，另列入《金縢》与《梓材》二篇，共为十篇。《归善斋〈尚书〉别诰十篇章句集解》，收录《盘庚》三篇及《西伯戡黎》《武成》《多士》《多方》《君奭》《周官》《吕刑》，共为十篇。其说明，参见《归善斋〈尚书〉十诰章句集解》自序。

《归善斋〈尚书〉别诰十篇章句集解》分为四卷：《盘庚》上、中、下三篇，叙述盘庚欲迁都于殷，因民不乐迁，故开解民意，启民心，告以不迁之害、迁都之善。上、中二篇未迁时事，下篇既迁后事。民众从怨上，少悟至从迁，其辞由切趋缓，首尾相继，合为一卷。《西伯戡黎》商亡之事，《武成》为周武王伐纣灭商兴周之事，合为一卷。《多士》《多方》周公辅佐成王迁徙商殷遗民至新建都城，告诫臣周王之事；《君奭》成王亲政，周公、召公留任辅佐之事，三篇皆属成王政事，合为一卷。《周官》为周公订立设官、分职、用人之法；《吕刑》为穆王末年关于司法原则和制度的论述，合为一卷。《归善斋〈吕刑〉汇纂叙论》一书 2013 年出版，可以参阅。

《尚书》推崇敬畏，《尚书》十诰"敬"字二十二，"畏"八。别诰十篇"敬"字十七（"永敬大恤，无胥绝远"，"朕及笃敬，恭承民命"，

"予其懋简相尔念敬我众"，"尔克敬，天惟畀矜尔"，"尔不克敬，尔不啻不有尔土，予亦致天之罚于尔躬"，"不克敬于和，则无我怨"，"保奭，其汝克敬"，"其汝克敬德"，"祗若兹，往敬用治"，"敬尔有官，乱尔有政"，"敬忌，罔有择言在身"，"尔尚敬逆天命，以奉我一人"，"惟敬五刑，以成三德"，"何敬，非刑？"，"哀敬折狱，明启刑书胥占，咸庶中正"，"敬之哉！官伯族"，"朕敬于刑，有德惟刑"）、"畏"十（"乃不畏戎毒于远迩"，"大邦畏其力，小邦怀其德"，"惟天明畏"，"罔不惟畏，弗畏入畏"，"德威惟畏，德明惟明"，"虽畏勿畏，虽休勿休"，"永畏惟罚"）。

"敬"之外，还有与"敬"同义的，"钦"六（"王用丕钦"，"乃咸大不宣乃心钦念"，"谋人之保居，叙钦"，"若否，罔有弗钦"，"夏之民叨懫曰钦，劓割夏邑"，"有官君子，钦乃攸司，慎乃出令，令出惟行，弗惟反"），"祗"六（"敢祗承上帝"，"显民祗"，"我惟祗告尔命"，"祗若兹，往敬用治"，"祗勤于德，夙夜不逮"，"士制百姓于刑之中，以教祗德"）；"恭"十（"各恭尔事，齐乃位"，"颠越不恭，暂遇奸宄"，"朕及笃敬，恭承民命"，"敢恭生生鞠人"，"俾恭天成命"，"罔丕惟进之恭，洪舒于民"，"惟夏之恭多士"，"大弗克恭上下"，"嗣前人，恭明德"，"恭俭惟德"）；"寅"二（"寅亮天地"），"穆穆"二（"穆穆在乃位"，"穆穆在上，明明在下"）。

《尚书》除了典、谟、诰反复强调敬畏之外，其他篇章也多所论述。《尚书》对敬畏的叙述，针对不同的人群，不同的情形，不同的处置方式。历代论者，亦各有解说。孔夫子编纂《尚书》，旨在垂范后世。《尚书》作为治政之书，凸显了敬畏在治国安邦中的功用，重点论述敬畏与民心、天意以及兴亡更迭之间的关系。敬畏也正是现代中国社会面临的亟待解决的根本问题。

笔者在《归善斋〈尚书〉十诰章句集解》自序中提及：

"敬畏，是一切准则的基线。没有敬畏，任何的准则都将是虚幻的。是法官还是蠹吏，是律师还是讼棍，以是否敬畏为分界。健全民主与法制，最大的障碍在于，许多民主与法制的鼓吹者，内心并不敬畏和信奉民主与法制，致使当前法制的现状被广为诟病"。

敬畏的理念逐渐地得到社会的认同。然而，《尧典》所言"静言庸违，象恭滔天"，许多人，口言"敬畏"，而行既不"敬"，也不"畏"。关键在于，如何最大限度地使敬畏成为人们遵守的规范。尤其是使行政官员、司法官员真正战战兢兢，敬畏法制。《尚书》为此提供了相关的方案和途径。《尚书·吕刑》倡导"非佞折狱，惟良折狱"，却也难保"惟良"，故存在"五过之疵：惟官，惟反，惟内，惟货，惟来"，这也是当今普遍存在的现象，因而，冤案、不公多所见闻。《吕刑》的处置是"其罪惟均，其审克之"。历代规定了司法责任制度，并有相对完备的监察监督制度。当今，虽有司法责任制度，然而，既不完备，也少监督，鲜见执行。所幸的是，传承传统法制已逐渐见诸行动。数千年朝代的更替，印证了《尚书》敬畏的基本理念。这一理念，同样也将成为现代中国社会道德和法制的基石。贤者敬，卑者畏。

敬哉！钦哉！祗哉！畏哉！

商书·盘庚上第九

盘庚五迁，将治亳殷

1.（汉）孔氏传、（唐）陆德明音义、孔颖达疏《尚书注疏》卷八《商书·盘庚上》

序，盘庚五迁，将治亳殷。

传，自汤至盘庚，凡五迁都，盘庚治亳殷。

音义，盘，本又作般，步干反。治，直吏反。

疏，正义曰，商自成汤以来，屡迁都邑。仲丁、河亶甲、祖乙皆有言诰，历载于篇，盘庚最在其后，故序总之。自汤至盘庚，凡五迁都。今盘庚将欲迁居而治于亳之殷地。

传正义曰，经言"不常厥邑，于今五邦"，故序言"盘庚五迁"。传嫌一身五迁，故辨之云，自汤至盘庚，凡五迁都也。上文言，自契至于成汤八迁，并数汤为八。此言盘庚五迁，又并数汤为五。汤一人再数，故班固云，殷人屡迁，前八后五，其实止十二也。此序云，盘庚将治亳殷，下传云，殷，亳之别名，则亳、殷即是一都，汤迁还从先王居也。《汲冢古文》云，盘庚自奄迁于殷，殷在邺南三十里。束晳云，《尚书》序"盘庚五迁将治亳殷"，旧说以为居亳。亳殷在河南。孔子壁中《尚书》云"将始宅殷"，是与古文不同也。《汉书项羽传》云，洹水南殷墟上，今安阳西有殷。束晳以殷在河北，与亳异也。然孔子壁内之书，安国先得其本，此"将治亳殷"，不可作"将始宅殷"，"亳"字磨灭。容或为宅壁内之书安国先得，"始"皆作"乱"，其字与"治"不类无缘，误作"始"字，知束晳不见壁内之书，妄为说耳。若洹水南有殷墟，或当余王居之，非盘庚也。盘庚治于亳殷，纣灭在于朝歌，则盘庚以后迁于河北。盖盘庚后王有从河自亳地迁于洹水之南，后又迁于朝歌。

《尚书注疏》卷八《考证》

《盘庚序》"将治亳殷"。《史记·殷本纪》帝盘庚之时，殷已都河北。盘庚渡河南，复居成汤之故居。裴骃注，按郑元曰，治于亳之殷地，商家自此改号曰"殷"。皇甫谧曰，今偃师是也。臣召南按，亳有三，北亳，南亳，西亳。此在偃师，则西亳也。《汉·地理志》河南郡偃师尸乡，殷汤所都，盘庚之迁，是于旧地附近，新营京邑。故下篇曰"肆上帝将复我高祖之德"，又曰"用永地于新邑"也。

疏盘庚以后迁于河北，盖盘庚后王有从河自亳地迁于洹水之南，后又迁于朝歌。臣召南按，自盘庚以后，都于殷凡七君，至武乙始迁河北，传子及孙至曾孙纣，《史记》有明文，然则自亳徙朝歌，自武乙始也。

2.（宋）苏轼《书传》卷八《商书·盘庚上第九》

盘庚五迁，将治亳殷，民咨胥怨，作《盘庚》三篇。

咨，嗟也。盘庚，阳甲弟。汤迁于亳，仲丁迁于嚣，河亶甲居相，祖乙圮于耿，而盘庚迁于殷。

3.（宋）林之奇《尚书全解》卷十八《商书·盘庚上》

盘庚五迁，将治亳殷，民咨胥怨，作《盘庚》三篇。

《盘庚逸书》之序。盖有其书，虽已亡，而其所述亦可证见存之书者。若其记载商人迁国之始末也，自契至于成汤八迁，汤始居亳，从先王居，作《帝告》《厘沃》，仲丁迁于嚣；河亶甲居相，作《河亶甲》；祖乙圮于耿，作《祖乙》。此皆逸书之序也。

盘庚五迁，将治亳殷，民咨胥怨，作《盘庚》三篇，此见存之书也。

盘庚之书虽存，然不得逸书之序以见其前世迁徙之始末，则盘庚之意亦复不明于世，故自《帝告》《厘沃》以至于《祖乙》五篇之序，盖所以为盘庚之书张本于前。若《左氏传》，或先经而始事也。契者，商之始祖，受封于唐虞之世，始有爵土，传之后世，自契至于成汤，凡十四世，而八迁其国。盖古者，邑居无常，择利而后动。其宗庙、社稷、朝市之制，简而不伙，约而不费，故不以屡迁为劳也。如周之先世后稷，封于邰，公刘徙邠，太王徙岐，文王徙酆，武王徙镐，亦屡迁也。商之八迁，历世久远，其书虽已亡逸不见，其所迁之地亦如文、武而上，迁徙无常而不出于其所封之国也。汤迁居于亳，从先王居，先儒以先王为帝喾，非也。《武成》曰"惟先王建邦启土，公刘克笃前烈，至于太王肇基王迹，王季其勤王家"，其曰先王，盖指后稷也，则"先王居"，盖是契之旧邑也。《商颂》曰"玄王桓拨"，《周语》曰"玄王勤商十有四世而兴"，先王为契何所不可，而必以为帝喾也。亳，盖契之所居，实王业所基之地。汤从而居之，遂克夏而有天下。汤之后传八世，至于太戊皆居于亳。《咸乂》之序曰"亳有祥，桑谷共生于朝"是也。太戊崩，子仲丁立，始自亳迁于嚣。仲丁崩，弟外壬立，外壬崩，弟河亶甲立后，自嚣迁于相。河亶甲子祖乙立，复自相迁于耿。既迁于耿，则其地水泉湿，为水所圮，欲改迁于他所，而重劳民，故遂留于耿。自祖乙以来，凡历五世竟不克还。及盘庚即位，而民之被于垫溺已甚，遂谋迁于亳殷，此其迁徙之始末，见于书之序者然也。是以张平子《东都赋》曰"商人屡迁前八后五"，盖自契至于成汤八迁，此所谓"前八"也。自汤至于祖乙五迁，此所谓"后五"也。汤一人而再数之，是以前八后五，共为十三迁也，故序曰"盘庚五迁，将治亳殷"，其文盖与自《帝告》《厘沃》至于《祖乙》五篇之序，文势首尾相贯，盖自契至成汤八迁，而自汤至祖乙又五迁也。盘庚既承祖乙圮于耿之后，将欲迁于殷之旧都，故"治亳殷"而将居焉。

亳，地名也。殷，亳之别称也。周希圣曰商人称殷自盘庚始，此言是也。盖自此以前，惟称商而已。自盘庚既都亳之后，于是殷商兼称，或单称殷也。亳殷，说者不同。郑氏云在河南偃师，皇甫谧云在梁谷熟县，或云济阴亳县。唐孔氏于此诸说，莫知所从。学者难以折衷。而某窃以谓，惟郑说为可从。盖偃师在河南其地实与周之洛邑相近，乃四方朝觐贡赋道里，取中之地。惟其都邑之势，为四方之所取中，故《商颂》曰"古帝命武汤，正域彼四方"，又曰"邦畿千里，维民所止，肇域彼四海"，又曰"商邑翼翼，四方之极"，使亳地非河南，则商颂之言不应如此，则知郑说比诸家为长。郑说既以亳为偃师，故于立政之三亳，则解曰汤旧都之民服文王者，分为三邑，其长居险，故言阪尹。盖东成皋南辕辕，西降谷也，此说可信。皇甫谧以谷熟为南亳，蒙为北亳，三处之地，皆名为亳，则二亳之地，隔绝绵亘乃数百里，建尹立监，必不如此之辽也。皇甫谧又以为汤居亳，与葛为邻，葛伯不祀，汤使亳众往为之耕葛，即今梁国宁陵之葛乡也。亳地在偃师，去宁陵八百余里，岂当使民往为之耕乎？其地名不同，说者变易，数千年之后，考之葛乡，则信以为近亳之葛，此正孔氏以升自陑为出其不意，皆未可以为定论也。故宜推本郑氏之说，以为偃师，而以《商颂》之言为证。

盘庚五迁，将治亳殷，其所迁之意，说者不同。郑氏曰，祖乙居耿，奢侈逾礼，土地迫近山川，尝圮焉。至阳甲立，盘庚为之臣，乃谋徙居汤旧都。王肃云，自祖乙五世，至盘庚之兄阳甲，宫室奢侈，下民邑居垫隘，水泉鸟卤，不可以行政化，故徙都于亳。皇甫谧曰，耿在河北，迫山川，自祖辛以来，民皆侈靡，故盘庚迁于殷。此诸说大同小异，而某窃以谓王肃之说为当。耿地，乃汉皮氏县之耿乡，其地沃饶近盐，祖乙不审于利害之实，而徙居之，其居之久也，为水所圮，而不可居。盖其地沃饶而塞障，故富家巨室，总于货宝，傲上从康，而不可教训。其间阎之民，则苦于荡析离居，而罔有定极。盘庚于是谋居于亳，盖择其高燥之地，而将使居之。是举也，是小民之所利，而富家之所不欲，而唱为浮言，以摇动小民之情。斯民不悟盘庚所以迁之之意，而为浮言之所摇动，故自叹而怨，亦皆不欲迁也。盘庚乃登进庶民，告之以所以迁都之意，且戒群臣无扇浮言，以摇惑斯民之视听，使群臣不敢肆为过逸之言，而民皆乐从以迁，此三篇之所由以作也。

哀十二年《左氏传》举此篇，以为盘庚之诰，则此三篇皆诰辞也。然不曰"诰"者，意其后世失之，或者以其篇名。既有"上""中""下"字，为其简编之别，遂从省文，虽不加"诰"字，实"诰"之体也。王肃曰，取其徙而立功，但以《盘庚》名篇，此则失之矣。此书三篇皆是诰其民臣之言，而其诰之者，自有先后，故分为三篇，而以上、中、下为之别。唐孔氏曰，此三篇，皆以民不乐迁，开释民意，诰以不迁之害，迁都之善也。上、中二篇未迁时言，下篇既迁后事。而上篇人皆怨上，初启民心，故其辞为切；中篇民已稍悟，故辞稍缓；下篇民既从迁，故辞复益缓。此说是也。王氏曰上篇告其群臣；中篇告其庶民；下篇告百官族姓，强生分别，考之于经而不合，不可从也。

4.（宋）史浩《尚书讲义》卷九《商书·盘庚上》

盘庚五迁，将治亳殷，民咨胥怨，作《盘庚》三篇。

此史氏纪盘庚迁于亳，告戒臣民之词也。夫王者创业，垂统为可继也。是故，其所向背，子孙趋之，而不敢忘此家法也。商自成汤，从先王居，而都亳，作《帝告》《厘沃》之书以遗后世。商之子孙，知先王之居，不可不念。虽河患屡扰，而终不敢远去。卒之盘庚，复有都亳之心，家法使之然也。然则，创业垂统之君，施为措置，其可顷刻，不为后世法乎？观此序云，将治亳殷，重其能，复旧制也。序书者又曰"民咨胥怨"，何哉？夫民生何知其所视，以为向背者，世家大族也。彼既习于傲上，怀土重迁，民安得不翕然从之。传曰，巨室之所慕，一国慕之。一国之所慕，天下慕之，岂不信然。是以三篇之意，戒其民之辞少，而戒其臣之意多也。

5.（宋）夏僎《尚书详解》卷十三《商书·盘庚上》

盘庚五迁，将治亳殷，民咨胥怨，作《盘庚》三篇。

自契至成汤八迁，自汤至盘庚又五迁。所谓五迁者，盖汤迁亳，仲丁迁嚣，河亶甲居相，祖乙迁耿，盘庚又迁亳。故此序言盘庚五迁，盖谓自汤至盘庚凡五迁都也。彼唐孔氏不知此五迁之说，乃谓据经只有四迁，则祖乙必自耿迁他处，盘庚又自他处迁亳，不从耿迁亳。此盖弗深考之过也。林少颖谓，祖乙自相迁耿，其地泉湿，为水所圮，欲迁他所而重劳民，遂留于耿。及盘庚即位，而民之被垫溺为甚，遂谋迁于亳殷，故此序所以言"盘庚五迁，将治亳殷"。亳，即汤所都之邑也。殷，亳之别名。

周希圣谓，商人称殷，自此以前惟称商而已，自盘庚既都亳，于是商殷兼称，或单称殷也。盘庚迁殷而民皆咨嗟相怨者，盖耿地乃汉皮氏县之耿乡，其地沃饶而障塞，易以致富。富家巨室居之既久，皆总于货宝。今虽为水所圮，而皆傲上从康，不可教训。至于闾阎之民，则皆苦于荡析离居，而罔有定极。盘庚于是谋居于亳，盖择高燥地而居之也。是举也，是小民之利，而富室之所不欲，故唱为浮言，以摇动小民之情，乃咨嗟相怨而不欲迁。盘庚于是登进厥民，告之所以迁都之意，且戒群臣，无扇浮言，以摇惑斯民之视听，使群臣不敢肆为过犯之言，而民皆乐从以迁，此《盘庚》三篇所由以作也。以三篇皆是告臣民之言，而告之之目有先后，故分为三，而篇以上、中、下别之。

唐孔氏谓，此三篇以民不乐迁开释民意，告以不迁之害，与迁之善。上、中二篇未迁时言，下篇已迁后事。上篇，人皆怨上，初启人心，故其辞为切；中篇，民已稍悟，故其辞略缓；下篇，民既从迁，故其辞益缓。此说是也。

彼王氏乃谓，上篇告群臣，殊不知盘庚教于民，则未尝不告民也；中篇告庶民，殊不知予念我先神后之劳尔，先则未尝不告臣也；下篇告百官族姓，皆强生分别，考之于经一无所合，未可从也。

6. （宋）时澜《增修东莱书说》卷十《商书·盘庚上第九》

盘庚五迁，将治亳殷，民咨胥怨，作《盘庚》三篇。盘庚迁于殷，民不适有居。

自成汤至于盘庚，凡五迁矣。民未尝不从，数君亦未闻委曲，告谕何哉？想其当时风俗尚淳，民心尚朴。至盘庚之时，风俗已不如前矣，所以将治亳殷，而民咨胥怨，不往有居，而《盘庚》之书不得不作也。夫生杀予夺，一出于君。君欲迁都，谁敢违命，而盘庚委曲告谕，若不能强者，见盘庚爱民之至。耿邑既被水灾，复迁于亳之故都，与之除害而不从，盖安土重迁，知目前之安，而不计他日之害，小民之常情也。

7. （宋）黄度《尚书说》卷三《商书·盘庚上》

（归善斋按，未解）

8.（宋）袁燮《絜斋家塾书钞》卷六《商书·盘庚上》

盘庚五迁，将治亳殷，民咨胥怨，作《盘庚》三篇。

自契至于成汤八迁，自成汤至于盘庚又五迁矣。亳邑，商家之故都。是时，耿邑以河为患，故盘庚复欲迁于亳焉。"民咨胥怨"，亦势之自然。平日安居于此，田园室庐在此，生生之计又莫不在此，一旦使之舍而他适，田园室庐必须再为之经理，生生之计，百事不便，而其往也，道途之间，又有跋涉之劳，有搬运之费。以人情度之，其所愿乎，其所不愿乎？虽使贤者，亦不免惮其役，则民之胥怨，是亦宜矣。然河水冲决，都邑圮坏，何以立国，虽欲不迁，不可得也。夫既不可不迁，而民又不愿迁，然则当如之何？盘庚于此，只得委曲开导，使臣民之心晓然知其所以不可不迁者，则既不阻吾之事，而又不大拂人之情，内不失己，外不失人，此两全之道也。大凡人主欲有为于天下，须使人已两全，然后为贵。世间有一等人，但欲民之我誉，违道以徇人之情；或者又以为，惟务吾事之济而已，理所当为，于人言可以无恤。二者皆非也。罔违道以干百姓之誉，罔咈百姓以从己之欲，欲读《盘庚》之书，当以此观之。汉唐以来，虽有河患而未尝迁都，商家何以迁之屡也。盖汉都关中，去河远。光武都洛阳，去河亦远，所以河虽为患，而不及都邑。至本朝，都汴，正在大河之中，所以日夜须用防堤。商家河患，既是冲坏都邑，则安得而不迁。然有商之君，岂不能择一水患不至之处建都而自契以来数数者何故，盖远去则不胜其劳，当时之迁，亦只在近处，河水冲溢，所以常被其害也。

9.（宋）蔡沈《书经集传》卷三《商书·盘庚上》

（归善斋按，未解）

10.（宋）黄伦《尚书精义》卷十九《商书·盘庚上》

盘庚五迁，将治亳殷，民咨胥怨，作《盘庚》三篇。

无垢曰，盘庚，阳甲弟也，止一迁耳，而曰"盘庚五迁"何也？曰，汤迁于亳，仲丁迁于嚣，河亶甲居相，祖乙圮于耿，至盘庚迁于殷，通数为五迁耳。何以孔子序书指为五迁乎？曰，此为民咨胥怨言也。以谓自仲丁以来，一传再传即迁，至盘庚又迁，其迁不已，靡有定居，民心摇动，生理无聊，郁抑不平，所以咨嗟而相呼为其迁之多，故曰"五迁"焉。

张氏曰，可与守常，难与适变；可与乐成，难与虑始，凡民之常情也。是故，乐因循而惮改作，居安逸而忘患害，一旦骤而告之以迁都之事，莫不怨咨于上，不适有居，是皆顾目前之利，而不虞祸败之旋至，此《盘庚》之作，其丁宁告戒，见于三篇之书。观其长虑，却顾将以与民兴利除害，则虽咈民以迁，而民至于咨怨，何足恤哉。咨形于言，怨在于心。所咨者，非一人也。然则，此《盘庚》三篇之作，将以开导训之而已。

王肃曰，《盘庚》何以不言"诰"，取其徙而立其功，非但录其诰辞。

11.（宋）陈经《尚书详解》卷十六《商书·盘庚上》

盘庚五迁，将治亳殷，民咨胥怨，作《盘庚》三篇。

盘庚自殷而迁亳，特一迁耳，安有五迁，此盖为民之胥怨而言之也。迁都，大事也。自成汤迁亳，仲丁迁嚣，河亶甲居相，祖乙居耿，盘庚又迁于亳，自汤至盘庚已五迁矣。"将治亳殷"，未治也。民于是咨嗟，相与出怨言，盖其怀土重迁，好安恶危之情固尔也。盘庚于是作三篇之书，以告戒之，而以口舌代斧钺，则盘庚亦忠厚矣。余有以见圣人亦有违众而自用者矣。夫善钧从众，圣人与众同所欲也。人情之所顺，则事举而易成；人情之所咈，则事作而多败。圣人安用违众哉？圣人所谓违众者，从夫天下之公理而已。人情在是，而理亦在，是徇人情可也。人情在是，而理不在是，则是理在吾心矣，吾将屈于理而徇人乎，抑亦屈于人而徇理哉？吾惟屈于人而徇理，则大公所在，事久论定，向之怨者，将为今之安矣，则圣人之所谓违众者，是乃从众也。

12.（宋）钱时《融堂书解》卷七《商书·盘庚上》

《盘庚》上。

盘庚五迁，将治亳殷，民咨胥怨，作《盘庚》三篇。

汤迁亳，仲丁迁嚣，河亶甲迁相，祖乙迁耿，并盘庚今复迁亳，为五。经言"于今五邦"，是自汤至盘庚，凡五迁也。殷者，亳之别名。迁都之书不一，而此序独首书"盘庚五迁"何也？曰，此为迁亳而书也。亳，乃先王旧都，凡五迁而后复返于亳，故特书之，亦犹帝告厘沃之书，汤始居亳，从先王居也，故首序云自契至于成汤八迁，他书皆不着几迁，而独书于此，二序善之也。此孔氏之书法也。然商自有天下以来四迁，书虽不存，而序皆无怨咨之事，何独《盘庚》乃尔郑重耶？曰，耿地饶益，人皆利之。亳依山，其民勤苦，出产必不如耿，故虽分离荡析，而依依恋，恋终无去志，所以浮言得而摇之。

13. （宋）魏了翁《尚书要义》

原缺。

14. （宋）陈大猷《书集传或问》卷上《商书·盘庚上》

（归善斋按，未解）

15. （宋）胡士行《尚书详解》卷五《商书·盘庚上第九》

盘庚五迁（亳、嚣、相、耿、亳），将治（都）亳殷（殷，亳之别名），民咨（嗟）胥（相）怨，作《盘庚》三篇。

耿，水圮，不容不迁矣，然小民安土，且耿地沃饶，鱼盐利重，巨室总货，浮言摇众，以致咨怨，故书以训之。上篇作于未迁时，民未悟，故其辞切；中篇作于将迁时，民渐悟，故其辞缓，下篇作于已迁后，民既从，故其辞益缓。或云上篇告臣，中篇告民。

16. （元）吴澄《书纂言》卷三《商书·盘庚》

（归善斋按，未解）

17. （元）陈栎《书集传纂疏》卷三《朱子订定蔡氏集传·商书·盘庚上》

（归善斋按，未解）

18. （元）许谦《读书丛说》卷五《盘庚》

原缺。

19. （元）董鼎《书传辑录纂注》卷三《商书·盘庚上》

（归善斋按，未解）

20. （元）朱祖义《尚书句解》卷五《商书·盘庚上第九》

盘庚五迁（汤迁亳，仲丁迁嚣，河亶甲居相，祖乙迁耿，盘庚又迁亳，自汤至盘庚五迁），将治亳殷（将修治亳邑之别名殷，商人称殷，自盘庚迁殷始）。

21. （明）王樵《尚书日记》卷八《商书·盘庚上》

（归善斋按，未解）

22. （清）库勒纳等撰《日讲书经解义》卷五《商书·盘庚上》

（归善斋按，未解）

（明）梅鷟《尚书考异》卷五《盘庚》

《盘庚》小序

"将始宅殷"。汲冢古文云，盘庚自奄迁于殷。束皙云，《尚书》序"盘庚五迁，将治亳殷"。孔子壁中《尚书》云"将治宅殷"，是与古文不同也。孔颖达曰，孔子壁中之书安国先得其本，此"将治亳殷"不可作"将始宅殷"。"亳"字摩灭，容或为宅壁内之书。安国先得，始，皆作"乱"，其字与治不类，无缘误作"始"字，知束皙不见壁中之书，妄为说耳。今按，晋人以"亳殷"为一，在河南。束皙以殷在河北，与"亳"异。颖达笃信《晋书》，讥弹束皙然。束皙之言得之，而颖达非也。

（明）马明衡《尚书疑义》卷三《商书·盘庚》

迁都之事，在后世是极重大不可轻议。古者风俗质朴，至商虽非茅次土阶之时，然禹尚卑宫恶食，商亦想不甚相远。大抵崇高富贵，不如后世之侈丽，名分体面；不如后世之尊严，故迁亦尚易。然亦用许多委曲告谕，务求民心之达，不肯直行己志。若后世，事体自不同，岂可容易。平王东迁，浸以微弱。宋不守李纲之策，遂至于亡，可不鉴哉？

（明）袁仁《尚书砭蔡编》

汲冢《周书》谓，盘庚自奄迁于北蒙，十五年而营殷邑。小辛、小乙、武丁，迄庚丁皆因之。至武乙三年复自殷迁河北，十五年又自河北而迁沫。然则自河徂亳又何尝是武丁事哉，若谓其学绝无显明，益陋矣。

（清）毛奇龄《尚书广听录》卷二

《盘庚》历数迁国，曰"于今五邦"，孔传谓汤迁亳、仲丁迁嚣、河亶甲居相、祖乙居耿，今将迁殷，为五迁。前儒谓五迁，俱指先王言，不得以迁殷漫入数内。故郑玄、王肃辈皆云，汤自商徙亳为二迁，此皆强求五迁不可得，而故析一以合之。夫商亳本一地，汤自南亳徙西亳，祇一徙也，安得以始居为一徙乎？按《汲冢》古文，有"盘庚自奄迁于殷"语，而《殷本纪》又云，祖乙迁于邢，意当时祖乙居耿之后，因耿地被河患，又迁他处。如书序所云，祖乙圮于耿者，其曰"圮"，则必已毁于水，不能再居可知也。虽祖乙所迁处，或奄或邢，尚未可定，然而已迁矣，则是亳、嚣、相、耿已经四迁，与祖乙所迁而五，此犹有据者。若然，则前儒所谓盘庚自耿迁殷者，吾犹以为说经之疏也。夫耿在祖乙时已圮矣，尚自耿乎？

（清）朱鹤龄《尚书埤传》卷八《商书·盘庚》

五迁，程伯圭曰，亳殷在河南偃师县西南二十里尸乡之西，因漱水得名（书序"盘庚五迁，将治亳殷"，孔安国云，殷者，亳之别名。集传，今河南偃师是也。程谓殷之得名以漱水。按，漱水，在今开封府郾城县，与亳无涉）。五迁谓西亳、南亳、嚣、相、耿也。仲丁自商丘迁嚣,今郑州荥泽县西南荥阳故城,殷时嚣地也。河亶甲居相,今相州内黄县东南有故殷城是也。祖乙圮于耿（自祖乙至盘庚,凡七世都耿）,今河中府龙门县有故耿城是也。自盘庚义传八王,至武乙复迁河北。

愚按,蔡传引《史记》祖乙迁邢,今顺德府城相传为祖乙都,然未必实平阳府吉州南耿城。是祖乙迁处,临大河,隋置耿州名取此。又按《史记索隐》云,祖乙迁于邢,"邢"音"耿",近代本亦作"耿",今河东皮氏县有耿乡。据此,则"邢"乃"耿"之讹,音相近耳。五迁之说,沙随程氏与孔传不同。疏引马融云,五邦,谓商丘、亳、嚣、相、耿也,此说是。

民咨胥怨

1.（汉）孔氏传、（唐）陆德明音义、孔颖达疏《尚书注疏》卷八《商书·盘庚上》

民咨胥怨。

传,胥,相也。民不欲徙,乃咨嗟忧愁,相与怨上。

音义,胥,徐思余反。怨,纡万反。

疏,民皆恋其故居,不欲移徙,咨嗟忧愁,相与怨上。盘庚以言辞诰之。

《释诂》云,胥,皆也。相,亦是"皆"义,故通训"胥"为"相"也。民不欲徙,乃咨嗟忧愁,相与怨上。经云民不适有居,是怨上之事也。仲丁、祖乙亦是迁都,序无民怨之言,此独有怨者,盘庚,祖乙之曾孙也。祖乙迁都于此,至今多历年世,民居已久,恋旧情深。前王三徙,诰令则行,晓喻之易,故无此言。此则民怨之深,故序独有此事。彼各一篇,而此独三篇者,谓民怨上,故劝诱之难也。民不欲迁,而盘庚必迁者,郑玄云,祖乙居耿后,奢侈逾礼,土地迫近山川,尝圮焉。至阳甲立,盘庚为之臣,乃谋徙居汤旧都。又序注云,民居耿久,奢淫成俗,故不乐徙。王肃云，自祖乙五世，至盘庚元兄阳甲，宫室奢侈，下民邑居垫隘，水泉舄卤，不可以行政化，故徙都于殷。皇甫谧云，耿在河北，迫近山川，自祖辛以来，民皆奢侈，故盘庚迁于殷。此三者之说，皆言奢侈。郑玄既言君奢，又言民奢；王肃专谓君奢；皇甫谧专谓民奢。言君奢者，以天子宫室奢侈，侵夺下民；言民奢者，以豪民室宇过度逼迫，贫乏皆为细民，弱劣无所容居，欲迁都，改制以宽之。富民恋旧，故违上意，不欲迁也。按，检孔传，无奢侈之语。惟下篇云"今我民用荡析离居，罔有定极"传云，水泉沉溺，故荡析离居，无安定之极，徙以为之极。孔意，盖以地势洿下，又久居水变，水泉舄卤，不可行化，故欲迁都，不必为奢侈也。此以君名名篇，必是为君时事。而郑玄以为上篇是盘庚为臣时事，何得专辄谬妄也。

2. （宋）苏轼《书传》卷八《商书·盘庚上第九》

（归善斋按，见"盘庚五迁，将治亳殷"）

3. （宋）林之奇《尚书全解》卷十八《商书·盘庚上》

（归善斋按，见"盘庚五迁，将治亳殷"）

4. （宋）史浩《尚书讲义》卷九《商书·盘庚上》

（归善斋按，见"盘庚五迁，将治亳殷"）

5. （宋）夏僎《尚书详解》卷十三《商书·盘庚上》

（归善斋按，见"盘庚五迁，将治亳殷"）

6. （宋）时澜《增修东莱书说》卷十《商书·盘庚上第九》

（归善斋按，见"盘庚五迁，将治亳殷"）

7. （宋）黄度《尚书说》卷三《商书·盘庚上》

（归善斋按，未解）

8.（宋）袁燮《絜斋家塾书钞》卷六《商书·盘庚上》

(归善斋按，见"盘庚五迁，将治亳殷")

9.（宋）蔡沈《书经集传》卷三《商书·盘庚上》

(归善斋按，未解)

10.（宋）黄伦《尚书精义》卷十九《商书·盘庚上》

(归善斋按，见"盘庚五迁，将治亳殷")

11.（宋）陈经《尚书详解》卷十六《商书·盘庚上》

(归善斋按，见"盘庚五迁，将治亳殷")

12.（宋）钱时《融堂书解》卷七《商书·盘庚上》

(归善斋按，见"盘庚五迁，将治亳殷")

13.（宋）魏了翁《尚书要义》

原缺。

14.（宋）陈大猷《书集传或问》卷上《商书·盘庚上》

(归善斋按，未解)

16.（元）吴澄《书纂言》卷三《商书·盘庚》

(归善斋按，未解)

17.（元）陈栎《书集传纂疏》卷三《朱子订定蔡氏集传·商书·盘庚上》

(归善斋按，未解)

18.（元）许谦《读书丛说》卷五

原缺。

19.（元）董鼎《书传辑录纂注》卷三《商书·盘庚上》

(归善斋按，未解)

20.（元）朱祖义《尚书句解》卷五《商书·盘庚上第九》

民咨胥怨（民皆咨嗟相怨）。

21.（明）王樵《尚书日记》卷八《商书·盘庚上》

(归善斋按，未解)

22.（清）库勒纳等撰《日讲书经解义》卷五《商书·盘庚上》

(归善斋按，未解)

作《盘庚》三篇

1.（汉）孔氏传、（唐）陆德明音义、孔颖达疏《尚书注疏》卷八《商书·盘庚上》

作《盘庚》三篇。
疏，史叙其事，作《盘庚》三篇。

2.（宋）苏轼《书传》卷八《商书·盘庚上第九》

(归善斋按，见"盘庚五迁，将治亳殷")

3.（宋）林之奇《尚书全解》卷十八《商书·盘庚上》

(归善斋按，见"盘庚五迁，将治亳殷")

4.（宋）史浩《尚书讲义》卷九《商书·盘庚上》

(归善斋按,见"盘庚五迁,将治亳殷")

5.（宋）夏僎《尚书详解》卷十三《商书·盘庚上》

(归善斋按,见"盘庚五迁,将治亳殷")

6.（宋）时澜《增修东莱书说》卷十《商书·盘庚上第九》

(归善斋按,见"盘庚五迁,将治亳殷")

7.（宋）黄度《尚书说》卷三《商书·盘庚上》

(归善斋按,未解)

8.（宋）袁燮《絜斋家塾书钞》卷六《商书·盘庚上》

(归善斋按,见"盘庚五迁,将治亳殷")

9.（宋）蔡沈《书经集传》卷三《商书·盘庚上》

(归善斋按,未解)

10.（宋）黄伦《尚书精义》卷十九《商书·盘庚上》

(归善斋按,见"盘庚五迁,将治亳殷")

11.（宋）陈经《尚书详解》卷十六《商书·盘庚上》

(归善斋按,见"盘庚五迁,将治亳殷")

12.（宋）钱时《融堂书解》卷七《商书·盘庚上》

(归善斋按,见"盘庚五迁,将治亳殷")

13.（宋）魏了翁《尚书要义》

原缺。

14.（宋）陈大猷《书集传或问》卷上《商书·盘庚上》

(归善斋按，未解)

15.（宋）胡士行《尚书详解》卷五《商书·盘庚上第九》

(归善斋按，见"盘庚五迁，将治亳殷")

16.（元）吴澄《书纂言》卷三《商书·盘庚》

(归善斋按，未解)

17.（元）陈栎《书集传纂疏》卷三《朱子订定蔡氏集传·商书·盘庚上》

(归善斋按，未解)

18.（元）许谦《读书丛说》卷五

原缺。

19.（元）董鼎《书传辑录纂注》卷三《商书·盘庚上》

(归善斋按，未解)

20.（元）朱祖义《尚书句解》卷五《商书·盘庚上第九》

作《盘庚》三篇。

(归善斋按，未解)

21.（明）王樵《尚书日记》卷八《商书·盘庚上》

(归善斋按，未解)

22.（清）库勒纳等撰《日讲书经解义》卷五《商书·盘庚上》

（归善斋按，未解）

（清）张英《书经衷论》卷二《商书·盘庚上中下》

盘庚迁殷，当时小民非不愿从之，而特有累朝之世家大族，安土重迁，顾造为语言以惑。当时之愚民百姓之中，有明于利害而欲迁者，则又阻塞其言而不使上达。故《盘庚》三篇之意，皆为有位者而发，其兼言民者，特并进于庭而连及之耳。且其人又皆世有功德于朝廷，为国家之旧臣，不可以刑格势驱，乃反覆晓譬，微伦发声动之，以先王动之，以乃祖乃父动之，以祸福动之，以刑罚词愈复，而意愈厚，必欲使之悦于从己而后已。嗟乎三代而后，秦为弃灰、徙木，法在必行。至刑加于太子之师傅，而有所不恤。试与此参观，而知王道霸道之分途矣。

迁都之意非好为苟难，总不过求民之安耳。旧都将圮，新邑可怀，故后二篇一则曰"往哉生生"，再则曰"生生自庸"，虽其中言刑罚处甚多，要不过见之空言，而非忍实用之也。自秦汉以后，设为刑赏不终朝，而驱民之从己，宁若是之烦且重哉。圣人非不知此逸而彼劳，而宁为此，不为彼者，以赤子待其民，而不以仇雠待其民也。后世奉天之诏，武夫悍卒闻而洒涕，其犹有此风也欤。"若颠木之有由蘖"，乃三篇之大旨。所谓"予迓续乃命于天"，"往哉生生"皆此义也。"傲上从康"，有位之大戒。首篇之"猷黜乃心"，正窥见群臣之至隐，而发其覆也。

自古言鬼神者，始于伊尹之告太甲，曰"鬼神无常享"，又曰"山川鬼神亦莫不宁"，大约商人尚鬼实由于此。故《盘庚》中篇历历言鬼神，以警动其臣民，真觉洋洋如在其后。高宗尤崇尚祭祀有以也。

夫三篇之中未迁之词严，曰"今其有今罔后汝何生在上"，又曰"用罪伐厥死"，又曰"邦之不臧，惟予一人有佚罚"，又曰"罚及尔身弗可悔"，皆所以黜其"傲上从康"之心也。将迁之词裕，曰"今予将试以汝迁"，又曰"予迓续乃命于天，予岂汝威用奉畜汝众"，所以作其迁徙之气也。既迁之词慰，曰"罔罪尔众"，"尔无共怒，协比谗言予一人"，又曰"呜呼，邦伯师长百执事之人，尚皆隐哉"，所以悯其去旧即新之劳也。一张一弛，或缓或急，古人其敢径情率意，以贵役贱，以智加愚乎？读《盘庚》三篇，不能不慨然于秦汉之间也。

《盘庚中》语极难解者，如"起信险肤"，"吊由灵"，"敢恭生生叙钦"之类，自是当日方言如此。要其文字之层峦叠嶂，往复留连，则所谓咳謦如闻，形影如见者也。

文字之佶屈聱牙者，无过于《盘庚》三篇，今读其言缠绵往复，味之愈永，意厚而思淡，故不觉其言之复也。

《盘庚上》

（汉）孔氏传、（唐）陆德明音义、孔颖达疏《尚书注疏》卷八《商书·盘庚上》

盘庚上。

传，盘庚，殷王名，殷质以名篇。

音义，盘庚，殷王名。马云，祖乙曾孙，祖丁之子。不言盘庚诰何，非但录其诰，也取其徙而立功，故以盘庚名篇。

疏，正义曰，此三篇皆以民不乐迁，开解民意，告以不迁之害、迁都之善也。中、上二篇，未迁时事；下篇，既迁后事。上篇人皆怨上，初启民心，故其辞尤切。中篇民已少悟，故其辞稍缓；下篇民既从迁，故辞复益缓。哀十一年《左传》引此篇云，《盘庚之诰》，则此篇皆诰辞也。题篇不曰盘庚诰者，王肃云，取其徙而立功，故但以盘庚名篇。然仲丁、祖乙、河亶甲等皆以王名篇，则是史意异耳，未必见他义。

传正义曰，《周书》谥法，成王时作，故桓六年《左传》云周人以讳事神。殷时质，未讳君名，故以王名名篇也。上仲丁、祖乙亦是王名，于此始作。传者以上篇经亡，此经称盘庚，故就此解之。《史记·殷本纪》云，盘庚崩，弟小辛立，殷复衰。百姓思盘庚，乃作《盘庚》三篇，与此序违，非也。郑玄云，盘庚，汤十世孙，祖乙之曾孙，以五迁继汤，篇次祖乙，故继之于上，累之祖乙，为汤玄孙七世也。又加祖乙复其祖父，通盘庚，故十世。《本纪》云，祖乙崩，子祖辛立；崩，子开甲立；崩，弟祖丁立；崩，开甲之子南庚立；崩，祖丁子阳甲立；崩，弟盘庚立，是祖乙生祖辛，祖辛生祖丁，祖丁生盘庚，故为曾孙。

《尚书注疏》卷八《考证》

《盘庚上》疏"子开甲立"。

《殷本纪》作"沃甲"。司马贞《索隐》曰，系本作"开甲"。臣浩按，此疏所引者，本《纪》文也，又用系本作"开甲"，盖"开"字系"沃"字之讹。

（宋）蔡沈《书经集传》卷三《商书·盘庚上》

《盘庚》上。

盘庚，阳甲之弟。自祖乙都耿，圮于河水，盘庚欲迁于殷，而大家世族，安土重迁，胥动浮言。小民虽荡析离居，亦惑于利害，不适有居。盘庚喻以迁都之利，不迁之害。上、中二篇未迁时言，下篇既迁后言。王氏曰，上篇告群臣，中篇告庶民，下篇告百官族姓。《左传》谓，盘庚之诰，实诰体也。三篇今文古文皆有，但今文三篇合为一。

（宋）陈经《尚书详解》卷十六《商书·盘庚上》

《盘庚》上。

尧舜未施信于民，而民信之。治水之役，征苗之役，盖有先意承志，奔走惟恐后者，其君固未尝有言，而民亦不待言，而自从也。商德之衰，盘庚欲为迁都之举，而民敢出怨言以怨其上，其君又从而谆复告语之，示之以祸福，陈之以利害。上篇所以告之于未迁之时，中篇所以告之于将迁之际，而已迁之后又为下篇之书，以安慰之，亦足以见其号令之繁，而风俗之薄矣。然则，盘庚不得为商之贤君欤？呜呼！读《盘庚》三篇之书者，可以见三代之君民矣。天下之患，莫患于势隔而情不通。势隔而情不通者，民有所争于心，隐忍而不敢言，则亦蓄愤含怒而已。斯民蓄愤含怒于下，而君尊如天以势临之，则关节脉理始不相通。今也，《商书·盘庚》之民有怀辄吐，有言辄发，而为之君者，又从而抚摩开导之，俾之心平气和，有相安而无相贼，此岂非其真情者乎？《孟子》曰，天下归殷久矣。久则难变也，商民历文、武、成、康四十余年而不服周家，此岂无自而然哉。

（宋）陈大猷《书集传或问》卷上《商书·盘庚上》

《盘庚》上。

三山陈氏曰，有虞氏未施信而民信，治水征苗未尝有言。盘庚迁都，民咨胥怨，谆复告语至于三书。世变既降，风俗衰而号令繁。然读是书者，可以见三代君民相与之道。夫王者与众同欲，岂乐于违众。所以违众者，从天下之公理也。大公所在，事久论定，向之怨者，今皆安之，则王者所谓违众，是乃从众也。

（元）吴澄《书纂言》卷三《商书·盘庚》

契始封商，汤因以为有天下之号。郑玄云，商在太华之阳。皇甫谧云，上洛，商是也。《春秋左氏传》云，阏伯居商丘。杜预注云，梁国睢阳，宋都也。

《盘庚》。

汤都亳，第二世次子外丙立，三世弟仲壬立，四世汤长子太丁之子太甲立，五世子沃丁嗣，六世弟太庚立，七世子小甲嗣，八世弟雍已立，九世弟太戊立，十世子仲丁嗣迁嚣，十一世弟外壬立，十二世弟河亶甲立迁相，十三世子祖乙嗣迁耿。按书序但言圮于耿，《史记》言又迁邢；依书序则盘庚是自耿迁亳，依《史记》则是自邢迁亳。或谓今邢州不近河，圮如耿之有患，若果在邢，似可以不迁。况"邢""耿"字体易相溷乱，恐疑"邢"字即"耿"字传写之误，故《史记》以为再迁邢也。但若无迁邢一迁，则"五邦"之数少其一，此又不可追考，且当阙之。十四世子祖辛嗣，十五世弟沃甲立，十六世祖辛之子祖丁立，十七世沃甲之子南庚立，十八世祖丁之子阳甲立，十九世弟盘庚立，复都于亳，旧注以为自耿而迁也。大家世族安土重迁，唱为浮言，以惑众小民，虽荡析离居，亦惑于浮言。盘庚喻以迁都之利，不迁之害。书凡四节：第一节，述民怨之辞。第二节，未迁时告群臣之辞。第三节，在途告庶民之辞。第四节，既迁至亳，总告臣民之辞。

（元）陈栎《书集传纂疏》卷三《朱子订定蔡氏集传·商书·盘庚上》

《盘庚》上。

纂疏：

盘庚，阳甲之弟，自祖乙都耿，圮于河水，盘庚欲迁于殷，而大家世族安土重迁，胥动浮言，小民虽荡析离居，亦惑于利害，不适有居。盘庚喻以迁都之利，不迁之害。上、中二篇未迁时言，下篇既迁后言。王氏曰，上篇告群臣，中篇告庶民，下篇告百官族姓。《左传》谓《盘庚》之"诰"实"诰体"也。三篇今文古文皆有，但今文三篇合为一。《史记》，盘庚，祖乙之曾孙也，历祖乙子祖辛，祖辛子开甲，开甲弟祖丁，开甲子南庚，祖丁子阳甲，及盘庚，凡七世都耿矣。亳殷，亳之殷地。殷，亳之别名，在河南；耿，在河北。

吴氏曰，说者言某篇告臣，某篇告民。臣民并集之时，不当呼臣与言，而使民不与闻，又呼民与言，而使臣不与闻，特事之系乎臣者，主臣言之；系乎民者，主民言之，臣民皆欲其尽晓也。

林氏曰，臣民傲上从康，常情所不堪。今谆复恳到，晓以利害，不啻慈母之于子，非优游不断，不能奋其刚决也。从容开喻，使其晓然悦从，以共享安利，所以为王者之政也。又曰，耿沃饶易富，而苦荡析离居，迁亳乃小民之利，而巨室所不欲，故为浮言，以摇民情，此三篇所由作也。

（元）董鼎《书传辑录纂注》卷三《商书·盘庚上》

《盘庚上》。

盘庚，阳甲之弟。自祖乙都耿，圮于河水，盘庚欲迁于殷，而大家世族安土重迁，胥动浮言，小人虽荡析离居，亦惑于利害，不适有居。盘庚喻以迁都之利，不迁之害。上、中二篇未迁时言，下篇既迁后言。王氏曰，上篇告群臣，中篇告庶民，下篇告百官族姓。《左传》谓《盘庚》之"诰"实"诰体"也。三篇，今文古文皆有，但今文三篇合为一。

辑录：

盘庚更没理防，从古相传来，如经传所引用，皆此书之文，但不知何故说得都无头，且如今要诰谕民间，一二事做得，几句如此，他晓得晓不得，只为说道要迁，更不说道自家如何要迁，如何不可以不迁。万民是因甚不要迁。要得人迁也，须说出利言，今更不说。贺孙。显道曰，《商书》又却较分明。曰，《商书》亦只有数篇如此。《盘庚》依旧难晓。曰，《盘庚》却好。曰，不知怎生地，盘庚抵死要怎地迁那都，若曰有水患也，不曾见大故为害。曰，他不复更说那事头，只是常时小民被害，而大姓之属安于土而不肯迁，故说得如此多。元德问，《盘庚》如何。曰，不可晓。如"古我先王将多于前功"至"嘉绩于朕邦"全无意义。又当时迁都，更不明说迁之为利，不迁之为害。如中篇，又说神说鬼，若使如今诰令如此，好一场大鹘突。寻常读《尚书》，读了《太甲》《伊训》《咸有一德》便着鞭过《盘庚》，却看《说命》。然《高宗肜日》亦难看。要之，读《尚书》可通则通，不可通姑置之。人杰。

纂注：

《史记》：盘庚，祖乙之曾孙也。历祖乙子祖辛，祖辛子开甲，开甲弟祖丁，开甲子南庚，祖丁子阳甲，及盘庚，凡七王都耿矣。亳，殷亳之殷地。殷者，亳之别名，在河南，耿在河北。

吴氏曰，此书说者多。言某篇为告臣，某篇为告民，某篇为兼告臣民。以余观之，臣民并集之时，固不当呼臣与言，而使民不与闻，又呼民与言，而使臣不与闻，特以迁都之利反覆开论事之。系乎臣者，主臣言之；事之系乎民者，主民言之。君心初无适，莫臣民皆欲其尽晓也。

林氏曰，迁都利害甚明，而臣民"傲上从康"，诚常情所不堪。盘庚谆复恳到，晓以利害、祸福之理，不啻如慈母之于子，非优游不断，不能奋其刚决也。盖从容开谕，使其晓然，中心悦从，以共享安利，而无丝毫之牵强，所以为王者之政也。又曰，耿地障塞沃饶，易以致富。富家巨室久居殖货，间阎细民则苦荡析离居。今迁亳乃小民之利，而巨室所不欲，故为浮言以摇民情，此三篇所由作也。

（元）朱祖义《尚书句解》卷五《商书·盘庚上第九》

《盘庚上第九》。

尧舜未施信而民信之，动则罔应徯志，有不待言而自从者。商德之衰。盘庚欲为迁都之举，而民敢出怨言以咎其上，其君从而谆复告语之。上篇告于未迁之时；中篇告于将迁之际；已迁之后又为下篇，以安慰之，亦足以见风俗之薄矣，又足以见盘庚之于民忠厚之至也欤。

（明）王樵《尚书日记》卷八《商书·盘庚上》

《盘庚上》。

孔氏曰，盘庚，殷王名，殷质，以名篇。哀十一年《左传》引此篇云，盘庚之诰。金氏谓，今书篇目逸"之诰"二字。正义曰，此三篇皆以民不乐迁，开解民意，告以不迁之害，迁都之善也。中、上二篇未迁时事；下篇既迁后事。

吴氏曰，此书说者多。言某篇为告臣，某篇为告民，某篇为兼告臣民。以予言之，臣民并集之时，固不当呼臣与言，而使民不与闻，又呼民与言，而使臣不与闻，特以迁都之利反复开谕。事之系乎臣者，主臣言之；事之系乎民者，主民言之耳。按，吴氏此说甚是。王氏以上篇为告群臣，中篇为告庶民，下篇为告百官族姓，盖因上篇有"教民由在位"之语，中篇有"话民之弗率有众咸造"之语，下篇有"历告尔百姓于朕志"，"邦伯师长百执事"之语。百姓，蔡氏谓，为畿内民庶，而百官族姓亦在其中也，故大略如此分之。其实，上篇首三节，亦本告民，次乃提臣而专告之。虽曰告臣，亦本对民而告之，使同听之也。故蔡氏曰，众者，臣民咸在也。又曰，此虽盘庚对众之辞，实为群臣而发，以教民，由在位故也。中篇告民，而"兹予有乱政同位"一节，非对民而告臣乎；下篇首曰"绥爰有众"，盖亦臣民无不在。而末乃丁宁于治民之臣耳，王氏专以为告百官族姓，殊失之；而蔡氏训百姓含焖，两义亦属未妥也。

沃丁，太甲子；太戊，沃丁弟之子；仲丁，太戊子，去亳迁于嚣；仲丁弟河亶甲，居相；河亶甲子祖乙，居耿。《史记》，盘庚，祖乙之曾孙也。祖乙子祖辛，祖辛子开甲，开甲弟祖丁，开甲子南庚，祖丁子阳甲，阳甲弟盘庚，凡七世都耿矣。《殷本纪》云，祖乙迁于邢。

契始封商，八迁而都亳；汤以七十里而有天下，此兴王本根之地，不可轻去者也。子孙无远虑，往往轻徙，曰嚣，曰相，曰耿，皆际河之境，

31

土丰物饶，人所共趋。常人之心，知利而不知害，虽数圮于水，安土而惮迁。盘庚，贤君也，为民避患，决迁殷之计，自是高宗祖甲相继百年，殷邦嘉靖其后。武乙复迁河北，国渐衰敝，至纣竟以奢淫而亡，是以知盘庚之远虑，岂不贤哉。

诰体亦不同。《汤诰》《盘庚》《大诰》《酒诰》《多士》《多方》《康王之诰》七篇，乃诰之正体。《仲虺之诰》首尾皆陈于汤之辞，因以晓其臣民众庶，故亦曰诰。立政，主告成王，任用贤材之道，因群臣百官咸在，则训而兼诰者也。《西伯戡黎》，祖伊告纣，亦曰诰。《微子》谋于箕子、比干，亦曰诰。《康诰》《梓材》，俱武王诰命康叔之辞。《召诰》《洛诰》，周召二公经营洛邑，进告成王之辞。《君奭》，周公留召公之辞。凡此，或臣告君，或君告臣，或臣自相告，皆入诰体，则诰之变例也。

（清）库勒纳等撰《日讲书经解义》卷五《商书·盘庚上》

《盘庚上》。

盘庚，乃有商之君。自成汤都亳以来，世有河患，国都屡迁。至祖乙都耿，盘庚时，又圮于河水，故欲迁都于殷以避之。其时，小民荡析离居，而世家大族安土重迁，胥为浮言以惑民听。盘庚不驱以威，不迫以刑，而反覆开谕，使之自悟，作诰三篇，此则其上篇也。

（元）陈师凯《蔡氏传旁通》卷三《盘庚上》

祖乙都耿，圮于河，水盘庚欲迁于殷。

自祖乙至盘庚，居耿者七世。《史记索隐》曰河东皮氏有耿乡。《史记正义》曰，绛州龙门县东南十二里，有耿城。殷，今河南偃师也。

（明）梅鷟《尚书考异》卷五《盘庚》

《左传》引此篇云"盘庚之诰"，马云不云"盘庚诰"何？非但录其诰也取其徙而立功，故以《盘庚》名篇，则马氏犹未尝分为三篇，从伏生旧也。郑玄云"盘庚上"篇，是盘庚为臣时事。《史记》云，盘庚崩，弟小辛立，殷复衰，百姓思盘庚，乃作《盘庚》三篇。则史迁、郑玄皆

已依先汉古文也。

（清）朱鹤龄《尚书埤传》卷八《商书·盘庚》

《盘庚》。

邹季友曰，按《左传》引此篇云，《盘庚》之诰则三篇皆诰辞。朱子谓，殷盘、周诰不可解。今蔡传于盘诰诸篇阙疑处甚少，恐非朱子本意，读者于其强通处略之可也。王柏曰，契始封于商，八迁而后都亳。汤以七十里有天下，此兴王之本，后世子孙不可轻去者也。是时，滨河之郡，近古冀都，壤沃土丰，民稠物阜，人之所共趋。亳在中土，去河稍远，汤始大而未盛，子孙无远虑，往往轻徙。曰嚣（音敖），曰相，曰耿，曰邢，皆以河为境。常人知利而不知害，虽数有水祸时圮而不悔者，正以厚利而夺其避患之心也。盘庚，贤君也，不忍民之相胥沦垫，治亳殷而归于先王创业之都，非为己利也，为民避患也，故其言诰戒谆勤而无怒民之意。又以小民之惮远迁者，皆世家巨室溺于货贿，动以浮言扇惑，故诰其臣特详。自是高宗、祖甲相继百年，殷邦乂安。其后武乙复迁河北，国内衰敝，至纣而亡，以是知盘庚之能虑远贤于祖乙诸君也。

（清）王夫之《尚书稗疏》卷三《商书·盘庚》

盘庚迁于殷，殷在盘庚以前称商而不称殷。殷者，盘庚以所迁之邑为号也。殷墟之在淇县，见于经史者班班可考。虽以姚馥老羌，亦知朝歌之为殷。而朱子曰，殷者，亳之别名。蔡氏曰，殷在河南偃师。何其疏而不察耶？殷之为字，本或作"鄎"，音于机反。古者因依声近，转借为"殷"，其地之在河北沬水之滨，罗长源考之已确。朱、蔡不审，涉河以民迁之文，误以涉河而北为涉河而南，盖惑于书序。祖乙圮于耿连属，盘庚五迁之上，乃不知有祖辛迁庇，南庚迁奄之事。而《盘庚》所云"我王来"者，谓南庚来奄，而非谓祖乙来耿也。大河在商至大伾而北流。奄在河南，使盘庚迁亳，无事涉河矣。序云，盘庚五迁，倘无奄、庇二都不足五迁之数。孔氏以汤居亳，我往居亳，当五迁之二，则汤固居亳，不得云迁。而盘庚誓众之日，尚未迁之于新邑，亦不得云"于今五邦"。缘祖辛、南庚虽迁而无诰众之书，故书序略而不纪。孔氏泥于序，而屈经五

33

邦之明文以从之，其亦陋矣。蔡氏亦疑盘庚之前当有五迁，而以《史记》祖乙迁邢当之，乃其以汤所旧居之亳为一迁，则弊与孔同。若书序谓之亳殷者，或亦承讹。而自盘庚迁殷之后，既未尝有再迁沬都之事，直至于纣终，始称殷，则纣所居，武王所克之殷，即盘庚所迁之殷可知已。且经之称述先王，以警臣民者不一而足，使返居汤之故都，则当昌，言此为兴王之地。烈祖缔造之艰难，宜在先复以为饬正浮言之大义，何乃幽质鬼神，而不一述旧德先畴也哉。况汤居亳而号商，盘庚反亳而践汤之迹，固不宜革故号以作民疑。惟殷本为鄩，而地在沬邑，故可就新邑，以立新名，而示更始，则殷在河南之说，其误明矣。

（清）孙之骒辑《尚书大传》（辑本）补遗

《大传》引《盘庚》曰，若德明哉，汤任父言卑应言。

盘庚迁于殷

1.（汉）孔氏传、（唐）陆德明音义、孔颖达疏《尚书注疏》卷八《商书·盘庚上》

盘庚迁于殷。

传，亳之别名。

疏，正义曰，盘庚欲迁于亳之殷地。

传正义曰，此序先亳后殷，亳是大名，殷是亳内之别名。郑玄云，商家自徙此，而号曰殷。郑以此前未有殷名也。中篇云"殷降大虐"，"将迁于殷"，先正其号名，知于此号为殷也。虽兼号为殷，而商名不改，或称殷，又有兼称"殷商"。《商颂》云"商邑翼翼"，"挞彼殷武"，是单称之也。又《大雅》云"殷商之旅"，"咨汝殷商"，是兼称之也。亳，是殷地大名，故殷社谓之亳社。其亳，郑玄以为偃师；皇甫谧以为梁国谷熟县；或云济阴亳县。说既不同，未知谁是。

2.（宋）苏轼《书传》卷八《商书·盘庚上第九》

盘庚迁于殷，民不适有居。

祖乙圮于耿，盘庚不得不迁，而小人怀土，故不肯适新居。

3.（宋）林之奇《尚书全解》卷十八《商书·盘庚上》

盘庚迁于殷，民不适有居，率吁众戚，出矢言，曰，我王来，既爰宅于兹，重我民，无尽刘，不能胥匡以生。卜稽曰，其如台。

适，之也，言盘庚将迁于亳殷之地，而民不肯之殷有邑居也。率吁众戚者，先儒以"吁"训"和"。苏氏曰，盘庚知民怨，故呼众忧之人，而诰誓之。窃谓，苏说胜。《秦誓》曰"无辜吁天"，则"吁"之为"呼"，盖常训也。矢，陈也，与"皋陶矢厥谟""夫子矢之"之"矢"同，盖陈其所以迁都之意而告之也。先儒以为出正直之言，则其意失矣。我王，盖指祖乙也，言祖乙自相而来，既已居于此耿地，耿地既，圮将欲复迁于土厚水深之地，而不忍重劳民也，故曰"重我民，无尽刘"。刘，杀也，言民既劳矣，而又驱之，则几于尽致之死地，若有不忍之意也。既不忍劳民以迁，遂居于耿者五世。其地舄卤垫隘，民终不得安其居，是不能相正以生也。不能相正以生，我于是以卜而考之，而龟辞告我曰，此耿地无若我何，盖谓苟留居耿，则虽天命亦无如之何也。盖古者，将迁国邑，必以卜定之，如《绵》之诗曰"爰始爰谋，爰契我龟，曰止曰时，筑室于兹"。卫文公楚丘之迁，亦曰"降观于桑，卜云其吉，终焉允臧"。盖迁都大事也，必决之以鬼神之智，所以祈社稷无疆之永命也。《周官·太卜》"国大迁、大师，则贞龟"，盖凡卜筮之事，无如迁都之为重也。

4.（宋）史浩《尚书讲义》卷九《商书·盘庚上》

《盘庚上》。

盘庚迁于殷，民不适有居，率吁众戚，出矢言，曰，我王来，既爰宅于兹重我民，无尽刘，不能胥匡以生，卜稽，曰其如台。先王有服，恪谨天命，兹犹不常宁，不常厥邑，于今五邦，今不承于古，罔知天之断命，矧曰其克从先王之烈。若颠木之有由蘖，天其永我命于兹新邑，绍复先王之大业,底绥四方。

盘庚之迁于亳,民已去亳日久,怀安而不知后害,故皆不肯适其新居。盘庚乃率聚吁呼其忧戚之众,出誓言以告之,曰,我王祖乙之迁,既宅于耿,耿圮当迁,乃不忍曰民劳矣,无尽致之死,言其始意未尝欲迁也。然民终不能相救以生,乃卜以考之曰,彼之圮者,天也,其如我何?先王有服者,言自成汤以来五服之地,悉惟商有何所不可为都,而所以恪谨天命,不敢宁居。河屡决而邑屡迁,于今五邦,而终不敢远亳以居,实由念我先王受命始于亳故也。宗庙、坟陵在于亳故也。我若不承古以复先王之故都,民愈无所依凭,天将绝命于我不可知也。矧若从先王之烈迁于新邑,则如颠木之有由蘖。夫木之就蘖,日见焦枯尔,若仆于土,则有再生之望。今不迁,则就死而已。苟迁之,天其或者再永其命,使我绍复先王之大业也。昔成王作东都,其后宣王中兴,复会诸侯于此,天下之喜可知也。想夫商之先祖,幸盘庚有迁亳之心。七庙之神灵将于此乎再安,畿甸之民庶将于此乎还定,天下之诸侯将于此乎和会矣。则"底绥四方",盖理之必然者,其为利,岂不一劳而永逸乎?

5.(宋)夏僎《尚书详解》卷十三《商书·盘庚上》

《盘庚上》。

盘庚迁于殷,民不适有居,率吁众戚,出矢言,曰,我王来既爱宅于兹,重我民,无尽刘,不能胥匡以生,卜稽,曰,其如台。

适,之也。盘庚将迁于亳殷之地,而民不肯之亳殷所有之邑居。盘庚,于是"率吁众戚,出矢言",以告之也。吁,呼也,与"无辜吁"同。矢,陈也,与"夫子矢之"之"矢"同,盖呼率众忧之人而出陈其誓言以告之也。我王,指祖乙也,言祖乙自相来居于此耿地者,其意将以安国势,定民居,重其民而不欲尽置之死地也。刘,杀也,故言"重我民无尽刘",犹言重我民,无尽置之死地也。然祖乙之初,虽欲安国定民,奈何居之既久,其地潟卤垫隘,民不能相正以生,故我今日谋欲从迁殷者,乃所以安尔众也,非劳尔众也。又况今日之事,又非盘庚私意,盖我有是心,以是心而稽之于卜,而卜之所言果曰,如我所欲迁,则是盘庚之迁,非私意矣,故继曰"卜稽曰其如台"。

6. (宋)时澜《增修东莱书说》卷十《商书·盘庚上第九》

(归善斋按,见"盘庚五迁,将治亳殷")

7. (宋)黄度《尚书说》卷三《商书·盘庚上》

盘庚迁于殷,民不适有居,率吁众戚,出矢言,曰,我王来,既爰宅于兹,重我民无尽刘,不能胥匡以生,卜稽,曰其如台。

民不趋令适新邑之居,吁和戚忧,久皆重迁,若曰,可与乐成,难与虑始,勿恤可也。然古人终不肯违众而独举,以智力求济,率和悦众忧,必使尽知其为不可不迁而听命焉。矢,直,直写己之情也。或曰,矢誓,要质之于鬼神也。我王祖乙,爰于宅居兹,谓邢也。刘,杀。耿圮迁邢。邢,山国,所谓适于山也。耿为水所圮,于是来宅于此。今其事变患害已,至重吾民,无尽杀,为其不能相正以生也。我于龟以稽疑,龟告如我谋。

8. (宋)袁燮《絜斋家塾书钞》卷六《商书·盘庚上》

《盘庚上》。

盘庚迁于殷,民不适有居,率吁众戚,出矢言,曰,我王来,既爰宅于兹,重我民,无尽刘,不能胥匡以生,卜稽,曰,其如台。

"民不适有居",盘庚欲迁而民不肯往也。以万乘之主,欲有所为,而天下之民,自不肯去,由此观之,人主之势岂可恃哉?所以《孟子》谓,"民为贵,社稷次之,君为轻"。吁,呼也。戚,忧也。矢,直也。其直如矢,故谓之"矢言",呼众人而以直言告之,谓自我王祖乙以来,爰居于此。此者,指耿邑而言也。当时,耿邑圮坏,祖乙亦曾要迁,而当时之民亦尝不从。自常情论之,上有所为而民不从,尽虞刘之可也。祖乙重民,不忍遽加虔刘,所以隐忍在此。然民之不能胥匡以生,则甚矣。水患如此,都邑圮坏,民皆靡衣偷食,朝不及夕,而又何暇相匡正,得其生生之道哉。民既"不能胥匡以生",故我今日,不得不迁。我尝稽之于卜,又皆尽如我之意,故曰"其如台"。此一句,不可轻看。谓之"其如台",盖盘庚之心,既自晓然,见其不可不迁。我之志先定,然后谋之鬼神,鬼神与我合,则其当迁明矣。所谓"官占惟先蔽志,昆命于元龟;朕志先定,询谋佥同;鬼神其依,龟筮协从"。如当时舜

37

欲以天下授禹，舜志先定矣，故从而卜焉，则龟筮协从。盘庚之迁都，亦其志先定，故稽之龟筮，则如我之心。古人卜筮不与后世同。后世皆是疑似不能自决，故决之于鬼神，不知龟筮之心，即我之心也。我之心不定，则彼之吉凶，亦安得而定，所以其吉凶皆不可信。"卜稽，曰，其如台"，此两句，万世卜筮之大法也。

9.（宋）蔡沈《书经集传》卷三《商书·盘庚上》

盘庚迁于殷，民不适有居，率吁众戚，出矢言。

吁，音喻。殷在河南偃师。适，往；吁，呼；矢，誓也。史臣言，盘庚欲迁于殷，民不肯往适有居。盘庚率呼众忧之人，出誓言以喻之，如下文所云也。周氏曰，商人称殷，自盘庚始。自此以前惟称商，自盘庚迁都之后，于是殷商兼称，或只称殷也。

10.（宋）黄伦《尚书精义》卷十九《商书·盘庚上》

《盘庚上》。

盘庚迁于殷，民不适有居，率吁众戚，出矢言，曰，我王来，既爰宅于兹，重我民无尽刘，不能胥匡以生，卜稽，曰，如如台。

无垢曰，盘庚知民心忧戚不从，于是呼众忧之人，出誓言以告之曰，我先王祖乙来居于耿。耿有水圮之患，是当迁矣，又重念自仲丁以来四传而三迁，民亦劳矣。倪不是之恤而复迁都，是尽杀之也，故因陋就寡，邑居于耿，越七世而未迁，然而终不能相正以生，岁岁为水作苦。其可不迁乎？倪因循苟简，水害日深，民俗日弊，终至亡国而后已。盘庚虽意见如此，又不敢自以为是，及卜之著龟以考去留，而著龟所告乃知我之意，以为不可不迁也。

张氏曰，率之者，强之使从已也；吁之者，和之使无怨也。其所以率吁众戚，必出矢言。矢，直也，直言其和而曰。"我王来既爰宅于兹"者，言我商家王天下以来，尝迁而宅于此矣。汤之居亳，谓之从先王居，则商先王故居亳矣。今盘庚复自耿而徙居焉，不忘先王之居而已。先王之所以宅此者，盖以重我民之故，使之违害就利，而即于安宁之域，无尽至于死亡故也。为卜以稽其疑，吉卜而可迁矣。今民反曰，卜稽其如我何，非特明不从于人幽，且不从于鬼神矣。民愚如此，诚所可诛。盘庚不诛而教之者，盖以民迷日久，不可遽施以刑罚故也。

东莱曰，天下之怨。惟先顺其意，使他心平气定，然后善言可入，若不顺他意，而必以至理逆忤其心，则彼悍然且与盘庚作敌之意不暇，尚何以使之信其言，而从其迁耶。惟盘庚谓，尔怨故是我先王亦曾宅于此，了他之怨已息，方以正理导之，然未尝固执不知权变，可迁即迁而已。我先王非不知水患之圮坏尔民，然而不肯使迁者，重尔民命，不忍尽遗害尔民之故。以此见因陋就简，不能相正救，使尔往就生处。及我稽之于卜，又如我志，于是不得不迁也。

11. （宋）陈经《尚书详解》卷十六《商书·盘庚上》

盘庚迁于殷，民不适有居，率吁众戚，出矢言，曰，我王来，既爰宅于兹，重我民，无尽刘，不能胥匡以生，卜稽，曰其如台。

盘庚欲迁殷，而民不往从其所欲居。盘庚于是乎，率呼众忧之人，而出直言以告之，我王祖乙之来此耿邑，则既居于此矣，亦惟爱重我民，而不忍尽杀害。之所以去害就利，而迁于耿，岂意耿邑复有河患，汝民复不能相正以趋生生之理。予既考之于卜，亦如我之谋，则人谋鬼谋皆相契合，我之迁可以无疑矣。商俗尚神，三复聱牙之书，大率以鬼神为言。上篇曰卜稽，中篇之说尤详，下篇曰肆上帝，将复我高祖之德，其本一也。

12. （宋）钱时《融堂书解》卷七《商书·盘庚上》

盘庚迁于殷，民不适有居，率吁众戚，出矢言，曰，我王来既爰宅于兹，重我民，无尽刘，不能胥匡以生，卜稽，曰，其如台。先王有服，恪谨天命，兹犹不常宁。不常厥邑，于今五邦。今不承于古，罔知天之断命，矧曰其克从先王之烈，若颠木之有由蘖，天其永我命于兹新邑，绍复先王之大业，底绥四方。

有居，指亳也。民荡析离居，故指新邑为有居也。于兹，指亳殷也。《史记》首书迁于殷，与此"于兹"正相应。兼下有"于兹新邑"之文，则此"于兹"，指亳甚明。尽，子忍切，尽也。谓我成汤以来，既爰宅于亳矣，非我今日创为此也。为重我民命，无使尽沉沦于死地，而不能相正救，以全其生。断命，断然一定之命也。亳，先王故都，实开基立国之地，故曰"先王之大业"也。

13. （宋）魏了翁《尚书要义》

原缺。

14. （宋）陈大猷《书集传或问》卷上《商书·盘庚上》

(归善斋按，未解)

15. （宋）胡士行《尚书详解》卷五《商书·盘庚上第九》

《盘庚》。

盘庚迁于殷，民不适（之）有居（殷）。

商之迁屡矣，而前数君未闻委曲告谕者，风俗日不如前之淳厚。盘庚不临以势而训以书，厚之至也。

16. （元）吴澄《书纂言》卷三《商书·盘庚》

盘庚迁于殷，民不适有居，率吁众戚，出矢言，曰，我王来，既爱宅于兹，重我民，无尽刘，不能胥匡以生，卜稽，曰，其如台。

殷，亳都也，在河南偃师。适，往；吁，呼；矢，誓也。我王，指祖乙；兹，指当时所都而言也。刘，杀；稽，与"叶"通，问卜也。盘庚欲迁于殷，民不肯往适有居，率呼众忧之人，出誓言而曰，我王祖乙来都于此，固重我民之生，非欲尽致之死地也。今不幸荡析离居，不能相救以生，则当卜以稽之，曰其如之何也，岂可不信卜而轻迁之也哉。意者，盘庚之迁卜之不吉，而盘庚必于迁，故民之不肯迁者，以此为言。

17. （元）陈栎《书集传纂疏》卷三《朱子订定蔡氏集传·商书·盘庚上》

盘庚迁于殷，民不适有居，率吁众戚，出矢言。

殷在河南偃师；适，往；吁，呼；矢，誓也。史臣言，盘庚欲迁于殷，民不肯往适有居，盘庚率呼众忧之人，出誓言以喻之，如下文所云也。周氏曰，商人称殷自盘庚始，自此以前惟称商，自盘庚迁都之后，于是殷、商兼称，或只称殷也。

18.（元）许谦《读书丛说》卷五

原缺。

19.（元）董鼎《书传辑录纂注》卷三《商书·盘庚上》

盘庚迁于殷，民不适有居，率吁众戚，出矢言。

殷，在河南偃师。适，往；吁，呼；矢，誓也。史臣言，盘庚欲迁于殷，民不肯往适有居。盘庚率呼众忧之人，出誓言以喻之，如下文所云也。周氏曰，商人称殷，以盘庚始。自此以前，惟称商，自盘庚迁都之后，于是殷商兼称，或只称殷也。

20.（元）朱祖义《尚书句解》卷五《商书·盘庚上第九》

《盘庚》。

盘庚迁于殷，民不适有居（民不肯往亳殷所有之邑居）。

21.（明）王樵《尚书日记》卷八《商书·盘庚上》

"盘庚迁于殷"至"出矢言"。

孔氏曰，殷，亳之别名。正义曰，郑玄云，商家自徙此，而号曰殷。郑以此前未有殷名也。中篇云，殷降大虐，将迁于殷，先正其号名，知于此号为殷也。虽兼号为殷，而商名不改，或称殷又有兼称殷商。《商颂》云"商邑翼翼，挞彼殷武"，是单称之也。又《大雅》云"殷商之旅"，"咨汝殷商"，是兼称之也。亳，是殷地大名，故殷社谓之亳社。亳说见《汤诰》。吁，呼也。矢，誓也。金氏曰，迁于殷，则宗庙朝市皆已攻造，但民未肯往有其居耳。众戚，民之以迁为忧者。

22.（清）库勒纳等撰《日讲书经解义》卷五《商书·盘庚上》

盘庚迁于殷，民不适有居，率吁众戚，出矢言，曰，我王来，既爰宅

41

于兹，重我民，无尽刘，不能胥匡以生，卜稽，曰，其如台。

此一章书，乃盘庚以迁都之事，告谕臣民也。殷，今河南偃师地；适，往也。率，总也。呼，呼也。众戚，忧戚之众也。矢言，誓言也。我王，指祖乙也。宅，居也。兹，指耿而言；刘杀也。胥匡，相救也。史臣记其事曰，盘庚将迁于殷，意在乂安百姓。乃百姓惑于浮言，不肯往适安居之地，于是盘庚率呼众忧戚之人，出誓言以谕之，其言曰，我先王祖乙来都于此，盖以此地可居，重我民之生命耳。岂预知今日之水患，而尽置之死地乎？民适不幸罹此灾害，流离散处，不能相救以安其生。此岂人谋，良由天意。我于是以迁都之事稽之于卜，亦曰，此地昏垫已甚，我亦无如之何，则耿之不可奠居，而当迁也，明矣。

民不适有居

1.（汉）孔氏传、（唐）陆德明音义、孔颖达疏《尚书注疏》卷八《商书·盘庚上》

民不适有居。

传，适，之也，不欲之殷有邑居。

疏，其民不欲适彼殷地，别有邑居。

传正义曰，《释诂》云，适，之，往也，俱训为"往"，故"适"得为"之"。不欲往彼殷地，别有新邑居也。

2.（宋）苏轼《书传》卷八《商书·盘庚上第九》

（归善斋按，见"盘庚迁于殷"）

3.（宋）林之奇《尚书全解》卷十八《商书·盘庚上》

（归善斋按，见"盘庚迁于殷"）

4.（宋）史浩《尚书讲义》卷九《商书·盘庚上》

《盘庚上》。

(归善斋按，见"盘庚迁于殷")

5.（宋）夏僎《尚书详解》卷十三《商书·盘庚上》

(归善斋按，见"盘庚迁于殷")

6.（宋）时澜《增修东莱书说》卷十《商书·盘庚上第九》

(归善斋按，见"盘庚五迁，将治亳殷")

7.（宋）黄度《尚书说》卷三《商书·盘庚上》

(归善斋按，见"盘庚迁于殷")

8.（宋）袁燮《絜斋家塾书钞》卷六《商书·盘庚上》

(归善斋按，见"盘庚迁于殷")

9.（宋）蔡沈《书经集传》卷三《商书·盘庚上》

(归善斋按，见"盘庚迁于殷")

10.（宋）黄伦《尚书精义》卷十九《商书·盘庚上》

(归善斋按，见"盘庚迁于殷")

11.（宋）陈经《尚书详解》卷十六《商书·盘庚上》

(归善斋按，见"盘庚迁于殷")

12.（宋）钱时《融堂书解》卷七《商书·盘庚上》

(归善斋按，见"盘庚迁于殷")

13.（宋）魏了翁《尚书要义》

原缺。

14.（宋）陈大猷《书集传或问》卷上《商书·盘庚上》

(归善斋按，未解)

15.（宋）胡士行《尚书详解》卷五《商书·盘庚上第九》

(归善斋按，见"盘庚迁于殷")

16.（元）吴澄《书纂言》卷三《商书·盘庚》

(归善斋按，见"盘庚迁于殷")

17.（元）陈栎《书集传纂疏》卷三《朱子订定蔡氏集传·商书·盘庚上》

(归善斋按，见"盘庚迁于殷")

18.（元）许谦《读书丛说》卷五

原缺。

19.（元）董鼎《书传辑录纂注》卷三《商书·盘庚上》

(归善斋按，见"盘庚迁于殷")

20.（元）朱祖义《尚书句解》卷五《商书·盘庚上第九》

(归善斋按，见"盘庚迁于殷")

21.（明）王樵《尚书日记》卷八《商书·盘庚上》

(归善斋按，见"盘庚迁于殷")

22.（清）库勒纳等撰《日讲书经解义》卷五《商书·盘庚上》

（归善斋按,见"盘庚迁于殷"）

率吁众戚，出矢言

1.（汉）孔氏传、（唐）陆德明音义、孔颖达疏《尚书注疏》卷八《商书·盘庚上》

率吁众戚，出矢言。

传，吁，和也，率和众忧之人，出正直之言。

音义，吁，音喻。戚，千历反。

疏，莫不忧愁，相与怨上。盘庚率领和谐其众忧之人，出正直之言，以晓告。

传正义曰，吁，即裕也，是宽意，故为和也。忧则不和。戚，训"忧"也。故率和众忧之人，出正直之言。《诗》云"其直如矢"，故以矢言为正直之言。

2.（宋）苏轼《书传》卷八《商书·盘庚上第九》

率吁众戚，出矢言。

吁，呼也。矢，誓也。盘庚知民怨，故呼众忧之人而告誓之。

3.（宋）林之奇《尚书全解》卷十八《商书·盘庚上》

（归善斋按，见"盘庚迁于殷"）

4.（宋）史浩《尚书讲义》卷九《商书·盘庚上》

（归善斋按，见"盘庚迁于殷"）

5. （宋）夏僎《尚书详解》卷十三《商书·盘庚上》

（归善斋按，见"盘庚迁于殷"）

6. （宋）时澜《增修东莱书说》卷十《商书·盘庚上第九》

率吁众戚，出矢言，曰我王来，既爰宅于兹，重我民，无尽刘，不能胥匡以生，卜稽，曰，其如台。先王有服，恪谨天命，兹犹不常宁。不常厥邑，于今五邦。今不承于古，罔知天之断命，矧曰，其克从先王之烈，若颠木之有由蘖。天其永我命于兹新邑，绍复先王之大业，底绥四方。

"率吁众戚"，吁，呼也。戚，忧也。呼与我同忧迁都之事者，使之来，而出直言以告之也。自我先王以来，爰宅于兹。先王，祖乙也。兹，耿也。先王非不知水患之圮坏，不肯即迁者，重尔民命，不忍尽虐刘，所以因循就简。此盘庚杀民之怒，天下之怒，先有以顺之，使之心平气定，然后善言可入。若首以正理忤其心，则反激之悍然而作敌，尚安能使之信邪。盘庚先言尔怒固宜，我先王固尝宅于此，奈今日不能相正以生，岂得而不迁乎。柔行巽入，徐以正理告之。观此数语，若即百姓胥怨之言为之发泄，其本心怨气已有所宣矣。而生者又人心之所重也，乃自其所重，以及当迁之事，乃稽于卜，亦如我志。况我先王有无疆之大历服，恪敬天命，犹不常宁，不常厥邑，至此凡五迁矣。今若不承于古，如先王之当迁则迁，是不知天之断命也。断命者，断然之命。耿有水患，乃天意也。天以水患，圮坏耿邑，是天命断然尔，民之生不在此矣。天尚不知畏，况从先王乎。又引喻以晓之云，我视耿邑，若木已枯，必无生理，必别有以萌芽，培植之乃可再生耳。谓得新邑而都之，生之理也。天永我命于新邑，使我复先王之大功业。"底绥四方"，京师，诸夏之根本。京师既定，则四方自宁也。

7. （宋）黄度《尚书说》卷三《商书·盘庚上》

（归善斋按，见"盘庚迁于殷"）

8. （宋）袁燮《絜斋家塾书钞》卷六《商书·盘庚上》

(归善斋按，见"盘庚迁于殷")

9. （宋）蔡沈《书经集传》卷三《商书·盘庚上》

(归善斋按，见"盘庚迁于殷")

10. （宋）黄伦《尚书精义》卷十九《商书·盘庚上》

(归善斋按，见"盘庚迁于殷")

11. （宋）陈经《尚书详解》卷十六《商书·盘庚上》

(归善斋按，见"盘庚迁于殷")

12. （宋）钱时《融堂书解》卷七《商书·盘庚上》

(归善斋按，见"盘庚迁于殷")

13. （宋）魏了翁《尚书要义》

原缺。

14. （宋）陈大猷《书集传或问》卷上《商书·盘庚上》

(归善斋按，未解)

15. （宋）胡士行《尚书详解》卷五《商书·盘庚上第九》

率（皆）吁（呼）众戚（忧迁之人），出矢（直）言，曰，我王（祖乙）来，既爰宅于兹（耿），重我民，无尽刘（杀）。不能胥匡（正）以生，卜稽，曰，其如台？

盘庚呼怨咨之人而告之曰，自祖乙来都耿，水圮而未即迁者，不忍虐刘我民也，然终不能相正以生，则不得不迁矣，故卜以稽之而曰，如我所志也。

16. （元）吴澄《书纂言》卷三《商书·盘庚》

(归善斋按，见"盘庚迁于殷")

17. （元）陈栎《书集传纂疏》卷三《朱子订定蔡氏集传·商书·盘庚上》

18. （元）许谦《读书丛说》卷五

原缺。

19. （元）董鼎《书传辑录纂注》卷三《商书·盘庚上》

(归善斋按，见"盘庚迁于殷")

20. （元）朱祖义《尚书句解》卷五《商书·盘庚上第九》

率吁众戚（盘庚皆呼众忧之人），出矢言（出陈誓言以告之）。

21. （明）王樵《尚书日记》卷八《商书·盘庚上》

(归善斋按，见"盘庚迁于殷")

22. （清）库勒纳等撰《日讲书经解义》卷五《商书·盘庚上》

(归善斋按，见"盘庚迁于殷")

曰，我王来，既爰宅于兹

1. （汉）孔氏传、（唐）陆德明音义、孔颖达疏《尚书注疏》卷八《商书·盘庚上》

曰，我王来，既爰宅于兹。

传，我王祖乙居耿。爰，于也，言祖乙已居于此。

疏，曰，我先王初居此者，从旧都来，于是宅于此地。

传正义曰，孔以祖乙圮于相地，迁都于耿，今盘庚自耿迁于殷，以我王为祖乙，此谓耿也。

2.（宋）苏轼《书传》卷八《商书·盘庚上第九》

曰，我王来，既爰宅于兹，重我民，无尽刘。不能胥匡以生，卜稽，曰，其如台。先王有服，恪谨天命。兹犹不常宁，不常厥邑，于今五邦。今不承于古，罔知天之断命。矧曰其克从先王之烈。

爰，于也。刘，杀也。匡，救也。我先王祖乙，既宅于耿，耿圮欲迁而不忍，曰民劳矣，无尽致之，死然民终不能相救以生，乃稽之卜，曰，是圮者。无若我何，我先王自汤以来，奄有五服，以谨天命之故，犹不敢宁居迁者，五邦矣。今若不承古而迁，则天其断弃我命，况能从先王之烈乎？

3.（宋）林之奇《尚书全解》卷十八《商书·盘庚上》

（归善斋按，见"盘庚迁于殷"）

4.（宋）史浩《尚书讲义》卷九《商书·盘庚上》

（归善斋按，见"盘庚迁于殷"）

5.（宋）夏僎《尚书详解》卷十三《商书·盘庚上》

（归善斋按，见"盘庚迁于殷"）

6.（宋）时澜《增修东莱书说》卷十《商书·盘庚上第九》

（归善斋按，见"率吁众戚，出矢言"）

7.（宋）黄度《尚书说》卷三《商书·盘庚上》

（归善斋按，见"盘庚迁于殷"）

8. (宋)袁燮《絜斋家塾书钞》卷六《商书·盘庚上》

(归善斋按,见"盘庚迁于殷")

9. (宋)蔡沈《书经集传》卷三《商书·盘庚上》

曰,我王来,既爱宅于兹,重我民,无尽刘,不能胥匡以生,卜稽曰,其如台。

尽,子忍反。"曰",盘庚之言也。刘,杀也。盘庚言,我先王祖乙来都于耿,固重我民之生,非欲尽致之死也。民适不幸,荡析离居,不能相救以生。稽之于卜,亦曰,此地无若我何,言耿不可居,决当迁也。

10. (宋)黄伦《尚书精义》卷十九《商书·盘庚上》

(归善斋按,见"盘庚迁于殷")

11. (宋)陈经《尚书详解》卷十六《商书·盘庚上》

(归善斋按,见"盘庚迁于殷")

12. (宋)钱时《融堂书解》卷七《商书·盘庚上》

(归善斋按,见"盘庚迁于殷")

13. (宋)魏了翁《尚书要义》

原缺。

14. (宋)陈大猷《书集传或问》卷上《商书·盘庚上》

(归善斋按,未解)

15. (宋)胡士行《尚书详解》卷五《商书·盘庚上第九》

(归善斋按,见"率吁众戚,出矢言")

16. （元）吴澄《书纂言》卷三《商书·盘庚》

(归善斋按，见"盘庚迁于殷")

17. （元）陈栎《书集传纂疏》卷三《朱子订定蔡氏集传·商书·盘庚上》

曰，我王来，既爰宅于兹，重我民，无尽刘，不能胥匡以生，卜稽曰，其如台。

"曰"，盘庚之言也。刘，杀也。盘庚言，我先王祖乙来都于耿，固重我民之生，非欲尽致之死也。民适不幸，荡析离居，不能相救以生，稽之于卜，亦曰，此地无若我何，言耿不可居，决当迁也。

纂疏：

愚按，"既爰宅于兹"以下，疑有阙文。兹，指耿邑，当有述水患之语，然后继以"重我民，无尽刘"，方近人情。"其如台"，疑命龟之辞。此句上下亦必有阙文。

林氏曰，古者迁国必卜。《绵》诗曰"爰契我龟"；卫迁楚邱，亦曰"降观于桑，卜云其吉"是也。

18. （元）许谦《读书丛说》卷五

原缺。

19. （元）董鼎《书传辑录纂注》卷三《商书·盘庚上》

曰，我王来，既爰宅于兹，重我民，无尽刘，不能胥匡以生，卜稽，曰，其如台。

"曰"，盘庚之言也。刘，杀也。盘庚言，我先王祖乙来都于耿，固重我民之生，非欲尽致之死也。民适不幸，荡析离居，不能相救以生，稽之于卜，亦曰，此地无若我何，言耿不可居，决当迁也。

纂注：

新安陈氏曰，"既爰宅于兹"以下，疑有阙文。兹，指耿邑，当有说水患之语，然后继以"重我民无尽刘"。今所以欲迁者，盖重我民生，无尽杀之。此地之理，此地荡析于水，既君民不得相正以生矣，所以卜以稽之，而必迁也。

孔氏曰，"其如台"，其如我所行。

林氏曰，古者将迁国，必考之卜，如《绵》诗曰"爰始爰谋，爰契我龟，曰止曰时，筑室于兹"；卫文楚邱之迁，亦曰"降观于桑，卜云其吉"是也。

20.（元）朱祖义《尚书句解》卷五《商书·盘庚上第九》

曰，我王来（言我王祖乙自相来），既爰宅于兹（既于是居于此耿地）。

21.（明）王樵《尚书日记》卷八《商书·盘庚上》

"曰，我王来"至"其如台"。

"曰"，盘庚之言也。刘，杀也。言我先王祖乙来都于耿，固重我民之生，岂虞有今日之事，置于尽杀之地，民适不幸，罹于水灾，邑居圮坏荡析，而闾党不能相联，离居而救援不能相及。爰稽之卜，亦曰，此地无若我何。言耿不可居决，当迁也。

22.（清）库勒纳等撰《日讲书经解义》卷五《商书·盘庚上》

（归善斋按，见"盘庚迁于殷"）

重我民，无尽刘

1.（汉）孔氏传、（唐）陆德明音义、孔颖达疏《尚书注疏》卷八《商书·盘庚上》

重我民，无尽刘。

传，刘，杀也。所以迁此，重我民，无欲尽杀故。

音义，尽，子忍反。

疏，所以迁于此者，为重我民，无欲尽杀故。

传正义曰，刘，杀，《释诂》文。水泉咸卤，不可行化，王化不行，杀民之道。先王所以决欲迁此者，重我民，无欲尽杀故也。

2. （宋）苏轼《书传》卷八《商书·盘庚上第九》

(归善斋按，见"我王来，既爰宅于兹")

3. （宋）林之奇《尚书全解》卷十八《商书·盘庚上》

(归善斋按，见"盘庚迁于殷")

4. （宋）史浩《尚书讲义》卷九《商书·盘庚上》

(归善斋按，见"盘庚迁于殷")

5. （宋）夏僎《尚书详解》卷十三《商书·盘庚上》

(归善斋按，见"盘庚迁于殷")

6. （宋）时澜《增修东莱书说》卷十《商书·盘庚上第九》

(归善斋按，见"率吁众戚，出矢言")

7. （宋）黄度《尚书说》卷三《商书·盘庚上》

(归善斋按，见"盘庚迁于殷")

8. （宋）袁燮《絜斋家塾书钞》卷六《商书·盘庚上》

(归善斋按，见"盘庚迁于殷")

9. （宋）蔡沈《书经集传》卷三《商书·盘庚上》

(归善斋按，见"我王来，既爰宅于兹")

10.（宋）黄伦《尚书精义》卷十九《商书·盘庚上》

(归善斋按，见"盘庚迁于殷")

11.（宋）陈经《尚书详解》卷十六《商书·盘庚上》

(归善斋按，见"盘庚迁于殷")

12.（宋）钱时《融堂书解》卷七《商书·盘庚上》

(归善斋按，见"盘庚迁于殷")

13.（宋）魏了翁《尚书要义》

原缺。

14.（宋）陈大猷《书集传或问》卷上《商书·盘庚上》

(归善斋按，未解)

15.（宋）胡士行《尚书详解》卷五《商书·盘庚上第九》

(归善斋按，见"率吁众戚，出矢言")

16.（元）吴澄《书纂言》卷三《商书·盘庚》

(归善斋按，见"盘庚迁于殷")

17.（元）陈栎《书集传纂疏》卷三《朱子订定蔡氏集传·商书·盘庚上》

(归善斋按，见"我王来，既爰宅于兹")

18.（元）许谦《读书丛说》卷五

原缺。

19.（元）董鼎《书传辑录纂注》卷三《商书·盘庚上》

20.（元）朱祖义《尚书句解》卷五《商书·盘庚上第九》

重我民（亦惟爱重我民），无尽刘（无尽杀害之置之死地也）。

21.（明）王樵《尚书日记》卷八《商书·盘庚上》

（归善斋按，见"我王来，既爰宅于兹"）

22.（清）库勒纳等撰《日讲书经解义》卷五《商书·盘庚上》

（归善斋按，见"盘庚迁于殷"）

（明）马明衡《尚书疑义》卷三《商书·盘庚》

重我民，无尽刘者，谓祖乙自相都耿，岂乐于迁哉？盖相都不便于民之甚。先王固重民命，而不使在耿之尽死也。孰知于兹，又不能胥匡以生，稽之于卜，乃曰，当如我之所图也。

不能胥匡以生，卜稽，曰其如台

1.（汉）孔氏传、（唐）陆德明音义、孔颖达疏《尚书注疏》卷八《商书·盘庚上》

不能胥匡以生，卜稽，曰其如台。
传，言民不能相匡以生，则当卜考于龟以徙，曰，其如我所行。
音义，稽，工兮反。台，音怡。
疏，先王以久居垫隘，不迁则死，见下民不能相匡正以生，故谋而来徙，以徙为善，未敢专决，又考卜于龟以徙。既获吉兆，乃曰，其如我所行欲徙之吉。

55

传正义曰，不徙所以不能相匡以生者，谓水泉沉溺，人民困苦，不能以义相匡正以生。又考卜于龟以徙，《周礼·太卜》大迁则贞龟，是迁必卜也。

2. （宋）苏轼《书传》卷八《商书·盘庚上第九》

(归善斋按，见"我王来，既爰宅于兹")

3. （宋）林之奇《尚书全解》卷十八《商书·盘庚上》

(归善斋按，见"盘庚迁于殷")

4. （宋）史浩《尚书讲义》卷九《商书·盘庚上》

(归善斋按，见"盘庚迁于殷")

5. （宋）夏僎《尚书详解》卷十三《商书·盘庚上》

(归善斋按，见"盘庚迁于殷")

6. （宋）时澜《增修东莱书说》卷十《商书·盘庚上第九》

(归善斋按，见"率吁众戚，出矢言")

7. （宋）黄度《尚书说》卷三《商书·盘庚上》

(归善斋按，见"盘庚迁于殷")

8. （宋）袁燮《絜斋家塾书钞》卷六《商书·盘庚上》

(归善斋按，见"盘庚迁于殷")

9. （宋）蔡沈《书经集传》卷三《商书·盘庚上》

(归善斋按，见"我王来，既爰宅于兹")

10. （宋）黄伦《尚书精义》卷十九《商书·盘庚上》

(归善斋按，见"盘庚迁于殷")

11.（宋）陈经《尚书详解》卷十六《商书·盘庚上》

(归善斋按,见"盘庚迁于殷")

12.（宋）钱时《融堂书解》卷七《商书·盘庚上》

(归善斋按,见"盘庚迁于殷")

13.（宋）魏了翁《尚书要义》

原缺。

14.（宋）陈大猷《书集传或问》卷上《商书·盘庚上》

(归善斋按,未解)

15.（宋）胡士行《尚书详解》卷五《商书·盘庚上第九》

(归善斋按,见"率吁众戚,出矢言")

16.（元）吴澄《书纂言》卷三《商书·盘庚》

(归善斋按,见"盘庚迁于殷")

17.（元）陈栎《书集传纂疏》卷三《朱子订定蔡氏集传·商书·盘庚上》

(归善斋按,见"我王来,既爰宅于兹")

18.（元）许谦《读书丛说》卷五

原缺。

19.（元）董鼎《书传辑录纂注》卷三《商书·盘庚上》

20.（元）朱祖义《尚书句解》卷五《商书·盘庚上第九》

不能胥匡以生（岂意耿邑复有河患,汝民不能相正以生生之理）,

卜稽，曰（我乃考之龟卜，卜之所言果曰），其如台（其如我所欲迁殷者）。

21.（明）王樵《尚书日记》卷八《商书·盘庚上》

（归善斋按，见"我王来，既爰宅于兹"）

22.（清）库勒纳等撰《日讲书经解义》卷五《商书·盘庚上》

（归善斋按，见"盘庚迁于殷"）

先王有服，恪谨天命，兹犹不常宁

1.（汉）孔氏传、（唐）陆德明音义、孔颖达疏《尚书注疏》卷八《商书·盘庚上》

先王有服，恪谨天命，兹犹不常宁。

传，先王有所服行，敬谨天命，如此尚不常安，有可迁辄迁。

音义，恪，苦角反。

疏，先王成汤以来，凡有所服行，敬顺天命，如此尚不常安，可徙则徙。

传正义曰，下云于今五邦，自汤以来数之，则此言先王，总谓成汤至祖乙也。先王有所服行，谓行有典法，言能敬顺天命，即是有所服行也。盘庚言，先王敬顺天命如此，尚不常安，有可迁辄迁，况我不能敬顺天命，不迁民必死矣，故不可不迁也。

2.（宋）苏轼《书传》卷八《商书·盘庚上第九》

（归善斋按，见"我王来，既爰宅于兹"）

3. （宋）林之奇《尚书全解》卷十八《商书·盘庚上》

先王有服，恪谨天命，兹犹不常宁。不常厥邑，于今五邦。今不承于古，罔知天之断命，矧曰其克从先王之烈。若颠木之有由蘖，天其永我命于兹新邑，绍复先王之大业，底绥四方。

言自汤以来，钦奉皇天之命，而不敢违，谓重卜筮之事而信之，凡有事则必谨天命而稽焉。其地虽未至于焉卤垫隘，犹且择利而动，至于今已有五邦矣。按，序曰"盘庚五迁，将治亳殷"，是自汤至于盘庚之迁并而数之，方及五迁。今此言"不常厥邑，于今五邦"，又继之以"今不承于古，罔知天之断命"，则是盘庚之前所迁者，既有五邦矣。考之前序，但有亳、嚣、相、耿之四邦，不知何以有"五邦"。若并数盘庚之迁以为五邦，则不惟其文势不应如此，而又所迁者乃复归于亳，谓之五迁，则可谓之五邦，则不可。故太史公谓，祖乙自耿迁于邢；而《汲冢记年》亦谓，祖乙迁于奄。此皆与序文相戾，不可以为据也。意者，自仲丁至于盘庚，更有一迁，而史家失之。盘庚据其当时所见而言之，故得其实。历世久远不可臆决也。夫商之先王，既恪谨天命，以取信于卜筮，"不常厥邑，于今五邦"，我既卜之于龟而曰，其如我何。今乃不能率尔臣民而迁，则是不能承先王"恪谨天命"之意，是"不承于古"也。不承于古，则是不知上天所断之命。盖天命汝以迁，而汝乃不迁，是违天命也。况此亳殷之地，乃我商家肇造基业之邦，实王业之所自始也。诚能往而居之，则是"从先王之烈"。

能从先王之烈，则是我商家既废而复兴，如既颠之木，由是而生蘖。蘖，盖木仆而更生者也。苏氏曰，木之蠹病者，虽勤于封殖，不能使复遂，既仆而蘖生之，然后有复盛之道。此言是也。惟天时、人事之间，盖有不得不迁者，如是，天将永我商家社稷无穷之命于此新邑。苟迁而居之，则可以"绍复先王之大业"，以绥安此四方之民。盖邦畿千里之民，得其所止，然后可以肇彼四海也。古者，先王之创业，垂统以贻万世无穷之业，必有根本之地。盖其王业之所自天命人心之所系。其子孙守之则兴；不能守之则废。汤之亳，文王、武王之酆、镐是也。按，太史公曰，殷自仲丁以来，废适而更立诸弟子，弟子或争相代立，比九世乱。夫此九世之乱，虽自于弟适争立，然亦由仲丁自亳迁于嚣之后，失成汤根本之地，故数百年间无有勃然兴者。盘庚既以耿地垫隘，遂复居于成汤之旧都，因其根本之地而据之，商家社稷于是复兴，信乎其能"绍复先王之大业，底绥四方"也。周自犬戎之乱，平王东迁，其后不复有还居酆镐之意，惟其失文、武根本之地，故东周之主，虽传数十世，而皆陵迟削弱，不得复起。齐、晋、秦、楚，迭执其柄。礼乐征伐，自诸侯出，而天子拥虚器于上，而不能自立。此无他，惟其不能守根本之地故也。是则盘庚之迁与不迁，实商家社稷安危强弱之所系，使其惑于浮言横议，而不克迁，则是亦一东周也。彼其所以丁宁告戒，敷心腹肾肠，而强其臣民以迁者，是岂得已而不已者哉。

4.（宋）史浩《尚书讲义》卷九《商书·盘庚上》

（归善斋按，见"盘庚迁于殷"）

5.（宋）夏僎《尚书详解》卷十三《商书·盘庚上》

先王有服，恪谨天命，兹犹不常宁。不常厥邑，于今五邦。今不承于古，罔知天之断命，矧曰，其克从先王之烈，若颠木之有由蘖。天其永我命于兹新邑，绍复先王之大业，底绥四方。

盘庚上既言今日之迁，乃稽诸卜，事也，谓我商家自成汤以来，凡有所事无不钦慎天命所在，未尝好为多事，然犹不能常安其居。自汤至今，且五迁都矣，则迁都之事岂得已而不已乎？盘庚既言先王迁都出于势之不得不然，故遂言我今日所都耿地，为水所圮，是天命已有一定不易之断矣。天命既有一定不易之断，傥盘庚不能顺古先王迁都之事，而视民利用迁，则是不知天之断命。天命且不能知，况能"从先王之烈，若颠木之有由蘖"乎？烈，业也。颠木，木之仆地者也。蘖，木之芽也。盖亳邑成汤之旧邑，成汤所以成商家莫大之业者，实在于此。其后嗣王，去亳迁于他邑，则亳邑废矣，如木之已仆也。盘庚谓，我若不顺故事而迁都亳邑，则天命且不我居，况能承先王成功之故地而居，使亳邑既废，如木之颠仆而复生芽蘖乎？盘庚言，今日若不迁，则上违天命，下废先王之业，故于下遂言，我今日迁都，非有他也，天将永我商家社稷无穷之命于此新邑，使我于此，继绍复兴先王之大业，以安定四方而已，故曰"天其永我命于此新邑，绍复先王之大业，底绥四方"。

6.（宋）时澜《增修东莱书说》卷十《商书·盘庚上第九》

（归善斋按，见"率吁众戚，出矢言"）

7.（宋）黄度《尚书说》卷三《商书·盘庚上》

先王有服，恪谨天命，兹犹不常宁。不常厥邑，于今五邦。

先王有所服行，敬谨天命，此犹不敢常宁。不常厥邑，至于今五邦矣。况今吾命民，不能胥匡以生，而岂敢怀安乎？五迁，必皆有故。迁都大事，宜皆有天命，然古人简质不以迁为难，故自契至汤八迁，自仲丁至祖乙四迁，民皆听命无异论。至盘庚之迁，而怨咨作安土之意，已不能如古矣。

8.（宋）袁燮《絜斋家塾书钞》卷六《商书·盘庚上》

先王有服，恪谨天命，兹犹不常宁。不常厥邑，于今五邦。今不承于古，罔知天之断命，矧曰，其克从先王之烈。

有服者，有此天下也。"嗣无疆大历服"，可见先王恪谨天命，兢兢业业，如此宜乎，灾变之可弭也，而犹不常宁，则不能常厥邑，至于今，盖五邦矣。我之德未能如先王，我安知得上天断然之命，又况其能从先王之功烈乎？故我不得不承于古，今日之迁，盖所以"承于古"也。

9.（宋）蔡沈《书经集传》卷三《商书·盘庚上》

先王有服，恪谨天命，兹犹不常宁。不常厥邑，于今五邦。今不承于古，罔知天之断命，矧曰，其克从先王之烈。

服，事也。先王有事，恪谨天命，不敢违越先王，犹不敢常安。不常其邑，于今五迁厥邦矣。今不承先王而迁，且不知上天之断绝我命，况谓其能从先王之大烈乎？详此言，则先王迁徙，亦必有稽卜之事。仲丁，河亶甲篇，逸不可考矣。五邦，汉孔氏谓，汤迁亳，仲丁迁嚣，河亶甲居

61

相，祖乙居耿，并盘庚迁殷为五邦。然以下文"今不承于古"文势考之，则盘庚之前当自有五迁。《史记》言，祖乙迁邢，或祖乙两迁也。

10.（宋）黄伦《尚书精义》卷十九《商书·盘庚上》

先王有服，恪谨天命，兹犹不常宁。不常厥邑，于今五邦。今不承于古，罔知天之断命，矧曰，其克从先王之烈，若颠木之有由蘖。天其永我命于兹新邑，绍复先王之大业，底绥四方。

无垢曰，先王有故事，谓自成汤以来，皆敬慎天命也。敬慎天命，宜有定居矣，然自太戊忽有"桑谷之变"，故仲丁迁于嚣，河亶甲居相，祖乙圮于耿，而我迁于殷，以继汤迁于亳之举。惟敬慎天命，傥天命有变，必迁都以应之。是敬慎天命犹不常宁，况不敬慎者，其能常宁乎？盖商家尚神，以谓岁有水患，是天不佑此邑，将有改卜之意。我当承天之意，劳苦迁都，以续天命。盖既已迁都，则朝廷官府，邑里民居，为之一变。若新受天命者，此亦弭灾变移造化之一术也。若旱而徙市，医而变气之理同。其理亦微妙矣。矧能绍复先王之业若颠木之再生乎，盖木已枯死，颠仆于地，其根生蘖，乃有再生之理。由蘖，新都也。傥或迁都，必有再生之理，则先王之大业可复绍而不绝，四方可安定而不摇。呜呼！天亦难知矣。而盘庚指以示人，若指泾渭之清浊，乌鹊之黑白，偃然不疑，其亦异矣。夫天下系人君之德如何耳，岂有居耿，天遽断绝其命，迁殷天乃长久其命乎？此阴阳术数家说，诳惑愚蒙者也。而盘庚乃昌言之，盖其意以谓，耿荡析离居之患，是天意不欲商居此地也。殷都，乃成汤兴王之地，天之眷佑，其在此乎？

张氏曰，恪则钦之，在于心也；谨则钦之，在于外也。先王常奉天以迁都，今不从我以迁，是不承于古矣。不承于古，则不承于天；不承于天，则逆天者也。逆天者，亡夫天所断制之命，我所不败知也。不知天之断命，则或至于流播殄灭其从先王之烈，若颠木之有由蘖乎？盖迁居新邑，然后足以更生，故有颠木由蘖之譬也。以不迁故"不克从先王之烈"，则其迁也，乃能"绍复先王之大业"，上能顺天命，下能从先王，然后足以"底绥四方"。"底绥四方"者，致四方于安宁之地也。

东莱曰，耿邑所以水患，乃天意也。天以水患圮坏耿邑，是天断然命尔民不得居于此而迁于彼也。今乃不然，是不畏天也。天尚不能畏，况能从先王乎？今之耿邑，若一株朽木，如何会有生理。惟朽木中别有一新萌芽，使土培之，乃可再活。今若即居耿邑，如何活得。惟得新邑而居之，汝乃可生。天已此将永我命于新邑，乃能绍复先王之大功业。

11.（宋）陈经《尚书详解》卷十六《商书·盘庚上》

先王有服，恪谨天命，兹犹不常宁。不常厥邑，于今五邦。今不承于古，罔知天之断命，矧曰，其克从先王之烈，若颠木之有由蘖。天其永我命于兹新邑，绍复先王之大业，底绥四方。

先王有所服行，无非恪谨天命。天命，即天理，谓顺天理而行，当迁即迁也。先王之慎天理如此，犹不常安宁。不常其邑居，至于今已五邦矣。今若不能承继古先王所以恪谨天命之意，而徒怀安不肯迁，则天断绝汝命于此耿地，而尔不知之矣。何况能从先王之功乎？木已颠仆，尚有萌蘖可以再生之理，若今耿邑已是圮坏，能迁徙于新邑，则可以再复天之意，将永我之命，庶几自此可以绍复先王之业，而继承不已，自此可以底绥万方，而民各安生业。利害在此甚明尔，其可不从我以迁乎？夫命既在天。而曰恪天命，罔知断命，天其永命，何也？大抵古人以当然之理为命，而不以或然之数为命。敕天之命，祈天永命，皆自己而言之也。若在己者，不能尽其当然之理，立乎岩墙之下，与陷于桎梏而死，语人曰"此命也"而可乎？如使盘庚不迁都，而耿邑有河患，民不聊生，国将灭亡而归之命可乎？循乎理之当然，则得其命之正者也。

12.（宋）钱时《融堂书解》卷七《商书·盘庚上》

（归善斋按，见"盘庚迁于殷"）

13.（宋）魏了翁《尚书要义》

原缺。

14.（宋）陈大猷《书集传或问》卷上《商书·盘庚上》

林氏曰，先王创业垂统，以贻万世之业，必有根本之地。盖其王业之

63

所始，天命、人心之所系，其子孙守之则兴，不能守之则废。若汤之亳，文武之丰镐是也。夫仲丁迁嚣之后，失成汤根本之地，经历九世数百年间，无勃然兴者。盘庚既迁亳，商家社稷于是复兴。周自平王东迁，不复有还居丰镐之意，传世数十，不复能振，由其失文武根本之地故也。

三山陈氏曰，天命既曰在天，而曰恪谨天命，罔知断命，天其永命，何也。大抵古人以当然之理为命，而不以或然之数为命。敕天之命，祈天永命，皆自己而言之。若在己不能尽其当然之理，立乎岩墙之下，与陷于桎梏而死，语人曰"此命也"可乎？如盘庚不迁都而耿邑有河患，民不聊生，国将灭亡，而归之命可乎？循乎理之当然，则得其命之正者也。

15. （宋）胡士行《尚书详解》卷五《商书·盘庚上第九》

先王有服（历服），恪谨天命，兹犹不常宁，不常厥邑，于今五邦。此引先王，以证其得不迁。

16. （元）吴澄《书纂言》卷三《商书·盘庚》

先王有服，恪谨天命，兹犹不常宁。不常厥邑，于今五邦。今不承于古，罔知天之断命，矧曰，其克从先王之烈。若颠木之有由蘖，天其永我命于兹新邑，绍复先王之大业，底绥四方。

先王，成汤以来之王。服，事也。兹，指先王所都亳而言也。颠，仆也。由，古文作"粤"，木生条也。蘖，萌芽也。盘庚之迁，以今所都有水患，故欲舍旧从新，复成汤所都之邑，庶望可再兴盛如先王之时，故民从而讥之曰，我先王有所事，能谨敬天命，其处亳邑，犹不能常常安宁，所以不常其居。自亳而迁，至今已历五邦。若亳果可常安，则先王居之至今矣。今于他事，皆不承顺于古先王之为，不知天将断绝汝命，况可自谓吾往都亳邑，则能从先王之功烈，如已仆之木再生枝条萌芽，天将长永我命于此新迁之邑，而继绍复还先王之大业，以致于抚安天下之民乎？

此第一章。

周氏曰，殷人称殷自盘庚始，以前惟称商，盘庚迁都后，殷商兼称，或只称殷。

17.（元）陈栎《书集传纂疏》卷三《朱子订定蔡氏集传·商书·盘庚上》

先王有服，恪谨天命，兹犹不常宁。不常厥邑，于今五邦。今不承于古，罔知天之断命，矧曰，其克从先王之烈。

服，事也。先王有事，恪谨天命。不敢违越先王，犹不敢常安。不常其邑，于今五迁厥邦矣。今不承先王而迁，且不知上天之断绝我命，况谓其能从先王之大烈乎？详此言，则先王迁徙亦必有稽卜之事。仲丁、河亶甲篇逸不可考矣。五邦，汉孔氏谓，汤迁亳，仲丁迁嚣，河亶甲居相，祖乙居耿，并盘庚迁殷为五邦。然以下文"今不承于古"文势考之，则盘庚之前，当自有五迁。《史记》言，祖乙迁邢，或祖乙两迁也。

纂疏：

陈氏曰，罔知断命，犹言未知死所。

18.（元）许谦《读书丛说》卷五

原缺。

19.（元）董鼎《书传辑录纂注》卷三《商书·盘庚上》

先王有服，恪谨天命，兹犹不常宁。不常厥邑，于今五邦。今不承于古，罔知天之断命，矧曰，其克从先王之烈。

服，事也。先王有事，恪谨天命。不敢违越先王，犹不敢常安，不常其邑，于今五迁厥邦矣。今不承先王而迁，且不知上天之断绝我命，况谓其能从先王之大烈乎？详此言，则先王迁徙亦必有稽卜之事。仲丁、河亶甲篇逸不可考矣。五邦，汉孔氏谓，汤迁亳，仲丁迁嚣，河亶甲居相，祖乙居耿，并盘庚迁殷，为五邦。然以下文"今不承于古"文势考之，则盘庚之前，当自有五迁。《史记》言，祖乙迁邢，或祖乙两迁也。

纂注：

薛氏曰，不迁，故罔知天之断命，则迁乃天欲永我命也；不迁，故不克从先王之烈，则迁乃欲绍复先王之业也。

陈氏经曰，命在天而曰恪谨天命，天其永命，何也？古人以当然之理为命,而不以或然之数为命。敕天之命。祈天永命。皆自已而言之。使盘庚不迁都,而苟安于耿,民不聊生,国将灭亡而归之命可乎?

林氏曰,一毫不应汤都,盘庚迁而谓之二邦。太史公谓,祖乙自耿迁邢。《汲冢纪年》谓,祖乙迁奄,此不可据。意者,更有迁,而史失之,历世久远,不可臆决也。

20.（元）朱祖义《尚书句解》卷五《商书·盘庚上第九》

先王有服（况我商自汤以来,凡有所事）,恪谨天命（无不诚恪敬谨天命）,兹犹不常宁（于此犹不能常安居）。

21.（明）王樵《尚书日记》卷八《商书·盘庚上》

"先王有服"至"先王之烈"。

服,事也。先王有事,未尝敢徇已之意,亦未尝苟徇众之愿,必恪谨乎天命。天命所在,则钦承而不违。谓卜也,先王犹不敢常安不常其邑,于今五迁厥邦矣。以今日理势,正当承于古而迁,则天命可永,先王之烈可继。若不承于古,则罔知天之断命,矧曰,其能致治守成,从先王之大烈乎?断,绝也。烈,功也。五邦,马云,谓商丘、亳、嚣、相、耿也。正义曰,计汤既迁都,始建王业,此言先王迁都,不得远数居亳之前。孔氏谓,亳、嚣、相、耿,并盘庚之迁为五。蔡氏曰,以下文"今不承于古"文势考之,则盘庚之前,当自有五迁。《史记》言祖乙迁邢,或祖乙两迁也。正义曰,自契至于成汤八迁并数汤为八。盘庚为五迁,又并数汤为五。汤一人再数,故班固云,殷人屡迁,前八,后五。按班固后五,是自仲丁至盘庚,汤不再数也。盘庚言"于今五邦"是自汤至祖乙,已不在内也。正义前谓,相土至汤必更迁都,但不知汤从何地而迁亳耳,是盘庚五邦乃数自汤,身居亳之前,必更有地,并此为五。而相土之商丘,固不在内。

22.（清）库勒纳等撰《日讲书经解义》卷五《商书·盘庚上》

先王有服,恪谨天命,兹犹不常宁。不常厥邑,于今五邦。今不承于古，罔知天之断命，矧曰，其克从先王之烈。若颠木之有由蘖，天其永我命于兹新邑，绍复先王之大业，底绥四方。

此二节书，先言不迁之害，后言能迁之利，见天命之不可违，祖业之不可弃也。服，事也。五邦，是五处建都之地。颠木，倾仆之木也。由蘖，新生之枝条也。盘庚告其臣民曰，昔我先王遇国家有大政事，莫不恪谨以奉天命，况兹迁都之事，更不敢康宁，一惟天命之是禀，所以不敢安居于厥邑。自成汤至于祖乙，五次迁都，于亳，于嚣，于相，于邢，于耿，迄无定居。盖知天命之所在，而不敢违越也。今日耿既不可居，而我不能承先王之故事，迁都以安百姓，则是天之断绝我命，茫然不知，况曰，其能顺承先王之大业，以永保天下乎？上察天心，仰稽祖烈，则迁都之事，洵不可缓矣。诚能自耿迁殷，譬如已颠之木，而复有由蘖之生，天心眷顾，必将永我国家之命于兹新邑，先王一统之大业于此绍复，而四方亦赖以永安矣。其可狃旦夕之安，而不为久远之图哉？盖京师为四方之极，百姓为王业之本根本。既固则承天命，光祖业，绥四方，皆在于此，盘庚惓惓言之，亦可谓能敬天威，而重民依者矣。

（元）陈师凯《蔡氏传旁通》卷三《盘庚上》

《史记》言，祖乙迁邢，或祖乙两迁也。

《索隐》曰，邢，音耿。

不常厥邑，于今五邦

1.（汉）孔氏传、（唐）陆德明音义、孔颖达疏《尚书注疏》卷八《商书·盘庚上》

不常厥邑，于今五邦。

传，汤迁亳，仲丁迁嚣，河亶甲居相，祖乙居耿，我往居亳，凡五徙国都。

音义，五邦，马云谓，商邱、亳、嚣、相、耿也。

疏，不常其邑，于今五邦矣。

传正义曰，孔以盘庚意在必迁，故通数我往居亳为五邦。郑王皆云汤自商徙亳，数商、亳、嚣、相、耿为五计。汤既迁亳始建王业，此言先王迁都，不得远数居亳之前充此数也。

2. （宋）苏轼《书传》卷八《商书·盘庚上第九》

(归善斋按，见"我王来，既爰宅于兹")

3. （宋）林之奇《尚书全解》卷十八《商书·盘庚上》

(归善斋按，见"先王有服，恪谨天命，兹犹不常宁")

4. （宋）史浩《尚书讲义》卷九《商书·盘庚上》

(归善斋按，见"盘庚迁于殷")

5. （宋）夏僎《尚书详解》卷十三《商书·盘庚上》

(归善斋按，见"先王有服，恪谨天命，兹犹不常宁")

6. （宋）时澜《增修东莱书说》卷十《商书·盘庚上第九》

(归善斋按，见"率吁众戚，出矢言")

7. （宋）黄度《尚书说》卷三《商书·盘庚上》

(归善斋按，见"先王有服，恪谨天命，兹犹不常宁")

8. （宋）袁燮《絜斋家塾书钞》卷六《商书·盘庚上》

(归善斋按，见"先王有服，恪谨天命，兹犹不常宁")

9. （宋）蔡沈《书经集传》卷三《商书·盘庚上》

(归善斋按，见"先王有服，恪谨天命，兹犹不常宁")

10. （宋）黄伦《尚书精义》卷十九《商书·盘庚上》

（归善斋按，见"先王有服，恪谨天命，兹犹不常宁"）

11. （宋）陈经《尚书详解》卷十六《商书·盘庚上》

（归善斋按，见"先王有服，恪谨天命，兹犹不常宁"）

12. （宋）钱时《融堂书解》卷七《商书·盘庚上》

（归善斋按，见"盘庚迁于殷"）

13. （宋）魏了翁《尚书要义》

原缺。

14. （宋）陈大猷《书集传或问》卷上《商书·盘庚上》

林氏曰，序言"盘庚五迁将治亳殷"，是自汤至盘庚方及五迁。今言"于今五邦"，又继以今"不承于古，罔知天之断命"，则是盘庚之前所迁者既有五邦矣。考之前序，但言亳、嚣、相、耿四邦，不知何以为五邦？若并以盘庚之迁为五邦，不惟文势不应如此，而所迁乃复归于亳，谓之五迁则可，谓之"五邦"则不可。故太史公谓，祖乙自耿迁于邢；《汲冢纪年》谓，祖乙迁于奄，皆与序文相戾，不可据。意者，自仲丁至盘庚有一迁，而史臣失之。盘庚据当时所见而言，当得其实，历世久远不可臆度。此说如何？曰，按书序言，自契至汤，凡八迁，汤始居亳，从先王居，则是汤未迁亳之前所居，为一邦也。特未知为何地耳。总而数之，是为五邦。

15. （宋）胡士行《尚书详解》卷五《商书·盘庚上第九》

（归善斋按，见"先王有服，恪谨天命，兹犹不常宁"）

16. (元)吴澄《书纂言》卷三《商书·盘庚》

(归善斋按,见"先王有服,恪谨天命,兹犹不常宁")

17. (元)陈栎《书集传纂疏》卷三《朱子订定蔡氏集传·商书·盘庚上》

(归善斋按,见"先王有服,恪谨天命,兹犹不常宁")

18. (元)许谦《读书丛说》卷五

五邦,盖汤居亳一,仲丁迁嚣二,河亶甲居相三,祖乙迁耿四,徙邢五,自嚣以下,皆河北地。

19. (元)董鼎《书传辑录纂注》卷三《商书·盘庚上》

(归善斋按,见"先王有服,恪谨天命,兹犹不常宁")

20. (元)朱祖义《尚书句解》卷五《商书·盘庚上第九》

不常厥邑(不常处其都邑),于今五邦(自汤至今五迁都矣)。

21. (明)王樵《尚书日记》卷八《商书·盘庚上》

(归善斋按,见"先王有服,恪谨天命,兹犹不常宁")

22. (清)库勒纳等撰《日讲书经解义》卷五《商书·盘庚上》

(归善斋按,见"先王有服,恪谨天命,兹犹不常宁")

(清)蒋廷锡《尚书地理今释·商书·盘庚上》

五邦。

五邦,亳、嚣、相、耿、殷也。亳,见《汤诰》。嚣,《史记》作"隞",并音"敖"字。《水经注》云,敖山上有城,即殷仲丁之所迁,秦置仓于其中，亦曰敖仓城。敖山在今河南开封府荥泽县西北。相，亦名故殷城。《括地志》云，故殷城在相州内黄县东南十三里，即河亶甲所筑都之是也。耿城，在今山西平阳府吉州南，隋置耿州于此，以祖乙迁耿为名。《史记索隐》云，祖乙迁于邢，"邢"音"耿"，今属直隶大名府。近代本亦作"耿"，今河东皮氏县有耿乡。蔡传以祖乙两迁，分耿、邢为二，非也。殷即西亳，亦详见《汤诰》，虢之间，即此处也。

今不承于古，罔知天之断命

1. （汉）孔氏传、（唐）陆德明音义、孔颖达疏《尚书注疏》卷八《商书·盘庚上》

今不承于古，罔知天之断命。

传，今不承古而徙，是无知天将断绝汝命。

音义，断，又音短。

疏，今若不承于古，徙以避害，则是无知天将断绝汝命矣。

2. （宋）苏轼《书传》卷八《商书·盘庚上第九》

(归善斋按，见"我王来，既爰宅于兹")

3. （宋）林之奇《尚书全解》卷十八《商书·盘庚上》

(归善斋按，见"先王有服，恪谨天命，兹犹不常宁")

4. （宋）史浩《尚书讲义》卷九《商书·盘庚上》

(归善斋按，见"盘庚迁于殷")

5. （宋）夏僎《尚书详解》卷十三《商书·盘庚上》

(归善斋按，见"先王有服，恪谨天命，兹犹不常宁")

6.（宋）时澜《增修东莱书说》卷十《商书·盘庚上第九》

（归善斋按，见"率吁众戚，出矢言"）

7.（宋）黄度《尚书说》卷三《商书·盘庚上》

今不承于古，罔知天之断命，矧曰，其克从先王之烈。若颠木之有由蘖，天其永我命于兹新邑，绍复先王之大业，底绥四方。

今不能承于古而迁，为人情纵肆，法度委废，天且断绝其命。汝犹罔知，而况敢谓"克从先王之烈"。譬若颠木之有蘖，庶几其能兴起乎？今迁，则天且延长我命于兹新邑，可以绍复先王大业，底定四方也。王国居中，四方承之。《玄鸟》曰"邦畿千里，维民所止，肇域彼四海"。自王国犹不能立法，使民相正而生，四方岂有底绥之功，先王之业坠矣。已上总论迁都大意。

8.（宋）袁燮《絜斋家塾书钞》卷六《商书·盘庚上》

（归善斋按，见"先王有服，恪谨天命，兹犹不常宁"）

9.（宋）蔡沈《书经集传》卷三《商书·盘庚上》

（归善斋按，见"先王有服，恪谨天命，兹犹不常宁"）

10.（宋）黄伦《尚书精义》卷十九《商书·盘庚上》

（归善斋按，见"先王有服，恪谨天命，兹犹不常宁"）

11.（宋）陈经《尚书详解》卷十六《商书·盘庚上》

（归善斋按，见"先王有服，恪谨天命，兹犹不常宁"）

12.（宋）钱时《融堂书解》卷七《商书·盘庚上》

（归善斋按，见"盘庚迁于殷"）

13.（宋）魏了翁《尚书要义》

原缺。

14.（宋）陈大猷《书集传或问》卷上《商书·盘庚上》

(归善斋按，未解)

15.（宋）胡士行《尚书详解》卷五《商书·盘庚上第九》

今不承（继）于古（汤都亳），罔（无）知天之断（断然不易）命，矧（况）曰，其克从先王之烈（功）。

天意欲迁，断然矣，若不知，何以能从先烈乎？

16.（元）吴澄《书纂言》卷三《商书·盘庚》

(归善斋按，见"先王有服，恪谨天命，兹犹不常宁")

17.（元）陈栎《书集传纂疏》卷三《朱子订定蔡氏集传·商书·盘庚上》

(归善斋按，见"先王有服，恪谨天命，兹犹不常宁")

18.（元）许谦《读书丛说》卷五

原缺。

19.（元）董鼎《书传辑录纂注》卷三《商书·盘庚上》

(归善斋按，见"先王有服，恪谨天命，兹犹不常宁")

20.（元）朱祖义《尚书句解》卷五《商书·盘庚上第九》

今不承于古（倘今不能顺古先王之事以迁），罔知天之断命（则是不知天之断绝汝命于此耿地。断，上声）。

21. （明）王樵《尚书日记》卷八《商书·盘庚上》

（归善斋按，见"先王有服，恪谨天命，兹犹不常宁"）

22. （清）库勒纳等撰《日讲书经解义》卷五《商书·盘庚上》

（归善斋按，见"先王有服，恪谨天命，兹犹不常宁"）

矧曰，其克从先王之烈

1. （汉）孔氏传、（唐）陆德明音义、孔颖达疏《尚书注疏》卷八《商书·盘庚上》

矧曰，其克从先王之烈？
传，天将绝命，尚无知之，况能从先王之业乎？
音义，从，才容反。
疏，天将绝命，尚不能知，况曰其能从先王之基业乎？

2. （宋）苏轼《书传》卷八《商书·盘庚上第九》

（归善斋按，见"我王来，既爰宅于兹"）

3. （宋）林之奇《尚书全解》卷十八《商书·盘庚上》

（归善斋按，见"先王有服，恪谨天命，兹犹不常宁"）

4. （宋）史浩《尚书讲义》卷九《商书·盘庚上》

（归善斋按，见"盘庚迁于殷"）

5. （宋）夏僎《尚书详解》卷十三《商书·盘庚上》

（归善斋按，见"先王有服，恪谨天命，兹犹不常宁"）

6.（宋）时澜《增修东莱书说》卷十《商书·盘庚上第九》

（归善斋按，见"率吁众戚，出矢言"）

7.（宋）黄度《尚书说》卷三《商书·盘庚上》

（归善斋按，见"今不承于古，罔知天之断命"）

8.（宋）袁燮《絜斋家塾书钞》卷六《商书·盘庚上》

（归善斋按，见"先王有服，恪谨天命，兹犹不常宁"）

9.（宋）蔡沈《书经集传》卷三《商书·盘庚上》

（归善斋按，见"先王有服，恪谨天命，兹犹不常宁"）

10.（宋）黄伦《尚书精义》卷十九《商书·盘庚上》

（归善斋按，见"先王有服，恪谨天命，兹犹不常宁"）

11.（宋）陈经《尚书详解》卷十六《商书·盘庚上》

（归善斋按，见"先王有服，恪谨天命，兹犹不常宁"）

12.（宋）钱时《融堂书解》卷七《商书·盘庚上》

（归善斋按，见"盘庚迁于殷"）

13.（宋）魏了翁《尚书要义》

原缺。

14.（宋）陈大猷《书集传或问》卷上《商书·盘庚上》

（归善斋按，未解）

15.（宋）胡士行《尚书详解》卷五《商书·盘庚上第九》

(归善斋按，见"今不承于古，罔知天之断命")

16.（元）吴澄《书纂言》卷三《商书·盘庚》

(归善斋按，见"先王有服，恪谨天命，兹犹不常宁")

17.（元）陈栎《书集传纂疏》卷三《朱子订定蔡氏集传·商书·盘庚上》

(归善斋按，见"先王有服，恪谨天命，兹犹不常宁")

18.（元）许谦《读书丛说》卷五

原缺。

19.（元）董鼎《书传辑录纂注》卷三《商书·盘庚上》

(归善斋按，见"先王有服，恪谨天命，兹犹不常宁")

20.（元）朱祖义《尚书句解》卷五《商书·盘庚上第九》

矧曰（况曰），其克从先王之烈（其能从汤成功故地而居）。

21.（明）王樵《尚书日记》卷八《商书·盘庚上》

(归善斋按，见"先王有服，恪谨天命，兹犹不常宁")

22.（清）库勒纳等撰《日讲书经解义》卷五《商书·盘庚上》

(归善斋按，见"先王有服，恪谨天命，兹犹不常宁")

若颠木之有由蘖

1. （汉）孔氏传、（唐）陆德明音义、孔颖达疏《尚书注疏》卷八《商书·盘庚上》

若颠木之有由蘖。

传，言今往迁都，更求昌盛，如颠仆之木，有用生蘖哉。

音义，蘖，五达反。本，又作枿，马云，颠本而肄生曰枿。仆，音赴，又步北反。

疏，今我往迁都，更求昌盛，若颠仆之木，有用生蘖哉。人衰更求盛，犹木死生蘖哉。

传正义曰，《释诂》云，枿，余也。李巡曰，枿，槀木之余也。郭璞云，晋卫之间曰枿。是言木死。颠仆，其根更生蘖哉。此都毁坏，若枯死之木，若弃去毁坏之邑，更得昌盛，犹颠仆枯死之木，用生蘖哉。

2. （宋）苏轼《书传》卷八《商书·盘庚上第九》

若颠木之有由蘖，天其永我命于兹新邑，绍复先王之大业，底绥四方。

木之蠹病者，虽勤于封殖，不能使复遂茂。颠，仆也。既仆，而蘖生之。然后有复盛之道。不颠则无所从蘖也，言天之欲复兴殷，必在新邑矣。

3. （宋）林之奇《尚书全解》卷十八《商书·盘庚上》

(归善斋按，见"先王有服，恪谨天命，兹犹不常宁")

4. （宋）史浩《尚书讲义》卷九《商书·盘庚上》

(归善斋按，见"盘庚迁于殷")

5. (宋) 夏僎《尚书详解》卷十三《商书·盘庚上》

(归善斋按,见"先王有服,恪谨天命,兹犹不常宁")

6. (宋) 时澜《增修东莱书说》卷十《商书·盘庚上第九》

(归善斋按,见"率吁众戚,出矢言")

7. (宋) 黄度《尚书说》卷三《商书·盘庚上》

(归善斋按,见"今不承于古,罔知天之断命")

8. (宋) 袁燮《絜斋家塾书钞》卷六《商书·盘庚上》

若颠木之有由蘖,天其永我命于兹新邑,绍复先王之大业,底绥四方。

木虽已颠,而犹有萌蘖,则木有复生之理。盘庚谓,今日之事,势正与此类。耿邑圮坏,如木之已颠者,然当其圮坏之余,却有兴复之理,惟盘庚知之,故曰,天其永我命于兹新邑。盖谓,迁于新邑,天命将永久也。天下之生久矣,一治一乱,治极生乱,乱极生治,当其天下之极治,而危亡之端萌焉。当其天下之极乱,而治安之兆见焉,故曰祸乱之作,天所以开圣人也。盘庚之时,虽不至祸乱,然耿邑圮坏,纪纲不立,人心颓靡,迁于新邑,再整顿纲纪,再讨头理会,却是复兴之道,盖"不好"中,乃是"好"也,大抵人心久安一旦迁动其精神。自是各别。

9. (宋) 蔡沈《书经集传》卷三《商书·盘庚上》

若颠木之有由蘖,天其永我命于兹新邑,绍复先王之大业,底绥四方。

蘖,牙葛反,又鱼列反。颠,仆也。由,古文作"甹"。木生条也。颠木,譬耿;由蘖,譬殷也,言今自耿迁殷,若已仆之木而复生也。天其将永我国家之命于殷,以继复先王之大业,而致安四方乎。

10.（宋）黄伦《尚书精义》卷十九《商书·盘庚上》

(归善斋按,见"先王有服,恪谨天命,兹犹不常宁")

11.（宋）陈经《尚书详解》卷十六《商书·盘庚上》

(归善斋按,见"先王有服,恪谨天命,兹犹不常宁")

12.（宋）钱时《融堂书解》卷七《商书·盘庚上》

(归善斋按,见"盘庚迁于殷")

13.（宋）魏了翁《尚书要义》

原缺。

14.（宋）陈大猷《书集传或问》卷上《商书·盘庚上》

(归善斋按,未解)

15.（宋）胡士行《尚书详解》卷五《商书·盘庚上第九》

若颠（倒）木（如耿水圮）之有由蘖（萌芽复生,如迁亳复生）,天其永（长）我命于兹新邑（亳）,绍（继）复先王（汤）之大业,底（致）绥四方。

迁亳,生意之回也。京师定,则天下定矣。

16.（元）吴澄《书纂言》卷三《商书·盘庚》

(归善斋按,见"先王有服,恪谨天命,兹犹不常宁")

17.（元）陈栎《书集传纂疏》卷三《朱子订定蔡氏集传·商书·盘庚上》

若颠木之有由蘖,天其永我命于兹新邑,绍复先王之大业,底绥四方。

79

颠，仆也。由，古文作"甹"，木生条也。颠木，譬耿；由蘖，譬殷也。言今自耿迁殷，若已仆之木而复生也，天其将永我国家之命于殷，以继复先王之大业，而致安四方乎。

纂疏：

古文《尚书》，由，作"甹"。《说文》云，木生条也，引《书》有"甹枿"。蘖，《韵本》作櫱，今作"枿"。《书》由蘖，孟萌蘖，皆作"蘖"。郭璞曰，晋卫之间曰枿，马云，颠木而肄生，曰枿。

魏氏了翁曰，由字，《左传》杜注，木再萌芽谓之由，故曰"楚其复由"。又昭八年，"今在析木之津，犹将复由"。

薛氏曰，不迁，故罔知天之短命，则迁乃天欲永我命也；不迁，故不克从先王之烈，则迁乃绍复先王之业也。

陈氏经曰，命在天而曰恪谨天命，天其永命，何也？古人以当然之理为命，不以或然之数为命，使盘庚不迁而苟安于耿，民不聊生，国将灭亡，而归之命可乎。

陈氏大猷曰，京师为诸夏本，国都定，则四方安矣。承天命，复祖业，绥四方，三者图迁之本意，故史述于篇首。

18.（元）许谦《读书丛说》卷五

由，《说文》作"甹"，木生条也。蘖，与枿同，"伐木余枿"，谓斫髡而复生。

19.（元）董鼎《书传辑录纂注》卷三《商书·盘庚上》

若颠木之有由蘖，天其永我命于兹新邑，绍复先王之大业，底绥四方。

颠，仆也。由，古文作"甹"，木生条也。颠木，譬耿；由蘖，譬殷也，言今自耿迁殷，若已仆之木而复生也。天其将永我国家之命于殷，以继复先王之大业，而致安四方乎。

纂注：

魏氏曰，《书》言"由蘖"，由字，《左氏传》注，木再萌芽谓之由，故云"楚其复由"。又昭八年"今在析木之津犹将复由"。《韵书》蘖，本作櫱，今作枿。《书》由蘖，孟萌蘖，皆作蘖。李巡曰，枿，槁木之余也。郭璞云，晋卫之间曰枿，马云，颠木而肄生曰枿。徐氏曰，谓已倒之木更生孙枝也。

吕氏曰，京师为诸夏本，国都定，则四方安矣。

陈氏大猷曰，承天命，复祖业，绥四方。三者，盘庚图迁之本意，故史总述于篇首。

20.（元）朱祖义《尚书句解》卷五《商书·盘庚上第九》

若颠木之有由蘖（如颠仆之木，尚有萌蘖再生之理）。

21.（明）王樵《尚书日记》卷八《商书·盘庚上》

"若颠木之有"至"底绥四方"。

颠，仆也。由，木生条也。肄生曰蘖。蔡氏曰，颠木，譬耿；由蘖，譬殷也。事有劳且难，而不可惮者，今日是也。今若迁，则以危为安，其若颠木之有由蘖乎？天将永我国家之命于殷，绍复先王之大业，而致安四方矣。"永我命于兹新邑"，与"罔知天之断命"相应；"绍复先王之大业"应"克从先王之烈"谓兴道致治，如商之盛王也。商道中衰，盘庚有志于振起，适丁耿圮之患，此事不图，先业将不守，矧曰克从之，可冀乎？京师者，天下之本，国都不安，岂能图四方之安，故以致安四方为言。

22.（清）库勒纳等撰《日讲书经解义》卷五《商书·盘庚上》

（归善斋按，见"先王有服，恪谨天命，兹犹不常宁"）

（元）陈师凯《蔡氏传旁通》卷三《盘庚上》

由古文作甹，木生条也。

《说文》，甹，从弓，由声。《商书》曰，若颠木之有甹枿，櫱乎感切草木之华未发也。徐锴曰，今《尚书》只作由枿，古文省弓，而

81

后人因省之，通用为因由等字。臣铉等按，孔安国注《尚书》直训"由"作"用"，"用枿"之语不通。愚按，枿字，今又作"蘖"通，五割反。

（明）梅鷟《尚书考异》卷五《盘庚》

"若颠木之有由枿"。

马云"颠木而肄生曰枿"，晋古文作"蘖"，本作櫱由。《说文》作"㮹"。

天其永我命于兹新邑

1.（汉）孔氏传、（唐）陆德明音义、孔颖达疏《尚书注疏》卷八《商书·盘庚上》

天其永我命于兹新邑。

传，言天其长我命于此新邑，不可不徙。

疏，我今迁向新都，上天其必长我殷之王命于此新邑。

2.（宋）苏轼《书传》卷八《商书·盘庚上第九》

(归善斋按，见"若颠木之有由蘖")

3.（宋）林之奇《尚书全解》卷十八《商书·盘庚上》

(归善斋按，见"先王有服，恪谨天命，兹犹不常宁")

4.（宋）史浩《尚书讲义》卷九《商书·盘庚上》

(归善斋按，见"盘庚迁于殷")

5.（宋）夏僎《尚书详解》卷十三《商书·盘庚上》

(归善斋按，见"先王有服，恪谨天命，兹犹不常宁")

6. （宋）时澜《增修东莱书说》卷十《商书·盘庚上第九》

（归善斋按，见"率吁众戚，出矢言"）

7. （宋）黄度《尚书说》卷三《商书·盘庚上》

（归善斋按，见"今不承于古，罔知天之断命"）

8. （宋）袁燮《絜斋家塾书钞》卷六《商书·盘庚上》

（归善斋按，见"若颠木之有由蘖"）

9. （宋）蔡沈《书经集传》卷三《商书·盘庚上》

（归善斋按，见"若颠木之有由蘖"）

10. （宋）黄伦《尚书精义》卷十九《商书·盘庚上》

（归善斋按，见"先王有服，恪谨天命，兹犹不常宁"）

11. （宋）陈经《尚书详解》卷十六《商书·盘庚上》

（归善斋按，见"先王有服，恪谨天命，兹犹不常宁"）

12. （宋）钱时《融堂书解》卷七《商书·盘庚上》

（归善斋按，见"盘庚迁于殷"）

13. （宋）魏了翁《尚书要义》

原缺。

14. （宋）陈大猷《书集传或问》卷上《商书·盘庚上》

（归善斋按，未解）

15. （宋）胡士行《尚书详解》卷五《商书·盘庚上第九》

（归善斋按，见"若颠木之有由蘖"）

16. （元）吴澄《书纂言》卷三《商书·盘庚》

（归善斋按，见"先王有服，恪谨天命，兹犹不常宁"）

17. （元）陈栎《书集传纂疏》卷三《朱子订定蔡氏集传·商书·盘庚上》

（归善斋按，见"若颠木之有由蘖"）

18. （元）许谦《读书丛说》卷五

原缺。

19. （元）董鼎《书传辑录纂注》卷三《商书·盘庚上》

（归善斋按，见"若颠木之有由蘖"）

20. （元）朱祖义《尚书句解》卷五《商书·盘庚上第九》

天其永我命于兹新邑（今天将长我商家社稷无穷之命于此新邑）

21. （明）王樵《尚书日记》卷八《商书·盘庚上》

（归善斋按，见"若颠木之有由蘖"）

22. （清）库勒纳等撰《日讲书经解义》卷五《商书·盘庚上》

（归善斋按，见"先王有服，恪谨天命，兹犹不常宁"）

绍复先王之大业，底绥四方

1.（汉）孔氏传、（唐）陆德明音义、孔颖达疏《尚书注疏》卷八《商书·盘庚上》

绍复先王之大业，底绥四方。

传，言我徙欲如此。

音义，底，之履反。

疏，继复先王之大业，致行其道，以安四方之人。我徙欲如此耳，汝等何以不愿徙乎？前云若不徙以避害，则天将绝汝命，谓绝臣民之命，明亦绝我殷王之命，复云若迁往新都，天其长我殷之王命，明亦长臣民之命，互文也。

2.（宋）苏轼《书传》卷八《商书·盘庚上第九》

（归善斋按，见"若颠木之有由蘖"）

3.（宋）林之奇《尚书全解》卷十八《商书·盘庚上》

（归善斋按，见"先王有服，恪谨天命，兹犹不常宁"）

4.（宋）史浩《尚书讲义》卷九《商书·盘庚上》

（归善斋按，见"盘庚迁于殷"）

5.（宋）夏僎《尚书详解》卷十三《商书·盘庚上》

（归善斋按，见"先王有服，恪谨天命，兹犹不常宁"）

6.（宋）时澜《增修东莱书说》卷十《商书·盘庚上第九》

（归善斋按，见"率吁众戚，出矢言"）

7.（宋）黄度《尚书说》卷三《商书·盘庚上》

(归善斋按，见"今不承于古，罔知天之断命")

8.（宋）袁燮《絜斋家塾书钞》卷六《商书·盘庚上》

(归善斋按，见"若颠木之有由蘖")

9.（宋）蔡沈《书经集传》卷三《商书·盘庚上》

(归善斋按，见"若颠木之有由蘖")

10.（宋）黄伦《尚书精义》卷十九《商书·盘庚上》

(归善斋按，见"先王有服，恪谨天命，兹犹不常宁")

11.（宋）陈经《尚书详解》卷十六《商书·盘庚上》

(归善斋按，见"先王有服，恪谨天命，兹犹不常宁")

12.（宋）钱时《融堂书解》卷七《商书·盘庚上》

(归善斋按，见"盘庚迁于殷")

13.（宋）魏了翁《尚书要义》

原缺。

14.（宋）陈大猷《书集传或问》卷上《商书·盘庚上》

(归善斋按，未解)

15.（宋）胡士行《尚书详解》卷五《商书·盘庚上第九》

(归善斋按，见"若颠木之有由蘖")

16.（元）吴澄《书纂言》卷三《商书·盘庚》

(归善斋按，见"先王有服，恪谨天命，兹犹不常宁")

17.（元）陈栎《书集传纂疏》卷三《朱子订定蔡氏集传·商书·盘庚上》

(归善斋按,见"若颠木之有由蘖")

18.（元）许谦《读书丛说》卷五

原缺。

19.（元）董鼎《书传辑录纂注》卷三《商书·盘庚上》

(归善斋按,见"若颠木之有由蘖")

20.（元）朱祖义《尚书句解》卷五《商书·盘庚上第九》

绍复先王之大业（使我继绍复兴先王大业），底绥四方（致安四方）。

21.（明）王樵《尚书日记》卷八《商书·盘庚上》

(归善斋按,见"若颠木之有由蘖")

22.（清）库勒纳等撰《日讲书经解义》卷五《商书·盘庚上》

(归善斋按,见"先王有服,恪谨天命,兹犹不常宁")

盘庚敩于民,由乃在位,以常旧服,正法度

1.（汉）孔氏传、（唐）陆德明音义、孔颖达疏《尚书注疏》卷八《商书·盘庚上》

盘庚敩于民,由乃在位,以常旧服,正法度。
传,敩,教也。教人使用汝在位之命,用常故事,正其法度。

音义，敩，户教反。度，如字。

疏，正义曰，前既略言迁意，今复并戒臣民。盘庚先教于民云，汝等当用汝在位之命，用旧常故事，正其法度，欲令民徙，从其臣言也。民从上命，即是常事法度也。

传正义曰，《文王世子》云，"小乐正教干，大胥赞之；钥师教戈，钥师丞赞之"。彼并是教舞干戈，知"敩"为"教"也。

2. （宋）苏轼《书传》卷八《商书·盘庚上第九》

盘庚敩于民，由乃在位，以常旧服，正法度，曰，无或敢伏小人之攸箴。

敩，教也。由乃在位者，教自有位而下也。箴，规也。服，事也。蒙诵工谏士，传言庶人谤于市，此先王之旧服，正法也。今民敢相聚怨诽，疑当立新法，行权政，以一切之，威治之。盘庚仁人也，其下教于民者，乃以常旧事而已，言不造新令也；以正法度而已，言不立权政也。"曰，无或敢伏小人之攸箴"者，忧百官有司逆探其意，而禁民言也。盘庚迁，而殷复兴，用此道欤。

3. （宋）林之奇《尚书全解》卷十八《商书·盘庚上》

盘庚敩于民，由乃在位，以常旧服，正法度，曰，无或敢伏小人之攸箴。

夫耿之地舄卤垫隘，而有沃饶之利，是故不利于间阎之小民，而利于富家巨室。盘庚之将迁也，始于富家巨室之不悦，故扇为浮言诡说，以簧鼓斯民之视听，至其终也，间阎之小民亦皆相与咨怨，不适有居利害之实，于是乱矣。然其间亦有审于利害之实，而欲迁者，则又往往为在位者之所排击沮难，故不能自达于上，当此之时，如人之一身风邪入其肌肤，而乱其脉络，则其关窍闭塞而不通，苟不能救其所以受病之处而治之，徒攻以毒药，与病势争于否塞之间，则将有不可测者矣。故人君，当夫上下之情不通，而人情否塞之时，可以诚意感，而不可以势力较也。盘庚知其然，于是推原其所以受患之处，谓夫民情之所以未喻者，本夫富家巨室牟利自营，傲上从康，不能率由典法，而肆其巧言，以荧惑愚民，使其欲迁之心，郁而不得伸，故其教于民者，必自有位而始其教。于在位者，亦非作为一切之新法以整齐而胁从之也。惟举先王之世，其迁都邑也，盖有故事存焉。今之迁都，亦始于前世之故事，使之正其法度而已。其所以正其法度者，无他，使尔在位之人，"无或敢伏小人之攸箴"也。盖小人之患于舄卤垫隘而欲迁者，有以其言箴规于上，则汝无得遏绝其言，使不得自达也。此盖史官序述盘庚所以戒臣民之言，而先总其大意，为此数语，以表见其当时上下之情。既壅窒而复通者，由盘庚之能审其人情之变，而处之得其当也。

苏氏曰，蒙诵工谏士，传言庶人谤于市，此先王之旧典，正法也。今民敢有聚怨诽疑，当立新法，行权政，以一切之威治之。盘庚仁人也，其下教于民者，以常旧事而已，言不造新令也。以正法度而已，言不立权政也。"曰，无或敢伏小人之攸箴"者，忧夫百官有司，逆探其意，而禁民言也。盘庚迁而殷复兴，用此道也。夫此论甚善，亦有为而发也。当时王介甫变更祖宗之制度，立青苗免役等法，而当朝公卿，下而小民，皆以为不便，而介甫决意行之。其事与盘庚迁都相类。故介甫以此借口，谓臣民之言，皆不足恤。然所以处之，则与盘庚异者。"盘庚敩于民，由乃在位以常旧服，正法度"，而介甫一以新法从事。盘庚言"无或敢伏小人之攸箴"，而介甫则峻刑罚以绳天下之人言新法之不便者。故虽以盘庚自解说，而天下之人，终不以盘庚许之者，以其迹虽同，而其心则异也。非特天下之人不许之以盘庚之事，而介甫亦自知其叛于盘庚之说，其解盘庚又从而为之辞，以为其新法之地。而既曰"无或敢伏小人之攸箴"者，敩之以无自用而违其下，而又曰治形之疾以箴，治性之疾以言。小人之箴，虽不可伏，然亦不可受人之妄言。妄言适足以乱性，有至于亡国败家者。犹受人之妄刺，非特伤形，有至于杀身者矣。故古之人"圣谗说"，放淫辞，使邪说者不得作，而所不伏者嘉言而已。观王氏此言，其与诵六经，以文奸言者，何以异哉。苏氏之言，为王氏而发也。虽为王氏而发，实得盘庚敩民之意，非奋其私意，与王氏矛盾也。

4. （宋）史浩《尚书讲义》卷九《商书·盘庚上》

盘庚敩于民，由乃在位以常旧服，正法度，曰，无或敢伏小人之攸

89

箴。王命众，悉至于庭。王若曰，格汝众，予告汝训。汝猷黜乃心，无傲从康。古我先王亦惟图任旧人共政。王播告之修，不匿厥指。王用丕钦，罔有逸言，民用丕变。今汝聒聒，起信险肤，予弗知乃所讼。非予自荒兹德，惟汝含德，不惕予一人。予若观火，予亦拙谋，作乃逸。

盘庚之于民，可谓曲尽矣。常人欲有所为，信其意之所向，不与民谋也。今盘庚将指亳而都，乃先告教斯民。率自在位，以常旧所服事者，为之法度，不惟新，今以骇民耳目，亦不杜绝小人之箴规，而小人胥怨之言，乃得以达于上也。其命乃众，则世家大族皆在也，悉至于庭而重言之。"王若曰"者，传告之辞也。"格汝众，予告汝训"，汝今不听予迁，是其心不与予同，汝当革其非心，无为傲忽咨怨之言，听予安康悠久之策，乃陈古以验今，谓古先王之时，图任旧人共政，皆老成之人，各能正色率下，下无不从非。若汝辈，动民以浮言也。故其"播告之修，不匿厥指"，欲有所为先告于下。君既不愚其民，无有盖藏，播廷之告，使民先知，是为大敬于民。民亦灼知先王之意，罔不大变。举成汤以后遗风余烈，所以责今之诸臣不能尚有典刑，而聒聒然不谅予意，起信于小人险陂肤受之言，予又不知所以不平而讼者何事？非予自失其德，乃汝蓄其凶傲之德，不惧予一人。也盘庚至此，岂惟责其臣，亦自责其不以严致治也。予若观火，火之炎炎，苟不扑灭，将有燎原之祸。民之悖德，非上之所建置，苟不即治之，将并陷于刑辟。是予拙谋，使汝至此也。呜呼！盘庚之心，成汤之心也。成汤自陑之战，民亦出怨言，曰我后不恤我众，舍我穑事。其勤勤告誓，初无怒之之言。今盘庚之言亦犹是也。兹其所以为贤圣之君欤，不然肆其残忍，取谤者杀之，有何不可。然秦之所以亡，用此道也。盘庚安得而不兴商乎？

5. （宋）夏僎《尚书详解》卷十三《商书·盘庚上》

盘庚敩于民，由乃在位，以常旧服，正法度。曰，无或敢伏小人之攸箴。王命众悉至于庭。王若曰，格汝众，予告汝训，汝猷黜乃心，无傲从康。

《盘庚》三篇，虽曰上篇作于未迁时，中篇作于将迁时，下篇作于已迁之后，然上篇亦不是未迁时一时之言。观此篇，上既言盘庚"率吁众戚，出矢言"，此又言"盘庚敩于民"，则知非一时之言矣。林少颖谓，耿地潟卤，有沃饶之利，不利间阎小民，而利富家巨室。盘庚将迁，始于富家巨室不悦，故扇为浮言，以簧鼓斯民。至其中，则小民亦皆咨怨，不适有居。虽其间有审利害之实，而欲迁者，往往又为在位所沮难，不能自达于上。当此时，如人之身，风邪入其肌肤，而乱其脉络，关窍闭塞而不通，苟不能究其所以受病之处，而徒攻之以毒药，与病势争于闭塞之间，则将有不可测者矣。故盘庚当迁之时，于是推原其受病之处，谓民之所以未谕者，本于富家巨室谋利自居，"傲上从康"，不能率典法，而肆其巧言，以扇惑愚民，使欲迁之心，郁而不伸。故其敩于民也，必自有位者始。然虽自有位者始，亦非作一切新法，以整齐而胁从之也，乃使之用常旧服，以正法度。所谓常旧者，故事也。服，事也。盖先王之时，其迁都已有故事，今有位者，但以先王迁都故事，正法度，率民以迁而已。既使之用故事，以正法度，然又恐其惮于迁都，于民之欲迁而以言箴上者，乃遏绝之，使不得上达，故又告之，使"无或敢伏小人之攸箴"。盖耿地潟防卤，不利小民，必有欲迁者。民欲迁而上未迁，则必有箴规之言，故盘庚于是使在位者，不得隐伏而遏绝之，使不得上达也。此盖史官先总序，其大意以表见当时上下之情，所以既壅而复通者，皆盘庚能审人情之变，而处之得其当也。史官既总序盘庚作书大意，故此下遂载当时告敩之言。"王命众悉至于庭"者，谓命群臣及庶民，皆至庭听告戒也。"王若曰，格汝众，予告汝训"者，谓臣民既至，王于是告之曰，来，尔众，予告汝以今日所以训饬汝之意。"汝猷黜乃心无傲从康"，猷，谋也，谓尔众所以不从我以迁者，以各有私心。有私，故有蔽。惟能谋去汝私心，不为物所蔽，则必能明利害之实，而不至于傲慢上命，不肯徂迁，而自从其苟安之私志也，林少颖谓，天下利害不难知也。人惟心平气定，不为名所惑，不为利所憪者，类能知之。惟心之所存惑于利害之私，将见利而不睹害。利害实乱之矣。迁之利不利，在盘庚时可一言而决矣，惟群臣贪沃饶之利，习奢侈之欲，二者接乎胸中，故"傲上从康"而不自知，则盘庚所以必告之以"汝猷黜乃心"也。

6.（宋）时澜《增修东莱书说》卷十《商书·盘庚上第九》

盘庚敩于民，由乃在位，以常旧服，正法度，曰，无或敢伏小人之攸箴。

敩，教也。小民无知，惟上之从。强家巨室，安土重迁，簧鼓小民，乃至于此。故盘庚先自有其位者言之，自"盘庚敩于民"至"以常旧服，正法度"，此序书者之辞也。使在位者各常其旧服之事，不可改变，大抵新旧更易之时，奸人往往乘之紊乱法律，故必使之正法度，愈加整治，使若画一。此迁都之大纲目也。"曰，无或敢伏小人之攸箴"，自常情言之，民不乐迁，沮事之言，惟恐闻之。今乃使之无伏者，盖民之忿心不可禁遏，必使之发于语言，乃可以渐消杀。如秦之诽谤者族，民不敢言而忿怒之心日长矣。况曰箴者，盘庚之心岂以民言为悉不足听乎？古人举事，深恐下情壅塞，盖有旨也。

7.（宋）黄度《尚书说》卷三《商书·盘庚上》

盘庚敩于民，由乃在位，以常旧服，正法度，曰，无或敢伏小人之攸箴。

盘庚之迁，其大家实惮之，小人未必尽不乐也。盘庚将教训其民，推原不适有居之故，皆自在位者始，故以常日旧制所服行者，先王法度，大意则曰，无得隐伏小人箴规其上之言。《诗》曰"民虽靡膴，或哲或谋"。迁都之利，众人虽未能尽见，亦岂无智识之士知之者，大家不乐，壅遏民情，议论偏胜，不可据依，故使一宣达之，迁都事实为可求矣。此史官纪盘庚行事大要。魏相白宣帝，去尚书副封，而霍氏逆谋，始得上闻，是亦为正法度也。

8.（宋）袁燮《絜斋家塾书钞》卷六《商书·盘庚上》

盘庚敩于民，由乃在位，以常旧服，正法度，曰，无或敢伏小人之攸箴。

上有所为，令之不从，宜逼迫之强，其必我听也。而盘庚乃大不然，方且委曲开道，使其心晓然，见是非之理。只此一"教"字便见得三代圣人所以忠厚处。大抵天下之事，有是非，有利害，理所当迁，不可不迁，此是非也。以为生生之计在此，惮于动移，此利害也。凡事只当论是非，不当论利害。盖是者为利，非者为害。是非之中，固自有利害之实。当时之人，惟蔽于目前区区之利害，而不见其利害之实，故不肯迁。盘庚委曲开道，使之知夫迁则利，不迁则害，所以使利害之实，晓然于其心。"由乃在位"，自有位始也。当时，所以不肯迁，非民之罪，皆只是在位之。盖民之利害小，在位之人利害大。彼富贵之家，生生之计，莫不在此，根本深固，一旦他，适必不乐从。盘庚深得其要，故教于民而始于在位之人。前日恪恭乃职，一心以事其上，今而上有所为，傲然不从，且鼓率其民，肆为怨讟，果可谓之旧服乎？以臣从君，此法度之正也，今而"傲上从康"，略无畏惮，果可谓之法度乎？故盘庚使之终始一心，常如旧日之事，而正其法度也。"曰无或敢伏小人之攸箴"，戒在位之人，不得隐伏小人之言也。夫盘庚欲迁，民咨胥怨。今盘庚不见其为怨，而见其为箴，盖民之有言，谓上之所为非也，此便是箴戒我处。但其蔽于利害，箴得不是尔。吾今使在位之人，无得隐伏。凡有所言，皆得以达于上，然后因其所言，与之商量，则可以解其蔽，而开其心。苟隐伏而不得上达，却如何开道得他。自常情观之，浮言胥动，正所以沮吾欲为之心，宜不欲闻其言也。今乃反使之无伏焉。盖圣贤举事，必欲斯民晓然于心，欣然乐从，故使之皆得以陈其利害，然后于是而开导谕告之，不然虽强，其必我从，亦岂出于其心之乐为也哉。若夫商鞅之徒，则必曰民可与乐成，难与虑始。论至德者，不和于俗；成大功者，不谋于众。一切有所不顾矣。三代圣贤，岂如此哉。夫民不从上令，不逼迫之，而委曲教告之；胥动浮言，不抑遏之而使无伏焉。可见圣贤举事，与后世不同。古人所以凡有所为，而无不成者，只缘得其要领，且如盘庚之迁，被他如此详说，民便乐从，等闲迁了。若不得要领，安能如此。只观"由乃在位"一句，便见其所以能有成处。

9.（宋）蔡沈《书经集传》卷三《商书·盘庚上》

盘庚教于民，由乃在位，以常旧服，正法度，曰，无或敢伏小人之攸箴。王命众悉至于庭。

敩，胡教反。敩，教；服，事；箴，规也。耿地舄卤垫隘，而有沃饶之利，故小民苦于荡析离居，而巨室则总于货宝。惟不利于小民，而利于巨室，故巨室不悦，而胥动浮言，小民眩于利害，亦相与咨怨。间有能审利害之实，而欲迁者，则又往往为在位者之所排击阻难，不能自达于上。盘庚知其然，故其教民，必自在位始。而其所以教在位者，亦非作为一切之法以整齐之。惟举先王旧常迁都之事，以正其法度而已。然所以正法度者，亦非有他焉，惟曰，使在位之臣无或敢伏小人之所箴规焉耳。盖以民患舄卤垫隘。有欲迁而以言箴规其上者，汝毋得遏绝而使不得自达也。众者，臣民咸在也。史氏将述下文盘庚之训语。故先发此。

10.（宋）黄伦《尚书精义》卷十九《商书·盘庚上》

盘庚敩于民，由乃在位，以常旧服，正法度，曰，无或敢伏小人之攸箴。王命众悉至于庭，王若曰，格！汝众，予告汝训，汝猷黜乃心，无傲从康。

（按，此条经解《永乐大典》原缺）

11.（宋）陈经《尚书详解》卷十六《商书·盘庚上》

盘庚敩于民，由乃在位，以常旧服，正法度，曰，无或敢伏小人之攸箴。王命众，悉至于庭。

君至尊，民至卑，在位之臣则处乎尊卑之间，达上之情于下，而达下之情于上者也。盘庚知小民有怨咨之言，惟恐君民有隔绝窒塞，欲使之血脉贯通，故敩于民。而君情之未易达也，必由乃在位之臣宣其德意志虑以告之。又虑夫民情之不得以达于上也，于是戒在位之臣，以常行旧事，而正其法度，在于"无伏小人之攸箴"而已。盖小人箴规之言，自昔先王之世，使之毕达于上，而未尝抑塞之，则所谓旧事者，莫先于此也。能如此，则君民相与，一体无间。"命众悉至于庭"，谓群臣以下皆至于庭，告以君之意，使之达于民者也。

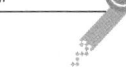

12. （宋）钱时《融堂书解》卷七《商书·盘庚上》

盘庚敩于民，由乃在位，以常旧服，正法度，曰，无或敢伏小人之攸箴。王命众悉至于庭。王若曰，格！汝众，予告汝训，汝猷黜乃心，无傲从康。古我先王，亦惟图任旧人共政王，播告之修，不匿厥指，王用丕钦；罔有逸言，民用丕变。今汝聒聒，起信险肤，予弗知乃所讼。非予自荒兹德，惟汝含德不惕予一人，予若观火，予亦拙谋，作乃逸。

播告之修，其所以敷播告谕乎民者也。厥指者，其谕民之指也。凡播告之修，能宣达上之德意志虑，使所欲为之指，昭然显白，无所藏匿，故先王亦知言之所播指，无不达是用，大敬其事，不敢轻举妄动，无有过逸之言，而民亦用是，莫不翕然大变惟上之从矣。今汝等共起，而信险阻肤浅之言，我不知汝所讼，果何为者也，非我自荒此德，不能进修以至乎？是正为汝等含茹我宽容之德，不畏惧我一人之故。

13. （宋）魏了翁《尚书要义》

原缺。

14. （宋）陈大猷《书集传或问》卷上《商书·盘庚上》

或问，吕氏曰，民不肯迁，常情则惟恐闻其言，今却使无伏小人之箴，盖民之忿心，不当禁遏，使其发于言语，方可杀其怒。如秦之诽谤者族，民不敢进一语，而怒心日长矣。曰，此说自善。夫帝王虽无事之时，犹稽众从人，况大事方举，上下危疑，岂可不以达民言为急，兼迁国重事，利害多端，小民之箴，岂无可以补缺失，禅庙算者，又岂无与我同意而欲迁者。其言之是邪。吾从而采之，可以感悦人心；言之非邪，亦可因其所蔽之端，开导之，以服其心，非止于杀其忿怒而已。小人之箴，犹不敢伏，况其上者乎？此与后世违众举事，虽朝廷近臣钳结而不敢言者异矣。

95

15.（宋）胡士行《尚书详解》卷五《商书·盘庚上第九》

盘庚敩（教）于民，由（始从）乃在位（巨室），以常（先王以迁）旧（故）服（事），正法度（今日当迁法度），曰，无或（有人）敢伏（抑遏）小人（贫民受水害者）之攸（所）箴（箴，巨室利己之言）。

耿圮而沃，不利小民而利巨室，故巨室簧鼓小民，而抑遏其箴己之言，如风邪之痹脉络，故原其受病之处教之，自有位始。谓迁都自有先王故事，以此故事，正今日当迁之法度，而勿伏小民欲迁之箴焉。则巨室从而小民无不从者矣。一云，攸箴，即咨怨之言也，不沮抑之，川不可防也，与后世诽谤妖言之禁异矣。

16.（元）吴澄《书纂言》卷三《商书·盘庚》

盘庚敩于民，由乃在位，以常旧服，正法度，曰，无或敢伏小人之攸箴。

敩，教；由，自；箴，规也。小民荡析离居，而巨室安土重迁，以浮言相眩惑。盘庚知其然，故其教民，必自在位始，以先王旧常迁都之事，正其法度。小民有欲以言箴其上者，毋得遏绝而使不上达。

17.（元）陈栎《书集传纂疏》卷三《朱子订定蔡氏集传·商书·盘庚上》

盘庚敩于民，由乃在位，以常旧服，正法度，曰，无或敢伏小人之攸箴。王命众悉至于庭。

敩，教；服，事；箴，规也。耿地洿卤垫隘，而有沃饶之利，故小民苦于荡析离居，而巨室则总于货宝。惟不利于小民，而利于巨室，故巨室不悦，而胥动浮言，小民眩于利害，亦相与咨怨。间有能审利害之实，而欲迁者，则又往往为在位者之所排击阻难，不能自达于上。盘庚知其然，故其教民，必自在位始，而其所以教在位者，亦非作为一切之法以整齐之，惟举先王旧常迁都之事，以正其法度而已。然所以正法度者，亦非有他焉，惟曰使在位之臣，无或敢伏小人之所箴规焉耳。盖小民患洿卤垫隘，有欲迁而以言箴规其上者，汝毋得遏绝，而使不得自达也。众者，臣民咸在也。史氏将述下文盘庚之训语，故先发此。

纂疏：

陈氏大猷曰，法度，如朝市室庐之营建，道路顿宿之部分，去旧即新之区画之类。遵故事，则人情不骇；达箴言，则人情不壅；此迁都之大纲也。

愚谓，浮言惑众，由在位者始，今兹教民以迁，所以亦必由在位始。"王命众悉至于庭"一句，当属下文。

18.（元）许谦《读书丛说》卷五

原缺。

19.（元）董鼎《书传辑录纂注》卷三《商书·盘庚上》

盘庚敩于民，由乃在位，以常旧服，正法度，曰，无或敢伏小人之攸箴。王命众，悉至于庭。

敩，教；服，事；箴，规也。耿地洿卤垫隘，而有沃饶之利，故小民苦于荡析离居，而巨室则总于货宝，惟不利于小民，而利于巨室，故巨室不悦，而胥动浮言。小民眩于利害，亦相与咨怨，间有能审利害之实，而欲迁者，则又往往为在位者之所排击阻难，不能自达于上。盘庚知其然，故其教民，必自在位始。而其所以教在位者，亦非作为一切之法以整齐之，惟举先王旧常迁都之事，以正其法度而已。然所以正法度者，亦非有他焉，惟曰使在位之臣，无或敢伏小人之所箴规焉耳。盖小民患洿卤垫隘，有欲迁而以言箴规其上者，汝毋得遏绝，而使不得自达也。众者，臣民咸在也。史氏将述下文盘庚之训语，故先发此。

纂注：

陈氏大猷曰，法度如朝市室庐之营建，道路顿宿之部分，去旧即新之区画之类。又曰，遵故事，则人情不骇；达微辞，则人情不壅，此迁都之大纲，史特先举之。

20. （元）朱祖义《尚书句解》卷五《商书·盘庚上第九》

盘庚敩于民（故今盘庚教民以迁。敩，效），由乃在位（必自汝在位人臣始），以常旧服（使人臣用先王常行迁都故事），正法度（正其法度，率民以迁）。

21. （明）王樵《尚书日记》卷八《商书·盘庚上》

"盘庚敩于民"至"悉至于庭"。

上文谕民之辞明矣，然民之不欲迁，岂其中心利害之实哉，皆在位者倡游言，以惑之其说。详见第五节。其间有能审于利害，而欲迁者，则又为在位者所排击阻难，不得自达。故盘庚教民，必由在位，而其所以教在位者，不过以常旧服，正法度。正法度云何？亦曰，"无或敢伏小人之攸箴"而已。盖先王以民心为己心。以民之利害为国之利害。其五迁之举。想皆顺小人之攸箴而为之也。民无惑志而有言，必达于上；臣无匿指，而有愿必同于民。此先王之旧服也，亦国家之法度也。在位者欲阻废法度，则不得不托于民情之不愿；欲托于民情之不愿，则不得不动以浮言，而使其言之同于我，隐伏其攸箴，而使其中情实语不得闻于上。其沮迁之计亦狡矣。盘庚明极事情，故亦不作为一切之法以整齐之。其要惟在于"无敢伏小人之攸箴"，则迁与不迁，孰是民情之公愿，利害必有真归，国是必有真在，群臣之计自破，国家之法自行矣。先王旧服，皆因民欲迁而迁也。今民不欲迁而盘庚欲迁，疑若非先王之旧服矣。当时在位者，必以此动盘庚，而盘庚则知不欲迁者，特尔辈总于货宝之私心，一时小民惑于浮言之左见，而非众心之所同然也。众心之所同然，众口之所同辞，今日非异于先王之时，特尔辈伏之耳。"王命众悉至于庭众"者，臣民咸在也。

22. （清）库勒纳等撰《日讲书经解义》卷五《商书·盘庚上》

盘庚敩于民，由乃在位，以常旧服，正法度，曰，无或敢伏小人之攸箴。王命众，悉至于庭。

此一节书，是史臣记盘庚训诰在位之意也。敩，教也。常旧服者，先世常行之旧事也。伏，藏匿也。箴，箴规之语也。当日河水为患，小民苦于昏垫，而世家大族狃安居之逸，贪饶沃之利，胥动浮言，小民为所惑者有之。间有能审知利害而欲迁者，又为世家大族所阻抑排击，而不能达其情于上。盘庚知其故。史言其敩于民也，自在位者始，然亦非绳之以法，动之以威，惟以先王旧常迁都之事，以正今日之法度，见已之顺天命者，取法乎先王。则人臣之虔职守者，亦当恪遵乎上命。其大意若曰，小人之中，必有明于久远之大计，而以言箴规于上者，但尔群臣怀目前之利，而不顾其害，惧众论之，是而欲掩其非，伏之不使上达耳，尔当宣畅其所欲言，不可遏抑而排挤之也。于是命众人咸至于庭，以听诰辞焉。盘庚可谓深悉民情之隐，而能除壅蔽之患者矣。

曰，无或敢伏小人之攸箴

1. （汉）孔氏传、（唐）陆德明音义、孔颖达疏《尚书注疏》卷八《商书·盘庚上》

曰，无或敢伏小人之攸箴。

传，言无有敢伏绝小人之所欲箴规上者，戒朝臣。

音义，箴，之林反，马云，谏也。朝，直遥反。

疏，又戒臣曰，汝等无有敢伏绝小人之所欲，箴规上者。

传正义曰，小民等患水泉沉溺欲箴规上而徒汝臣下勿抑塞伏绝之。郑玄云，奢侈之俗，小民咸苦之，欲言于王，今将属民而询焉，故敕以无伏之。

2. （宋）苏轼《书传》卷八《商书·盘庚上第九》

（归善斋按，见"盘庚敩于民，由乃在位，以常旧服，正法度"）

99

3. （宋）林之奇《尚书全解》卷十八《商书·盘庚上》

(归善斋按，见"盘庚教于民，由乃在位，以常旧服，正法度")

4. （宋）史浩《尚书讲义》卷九《商书·盘庚上》

(归善斋按，见"盘庚教于民，由乃在位，以常旧服，正法度")

5. （宋）夏僎《尚书详解》卷十三《商书·盘庚上》

(归善斋按，见"盘庚教于民，由乃在位，以常旧服，正法度")

6. （宋）时澜《增修东莱书说》卷十《商书·盘庚上第九》

(归善斋按，见"盘庚教于民，由乃在位，以常旧服，正法度")

7. （宋）黄度《尚书说》卷三《商书·盘庚上》

(归善斋按，见"盘庚教于民，由乃在位，以常旧服，正法度")

8. （宋）袁燮《絜斋家塾书钞》卷六《商书·盘庚上》

(归善斋按，见"盘庚教于民，由乃在位，以常旧服，正法度")

9. （宋）蔡沈《书经集传》卷三《商书·盘庚上》

(归善斋按，见"盘庚教于民，由乃在位，以常旧服，正法度")

10. （宋）黄伦《尚书精义》卷十九《商书·盘庚上》

(按，此条经解《永乐大典》原缺)

11. （宋）陈经《尚书详解》卷十六《商书·盘庚上》

(归善斋按，见"盘庚教于民，由乃在位，以常旧服，正法度")

12. （宋）钱时《融堂书解》卷七《商书·盘庚上》

(归善斋按，见"盘庚教于民，由乃在位，以常旧服，正法度")

13.（宋）魏了翁《尚书要义》

原缺。

14.（宋）陈大猷《书集传或问》卷上《商书·盘庚上》

(归善斋按，未解)

15.（宋）胡士行《尚书详解》卷五《商书·盘庚上第九》

(归善斋按，见"盘庚敩于民，由乃在位，以常旧服，正法度")

16.（元）吴澄《书纂言》卷三《商书·盘庚》

(归善斋按，见"盘庚敩于民，由乃在位，以常旧服，正法度")

17.（元）陈栎《书集传纂疏》卷三《朱子订定蔡氏集传·商书·盘庚上》

(归善斋按，见"盘庚敩于民，由乃在位，以常旧服，正法度")

18.（元）许谦《读书丛说》卷五

原缺。

19.（元）董鼎《书传辑录纂注》卷三《商书·盘庚上》

(归善斋按，见"盘庚敩于民，由乃在位，以常旧服，正法度")

20.（元）朱祖义《尚书句解》卷五《商书·盘庚上第九》

曰（所言惟曰），无或敢伏小人之攸箴（自今以往，无或敢隐伏小人所以箴规人君之心欲迁都者）。

21.（明）王樵《尚书日记》卷八《商书·盘庚上》

(归善斋按，见"盘庚敩于民，由乃在位，以常旧服，正法度")

22.（清）库勒纳等撰《日讲书经解义》卷五《商书·盘庚上》

(归善斋按，见"盘庚敩于民，由乃在位，以常旧服，正法度")

王命众悉至于庭

1.（汉）孔氏传、（唐）陆德明音义、孔颖达疏《尚书注疏》卷八《商书·盘庚上》

王命众悉至于庭。

传，众，群臣以下。

疏，传正义曰，《周礼》小司寇"掌外朝之政，以致万民而询焉，一曰询国危；二曰询国迁；三曰询立君"，是国将大迁，必询及于万民，故知"众悉至于庭"，是群臣以下，谓及下民也。民不欲徙，由臣不助王劝民，故以下多是责臣之辞。

2.（宋）苏轼《书传》卷八《商书·盘庚上第九》

王命众悉，至于庭。王若曰。

《书》凡言"若曰"者，非尽当时之言，大意若此而已。

3.（宋）林之奇《尚书全解》卷十八《商书·盘庚上》

王命众悉至于庭。王若曰，格汝众，予告汝训。

言使自群臣以下，至于庶民，咸得至于庭也。《周官》，小司寇掌外朝之政，以致万民而询焉，一曰询国危，二曰询国迁。盘庚盖将迁都，而谋于民，故使臣民皆至于外庭也。"王若曰格汝众予告汝训"者，苏氏曰，《书》凡言"若"者，非尽当时之言，大抵若此而已。"格汝众"者，呼之而使来也。我将告之以予志之所欲言者，自此而下，皆为群臣之扇为浮言，以感流俗而发也，盖上文所谓"盘庚敩于民由乃在位"者也。

4. （宋）史浩《尚书讲义》卷九《商书·盘庚上》

（归善斋按，见"盘庚敩于民，由乃在位，以常旧服，正法度"）

5. （宋）夏僎《尚书详解》卷十三《商书·盘庚上》

（归善斋按，见"盘庚敩于民，由乃在位，以常旧服，正法度"）

6. （宋）时澜《增修东莱书说》卷十《商书·盘庚上第九》

王命众悉至于庭。王若曰，格！汝众，予告汝训，汝猷黜乃心，无傲从康。古我先王，亦惟图任旧人共政王，播告之修。不匿厥指，王用丕钦；罔有逸言，民用丕变。今汝聒聒，起信险肤。

王命众至庭，而教之以训，情亲而体婉。当时民心很戾，自以为决不可迁，莫能以道降下其心。盘庚之言，皆不能入，故告之以汝当以道，黜此"傲上从康"之心。上之人委曲谆复如此，民闻其言，岂不能听，然退而顾其妻子，思其室庐，与夫迁徙之劳，终未能从，故使之去其初心。人心于彼既盛，则此言难入矣。我先王亦惟图任旧人共政，播告之修，未尝隐匿其旨，使民皆得以知其心，而动作之间，无有不敬，又无过逸之言，而民用大化。言先王之时，民所以丕变者，不过此三事耳。今汝乃聒聒然，起信奸险肤浅之言。夫胥动浮言者，固在廷之臣，而盘庚不敢以险肤待公卿大夫，但谓今汝所以聒聒然，胥动浮言者，缘尔信险肤之人也，忠厚之意可见矣。

7. （宋）黄度《尚书说》卷三《商书·盘庚上》

王命众悉至于庭。王若曰，格！汝众，予告汝训，汝猷黜乃心，无傲从康。

众群臣也汝当以道黜汝傲慢之心。

8. （宋）袁燮《絜斋家塾书钞》卷六《商书·盘庚上》

王命众悉至于庭，王若曰，格！汝众，予告汝训，汝猷黜乃心，无傲从康。

"王命众悉至于庭",群臣庶民,皆使之来也。只看此一句,分明如一家之中,同共商量。"汝猷黜乃心",黜其"傲上从康"之心也。此一句。尤见盘庚说得亲切处。夫上有所为。而为臣民者,胥动浮言,敢于不从,是傲慢也。怀土自安,便目前之小利,忘他日之大患,是从康也。盘庚谓汝且黜了这傲与从康之心,听我之说。臣民之众,一闻斯言,耸然知君命之可畏,傲上之心无有也;灼然知怀土重迁之为害,从康之心无有也。既黜"傲上从康"之心,则是非利害之实,岂不明白也哉。盘庚如此说分明,如良医用药,药与病对,方攻得他病去。呜呼!斯其所以为贤圣之君也欤。

9. (宋)蔡沈《书经集传》卷三《商书·盘庚上》

(归善斋按,见"盘庚敩于民,由乃在位,以常旧服,正法度")

10. (宋)黄伦《尚书精义》卷十九《商书·盘庚上》

(按,此条经解《永乐大典》原缺)

11. (宋)陈经《尚书详解》卷十六《商书·盘庚上》

(归善斋按,见"盘庚敩于民,由乃在位,以常旧服,正法度")

12. (宋)钱时《融堂书解》卷七《商书·盘庚上》

(归善斋按,见"盘庚敩于民,由乃在位,以常旧服,正法度")

13. (宋)魏了翁《尚书要义》

原缺。

14. (宋)陈大猷《书集传或问》卷上《商书·盘庚上》

(归善斋按,未解)

15.（宋）胡士行《尚书详解》卷五《商书·盘庚上第九》

王命众悉（尽）至（进）于庭（迩近，则言易入）。王若曰，格（来），汝众，予告汝训，汝猷（谋）黜（去）乃心（私心），无傲（慢上）从康（安土）。

迁之利，公也；不迁之利，私也。傲康之失，皆自私心中来。

16.（元）吴澄《书纂言》卷三《商书·盘庚》

王命众悉至于庭。王若曰，格！汝众，予告汝训，汝猷黜乃心，无傲从康。

"众"者，臣民咸在也。"若曰"，史述其大意若此。猷，语辞。毋与无同，傲上命而从已之安，故不肯迁。二者所当黜之私心也。虽臣民咸在，此言实为群臣而发。

17.（元）陈栎《书集传纂疏》卷三《朱子订定蔡氏集传·商书·盘庚上》

（归善斋按，见"盘庚敩于民，由乃在位，以常旧服，正法度"）

18.（元）许谦《读书丛说》卷五

原缺。

19.（元）董鼎《书传辑录纂注》卷三《商书·盘庚上》

（归善斋按，见"盘庚敩于民，由乃在位，以常旧服，正法度"）

20.（元）朱祖义《尚书句解》卷五《商书·盘庚上第九》

王命众，悉至于庭（盘庚命群臣及庶民，尽至于庭）。

21.（明）王樵《尚书日记》卷八《商书·盘庚上》

（归善斋按，见"盘庚敩于民，由乃在位，以常旧服，正法度"）

105

22.（清）库勒纳等撰《日讲书经解义》卷五《商书·盘庚上》

(归善斋按，见"盘庚敩于民，由乃在位，以常旧服，正法度")

王若曰，格汝众，予告汝训

1.（汉）孔氏传、（唐）陆德明音义、孔颖达疏《尚书注疏》卷八《商书·盘庚上》

王若曰，格汝众，予告汝训。
传，告汝以法教。

2.（宋）苏轼《书传》卷八《商书·盘庚上第九》

(归善斋按，另见"王命众悉，至于庭")
格汝众，予告汝训，汝猷黜乃心，无傲从康。
谋自抑黜其心，无傲无怀安也。

3.（宋）林之奇《尚书全解》卷十八《商书·盘庚上》

(归善斋按，见"王命众悉，至于庭")

4.（宋）史浩《尚书讲义》卷九《商书·盘庚上》

(归善斋按，见"盘庚敩于民，由乃在位，以常旧服，正法度")

5.（宋）夏僎《尚书详解》卷十三《商书·盘庚上》

(归善斋按，见"盘庚敩于民，由乃在位，以常旧服，正法度")

6. （宋）时澜《增修东莱书说》卷十《商书·盘庚上第九》

（归善斋按，见"王命众悉，至于庭"）

7. （宋）黄度《尚书说》卷三《商书·盘庚上》

（归善斋按，见"王命众悉，至于庭"）

8. （宋）袁燮《絜斋家塾书钞》卷六《商书·盘庚上》

（归善斋按，见"王命众悉，至于庭"）

9. （宋）蔡沈《书经集传》卷三《商书·盘庚上》

王若曰，格！汝众，予告汝训，汝猷黜乃心，无傲从康。

"若曰"者，非尽当时之言，大意若此也。"汝猷黜乃心"者，谋去汝之私心也。无，与"毋"同，毋得傲上之命，从己之安。盖傲上则不肯迁；从康则不能迁。二者所当黜之私心也。此虽盘庚对众之辞。实为群臣而发，以教民由在位故也。

10. （宋）黄伦《尚书精义》卷十九《商书·盘庚上》

（按，此条经解《永乐大典》原缺）

11. （宋）陈经《尚书详解》卷十六《商书·盘庚上》

王若曰，格！汝众，予告汝训，汝猷黜乃心，无傲从康。古我先王，亦惟图任旧人共政。王播告之修，不匿厥指，王用丕钦；罔有逸言，民用丕变。今汝聒聒，起信险肤，予弗知乃所讼。非予自荒兹德，惟汝含德，不惕予一人。予若观火，予亦拙谋，作乃逸。若网在纲，有条而不紊；若农服田，力穑乃亦有秋。

来！汝众人，告汝以教诲之言，汝当谋去所以傲上从康之心。傲者，以违君之命，而不肯从也。从康者，以其怀一时之安，而不为后日虑也。当时，群臣所以不迁，其病在此二字。盘庚直指病而告之。"古我先王，亦惟图任旧人共政",旧人者,历年多,更事熟,见利害甚明者也。故先王必惟旧人是任,而新进少年不用之,亦足以见盘庚之时,所欲迁者皆老成之人,而不欲迁者皆新进少年者也。惟先王图任旧人与之共政,故先王有号令,播告于下。斯民见上之德意,无所隐匿,所以导达德意者,岂非旧人是赖。我先王盖不徒以言语耸动人也,而行之以身,又致其敬而无有过言。斯民因王之意,而信王之德,则自然丕变,翕然惟上之从也。岂闻有傲上从康也哉。先王所用之旧人如彼,而汝之所为者如此,聒聒然无知徒以险肤之言,起人之信。险则易动,肤则易入,皆非真实之言也。予不知汝之所争者,抑将何谓?盘庚至此,灼然有所见,不惑于群议。若非我之自荒大其德,以为必迁,若从汝之言,惟汝含容以为德,则使汝终不畏我一人,犹之观火燎原,坐视不救,则我以拙谋成汝之过矣。"若网在纲,有条而不紊,若农服田,力穑乃亦有秋",此亦指其傲上从康之心而告之也。君唱而臣从,先难而后获,此自然之理也。今我欲迁,而尔臣反傲上而不从,曷不观之于网乎?网之有纲,犹臣之有君。举纲则网自有条,岂有君欲为,而臣不欲者乎?今我欲图为久之计,而尔臣反从康而惮劳,曷不观之农乎,农之于田,犹人之于事,服田力穑,则必有秋成之望,岂有怀安怠情,而欲有所成乎?此又盘庚托物以明理,使之因物而有所悟也。

12. (宋)钱时《融堂书解》卷七《商书·盘庚上》

(归善斋按,见"盘庚敩于民,由乃在位,以常旧服,正法度")

13. (宋)魏了翁《尚书要义》

原缺。

14. (宋)陈大猷《书集传或问》卷上《商书·盘庚上》

(归善斋按,未解)

15.（宋）胡士行《尚书详解》卷五《商书·盘庚上第九》

（归善斋按，见"王命众悉，至于庭"）

16.（元）吴澄《书纂言》卷三《商书·盘庚》

（归善斋按，见"王命众悉至于庭"）

17.（元）陈栎《书集传纂疏》卷三《朱子订定蔡氏集传·商书·盘庚上》

王若曰，格！汝众，予告汝训，汝猷黜乃心，无傲从康。

"若曰"者，非尽当时之言，大意若此也。"汝猷黜乃心"者，谋去汝之私心也。无，与"毋"同，毋得傲上之命，从己之安。盖傲上，则不肯迁；从康，则不能迁。二者所当黜之私心也。此虽盘庚对众之辞，实为群臣而发，以教民，由在位故也。

纂疏：

王氏曰，凡言"若曰"，或臣述上旨而代作，非其自言，或史撮大意删润之，非其本言。

陈氏经曰，傲上者，违王命而不肯从；从康者，怀苟安而无远虑。群臣所以不肯迁，病根在此二者，故直指其病戒之。

陈氏梅叟曰，戒群臣，汲汲于治其心耳。黜乃心，再见于首篇。肩心，申严于终篇。"不宣乃心"，恐迂乃心，不暨予同心，有戕在乃心，各设中于乃心，又条见于中篇，而历告朕志，敷心腹肾肠，无非开心谕之也。

18.（元）许谦《读书丛说》卷五

原缺。

19.（元）董鼎《书传辑录纂注》卷三《商书·盘庚上》

王若曰，格！汝众，予告汝训，汝猷黜乃心，无傲从康。

"若曰"者，非尽常时之言，大意若此也。"汝猷黜乃心"者，谋去汝之私心也。无，与"毋"同，毋得傲上之命，从己之安。盖傲上，则不肯迁；从康，则不能迁。二者，所当黜之私心也。此虽盘庚对众之辞，实为群臣而发，以教民由在位故也。

纂注：

王氏曰，凡言"若曰"，或史述上旨而代作，非其自言。

陈氏经曰，当谋去其"傲上从康"之心。傲上者，违王命而不肯从；从康者，怀久安而不为后日虑。当时，群臣所以不迁，其病根在此二者，故直指其病而戒之。

陈氏梅叟曰，盘庚戒谕群臣，惟汲汲于治其心耳。黜乃心，再见于首篇；永肩一心，申严于中篇；不宣乃心，恐迁乃心，不暨予同心，有戕在乃心，各设中于乃心，又条见于中篇。至于历告朕志，心腹肾肠皆敷焉，无非开心谕之也。

20. （元）朱祖义《尚书句解》卷五《商书·盘庚上第九》

王若曰（盘庚顺其事告之曰），格！汝众（至汝众人），予告汝训（我告汝以教训之言）。

21. （明）王樵《尚书日记》卷八《商书·盘庚上》

"王若曰，格！汝众"至"无傲从康"。

耿，众利滨河之地，沃饶自丰，而惮迁徙之劳，以为百年之业奈何舍之，而去不惕于一人，不肯听一人之作猷，此其从康傲上之本情也。是心不黜，虽百喻无益，故盘庚特指而言之。此一书之要领也。

22. （清）库勒纳等撰《日讲书经解义》卷五《商书·盘庚上》

王若曰，格！汝众，予告汝训，汝猷黜乃心，无傲从康。

此一节书，是责群臣之各黜其私心也。格，至也。猷，谋也。盘庚诰训之意，若曰，汝臣民之众，其至于庭，予告汝以训，言凡汝之昧于迁都之利者，皆汝之私心蔽之也。汝当谋黜其私心，无傲上之命，而有骄慢之意；无图己之安而怀荒怠之心，则尊卑之分明，而久安之计得矣。盖人臣为国家断大事，定大谋，必虚明公正，意见且不得而参之，况杂以利欲之念乎？故事，君者，当以克黜私心为要。

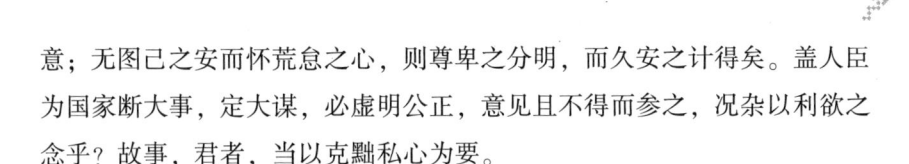

汝猷黜乃心，无傲从康

1. （汉）孔氏传、（唐）陆德明音义、孔颖达疏《尚书注疏》卷八《商书·盘庚上》

汝猷黜乃心，无傲从康。
传，谋退汝违上之心，无傲慢从心所安。
音义，傲，五报反。

2. （宋）苏轼《书传》卷八《商书·盘庚上第九》

（归善斋按，见"格！汝众，予告汝训"）

3. （宋）林之奇《尚书全解》卷十八《商书·盘庚上》

汝猷黜乃心，无傲从康。
夫天下利害之实，焕终甚明，不难知也。人主心平而气定，上不为名所惑，下不为利所慑者，类能知之。惟其心之所存，一惑于利害之私，则将见其利而不睹其害，而利害之实乱矣。迁之利，与不迁之害，在盘庚之时，盖可以一言决也。然其群臣，乃以不迁为利，迁为害者，惟其贪于沃饶之利，习于奢侈之俗。此二者挠于胸中，故致于傲上从康，而不自知其非，故盘庚告之也。始则告之以一言曰"汝猷黜乃心"，言汝欲知迁都之利害，先当谋黜去汝之私心也。苟去汝之私心，则利害之实不为物蔽而渐以明审，必不至于傲上而不肯迁，亦不至于怀安而不欲迁也，故继之以"无傲从康"。

111

4. （宋）史浩《尚书讲义》卷九《商书·盘庚上》

（归善斋按，见"盘庚敩于民，由乃在位，以常旧服，正法度"）

5. （宋）夏僎《尚书详解》卷十三《商书·盘庚上》

（归善斋按，见"盘庚敩于民，由乃在位，以常旧服，正法度"）

6. （宋）时澜《增修东莱书说》卷十《商书·盘庚上第九》

（归善斋按，见"王命众悉至于庭"）

7. （宋）黄度《尚书说》卷三《商书·盘庚上》

（归善斋按，见"王命众悉至于庭"）

8. （宋）袁燮《絜斋家塾书钞》卷六《商书·盘庚上》

（归善斋按，见"王命众悉至于庭"）

9. （宋）蔡沈《书经集传》卷三《商书·盘庚上》

（归善斋按，见"格！汝众，予告汝训"）

10. （宋）黄伦《尚书精义》卷十九《商书·盘庚上》

（按，此条经解《永乐大典》原缺）

11. （宋）陈经《尚书详解》卷十六《商书·盘庚上》

（归善斋按，见"格！汝众，予告汝训"）

12. （宋）钱时《融堂书解》卷七《商书·盘庚上》

（归善斋按，见"盘庚敩于民，由乃在位，以常旧服，正法度"）

13. （宋）魏了翁《尚书要义》

原缺。

14. (宋)陈大猷《书集传或问》卷上《商书·盘庚上》

(归善斋按,未解)

15. (宋)胡士行《尚书详解》卷五《商书·盘庚上第九》

(归善斋按,见"王命众悉至于庭")

16. (元)吴澄《书纂言》卷三《商书·盘庚》

(归善斋按,见"王命众悉至于庭")

17. (元)陈栎《书集传纂疏》卷三《朱子订定蔡氏集传·商书·盘庚上》

(归善斋按,见"格!汝众,予告汝训")

18. (元)许谦《读书丛说》卷五

原缺。

19. (元)董鼎《书传辑录纂注》卷三《商书·盘庚上》

(归善斋按,见"格!汝众,予告汝训")

20. (元)朱祖义《尚书句解》卷五《商书·盘庚上第九》

汝猷黜乃心(汝谋去汝私心),无傲从康(无敖慢上命,不肯往迁,从康安之志)。

21. (明)王樵《尚书日记》卷八《商书·盘庚上》

(归善斋按,见"格!汝众,予告汝训")

22.（清）库勒纳等撰《日讲书经解义》卷五《商书·盘庚上》

(归善斋按，见"格！汝众，予告汝训")

（明）陈第《尚书疏衍》卷三

无傲从康。

愚按，《盘庚》三篇，词虽佶屈，理实显明。上篇告在位之臣也，无傲从康尽之矣。傲，慢上也。康，怀安也。群臣之所以不迁坐此，然怀安犹可言也，慢上不可言也。舍刑不足以威之矣，故曰，"服田力穑，乃亦有秋"，"不服田亩，越其罔有黍稷"，皆言燕安之不可怀。曰"聒聒起信险肤"，"不惕予一人"，"不畏戎毒于远迩"，"不和吉言于百姓"，"弗告朕而胥动以浮言"，"侮老成人"，"弱孤有幼"，皆言傲慢之不可长也。夫上无所畏，则何安之不怀。夫既怀安，则震动以迁，必有所弗听矣。此不惟蔑视厥后，实不顾绥先公之所以臣服于先王也，罪其可救乎？故曰"用罪伐厥死"，"罚及尔身弗可悔"。

古我先王，亦惟图任旧人共政

1.（汉）孔氏传、（唐）陆德明音义、孔颖达疏《尚书注疏》卷八《商书·盘庚上》

古我先王，亦惟图任旧人共政。

传，先王谋任久老成人共治其政。

音义，任，而鸩反。

疏，正义曰，此篇所言先王，其文无指斥者，皆谓成汤以来诸贤王也。下言"神后""高后"者，指谓汤耳。下篇言"古我先王适于山"者，乃谓迁都之王仲丁、祖乙之等也。此言先王，谓先世贤王。此既言"先王"，下句"王播告之""王用丕钦"，蒙上之"先"，不言"先"，省文也。

2.（宋）苏轼《书传》卷八《商书·盘庚上第九》

古我先王，亦惟图任旧人共政。

此篇数言用耆旧，又戒其侮老成，以此推之，凡不欲迁者，皆众稚且狂也。盘庚言，非独我用旧先王，亦用旧耳，岂可违哉。

3.（宋）林之奇《尚书全解》卷十八《商书·盘庚上》

古我先王，亦惟图任旧人共政。王播告之修，不匿厥指。王用丕钦，罔有逸言，民用丕变。今汝聒聒，起信险肤，予弗知乃所讼，非予自荒兹德，惟汝含德，不惕予一人。予若观火，予亦拙谋，作乃逸。

既告以黜其私心，无傲上从康矣，此又称先王之时，其臣皆从先王之命令，而无敢逆之者，即上文"以常旧服正法度"是也。"古我先王"者，盖泛指成汤，及殷之贤君。"旧人"者，亦泛指先王之臣也。言我先王之谋任旧人，与之共政也。"王播告之修"者，此言"王"亦指先王也，不言"先王"者，变上之文也。"播告之修"，言旧臣之事先王，先王使之播告其所修之政于天下，而旧臣则能不隐匿其旨志，故先王用大敬之，而旧臣所教之旨又无过逸之言，以扇惑民听，故民用大变，盖上焉为王之所钦者，以其"不匿厥指"故也；下焉为民之所从者，以其"罔有逸言"故也。而今之群臣，乃不以盘庚迁都之意告民，而乃扇为浮，言以恐动之，此民之所以不至于"丕变"，而王之所以不至于"丕钦"也。故继而责之曰"今汝聒聒，起信险肤，予弗知乃所讼"，言汝今乃聒聒，终肆为多言，务以险肤之说，起信于人。我意不知汝所讼言者，果何谓也。险，谓悦害而幸灾；肤，谓浅近而不由中。此二者，虽皆诞妄无实，而皆有以取信于流俗也。在流俗则信之，而自知者观之，则"弗知乃所讼"也。"弗知乃所讼"者，言我之不知汝所言者果何谓也。王氏曰，不夷谓之险，不衷谓之肤。此论甚善。而继之曰造险肤者，所不待教而诛。此言大害义理。夫"盘庚教于民，由乃在位"，则是为险肤之言者皆教之，而不忍诛也。今曰造险肤者，不待教而诛，则是盘庚之时必诛其造险肤者。此盖王氏借此言，簧鼓以惑天下，欲快意于一时。老成之人，言新法之不便者，皆欲指为造险肤之人，而悉诛也。不仁之祸，至六经而止。王氏乃借六经之言，欲以肆其不仁之祸，是可叹也。言汝不能如先王之臣"不匿厥指"，"罔有逸言"，而乃聒聒然，起信险肤。我反求之，不知汝所说，则是非我一人，自荒废兹德，不能如先王之图任旧人共政也，乃是汝之群臣恃我有宽容之德，含其恩惠，故不畏惧我一人，而肆为险肤之言也。汝既不畏惧我一人，而肆为浮言，我不于其始萌之时，而遏绝其势，今乃至于无所忌惮，以簧惑流俗之听，举国之人皆相与咨嗟，而不适有居，是我之于汝，譬若观火不于荧荧之时而扑灭之，遂至延蔓而不可救，是我之拙谋，成汝之过。此盖自责。盘庚既以不加刑罚，扑灭于荧荧之初，以成其浮言之过，为拙谋，则宜以刑威日胁之而使从者，其谋为不拙矣。然终不肯去彼而取此者，盖无欲速无见小利者，王者之政也。欲速则不达，见小利则大事不成。虽胁民而从之，无益也。

4. （宋）史浩《尚书讲义》卷九《商书·盘庚上》

（归善斋按，见"盘庚敩于民，由乃在位，以常旧服，正法度"）

5. （宋）夏僎《尚书详解》卷十三《商书·盘庚上》

古我先王，亦惟图任旧人共政。王播告之修，不匿厥指，王用丕钦；罔有逸言，民用丕变。今汝聒聒，起信险肤，予弗知乃所讼，非予自荒兹德，惟汝舍德不惕予一人。予若观火，予亦拙谋，作乃逸。

盘庚既告其臣，使黜其私心，不得傲上从康，故此遂称先王之时，其臣从其命令，无敢违者。古我先王，盖泛指成汤以下，凡商之贤君也。旧人亦泛指先王之臣也。盖言我先王谋任旧人，与之共政，故当时为之臣者，于先王播告其所修之政于天下，皆能奉宣德意，未尝敢隐匿其指，故先王大敬其臣。然臣虽曰奉宣德意，未敢匿指，然亦未尝有一言失于过逸，足以扇惑民听。故当时非特君敬之，而民亦大变。所谓变者，盖变其所为，而从上之所为也。盘庚之意盖谓，先王之时，其旧臣所以为先王所敬者，以其不匿厥指也；所以为民所从者，以其罔有逸言也。一说又谓，先王谋任旧人，故旧臣于王有所播告，皆能奉宣而无隐匿，惟其如此，故先王在上，但恭己正面，大敬其为君之道而已。虽未尝有过多于言辞，而民已变而从化矣。此说亦通。盘庚言此，盖谓先王之时，于上所欲为，皆赖其臣之布宣而奉行之。今我虽得臣，乃不能然，故继言"今汝聒聒，起信险肤，予弗知乃所讼"，盖谓，今日之迁，汝众当率民共往，而乃聒聒然，肆为多言，务为险肤之说，起信于人，我意尚不知汝所讼诉者果为何事，况望汝奉宣德意，而不匿厥旨者乎。险，谓利口相倾者；肤，谓浅近而不由中者。二者皆诞妄无实之言，乃欲以此取信于流俗，即所谓而胥动以浮言者是也。王氏谓不夷为险，不中为肤，此说是也。盘庚既责群臣，不能如先王之臣奉宣德意，乃以浮言惑众，故此又谓，我今日所以致尔众，敢傲上从康，肆为浮言，非我自荒弃此德，不如先王图任旧人也，乃群臣见我宽容如此，乃含茹吾德，玩习恩惠，不畏惧我一人，故敢傲上而不从以迁。汝既不畏惧我一人，而肆为浮言，不从以迁，我不于其始萌之时，而遏绝其势，而今乃至于无所忌惮，以簧惑流俗，以至举国之人，皆相与怨咨，不适有居，是我于汝，譬如火焉，不于其始焚之时而扑灭之，且坐视之燃，遂至延蔓而不可救，是我之拙谋作成汝之过逸。此盖盘庚自责之辞也。苏氏谓，此篇数言，用耆老又戒以无侮老成，以此推之，则凡不欲迁者，皆众稚且狂也。此说有理。

6.（宋）时澜《增修东莱书说》卷十《商书·盘庚上第九》

（归善斋按，见"王命众悉至于庭"）

7.（宋）黄度《尚书说》卷三《商书·盘庚上》

古我先王，亦惟图任旧人共政。王播告之修，不匿厥指，王用丕钦；罔有逸言，民用丕变。今汝聒聒，起信险肤，予弗知乃所讼。

先王图任旧人，共政修播告之辞，未尝隐匿其指，王必用大敬无过失之言；故其民顺令，旷然大变聒聒多言之貌。今汝聒聒，起而信受，邪险肤浅，予弗知其所辩讼果为何事，此岂先王所以图任共政者哉？言在位群臣，不能继承其先人，同力王室也。《孟子》曰"为政不难，不得罪于巨室"，世家梗政，此时已患之。

8.（宋）袁燮《絜斋家塾书钞》卷六《商书·盘庚上》

古我先王，亦惟图任旧人共政。王播告之修，不匿厥指，王用丕钦；罔有逸言，民用丕变。今汝聒聒，起信险肤，予弗知乃所讼。非予自荒兹德，惟汝含德，不惕予一人。予若观火予，亦拙谋，作乃逸

（按，袁氏此节解《永乐大典》原缺）

9.（宋）蔡沈《书经集传》卷三《商书·盘庚上》

古我先王，亦惟图任旧人共政。王播告之修，不匿厥指，王用丕钦；罔有逸言，民用丕变。今汝聒聒，起信险肤，予弗知乃所讼。

逸，过也。盘庚言先王亦惟谋任旧人共政，王播告之修，则奉承于内而能不隐匿其指意，故王用大敬之；宣化于外，又无过言以惑众听，故民用大变。今尔，在内则伏小人之攸箴；在外，则不和吉言于百姓，诪诪多言，凡起信于民者，皆险陂肤浅之说。我不晓汝所言果何谓也。详此所谓旧人者，世臣旧家之人，非谓老成人也。盖沮迁都者，皆世臣旧家之人。下文"人惟求旧"一章可见。

10.（宋）黄伦《尚书精义》卷十九《商书·盘庚上》

古我先王，亦惟图任旧人共政。王播告之修，不匿厥指，王用丕钦；罔有逸言，民用丕变。

无垢曰，自古先王皆图任旧人，不听新进。其所举事，皆以常旧服，不出私意。夫惟新进，好出私意，以变更祖宗故事，纷乱祖宗法度，故先王图任，在旧人而不在新进。又曰，惟旧人能宣先王德意志虑，故先王亦不敢少忽，每发一号，施一令，必反复审证，必图治安，必行永久，必便于民，必合于天地鬼神，而又询之于公卿大夫，考之于卜筮，盖无所不用其钦，故其言可以为典则，为法为度，安有口过乎？号令不出则已，号令一出，则天下耸动，怠者奋，污者修，鄙者宽，薄者敦，而四海之内，无不风移俗易而大变矣。盘庚言，我迁都之计已深思而熟虑，非出于轻易也。故凡见之于播告者，皆诚心实德之所在，可以一变危乱之俗，为治安之世，一变目前之劳，为悠久之安。特汝未之信耳。

张氏曰，经曰"无遗寿耇"，又曰"询兹黄发"，则人君所与共政者，无非老成之人也。惟老成人，然后历知古今成败之迹，与之共政，则其智，足以远省矣。王播告之修，则其在外者不欺矣；不匿厥指，则其在内者无隐矣。于先王，能图任旧人而又播告之，以所修之政而不匿其指意，则上之情得以下达。君之德意志虑晓然在人耳目，而人知所从违矣。夫岂有背违于上，而不从君命以迁者哉。

11.（宋）陈经《尚书详解》卷十六《商书·盘庚上》

（归善斋按，见"格汝众，予告汝训"）

12.（宋）钱时《融堂书解》卷七《商书·盘庚上》

（归善斋按，见"盘庚敩于民，由乃在位，以常旧服，正法度"）

13.（宋）魏了翁《尚书要义》

原缺。

14.（宋）陈大猷《书集传或问》卷上《商书·盘庚上》

（归善斋按，未解）

15.（宋）胡士行《尚书详解》卷五《商书·盘庚上第九》

古我先王，亦惟图（谋）任（用）旧（老成）人共政，王播（布）告之修（治），不匿（隐）厥指（意）。王用丕（大）钦（敬）；罔有逸（过）言，民用丕（大）变（化）。今汝聒聒（多言），起信险（倾）肤（浅之言）。予弗知乃（汝）所讼（所言何事）？非予自荒（弃）兹德惟汝含（茹）德（爱），不惕（畏）予一人。予若观火（燎原），予亦拙谋（始谋不严谨），作（致）乃（汝）逸（慢康）。

旧人，则不隐先王播告之防，故王恭己无言，而民化矣。今汝新进，起而唱说，言果何为者邪？予非欲弃德而用刑者也，而汝含吾德，而不我畏，是吾拙谋致汝之逸也。此非盘庚真悔其初之不用刑，训责之辞云耳，

119

夏以丕钦为敬旧人。

16.（元）吴澄《书纂言》卷三《商书·盘庚》

古我先王，亦惟图任旧人共政。王播告之修，不匿厥指，王用丕钦；罔有逸言，民用丕变。

修，犹《易》言修辞，《论语》言为命也。古先王任旧人共政，凡有播告，其臣皆承宣而不隐匿其指，用能大敬乎王者如此。盘庚将责其臣，故先举先王之臣而劝之也。

17.（元）陈栎《书集传纂疏》卷三《朱子订定蔡氏集传·商书·盘庚上》

古我先王，亦惟图任旧人共政。王播告之修，不匿厥指，王用丕钦。罔有逸言，民用丕变。今汝聒聒，起信险肤，予弗知乃所讼。

逸，过也。盘庚言，先王亦惟谋任旧人共政，王播告之修，则奉承于内，而不能隐匿其指意，故王用大敬之；宣化于外，又无过言以惑众听，故民用大变。今尔在内，则伏小人之攸箴；在外，则不和吉言于百姓，谆谆多言，凡起信于民者，皆险陂肤浅之说。我不晓汝所言果何谓也。详此所谓旧人者，世臣旧家之人，非谓老成人也。盖沮迁都者，皆世臣旧家之人。下文"人惟求旧"一章可见。

纂疏：

王氏曰，讼争辩也。

愚谓，民用丕变以前，谓先王时世家旧人，能使上敬下化如此，下文责今世家不能然也。

18.（元）许谦《读书丛说》卷五

原缺。

19.（元）董鼎《书传辑录纂注》卷三《商书·盘庚上》

古我先王，亦惟图任旧人共政。王播告之修，不匿厥指，王用丕钦；

罔有逸言，民用丕变。今汝聒聒，起信险肤，予弗知乃所讼。

逸，过也。盘庚言，先王亦惟谋任旧人共政，王播告之修，则奉承于内，而能不隐匿其指意，故王用大敬之；宣化于外，又无过言以惑众听，故民用大变。今尔在内，则伏小人之攸箴；在外，则不和吉言于百姓，诐诐多言，凡起信于民者，皆险陂肤浅之说。我不晓汝所言果何谓也。详此所谓旧人者，世臣旧家之人，非谓老成人也。盖沮迁都者，皆世臣旧家之人。下文"人惟求旧"一章可见。

纂注：

王氏炎曰，讼，争辩也。

新安陈氏曰，民用丕变以前，谓先王时世家旧人，能使上敬下化如此。下文责今世家不能然也。

20.（元）朱祖义《尚书句解》卷五《商书·盘庚上第九》

古我先王，亦惟图任旧人共政。

古我先王，自汤而下，亦惟图谋任用老成旧臣，与之共行政事。

21.（明）王樵《尚书日记》卷八《商书·盘庚上》

"古我先王"至"乃所讼"。

此援旧人之从先王，以责今之不然，所谓以常旧服，正法度也。旧人世劳王室，凡事所赖，以共成者也。图任共政，是先王委任旧人之重，承播告，不匿厥指；罔有逸言，是旧人不负先王之委任也。不匿厥指者，乐闻箴言王之指意也。旧人奉承于内，使小人之箴言无不得达于上，则一人之美意，无不下通于民矣。旧人体王之心如此，故王用大敬之，非上意下情而变幻事理，以摇众听者，谓之逸言。旧人宣化于外，则原君上为民之情，以开谕乎众，而不参以一己之私言，据民间利害之实，以导率乎民，而不惑以从康之左，见旧人先民以信如此，故民用丕变。今汝亦我之旧人，我之图任共政，亦无异于先王，奈何在内则伏小人之攸箴，与不匿厥指者异矣；在外，则不和吉言于百姓，与罔有逸言者异矣。正义曰，聒聒，多言乱人之意。按，言不出于中正为险；无深

121

虑远见为肤，谓惟忠信，足以起人之信。今汝上匿下哗，所以起信者，率以险肤，难乎人之信。矣夫有所讼者事理确然，诚有所当争也。予弗知乃所讼果弗得已乎。

22.（清）库勒纳等撰《日讲书经解义》卷五《商书·盘庚上》

古我先王，亦惟图任旧人共政。王播告之修，不匿厥指，王用丕钦；罔有逸言，民用丕变。今汝聒聒，起信险肤，予弗知乃所讼。

此一节书，是言旧臣之贤，而责今人之不然也。旧人，是世家旧臣；播告，诏令也。指，意指也。丕，大也。逸，过也。聒聒，多言之意；起信，是取信于民者；险肤，险陂肤浅之言也。盘庚告其臣曰，古我先王，凡遇国家大事，未尝自专，亦惟谋任旧人，与之共事。其时之臣，亦能不负所任，王有号令以播告于下，旧人则能不匿其意指，上之恩泽宣之于下，下之箴言达之于上，王用是专信任使，而大钦敬之也。且利害之实，趋避之宜，皆告诸百姓，罔有过逸之言，变乱事理以惑民听，民心用是丕变，而忘其劳苦。先臣之贤如此，今汝，内则伏小人之攸箴，外则胥动以浮言，哓哓利口，凡取信于百姓者，率皆险诞而非正大之谟，肤浅而无人远之虑。予弗知汝所讼言者果何为也。其可不以先臣为法，而上以致君，下以感民，共图国事于永利哉。

（元）陈悦道《书义断法》卷三《商书·盘庚》

古我先王，亦惟图任旧人共政。王播告之修，不匿厥指。王用丕钦，罔有逸言，民用丕变。

世臣旧家之人，乃古先王所图任而相与共政者，其人之能其任，则奉承君命，能不隐匿其指意，王所为大敬而用之也。其化于外，又无过言以惑众听，民所为丕变而从之也。令出惟行，上敬下化。古先王之用旧人，其能胜任如此，均为旧人均所任用，而奉上化下之心，乃有不然者，故盘庚特引古先王之盛，以见今之不然也。

王播告之修，不匿厥指

1.（汉）孔氏传、（唐）陆德明音义、孔颖达疏《尚书注疏》卷八《商书·盘庚上》

王播告之修，不匿厥指。

传，王布告人以所修之政，不匿其指。

音义，播，波饿反。匿，女力反。

疏，传正义曰，上句言先王用旧人共政，下云王播告之修，当谓告臣耳。传言"布告人"者，以下云"民用丕变"，是必告臣亦又告民。

2.（宋）苏轼《书传》卷八《商书·盘庚上第九》

王播告之修，不匿厥指，王用丕钦，罔有逸言，民用丕变。

不仁者鄙慢其民，曰民可与乐成，难与虑始，故为一切之政，若雷霆鬼神然，使民不知其所从出，其肯敷心腹肾肠，以与民谋哉。今吾布告民以所修之政，无所隐匿，是大敬民也，言之必可行，无过也，是以信而变从我也。逸，过也。

3.（宋）林之奇《尚书全解》卷十八《商书·盘庚上》

（归善斋按，见"古我先王，亦惟图任旧人共政"）

4.（宋）史浩《尚书讲义》卷九《商书·盘庚上》

（归善斋按，见"盘庚教于民，由乃在位，以常旧服，正法度"）

5.（宋）夏僎《尚书详解》卷十三《商书·盘庚上》

（归善斋按，见"古我先王，亦惟图任旧人共政"）

123

6.（宋）时澜《增修东莱书说》卷十《商书·盘庚上第九》

(归善斋按,见"王命众悉,至于庭")

7.（宋）黄度《尚书说》卷三《商书·盘庚上》

(归善斋按,见"古我先王,亦惟图任旧人共政")

8.（宋）袁燮《絜斋家塾书钞》卷六《商书·盘庚上》

(按,袁氏此节解《永乐大典》原缺)

9.（宋）蔡沈《书经集传》卷三《商书·盘庚上》

(归善斋按,见"古我先王,亦惟图任旧人共政")

10.（宋）黄伦《尚书精义》卷十九《商书·盘庚上》

(归善斋按,见"古我先王,亦惟图任旧人共政")

11.（宋）陈经《尚书详解》卷十六《商书·盘庚上》

(归善斋按,见"格!汝众,予告汝训")

12.（宋）钱时《融堂书解》卷七《商书·盘庚上》

(归善斋按,见"盘庚敩于民,由乃在位,以常旧服,正法度")

13.（宋）魏了翁《尚书要义》

原缺。

14.（宋）陈大猷《书集传或问》卷上《商书·盘庚上》

(归善斋按,未解)

15.（宋）胡士行《尚书详解》卷五《商书·盘庚上第九》

（归善斋按，见"古我先王，亦惟图任旧人共政"）

16.（元）吴澄《书纂言》卷三《商书·盘庚》

（归善斋按，见"古我先王，亦惟图任旧人共政"）

17.（元）陈栎《书集传纂疏》卷三《朱子订定蔡氏集传·商书·盘庚上》

（归善斋按，见"古我先王，亦惟图任旧人共政"）

18.（元）许谦《读书丛说》卷五

原缺。

19.（元）董鼎《书传辑录纂注》卷三《商书·盘庚上》

（归善斋按，见"古我先王，亦惟图任旧人共政"）

20.（元）朱祖义《尚书句解》卷五《商书·盘庚上第九》

王播告之修（故先王有号令播告之修为），不匿厥指（皆言达于下，未尝隐匿其旨意）。

21.（明）王樵《尚书日记》卷八《商书·盘庚上》

（归善斋按，见"古我先王，亦惟图任旧人共政"）

22.（清）库勒纳等撰《日讲书经解义》卷五《商书·盘庚上》

（归善斋按，见"古我先王，亦惟图任旧人共政"）

（元）陈悦道《书义断法》卷三《商书·盘庚》

（归善斋按，见"古我先王，亦惟图任旧人共政"）

王用丕钦；罔有逸言，民用丕变

1.（汉）孔氏传、（唐）陆德明音义、孔颖达疏《尚书注疏》卷八《商书·盘庚上》

王用丕钦，罔有逸言，民用丕变。

传，王用大敬其政教，无有逸豫之言，民用大变从化。

2.（宋）苏轼《书传》卷八《商书·盘庚上第九》

（归善斋按，见"王播告之修，不匿厥指"）

3.（宋）林之奇《尚书全解》卷十八《商书·盘庚上》

（归善斋按，见"古我先王，亦惟图任旧人共政"）

4.（宋）史浩《尚书讲义》卷九《商书·盘庚上》

（归善斋按，见"盘庚敩于民，由乃在位，以常旧服，正法度"）

5.（宋）夏僎《尚书详解》卷十三《商书·盘庚上》

（归善斋按，见"古我先王，亦惟图任旧人共政"）

6.（宋）时澜《增修东莱书说》卷十《商书·盘庚上第九》

（归善斋按，见"王命众悉至于庭"）

7. （宋）黄度《尚书说》卷三《商书·盘庚上》

(归善斋按，见"古我先王，亦惟图任旧人共政")

8. （宋）袁燮《絜斋家塾书钞》卷六《商书·盘庚上》

(按，袁氏此节解《永乐大典》原缺)

9. （宋）蔡沈《书经集传》卷三《商书·盘庚上》

(归善斋按，见"古我先王，亦惟图任旧人共政")

10. （宋）黄伦《尚书精义》卷十九《商书·盘庚上》

(归善斋按，见"古我先王，亦惟图任旧人共政")

11. （宋）陈经《尚书详解》卷十六《商书·盘庚上》

(归善斋按，见"格！汝众，予告汝训")

12. （宋）钱时《融堂书解》卷七《商书·盘庚上》

(归善斋按，见"盘庚敩于民，由乃在位，以常旧服，正法度")

13. （宋）魏了翁《尚书要义》

原缺。

14. （宋）陈大猷《书集传或问》卷上《商书·盘庚上》

或问"王用丕钦，罔有逸言，民用丕变"，正犹出入起居，罔有不钦，发号施令，罔有不臧，下民祗若。亦通。

15. （宋）胡士行《尚书详解》卷五《商书·盘庚上第九》

(归善斋按，见"古我先王，亦惟图任旧人共政")

16.（元）吴澄《书纂言》卷三《商书·盘庚》

(归善斋按，见"古我先王，亦惟图任旧人共政")

17.（元）陈栎《书集传纂疏》卷三《朱子订定蔡氏集传·商书·盘庚上》

(归善斋按，见"古我先王，亦惟图任旧人共政")

18.（元）许谦《读书丛说》卷五

原缺。

19.（元）董鼎《书传辑录纂注》卷三《商书·盘庚上》

(归善斋按，见"古我先王，亦惟图任旧人共政")

20.（元）朱祖义《尚书句解》卷五《商书·盘庚上第九》

王用丕钦（先王亦欲大敬），罔有逸言（无有过逸之言，惑乱众听），民用丕变（是以民用大变其所为，从上所为）。

21.（明）王樵《尚书日记》卷八《商书·盘庚上》

(归善斋按，见"古我先王，亦惟图任旧人共政")

22.（清）库勒纳等撰《日讲书经解义》卷五《商书·盘庚上》

(归善斋按，见"古我先王，亦惟图任旧人共政")

（元）陈悦道《书义断法》卷三《商书·盘庚》

(归善斋按，见"古我先王，亦惟图任旧人共政")

今汝聒聒，起信险肤，予弗知乃所讼

1. （汉）孔氏传、（唐）陆德明音义、孔颖达疏《尚书注疏》卷八《商书·盘庚上》

今汝聒聒，起信险肤，予弗知乃所讼。

传，聒聒，无知之貌。起信险伪肤受之言。我不知汝所讼，言何谓。

音义，聒，古活反。马及《说文》皆云，拒善自用之意。

疏，传正义曰，郑玄云，聒，读如聒耳之聒。聒聒，难告之貌。王肃云，聒聒，拒善自用之意也。此传以聒聒为无知之貌，以聒聒是多言乱人之意也。起信险肤者，言发起所行，专信此险伪肤受浅近之言。信此浮言，妄有争讼。我不知汝所讼，言何谓，言无理也。

2. （宋）苏轼《书传》卷八《商书·盘庚上第九》

今汝聒聒，起信险肤，予弗知乃所讼。

险者，利口相倾覆也。孔子曰"浸润之谮，肤受之愬，不行焉，可谓明也已矣"。巧言之入人，如水之渐渍，如病之自肌理入也，是之谓"肤"。今汝聒聒，以险肤之，言起信于人，将谁讼乎。

3. （宋）林之奇《尚书全解》卷十八《商书·盘庚上》

(归善斋按，见"古我先王，亦惟图任旧人共政")

4. （宋）史浩《尚书讲义》卷九《商书·盘庚上》

(归善斋按，见"盘庚敩于民，由乃在位，以常旧服，正法度")

5. （宋）夏僎《尚书详解》卷十三《商书·盘庚上》

(归善斋按，见"古我先王，亦惟图任旧人共政")

6. (宋)时澜《增修东莱书说》卷十《商书·盘庚上第九》

(归善斋按，另见"王命众悉，至于庭")

予弗知乃所讼，非予自荒兹德，惟汝含德，不惕予一人。予若观火，予亦拙谋，作乃逸。

予弗知乃所讼于我者何谓。盘庚自反而求之，谓先王图任旧人，我所用非新进也。谓先王播告不匿，谆谆告谕，未尝隐也。谓我有过逸之行，则奉承兹事，何敢不钦，反复自责，非我自荒兹德，乃汝含蔽我之德，而不惕畏予一人。予观汝之情状，若观火然，可谓明矣。"予亦拙谋，作乃逸"，所以至此，乃我之拙谋，作成汝之罪，非盘庚悔其初之不用刑，亦非自今以往将以刑加之也。正欲感动其心耳。如父母之于子训诲之际，谓今日如是，乃我纵汝所致，恩意为如何。盘庚刚明之君，操生杀之权，乃能勤勤恳恳如此，所以为尤难也。

7. (宋)黄度《尚书说》卷三《商书·盘庚上》

(归善斋按，见"古我先王，亦惟图任旧人共政")

8. (宋)袁燮《絜斋家塾书钞》卷六《商书·盘庚上》

(按，袁氏此节解《永乐大典》原缺)

9. (宋)蔡沈《书经集传》卷三《商书·盘庚上》

(归善斋按，见"古我先王，亦惟图任旧人共政")

10. (宋)黄伦《尚书精义》卷十九《商书·盘庚上》

今汝聒聒，起信险肤，予弗知乃所讼。非予自荒兹德，惟汝含德，不惕予一人。予若观火，予亦拙谋，作乃逸。

无垢曰，臣下不知敷宣盘庚之意，乃相与聒聒喧哄，造为险肤之言，迭相唱和，略无事实。起者，唱也。信者，和也。唱之者臣，而和之者民。想见喧啾轻薄如市井阛阓之态，甚可恶也。盖小人欲鼓惑众听，其言不险，则不足以动小民；不肤，则不足以入小民。谓之险肤，其鄙倍儇器，盖可坐见。傥非我灼见天意，断然自信，遂此迁都之举，其为汝摇撼如此者，能不蓄缩乎？今我傥惟汝含容，不汝之制，使汝愈不畏我，是我若观火之将燎原，而不可救也。救火者，必扑灭。救此险肤者，必诛罚，使予不行诛罚之刑，而听汝聒聒，不知畏惮，是我拙谋，以成汝之过也。岂仁者之所为乎？盖小人，不耻不仁，不畏不义。不威不惩，小惩而大诫，此小人之福也。

张氏曰，险则不夷，肤则不中。言之循理则夷，反乎此则谓之险；言之由内则中，反乎此则谓之肤；不治谓之荒，君有荒德，则臣不顺命可也。今盘庚非自荒兹德，则在我者，盖已无过，而汝乃聒聒，起信险肤，不肯从我以迁，则其曲为在彼矣，夫人情大可见。汝之含德，不惕予一人，观其肝膈，已在面目之间，灼然可见，故曰"予若观火"，言其情伪是非之不可逃也。

11. （宋）陈经《尚书详解》卷十六《商书·盘庚上》

（归善斋按，见"格汝众，予告汝训"）

12. （宋）钱时《融堂书解》卷七《商书·盘庚上》

（归善斋按，见"盘庚敩于民，由乃在位，以常旧服，正法度"）

13. （宋）魏了翁《尚书要义》

原缺。

14. （宋）陈大猷《书集传或问》卷上《商书·盘庚上》

（归善斋按，未解）

15. （宋）胡士行《尚书详解》卷五《商书·盘庚上第九》

（归善斋按，见"古我先王，亦惟图任旧人共政"）

16. （元）吴澄《书纂言》卷三《商书·盘庚》

今汝聒聒，起信险肤，予弗知乃所讼。非予自荒兹德，惟汝含德，不惕予一人。予若观火，予亦拙谋，作乃逸。

聒聒，多言乱德也。险，利口相倾覆；肤，巧言切中肌肤；讼，争辩。今汝亦是旧人，胡不能如先王之臣，乃聒聒然，以险肤之言，起人之信。予弗知汝所讼言者何，故反求内省，非我自荒废其德，召汝怨谤，乃是汝含容我之德，恃我之宽厚，而不畏惧我一人，故敢浮言以惑众。我不遏绝于始萌之时，遂至举国怨咨，无所忌惮。如火之方燎，不扑之，乃坐观其炽盛，是我之拙谋，起汝过也。

17. （元）陈栎《书集传纂疏》卷三《朱子订定蔡氏集传·商书·盘庚上》

(归善斋按，见"古我先王，亦惟图任旧人共政")

18. （元）许谦《读书丛说》卷五

原缺。

19. （元）董鼎《书传辑录纂注》卷三《商书·盘庚上》

(归善斋按，见"古我先王，亦惟图任旧人共政")

20. （元）朱祖义《尚书句解》卷五《商书·盘庚上第九》

今汝聒聒（今汝等人臣，聒聒然，肆为多言），起信险肤（务为险峻肤浅之言，以起信于人）。予弗知乃所讼（我竟不知汝所争者何事）。

21. （明）王樵《尚书日记》卷八《商书·盘庚上》

(归善斋按，见"古我先王，亦惟图任旧人共政")

22.（清）库勒纳等撰《日讲书经解义》卷五《商书·盘庚上》

（归善斋按，见"古我先王，亦惟图任旧人共政"）

非予自荒兹德，惟汝含德，不惕予一人，予若观火

1.（汉）孔氏传、（唐）陆德明音义、孔颖达疏《尚书注疏》卷八《商书·盘庚上》

非予自荒兹德，惟汝含德，不惕予一人，予若观火。

传，我之欲徙，非废此德。汝不从我命，所含恶德，但不畏惧我耳。我视汝情，如视火。

音义，惕，他历反。

疏，正义曰，言先王敬其教，民用大变。我命教汝，汝不肯徙，非我自废此丕钦之德。惟汝之所含德甚恶，不畏惧我一人故耳。汝含藏此意，谓我不知，我见汝情，若观火，言见之分明，如见火也。

2.（宋）苏轼《书传》卷八《商书·盘庚上第九》

非予自荒兹德，惟汝含德，不惕予一人，予若观火。予亦拙谋，作乃逸。荒，广也，犹《诗》曰"遂荒大东"，《书》曰"予荒度土功"也。含，容也。逸，过也。言汝妄造怨诽，若非我自广此德，以遂其事，但汝容使汝不惕畏我，则我亦不仁矣，如观火作而不救，能终不救乎？终必扑灭之。容尔而不问，能终不问乎？终必诛绝之。不忍于小，而忍于大，则是我拙谋成汝过也。作，成也。

3.（宋）林之奇《尚书全解》卷十八《商书·盘庚上》

（归善斋按，见"古我先王，亦惟图任旧人共政"）

4.（宋）史浩《尚书讲义》卷九《商书·盘庚上》

(归善斋按，见"盘庚敩于民，由乃在位，以常旧服，正法度")

5.（宋）夏僎《尚书详解》卷十三《商书·盘庚上》

(归善斋按，见"古我先王，亦惟图任旧人共政")

6.（宋）时澜《增修东莱书说》卷十《商书·盘庚上第九》

(归善斋按，见"今汝聒聒，起信险肤，予弗知乃所讼")

7.（宋）黄度《尚书说》卷三《商书·盘庚上》

非予自荒兹德，惟汝含德，不惕予一人。予若观火，予亦拙谋，作乃逸。

非予自荒念旧之德，惟汝含蓄恩德，无所畏惕予一人。号令诛赏之所自出也，譬若火作而弗救，乃坐观之，则自一爌至于炎炎，无由息也。是岂非予拙谋，作汝过失至此乎？

8.（宋）袁燮《絜斋家塾书钞》卷六《商书·盘庚上》

(按袁氏此节解《永乐大典》原缺)

9.（宋）蔡沈《书经集传》卷三《商书·盘庚上》

非予自荒兹德，惟汝含德，不惕予一人。予若观火，予亦拙谋，作乃逸。

荒，废也。逸，过失也。盘庚言，非我轻易迁徙，自荒废此德。惟汝不宣布德意，不畏惧于我。我视汝情，明若观火，我亦拙谋，不能制命，而成汝过失也。

10.（宋）黄伦《尚书精义》卷十九《商书·盘庚上》

(归善斋按，见"今汝聒聒，起信险肤，予弗知乃所讼")

11. （宋）陈经《尚书详解》卷十六《商书·盘庚上》

(归善斋按，见"格汝众，予告汝训")

12. （宋）钱时《融堂书解》卷七《商书·盘庚上》

(归善斋按，见"盘庚敩于民，由乃在位，以常旧服，正法度")

13. （宋）魏了翁《尚书要义》

原缺。

14. （宋）陈大猷《书集传或问》卷上《商书·盘庚上》

(归善斋按，未解)

15. （宋）胡士行《尚书详解》卷五《商书·盘庚上第九》

(归善斋按，见"古我先王，亦惟图任旧人共政")

16. （元）吴澄《书纂言》卷三《商书·盘庚》

(归善斋按，见"今汝聒聒，起信险肤，予弗知乃所讼")

17. （元）陈栎《书集传纂疏》卷三《朱子订定蔡氏集传·商书·盘庚上》

非予自荒兹德，惟汝含德，不惕予一人。予若观火，予亦拙谋，作乃逸。

荒，废也。逸，过失也。盘庚言，非我轻易迁徙，自荒废此德。惟汝不宣布德意，不畏惧于我。我视汝情，明若观火。我亦拙谋，不能制命，而成汝过失也。

纂疏：

愚谓，含德掩晦遮蔽，不能宣上德意也，与"不匿厥指"正相反。不惕一人，傲上也。作乃安逸，从康也。

18. （元）许谦《读书丛说》卷五

原缺。

19. （元）董鼎《书传辑录纂注》卷三《商书·盘庚上》

非予自荒兹德，惟汝含德，不惕予一人。予若观火，予亦拙谋，作乃逸。

荒，废也。逸，过失也。盘庚言，非我轻易迁徙，自荒废此德，惟汝不宣布德意，不畏惧于我。我视汝情，明若观火。我亦拙谋，不能制命，而成汝过失也。

纂注：

新安陈氏曰，含德掩晦遮蔽，意与"不匿厥指"正相反。不惕一人，即傲上也。成乃安逸，即从康也。

20. （元）朱祖义《尚书句解》卷五《商书·盘庚上第九》

非予自荒兹德（非我自失此德，以为必迁）。惟汝含德（若从汝言，惟汝含容以为德），不惕予一人（使汝终不畏我一人）。予若观火（我若观火燎原，坐视不救）。

21. （明）王樵《尚书日记》卷八《商书·盘庚上》

"非予自荒兹德"至"拙谋，作乃逸"。

先王有作，旧人则从。今我有作，汝臣则讼，岂我寡谋轻动，自荒兹德耶。非也，惟汝含德，不惕予一人耳。予视汝情，明若观火，犹不忍刑以绳汝，欲宽容以济事。汝苟执迷不改，是我亦拙谋，成汝之过矣。含德，不宣布德意也。逸，过也。

22. （清）库勒纳等撰《日讲书经解义》卷五《商书·盘庚上》

非予自荒兹德，惟汝含德，不惕予一人。予若观火，予亦拙谋，作乃逸。

此一节书，是责臣而并以自责之词也。荒，废弃也。含，藏匿也。观火，见之甚明也。作乃逸者，成其过失也。盘庚告其臣曰，予之迁殷也，意在图存，岂劳民动众，而自弃其爱民之德乎？惟汝不能宣布上意，使爱民之德掩匿而不彰，傲慢成习，不畏惧余一人故也。然我视汝之情，明若观火。但因我优柔姑息，不能绳汝以法，拙于为谋，以养成汝之过失，责岂独在汝乎。此盘庚假责己之词，以警动群臣，所谓以言语代斧钺，词则严，而意则厚矣。

（元）王充耘《读书管见》卷上《盘庚》

予若观火。

予若观火，予亦拙谋，作乃逸。传谓我视汝情明若观火，非也。夫火虽不可向迩，犹可扑灭，故火蔓延，则当扑之。今乃坐观其延爇，是拙谋矣。人臣不从上令，则当刑以驱之，今乃听其所为，成就其过恶，是与观火者何异？恶得不谓之拙谋。

（明）马明衡《尚书疑义》卷三《商书·盘庚》

非余自荒兹德，谓非我不能如先王，图任旧人而丕钦之也，惟汝含德胸中，不能如旧臣之不匿厥指，而不知警惧，以承我之一人耳。含德，"含"字，疑作"舍"字。

（明）陈第《尚书疏衍》卷三

非予自荒兹德，惟汝含德，不惕予一人，予若观火，予亦拙谋，作乃逸。

君不思利民，荒废其德也。臣不行君之令而布之民，含藏君德也。予不敢自荒其德，而汝含德，岂惟不爱民不畏我故也。国之宜迁，予知之审矣，若观火然，予岂有他长哉？图谋迁都，作成汝之终逸而已。宜读"予亦拙"，孔读"拙谋"为句，谓逸，过也。我不威胁汝徙，是我拙谋成汝过，儒者多用之，窃以为未当。

予亦拙谋，作乃逸

1.（汉）孔氏传、（唐）陆德明音义、孔颖达疏《尚书注疏》卷八《商书·盘庚上》

予亦拙谋，作乃逸。

传，逸，过也。我不威胁汝徙，是我拙谋成汝过。

音义，拙，之劣反。

疏，传正义曰，逸，过，《释言》文。我若以威加汝，汝自不敢不迁，则无违上之过也。我不威胁汝徙，乃是我亦拙谋作成汝过也。恨民以恩导之而不从己也。

2.（宋）苏轼《书传》卷八《商书·盘庚上第九》

(归善斋按，见"非予自荒兹德，惟汝含德，不惕予一人")

3.（宋）林之奇《尚书全解》卷十八《商书·盘庚上》

(归善斋按，见"古我先王，亦惟图任旧人共政")

4.（宋）史浩《尚书讲义》卷九《商书·盘庚上》

(归善斋按，见"盘庚敩于民，由乃在位，以常旧服，正法度")

5.（宋）夏僎《尚书详解》卷十三《商书·盘庚上》

(归善斋按，见"古我先王，亦惟图任旧人共政")

6.（宋）时澜《增修东莱书说》卷十《商书·盘庚上第九》

(归善斋按，见"今汝聒聒，起信险肤，予弗知乃所讼")

7.（宋）黄度《尚书说》卷三《商书·盘庚上》

(归善斋按，见"非予自荒兹德，惟汝含德，不惕予一人")

8.（宋）袁燮《絜斋家塾书钞》卷六《商书·盘庚上》

(按袁氏此节解《永乐大典》原缺)

9.（宋）蔡沈《书经集传》卷三《商书·盘庚上》

(归善斋按，见"非予自荒兹德，惟汝含德，不惕予一人")

10.（宋）黄伦《尚书精义》卷十九《商书·盘庚上》

(归善斋按，见"今汝聒聒，起信险肤，予弗知乃所讼")

11.（宋）陈经《尚书详解》卷十六《商书·盘庚上》

(归善斋按，见"格汝众，予告汝训")

12.（宋）钱时《融堂书解》卷七《商书·盘庚上》

(归善斋按，见"盘庚敩于民，由乃在位，以常旧服，正法度")

13.（宋）魏了翁《尚书要义》

原缺。

14.（宋）陈大猷《书集传或问》卷上《商书·盘庚上》

(归善斋按，未解)

15.（宋）胡士行《尚书详解》卷五《商书·盘庚上第九》

(归善斋按，见"古我先王，亦惟图任旧人共政")

16.（元）吴澄《书纂言》卷三《商书·盘庚》

(归善斋按，见"今汝聒聒，起信险肤，予弗知乃所讼")

17.（元）陈栎《书集传纂疏》卷三《朱子订定蔡氏集传·商书·盘庚上》

(归善斋按，见"非予自荒兹德，惟汝含德，不惕予一人")

18.（元）许谦《读书丛说》卷五

原缺。

19.（元）董鼎《书传辑录纂注》卷三《商书·盘庚上》

(归善斋按，见"非予自荒兹德，惟汝含德，不惕予一人")

20.（元）朱祖义《尚书句解》卷五《商书·盘庚上第九》

予亦拙谋（则我亦拙谋），作乃逸（成汝之过矣）。

21.（明）王樵《尚书日记》卷八《商书·盘庚上》

(归善斋按，见"非予自荒兹德，惟汝含德，不惕予一人")

22.（清）库勒纳等撰《日讲书经解义》卷五《商书·盘庚上》

(归善斋按，见"非予自荒兹德，惟汝含德，不惕予一人")

若网在纲，有条而不紊，若农服田，力穑乃亦有秋

1.（汉）孔氏传、（唐）陆德明音义、孔颖达疏《尚书注疏》卷八《商书·盘庚上》

若网在纲，有条而不紊，若农服田，力穑乃亦有秋。

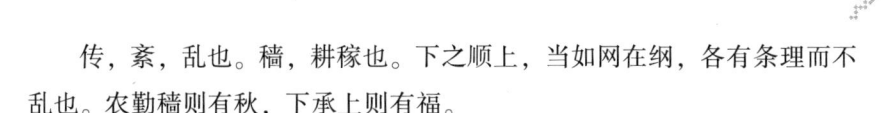

传,紊,乱也。穑,耕稼也。下之顺上,当如网在纲,各有条理而不乱也。农勤穑则有秋,下承上则有福。

音义,紊,音问,徐音文。

疏,传正义曰,紊是丝乱,故为乱也。"稼""穑"相对,则种之曰"稼",敛之曰"穑"。穑,是秋收之名。得为耕获总称,故云,穑,耕稼。下承上则有福,福,谓禄赏。

2. （宋）苏轼《书传》卷八《商书·盘庚上第九》

若网在纲,有条而不紊,若农服田,力穑乃亦有秋。

网无纲,纵之乱也；农不力穑安于逸也。

3. （宋）林之奇《尚书全解》卷十八《商书·盘庚上》

若网在纲,有条而不紊,若农服田,力穑乃亦有秋。

王氏曰,"若网在纲,有条而不紊"者,言下从上、小从大则治,此申前无傲之戒。"若农服田力穑,乃亦有秋",此申前无从康之戒。盖纲者,网之索也。举其索,则网之目皆有条而不乱。服田力穑,谓尽力于播穑之事,则享有秋之利。此盖能近取譬以喻其意也。彼群臣之所以扇为浮言而不肯迁者,惟其傲上,故偃然自肆而不畏惧于天子之命令。惟其从康,故偷安朝夕,而惮于劳苦之事,故设为此譬以喻之,使知下之于上,若网在纲,则固将无傲矣。如欲享其利者,必若农之服田力穑,则固无从康矣。此盖优游餍饮,使之晓然知利害之实者,而无丝毫强之者,此其所以为王者之政也。

4. （宋）史浩《尚书讲义》卷九《商书·盘庚上》

若网在纲,有条而不紊；若农服田,力穑乃亦有秋。汝克黜乃心。施实德于民,至于婚友,丕乃敢大言汝有积德。乃不畏戎毒于远迩。惰农自安,不昏作劳,不服田亩,越其罔有黍稷。汝不和吉言于百姓,惟汝自生毒,乃败祸奸宄,以自灾于厥身。乃既先恶于民,乃奉其恫,汝悔身何及？相时憸民,犹胥顾于箴言。其发有逸口,矧予制乃短长之命。汝曷弗告朕,而胥动以浮言,恐沉于众。若火之燎于原,不可向迩,其犹可扑灭，则惟汝众自作弗靖，非予有咎。

前既戒其黜乃心，使之革心以从化也。兹又教以革心之方，可谓善教于民矣。若网在纲者，欲各安其位，守其职，无紊厥绪，上下之分不乱也。若农服田者，欲其出力以佐上，还以自养而无怠惰也。网或无纲，纵弛之患；兴农或不力，偷安之计，成此所以不肯从予之迁也。汝能黜乃心，改过而自新，施其实德于民，至于婚友。自民而言，婚友不间疏戚也。乃敢大言曰，我有积德。如此则不必畏戎毒于远迩。戎毒，大害也。施德式均于疏戚，则被泽不间于远迩。傥告以迁都，必皆知其为大利，而于大害知有所避矣。何者民素信汝也，惰农自安重于迁徙，譬如不强作劳，不事田亩而望其有黍稷，得乎？此皆汝不和善言于百姓。上以恶言鼓众，下以恶言讪上，败祸奸宄，自作其孽，将谁尸之。汝既先施恶于民，而身当其痛，汝亦悔之何及。"相时憸民"，小人也。尚或听箴规之言，其发词吐论，知畏口过，汝反不若憸人。况予能制汝之死生，而敢违之乎？汝有所见，曷不告我，而以浮言鼓动于下，恐其众，而使民骇，沉其众，而使民迷。若火之燎原，汝勿谓无扑灭之理。我有生杀之权，惟汝自作弗靖，以取其祸，非我罪也。呜呼！盘庚之言，如慈父爱子，虽惧之以刑，实未尝用，期于听予之迁而已。若夫恃一人之权，作威杀戮，毒痛四海者，岂可同日道哉。

5.（宋）夏僎《尚书详解》卷十三《商书·盘庚上》

若网在纲，有条而不紊；若农服田，力穑乃亦有秋。汝克黜乃心，施实德于民，至于婚友。丕乃敢大言，汝有积德，乃不畏戎毒于远迩。惰农自安，不昏作劳，不服田亩，越其罔有黍稷。

盘庚上既言尔群臣不当傲上从康，故此遂广譬曲喻，以尽其意。王氏谓，"若网在纲，有条而不紊"，言下从上，小从大则治。此申前无傲之戒；"若农服田，力穑乃亦有秋"，此申前无从康之戒。盖纲者，网之索也。举其索，则网之目皆有条而不紊。服田力穑，谓尽力于稼穑之事，则享有秋之利。此盖能近取譬，谓群臣所以扇为浮言而不迁者，惟其傲上从康，故盘庚言下之从上，能如网在纲，则固将无傲也；相率以迁不惮少劳，如农服田力穑，则固将无从康矣。此盖所以优游厌饫，使晓然知利害之实也。利害之实如网在纲，如农力穑，其理灼然，故汝群臣当黜傲上从康之心，而施实德于民也。盖群臣欲民不迁，故扇为浮言，皆谓迁则劳，不迁则逸，皆一时姑息之言，非实德。惟率民以迁，不恤一时少劳，而使之终获无穷之安逸，乃所以为实德也，故曰"汝克黜乃心，施实德于民"。盘庚既言施实德于民，而又言至于婚友者，盖群臣之私心，所以安土重迁者，徒为婚姻僚友之计，初不能为民深虑，故盘庚于是言，汝诚黜其私，而施实德于民，则非特民受其赐，而汝婚姻僚友，亦被其实德。此盘庚所以必言"至于婚友"也。汝群臣既施实德于民，而又及于婚友，则我乃敢大言，汝有稽德之实。所谓积德，盖谓先王之时，尔先正之臣率民以迁，以施实德，今汝又能率民以迁，则是有积世之德在民也。盘庚既以美言诱群臣，使之率民以迁，故又责之曰，施实德于民，其或不知畏惕，无所忌惮，公然惑众，使之不迁，则是大流毒于远迩也。戎，大也。谓民迁，则有一时之劳，而享终身之逸；不迁虽目前少安，而丧亡无日，故不迁乃是大流毒于远迩也。诚如是，则若怠惰之农，徒惮一时之劳，肆然自安，不能黾勉以作勤劳之事，不肯服事于田亩之间，如之何可以获黍稷之利哉。林少颖谓，此篇文势大抵反复辨论，皆相顾成文。既曰"若农服田，力穑乃亦有秋"，又曰"惰农自安，越其罔有黍稷"；既曰"予若观火"，又曰"若火之燎于原"，"其犹可扑灭"，文虽涣散，而意则相属。以是知，盘庚之言，虽佶屈声牙，不可遽晓然，反复求之于人情，甚近也。此说甚善。

6.（宋）时澜《增修东莱书说》卷十《商书·盘庚上第九》

若网在纲，有条而不紊；若农服田，力穑乃亦有秋。汝克黜乃心，施实德于民，至于婚友，丕乃敢大言汝有积德，乃不畏戎毒于远迩。惰农自安，不昏作劳，不服田亩，越其罔有黍稷。汝不和吉言于百姓，惟汝自生毒，乃败祸奸宄，以自灾于厥身，乃既先恶于民，乃奉其恫，汝悔身何及。

迁都之事，如网之在纲，有条而不紊；农之服田，力穑乃亦有秋。大抵纲举而网随。君如纲。臣如网。以君臣之势而论。固自当从我也。以理

143

而论,如农夫不惮耕耨之劳,则获有秋之报。汝往新邑,则复获其安理,又可违乎?汝之所以怀土重迁,不过持傲上从康之心耳。汝今当黜去此心,而施实德于民。言实德者,当时公卿动不迁之言,以鼓百姓,百姓一时固以为德矣,然终为水所圮坏,其德岂实乎?黜乃心以佐迁,乃所以施实德于民也。又必使汝婚姻朋友之间,亦莫不然。今汝乃敢大言,以为汝祖固有积德,不至为水圮坏,乃不畏水患将大害,虐于远近之民。汝之心与惰农何异。惮目前之劳,自为苟安,不勉强勤劳,以服事于田亩,安有黍稷之望;惮于迁徙,焉得安宁也。汝不能温和以善语开谕百姓,乃动浮言以鼓之,此岂百姓之罪?它日罚及于汝,乃汝自生毒害以灾殃其身。汝倡不迁之说,怀安之民,固以为汝德。水圮之余,将必以汝为恶,是汝先其恶也,既先种其恶在民矣,又乃奉养其恫。恫者,痛也。譬如痈疽奉养,而护之溃,则不可救矣。后虽欲悔,亦将何及。观奉其恫,悔何及之言,见盘庚恩意之周,既历数其恋土怀安之情至此,乃开其自悔之路。

7. (宋)黄度《尚书说》卷三《商书·盘庚上》

若网在纲,有条而不紊;若农服田,力穑乃亦有秋。

举网而条不乱,言事必有其序也;农夫力穑而有秋,言事无有幸而致也。盘庚兴商,规模自迁都始,故以举网言之。迁,则可以绍复大业,一劳永逸;不迁,则委靡颓败,将不能为一日之安,故以服田言之。

8. (宋)袁燮《絜斋家塾书钞》卷六《商书·盘庚上》

若网在纲,有条而不紊;若农服田,力穑乃亦有秋。汝克黜乃心,施实德于民,至于婚友,丕乃敢大言,汝有积德,乃不畏戎毒于远迩;惰农自安,不昏作劳,不服田亩,越其罔有黍稷。

此是告群臣之言。自君臣而言,则君者臣之纲也,自臣民而言,则臣者,民之纲也。君既为臣之纲,上有命令,其可不从;臣既为民之纲,尔不我从,又何以倡率其民。故盘庚告以若网在纲,使之深思。夫所谓纲者,知君为我之纲,则必有以从其上矣;知我又为民之纲,则必有以率其下矣。大抵此一篇书,臣民皆在其中。所谓"王命众,悉至于庭",自群臣以下,若父老,若庶民,无不在焉。盖古者,臣于民,不甚相远。观

《周礼》"面三槐,三公位焉,州长众庶在其后",则民常与臣为一处也。盘庚前面说,古我先王,亦惟图任旧人共政,所以民用丕变。今汝乃反聒聒然,起信险肤,我不知汝所讼者何事。既如此告其民,此又告臣下,谓民之不从,皆是人臣之罪。故若网在纲之喻,既所以格其傲上之心;若农服田之喻,又所以格其从康之心。当时之人,所以不肯迁者,其病只在这"傲上从康",盘庚深见得他之病,故使之黜去其为心害者,则道理晓然,然后从而谕之,使迁则无不从矣。大抵害心者,不有所黜,则其善者无由得伸。《易》曰"颐中有物,曰噬嗑,噬嗑而亨",人心之有所蔽,犹颐中之有物也。苟非噬嗑,安得而亨。盘庚所以后来终迁得成,只缘他识得当时之人底病痛破。后世但知使民为善,而不知先黜他不好底心,胸中既有所蔽,如何良心解明此其事之所以不能有成也。盘庚前面既说"汝猷黜乃心,无傲从康",至此又说"汝克黜乃心",所黜者非他,即傲上从康之心尔。此"黜"字大有工夫,须是直截弃舍,无所吝惜。是之谓黜。此非有勇者不能,只此一"黜"字,是多少精神。当时之人,一闻此言,所谓傲上从康之心皆无有矣。盘庚谓,尔而今所谓爱民,非真能爱民也,须是论实始得。盖当时,群臣所以胥动浮言者,必曰迁徙之劳,道途之远,使尔民跋涉险阻,蒙犯霜露,深可悯念,以此为爱民,不知此皆是虚言,非实德也。若论实,岂可不迁。尔能施实德于民,至于亲戚朋友,皆论实商量,我乃敢大言,尔有积德。若未能如此,非积德也。盖当时之人,倡于浮言,必以为我自有积德,都邑虽圮坏,我之积德自可以胜之,殊不知,天下惟实有是理,实有是事,然后能有所积。未能施实德于民,却把甚么来积,故盘庚谓汝能施实德于民,至于婚友,实为此事,然后可谓之有积德矣。苟无所畏惧,大毒于远近辟如惰农自安,其能有黍稷乎?盖当时所以不肯迁,只是怠惰苟安而已。夫平日安居于此,一旦迁徙,劳则劳矣,然道理当迁,如何不迁。当时所见者,利害也,盘庚所言者是非也。

9.(宋)蔡沈《书经集传》卷三《商书·盘庚上》

若网在纲,有条而不紊;若农服田,力穑乃亦有秋。

紊,乱也。纲举则目张,喻下从上,小从大,申前无傲之戒;勤于田

145

亩，则有秋成之望，喻今虽迁徙劳苦，而有永建乃家之利，申前从康之戒。

10.（宋）黄伦《尚书精义》卷十九《商书·盘庚上》

若网在纲，有条而不紊；若农服田，力穑乃亦有秋。汝克黜乃心，施实德于民，至于婚友，丕乃敢大言，汝有积德。

（按，此条经解《永乐大典》原缺）

11.（宋）陈经《尚书详解》卷十六《商书·盘庚上》

（归善斋按，见"格汝众，予告汝训"）

12.（宋）钱时《融堂书解》卷七《商书·盘庚上》

若网在纲，有条而不紊；若农服田，力穑乃亦有秋。汝克黜乃心，施实德于民，至于婚友，丕乃敢大言，汝有积德。乃不畏戎毒于远迩，惰农自安，不昏作劳，不服田亩，越其罔有黍稷。

当时在位诸臣，不但不为国家计久远之计，乃不畏戎毒于远迩，直是播恶于众，乃自谓有德可以自安，亦愚矣。

13.（宋）魏了翁《尚书要义》

原缺。

14.（宋）陈大猷《书集传或问》卷上《商书·盘庚上》

（归善斋按，未解）

15.（宋）胡士行《尚书详解》卷五《商书·盘庚上第九》

若网在纲（网索），有条（理）而不紊，若农服（事）田力穑（稼），乃亦有秋（岁）。汝克黜乃心，施实德（不迁则浮言，迁则实德）于民，至于婚（姻）友（僚），丕（大）乃敢大言汝有积德。乃不畏戎（大）毒（害）于远迩，惰（怠）农自安，不昏（黾勉）作劳（勤）不服（事）田亩，越（于）其罔有黍稷。

此广譬曲谕之也。网在纲，则不从康矣。盖不迁者，一时之安，此言浮言也，岂实德乎。汝能去汝总货之私，而佐迁焉，则实德及民，且至婚友而我乃言汝真有积德矣。不然安土如惰农，而何有久安之日乎？

16.（元）吴澄《书纂言》卷三《商书·盘庚》

若网在纲，有条而不紊；若农服田，力穑乃亦有秋。汝克黜乃心，施实德于民，至于婚友，丕乃敢大言，汝有积德，乃不畏戎毒于远迩。

纲，网大绳；紊，丝乱也。力，勤也。秋，收成之时，"有秋"，有收成也。戎，大，毒害之甚者。君如网之纲，臣如网之目。举网在提其纲，则众目自有条而不乱，喻臣当从君之令，不可傲上也。农夫服事田亩，勤力耕种，则必有收成，喻今不惮往迁之劳，终必安居之利，不可从康也。汝之不肯迁者，以有傲上从康之心也。汝能黜去此心，承命往迁，则小民之家，与汝婚姻僚友之家，皆有便益，是汝施德于彼也。汝之祖父尝有德于民矣，今汝又施德于民，是世有积德也，乃敢大言于人而无愧。既迁去，则不复畏水灾，为大言于远迩矣。

17.（元）陈栎《书集传纂疏》卷三《朱子订定蔡氏集传·商书·盘庚上》

若网在纲，有条而不紊；若农服田，力穑乃亦有秋。

紊，乱也。纲举则目张，喻下从上，小从大，申前无傲之戒；勤于田亩，则有秋成之望，喻今虽迁徙劳苦，而有永建乃家之利，申前从康之戒。

18.（元）许谦《读书丛说》卷五

原缺。

19.（元）董鼎《书传辑录纂注》卷三《商书·盘庚上》

若网在纲，有条而不紊；若农服田，力穑乃亦有秋。

紊，乱也。纲举则目张，喻下从上，小从大，申前无傲之戒；勤于田亩,则有秋成之望,喻今虽迁徙劳苦,而有永建乃家之利,申前从康之戒。

20.（元）朱祖义《尚书句解》卷五《商书·盘庚上第九》

若网在纲（民从上,如网之在纲）,有条而不紊（举其纲则网之目皆有条理不紊乱）;若农服田,力穑（今民诚体网从纲之义,不惮劳而从迁,正如农夫有事于田亩,尽力于稼穑也）乃亦有秋（汝亦有秋成之利,孰谓迁都,不享安居之利邪）。

21.（明）王樵《尚书日记》卷八《商书·盘庚上》

"若网在纲"至"乃亦有秋"。

君令不违,臣共不贰,古之道也,不若网在纲乎,乃有条而不紊。紊臣有诛,意在言表。民生在勤,勤则不匮,事之常也,不若农服田力穑乎,乃亦有秋。惰农无秋,意在言表。

22.（清）库勒纳等撰《日讲书经解义》卷五《商书·盘庚上》

若网在纲,有条而不紊;若农服田,力穑乃亦有秋。汝克黜乃心,施实德于民,至于婚友,丕乃敢大言,汝有积德。

此二节书,是申言傲上从康之戒,而欲其黜乃私心也。纲所以系网者。条,条理也。紊,乱也。有秋,秋成也。婚友者,婚姻僚友也。盘庚告其臣曰,汝之傲上也,是不明于以下从上之义。夫君者,臣之纲也。君令则臣共,若网之在纲,纲举则目张,可以有条而不紊矣,其可不以傲上为戒乎?汝之从康也,是不明于一劳永逸之计。夫劳者,逸之本也。始劳则终逸,若农夫必服劳于田亩,尽力于稼穑,乃有秋成之望矣,其可不以从康为戒乎?今汝阻挠迁都之计也,内怀自私之心,而外托于劳民之说,此以市恩为德也。惟谋久远,拯昏垫,趋利避害,乃为实德。汝当自黜私心,率民以迁,以及婚姻僚友,皆免沉溺之患,是汝能施实德。矣汝祖若父,有为民图迁之德于前,汝又有为民图迁之德于后,乃敢大言曰,汝有积德。若苟悦愚民，坐昧大计，何足为德乎？

（元）陈悦道《书义断法》卷三《商书·盘庚》

若网在纲，有条而不紊；若农服田，力穑乃亦有秋。

纲既举，而目自张，有条理而不紊者，上下之相从也。种曰稼，敛曰穑，必勤力而有秋者，劳逸之相补也。盘庚率民于殷亳，其事理甚顺，其事功可期。而当时之民傲上以从康，故惮迁而违上所命。盘庚喻以渔网之有纲，欲其无傲。复喻以农田之有秋，欲其无从康，不怠于奉上，不安于小成，能近取譬，其俱享迁都之利也，必矣。

（明）马明衡《尚书疑义》卷三《商书·盘庚》

若网在纲，有条而不紊；若农服田，力穑乃亦有秋。

谓上可以率下，不一劳者不久逸也，是全责在位之意。汝克黜乃心（云云）者，承上，言上既可以率下，劳乃可以致逸，如此汝能黜汝之私心，不以浮言悦众为德，而必求其民之安为德，则是施实德于民，如是乃可大言，汝有积德，则我当如先王丕钦之也，而下文乃言其不然焉。

汝克黜乃心，施实德于民，至于婚友，
丕乃敢大言汝有积德

1. （汉）孔氏传、（唐）陆德明音义、孔颖达疏《尚书注疏》卷八《商书·盘庚上》

汝克黜乃心，施实德于民，至于婚友，丕乃敢大言汝有积德。

传，汝群臣能退汝违上之心，施实德于民，至于婚姻僚友，则我大乃敢言汝有积德之臣。

2. （宋）苏轼《书传》卷八《商书·盘庚上第九》

汝克黜乃心，施实德于民，至于婚友，丕乃敢大言汝有积德。乃不畏

149

戎毒于远迩。

戎，大也。毒，害也。商之世家大族，造言以害迁者，欲以苟悦小民为德也，故告之曰，是何德之有，汝曷不施实德于汝民，与汝婚友乎？劳而有功此实德也，汝能劳而有功，则汝乃敢大言曰，我有积德，如此则汝自得众而多助。岂复畏从我远迁之大害乎？

3.（宋）林之奇《尚书全解》卷十八《商书·盘庚上》

汝克黜乃心，施实德于民。

利害之实，既如网之在纲，农之力穑，其理灼然可见。汝当能黜去汝傲上从康之心，以施其实德于民。盖群臣所以肆为浮言，簧鼓流俗，使之不肯迁者，其言必以谓迁则害于民，不迁则无害也。观其言，若有德于民，非实德也。曾子有疾，童子请易箦。曾元曰，夫子之病革矣，不可以变。幸而至于旦，请敬易之。曾子曰，尔之爱我也，不如彼君子之爱人也以德。细人之爱人也以姑息，盖不以德爱之，而徒以姑息爱之，是细人之爱人也。群臣之不肯震动万民以迁，是爱人以姑息。盘庚之意是爱人以德也，故云黜其私心以施实德于民，亦欲其以德爱人，不出于姑息也。

至于婚友，丕乃敢大言汝有积德。

言民被实德，则汝之婚姻僚友，亦皆被实德矣。彼其所以媒利自营者，徒以为婚姻僚友之计，而不能为民深谋远虑，故其德之及于婚姻僚友而已。苟能黜其私心，施实德于民，则民受其赐，而汝之婚友，亦皆受其赐矣。能如是，我乃敢大言，汝有积德。盖汝有积德之实，我云不为溢美矣。必曰"积德"者，盖指世臣也。此篇言"古我先王，亦惟图任旧人共政"，下文言曰"古先哲王暨乃祖乃父，胥及逸勤"，则是所诰者，大抵是世臣巨室，故以"积德"为言，盖谓如是，则无忝于先王之德也。

4.（宋）史浩《尚书讲义》卷九《商书·盘庚上》

(归善斋按，见"若网在纲，有条而不紊；若农服田力穑，乃亦有秋")

5.（宋）夏僎《尚书详解》卷十三《商书·盘庚上》

（归善斋按，见"若网在纲，有条而不紊；若农服田力穑，乃亦有秋"）

6.（宋）时澜《增修东莱书说》卷十《商书·盘庚上第九》

（归善斋按，见"若网在纲，有条而不紊；若农服田力穑，乃亦有秋"）

7.（宋）黄度《尚书说》卷三《商书·盘庚上》

汝克黜乃心，施实德于民，至于婚友，丕乃敢大言，汝有积德，乃不畏戎毒于远迩。惰农自安，不昏作劳，不服田亩，越其罔有黍稷。

汝能自黜傲慢从康之心，则能施实德于民，至于婚姻朋友，皆蒙被之。今则不然，丕乃敢大言，皆世阀也，故自谓有积德。戎，大，昏，强。虚言惑众大毒远迩。邢，山国田少，使其人惰农自安，不强作劳，不服田亩，遂至于罔有黍稷。此为不能胥匡以生事实，盘庚之迁，其大端在此。

8.（宋）袁燮《絜斋家塾书钞》卷六《商书·盘庚上》

（归善斋按，见"若网在纲，有条而不紊；若农服田力穑，乃亦有秋"）

9.（宋）蔡沈《书经集传》卷三《商书·盘庚上》

汝克黜乃心，施实德于民，至于婚友，丕乃敢大言，汝有积德。

苏氏曰，商之世家大族，造言以害迁者，欲以苟悦小民为德也，故告之曰，是何德之有，汝曷不去汝私心，施实德于民与汝婚姻僚友乎？劳而有功，此实德也，汝能劳而有功，则汝乃敢大言曰，我有积德。曰积德云者，亦指世家大族而言，申前汝猷黜乃心之戒。

151

10. (宋)黄伦《尚书精义》卷十九《商书·盘庚上》

(按,此条经解《永乐大典》原缺)

11. (宋)陈经《尚书详解》卷十六《商书·盘庚上》

汝克黜乃心,施实德于民,至于婚友,丕乃敢大言,汝有积德。

黜,退也,当黜其傲上从康之心,而从其本心,则真实之德见矣。当傲上从康之时,本心既失,以险肤之言,恐动众人,安其危,利其菑,夫岂有实德及民乎?汝苟能黜乃心,而使实德及民,以至于尔之婚姻朋友,他日享其生之乐,则生民与婚姻,皆受汝之实惠,我于此时方敢丕大其言,以称扬汝之善,谓汝有积德。其德之积,自先世以至于今,非一日也。当时在朝之臣,皆世臣巨室之子孙也。

12. (宋)钱时《融堂书解》卷七《商书·盘庚上》

(归善斋按,见"若网在纲,有条而不紊;若农服田力穑,乃亦有秋")

13. (宋)魏了翁《尚书要义》

原缺。

14. (宋)陈大猷《书集传或问》卷上《商书·盘庚上》

(归善斋按,未解)

15. (宋)胡士行《尚书详解》卷五《商书·盘庚上第九》

(归善斋按,见"若网在纲,有条而不紊;若农服田力穑,乃亦有秋")

16. (元)吴澄《书纂言》卷三《商书·盘庚》

(归善斋按,见"若网在纲,有条而不紊;若农服田力穑,乃亦有秋")

17.（元）陈栎《书集传纂疏》卷三《朱子订定蔡氏集传·商书·盘庚上》

汝克黜乃心，施实德于民，至于婚友，丕乃敢大言，汝有积德。

苏氏曰，商之世家大族，造言以害迁者，欲以苟悦小民为德也，故告之曰，是何德之有。汝曷不去汝私心，施实德于民，与汝婚姻僚友乎？劳而有功，此实德也，汝能劳而有功，则汝乃敢大言曰，我有积德。曰积德云者，亦指世家大族而言，申前"汝猷黜乃心"之戒。

纂疏：

萧氏曰，不欲迁者，徒为顺民之虚名；迁，则为安民之实德。

夏氏曰，先王时，汝祖父率民以迁，今汝又率民迁，是世有积德及人也。

陈氏大猷曰，此章总告以利，下二章分告以害。

愚谓，前言"猷黜乃心"，此言"克黜乃心"，是前所谋为之者，今真能为之矣。所以赞其决也。

18.（元）许谦《读书丛说》卷五

原缺。

19.（元）董鼎《书传辑录纂注》卷三《商书·盘庚上》

汝克黜乃心，施实德于民，至于婚友，丕乃敢大言，汝有积德。

苏氏曰，商之世家大族，造言以害迁者，欲以苟悦小民为德也，故告之曰，是何德之有？汝曷不去汝私心，施实德于民与汝婚姻僚友乎？劳而有功，此实德也，汝能劳而有功，则汝乃敢大言曰，我有积德。曰积德云者，亦指世家大族而言，申前"汝猷黜乃心"之戒。

纂注：

萧氏曰，言不欲迁者，徒为顺民之虚名；迁，则为安民之实德。

李氏杞曰，言不迁，似姑息，若可以得虚誉，然民被水患而不救，岂实德乎？无实德及民，乃敢大言欺众，谓自汝祖世有积德及民，可乎？

林氏曰，黜私心而施实德，欲其爱人以德，而不以不迁之姑息为爱也。

夏氏曰，先王时，汝祖父率民以迁，今汝又率民迁，是世有积德及人也。

陈氏大猷曰，不迁，则徇人情而患在后，虽若爱民，实害民也；迁，则若拂人情，而利在后，虽若劳民，实福民也。在位，以使民不迁为有德于民，故戒之如此。此章总告以利，下二章分告以害。

新安陈氏曰，前言"猷黜乃心"，此言"克黜乃心"，是前言所谋为之者，今真能为之矣，所以赞其决也。

20.（元）朱祖义《尚书句解》卷五《商书·盘庚上第九》

汝克黜乃心（汝群臣诚能去汝傲上从康之心），施实德于民（施其实德惠于民，使享安居之利），至于婚友（以至汝婚姻朋友，他日皆有生生之乐），丕乃敢大言（我于此时方敢丕大其言语），汝有积德（称扬汝祖父在先王时，能率民以迁；今汝又能率民以迁，是有积世之德在民）。

21.（明）王樵《尚书日记》卷八《商书·盘庚上》

"汝克黜乃心"至"汝有积德"。

当时在位之臣，其婚姻僚友，皆富室巨家也，擅膏腴之地，耽居止观游之乐。在位之臣，与之党比，而惮迁心，之所为实在此，而犹为之辞曰，不迁实于民计，便又乘小民一时安土之情，而诳之曰，我实为尔计也，以此施虚德于民，抑不思大水时至，都邑沦没，尔之婚姻僚友其将焉往。是尔之为者，反以害之，与百姓同归于虚德尔。故劝以"克黜乃心"，公为斯民长远利害计，以施实德于民。都邑既定，百姓安居，尔之婚姻僚友，岂不同其福。如此处事，汝乃敢大言，汝有积德，今日非德也。曰积德者，先王时，汝祖父率民以迁，今汝又率民迁，是世有德及人也。

22.（清）库勒纳等撰《日讲书经解义》卷五《商书·盘庚上》

（归善斋按，见"若网在纲，有条而不紊；若农服田力穑，乃亦有秋"）

（元）王充耘《书义矜式》卷三《商书·盘庚上》

汝克黜乃心，施实德于民，至于婚友；丕乃敢大言汝有积德。

大臣无私而广实德。于今斯敢有言而有积德于昔。盖今日之实德，非一己之私心，然后前日之积德，非一己之私论。况积德者，世臣大族之所欲言者也。惟私心未去，而不能以施德于人为功。则言辞之间，不敢以积德而大其说尔，必也。私心不累，其实德而施于今日者，无不周，然后可证其积德，而敢于言者，无所愧。不然，实德有亏，而所谓积德者乃妄矣。虽欲言之，其敢大言乎（云云）。故盘庚诰我世家大族，以迁殷，而两致意于德之一辞。诚以世家大族，虽不欲以实德为功，而好以积德为论者也。殊不知所行者，皆私心；则所言者，皆妄论，而非积德矣。实德者，所难行者也。私心未，去则不能遍行积德者，所易忘者也。而实德未行，则不敢大言之。言之非艰，行之惟艰。所行者，皆私心，所为而非实德之遍及，则所言者，尚敢以积德为夸大谈也哉。古人告戒之辞，劝其施德于人，则既勉其所不欲行者，又以其所欲言者诱之，则世家大族好以积德为说者，自不能不以实德施于民矣。且夫祖乙圮于耿，而水患害于民，则势不得不迁也。而世家大族，安土重迁，胥动浮言，以害迁者，则巨室之所以有言者，必自恃以为民之所慕，然不知以私心苟悦小民，而害其迁，则非实德。实德未施，则不可谓其积德矣，故必告之以实德，而启之以积德之论焉。实德者，学而有功者也。积德者，祖宗前日之所积者也。欲以积德为言，夫岂难于立论者。而实德皆私心所为，则其所言者，皆私论。尔惟夫劝民以迁都之利，使实德施于一国之民，至于婚姻僚友，无不被其功泽，然后乃敢大言而曰，汝有积德，其来非一日也。汝今不能公心以施实德于人，而乃欲大言其积德于己，是何大言不惭，而敢立论如此哉？殷人巨室，致使天子之尊，而以大言诱之亦可谓顽矣。而盘庚则诚贤君也，以忠厚代斧钺之诛，以言论开人心之善，亦先王之遗意也。故卒使殷民之迁，而厥德允修焉。厥后，周公迁殷民，至于世三纪俗变风移，而殷之庶士，怙侈灭义，骄淫矜夸，不改乎前日之旧，则世禄之家，鲜克由礼亦已久矣然。盘庚化之于前，成王穆王化之于后，则顽者又在于化之，如何也？然至烦于告戒之末，而不能以心相孚，则又世变之不得已也吁。

（明）马明衡《尚书疑义》卷三《商书·盘庚》

（归善斋按，见"若网在纲，有条而不紊；若农服田力穑，乃亦有秋"）

乃不畏戎毒于远迩，惰农自安，不昏作劳，不服田亩，越其罔有黍稷

1.（汉）孔氏传、（唐）陆德明音义、孔颖达疏《尚书注疏》卷八《商书·盘庚上》

乃不畏戎毒于远迩，惰农自安，不昏作劳，不服田亩，越其罔有黍稷。

传，戎，大；昏，强；越，于也，言不欲徙，则是不畏大毒于远近，如怠惰之农苟自安逸，不强作劳于田亩，则黍稷无所有。

音义，昏，马同。本或作"暋"，音敏。《尔雅》昏、暋皆训"强"，故两存。越，本又作粤，音曰于也。强，其丈反。

疏，传正义曰，戎，大；昏，强；越，于，皆《释诂》文。孙炎曰，昏，夙夜之强也。《书》曰"不昏作劳"，引此解彼，是亦读此为"昏"也。郑玄读"昏"为"暋"，训为"勉"也，与孔不同。传云"言不欲徙则是不畏大毒于远近"，其意言，不徙则有毒，毒为祸患也。远近，谓徐促，言害至有早晚也。不强于作劳，则黍稷无所获，以喻不迁于新邑，则福禄无所有也。此经惰农、弗昏、无黍稷，对上"服田力穑，乃亦有秋"，但其文有详略耳。

156

2. （宋）苏轼《书传》卷八《商书·盘庚上第九》

（归善斋按，另见"汝克黜乃心，施实德于民，至于婚友，丕乃敢大言汝有积德"）

惰农自安，不昏作劳，不服田亩，越其罔有黍稷。

昏，强也。

3. （宋）林之奇《尚书全解》卷十八《商书·盘庚上》

乃不畏戎毒于远迩，惰农自安，不昏作劳，不服田亩，越其罔有黍稷。

戎，大也。言苟无所畏慎，肆其傲上从康之志，大流毒于远迩，如怠惰之农，肆其自安，不黾勉以作劳苦之事，不服于田亩，则不获有秋之利，而罔有黍稷矣。盘庚之敕于民，欲使在位群臣，黜其傲上从康之心，而其譬喻必以农为言。既曰"若农服田力穑，乃亦有秋"，而又曰"惰农自安，不昏作劳，不服田亩，越其罔有黍稷"，其论农之勤惰，如是之详者，盖耿之地沃饶而近利，斯民习于奢侈之日久，人亦有言曰"自俭而奢易，由奢而俭难"，盘庚将欲率其奢侈玩习之人，而使之居于亳殷之地，负山阻险，非勤非俭，则不能享其生生之乐，不如耿之近利也。昔公父文伯之母曰，昔圣人之处民也，择瘠土而处之，劳其民而用之，故能长有天下。夫民劳则思，思则善心生；逸则淫，淫则忘善，忘善则恶心生。沃土之民，多不节淫也。瘠土之民莫不向慕义也。盘庚之迁，意在此。然将使民去奢而即俭，去逸而即劳，故在位扇其浮言，而民皆有怨咨之意，是以言其勤则有所获，而惰则无所获矣。盖民生在勤，勤则不匮。苟为不勤，而有所获，是所谓不稼不穑，胡取禾三百廛兮，此不祥之大者也。张平子《西都赋》云，盘庚作诰，率民以苦。此言真得盘庚之意。孔子曰"不教而杀谓之虐；不戒视成谓之暴"。夫所谓暴者，非至纣之炮烙，秦之参夷，然后有此名也。苟臣民之有顽嚚傲狠，不顺其上政令者，不加教戒使知利害安危之所在，而遽尔刑之，则是暴虐矣。盘庚之迁，不忍暴虐其臣民，故虽其世臣巨室，傲上从康，以鼓惑流俗之听，而闾阎小民惑于流言，方相与咨怨，而不适有居，此诚中才庸主，有所不堪，而盘庚且谆复恳到,先晓之以祸福安危之理,不啻若父兄之教子弟,此非故为是优游不断之政,不能赫然奋其干刚之断也。盖以为胁以刑罚,使臣民强勉以从己,固不若教之、戒之、化之,使之愤然知迁都之为利,而不迁之为害,中心悦而诚服也。与之共享其安逸,而无一旦卒然不可测之患矣。是以,自此而下其言庄重峻讦责之也,深而虑之也。至其要务,欲使知夫长恶不悛者,典刑之所不赦,然后黜其傲上从康之心,而乐事赴功,无强勉不得已之意,此诚忠厚之至也。

4. (宋)史浩《尚书讲义》卷九《商书·盘庚上》

(归善斋按,见"若网在纲,有条而不紊;若农服田力穑,乃亦有秋")

5. (宋)夏僎《尚书详解》卷十三《商书·盘庚上》

(归善斋按,见"若网在纲,有条而不紊;若农服田力穑,乃亦有秋")

6. (宋)时澜《增修东莱书说》卷十《商书·盘庚上第九》

(归善斋按,见"若网在纲,有条而不紊;若农服田力穑,乃亦有秋")

7. (宋)黄度《尚书说》卷三《商书·盘庚上》

(归善斋按,见"汝克黜乃心,施实德于民,至于婚友,丕乃敢大言汝有积德")

8. (宋)袁燮《絜斋家塾书钞》卷六《商书·盘庚上》

(归善斋按,见"若网在纲,有条而不紊;若农服田力穑,乃亦有秋")

9. （宋）蔡沈《书经集传》卷三《商书·盘庚上》

乃不畏戎毒于远迩，惰农自安，不昏作劳，不服田亩，越其罔有黍稷。

戎，大；昏，强也。汝不畏沉溺大害于远近，而惮劳不迁，如怠惰之农，不强力为劳苦之事，不事田亩，安有黍稷之可望乎？此章再以农喻申言从康之害。

10. （宋）黄伦《尚书精义》卷十九《商书·盘庚上》

乃不畏戎毒于远迩，惰农自安，不昏作劳，不服田亩，越其罔有黍稷。

无垢曰，譬若医师治病，知病之所在，则可以攻治针刺，使病去而气必和。傥惟不知病之本原，而汗下补泻，杂然并进，则性命不保矣。今盘庚察微知几，见臣民之病，止在傲上从康，故谆谆诲，诱以善言，进之以苦言警之，使傲上之心息，而知君臣之义，从康之心亡，而获勤劳之功，则君臣情通，而天下大治矣。

萧氏曰，恶一时之劳，而不思毒之所及，遍于远迩，是犹惰农之不畏饥也。

张氏曰，汝不能黜其傲上从康之心，而含德不惕于一人，则是汝不畏其君矣。不畏其君而从上以迁，使远迩之民化之，而终陷于罪恶，则是汝大害于远迩矣。夫不迁之害，以天事言之，或至于流播死亡，而祸生在上；以人事言之，或至于罹其刑辟，而剿殄绝之，则其为毒也，不亦大哉。天下之事，未有不始勤而终逸者。惟昧者，蔽于目前之利，不知勤劳于其始，故终无所得。

吕氏曰，喻农之服田，沾涂泥，污体足，固是勤劳，然其后必得黍稷。汝之迁都，犯霜露，冒风雨，亦固甚劳，然其后必得安稳。

11. （宋）陈经《尚书详解》卷十六《商书·盘庚上》

乃不畏戎毒于远迩，惰农自安，不昏作劳，不服田亩，越其罔有黍稷。汝不和吉言于百姓，惟汝自生毒，乃败祸奸宄，以自灾于厥身，乃既先恶于民,乃奉其恫,汝悔身何及。

盘庚于此,分析利害,甚为明白。上章言,有条不紊,乃亦有秋,施实德于民,汝有积德,是皆以其利者告之。此章又言,罔有黍稷,自生毒,自灾厥身,乃奉其恫,是皆以其害者告之。曰,如此则有利,如此则有害,汝当知所决择也。尔若不知所畏惧,大为害于远近之民,如惰农偷一时之安,不知勉强以作劳,不服事于田亩,则终无有黍稷之获,饥寒将至矣。汝不知以善言而告谕百姓,他日民不安居,则是汝自生其害,以至于败祸奸宄之恶,皆丛聚于尔身,以自取其灾矣。汝群臣乃民所视效,不导民于善,而反以恶先为之唱,则是汝自奉其恫,犹自取其灾也。痛既自奉于其身,则他日虽有悔,亦无及矣。凡此,皆极言其害处以告之,谓之自毒自灾,自奉其恫,以见祸福无不自己求之也。

12. (宋)钱时《融堂书解》卷七《商书·盘庚上》

(归善斋按,见"若网在纲,有条而不紊;若农服田力穑,乃亦有秋")

13. (宋)魏了翁《尚书要义》

原缺。

14. (宋)陈大猷《书集传或问》卷上《商书·盘庚上》

(归善斋按,未解)

15. (宋)胡士行《尚书详解》卷五《商书·盘庚上第九》

(归善斋按,见"若网在纲,有条而不紊;若农服田力穑,乃亦有秋")

16. (元)吴澄《书纂言》卷三《商书·盘庚》

(归善斋按,另见"若网在纲,有条而不紊;若农服田力穑,乃亦有秋")

惰农自安，不昏作劳，不服田亩，越其罔有黍稷。汝不和吉言于百姓，惟汝自生毒，乃败祸奸宄，以自灾于厥身。乃既先恶于民，乃奉其恫，汝悔身何及。

昏，勉也。恫，痛也。惰农自安，不勤勉于耕作之劳，则必无黍稷之收成。汝不以温和吉善之言，言于百姓，使之乐迁，将后遭水患，则是汝自生此害，为致败致祸之奸宄，以自灾汝之身也。夫怨咨不迁，民之恶也，实由汝倡浮言惑之，是汝先其恶也。病痛，人之所去，而今乃奉之，是护其疾，利其灾，及有灾之时，汝虽悔之，而身已无及矣，此戒其从康也。

17.（元）陈栎《书集传纂疏》卷三《朱子订定蔡氏集传·商书·盘庚上》

乃不畏戎毒于远迩，惰农自安，不昏作劳，不服田亩，越其罔有黍稷。

戎，大；昏，强也。汝不畏沉溺大害于远近，而惮劳不迁，如怠惰之农不强力为劳苦之事，不事田亩，安有黍稷之可望乎？此章再以农喻，申言从康之害。

纂疏：

唐孔氏曰，惰农，对上"服田力穑"而反言之。

林氏曰，此篇文势大抵反覆辩论，皆相顾成文。既曰若农服田至有秋，又曰惰农自安至罔有黍稷；既曰"予若观火"，又曰"若火之燎于原"，文虽涣散，而意则相属。以是知盘庚之言，虽佶屈聱牙不可遽晓然，反覆求之于人情甚近也。

18.（元）许谦《读书丛说》卷五

原缺。

19.（元）董鼎《书传辑录纂注》卷三《商书·盘庚上》

乃不畏戎毒于远迩，惰农自安，不昏作劳，不服田亩，越其罔有黍稷。

戎,大;昏,强也。汝不畏沉溺大害于远近,而惮劳不迁,如怠惰之农,不强力为劳苦之事,不事田亩,安有黍稷之可望乎?此章再以农喻,申言从康之害。

纂注:

唐孔氏曰,惰农,对上"服田力穑"而反言之。

林氏曰,此篇文势大抵反覆辩论,皆相顾成文。既曰"若农服田,力穑乃亦有秋",又曰"惰农自安,不昏作劳,不服田亩,越其罔有黍稷";既曰"予若观火",又曰"若火之燎于原",文虽涣散,而意则相属。以是知盘庚之言,虽佶屈聱牙,不可遽晓然,反覆求之,于人情甚近也。

20.（元）朱祖义《尚书句解》卷五《商书·盘庚上第九》

乃不畏戎毒于远迩（汝若不知畏惧,大为害于远近之民,惰农自安（如惰农偷一时之安）,不昏作劳（不知敏勉,以作劳苦之事）,不服田亩（不肯服事田亩之间）,越其罔有黍稷（于汝无有黍稷之利矣）。

21.（明）王樵《尚书日记》卷八《商书·盘庚上》

"乃不畏戎毒"至"非予有咎"。

戎,大;昏,强;吉,好;奉,承;恫,痛;相,视也。憸民,马融云,憸,利小,小见事之人也。逸,口过言也。靖,安;咎,过也。言汝知服田有秋,则今不畏水灾大害于远近,惮劳不迁,如惰农不强力为劳苦之事,宁有黍稷之可望乎?汝知纲网不紊,则今汝不和吉言于百姓,惟汝自生毒,乃败祸奸宄,以自灾于厥身也。盖君为臣纲,臣为民纲,理之所在,上下相顺,乃同其福而无祸。汝既首惮迁,以先恶于民,则恫不独在于民,乃亦奉其恫矣,及身而悔,亦何及乎?相时小人,犹有审利害之实,出箴戒之言,以相顾省者,则有位者当何如乎?小民箴言欲发,而尔之逸口,能排击阻难之,虽则可畏,矧予制乃短长之命,岂不尤可畏乎?使民情真有所不便,以告于朕而图之可也。何为相动以浮言,恐之以祸患,陷之于罪恶,不与顾箴言者异乎?一时人情为汝所惑,虽若燎原之火，有不可响迩之势，其犹可扑灭。以制尔短长之命者而绳汝，自作之愆，其亦何难。至是则惟尔众自作弗靖，非我有咎也。

民也，胥顾于箴言；臣也，胥动以浮言。箴言，实也；浮言，伪也。小民身当其害，有惕惕胥顾之心；在位阴贪其利，为诡诡胥动之计。一时情状在数语间，其人之闻之者亦可愧矣。

傲上之情，挟其口之众也，比以燎原之火，意可知已，其犹可扑灭。盘庚将刑以齐之乎？非也。明四目，达四聪，箴言不可伏，浮言不得施。盘庚盖有制之之道矣。曰短长之命，特举刑杀以恐之，未必施也。以傲上从康之害，反复申戒。

一说，胥顾于箴言，箴言者，凡人相箴规之言也。言虽憸利小小见事之人，犹知顾念于人之箴规。盖以不善，则致人之言，不善之声传于人，常易至于过。惟过言之可畏，所以箴言之当顾也。夫逸口虽可畏，特是非毁誉之在人口者耳，未遽有诛赏之及身也，犹且可畏，况予制乃短长之命，是非所在，诛赏所加，汝可以不畏乎。

孔氏曰，群臣不欲徙，是先恶于民。不徙则祸毒在汝身，徒奉持所痛，悔之无及。言憸利小民，尚相顾于箴诲，恐其发动有过口之患，况我制汝死生之命，而汝不相从，是不若小民。

22.（清）库勒纳等撰《日讲书经解义》卷五《商书·盘庚上》

乃不畏戎毒于远迩，惰农自安，不昏作劳，不服田亩，越其罔有黍稷。

此一节书，是申言从康之害也。戎毒，大害也。昏，强勉之谓也。盘庚告其臣曰，耿为河水所圮，远迩胥受其害。去危即安在此时矣，乃汝惮劳不迁，曾不畏其大害于远迩，百姓流离而邦国殄灭，其何有即安之日耶。譬如惰农惟知自逸，不强勉为劳苦之事，不从事于田亩之间，欲望其黍稷之登也，得乎？盖思艰图宁者，国家之大计；先忧后乐者，臣子之大分，奈何习于从康，而不自勉也哉？

163

（明）梅鷟《尚书考异》卷五《盘庚》

"不昏作劳"。

马本、晋古文同。郑本作"暋勉"也。

（明）马明衡《尚书疑义》卷三《商书·盘庚》

乃不畏戎毒于远迩，承上谓，施实德乃可谓积德，今乃不然，不畏大害于远近之民，如惰农自安，不敏于劳，则不能有秋矣。"汝不和吉言于百姓"至"非予有咎"，则谓汝今如是非，惟害人，惟汝自害耳。自害者，谓将有罚及之，是汝自作弗靖，非予咎也。故下文云"不敢动用非德"也，是其意甚严，其词甚婉矣。

汝不和吉言于百姓，惟汝自生毒

1.（汉）孔氏传、（唐）陆德明音义、孔颖达疏《尚书注疏》卷八《商书·盘庚上》

汝不和吉言于百姓，惟汝自生毒。

传，责公卿不能和喻百官，是自生毒害。

疏，传正义曰，此篇上下皆言民，此独云百姓，则知百姓是百官也。百姓既是百官，和吉言者又在百官之上，知此经是责公卿不能和喻善言于百官，使之乐迁也。不和百官，必将遇祸，是公卿自生毒害。

2.（宋）苏轼《书传》卷八《商书·盘庚上第九》

汝不和吉言于百姓，惟汝自生毒，乃败祸奸宄，以自灾于厥身。乃既先恶于民，乃奉其恫，汝悔身何及？

吉，善也。奉，承也。恫，痛也。汝今所施乃恶也，非德也，当自承其疾痛。

3.（宋）林之奇《尚书全解》卷十八《商书·盘庚上》

汝不和吉言于百姓，惟汝自生毒，乃败祸奸宄，以自灾于厥身。

白博士曰，《诗》云"辞之辑矣，民之洽矣，辞之怿矣，民之莫矣"。辞辑，则所谓和言也；辞怿，则所谓吉言也。此说是也。言汝之群臣，不能平其心，定其气，和顺悦怿其言，以晓百姓之未悟者，而徒肆其浮言以惑之，欲其沮迁都之议。然此迁都之计，乃上合天心，下从人欲，必非群臣之所能沮也。汝徒自生毒恶，至于败祸奸宄，以自遗灾于汝身而已。谓"自灾于厥身"者，盖顽嚚，终不率教则刑罚及之，非我一人忍于用刑也，是汝之败祸奸宄，而自取之也。

4.（宋）史浩《尚书讲义》卷九《商书·盘庚上》

（归善斋按，见"若网在纲，有条而不紊；若农服田力穑，乃亦有秋"）

5.（宋）夏僎《尚书详解》卷十三《商书·盘庚上》

汝不和吉言于百姓，惟汝自生毒，乃败祸奸宄，以自灾于厥身，乃既先恶于民，乃奉其恫，汝悔身何及。

盘庚上既言汝群臣不肯率民以迁，如惰农自安，终无黍稷，故此又责之曰，汝自今以往，若不能调和其善言，以晓喻百姓，而使之必迁，而徒扇浮言，以惑民，则是汝自生毒螫，至于败祸奸宄，以自取灾害于身而已。盖迁都之计，上合天心，下从人欲，必非群臣所能沮。再三训诰，不从则刑罚及之，是汝所以至于败祸奸宄，皆汝自取灾害，非我一人不忍也。故盘庚所以又言"乃既先恶于民，乃奉其恫，汝悔身何及"，盖谓民愚无知，所赖以训迪，使知迁都之利实，惟汝臣今既不能和吉言于百姓，而扇浮言，以鼓惑之，则是汝自以毒为民之先，故我罚之，亦理当然。然当此时之后，奉持其痛而思悔，则先悔之其于身，何所及哉？盘庚言此，盖谓汝前日不使民迁，我固缓汝之罚，今若更不肯迁，则我罚及汝，如痛已切体，虽悔无及，固当悔之于未然之前也。

6.（宋）时澜《增修东莱书说》卷十《商书·盘庚上第九》

(归善斋按，见"若网在纲，有条而不紊；若农服田力穑，乃亦有秋")

7.（宋）黄度《尚书说》卷三《商书·盘庚上》

汝不和吉言于百姓，惟汝自生毒，乃败祸奸宄，以自灾于厥身，乃既先恶于民，乃奉其恫，汝悔身何及。

吉，善。汝不协和善言于百姓，而使咨怨，不适有居，惟汝自生毒大。家总于货宝，小民罔有黍稷，乃至于祸败奸宄，自灾于其身。恫，痛。民之恶汝既先之，而犹自奉持其可哀痛之事，刑罚将至，虽悔何及，乃奉其恫，吉其凶也。

8.（宋）袁燮《絜斋家塾书钞》卷六《商书·盘庚上》

汝不和吉言于百姓，惟汝自生毒，乃败祸奸宄，以自灾于厥身，乃既先恶于民，乃奉其恫。汝悔身何及。

吉，言吉祥之言也。和吉言者，谓汝当以吉善之言，调和百姓也。今汝乃不能如此，毋乃自生毒乎？盖当时群臣，鼓率小民，龃龉其上，自以为利也，自以为得策也。不知今日，虽可苟安，异日都邑圮坏，民不安居，亦将归怨于尔，以为由尔不使我迁，所以致我今日狼狈，则是尔之所谓得策，乃大不得策；尔之所谓至安，乃天下之至危也。故曰"乃既先恶于民，乃奉其恫"，不能施实德于民，而倡于浮言，鼓率众庶，是先恶于民也。尔既先恶于民，则民亦归怨于尔，非自奉其恫乎？盘庚言此所以醒觉群臣之心者，可谓深切着明矣。

9.（宋）蔡沈《书经集传》卷三《商书·盘庚上》

汝不和吉言于百姓，惟汝自生毒，乃败祸奸宄，以自灾于厥身，乃既先恶于民，乃奉其恫，汝悔身何及。相时憸民，犹胥顾于箴言，其发有逸口，矧予制乃短长之命。汝曷弗告朕，而胥动以浮言，恐沉于众，若火之燎于原，不可向迩，其犹可扑灭，则惟尔众自作弗靖，非予有咎。

恫，音通；燎，卢皎反；扑，普卜反；吉，好也。先恶，谓恶之先也。奉，承；恫，痛；相，视也。憸民，小民也。逸口，过言也。逸口尚可畏，况我制尔生杀之命，可不畏乎？恐，谓恐动之以祸患；沉，谓沉陷之于罪恶。"不可向迩，其犹可扑灭"者，言其势焰虽盛，而殄灭之不难也。靖，安；咎，过也。则惟尔众，自为不安，非我有过也。此章反复辩论，申言傲上之害。

10. （宋）黄伦《尚书精义》卷十九《商书·盘庚上》

汝不和吉言于百姓，惟汝自生毒，乃败祸奸宄，以自灾于厥身，乃既先恶于民，乃奉其恫，汝悔身何及。

无垢曰，夫心乖忤则言不和；心凶险则言不吉乖。忤凶险既生于心，则为败，为祸，为奸，为宄，而取诛戮矣。乖忤、凶险、败祸、奸宄，其谁之咎哉？故毒曰自生，而败祸奸宄曰自灾。此盖言灾毒非自外来，皆汝心之罪耳。法行当自贵者始，端本清源，原情定罪，则汝当受诛戮之痛矣。不于今日改悔，至于受罚时，虽欲悔焉，有弗及矣。

张氏曰，和言者，谓以言而谐之也；吉言者，谓以言而谕之也。不和言于百姓，以在位不能助王率吁众戚故也；不吉言于百姓，以在位之聒聒，起信险肤故也。百姓者，民之所望而听从之也。不和吉言于百姓，而欲民从上，其可得哉？夫惟如此，则罚及汝身，是汝身生毒也。乃败祸奸宄，以自灾于厥身，此自生毒之效也。败，言其无成；祸，言其无福；奸，则恶之见于外；宄，则恶之见于内。惟其败、祸、奸、宄，此所以自取其灾也。

吕氏曰，今汝既已先播其恶于民，乃汝鼓荡民不迁，民固以汝为好，不以汝为恶。其后圮坏于水，则民必怨汝，是汝先恶之也。汝乃奉养其恫。恫，病也。

11. （宋）陈经《尚书详解》卷十六《商书·盘庚上》

（归善斋按，见"乃不畏戎毒于远迩，惰农自安，不昏作劳，不服田亩，越其罔有黍稷"）

12. (宋) 钱时《融堂书解》卷七《商书·盘庚上》

汝不和吉言于百姓，惟汝自生毒，乃败祸奸宄，以自灾于厥身，乃既先恶于民，乃奉其恫，汝悔身何及。相时憸民，犹胥顾于箴言，其发有逸口，矧予制乃短长之命，汝曷弗告朕，而胥动以浮言，恐沉于众。若火之燎于原，不可向迩，其犹可扑灭，则惟尔众自作弗靖，非予有咎。

上文言"不畏戎毒于远迩"，止是说有位不恤民之被祸；此言"惟汝自生毒"，却专言有位之自取祸，今使之吉言，则知当时浮胥动，起信险肤，必是动之以可畏不祥之语也。民情摇摇，方被有位鼓扇，是信其言也，仍须得有位以善言调和之，庶几听从。"乃奉其恫"，乃是捧持其痛惨之祸在手。盘庚之言，一节紧一节。

13. (宋) 魏了翁《尚书要义》

原缺。

14. (宋) 陈大猷《书集传或问》卷上《商书·盘庚上》

（归善斋按，未解）

15. (宋) 胡士行《尚书详解》卷五《商书·盘庚上第九》

汝不和（温）吉（善）言于百姓，惟汝自生毒（害），乃败祸奸宄，以自灾于厥身，乃既先恶（种恶）于民，乃奉（受）其恫（痛），汝悔（恨）身何及。

浮言，则非吉言矣。水圮之害及民，则亦及尔身，悔可追乎？

16. (元) 吴澄《书纂言》卷三《商书·盘庚》

（归善斋按，见"乃不畏戎毒于远迩，惰农自安，不昏作劳，不服田亩，越其罔有黍稷"）

17.（元）陈栎《书集传纂疏》卷三《朱子订定蔡氏集传·商书·盘庚上》

汝不和吉言于百姓，惟汝自生毒，乃败祸奸宄，以自灾于厥身，乃既先恶于民，乃奉其恫，汝悔身何及。相时憸民，犹胥顾于箴言。其发有逸口，矧予制乃短长之命，汝曷弗告朕，而胥动以浮言，恐沈于众。若火之燎于原，不可向迩，其犹可扑灭，则惟汝众自作弗靖，非予有咎。

吉，好也。先恶，为恶之先也。奉，承；恫，痛；相，视也。憸民，小民也。逸口，过言也。逸口，尚可畏，况我制尔生杀之命，可不畏乎？恐，谓恐动之以祸患；沈，谓沈陷之于罪恶。"不可向迩，其犹可扑灭"者，言其势焰虽盛，而殄灭之不难也。靖，安；咎，过也。则惟尔众自为不安，非我有过也。此章反复辩论，申言傲上之害。

纂疏：

林氏曰，先不乐迁，民亦从之，是谓先恶。

陈氏大猷曰，恫，痛。不急去，而奉养之，犹安其危，利其灾也。既先恶于始，又护疾于今，后虽悔之何及矣。

张氏曰，毒，曰自生祸；败，曰自灾，非自外来，皆汝自取。

18.（元）许谦《读书丛说》卷五

原缺。

19.（元）董鼎《书传辑录纂注》卷三《商书·盘庚上》

汝不和吉言于百姓，惟汝自生毒，乃败祸奸宄，以自灾于厥身，乃既先恶于民，乃奉其恫。汝悔身何及。相时憸民，犹胥顾于箴言。其发有逸口，矧予制乃短长之命，汝曷弗告朕，而胥动以浮言，恐沈于众。若火之燎于原，不可向迩，其犹可扑灭，则惟尔众，自作弗靖，非予有咎。

吉，好也。先恶，为恶之先也。奉，承；恫，痛；相，视也。憸民，小民也。逸口，过言也。逸口尚可畏，况我制尔生杀之命，可不畏乎？恐，谓恐动之以祸患；沉，谓沈陷之于罪恶。"不可向迩，其犹可扑灭"者，言其势焰虽盛，而殄灭之不难也。靖，安；咎，过也。则惟尔众，自为不安,非我有过也。此章反覆辩论,申言傲上之害。

纂注:

林氏曰,不导民以迁,而先不乐迁,民亦从之,是谓先恶。

陈氏大猷曰,恫,痛。不急去之,乃奉而养之,犹安其危,利其菑之意。既先恶于始,又护病于今,后虽悔之,身无及矣。

张氏曰,毒曰自生;祸败奸宄,曰自灾,言非自外来,皆汝自取之罪也。

20.（元）朱祖义《尚书句解》卷五《商书·盘庚上第九》

汝不和吉言于百姓（汝不能调和善言,以晓谕百姓使迁）,惟汝自生毒（他日民不安居,是汝生毒）。

21.（明）王樵《尚书日记》卷八《商书·盘庚上》

(归善斋按,见"乃不畏戎毒于远迩,惰农自安,不昏作劳,不服田亩,越其罔有黍稷")

22.（清）库勒纳等撰《日讲书经解义》卷五《商书·盘庚上》

汝不和吉言于百姓,惟汝自生毒,乃败祸奸宄,以自灾于厥身,乃既先恶于民,乃奉其恫,汝悔身何及。相时憸民,犹胥顾于箴言,其发有逸口,矧予制乃短长之命,汝弗告朕,而胥动以浮言,恐沉于众。若火之燎于原,不可向迩,其犹可扑灭,则惟汝众自作弗靖,非予有咎。

此一节书,是反复申言傲上之害也。吉,善也。先恶,谓倡率其恶也。奉,承受也。恫,痛也。憸民,小民也。逸口,过逸之言也。恐,恐动之也;沉,沉陷之也。靖,安也。咎,过也。盘庚告其臣曰,水灾为患,人情正当忧疑之际,汝为人臣,乃不能以和好之言,宣道上德,开谕百姓,反以浮言惑之,非独贻害于民而已。惟汝自生怨毒,败祸奸宄之刑,亦且灾于汝之身矣。汝既不导民以迁,而又倡以浮言,是民之恶汝,实先之首恶之诛,必不能免,乃汝身自受其恫,虽悔亦何及哉?视彼小民,尚能明于利害,相与顾虑,而以言箴规其上,特其言之发,而汝等以过逸之口,排击阻难之耳。夫逸口尚且足以阻抑百姓,况予操生杀予夺之权,能制汝短长之命,而可不畏乎?人情诚有不便,则当明以告朕,共相权度其利害。汝曷弗告朕,而但以浮言相为煽动,恐之以迁徙之劳,贻之以沉溺之患。人情为汝所摇动,虽若难静,而予以制命之权,犹可得而遏抑之。若火之燎于原,其势虽盛不可向迩,犹可得而扑灭之也。汝亦何所恃耶?然此皆汝等不能安静以奉上命,自速其祸耳,岂予乐用威刑以加汝也,奈何不以傲上为戒哉?

乃败祸奸宄,以自灾于厥身

1.（汉）孔氏传、（唐）陆德明音义、孔颖达疏《尚书注疏》卷八《商书·盘庚上》

乃败祸奸宄,以自灾于厥身。

传,言汝不相率共徙,是为败祸奸宄,以自灾之道。

音义,宄,音轨。

2.（宋）苏轼《书传》卷八《商书·盘庚上第九》

(归善斋按,见"汝不和吉言于百姓,惟汝自生毒")

3.（宋）林之奇《尚书全解》卷十八《商书·盘庚上》

(归善斋按,见"汝不和吉言于百姓,惟汝自生毒")

4.（宋）史浩《尚书讲义》卷九《商书·盘庚上》

(归善斋按,见"若网在纲,有条而不紊;若农服田力穑,乃亦有秋")

5.（宋）夏僎《尚书详解》卷十三《商书·盘庚上》

（归善斋按，见"汝不和吉言于百姓，惟汝自生毒"）

6.（宋）时澜《增修东莱书说》卷十《商书·盘庚上第九》

（归善斋按，见"若网在纲，有条而不紊；若农服田力穑，乃亦有秋"）

7.（宋）黄度《尚书说》卷三《商书·盘庚上》

（归善斋按，见"汝不和吉言于百姓，惟汝自生毒"）

8.（宋）袁燮《絜斋家塾书钞》卷六《商书·盘庚上》

（归善斋按，见"汝不和吉言于百姓，惟汝自生毒"）

9.（宋）蔡沈《书经集传》卷三《商书·盘庚上》

（归善斋按，见"汝不和吉言于百姓，惟汝自生毒"）

10.（宋）黄伦《尚书精义》卷十九《商书·盘庚上》

（归善斋按，见"汝不和吉言于百姓，惟汝自生毒"）

11.（宋）陈经《尚书详解》卷十六《商书·盘庚上》

（归善斋按，见"乃不畏戎毒于远迩，惰农自安，不昏作劳，不服田亩，越其罔有黍稷"）

12.（宋）钱时《融堂书解》卷七《商书·盘庚上》

（归善斋按，见"汝不和吉言于百姓，惟汝自生毒"）

13.（宋）魏了翁《尚书要义》

原缺。

14. （宋）陈大猷《书集传或问》卷上《商书·盘庚上》

(归善斋按，未解)

15. （宋）胡士行《尚书详解》卷五《商书·盘庚上第九》

(归善斋按，见"汝不和吉言于百姓，惟汝自生毒")

16. （元）吴澄《书纂言》卷三《商书·盘庚》

(归善斋按，见"乃不畏戎毒于远迩，惰农自安，不昏作劳，不服田亩，越其罔有黍稷")

17. （元）陈栎《书集传纂疏》卷三《朱子订定蔡氏集传·商书·盘庚上》

(归善斋按，见"汝不和吉言于百姓，惟汝自生毒")

18. （元）许谦《读书丛说》卷五

原缺。

19. （元）董鼎《书传辑录纂注》卷三《商书·盘庚上》

(归善斋按，见"汝不和吉言于百姓，惟汝自生毒")

20. （元）朱祖义《尚书句解》卷五《商书·盘庚上第九》

乃败祸奸宄（乃至败祸奸宄），以自灾于厥身（以自取灾害于其身）。

21. （明）王樵《尚书日记》卷八《商书·盘庚上》

(归善斋按，见"乃不畏戎毒于远迩，惰农自安，不昏作劳，不服田亩，越其罔有黍稷")

22.（清）库勒纳等撰《日讲书经解义》卷五《商书·盘庚上》

(归善斋按，见"汝不和吉言于百姓，惟汝自生毒")

乃既先恶于民，乃奉其恫，汝悔身何及

1.（汉）孔氏传、（唐）陆德明音义、孔颖达疏《尚书注疏》卷八《商书·盘庚上》

乃既先恶于民，乃奉其恫，汝悔身何及。

传，群臣不欲徙，是先恶于民。恫，痛也。不徙，则祸毒在汝身，徒奉持所痛而悔之，则于身无所及。

音义，奉，孚勇反，注同。恫，敕动反，又音通，痛也。

疏，传正义曰，群臣是民之师长，当倡民为善。群臣亦不欲徙，是乃先恶于民也。恫，痛，《释言》文。

2.（宋）苏轼《书传》卷八《商书·盘庚上第九》

(归善斋按，见"汝不和吉言于百姓，惟汝自生毒")

3.（宋）林之奇《尚书全解》卷十八《商书·盘庚上》

乃既先恶于民，乃奉其恫，汝悔身何及。

此言我之所以望尔群臣者，盖以谓民之愚有未知迁都之利害者，必资尔以训迪而开道之。今乃先肆恶，而不肯迪民，亦从而胥怨，是先恶于民也。为臣而先恶于民，使天下骚终而不宁，苟长此恶而不悛，则将自成其疾痛，陷于罪戾，虽悔之，而身何所及也。

4.（宋）史浩《尚书讲义》卷九《商书·盘庚上》

(归善斋按，见"若网在纲，有条而不紊；若农服田力穑，乃亦有秋"）

5.（宋）夏僎《尚书详解》卷十三《商书·盘庚上》

（归善斋按，见"汝不和吉言于百姓，惟汝自生毒"）

6.（宋）时澜《增修东莱书说》卷十《商书·盘庚上第九》

（归善斋按，见"若网在纲，有条而不紊；若农服田力穑，乃亦有秋"）

7.（宋）黄度《尚书说》卷三《商书·盘庚上》

（归善斋按，见"汝不和吉言于百姓，惟汝自生毒"）

8.（宋）袁燮《絜斋家塾书钞》卷六《商书·盘庚上》

（归善斋按，见"汝不和吉言于百姓，惟汝自生毒"）

9.（宋）蔡沈《书经集传》卷三《商书·盘庚上》

（归善斋按，见"汝不和吉言于百姓，惟汝自生毒"）

10.（宋）黄伦《尚书精义》卷十九《商书·盘庚上》

（归善斋按，见"汝不和吉言于百姓，惟汝自生毒"）

11.（宋）陈经《尚书详解》卷十六《商书·盘庚上》

（归善斋按，见"乃不畏戎毒于远迩，惰农自安，不昏作劳，不服田亩，越其罔有黍稷"）

12.（宋）钱时《融堂书解》卷七《商书·盘庚上》

（归善斋按，见"汝不和吉言于百姓，惟汝自生毒"）

13.（宋）魏了翁《尚书要义》

原缺。

14. （宋）陈大猷《书集传或问》卷上《商书·盘庚上》

(归善斋按，未解)

15. （宋）胡士行《尚书详解》卷五《商书·盘庚上第九》

(归善斋按，见"汝不和吉言于百姓，惟汝自生毒")

16. （元）吴澄《书纂言》卷三《商书·盘庚》

(归善斋按，见"乃不畏戎毒于远迩，惰农自安，不昏作劳，不服田亩，越其罔有黍稷")

17. （元）陈栎《书集传纂疏》卷三《朱子订定蔡氏集传·商书·盘庚上》

(归善斋按，见"汝不和吉言于百姓，惟汝自生毒")

18. （元）许谦《读书丛说》卷五

原缺。

19. （元）董鼎《书传辑录纂注》卷三《商书·盘庚上》

(归善斋按，见"汝不和吉言于百姓，惟汝自生毒")

20. （元）朱祖义《尚书句解》卷五《商书·盘庚上第九》

乃既先恶于民（汝既率民以不迁，是以恶先为之倡），乃奉其恫（乃自奉其灾痛。恫，通），汝悔身何及（至是汝虽悔之，何所及乎）。

21. （明）王樵《尚书日记》卷八《商书·盘庚上》

(归善斋按，见"乃不畏戎毒于远迩，惰农自安，不昏作劳，不服田亩，越其罔有黍稷")

22.（清）库勒纳等撰《日讲书经解义》卷五《商书·盘庚上》

（归善斋按，见"汝不和吉言于百姓，惟汝自生毒"）

相时憸民，犹胥顾于箴言，其发有逸口，
矧予制乃短长之命

1.（汉）孔氏传、（唐）陆德明音义、孔颖达疏《尚书注疏》卷八《商书·盘庚上》

相时憸民，犹胥顾于箴言，其发有逸口，矧予制乃短长之命。

传，言憸利小民，尚相顾于箴诲，恐其发动有过口之患，况我制汝死生之命，而汝不相教从我，是不若小民。

音义，相，息亮反，马云视也，徐息羊反。憸，息廉反。马云，憸利小，小见事之人也；徐，七渐反。

疏，正义曰，又责大臣，不相教迁徙，是不如小民，我视彼憸利小民，犹尚相顾于箴规之言，恐其发举有过口之患，故以言相规患之。小者尚知畏避，况我为天子，制汝短长之命，维恩甚大，汝不相教从我，乃是汝不如小民。

2.（宋）苏轼《书传》卷八《商书·盘庚上第九》

相时憸民，犹胥顾于箴言，其发有逸口，矧予制乃短长之命。

憸民，小人也。小人尚顾箴规之言，小人违箴言，其祸败之发，有过于口舌之相倾覆，矧予制汝死生之命，而敢违之乎？

3.（宋）林之奇《尚书全解》卷十八《商书·盘庚上》

相时憸民，犹胥顾于箴言，其发有逸口，矧予制乃短长之命。

相，观也，"相在尔室"之"相"同。苏氏曰，憸民，小人也。视此

177

小人，犹相顾于箴规之言，恐其言之发也，或有口过以取祸。彼小人于箴规之言，犹畏之如此，况我以万乘之威势，生杀之权在予掌握，制汝短长之命，而汝乃傲上从康，曾不之畏，是小人之不若也。

4. （宋）史浩《尚书讲义》卷九《商书·盘庚上》

（归善斋按，见"若网在纲，有条而不紊；若农服田力穑，乃亦有秋"）

5. （宋）夏僎《尚书详解》卷十三《商书·盘庚上》

相时憸民，犹胥顾于箴言，其发有逸口，矧予制乃短长之命，汝曷弗告朕而胥动以浮言，恐沉于众。若火之燎于原，不可向迩，其犹可扑灭，则惟尔众自作弗靖，非予有咎。

盘庚上既儆群臣谓，汝若不迁，则罚及尔身弗可悔，故此又言，小人于口舌言语，尚不敢妄发，今尔群臣乃敢肆为浮言，是小人之不若也。相，视也，与"相在尔室"之"相"同。憸人，小人也。盘庚谓，我相视一时，小人或事有不如意，而怀不自已之诚，发箴规之言，犹且相顾视不敢妄发，则或以口过取祸。彼小人于箴规之言，犹畏如此，矧我万乘之主，生杀之柄在吾掌握，实制汝短长之命，汝苟以迁都非利，何不入告于我，而乃相摇动以浮言，以此言恐动沉溺于众民，肆言无忌如此，是憸民之不若也。盘庚既言群臣肆言无忌，曾小人之不若，故又言汝今日以浮言惑人，其势炽盛如火之焚燎于原野，其势虽不可向近，而犹可以遏绝，而我之威权亦可陷汝于刑戮，而止其妄说也。尔群臣，若果肆言不止，则我以刑戮加汝。当是时，则是汝众自为不善之谋，所以陷于刑戮，非我一人之咎也，故曰"则惟汝众自作不靖，非予有咎"。陈博士谓，盘庚责群臣不欲迁，何不告，我然即有不欲迁者以告盘庚，则盘庚将自中辍乎？曰可否相济，君臣之常。使其告也，则盘庚尚得而开谕之，惟其不告而以言惑人，此所以难化也。

6.（宋）时澜《增修东莱书说》卷十《商书·盘庚上第九》

　　相时憸民，犹胥顾于箴言，其发有逸口，矧予制乃短长之命，汝曷弗告朕，而胥动以浮言，恐沉于众。若火之燎于原，不可向迩，其犹可扑灭，则惟汝众自作弗靖，非予有咎。

　　观时小民，尚顾恤人箴悔之言，惟恐发言之有失，矧我制汝短长之命，其言岂悉不足顾乎？大抵庸懦之君，不能用赏罚，而命令不行固也。盘庚高明刚果，执赏罚之权，谁敢不从，乃再三告谕，赏罚若无所施，此所以为难。其曰制乃短长之命，亦不得已，略露此机，以警之。汝为公卿大夫，朝夕在廷，事有可言，曷不告朕，而胥动浮言，恐汝沉溺百姓不可复出，今已如火之燎于原，不可向近矣，将何以扑灭。火至于不可扑灭之时，虽欲救之，将不可得。汝至于不可救药，虽欲不刑，亦且不可，使汝而被刑，亦惟汝众自取之也，非我有咎，盖非我之本心也。

7.（宋）黄度《尚书说》卷三《商书·盘庚上》

　　相时憸民，犹胥顾于箴言，其发有逸口，矧予制乃短长之命，汝曷弗告朕而胥动以浮言，恐沉于众。若火之燎于原，不可响迩，其犹可扑灭，则惟尔众自作弗靖，非予有咎。

　　相，视；憸，小。小民箴诲之言，犹相顾忌，恐其发有逸，不协义理。矧予制汝短长之命，而无所忌惮，苟有异同，何不告朕，反复议论，而相动以浮言，讹误众人，恐遂一沉溺之。譬若燎原之火，虽不可响迩，而犹可扑灭，岂以群起之势不复，可奈何哉？是将以刑法施之矣。若其至此，则惟尔众自作弗靖，岂予之咎。盘庚欲举法以治不从令者，而卒不用也，如所云云，夫岂不可以行法，然而不教而杀，忿嫉于顽，尧舜三代之盛，未尝有此，必训告，必教诲，使理悟而心服，所谓以善养人者，每如此也。

8.（宋）袁燮《絜斋家塾书钞》卷六《商书·盘庚上》

　　相时憸民，犹胥顾于箴言，其发有逸口，矧予制乃短长之命，汝曷弗

179

告朕，而胥动以浮言，恐沉于众。若火之燎于原，不可向迩，其犹可扑灭，则惟汝众自作弗靖，非予有咎。

憸民者，小民也。小民闻箴戒之言，犹能相顾忌而恐有口过。今我之言，委曲如此，而尔非我从，曾小民之不若乎？况尔之命或长或短，皆制于我。尔不我从，虽杀之可也。尔若以为不当迁，自当来告于我，却可通共商量。今乃不然，而胥动以浮言，鼓率小民，龃龉其上之画策，其势则诚可畏矣。然我欲扑灭了尔，夫岂不可。若火之燎于原，虽不可近，犹可扑灭。天下岂有不灭之火哉。到得我扑灭了尔，乃是尔自取之，却不可谓我不曾说。观此，益可以见盘庚曲尽人情之意。大抵世间人，不过两等。一等人，如商鞅之徒，但知行一切之政；一等人，如宋襄公之，徒号为行仁义之道，二者皆非也。若如商鞅一切不顾，上有所为，必欲强民之从，一时之间，固能立事矣，而所谓宽大优游之意，何有焉。然一于宽大，优游而无森然不可犯者存乎其间，则失之委靡，民无所畏惧，亦岂能立事。所以二者皆不得中道。今观盘庚迁都，悉召其群臣庶民亲至于天子之庭，而为之反复敷陈其利害，开导其心术，何敢以人君之尊自处，亦可谓委曲详尽矣。然虽委曲详尽如此，而初不失之柔弱，其间言语自有森然不可犯处。若曰"矧予制乃短长之命"，若曰"其犹可扑灭"，直以生杀之权耸动之，不特如此，又直谓"则惟汝众自作弗靖，非予有咎"，凛然可畏如此。既不若商鞅之徒，咈人从己，无复宽大气象；又不若宋襄之徒，柔弱委靡，不能有所建立。其宽也，温然如春；其严也，肃然如冬。既使人爱之，又使人畏之，如此方是儒学，方是王道纯粹处，欲识治体，于此可见矣。

9.（宋）蔡沈《书经集传》卷三《商书·盘庚上》

(归善斋按，见"汝不和吉言于百姓，惟汝自生毒")

10.（宋）黄伦《尚书精义》卷十九《商书·盘庚上》

相时憸民，犹胥顾于箴言，其发有逸口，矧予制乃短长之命，汝曷弗告朕而胥动以浮言，恐沉于众。若火之燎于原，不可向迩，其犹可扑灭，则惟尔众自作弗靖，非予有咎。

无垢曰，臣民倡和，险肤以口舌，儇捷为长，是若市井憸利之民也。观此憸民以口舌轩轾人，疑若无忌惮矣。然一闻有箴刺者，则相顾愕眙，而不敢骋。盖知箴刺之言，其祸有过于我以口舌倾覆人者，憸民尚识利害如此，岂有为士大夫，不识利害，反不如憸民乎？人主能生杀，制人长短之命，非箴言之可比也。汝傥知迁都之非策，何不别白以告我，而相动以无根之浮言，胥动相煽而起。若火燎于平原广野之中，因风乘便其可向之近迩乎？论浮言如此，其亦可畏也，已然野火虽不可向近，尚可扑灭之，况浮言无根，其有不可消弭者乎？不过择其首恶唱造者诛而罚之，罚当其罪，递相耸动，则奸计消缩，浮言扑灭矣。盘庚不即诛罚浮言之人，而训诰谆谆如此，仁心着见，可以坐见先王之心也。

又曰，呜呼！盘庚之不喜诛罚，若父祖之于子孙，恐其入邪恶，是以丁宁告戒于再于三，恐之以祸福，发之于声音，若将无所容其罪者，原其本心，实不忍鞭朴之，一伤其体也。盘庚之于臣下，亦若父祖之仁心欤，未施诛罚，未见伤残，而遽曰毒，曰灾，曰恫，曰短长之命，曰其犹可扑灭，戒励恐动如此，则以不忍诛罚之心，若将已行诛罚者，夫诛罚未行而已，有恻怛之心，而况果行刑乎？

11.（宋）陈经《尚书详解》卷十六《商书·盘庚上》

相时憸民，犹胥顾于箴言，其发有逸口，矧予制乃短长之命，汝曷弗告朕，而胥动以浮言，恐沉于众。若火之燎于原，不可向迩，其犹可扑灭，则惟尔众自作弗靖，非予有咎。

盘庚既分析利害，以告之至，又示之以一己之权，以为刑罚，特我不忍用之也，而汝不可以我为不能用刑也。相视小民，尚且知顾箴之言，恐其言之发有口舌之患，曾谓士大夫之所为，不若小人哉？况我制汝短长之命，生杀自我，予夺自我。汝苟有所见，何不直告我，而乃胥动以浮虚不实之言，恐动沉溺众人，乃是汝无所忌惮，不若憸人之顾箴言也。火之燎原人，不得而近之，其势亦焰矣，尚可扑而灭之。纵汝群臣，肆浮言于下，我岂不能用刑以扑灭之乎？至于用刑扑灭，则是汝众自为不安，非我之咎也。盘庚岂真用刑哉，特以是而警之尔。于此可见，古人之刑亦不苟用，必三令五申，水浒至，习坎，重巽申命，迨其久也。而犹有不率，则

181

法施于不得不用刑加乎自犯之罪圣人何尝用心于其间哉。

12. (宋) 钱时《融堂书解》卷七《商书·盘庚上》

(归善斋按,见"汝不和吉言于百姓,惟汝自生毒")

13. (宋) 魏了翁《尚书要义》

原缺。

14. (宋) 陈大猷《书集传或问》卷上《商书·盘庚上》

陈少南曰,盘庚之迁,其事不可已,向使其不欲迁者以告盘庚,将遂中辍乎？曰,可否相济,君臣之常。使其告也,盘庚尚得而开喻之人,不告盘庚,而以浮言,沉陷众庶,盖浮伪而不实矣。此说亦善。

15. (宋) 胡士行《尚书详解》卷五《商书·盘庚上第九》

相（观）时（是）憸（小）民,犹胥（相）顾（恤）于箴（诲）言,其发有（恐有）逸（失）口,矧予制（专制）乃短长之命。汝曷（何）弗告朕,而胥动以浮言,恐（惊）沈（溺）于众。若火之燎于原（平野）,不可向迩（近）,其犹（尚）可扑灭,则惟尔众自作弗靖（安）,非予有咎。

小民犹恤箴,言而恐有口过,矧盘庚高明刚果,执赏罚之权,而尔可不顾乎,火虽燎原,尚可扑也。曾谓汝浮言之动而不可灭乎至此,则罚尔自取,而非予咎矣。

16. (元) 吴澄《书纂言》卷三《商书·盘庚》

相时憸民,犹胥顾于箴言,其发有逸口,矧予制乃短长之命,汝曷弗告朕,而胥动以浮言,恐沉于众。若火之燎于原,不可向迩,其犹可扑灭。则惟汝众自作弗靖,非予有咎。

视此小人,平日犹且相顾人所箴规之言,虑己之发言,或有过差于口。况我为天子,生杀在手,实制汝短长之命,汝苟以迁都为不利,何不直以告我，而乃倡浮言，以恐吓沉溺于臣民。如火燎于原，势焰薰灼，不可向而近之，其尚可扑而灭之乎。汝之浮言，是汝自作不安靖，非予有召怨致谤之咎，此戒其傲上也。

17. （元）陈栎《书集传纂疏》卷三《朱子订定蔡氏集传·商书·盘庚上》

(归善斋按，见"汝不和吉言于百姓，惟汝自生毒")

18. （元）许谦《读书丛说》卷五

原缺。

19. （元）董鼎《书传辑录纂注》卷三《商书·盘庚上》

(归善斋按，见"汝不和吉言于百姓，惟汝自生毒")

20. （元）朱祖义《尚书句解》卷五《商书·盘庚上第九》

相时憸民（今我相视一时小民），犹胥顾于箴言（或事不如意，犹相顾于箴勉之言），其发有逸口（惟恐言之妄发，则以口过取祸），矧予制乃短长之命（况我制生杀之权，实操汝短长之命）。

21. （明）王樵《尚书日记》卷八《商书·盘庚上》

(归善斋按，见"乃不畏戎毒于远迩，惰农自安，不昏作劳，不服田亩，越其罔有黍稷")

22. （清）库勒纳等撰《日讲书经解义》卷五《商书·盘庚上》

(归善斋按，见"汝不和吉言于百姓，惟汝自生毒")

（明）马明衡《尚书疑义》卷三《商书·盘庚》

制乃短长之命，注家、蔡氏，皆以为我制生杀之命为可畏，恐非语意。大意谓，君者民之司命，命之短长，君实制之，则利害之实，当以告，我今不以告，我而动以浮言，恐沉于众势，熖若火之盛，不可近，其又可扑灭之耶？

汝曷弗告朕，而胥动以浮言，恐沉于众

1.（汉）孔氏传、（唐）陆德明音义、孔颖达疏《尚书注疏》卷八《商书·盘庚上》

汝曷弗告朕，而胥动以浮言，恐沉于众。

传，曷，何也，责其不以情告上，而相恐动以浮言不徙，恐汝沉溺于众，有祸害。

音义，曷，何末反。

疏，正义曰，汝若不，欲徙，何不以情告我，而辄相恐动以浮华之言，乃语民云国不可徙，我怨汝自取沉溺于众人，而身被刑戮之祸害。

传正义曰，曷、何同音，故"曷"为"何"也。顾氏云，汝以浮言恐动不徙，更是无益，我恐汝自取沉溺于众人，不免祸害也。

2.（宋）苏轼《书传》卷八《商书·盘庚上第九》

汝曷弗告朕，而胥动以浮言，恐沉于众。

恐动沉溺于众人。

3.（宋）林之奇《尚书全解》卷十八《商书·盘庚上》

汝曷弗告朕，而胥动以浮言，恐沉于众。

夫为臣之义，有嘉谋嘉猷，则入告尔后于内，尔乃顺之于外，曰斯谋斯猷。惟我后之德，则民情爱戴而不忘。古者忠臣之事，君莫不能然，而盘庚之群臣反是。故其责之，以谓汝苟心知迁都之未为利，又何不入告于我，而乃相摇动浮言，恐动沉溺此下民也。王氏曰，恐，谓恐动之以祸患；沉，谓沉溺之于罪戾。此言是也。白博士曰，实德者，浮言之反也。

言浮则无实，实则不浮。此说亦是。惟当时群臣，惟务以无实之浮言，恐沉于众。故盘庚之所以告之者，惟欲其施实德于民。如良医之治病，有此病，则有此药也。盘庚之臣内则不以迁都利害入告，于后惟动以浮言恐沉于众，则是失夫为臣之义，而刑戮之宜加也。

4. （宋）史浩《尚书讲义》卷九《商书·盘庚上》

（归善斋按，见"若网在纲，有条而不紊；若农服田力穑，乃亦有秋"）

5. （宋）夏僎《尚书详解》卷十三《商书·盘庚上》

（归善斋按，见"相时憸民，犹胥顾于箴言，其发有逸口，矧予制乃短长之命"）

6. （宋）时澜《增修东莱书说》卷十《商书·盘庚上第九》

（归善斋按，见"相时憸民，犹胥顾于箴言，其发有逸口，矧予制乃短长之命"）

7. （宋）黄度《尚书说》卷三《商书·盘庚上》

（归善斋按，见"相时憸民，犹胥顾于箴言，其发有逸口，矧予制乃短长之命"）

8. （宋）袁燮《絜斋家塾书钞》卷六《商书·盘庚上》

（归善斋按，见"相时憸民，犹胥顾于箴言，其发有逸口，矧予制乃短长之命"）

9. （宋）蔡沈《书经集传》卷三《商书·盘庚上》

（归善斋按，见"汝不和吉言于百姓，惟汝自生毒"）

10. （宋）黄伦《尚书精义》卷十九《商书·盘庚上》

（归善斋按，见"相时憸民，犹胥顾于箴言，其发有逸口，矧予制乃短长之命"）

11. （宋）陈经《尚书详解》卷十六《商书·盘庚上》

（归善斋按，见"相时憸民，犹胥顾于箴言，其发有逸口，矧予制乃短长之命"）

12. （宋）钱时《融堂书解》卷七《商书·盘庚上》

（归善斋按，见"汝不和吉言于百姓，惟汝自生毒"）

13. （宋）魏了翁《尚书要义》

原缺。

14. （宋）陈大猷《书集传或问》卷上《商书·盘庚上》

（归善斋按，未解）

15. （宋）胡士行《尚书详解》卷五《商书·盘庚上第九》

（归善斋按，见"相时憸民，犹胥顾于箴言，其发有逸口，矧予制乃短长之命"）

16. （元）吴澄《书纂言》卷三《商书·盘庚》

（归善斋按，见"相时憸民，犹胥顾于箴言，其发有逸口，矧予制乃短长之命"）

17. （元）陈栎《书集传纂疏》卷三《朱子订定蔡氏集传·商书·盘庚上》

（归善斋按，见"汝不和吉言于百姓，惟汝自生毒"）

18. （元）许谦《读书丛说》卷五

原缺。

19. （元）董鼎《书传辑录纂注》卷三《商书·盘庚上》

(归善斋按，见"汝不和吉言于百姓，惟汝自生毒")

20. （元）朱祖义《尚书句解》卷五《商书·盘庚上第九》

汝曷弗告朕（汝苟以迁都非利，何不入告我），而胥动以浮言（而乃相摇动以不实之言），恐沈于众（恐动沉溺众人）。

21. （明）王樵《尚书日记》卷八《商书·盘庚上》

(归善斋按，见"乃不畏戎毒于远迩，惰农自安，不昏作劳，不服田亩，越其罔有黍稷")

22. （清）库勒纳等撰《日讲书经解义》卷五《商书·盘庚上》

(归善斋按，见"汝不和吉言于百姓，惟汝自生毒")

（明）马明衡《尚书疑义》卷三《商书·盘庚》

(归善斋按，见"相时憸民，犹胥顾于箴言，其发有逸口，矧予制乃短长之命")

若火之燎于原，不可向迩，其犹可扑灭

1. （汉）孔氏传、（唐）陆德明音义、孔颖达疏《尚书注疏》卷八《商书·盘庚上》

若火之燎于原，不可向迩，其犹可扑灭。

传,火炎不可响近,尚可扑灭;浮言不可信用,尚可刑戮绝之。

音义,燎,力召反,又力鸟反,又力绍反。响,许亮反。扑,普卜反。近,"附近"之"近"。

疏,正义曰,此浮言流行,若似火之燎于原野,炎炽不可响近,其犹可扑之使灭,以喻浮言不可止息,尚可刑戮使绝也。

2. (宋)苏轼《书传》卷八《商书·盘庚上第九》

若火之燎于原,不可向迩,其犹可扑灭。则惟尔众自作弗靖,非予有咎。迟任有言曰,人惟求旧;器非求旧,惟新。

迟任,古贤人,言人旧则习,器旧则敝,当常使旧人,用新器。我今所以从老成之言,而迁新邑也。

3. (宋)林之奇《尚书全解》卷十八《商书·盘庚上》

若火之燎于原不可向迩,其犹可扑灭。则惟尔众自作弗靖,非予有咎。

言纵使汝之势焰,若火之焚燎于原野,不可迫近,而我之威权,犹可扑灭。譬汝虽强惑,终不免于扑灭,则是汝群臣自有谋不善,故陷于刑戮,非我有过也。此篇文势大抵反复辩论,以尽其意,故其言终始亦相顾成文。既曰"若农服田力穑,乃亦有秋",又曰"惰农自安,不昏作劳,不服田亩,越其罔有黍稷";既曰"予若观火,予亦拙谋,作乃逸",又曰"若火之燎于原不可向迩,其犹可扑灭"。文虽涣散,而意实相贯,以是知盘庚之言,虽诘曲聱牙,而不可遽晓然,反复而求之于人情,则近也。

4. (宋)史浩《尚书讲义》卷九《商书·盘庚上》

(归善斋按,见"若网在纲,有条而不紊;若农服田力穑,乃亦有秋")

5. (宋)夏僎《尚书详解》卷十三《商书·盘庚上》

(归善斋按,见"相时憸民,犹胥顾于箴言,其发有逸口,矧予制乃短长之命"）

6.（宋）时澜《增修东莱书说》卷十《商书·盘庚上第九》

（归善斋按，见"相时憸民，犹胥顾于箴言，其发有逸口，矧予制乃短长之命"）

7.（宋）黄度《尚书说》卷三《商书·盘庚上》

（归善斋按，见"相时憸民，犹胥顾于箴言，其发有逸口，矧予制乃短长之命"）

8.（宋）袁燮《絜斋家塾书钞》卷六《商书·盘庚上》

（归善斋按，见"相时憸民，犹胥顾于箴言，其发有逸口，矧予制乃短长之命"）

9.（宋）蔡沈《书经集传》卷三《商书·盘庚上》

（归善斋按，见"汝不和吉言于百姓，惟汝自生毒"）

10.（宋）黄伦《尚书精义》卷十九《商书·盘庚上》

（归善斋按，见"相时憸民，犹胥顾于箴言，其发有逸口，矧予制乃短长之命"）

11.（宋）陈经《尚书详解》卷十六《商书·盘庚上》

（归善斋按，见"相时憸民，犹胥顾于箴言，其发有逸口，矧予制乃短长之命"）

12.（宋）钱时《融堂书解》卷七《商书·盘庚上》

（归善斋按，见"汝不和吉言于百姓，惟汝自生毒"）

13.（宋）魏了翁《尚书要义》

原缺。

14.（宋）陈大猷《书集传或问》卷上《商书·盘庚上》

(归善斋按，未解)

15.（宋）胡士行《尚书详解》卷五《商书·盘庚上第九》

(归善斋按，见"相时憸民，犹胥顾于箴言，其发有逸口，矧予制乃短长之命")

16.（元）吴澄《书纂言》卷三《商书·盘庚》

(归善斋按，见"相时憸民，犹胥顾于箴言，其发有逸口，矧予制乃短长之命")

17.（元）陈栎《书集传纂疏》卷三《朱子订定蔡氏集传·商书·盘庚上》

(归善斋按，见"汝不和吉言于百姓，惟汝自生毒")

18.（元）许谦《读书丛说》卷五

原缺。

19.（元）董鼎《书传辑录纂注》卷三《商书·盘庚上》

(归善斋按，见"汝不和吉言于百姓，惟汝自生毒")

20.（元）朱祖义《尚书句解》卷五《商书·盘庚上第九》

若火之燎于原（如火之焚燎于原野），不可向迩（火虽不可向近），其犹可扑灭（其犹可扑而灭之。今汝肆浮言于下，我一旦用刑，以扑灭之）。

21. （明）王樵《尚书日记》卷八《商书·盘庚上》

（归善斋按，见"乃不畏戎毒于远迩，惰农自安，不昏作劳，不服田亩，越其罔有黍稷"）

22. （清）库勒纳等撰《日讲书经解义》卷五《商书·盘庚上》

（归善斋按，见"汝不和吉言于百姓，惟汝自生毒"）

（明）马明衡《尚书疑义》卷三《商书·盘庚》

（归善斋按，见"相时憸民，犹胥顾于箴言，其发有逸口，矧予制乃短长之命"）

则惟汝众自作弗靖，非予有咎

1. （汉）孔氏传、（唐）陆德明音义、孔颖达疏《尚书注疏》卷八《商书·盘庚上》

则惟汝众自作弗靖，非予有咎。
传，我刑戮汝，非我咎也。靖，谋也。是汝自为非谋所致。
音义，靖，马云安也。
疏，正义曰，若以刑戮加汝，则是汝众自为非谋所致此耳，非我有咎过也。
传正义曰，我刑戮汝，汝自招之，非我咎也。靖，谋，《释诂》文。告民不徙者，非善谋也。由此而被刑戮，是汝自为非谋所致也。

2. （宋）苏轼《书传》卷八《商书·盘庚上第九》

（归善斋按，见"若火之燎于原，不可向迩，其犹可扑灭"）

191

3. (宋) 林之奇《尚书全解》卷十八《商书·盘庚上》

(归善斋按, 见"若火之燎于原, 不可向迩, 其犹可扑灭")

4. (宋) 史浩《尚书讲义》卷九《商书·盘庚上》

(归善斋按, 见"若网在纲, 有条而不紊; 若农服田力穑, 乃亦有秋")

5. (宋) 夏僎《尚书详解》卷十三《商书·盘庚上》

(归善斋按, 见"相时憸民, 犹胥顾于箴言, 其发有逸口, 矧予制乃短长之命")

6. (宋) 时澜《增修东莱书说》卷十《商书·盘庚上第九》

(归善斋按, 见"相时憸民, 犹胥顾于箴言, 其发有逸口, 矧予制乃短长之命")

7. (宋) 黄度《尚书说》卷三《商书·盘庚上》

(归善斋按, 见"相时憸民, 犹胥顾于箴言, 其发有逸口, 矧予制乃短长之命")

8. (宋) 袁燮《絜斋家塾书钞》卷六《商书·盘庚上》

(归善斋按, 见"相时憸民, 犹胥顾于箴言, 其发有逸口, 矧予制乃短长之命")

9. (宋) 蔡沈《书经集传》卷三《商书·盘庚上》

(归善斋按, 见"汝不和吉言于百姓, 惟汝自生毒")

10. (宋) 黄伦《尚书精义》卷十九《商书·盘庚上》

(归善斋按, 见"相时憸民, 犹胥顾于箴言, 其发有逸口, 矧予制乃短长之命")

11.（宋）陈经《尚书详解》卷十六《商书·盘庚上》

(归善斋按，见"相时憸民，犹胥顾于箴言，其发有逸口，矧予制乃短长之命")

12.（宋）钱时《融堂书解》卷七《商书·盘庚上》

(归善斋按，见"汝不和吉言于百姓，惟汝自生毒")

13.（宋）魏了翁《尚书要义》

原缺。

14.（宋）陈大猷《书集传或问》卷上《商书·盘庚上》

(归善斋按，未解)

15.（宋）胡士行《尚书详解》卷五《商书·盘庚上第九》

(归善斋按，见"相时憸民，犹胥顾于箴言，其发有逸口，矧予制乃短长之命")

16.（元）吴澄《书纂言》卷三《商书·盘庚》

(归善斋按，见"相时憸民，犹胥顾于箴言，其发有逸口，矧予制乃短长之命")

17.（元）陈栎《书集传纂疏》卷三《朱子订定蔡氏集传·商书·盘庚上》

(归善斋按，见"汝不和吉言于百姓，惟汝自生毒")

18.（元）许谦《读书丛说》卷五

原缺。

19. （元）董鼎《书传辑录纂注》卷三《商书·盘庚上》

(归善斋按，见"汝不和吉言于百姓，惟汝自生毒")

20. （元）朱祖义《尚书句解》卷五《商书·盘庚上第九》

则惟汝众（则是汝众臣）自作弗靖（自为不安）非予有咎（非我一人咎恶）

21. （明）王樵《尚书日记》卷八《商书·盘庚上》

(归善斋按，见"乃不畏戎毒于远迩，惰农自安，不昏作劳，不服田亩，越其罔有黍稷")

22. （清）库勒纳等撰《日讲书经解义》卷五《商书·盘庚上》

(归善斋按，见"汝不和吉言于百姓，惟汝自生毒")

迟任有言曰，人惟求旧，器非求旧，惟新

1. （汉）孔氏传、（唐）陆德明音义、孔颖达疏《尚书注疏》卷八《商书·盘庚上》

迟任有言曰，人惟求旧，器非求旧，惟新。
传，迟任，古贤。言人贵旧，器贵新。汝不徙，是不贵旧。
音义，迟，直疑反，徐持夷反。任，而金反，马云，古老成人。
疏，正义曰，可迁即迁，是先王旧法。古之贤人迟任有言曰"人惟求旧，器非求旧，惟新"，言人贵旧，器贵新。汝不欲徙是不贵旧，反迟任也。
传正义曰，迟任古贤者，其人既没，其言立于后世，知是古贤人也。郑玄云古之贤史；王肃云古老成人，皆谓贤也。

2. （宋）苏轼《书传》卷八《商书·盘庚上第九》

（归善斋按，见"若火之燎于原，不可向迩，其犹可扑灭"）

3. （宋）林之奇《尚书全解》卷十八《商书·盘庚上》

迟任有言曰，人惟求旧，器非求旧，惟新。

迟任，在籍无所考，见郑氏曰，古之贤史也，义或然也。按《论语》"周任有言曰"，马总以谓周之良史。盖古之史必贤，而有文者为之，故多立言以为法于世。史佚曰，无始祸，无怙乱，盖立言者，史之职。郑氏以迟任为贤史，料必有据而云耳。盘庚所告者，大抵皆世臣巨室，故举古贤史迟任之言曰，"人惟求旧，器非求旧，惟新"，言器旧则敝，器至于旧，则必易新者。而人则不厌其旧也。人不厌于旧，故我于尔群臣，自乃祖乃父以来用之于位，以至于尔子孙而不废也。此虽有"器非求旧，惟新"之言，而盘庚举此者，但以证"人惟求旧"耳。考下文则继之以"古我先王暨乃祖乃父，胥及逸勤"，以至于不敢动用非德，文势首尾实相类者，无取于器非求旧以为新邑之喻。如苏氏曰，人旧则习，器旧则敝，当使旧人，用新器。我今所以从老成之言，而迁新邑也。王氏曰，"以人惟求旧"，故于旧有位之臣，告戒丁宁，不忍遽为殄灭之事。以"器非求旧惟新"，故不常厥邑，至于今五迁也。此皆求之之过也。

4. （宋）史浩《尚书讲义》卷九《商书·盘庚上》

迟任有言曰，人惟求旧，器非求旧，惟新。古我先王，暨乃祖乃父，胥及逸勤。予敢动用非罚。世选尔劳，予不掩尔善。兹予大享于先王，尔祖其从与享之。作福作灾，予亦不敢动用非德。予告汝于难，若射之有志，汝无侮老成人，无弱孤有幼各，长于厥居，勉出乃力，听予一人之作猷。无有远迩，用罪伐厥死，用德彰厥善。邦之臧，惟汝众；邦之不臧，惟予一人有佚罚。凡尔众，其惟致告。自今至于后日，各恭尔事，齐乃位，度乃口，罚及尔身，弗可悔。

（按，此段讲义《永乐大典》原缺）

5.（宋）夏僎《尚书详解》卷十三《商书·盘庚上》

迟任有言曰，人惟求旧，器非求旧，惟新。古我先王，暨乃祖乃父，胥及逸勤，予敢动用非罚。世选尔劳，予不掩尔善，兹予大享于先王，尔祖其从与享之；作福作灾，予亦不敢动用非德。

迟任于经不见，郑氏谓，古之贤史也。盘庚上既言汝群臣不能率民以迁，我将有罚及汝，又恐群臣以盘庚为滥刑，故此又言我惟用旧人，尔皆系旧人子孙，我岂敢妄罚汝，但恨汝不能用我命，故自速其辜尔。盖盘庚所告者，大抵皆世家巨室，故举古贤史迟任之言曰"人惟求旧，器非求旧，惟新"，言，器旧则弊，弊则必易新者，而人则不厌旧，用旧人非如器之贵新。古我先王，与汝祖、父相与，同其劳逸，则汝群臣皆旧臣之子孙也，予岂敢动用非罚，以加于汝身哉。于是世世选用尔之劳绩，未尝敢掩蔽尔善者。盖所以尽眷旧之意也。虽然不掩尔善，苟汝不忠于国，而傲上从康，则我亦不敢以非德原汝，而不加以刑也，故又继之曰"兹予大享于先王，尔祖其从与享之，作福作灾，予亦不敢动用非德"。大享，谓大烝之类，言我祭享于先王之庙，尔祖亦从而与享。善则作福，不善则作灾，未尝容私于其间。则尔之致于傲上从康，先恶于民以自灾于厥身，予其敢动用非德而赦汝哉？言罚之与德，皆简在先王与乃祖之心，而非我之敢私也。林少颖谓，此虽言器非求旧，惟新，而盘庚举此，但以证人惟求旧尔，故下文继以"古我先王，既劳乃祖乃父，胥及逸勤，以至不敢动用非德"，文势首尾实相贯穿，无取于器非求旧，以为新邑之喻。若苏氏谓，人旧则习，器旧则弊，当使旧人，用新器，我所以从老成人之言，而迁新邑。此皆求之之过也。详考下文，未尝有迁邑之意，则知少颖之说为长也。

6.（宋）时澜《增修东莱书说》卷十《商书·盘庚上第九》

迟任有言曰，人惟求旧，器非求旧，惟新。古我先王，暨乃祖乃父，胥及逸勤，予敢动用非罚。世选尔劳，予不掩尔善。兹予大享于先王，尔祖其从与享之；作福作灾，予亦不敢动用非德。

举迟任之言曰"人惟求旧，器非求旧，惟新"，汝等皆我之旧臣，而乃尔乎器则欲新，而不欲旧耳，重在上一句，不在下一句。我先王暨汝祖、父，相与同甘苦劳逸，我安敢用非所当罚而罚。汝功臣之世，选其有劳者，擢而用之，虽片善，不敢掩。我享先王，尔祖亦配享之。先王与汝祖、父临之在上，汝赏汝罚，又岂敢动用非德，欺鬼神而为之。此一段抑扬并立，赏罚兼用，当作两节看。

7. （宋）黄度《尚书说》卷三《商书·盘庚上》

迟任有言曰，人惟求旧，器非求旧，惟新。古我先王，暨乃祖乃父，胥及逸勤，予敢动用非罚。世选尔劳，予不掩尔善。兹予大享于先王，尔祖其从，与享之。作福作灾，予亦不敢动用非德。

人求旧，器求新，各有其宜也。予先王与乃祖乃父，相及逸勤，予岂敢不念其子孙，而动用非罚乎？世选勋劳而官爵之，不敢掩。予告汝于难，若射之有志，尔善念旧之意如此也。尔祖与享于先王庙，延有善而作福，有祸而作灾，照临于上，不可欺罔，予亦安敢一切姑息，动用非德乎？非罚非德，皆谓施之而不当理也，言易出，而志不审，何能中乎？

8. （宋）袁燮《絜斋家塾书钞》卷六《商书·盘庚上》

迟任有言曰，人惟求旧，器非求旧，惟新。

盘庚迁都，事体正合得此两句。与老成之人共事，是人惟求旧也；舍旧都而迁新邑，是器惟其新也。而当时，群臣不从，正与此两句相反。人当求旧，今也，老成之人则侮慢之；器当求新，今也怀土重迁，不知图新之计，故盘庚举迟任之言以告之，使之道理明白，则彼从而致思，知"人惟求旧"之义，果敢侮老成之人乎？知"器非求旧，惟新"之义，果敢不从我而迁乎？

9. （宋）蔡沈《书经集传》卷三《商书·盘庚上》

迟任有言曰，人惟求旧，器非求旧，惟新。

任，如林反。迟任古之贤人。苏氏曰，人旧则习，器旧则敝。当常使旧人，用新器也。今按盘庚所引，其意在"人惟求旧"一句，而所谓求旧者，非谓老人，但谓求人于世臣旧家云耳。详下文意可见，若以旧人为老人，又何侮老成人之有？

10.（宋）黄伦《尚书精义》卷十九《商书·盘庚上》

迟任有言曰，人惟求旧，器非求旧，惟新。

无垢曰，人贵求旧，则今日在朝老成人以为当迁者，汝不可不从也。又云，器非求旧，惟新，则此耿都有荡析离居之患，已如旧器，不可用矣，当舍此而迁新都，以应迟任之言也。夫天下之理，古今之所共，由迟任立此言，初不为盘庚设，理在于是，吾因明此理，以晓天下后世耳。

张氏曰，人之有旧，则古今成败，无不历；知器之有旧，则颓圮蠹坏，不可适用。

11.（宋）陈经《尚书详解》卷十六《商书·盘庚上》

迟任有言曰，人惟求旧，器非求，旧惟新。古我先王，暨乃祖乃父，胥及逸勤，予敢动用非罚。世选尔劳，予不掩尔善。兹予大享于先王，尔祖其从与享之。作福作灾，予亦不敢动用非德。

迟任，古之贤人也。人求旧，则其所见也审；器求旧，则其为用也弊，借器以明人，反而观之，则器不可以同乎人者也。盘庚之意，以谓人当求旧，则老成之言在所当听，而世臣之子孙亦所当念。当时在朝之臣，皆先正之子孙。古我先王，暨汝之祖父，安与之同其安劳。与之同其劳，岂以今日不念其子孙，敢以非礼之罚加之乎？汝之祖父既勤于王家，则为之子孙者，在我当世世选汝之功劳，不敢掩汝之善。兹我有烝尝之祭，大享先王，则尔祖亦与享之。盖功臣得以配享于庙，我念尔之祖父，则亦必念其子孙。作福作灾，皆尔之自取，予亦岂敢以非德而赏汝乎？此章见得盘庚赏罚并用，既不敢用非理之罚，又不敢用非德之赏。盘庚之心，惟有大公至正而已。古之有大功于王室者，其获报如此之厚。先王忠厚记人之功，不敢忘人之劳，盖至于后世子孙，而犹不忘。伊陟象贤，复相大戊；丁公世美，入掌兵权，皆贤者之子孙也。然则《春秋》何以讥世官，曰念先正之功，而录其子孙之贤，此先王之公心也。不择贤愚，而世授以大柄，此后王之私意也。

12. （宋）钱时《融堂书解》卷七《商书·盘庚上》

迟任有言曰，人惟求旧，器非求旧，惟新。古我先王，暨乃祖乃父，胥及逸勤，予敢动用非罚。世选尔劳，予不掩尔善。兹予大享于先王，尔祖其从与享之。作福作灾，予亦不敢动用非德。

上节既言当正典宪以耸惧之矣，然而不轻用也，于是复论乃祖乃父之勋旧，兼言非罚非德之不敢。此最见得盘庚包蓄严密处。非罚，言非罚而妄罚也；非德，犹言姑息以为德也。盘庚谓，古我先王至于尔祖配享，无非不忘旧人之故，虽然有善蒙赏，是之谓福；有罪蒙罚，是之谓灾。其福其灾，系其所作，我虽不用非罚，若真有罪，则不容不罚，我亦断不用姑息以为德也。观"敢大言有积德"之情状，则知所以敢于傲上从康者，正以凭恃勋旧之故，三复非罚非德之言，正破其的。

13. （宋）魏了翁《尚书要义》

原缺。

14. （宋）陈大猷《书集传或问》卷上《商书·盘庚上》

或问，东坡人旧则习，器旧则弊，当使旧人，用新器，我所以从老成之言，而迁新邑也；荆公亦同此说，如何？曰，林氏谓，虽有"器非求旧惟新"之言，然盘庚举此，但以证"人惟求旧"耳，故下文继以"古我先王暨乃祖乃父"。陈少南曰，自古君子行事，未必尽是；庸常之人未必尽非。惟君子至公无我，曲尽下情，订其是非，不以人言之异同为意也。常人私心胜，而客气高，不顾事之是非，以论人言之同异，往往务为刑罚，以甘心于异己者，虽事当功成，而天下亦由是而不服矣。夏氏曰，耿地舄卤，不利小民，必有欲迁者，民欲迁而上未迁，必有箴规之言，故盘庚使不得遏伏之两说，亦各有意。文势首尾相类，无取于器非求旧，以为新邑之喻也。此说辨之当矣。兼今曰新邑，乃是先王旧邑，岂果是求新乎？是正与盘庚"绍复先王"之意相反也。

15. （宋）胡士行《尚书详解》卷五《商书·盘庚上第九》

迟任（古之贤人）有言曰，人惟求旧（老成），器非求旧，惟新（人与器异）。古我先王暨（及）乃祖乃父（世臣），胥及（同）逸（安）勤（劳）。予敢（何敢）动用非罚（不当罪之罪），世选（择）尔劳（功），予不掩（蔽）尔善。兹予大享（大烝之祭）于先王，尔祖其从（随）与（配）享之。作福（福善）作灾（祸淫），予亦不敢动用非德（不当赏之赏）。

扑灭之说，恐疑滥刑也。故告以汝，旧人之子孙，予固不敢滥罚，然先王、先正临之在上，质之在旁，滥刑不可也，滥赏亦何可乎？若纵浮言而不扑，则为非德矣。

16. （元）吴澄《书纂言》卷三《商书·盘庚》

迟任有言曰，人惟求旧，器非求旧，惟新。

迟任古贤人。言人旧则习，器旧则敝，当用旧人，使新器。我今与汝旧臣世家，同迁新邑也。

17. （元）陈栎《书集传纂疏》卷三《朱子订定蔡氏集传·商书·盘庚上》

迟任有言曰，人惟求旧，器非求旧，惟新。

迟任古之贤人。苏氏曰，人旧则习，器旧则敝，当常使旧人，用新器也。今案盘庚所引其意，在"人惟求旧"一句，而所谓求旧者，非谓老人，但谓求人于世臣旧家云尔。详下文意，可见若以旧人为老人，又何侮老成人之有。

纂疏：
张氏曰，器惟新，但以证"人求旧"耳。

18. （元）许谦《读书丛说》卷五

原缺。

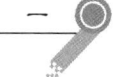

19.（元）董鼎《书传辑录纂注》卷三《商书·盘庚上》

迟任有言曰，人惟求旧，器非求旧，惟新。

迟任古之贤人，苏氏曰，人旧则习，器旧则敝，当常使旧人，用新器也。今案盘庚所引，其意在"人惟求旧"一句，而所谓求旧者，非谓老人，但谓求人于世臣旧家云尔。详下文意可见。若以旧人为老人，又何侮老成人之有？

纂注：

唐孔氏曰，郑云迟任古之贤史。

张氏曰，器惟新者，但以证"人求旧"尔，故下文继以乃祖、父，非以器喻新邑也。

20.（元）朱祖义《尚书句解》卷五《商书·盘庚上第九》

迟任有言曰（盘庚又举古贤迟任有言），人惟求旧（人求旧，则所见审），器非求旧，惟新（器旧则弊，弊则必易新者）。

21.（明）王樵《尚书日记》卷八《商书·盘庚上》

"迟任有言"至"求旧惟新"。

迟任，马云，古老成人；郑云，古之贤史。孔氏曰，言人贵旧，器贵新。苏氏曰，人旧则习，器旧则敝。引此结前图任，及起下不敢动用非罚、非德之意。王荆公行新法，弃旧人而用新进喜事者以旧人轧己也，今盘庚不以异议为忤，亦孜孜惟旧人是求，此所以为贤与。

22.（清）库勒纳等撰《日讲书经解义》卷五《商书·盘庚上》

迟任有言曰，人惟求旧，器非求旧，惟新。古我先王，暨乃祖乃父，胥及逸勤，予敢动用非罚。世选尔劳，予不掩尔善。兹予大享于先王，尔祖其从与享之。作福作灾，予亦不敢动用非德。

此二节书，是感动世臣大族之言也。迟任，古贤人也。"胥及逸勤"

者，相与同劳逸也。敢，何敢也。非罚，谓不当罚而罚；非德谓不当赏而赏。盘庚告其臣曰，国家之有旧人也，所与同休戚，共安危，故当一德一心，以共谋国事。昔迟任有言曰，朝廷用人，必求夫世臣旧家而用之，为其练习典故，系属人情，非同于器物之用，但求其新，不求其旧而已也。我今日诸臣，皆累世勋旧之裔，昔我先王，与乃祖乃父，君臣一德，无事则同享其逸，有事则共任其勤，功在社稷，由来久矣。汝为功臣之子孙，我岂敢动用非理之罚以加汝乎？尔祖父之勤劳我国家，世世简在王心，岂予今日独掩汝之善，而不选其劳乎？兹予大享祀于先王之时，尔祖亦以功而配食于先王之庙。先王临之于上，尔祖质之于旁，凡作福作灾，皆先王与尔祖实式凭之，我亦何敢动用非理之恩，以加汝乎？赏罚皆不敢私，则尔诸臣，亦宜感且惧矣，而可以傲上从康乎哉。

（明）袁仁《尚书砭蔡编》

人惟求旧，器非求旧，惟新。

蔡谓，《盘庚》所引，其意在"人惟求旧"一句，非也。以迁都言之，则"器非求旧惟新"，亦是切喻，观下"失于政，陈于兹"之戒可见矣。

（明）陈第《尚书疏衍》卷三

迟任有言曰，人惟求旧；器非求旧，惟新。

人求旧而器不求旧，何也？人旧，则益习于事；器旧，则不全于用故也。今国都亦器也。既荡析而敝坏矣，安得不舍旧以图新乎？故盘庚用旧人，迁新邑，于迟任之旨而有合矣，引之宜哉。愚于是独有感于迁都之事也，夫国家莫重于卜宅，人情莫惮于转徙。今考书序与《史记》，汤自商邱迁亳矣；七传而仲丁迁嚣，居河南；再传而河亶甲迁相，居河北；一传而祖乙迁耿，居河东；六传而盘庚渡河而南复居成汤之故都。何其迁徙之亟也，夫置器不定，徙而之他，犹以为扰，况汤至盘庚十六代而五迁，国是屡挈，鼎器而屡徙移之，民何以堪？盘庚适遭其穷，幸而贤君也，故不以斧锧齐之，而以文诰格之，是以劳来安集，商道复兴，噫亦难矣。窃意，仲丁及河亶甲及祖乙，其必有不当迁而迁者也。不然何汤之故都而盘庚终不忍弃乎?《诗》云"邦畿千里，惟民所止"。

古我先王暨乃祖乃父，胥及逸勤，予敢动用非罚

1. （汉）孔氏传、（唐）陆德明音义、孔颖达疏《尚书注疏》卷八《商书·盘庚上》

古我先王暨乃祖乃父，胥及逸勤，予敢动用非罚。

传，言古之君臣相与，同劳逸，子孙所宜法之，我岂敢动用非常之罚，胁汝乎。

疏，正义曰，古者我之先王，及汝祖汝父，相与同逸豫，同勤劳。汝为人子孙，宜法汝父祖，当与我同其劳逸。我岂敢动用非常之罚胁汝乎？

2. （宋）苏轼《书传》卷八《商书·盘庚上第九》

古我先王暨乃祖乃父，胥及逸勤，予敢动用非罚。
我先王与汝祖父，同其劳逸，我其敢动用非法之罚于其子孙乎。

3. （宋）林之奇《尚书全解》卷十八《商书·盘庚上》

古我先王，暨乃祖乃父，胥及逸勤，予敢动用非罚。世选尔劳，予不掩尔善。兹予大享于先王，尔祖其从与享之。作福作灾，予亦不敢动用非德。予告汝于难，若射之有志。

古我先王，暨汝群臣之祖父，相与同其劳逸，以成我商家之基业，是皆有大造于商家社稷，宜其子子孙孙世享福禄，与商家社稷，同为无穷，则我于尔群臣，岂敢动用非罚，以加于汝非罚。谓罚非罪也。惟我以尔祖尔父，与先王胥及逸勤，故加惠于尔子孙，而不敢以非罚加汝，于是世世选用尔劳于国者，不掩蔽尔善，而使之居于列位，以无忘乃祖乃父之德，则是我能尽求旧之意，而所以待尔者之厚。汝苟不能忠于国家，而肆其傲上从康之志，以沮败朝廷之大事，获戾于先王，则我虽私汝而不诛，亦有

不敢也。故继之曰"兹予大享于先王，尔祖其从与享之。作福作灾，予亦不敢动用非德。予告汝于难，若射之有志"。《周礼·司勋》云，"凡有功者，铭书于王之太常，祭于大烝，司勋诏之"。盖古者有大勋劳于王室，皆得配享于庙观。盘庚此言泛告在位之群臣，而曰"兹予大享于先王，尔祖其从与享之"，则是古者配食，凡有功者，皆得与焉。而司勋之所掌，亦无定数也。此又古今之礼异，不可不论也。大享，谓大烝之类，言我之祭享于先王之庙，尔之祖，亦从于庙而与享。彼鬼神之情，聪明正直，福善祸淫，若影响之应形声，无有差忒者。既先王与乃祖临之在上，质之在旁，善则作福，不善则作灾，不容私于其间。则尔之至于傲上从康，先恶于民，败祸奸宄，以自灾于厥身，予其敢动用非德，而赦汝乎？言罚之与德，皆简在先王，与乃祖之心，而非我之所敢私也。惟其赏罚生杀之权，必视我先王与乃祖之所予夺。苟有毫发之私，不合乎先王与乃祖之心，则我无所逃其责矣。故予告汝以用赏罚之难，若射之有志。志，正鹄也，射必中夫正鹄者，差于此者，有毫厘之间，则失于彼者，在寻丈之外。我所用赏罚之难，亦若是也。赏必当功，无功而赏，赏则为僭；罚必当罪，无罪而罚，罚则为滥。其间亦不可有毫厘之差也。故尔之无罪，则我不可动用非罚；苟尔之有罪，则我亦不可动用非德。罚与德，皆尔自取。而我之用刑赏者，惟欲适其当，而无容私于其间。则汝当知所趋避，而无陷于刑辟，故教之所加，如下之所言者也。

4. （宋）史浩《尚书讲义》卷九《商书·盘庚上》

（按，此段讲义《永乐大典》原缺）

5. （宋）夏僎《尚书详解》卷十三《商书·盘庚上》

（归善斋按，见"迟任有言曰，人惟求旧，器非求旧，惟新"）

6. （宋）时澜《增修东莱书说》卷十《商书·盘庚上第九》

（归善斋按，见"迟任有言曰，人惟求旧，器非求旧，惟新"）

7. （宋）黄度《尚书说》卷三《商书·盘庚上》

（归善斋按，见"迟任有言曰，人惟求旧，器非求旧，惟新"）

8. （宋）袁燮《絜斋家塾书钞》卷六《商书·盘庚上》

古我先王，暨乃祖乃父，胥及逸勤，予敢动用非罚。世选尔劳，予不掩尔善。兹予大享于先王，尔祖其从与享之。作福作灾，予亦不敢动用非德。

盘庚言，我先王与尔祖父同其安逸，同其勤劳，休戚一体，譬犹一家。惟尔子孙，犹吾之子孙也。我先王与尔祖父如此，我岂敢轻以刑罚加于汝身。然今尔不从我迁，则不免施以刑罚，我独不念我先王所以与尔祖父胥及逸勤者乎？故曰"予敢动用非罚"。盘庚直是不敢也。尔有勠力于王室者，我皆选而用之，无世不然。尔有善者，我皆显而扬之，无敢掩隐。盖尔乃国家之世臣，我所以待尔者甚厚。谓之"世选"，言世世选而用也。古之于世臣极留意。《孟子》言，"所谓故国者，非谓有乔木之谓也，有世臣之谓也"。只观成周教胄子，其法甚谨。盖世臣自与新进不同，国家之本末源流，无不周知，而又能尽忠以事其上，故欲其世世相接续，祖父既贤，子孙又继之，则国家常有恃矣。此意甚好。读此处，可以想象先王忠厚之意，不敢动用非罚。而有功劳者，世选之，忠厚如何哉。大享于先王，尔祖其从与享之，如后世之配享是也。此意思尤更好。盖有功于王室者，直是不忘，才是享于宗庙，便能作福作灾，此非盘庚姑为是说，盖实有此理也。既能为祸福，我其敢动用非德乎？呜呼！自常情观之，以万乘之尊，凡先王之功臣，皆吾臣也，何惧其能为祸福。而盘庚乃恐其先世之臣，作福作灾，而不敢动用非德。然则今日迁都之举，盘庚岂率尔而然，尔臣可不从哉。

9. （宋）蔡沈《书经集传》卷三《商书·盘庚上》

古我先王，暨乃祖乃父，胥及逸勤，予敢动用非罚。世选尔劳，予不掩尔善。兹予大享于先王，尔祖其从与享之。作福作灾，予亦不敢动用非德。

选，须绢反；与，去声。胥，相也。敢，不敢也。非罚，非所当罚也。世，非一世也。劳，劳于王家也。掩，蔽也。言先王及乃祖乃父，相与同其劳逸，我岂敢动用非罚，以加汝乎？世简尔劳，不蔽尔善，兹我大享于先王，尔祖亦以功而配食于庙，先王与尔祖、父临之在上，质之在旁，作福作灾，皆简在先王与尔祖父之心，我亦岂敢动用非德，以加汝乎？

10. （宋）黄伦《尚书精义》卷十九《商书·盘庚上》

古我先王，暨乃祖乃父，胥及逸勤，予敢动用非罚。世选尔劳，予不掩尔善。兹予大享于先王，尔祖其从与享之。作福作灾，予亦不敢动用非德。予告汝于难，若射之有志。

无垢曰，以尔祖父与先王之迁都则同其劳苦，既迁则同其逸乐，其可忘哉。我虽念旧不忘汝子孙如此，然汝不可恃祖父之功，以至于傲慢纵恣，而不听我号令也。善自取福，则为公卿大夫；恶自取灾，则受诛罚扑灭，我岂敢容一毫私意于其间，以妄为赏罚耶。尔祖父有功，则祭从大享，子孙有善则使之仕宦，予岂敢动用非德之享哉。汝不可恃祖父而为恶也。我之行赏，未尝及于恶人，此亦天下之公理也。迁都之举，断然自任，在于必迁，正如射之有志，志在于的，的与矢对，一发必中。今我之迁，志在安利，安利之地，正与迁对，一发必中，安利矣，复何疑乎。

张氏曰，古我先王，与群臣之祖父，固常相与，同其逸乐忧勤之事矣。夫君臣相与，犹一体也。方其无事，则与之同其逸也；及其有事，则与之同其勤也。今汝众臣，不从我以迁，是不念汝祖父之与我先王相与之道也。汝之不能从我以迁，固宜罚之所加。且夫罚所以讨罪也，罚不当罪，则为非罚；赏所以彰德也，赏不称德，则为非德。前言非罚，则知非德之为赏也；此言非德，则知非罚之为威也。无德而不妄赏，则有罪不可不刑之矣。此又所以再三而告谕之也。"予告汝于难，若射之有志"者，其志正，其体直，奠而后发，发期于中者，射之志也。先王之于赏罚，盖亦如此，是以不敢动用非德、非罚，亦欲其中而已。

吕氏曰，古我先王，暨汝祖、父同甘苦，共劳逸，岂我敢用非理之罚以罚尔，故于尔功臣之间，世选其劳苦者，擢而用之，虽行善亦不敢掩。

我大享先王，尔祖亦配享。我先王与尔祖父皆在其上，我行赏罚，又岂敢动用非德，欺神明而为之，予告汝迁都之难事，如射之有志于的，言不妄发。

11.（宋）陈经《尚书详解》卷十六《商书·盘庚上》

（归善斋按，见"迟任有言曰，人惟求旧，器非求旧，惟新"）

12.（宋）钱时《融堂书解》卷七《商书·盘庚上》

（归善斋按，见"迟任有言曰，人惟求旧，器非求旧，惟新"）

13.（宋）魏了翁《尚书要义》

原缺。

14.（宋）陈大猷《书集传或问》卷上《商书·盘庚上》

（归善斋按，未解）

15.（宋）胡士行《尚书详解》卷五《商书·盘庚上第九》

（归善斋按，见"迟任有言曰，人惟求旧，器非求旧，惟新"）

16.（元）吴澄《书纂言》卷三《商书·盘庚》

古我先王，暨乃祖乃父，胥及逸勤，予敢动用非罚。

我先王，与汝祖父同其劳逸，汝为功臣之子孙，我其敢用非所当罚之罚于汝乎？

17.（元）陈栎《书集传纂疏》卷三《朱子订定蔡氏集传·商书·盘庚上》

古我先王，暨乃祖乃父，胥及逸勤，予敢动用非罚。世选尔劳，予不掩尔善。兹予大享于先王，尔祖其从与享之。作福作灾，予亦不敢动用非德。

胥，相也。敢，不敢也。非罚，非所当罚也。世，非一世也。劳，劳于王家也。掩，蔽也。言先王及乃祖乃父，相与同其劳逸，我岂敢动用非罚以加汝乎？世简尔劳，不蔽尔善。兹我大享于先王，尔祖亦以功而配食于庙。先王与尔祖、父临之在上，质之在旁，作福作灾皆简在先王与尔祖父之心，我亦岂敢动用非德以加汝乎？

纂疏：

陈氏大猷曰，配，对也。大勋劳者，方得配享，如《周礼·司勋》有功者祭于大烝。

孙氏曰，"胥及逸勤"，则曰乃祖乃父；此与享，只曰"乃祖"，盖逸勤不止一人，配享非有功之祖不与也。

张氏曰，罚以讨罪，不当罪则为非罚；赏以彰德，不称德则为非德。

愚谓，此以世臣与国同休戚感动之，乃申图任旧人之意，谓汝从我迁，我固不敢用非罚加汝；执迷不迁，亦不敢用非德福汝，又承上扑灭之言以起意，而以威恐之以赏劝之也。

18.（元）许谦《读书丛说》卷五

原缺。

19.（元）董鼎《书传辑录纂注》卷三《商书·盘庚上》

古我先王，暨乃祖乃父，胥及逸勤，予敢动用非罚。世选尔劳，予不掩尔善。兹予大享于先王，尔祖其从与享之。作福作灾，予亦不敢动用非德。

胥，相也。敢，不敢也。非罚，非所当罚也。世，非一世也。劳，劳于王家也。掩，蔽也。言先王及乃祖乃父，相与同其劳逸，我岂敢动用非罚以加汝乎？世简尔劳，不蔽尔善。兹我大享于先王，尔祖亦以功而配食于庙。先王与尔祖、父临之在上，质之在旁，作福作灾皆简在先王与尔祖、父之心，我亦岂敢动用非德以加汝乎？

纂注：

孔氏曰，古功臣配食于庙。

新安陈氏曰，配，对也。大勋劳之人，方得配食，非遍及有功者。此言与享，如《周礼·司勋》凡有功者祭于大烝耳，盘庚总告群臣，岂尽皆配享乎？

孙氏曰，前言"胥及逸勤"，则曰"乃祖乃父"；此"与享"止曰"乃祖"，盖逸勤不止一人，配享则非有功之祖不与也。

陈氏大猷曰，此以群臣世有勋劳与国同休戚者感动之，申言前图任旧人之意，谓汝从我迁，我固不敢用非罚加汝；执迷不迁，亦不敢用非德福汝。又承上文扑灭之言，以起意而以威恐之，以赏劝之也。

20. （元）朱祖义《尚书句解》卷五《商书·盘庚上第九》

古我先王（自成汤以下），暨乃祖乃父（与汝祖汝父），胥及逸勤（安则相与同其安，劳则相与同其劳），予敢动用非罚（我岂今日不念其子孙，敢动用非祖之罚加尔乎）。

21. （明）王樵《尚书日记》卷八《商书·盘庚上》

"古我先王"至"动用非德"。

我国家惟图任旧人共政，以人旧则习也。使其有罪，不容以旧人而赦，使其无罪，不容不念其旧，而加以非罚也；使其有善，不容以旧人而掩，使其无善，不容私其旧，而加以非德也。德，恩赏也，恩非所当，恩是谓非德。"胥及逸勤"，泛言而迁国在其中。有事共其劳，事成共其逸，见旧臣于先王，一德一心处也。汝能如此，则先王先臣之所嘉，非予所敢加以非德也。汝不能如此，则先王先臣之所弃，非予所敢加以非罚也。

逸勤共于乃祖乃父，则共事亦期于后王后臣，岂有无罪而加以非罚乎？乃祖乃父，安国家定社稷之劳，简于先王，彰其善于后世，使汝有劳固当世选之，岂至予之身忍，独不选，而掩尔之善乎。惟汝之未效劳，惟汝之不强为善耳。兹予大享于先王，尔祖其从与享之，以胥及逸勤之故，惟天下之至公也。凡后人之有功，有罪，先王与尔祖父之神明，实监临之。作福作灾，惟神所降，予亦岂敢动用非德以加汝乎？言赏罚之不私，欲世臣之效命。至篇末皆此意。

孔氏曰，选，数也。言我世世选汝，功勤不掩蔽汝善。古者天子录功臣，配食于庙，大享烝尝也。正义曰，烝尝，是秋冬祭名，谓之大享者，以事各有对，若烝尝对禘祫，则禘祫为大。若四时自相对，则烝尝为大，祠祠为小。以秋冬物成可荐者众，故烝尝为大春；夏物未成，可荐者少，故祠祠为小也。知烝尝有功臣与祭者。按《周礼·司勋》云，凡有功者，铭书于王之太常，祭于大烝，司勋诏之是也。

22.（清）库勒纳等撰《日讲书经解义》卷五《商书·盘庚上》

（归善斋按，见"迟任有言曰，人惟求旧，器非求旧，惟新"）

世选尔劳，予不掩尔善

1.（汉）孔氏传、（唐）陆德明音义、孔颖达疏《尚书注疏》卷八《商书·盘庚上》

世选尔劳，予不掩尔善。

传，选，数也，言我世世选汝功勤，不掩蔽汝善，是我忠于汝。

音义，选，息转反，又苏管反，掩本又作"弇"。数，色主反。

疏，正义曰，自我先王以至于我，世世数汝功劳，我不掩蔽汝善，是我忠于汝也。

传正义曰，《释诂》云，算，数也。舍人曰，释"数"之曰"算"。"选"即"算"也，故训为"数"。经言世世数汝功劳，是从先王至己，常行此事，故云是我忠于汝也。言己之忠，责臣之不忠也。

2.（宋）苏轼《书传》卷八《商书·盘庚上第九》

世选尔劳，予不掩尔善。兹予大享于先王，尔祖其从与享之。作福作灾，予亦不敢动用非德。

古者功臣配食于大烝，王言吾固欲选用功臣之子孙也。然尔祖与先王同享于庙，能作福作灾者，吾亦不敢动用非德之赏于其子孙也。

210

3. （宋）林之奇《尚书全解》卷十八《商书·盘庚上》

(归善斋按,见"古我先王,暨乃祖乃父,胥及逸勤,予敢动用非罚")

4. （宋）史浩《尚书讲义》卷九《商书·盘庚上》

(按,此段讲义《永乐大典》原缺)

5. （宋）夏僎《尚书详解》卷十三《商书·盘庚上》

(归善斋按,见"迟任有言曰,人惟求旧,器非求旧,惟新")

6. （宋）时澜《增修东莱书说》卷十《商书·盘庚上第九》

(归善斋按,见"迟任有言曰,人惟求旧,器非求旧,惟新")

7. （宋）黄度《尚书说》卷三《商书·盘庚上》

(归善斋按,见"迟任有言曰,人惟求旧,器非求旧,惟新")

8. （宋）袁燮《絜斋家塾书钞》卷六《商书·盘庚上》

(归善斋按,见"古我先王,暨乃祖乃父,胥及逸勤,予敢动用非罚")

9. （宋）蔡沈《书经集传》卷三《商书·盘庚上》

(归善斋按,见"古我先王,暨乃祖乃父,胥及逸勤,予敢动用非罚")

10. （宋）黄伦《尚书精义》卷十九《商书·盘庚上》

(归善斋按,见"古我先王,暨乃祖乃父,胥及逸勤,予敢动用非罚")

11.（宋）陈经《尚书详解》卷十六《商书·盘庚上》

(归善斋按,见"迟任有言曰,人惟求旧,器非求旧,惟新")

12.（宋）钱时《融堂书解》卷七《商书·盘庚上》

(归善斋按,见"迟任有言曰,人惟求旧,器非求旧,惟新")

13.（宋）魏了翁《尚书要义》

原缺。

14.（宋）陈大猷《书集传或问》卷上《商书·盘庚上》

或问,孔氏谓,古者功臣配食于庙,如何？曰,配者,对也。郊祀后稷以配天,宗祀文王于明堂,以配上帝,所对止一人耳。配食,乃大勋劳之人,方配,非遍及有功之人。此言"与享",正犹司勋谓凡有功者,祭诸大烝,非可以配享。言况盘庚总告群臣群臣之祖,又岂尽皆配享乎？

15.（宋）胡士行《尚书详解》卷五《商书·盘庚上第九》

(归善斋按,见"迟任有言曰,人惟求旧,器非求旧,惟新")

16.（元）吴澄《书纂言》卷三《商书·盘庚》

世选尔劳,予不掩尔善。兹予大享于先王,尔祖其从与享之。作福作灾,予亦不敢动用非德。

大享袷祭,尔祖、父有功劳于国,其子孙,当世世选用。尔苟有善,予不敢掩蔽而不用汝。然尔祖配食于我先王之庙,能昭鉴其子孙善恶,而为福为祸,无所私者,是以我亦不敢用非所当德之赏于汝也。

17.（元）陈栎《书集传纂疏》卷三《朱子订定蔡氏集传·商书·盘庚上》

(归善斋按,见"古我先王,暨乃祖乃父,胥及逸勤,予敢动用非罚")

18.（元）许谦《读书丛说》卷五

原缺。

19.（元）董鼎《书传辑录纂注》卷三《商书·盘庚上》

(归善斋按，见"古我先王，暨乃祖乃父，胥及逸勤，予敢动用非罚")

20.（元）朱祖义《尚书句解》卷五《商书·盘庚上第九》

世选尔劳（世世选用尔之劳绩），予不掩尔善（我不敢掩蔽尔善）。

21.（明）王樵《尚书日记》卷八《商书·盘庚上》

(归善斋按，见"古我先王，暨乃祖乃父，胥及逸勤，予敢动用非罚")

22.（清）库勒纳等撰《日讲书经解义》卷五《商书·盘庚上》

(归善斋按，见"迟任有言曰，人惟求旧，器非求旧，惟新")

23.（明）梅鷟《尚书考异》卷五《盘庚》

"予不掩尔善"。
掩，本又作"弇"。

兹予大享于先王，尔祖其从与享之

1.（汉）孔氏传、（唐）陆德明音义、孔颖达疏《尚书注疏》卷八《商书·盘庚上》

兹予大享于先王，尔祖其从与享之。

传,古者天子录功臣,配食于庙,大享烝尝也,所以不掩汝善。

音义,与,音预;烝,之承反。

疏,正义曰,以此故,我大享祭于先王,汝祖其从我先王,与在宗庙,而歆享之,是我不掩汝善也。

传正义曰,《周礼·大宗伯》祭祀之名,天神曰祀,地祇曰祭,人鬼曰享。此大享于先王,谓天子祭宗庙也。传解天子祭庙,得有臣祖与享之意,言古者天子录功臣,配食于庙,故臣之先祖,得与享之也。古者,孔氏据已而道前世也,此殷时已然矣。大享烝尝者,烝尝,是秋冬祭名。谓之大享者,以事各有对,若"烝尝"对"禘袷",则"禘袷"为大,"烝尝"为小。若四时自相对,则"烝尝"为大,"礿祠"为小,以秋冬物成,可荐者众,故"烝尝"为大。春夏物未成,可荐者少,故"礿祠"为小也。知"烝尝"有功臣与祭者。按,《周礼·司勋》云"凡有功者,铭书于王之大常,祭于大烝,司勋诏之"是也。尝,是烝之类,而传以尝配之。《鲁颂》曰"秋而载尝"是也。《祭统》云,"内祭则大尝,禘是也;外祭则郊,社是也"。然彼以"袷"为"大尝",知此不以"烝尝"时为"禘袷",而直据时祭者,以殷袷于三时,非独烝尝也。秋冬之祭,尚及功臣,则禘袷可知。惟春夏不可耳,以物未成故也。近代已来,惟禘袷乃祭功臣,配食时祭不及之也。近代已来,功臣配食,各配所事之君,若所事之君其庙已毁,时祭不祭毁庙。其君尚不时祭,其臣固当止矣。禘袷,则毁庙之主亦在焉,其时功臣亦当在也。《王制》云"牲礿,袷禘、袷尝、袷烝","诸侯礿犆,禘,一犆一袷;尝,袷;烝,袷"。此《王制》之文。夏殷之制,天子春惟时祭;其夏秋冬,既为袷,又为时祭。诸侯亦春为时祭;夏惟作袷,不作祭;秋冬先作时祭,而后袷。周则春曰祠,夏曰礿;三年一袷在秋,五年一禘在夏。故《公羊传》云"五年再殷祭"。《礼纬》云,三年一袷,五年一禘。此是郑氏之义,未知孔意如何?

2.(宋)苏轼《书传》卷八《商书·盘庚上第九》

(归善斋按,见"世选尔劳,予不掩尔善")

3. （宋）林之奇《尚书全解》卷十八《商书·盘庚上》

(归善斋按，见"古我先王，暨乃祖乃父，胥及逸勤，予敢动用非罚")

4. （宋）史浩《尚书讲义》卷九《商书·盘庚上》

(按，此段讲义《永乐大典》原缺)

5. （宋）夏僎《尚书详解》卷十三《商书·盘庚上》

(归善斋按，见"迟任有言曰，人惟求旧，器非求旧，惟新")

6. （宋）时澜《增修东莱书说》卷十《商书·盘庚上第九》

(归善斋按，见"迟任有言曰，人惟求旧，器非求旧，惟新")

7. （宋）黄度《尚书说》卷三《商书·盘庚上》

(归善斋按，见"迟任有言曰，人惟求旧，器非求旧，惟新")

8. （宋）袁燮《絜斋家塾书钞》卷六《商书·盘庚上》

(归善斋按，见"古我先王，暨乃祖乃父，胥及逸勤，予敢动用非罚")

9. （宋）蔡沈《书经集传》卷三《商书·盘庚上》

(归善斋按，见"古我先王，暨乃祖乃父，胥及逸勤，予敢动用非罚")

10. （宋）黄伦《尚书精义》卷十九《商书·盘庚上》

(归善斋按，见"古我先王，暨乃祖乃父，胥及逸勤，予敢动用非罚")

11. (宋)陈经《尚书详解》卷十六《商书·盘庚上》

(归善斋按,见"迟任有言曰,人惟求旧,器非求旧,惟新")

12. (宋)钱时《融堂书解》卷七《商书·盘庚上》

(归善斋按,见"迟任有言曰,人惟求旧,器非求旧,惟新")

13. (宋)魏了翁《尚书要义》

原缺。

14. (宋)陈大猷《书集传或问》卷上《商书·盘庚上》

(归善斋按,未解)

15. (宋)胡士行《尚书详解》卷五《商书·盘庚上第九》

(归善斋按,见"迟任有言曰,人惟求旧,器非求旧,惟新")

16. (元)吴澄《书纂言》卷三《商书·盘庚》

(归善斋按,见"世选尔劳,予不掩尔善")

17. (元)陈栎《书集传纂疏》卷三《朱子订定蔡氏集传·商书·盘庚上》

(归善斋按,见"古我先王,暨乃祖乃父,胥及逸勤,予敢动用非罚")

18. (元)许谦《读书丛说》卷五

原缺。

19. (元)董鼎《书传辑录纂注》卷三《商书·盘庚上》

(归善斋按,见"古我先王,暨乃祖乃父,胥及逸勤,予敢动用非罚")

20. （元）朱祖义《尚书句解》卷五《商书·盘庚上第九》

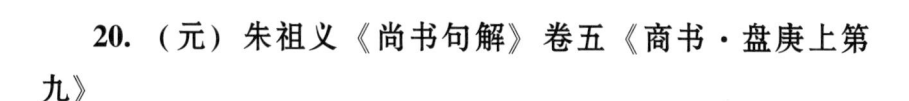

兹予大享于先王（此我有烝尝之祭，大享于先王），尔祖其从与享之（尔之祖，亦从而与享）。

21. （明）王樵《尚书日记》卷八《商书·盘庚上》

（归善斋按，见"古我先王，暨乃祖乃父，胥及逸勤，予敢动用非罚"）

22. （清）库勒纳等撰《日讲书经解义》卷五《商书·盘庚上》

（归善斋按，见"迟任有言曰，人惟求旧，器非求旧，惟新"）

23. （清）朱鹤龄《尚书埤传》卷八《商书·盘庚》

"尔祖其从与享之"。

孔传，大享烝尝也。疏云，《周礼·司勋》，凡有功者铭书于王之大常，祭于大烝，司勋诏之，是功臣得与祭烝尝也。不言礿祠者，春夏物未成，可荐者少也。烝尝尚及功臣，则禘祫可知也。近代以来，惟禘祫大祭功臣配食，时祭不及。

作福作灾，予亦不敢动用非德

1. （汉）孔氏传、（唐）陆德明音义、孔颖达疏《尚书注疏》卷八《商书·盘庚上》

作福作灾，予亦不敢动用非德。

传，善自作福，恶自作灾，我不敢动用非罚加汝非德，赏汝乎，从汝善恶而报之。

疏，正义曰，汝有善自作福，汝有恶自作灾，我亦不敢动用非德之赏，妄赏汝，各从汝善恶而报之耳。其意告臣，言从上必有赏，违我必有罚也。

2. （宋）苏轼《书传》卷八《商书·盘庚上第九》

(归善斋按，见"世选尔劳，予不掩尔善")

3. （宋）林之奇《尚书全解》卷十八《商书·盘庚上》

(归善斋按，见"古我先王，暨乃祖乃父，胥及逸勤，予敢动用非罚")

4. （宋）史浩《尚书讲义》卷九《商书·盘庚上》

(按，此段讲义《永乐大典》原缺)

5. （宋）夏僎《尚书详解》卷十三《商书·盘庚上》

(归善斋按，见"迟任有言曰，人惟求旧，器非求旧，惟新")

6. （宋）时澜《增修东莱书说》卷十《商书·盘庚上第九》

(归善斋按，见"迟任有言曰，人惟求旧，器非求旧，惟新")

7. （宋）黄度《尚书说》卷三《商书·盘庚上》

(归善斋按，见"迟任有言曰，人惟求旧，器非求旧，惟新")

8. （宋）袁燮《絜斋家塾书钞》卷六《商书·盘庚上》

(归善斋按，见"古我先王，暨乃祖乃父，胥及逸勤，予敢动用非罚")

9. （宋）蔡沈《书经集传》卷三《商书·盘庚上》

(归善斋按，见"古我先王，暨乃祖乃父，胥及逸勤，予敢动用非罚")

10.（宋）黄伦《尚书精义》卷十九《商书·盘庚上》

(归善斋按，见"古我先王，暨乃祖乃父，胥及逸勤，予敢动用非罚")

11.（宋）陈经《尚书详解》卷十六《商书·盘庚上》

(归善斋按，见"迟任有言曰，人惟求旧，器非求旧，惟新")

12.（宋）钱时《融堂书解》卷七《商书·盘庚上》

(归善斋按，见"迟任有言曰，人惟求旧，器非求旧，惟新")

13.（宋）魏了翁《尚书要义》

原缺。

14.（宋）陈大猷《书集传或问》卷上《商书·盘庚上》

(归善斋按，未解)

15.（宋）胡士行《尚书详解》卷五《商书·盘庚上第九》

(归善斋按，见"迟任有言曰，人惟求旧，器非求旧，惟新")

16.（元）吴澄《书纂言》卷三《商书·盘庚》

(归善斋按，见"世选尔劳，予不掩尔善")

17.（元）陈栎《书集传纂疏》卷三《朱子订定蔡氏集传·商书·盘庚上》

(归善斋按，见"古我先王，暨乃祖乃父，胥及逸勤，予敢动用非罚")

18.（元）许谦《读书丛说》卷五

原缺。

19.（元）董鼎《书传辑录纂注》卷三《商书·盘庚上》

(归善斋按，见"古我先王，暨乃祖乃父，胥及逸勤，予敢动用非罚")

20.（元）朱祖义《尚书句解》卷五《商书·盘庚上第九》

作福作灾（今汝或为善，或为恶皆汝自取），予亦不敢动用非德（我亦岂敢以非德赏汝乎）。

21.（明）王樵《尚书日记》卷八《商书·盘庚上》

(归善斋按，见"古我先王，暨乃祖乃父，胥及逸勤，予敢动用非罚")

22.（清）库勒纳等撰《日讲书经解义》卷五《商书·盘庚上》

(归善斋按，见"迟任有言曰，人惟求旧，器非求旧，惟新")

予告汝于难，若射之有志

1.（汉）孔氏传、（唐）陆德明音义、孔颖达疏《尚书注疏》卷八《商书·盘庚上》

予告汝于难，若射之有志。
传，告汝行事之难，当如射之有所准志，必中所志乃善。
音义，射，食夜反。准，音準。中，丁仲反。
疏，正义曰，既言作福作灾，由人行有善恶，故复教臣行善。我告汝于行事之难，犹如射之有所准志。志之主，欲得中也，必中所志，乃为善耳，以喻人将有行，豫思念之，行得其道为善耳。其意言，迁都是善道，当念从我言也。

传正义曰,此传惟顺经文,不言喻意。郑玄云,我告汝于我心至难矣。夫射者,张弓属矢,而志在所射必中,然后发之。为政之道,亦如是也。以己心度之,可施于彼,然后出之。

2. （宋）苏轼《书传》卷八《商书·盘庚上第九》

予告汝于难,若射之有志。

志,所射表的也。射而无志,则孰为中,孰为否。王事艰难,当各分守,无为浮言,当若射之有志,后有以考其功罪也。

3. （宋）林之奇《尚书全解》卷十八《商书·盘庚上》

（归善斋按,见"古我先王,暨乃祖乃父,胥及逸勤,予敢动用非罚"）

4. （宋）史浩《尚书讲义》卷九《商书·盘庚上》

（按,此段讲义《永乐大典》原缺）

5. （宋）夏僎《尚书详解》卷十三《商书·盘庚上》

予告汝于难,若射之有志。汝无侮老成人,无弱孤有幼,各长于厥居,勉出乃力,听予一人之作猷。

盘庚上既言我于生杀赏罚之权,皆简在先王与汝乃祖父之心,则汝之傲上从康,我必将罚无赦,故此以迁都之定计告之,迁都之计非不善也,但汝众臣执志不坚,故以为难尔。故盘庚于是告之曰,今日之事,其难者不在乎他,如射之有志。所谓射之难者,志于鹄而已,能志于鹄,则虽难无有不中。迁都,虽有一时之劳,尔群臣苟执其一定之志,则功岂有不成哉,故为今日计,当无侮老成人,无弱孤有幼,谋为长久之计可也。盖盘庚之迁,将以避害就利,则当时能深思远虑之人,必有以迁为利,以不迁为害者。详考此篇,则盘庚之迁,其不欲者,特世家巨室。所谓老成人,与小民无不欲迁也。其所以咨怨者,特一时浮言所惑耳。故盘庚于是告群臣,使之不以老成人为昏耄而侮之,不以幼孤之人为不能自立而弱之。惟酌诸老成与小民之言，则迁都之利害决矣。此即所谓"无或敢伏小人之攸箴"者。能不侮老成，不弱孤幼，则必能各思长久于所居，而勉出其力，听我一人之谋，而相从以迁也。此所以又继之曰"各长于厥居，勉出乃力，听予一人之作猷"。

6. （宋）时澜《增修东莱书说》卷十《商书·盘庚上第九》

予告汝于难，若射之有志。汝无侮老成人，无弱孤有幼，各长于厥居，勉出乃力，听予一人之作猷。无有远迩，用罪伐厥死，用德彰厥善。邦之臧，惟汝众；邦之不臧，惟予一人有佚罚。

"予告汝于难，若射之有志"，所以结一篇告谕之意也。我告汝迁都之难，如射之志于的，言皆切当，安有妄发。继此乃说迁都之事，不可侮老成人，不可弱孤有幼。盖道路之间，有力者为雄，老者少者，易于欺陵。各长厥居者，各统其所属部，位不可紊乱，使当东而西，当西而东，则乱而无统矣。勉尽汝力，听予一人之号令，而不可违也。我不知孰远而疏，孰近而亲，有罪则罚之至于死；有德则彰之而不掩尔善。迁都而善，惟汝之功。迁都而不善，惟予一人有放佚之罚。见盘庚自咎而不咎人。上两言，法令也；下两言，恩意也。商君之徒，有法令而无恩意。盘庚则赏罚并用，盖徒法不能以自行，徒善不足以为政。本末备具，王者之道也。

7. （宋）黄度《尚书说》卷三《商书·盘庚上》

（归善斋按，见"迟任有言曰，人惟求旧，器非求旧，惟新"）

8. （宋）袁燮《絜斋家塾书钞》卷六《商书·盘庚上》

予告汝于难，若射之有志。

我为迁都之举，直是难之，劳民动众，岂是易事。我今告汝于难，我思之熟虑之审，明见其不可不迁，如射之志于中的，更无毫厘之差。此一句，可见盘庚迁都，直是计较得审细，不特盘庚迁都，二帝三王所以处天下之事，皆在此一句。尧舜之揖让，汤武之征伐，此也。曾子之去，子思之守，比干之死，箕子之奴，禹稷之过门不入，颜子之居于陋巷，亦此也。不特处事，凡一语一默，一动一静，皆如射之中的，更无毫厘之差。

9.（宋）蔡沈《书经集传》卷三《商书·盘庚上》

予告汝于难，若射之有志。汝无侮老成人，无弱孤有幼，各长于厥居，勉出乃力，听予一人之作猷。

难，言谋迁徙之难也。盖迁都，固非易事，而又当时臣民傲上从康，不肯迁徙。然我志决迁，若射者之必于中，有不容但已者。弱，少之也，意当时老成孤幼，皆有言当迁者，故戒其老成者不可侮，孤幼者不可少之也。尔臣各谋长远其居，勉出汝力，以听我一人迁徙之谋也。

10.（宋）黄伦《尚书精义》卷十九《商书·盘庚上》

（归善斋按，见"古我先王，暨乃祖乃父，胥及逸勤，予敢动用非罚"）

11.（宋）陈经《尚书详解》卷十六《商书·盘庚上》

予告汝于难，若射之有志。汝无侮老成人，无弱孤有幼，各长于厥居，勉出乃力，听予一人之作猷。无有远迩，用罪伐厥死，用德彰厥善。邦之臧，惟汝众；邦之不臧，惟予一人有佚罚。凡尔众，其惟致告，自今至于后日，各恭尔事，齐乃位，度乃口，罚及尔身，弗可悔。

今我告教汝以行事之难，言事不可轻易，当如射之志于的。然射之志于的，必详审而后发，苟以为轻易则发之，必不中矣。汝群臣于迁都之举，不知深图熟虑，言语轻发，遂以为不可迁，岂不失之太轻易乎？老成虑事深远，反不从其言，是侮之也。孤有幼，本未有所知，汝今苟不迁，而他日孤有幼者，罹其害，是弱之也。各思长久其所居，不可为目前一时之计，勉出汝之心力，以听我一人之谋。一人之谋，本为长厥居之计也。无有远而疏，近而亲，我但公其心以为赏罚。汝之用罪者，吾必有罚以伐汝趋死之路；汝之用德者，吾必有赏以彰汝向善之心，祸福皆汝之自取也。邦之臧善，去害趋利，舍危就安，皆汝众之谋，非我一人之所专。若其既迁之后，而苟有不善焉，则我一人有过失之罚。善则称人，过则归己之意也。"凡尔众，其惟致告"，谓尔众当以吾言遍告其下。盖时臣下之听命，亦有未及听者。盘庚虑其如是，故为此言，使人人皆知余心。自今至于后日，汝当舍其旧，而新是图。前日之聒聒险肤置之弗论矣，自今而后，各恭尔之职事，言当迁都也，齐汝之位分，言臣当从君也。度汝之口，言汝之所言者，当合法度，无如前日之动浮言也。"罚及尔身，弗可悔"，我本无用刑之心，尔若违命不从事者，不恭位者，不齐口而不度，至于用刑罚，则我亦不得已而用，汝亦无可悔矣。末之二句，严以刑罚。盘庚之心，欲使臣民之从者，为何如耶。此篇乃盘庚直情以告臣下，皆其心腹之言，若父兄之所以训子弟，涵泳其言者，可以默识矣。

12.（宋）钱时《融堂书解》卷七《商书·盘庚上》

予告汝于难，若射之有志。汝无侮老成人，无弱孤有幼，各长于厥居，勉出乃力，听予一人之作猷。无有远迩，用罪伐厥死，用德彰厥善。邦之臧，惟汝众；邦之不臧，惟予一人有佚罚。凡尔众，其惟致告，自今至于后日，各恭尔事，齐乃位，度乃口，罚及尔身，弗可悔。

上文数节，警告已悉矣。于此乃示之以断然一定之说，复兼言赏罚，以示必罚之意也。老成人，是同为迁都之谋者，今傲上从康，则必以老成之谋为不然矣，是侮之也。孤是无所依，者幼是童稚未能自立者。迁之，则孤幼亦随以获安。今不迁，而使之不免于水患，是困弱之也。先王图任旧人，故民用丕变，今老成人之谋，而有位者侮之，何其异哉。观此一辈轻进少年，正在老成孤幼之间，其无知情状，历历具见，于是复承上文非罚非德之旨，兼赏罚而申警之。用罪而不当，则非罚也；用德而不当，则非德也。死，谓不从迁者。此书首言"重我民，无尽刘"，则不迁而沉溺于水者，固死之道。盘庚于此，断断以死为说，所以痛言之，谓我今用赏罚，无有远近之间，不迁而行死道者，我用罪以伐，之相从而行善道者，我用德以彰之。迁都则安宁无患，是为邦之臧；不迁，则杌陧不安，是为邦之不臧。"其惟致告"，欲在廷之臣，转致告于民。所谓敩于民，由乃在位也。"恭尔事"者，敬守其职事，无废慢也。"齐乃位"者，整肃其职位，无僭乱也。"度乃口"者，无起信险肤，胥动浮言也。想见迁都之议一兴，众口啾啾，失职旷位，全无纪律。盘庚犹反复警告，虽曰明正法度，而终无忿疾之心，终能委曲以济事。呜呼！三代王者之气象所以终，非后世所可及钦。

13.（宋）魏了翁《尚书要义》

原缺。

14.（宋）陈大猷《书集传或问》卷上《商书·盘庚上》

（归善斋按，未解）

15.（宋）胡士行《尚书详解》卷五《商书·盘庚上第九》

予告汝于难（迁都之难），若射之有志（志，精则中，如迁有志则成）。汝无侮老成人（老成，则知久安之计而欲迁），无弱（轻）孤有幼（孤幼则受水之害而欲迁，即小人之攸箴者），各长（谋长）于厥居（亳），勉出乃力，听予一人之作猷（迁之谋）。

迁虽难事也，有志则竟成矣。老成虑远，孤幼受害皆欲迁者也，其唱不迁之浮言者，巨室新进而已。汝能无侮无弱，则能谋长以从上，而不从康以傲上德。

16.（元）吴澄《书纂言》卷三《商书·盘庚》

予告汝于难，若射之有志。汝无侮老成人，无弱孤有幼，各长于厥居，勉出乃力，听予一人之作猷，无有远迩。

志，所射表的也。侮，玩慢之也。弱，轻蔑之也。无父曰孤，十年曰幼。"有""又"通，言孤与幼，作起而迁也。"猷"字，或在句首，或在句中，或在句末，皆语辞也。我告汝，今日迁都之艰难，当如射之有表的，期于必中，必至，汝当与老者幼者，各谋久长于其所居，勉出汝力，听从我起而迁去，不问远迩，皆当同迁也。

17.（元）陈栎《书集传纂疏》卷三《朱子订定蔡氏集传·商书·盘庚上》

予告汝于难，若射之有志。汝无侮老成人，无弱孤有幼，各长于厥居，勉出乃力，听予一人之作猷。

难，言谋迁徙之难也。盖迁都固非易事，而又当时臣民傲上从康，不肯迁徙。然我志决迁，若射者之必于中，有不容但己者，弱，少之也。意当时老成、孤幼皆有言当迁者，故戒其老成者不可侮，孤幼者不可少之也。尔臣各谋长远其居，勉出汝力，以听我一人迁徙之谋也。

纂疏：

或曰，谋迁固，难然如射必志于中，有志者事竟成，则不沮于难矣。"有""又"通，孤与幼也。

孔氏曰，不用老成之言而迁，是侮之；不迁，则孤幼受害，是弱之。

18.（元）许谦《读书丛说》卷五

原缺。

19.（元）董鼎《书传辑录纂注》卷三《商书·盘庚上》

予告汝于难，若射之有志。汝无侮老成人，无弱孤有幼，各长于厥居，勉出乃力，听予一人之作猷。

难，言谋迁徙之难也。盖迁都固非易事，而又当时臣民傲上从康，不肯迁徙。然我志决迁，若射者之必于中，有不容但己者。弱，少之也，意当时老成孤幼，皆有言当迁者，故戒其老成老不可侮，孤幼者不可少之也。尔臣各谋长远其居，勉出汝力，以听我一人迁徙之谋也。

纂注：

王氏炎曰，我告汝以迁非易也，如射之有志，定而后发，发而期于必中，岂尝试其有成哉。

孔氏曰，不用老成人之言而迁，是侮之；不迁，则孤幼他日受害，是弱之。

20.（元）朱祖义《尚书句解》卷五《商书·盘庚上第九》

予告汝于难（我告汝以行事之难，不可轻易），若射之有志（如射之志于的，必详审而后发）。

21.（明）王樵《尚书日记》卷八《商书·盘庚上》

"予告汝于难"至"一人之作猷"。

射志于中的，图事期于有成。予告汝于迁都之难，予谋既审，若射之有志，非尝试而漫为之，言不可不听也。人之不能从善，有二蔽焉。老成者，谓其言耄。幼弱者，谓小子何知，而不知理之所在。老成者不可侮，而少者不可少也。"各长于其居"者，耿圯河水，其居不可长也。舍目前沃饶之利，为永建乃家之谋，是谓长于厥居。夫君出谋者也，臣出力者也。其勉出汝力，以听我一人之作谋可矣。

22.（清）库勒纳等撰《日讲书经解义》卷五《商书·盘庚上》

予告汝于难，若射之有志。汝无侮老成人，无弱孤有幼，各长于厥居，勉出乃力，听予一人之作猷。

此一节书，是示以欲迁之志，而戒勉之也。难，迁徙之艰难也。弱，轻忽之也。猷，迁都之谋也。盘庚告其臣曰，今日之事，迁都既已动众，而人言又有异同，其事诚难，然我之谆谆告汝者，盖审利害，计久远。▲见其当迁，如射者之志，惟期于中而无有他意矣。况今日老成孤幼之中，岂无明于大计而知迁都之利者，汝勿以老成之言为不足听而侮之，勿以孤幼之谋为不足用而少之。舍目前苟安之计，为百年居止之谋，勉出乃力，而无耽于从康，听我一人迁都之计，而无苟于傲上。如此，则去危即安，难者不终于难，安民定邦之志，亦庶乎其有成矣。

汝无侮老成人，无弱孤有幼

1.（汉）孔氏传、（唐）陆德明音义、孔颖达疏《尚书注疏》卷八《商书·盘庚上》

汝无侮老成人，无弱孤有幼。

传,不用老成人之言,是侮老之;不徙则孤幼受害,是弱易之。

音义,侮,亡甫反。易,以豉反。

疏,传正义曰,老,谓见其年老,谓其无所复知;弱,谓见其幼弱,谓其未有所识。郑云,老弱皆轻忽之意也。老成人之言云可徙,不用其言,是侮老之也。不徙则水泉咸卤,孤幼受害,不念其害,则是卑弱轻易之也。

2. (宋)苏轼《书传》卷八《商书·盘庚上第九》

汝无侮老成人,无弱孤有幼。

"有""又"通,犹言孤与幼也。

3. (宋)林之奇《尚书全解》卷十八《商书·盘庚上》

汝无侮老成人,无弱孤有幼。

盘庚之迁,避害而就利,则当时之能深思远虑者,亦必有以迁为利,以不迁为害。而为当时群臣扇以浮言,使其说不得伸。其老成人,则以为昏耄无知,而侮之;其小者,则以为孤幼而弱之。侮其老,而弱其少,则彼虽欲达其箴言于上而无由。盘庚而告之以"无侮老成人,无弱孤有幼"。苏氏曰,"有""又"通,犹言孤与幼也。此说是也。

4. (宋)史浩《尚书讲义》卷九《商书·盘庚上》

(按,此段讲义《永乐大典》原缺)

5. (宋)夏僎《尚书详解》卷十三《商书·盘庚上》

(归善斋按,见"予告汝于难,若射之有志")

6. (宋)时澜《增修东莱书说》卷十《商书·盘庚上第九》

(归善斋按,见"予告汝于难,若射之有志")

7.（宋）黄度《尚书说》卷三《商书·盘庚上》

汝无侮老成人，无弱孤有幼。

老成之人智虑及之，当有知迁都之为利者，非必举一世之人为异也。孤幼不能自立，随其长上为向背也。如其不昏作劳，不服田亩，至于仰事俯育，不能无憾，是为虐之。

8.（宋）袁燮《絜斋家塾书钞》卷六《商书·盘庚上》

汝无侮老成人，无弱孤有幼，各长于厥居，勉出乃力，听予一人之作猷。

老成之人，虑事深远，当时固欲盘庚之迁，所不从者，新进之徒尔。故盘庚使之无侮老成人。都邑圮坏，民不宁居。强有力者皆自能逃避，被其害者惟鳏寡孤独幼弱之人尔。所谓"老弱转于沟壑"是也。故盘庚使之无弱孤与幼，盖今日，汝不肯从我而迁，异时都邑圮坏，孤幼罹毒，乃汝虐之也。各长于厥居者，使之皆思为长久之计也。今日惮目前之小劳，虽得一时之安逸，然岂长久之道哉。勉出乃力者，人皆有此力，但苟安怠惰，不知自勉，故其力不出。若能奋然自勉，再整顿精神起来，则前日苟安怠惰之人，转而为强有力之人矣。此无他，其力出故也。能勉出乃力，然后听予一人之作猷，必深入于其心矣。

9.（宋）蔡沈《书经集传》卷三《商书·盘庚上》

（归善斋按，见"予告汝于难，若射之有志"）

10.（宋）黄伦《尚书精义》卷十九《商书·盘庚上》

汝无侮老成人，无弱孤有幼，各长于厥居，勉出乃力听予一人之作猷。

无垢曰，夫老成，理当尊敬；孤幼，理当抚恤。今不肯迁都，是侮老成，弱孤幼也。

又曰，虽好逸恶劳者，人之常心。汝当以力胜心，斥去怠惰之志，以听我一人之所谋而迁焉。夫使之勉出乃力，是戒其从康也；使之听予作猷，是戒其傲上也。

11.（宋）陈经《尚书详解》卷十六《商书·盘庚上》

(归善斋按，见"予告汝于难，若射之有志")

12.（宋）钱时《融堂书解》卷七《商书·盘庚上》

(归善斋按，见"予告汝于难，若射之有志")

13.（宋）魏了翁《尚书要义》

原缺。

14.（宋）陈大猷《书集传或问》卷上《商书·盘庚上》

(归善斋按，未解)

15.（宋）胡士行《尚书详解》卷五《商书·盘庚上第九》

(归善斋按，见"予告汝于难，若射之有志")

16.（元）吴澄《书纂言》卷三《商书·盘庚》

(归善斋按，见"予告汝于难，若射之有志")

17.（元）陈栎《书集传纂疏》卷三《朱子订定蔡氏集传·商书·盘庚上》

(归善斋按，见"予告汝于难，若射之有志")

18.（元）许谦《读书丛说》卷五

原缺。

19.（元）董鼎《书传辑录纂注》卷三《商书·盘庚上》

(归善斋按，见"予告汝于难，若射之有志")

20.（元）朱祖义《尚书句解》卷五《商书·盘庚上第九》

汝无侮老成人（老成虑远，必欲迁也，汝无侮之，不从其言），无弱孤有幼（幼，无父，罹其害，亦欲迁也，汝无弱之，不听其言）。

21.（明）王樵《尚书日记》卷八《商书·盘庚上》

（归善斋按，见"予告汝于难，若射之有志"）

22.（清）库勒纳等撰《日讲书经解义》卷五《商书·盘庚上》

（归善斋按，见"予告汝于难，若射之有志"）

各长于厥居，勉出乃力，听予一人之作猷

1.（汉）孔氏传、（唐）陆德明音义、孔颖达疏《尚书注疏》卷八《商书·盘庚上》

各长于厥居，勉出乃力，听予一人之作猷。
传，盘庚敕臣下，各思长于其居，勉尽心出力，听从迁徙之谋。
音义，长，丁丈反。
疏，传正义曰，于时群臣难毁其居宅，惟见目前之利，不思长久之计。其臣非一共为此心。盘庚敕臣下，各思长久于其居处，勉强尽心出力，听从我迁徙之谋，自此以下皆是也。

2.（宋）苏轼《书传》卷八《商书·盘庚上第九》

各长于厥居，勉出乃力，听予一人之作猷，无有远迩。
汝无侮老弱幼，各为久居之计，无有远迩，惟予所谋是从。

3.（宋）林之奇《尚书全解》卷十八《商书·盘庚上》

各长于厥居，勉出乃力，听予一人之作猷，无有远迩，用罪伐厥死，用德彰厥善。

汝既无以老成之人而侮之，无以孤与幼而弱之，则宜各思长久于所居，而勉出乃力，以听我一人之谋，而从我迁也。能从我以迁，则是与我胥及逸勤，此赏之所宜加；不从以迁，则是傲上从康，此罚之所不赦。我亦何容心哉。无有远迩，待之如一，尔有可死之罪，我用可罚之刑以伐；汝有可彰之善，则我用命德之赏而旌汝。赏之与刑，无非尔之所自取也。

4.（宋）史浩《尚书讲义》卷九《商书·盘庚上》

（按，此段讲义《永乐大典》原缺）

5.（宋）夏僎《尚书详解》卷十三《商书·盘庚上》

（归善斋按，见"予告汝于难，若射之有志"）

6.（宋）时澜《增修东莱书说》卷十《商书·盘庚上第九》

（归善斋按，见"予告汝于难，若射之有志"）

7.（宋）黄度《尚书说》卷三《商书·盘庚上》

各长于厥居，勉出乃力，听予一人之作猷。

公卿大夫，各有封邑而为之长，当率其民，勉出力，以听命作猷，言迁都有道，于此作兴之也。

8.（宋）袁燮《絜斋家塾书钞》卷六《商书·盘庚上》

（归善斋按，见"汝无侮老成人，无弱孤有幼"）

9.（宋）蔡沈《书经集传》卷三《商书·盘庚上》

(归善斋按，见"予告汝于难，若射之有志")

10.（宋）黄伦《尚书精义》卷十九《商书·盘庚上》

(归善斋按，见"汝无侮老成人，无弱孤有幼")

11.（宋）陈经《尚书详解》卷十六《商书·盘庚上》

(归善斋按，见"予告汝于难，若射之有志")

12.（宋）钱时《融堂书解》卷七《商书·盘庚上》

(归善斋按，见"予告汝于难，若射之有志")

13.（宋）魏了翁《尚书要义》

原缺。

14.（宋）陈大猷《书集传或问》卷上《商书·盘庚上》

(归善斋按，未解)

15.（宋）胡士行《尚书详解》卷五《商书·盘庚上第九》

(归善斋按，见"予告汝于难，若射之有志")

16.（元）吴澄《书纂言》卷三《商书·盘庚》

(归善斋按，见"予告汝于难，若射之有志")

17.（元）陈栎《书集传纂疏》卷三《朱子订定蔡氏集传·商书·盘庚上》

(归善斋按，见"予告汝于难，若射之有志")

18.（元）许谦《读书丛说》卷五

原缺。

19.（元）董鼎《书传辑录纂注》卷三《商书·盘庚上》

（归善斋按，见"予告汝于难，若射之有志"）

20.（元）朱祖义《尚书句解》卷五《商书·盘庚上第九》

各长于厥居（各思久长所居），勉出乃力（勉出汝之心力），听予一人之作猷（听我一人所作之谋）。

21.（明）王樵《尚书日记》卷八《商书·盘庚上》

（归善斋按，见"予告汝于难，若射之有志"）

22.（清）库勒纳等撰《日讲书经解义》卷五《商书·盘庚上》

（归善斋按，见"予告汝于难，若射之有志"）

无有远迩，用罪伐厥死，用德彰厥善

1.（汉）孔氏传、（唐）陆德明音义、孔颖达疏《尚书注疏》卷八《商书·盘庚上》

无有远迩，用罪伐厥死，用德彰厥善。

传，言远近待之如一，罪以惩之，使勿犯，伐去其死道。德以明之，使劝慕，竞为善。

音义，去，羌吕反。

疏，正义曰，此即迁徙之谋也，言我至新都，抚养在下，无有远之与

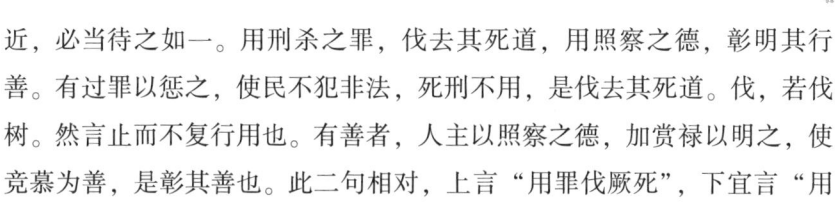

近，必当待之如一。用刑杀之罪，伐去其死道，用照察之德，彰明其行善。有过罪以惩之，使民不犯非法，死刑不用，是伐去其死道。伐，若伐树。然言止而不复行用也。有善者，人主以照察之德，加赏禄以明之，使竞慕为善，是彰其善也。此二句相对，上言"用罪伐厥死"，下宜言"用赏彰厥生"，不然者，上言用刑，下言赏善，死是刑之重者，举重故言死；有善乃可赏，故言彰厥善，行赏是德，故以德言赏。人生是常，无善亦生，不得言彰厥生，故文互。

2. （宋）苏轼《书传》卷八《商书·盘庚上第九》

（归善斋按，另见"各长于厥居，勉出乃力，听予一人之作猷"）

用罪伐厥死，用德彰厥善。有罪不伐，则人将长恶不悛，必死而后已，故我薄刑小罪者，以伐其当死者也。

3. （宋）林之奇《尚书全解》卷十八《商书·盘庚上》

（归善斋按，见"各长于厥居，勉出乃力，听予一人之作猷"）

4. （宋）史浩《尚书讲义》卷九《商书·盘庚上》

（按，此段讲义《永乐大典》原缺）

5. （宋）夏僎《尚书详解》卷十三《商书·盘庚上》

无有远迩，用罪伐厥死；用德彰厥善。邦之臧，惟汝众；邦之不臧，惟予一人有佚罚。凡尔众，其惟致告，自今至于后日，各恭尔事，齐乃位，度乃口，罚及尔身，弗可悔。

盘庚上既饬群臣，使"勉出乃力，听予一人之作猷"，故此遂以赏罚儆之，谓听我言则赏不听则必罚无赦也。"无有远迩"，谓待臣无有远近，待之如一也。所谓待之如一者，谓尔众不能助我迁，而胥动以浮言，则是用罪者也。用罪，则不间远近，凡有死之道者，皆伐之；能助我以迁，而敷实德于民，则是用德者也，用德，则不间远近，凡迁善之道者，皆彰之也。

曾氏又谓，用罪，犹言用罚也，用罚以伐其有死之道者；用德，犹言用赏也，用赏彰其有善之道者。二说皆通。盘庚上既言汝众助我迁则赏，不助则罚，故诱掖之曰，今日之事，汝勿谓吾滥于赏罚也。迁之而邦善，则是尔众，能黜其傲上从康之心，而从我以迁之功也。若其不善，则罪不在汝，乃我一人有佚罚以致之。盖有罪不罚，与罚不当罪，皆佚罚也。盘庚言此，谓我以赏罚劝戒臣民，使之必迁，则迁之不善，诚盘庚之妄用赏罚也。盘庚既以功归臣下，以罪归己，故遂饬之曰"凡尔众，其惟致告"，盖出令者君也，推君令而致之民者臣也。今盘庚既自任迁都之责，谓迁苟不善，罪在一人。于是所以责群臣，而使之致其告戒之言于民也。盘庚既使群臣致其所告于民，不得复鼓浮言，故又饬之曰自今已往至于后日，惟当各自恭敬汝所治之事，整齐汝所居之位，以法度制节汝口，使无复肆为浮言，不然则吾有罚以加尔之身，汝欲悔而不可也。

唐孔氏谓，盘庚上篇之言切是也。

少颖谓，居人主之利势，而生杀予夺之权在于掌握，言出于口，则群臣百姓，惮其威畏，其命无敢违者。今盘庚之迁，群臣乃傲上从康，肆为浮言，以逸上，今使盘庚以人主利势而与之较，驱之以刑罚而使迁，则谁敢违者。今乃反复晓谕，若是之甚不忍加刑罚于臣民者，盖得天下在得民，得民在得心，得心之道在所欲与之聚，所恶勿施耳。今盘庚之迁，乃欲聚民所欲去，民所恶苟先以势力与较，则失民之心，虽强之使迁，天下自此危矣。故宁为优游不忍之辞，以开谕其心，使知吾之意在于去所恶，聚所欲，则不失民心，而不害其所以为迁，此盘庚所以大过人也欤。

6.（宋）时澜《增修东莱书说》卷十《商书·盘庚上第九》

（归善斋按，见"予告汝于难，若射之有志"）

7.（宋）黄度《尚书说》卷三《商书·盘庚上》

无有远迩，用罪伐厥死，用德彰厥善。
自陷于死而罚施之，故曰"伐厥死"。

8.（宋）袁燮《絜斋家塾书钞》卷六《商书·盘庚上》

无有远迩，用罪伐厥死，用德彰厥善。

自群臣而言，则大臣为迩，小臣为远。自臣民而言，则群臣为迩，小民为远。盘庚谓我不论远近，有罪者则必伐，有德者则必彰显之。斯言一出，谁不耸动。盖盘庚恐当时群臣，或恃吾为大臣，或恃吾为世臣，故言我之赏罚，如天地之无私，则群臣之心，于是乎失所恃矣。

9.（宋）蔡沈《书经集传》卷三《商书·盘庚上》

无有远迩，用罪伐厥死，用德彰厥善。邦之臧，惟汝众；邦之不臧，惟予一人有佚罚。

用罪，犹言为恶；用德，犹言为善也。伐，犹诛也，言无有远近亲疏，凡伐死彰善，惟视汝为恶，为善如何尔。邦之善，惟汝众用德之故；邦之不善，惟我一人失罚其所当罚也。

10.（宋）黄伦《尚书精义》卷十九《商书·盘庚上》

无有远迩，用罪伐厥死，用德彰厥善。

无垢曰，今告汝亦已至矣。自兹以往无有亲疏远近，有罪者即刑之，有德者即赏之，不从迁都者罪也，吾即刑之，使汝无傲上从康荡析离居之患，此所谓伐厥死也。从迁都者德也，吾即用之，使汝知君臣之义、勤劳之功而后已，此所谓彰厥善也。夫人之所见偶失其趣，有如此不同者，盘庚臣下。今僻在怀安，在于为奸以造谤，倪以此一节便尽废其平生，不念其祖先而放殛流窜之，此秦皇汉武之暴，非古圣王之心也。

张氏曰，用罪者，用其罪以刑之也，以其有可死之道，故用罪以伐之；用德者，用其德以赏之也，以其有可欲之善，故用德以彰之。言"伐厥死"，则知"彰厥善"之为生；言"彰厥善"，则知"伐厥死"之为恶。圣人之于赏罚，未尝敢容私于其间，又岂亲近而疏远。

11.（宋）陈经《尚书详解》卷十六《商书·盘庚上》

（归善斋按，见"予告汝于难，若射之有志"）

12. (宋) 钱时《融堂书解》卷七《商书·盘庚上》

(归善斋按,见"予告汝于难,若射之有志")

13. (宋) 魏了翁《尚书要义》

原缺。

14. (宋) 陈大猷《书集传或问》卷上《商书·盘庚上》

(归善斋按,未解)

15. (宋) 胡士行《尚书详解》卷五《商书·盘庚上第九》

无有(闻)远(疏)迩(亲),用罪(刑)伐(惩)厥死(浮言不悛,有死之道也),用德(赏)彰(显)厥善(助迁以施德于民者)。邦之臧(迁而善),惟汝众(之功);邦之不臧(不迁之祸),惟予一人有佚(故)罚,凡尔众,其惟致告(转相告),自今至于后日,各恭(敬)尔事,齐(整)乃位(所居),度(法)乃口,罚及尔身,弗可悔。

《盘庚》一书,前半篇涵养宽大,后半篇严厉整肃,反覆抑扬于勤恳中,时露赏罚之意,使人知有警惧,无怙终,以罹于罚,此有虞明刑无刑意也。

16. (元) 吴澄《书纂言》卷三《商书·盘庚》

(归善斋按,另见"予告汝于难,若射之有志")

用罪伐厥死,用德彰厥善。邦之臧,惟汝众;邦之不臧,惟予一人有佚罚。凡尔众,其惟致告。

今日不迁,他日必死,用罪罪之,所以救其死,故曰"伐厥死"。其从令者,用德德之,所以彰其善也。邦之善欤,是为汝众之善;邦之不善欤,是尔众有不善,而予一人佚于行罚。凡在尔众,当致告于我,正为告群臣,而此言汝众尔众,兼民而言也。

17. （元）陈栎《书集传纂疏》卷三《朱子订定蔡氏集传·商书·盘庚上》

无有远迩，用罪伐厥死，用德彰厥善。邦之臧，惟汝众；邦之不臧，惟予一人有佚罚。

用罪，犹言为恶；用德，犹言为善也。伐，犹诛也，言无有远近亲疏，凡伐死、彰，善惟视汝为恶、为善如何尔。邦之善，惟汝众用德之故；邦之不善，惟我一人失罚其所当罚也。

纂疏：

曾氏曰，用罪，如言用罚；用德，如曰用赏。

陈氏曰，死者，刑之重，举重故言死。

18. （元）许谦《读书丛说》卷五

原缺。

19. （元）董鼎《书传辑录纂注》卷三《商书·盘庚上》

无有远迩，用罪伐厥死，用德彰厥善。邦之臧，惟汝众；邦之不臧，惟予一人有佚罚。

用罪，犹言为恶；用德，犹言为善也。伐，犹诛也，言无有远近亲疏，凡伐死、彰善，惟视汝为恶、为善如何尔。邦之善，惟汝众用德之故；邦之不善，惟我一人失罚其所当罚也。

纂注：

曾氏曰，用罪，犹曰用罚；用德，犹曰用赏。

陈氏大猷曰，死者，刑之重，举重故言死。

张氏曰，不从迁者罪也；从迁者善也。

20. （元）朱祖义《尚书句解》卷五《商书·盘庚上第九》

无有远迩（无有远迩，疏近而亲），用罪伐厥死（不能率民以迁，是用罪也，吾必有罚，以伐汝趋死路），用德彰厥善（能率民迁，是用德也，吾必有赏，以彰汝向善之心）。

21. （明）王樵《尚书日记》卷八《商书·盘庚上》

"无有远迩"至"一人有佚罚"。

用罪，违命也。伐，犹诛也。伐厥死，谓重者至于死而不赦也。用德，从命也。邦之善，则惟汝众从命之功；邦之不善，则惟我一人失罚其所当罚。篇终示赏罚之断，以深戒敕之。

22. （清）库勒纳等撰《日讲书经解义》卷五《商书·盘庚上》

无有远迩，用罪伐厥死，用德彰厥善。邦之臧，惟汝众；邦之不臧，惟予一人有佚罚。

此一节书，是言赏罚之严而深警之也。伐，犹诛也。佚罚，失所当罚也。盘庚告其臣曰，今日迁都之计，国家之安危所系，即朝廷之赏罚攸关。无论远近亲疏之臣，傲上从康是尔之罪矣，我则刑戮加之，置之死地而不宥。勤劳为国，是尔之德矣，我则爵赏荣之，显其善行而不蔽。盖迁都，则先业由兹绍复，四方由兹底定，而为邦之臧矣，是皆由汝众用德之故，而安能不彰厥善哉。若不迁都，则百姓自此沦丧大命，自此中衰，而为邦之不臧矣，是皆由我一人失刑之故，不能罚所当罚，而姑息养安以致此也，而安能不罚厥死哉。则今日赏罚之典，有断然不可已者。汝众宜知谨矣。

23. （明）马明衡《尚书疑义》卷三《商书·盘庚》

"无有远迩"至"罚及尔身弗可悔"，则是明告之以赏罚也。上文许多委曲开譬，至此乃明告之，盘庚忠厚，尽人之情，岂后世所能及哉。

邦之臧，惟汝众

1. （汉）孔氏传、（唐）陆德明音义、孔颖达疏《尚书注疏》卷八《商书·盘庚上》

邦之臧，惟汝众。

传，有善则众臣之功。

音义，臧，徐子郎反。

2. （宋）苏轼《书传》卷八《商书·盘庚上第九》

邦之臧，惟汝众；邦之不臧，惟予一人有佚罚。凡尔众，其惟致告。国有不善，则我有余罪矣。尔众当尽以告我。佚，余也，致，尽也。

3. （宋）林之奇《尚书全解》卷十八《商书·盘庚上》

邦之臧，惟汝众；邦之不臧，惟予一人有佚罚。凡尔众，其惟致告。自今至于后日，各恭尔事，齐乃位，度乃口。罚及尔身，弗可悔。

邦之臧，是汝众能黜其傲上从康之心，而从我以迁也。邦之不臧，是我一人之威令不行于臣下，失其政刑，而不诛尔浮言之人也。佚，失也。《酒诰》曰"群饮汝勿佚，尽执拘以归于周，予其杀"，则"佚罚"云者，盖行姑息小惠，从有罪而不诛之谓也。盘庚之意，谓我一人，既不敢有佚罚，则尔众当戒惧恐谨，无陷于罪辜。至于陷罪，则我必不佚汝也。故遂继之曰"凡尔众，其惟致告"，尔群臣以至于庶民，各相告语。自今以往至于后日，各恭敬尔所治之事，整齐尔所居之位，度乃口而无肆为浮言，盖所谓非先王之法言不敢道，苟不能尽是三者，则罚及尔之身，虽欲悔之亦弗及矣。孔子曰，"予无乐乎为君，惟其言而莫予违也"。盖人主天下之利势，生杀予夺之权在于掌握，言出于口，则群臣百姓，惮其威，畏其命，而无敢有违之者。此诚人君之所乐也，而盘庚之迁，其群臣以傲上从康，而肆为浮言，以逆上之令，其百姓相与咨怨而不适有居。命之而不听，率之而不从，固已异乎"言而莫予违也"，使盘庚以夫人主之利势，而与之较驱之以刑罚，而使之迁，则亦谁敢违之者。今其言乃反复劝谕，若将有所甚畏者，既告之以其祖父所以事先王者如此，又告之以先王与乃祖父胥及逸勤予不敢动用非罚，其言盖若不忍加刑罚于臣民，而曲折其辞，以冀其从己。夫贵为天子，富有四海，一有所欲为，而为臣下之所沮抑也如此，又不敢以其势力而与之较，则亦何乐乎为君哉。盖得天下有道，在得其民；得其民有道，在得其心；得其心有道，所欲与之聚，所恶勿施尔。盘庚之所欲迁者，惟欲聚民所欲，而去民所恶者耳。欲聚民之所欲，去民之所恶，而先以势力与臣民较，以失民之心，则虽能强之使迁，而天下亦自此危矣。故宁为是优游不忍之辞，以开谕其心，而使之知吾所以聚民所欲，去民所恶之意，故不失乎民之心，而亦不害其所以为迁者，此盘庚所以大过人也。

4.（宋）史浩《尚书讲义》卷九《商书·盘庚上》

（按，此段讲义《永乐大典》原缺）

5.（宋）夏僎《尚书详解》卷十三《商书·盘庚上》

（归善斋按，见"无有远迩，用罪伐厥死，用德彰厥善"）

6.（宋）时澜《增修东莱书说》卷十《商书·盘庚上第九》

（归善斋按，见"予告汝于难，若射之有志"）

7.（宋）黄度《尚书说》卷三《商书·盘庚上》

邦之臧，惟汝众；邦之不臧，惟予一人有佚罚。凡尔众，其惟致告。自今至于后日，各恭尔事，齐乃位，度乃口。罚及尔身，弗可悔。

致告，致吾之意而告之也。王曰，商俗靡靡，利口为贤。然则，商人口之不度，所从久矣。

8.（宋）袁燮《絜斋家塾书钞》卷六《商书·盘庚上》

邦之臧，惟汝众；邦之不臧，惟予一人有佚罚。

盘庚谓，自今日既迁之后，邦家因此而臧，则皆由尔之众肯从我迁而致此也。其或邦之不臧，乃是我有失德，故致天下之罪，非迁都之过也。此言所以示其不可不迁之意。盖道理当迁，只得迁。其或迁而邦家不臧，乃我自有失德，岂迁都之过耶。在成汤则曰"其尔万方有罪，在予一人"，在武王则曰"百姓有过，在予一人"，在盘庚则曰"邦之不臧，惟予一人有佚罚"，大抵待人者常恕，而待己者甚严，二帝三王同此一心而已。盘庚之书，其中虽有刑罚之语，然至此发为斯言，此其所以为三王之粹也。

9. （宋）蔡沈《书经集传》卷三《商书·盘庚上》

（归善斋按，见"无有远迩，用罪伐厥死，用德彰厥善"）

10. （宋）黄伦《尚书精义》卷十九《商书·盘庚上》

邦之臧，惟汝众，邦之不臧，惟予一人有佚罚。

无垢曰，盘庚既独以迁都自任，臣下皆不以为然，使臣下终不肯听，则盘庚之美意无所成就，使臣下迁思回虑，一听盘庚之所为，则是迁都而善，皆卿大夫众庶之力也。迁都而不善，盘庚讵可以罪援之他人哉。

张氏曰，在位臧，则邦人化之而皆臧；在位不臧，则邦人亦化之而不臧矣。善者不劝，恶者不惩，此群臣所以不臧也。群臣不臧，则邦人亦从而不臧矣。由是言之，则邦之不臧，岂非予一人有失罚之过乎？

11. （宋）陈经《尚书详解》卷十六《商书·盘庚上》

（归善斋按，见"予告汝于难，若射之有志"）

12. （宋）钱时《融堂书解》卷七《商书·盘庚上》

（归善斋按，见"予告汝于难，若射之有志"）

13. （宋）魏了翁《尚书要义》

原缺。

14. （宋）陈大猷《书集传或问》卷上《商书·盘庚上》

（归善斋按，未解）

15.（宋）胡士行《尚书详解》卷五《商书·盘庚上第九》

(归善斋按，见"无有远迩，用罪伐厥死，用德彰厥善")

16.（元）吴澄《书纂言》卷三《商书·盘庚》

(归善斋按，见"无有远迩，用罪伐厥死，用德彰厥善")

17.（元）陈栎《书集传纂疏》卷三《朱子订定蔡氏集传·商书·盘庚上》

(归善斋按，见"无有远迩，用罪伐厥死，用德彰厥善")

18.（元）许谦《读书丛说》卷五

原缺。

19.（元）董鼎《书传辑录纂注》卷三《商书·盘庚上》

(归善斋按，见"无有远迩，用罪伐厥死，用德彰厥善")

20.（元）朱祖义《尚书句解》卷五《商书·盘庚上第九》

邦之臧（既迁之后，国之臧善，得以去害趋利），惟汝众（皆出汝众之谋）。

21.（明）王樵《尚书日记》卷八《商书·盘庚上》

(归善斋按，见"无有远迩，用罪伐厥死，用德彰厥善")

22.（清）库勒纳等撰《日讲书经解义》卷五《商书·盘庚上》

(归善斋按，见"无有远迩，用罪伐厥死，用德彰厥善")

邦之不臧，惟予一人有佚罚

1.（汉）孔氏传、（唐）陆德明音义、孔颖达疏《尚书注疏》卷八《商书·盘庚上》

邦之不臧，惟予一人有佚罚

传，佚，失也，是已失政之罚，罪己之义。

音义，佚，音逸。

2.（宋）苏轼《书传》卷八《商书·盘庚上第九》

（归善斋按，见"邦之臧，惟汝众"）

3.（宋）林之奇《尚书全解》卷十八《商书·盘庚上》

（归善斋按，见"邦之臧，惟汝众"）

4.（宋）史浩《尚书讲义》卷九《商书·盘庚上》

（按，此段讲义《永乐大典》原缺）

5.（宋）夏僎《尚书详解》卷十三《商书·盘庚上》

（归善斋按，见"无有远迩，用罪伐厥死，用德彰厥善"）

6.（宋）时澜《增修东莱书说》卷十《商书·盘庚上第九》

（归善斋按，见"予告汝于难，若射之有志"）

7.（宋）黄度《尚书说》卷三《商书·盘庚上》

（归善斋按，见"邦之臧，惟汝众"）

8.（宋）袁燮《絜斋家塾书钞》卷六《商书·盘庚上》

(归善斋按，见"邦之臧，惟汝众")

9.（宋）蔡沈《书经集传》卷三《商书·盘庚上》

(归善斋按，见"无有远迩，用罪伐厥死，用德彰厥善")

10.（宋）黄伦《尚书精义》卷十九《商书·盘庚上》

(归善斋按，见"邦之臧，惟汝众")

11.（宋）陈经《尚书详解》卷十六《商书·盘庚上》

(归善斋按，见"予告汝于难，若射之有志")

12.（宋）钱时《融堂书解》卷七《商书·盘庚上》

(归善斋按，见"予告汝于难，若射之有志")

13.（宋）魏了翁《尚书要义》

原缺。

14.（宋）陈大猷《书集传或问》卷上《商书·盘庚上》

(归善斋按，未解)

15.（宋）胡士行《尚书详解》卷五《商书·盘庚上第九》

(归善斋按，见"无有远迩，用罪伐厥死，用德彰厥善")

16.（元）吴澄《书纂言》卷三《商书·盘庚》

(归善斋按，见"无有远迩，用罪伐厥死，用德彰厥善")

17.（元）陈栎《书集传纂疏》卷三《朱子订定蔡氏集传·商书·盘庚上》

(归善斋按，见"无有远迩，用罪伐厥死，用德彰厥善")

18.（元）许谦《读书丛说》卷五

原缺。

19.（元）董鼎《书传辑录纂注》卷三《商书·盘庚上》

(归善斋按，见"无有远迩，用罪伐厥死，用德彰厥善")

20.（元）朱祖义《尚书句解》卷五《商书·盘庚上第九》

邦之不臧（既迁之后，国之不善），惟予一人有佚罚（惟我一人有过失之罚）。

21.（明）王樵《尚书日记》卷八《商书·盘庚上》

(归善斋按，见"无有远迩，用罪伐厥死，用德彰厥善")

22.（清）库勒纳等撰《日讲书经解义》卷五《商书·盘庚上》

(归善斋按，见"无有远迩，用罪伐厥死，用德彰厥善")

凡尔众，其惟致告

1.（汉）孔氏传、（唐）陆德明音义、孔颖达疏《尚书注疏》卷八《商书·盘庚上》

凡尔众，其惟致告。

传，致我诚告汝众。

2.（宋）苏轼《书传》卷八《商书·盘庚上第九》

(归善斋按，见"邦之臧，惟汝众")

3.（宋）林之奇《尚书全解》卷十八《商书·盘庚上》

(归善斋按，见"邦之臧，惟汝众")

4.（宋）史浩《尚书讲义》卷九《商书·盘庚上》

(按，此段讲义《永乐大典》原缺)

5.（宋）夏僎《尚书详解》卷十三《商书·盘庚上》

(归善斋按，见"用罪伐厥死，用德彰厥善")

6.（宋）时澜《增修东莱书说》卷十《商书·盘庚上第九》

凡尔众，其惟致告，自今至于后日，各恭尔事，齐乃位，度乃口，罚及尔身，弗可悔。

"凡尔众，其惟致告"，盖盘庚当时所告，惟在廷之人，在外者容或未知，故使之转相告语，使皆知其意。"自今至于后日，各恭尔事，齐乃位，度乃口"，不然罚及尔身，不可追悔。盘庚本无刑人之意，恐人见其勤恳，遂以为不能用刑，故露此意使知之也。盘庚一书，前半篇涵养宽大如此，后半篇严厉森肃，如此于言辞反复，抑难之中，当知其有德量，有恩意，有措置。其含洪包容者，德量也；其反复训诰者，恩意也；其规画纤悉者，措置也。

7.（宋）黄度《尚书说》卷三《商书·盘庚上》

(归善斋按，见"邦之臧，惟汝众")

8.（宋）袁燮《絜斋家塾书钞》卷六《商书·盘庚上》

凡尔众，其惟致告，自今至于后日，各恭尔事，齐乃位，度乃口，罚及尔身，弗可悔。

当时听盘庚之诰者，悉至于庭之人尔，而未及远也，故使之致告焉。致告者，转相告语，使吾之意达于四方万里之远也。自今至于后者，盘庚谓以前许多事，我皆不与尔理会，继自今日以往，须当"各恭乃事，齐乃位，度乃口"，今汝傲上从康，果"恭乃事，齐乃位"乎？胥动浮言，果"度乃口"乎？自今日以后，须尽革其旧可也。"日"之一字，又盘庚之深意，言当日日如此，不可使有间断，若使今日虽能听吾之言，而他日私情复作，又将中变而不肯迁矣，故使之日日如此，所以使其工夫接续无有间断也。只此一"日"字多少精神。

9. （宋）蔡沈《书经集传》卷三《商书·盘庚上》

凡尔众，其惟致告，自今至于后日，各恭尔事，齐乃位，度乃口，罚及尔身，弗可悔。

致告者，使各相告戒也。自今以往，各敬汝事，整齐汝位，法度汝言，不然罚及汝身，不可悔也。

10. （宋）黄伦《尚书精义》卷十九《商书·盘庚上》

凡尔众，其惟致告，自今至于后日，各恭尔事，齐乃位，度乃口，罚及尔身，弗可悔。

无垢曰，不肯迁都，是不恭乃事也；不守职分，是不齐乃位也；聒聒险肤，是不度乃口也。盖自仲丁以来，废适而更立诸弟子，诸弟子或争相代立，此九世之乱，于是诸侯莫朝。盘庚当衰弊之后，臣民上下，无复知君臣之分，贤哲之风，习为弛慢而不恭，其事习为紊乱，而不齐其位；习为喧嚣，而不度其口。盘庚忠厚尽赦其日前之过，断自今而后，各恭尔事，而毋或弛慢；各齐尔位，而毋或紊乱；各度尔口，而毋或喧嚣。傥或复蹈前习，罚及尔身，虽悔无及矣。

11. （宋）陈经《尚书详解》卷十六《商书·盘庚上》

（归善斋按，见"予告汝于难，若射之有志"）

249

12. （宋）钱时《融堂书解》卷七《商书·盘庚上》

(归善斋按，见"予告汝于难，若射之有志")

13. （宋）魏了翁《尚书要义》

原缺。

14. （宋）陈大猷《书集传或问》卷上《商书·盘庚上》

(归善斋按，未解)

15. （宋）胡士行《尚书详解》卷五《商书·盘庚上第九》

(归善斋按，见"无有远迩，用罪伐厥死，用德彰厥善")

16. （元）吴澄《书纂言》卷三《商书·盘庚》

(归善斋按，见"无有远迩，用罪伐厥死，用德彰厥善")

17. （元）陈栎《书集传纂疏》卷三《朱子订定蔡氏集传·商书·盘庚上》

凡尔众，其惟致告，自今至于后日，各恭尔事，齐乃位，度乃口，罚及尔身，弗可悔。

致告者，使各相告戒也。自今以往，各敬汝事，整齐汝位，法度汝言，不然罚及汝身，不可悔也。

纂疏：

吕氏曰，三书反复折难，须于包容处，看其德量；委曲训诰处，看其恩意；规画纤悉处，看其措置。

林氏曰，使驱以刑，而迫之迁，谁敢违之。今其言，乃若有所甚畏者。盖今之迁，惟欲聚民所欲耳，苟以势驱，失人心，虽能强之迁，而民已离矣。故宁为优游不忍之辞，开谕其心，使知吾之本意。既不失民之心，亦不害吾之迁，此盘庚所以为仁也。

陈氏大猷曰，世主之懦者，惟徇人事所当为虑，拂人情而辄沮；果者，惟徇己事苟当为，遽拂人情而不恤，皆非也。盘庚内不失己，外不失人，所以两全欤。

18.（元）许谦《读书丛说》卷五

原缺。

19.（元）董鼎《书传辑录纂注》卷三《商书·盘庚上》

凡尔众，其惟致告，自今至于后日，各恭尔事，齐乃位，度乃口，罚及尔身，弗可悔。

致告者，使各相告戒也。自今以往，各敬汝事，整齐汝位，法度汝言，不然罚及汝身，不可悔也。

纂注：

吕氏曰，其惟致告，当时所谕，惟造在王庭者，故欲其转相告语也。

孙氏曰，恭尔事，则无傲上；齐乃位，则无从康；度乃口，则无浮言。三者盘庚所深戒也。

吕氏曰，三书反覆折难，须于包容处看其度量；于委曲训诰处看其恩意；于规画纤悉处看其措置。

林氏曰，使盘庚驱以刑罚而使之迁，谁敢违之。今其言，乃若有所甚畏者。盖得天下有道，得其民也；得其民者，得其心也；得其心，不过所欲，与之聚尔。今之迁，惟欲聚民所欲而已。苟以势力与臣民较，以失人心，虽能强之使迁，而民心已离矣。故宁为优游不忍之辞，开谕其心，使知吾之本意，既不失民之心，亦不害吾之迁，此盘庚所以为仁也。

陈氏大猷曰，世主之懦者，惟知徇人事所当为虑，拂人情而辄沮；其果者，惟知徇己事苟当为，遽拂人情而不恤。二者皆非也。盘庚内不失己，外不失人，所以为两全欤。

20.（元）朱祖义《尚书句解》卷五《商书·盘庚上第九》

凡尔众（凡尔众臣），其惟致告（其惟以吾言，致告戒于民）。

21.（明）王樵《尚书日记》卷八《商书·盘庚上》

"凡尔众其惟"至"弗可悔"。

当时所告，惟造在王庭者，其余不闻者尚多，故篇末使之转相致告，自今以往，各敬尔之所有事。齐乃位，谓不离所守以听命；度乃口，谓非言勿言。言罚，犹未罚也。罚及汝身，则不可悔矣。

吕氏曰，三篇须于包容处看其德量；于委曲训诰处看其恩意，于规画纤悉处看其措置。

22.（清）库勒纳等撰《日讲书经解义》卷五《商书·盘庚上》

凡尔众，其惟致告，自今至于后日，各恭尔事，齐乃位，度乃口，罚及尔身，弗可悔。

此一节书，是戒饬群臣之词，而终以罚儆之也。致告，使之各相告也。齐，整饬也。度，法度也。盘庚告其臣曰，凡我在廷诸臣，其以我言转相告戒，自今日以至迁都之时，各恪恭汝事，而无即于怠荒；整齐汝位而无苟于傲慢；法度汝言而无伤于浮动，则国计可定，而为汝之德矣。否则，罚罪之典，将及汝身，虽悔其可追乎？盘庚之迁，本以利民也，宁为优游不忍之辞，而无刻急严苛之意，既未尝干誉以徇民，亦未尝咈民以从欲，可谓交善矣。先儒谓，反复三篇，当于包容不迫处观其德量，于委曲训诰处观其恩意；于规画细密处观其措置，可以为处大事，断大谋之法矣。

自今至于后日，各恭尔事，齐乃位，度乃口

1.（汉）孔氏传、（唐）陆德明音义、孔颖达疏《尚书注疏》卷八《商书·盘庚上》

自今至于后日，各恭尔事，齐乃位，度乃口。

传，奉其职事，正齐其位，以法度居汝口，勿浮言。

音义，度，徐如字，亦作渡。

疏，正义曰，度，法度也，故传言以法度居汝口也。

2.（宋）苏轼《书传》卷八《商书·盘庚上第九》

自今至于后日，各恭尔事，齐乃位，度乃口。

度，法也。

3.（宋）林之奇《尚书全解》卷十八《商书·盘庚上》

(归善斋按，见"邦之臧，惟汝众")

4.（宋）史浩《尚书讲义》卷九《商书·盘庚上》

(按，此段讲义《永乐大典》原缺)

5.（宋）夏僎《尚书详解》卷十三《商书·盘庚上》

(归善斋按，见"用罪伐厥死，用德彰厥善")

6.（宋）时澜《增修东莱书说》卷十《商书·盘庚上第九》

(归善斋按，见"凡尔众，其惟致告")

7.（宋）黄度《尚书说》卷三《商书·盘庚上》

(归善斋按，见"邦之臧，惟汝众")

8.（宋）袁燮《絜斋家塾书钞》卷六《商书·盘庚上》

(归善斋按，见"凡尔众，其惟致告")

9.（宋）蔡沈《书经集传》卷三《商书·盘庚上》

(归善斋按，见"凡尔众，其惟致告")

10. (宋)黄伦《尚书精义》卷十九《商书·盘庚上》

(归善斋按,见"凡尔众,其惟致告")

11. (宋)陈经《尚书详解》卷十六《商书·盘庚上》

(归善斋按,见"予告汝于难,若射之有志")

12. (宋)钱时《融堂书解》卷七《商书·盘庚上》

(归善斋按,见"予告汝于难,若射之有志")

13. (宋)魏了翁《尚书要义》

原缺。

14. (宋)陈大猷《书集传或问》卷上《商书·盘庚上》

(归善斋按,未解)

15. (宋)胡士行《尚书详解》卷五《商书·盘庚上第九》

(归善斋按,见"无有远迩,用罪伐厥死,用德彰厥善")

16. (元)吴澄《书纂言》卷三《商书·盘庚》

自今至于后日,各恭尔事,齐乃位,度乃口,罚及尔身,弗可悔。

汝自今以往,有事者各恭敬;有位者各齐同,言一心协力也。出口之言当有节度,勿复以浮言胥动。如其不然,则罚及汝身,不可得而悔也。此第二章。

17. (元)陈栎《书集传纂疏》卷三《朱子订定蔡氏集传·商书·盘庚上》

(归善斋按,见"凡尔众,其惟致告")

18.（元）许谦《读书丛说》卷五

原缺。

19.（元）董鼎《书传辑录纂注》卷三《商书·盘庚上》

（归善斋按，见"凡尔众，其惟致告"）

20.（元）朱祖义《尚书句解》卷五《商书·盘庚上第九》

自今至于后日（自今日至后日），各恭尔事（各自恭敬汝所治事），齐乃位（整齐汝所居之位），度乃口（以法度制节汝口，无浮言）。

21.（明）王樵《尚书日记》卷八《商书·盘庚上》

（归善斋按，见"凡尔众，其惟致告"）

22.（清）库勒纳等撰《日讲书经解义》卷五《商书·盘庚上》

（归善斋按，见"凡尔众，其惟致告"）

罚及尔身，弗可悔

1.（汉）孔氏传、（唐）陆德明音义、孔颖达疏《尚书注疏》卷八《商书·盘庚上》

罚及尔身，弗可悔
传，不从我谋，罚及汝身，虽悔可及乎？

2.（宋）苏轼《书传》卷八《商书·盘庚上第九》

罚及尔身，弗可悔。

(归善斋按，未解)

3. （宋）林之奇《尚书全解》卷十八《商书·盘庚上》

(归善斋按，见"邦之臧，惟汝众")

4. （宋）史浩《尚书讲义》卷九《商书·盘庚上》

(按，此段讲义《永乐大典》原缺)

5. （宋）夏僎《尚书详解》卷十三《商书·盘庚上》

(归善斋按，见"用罪伐厥死，用德彰厥善")

6. （宋）时澜《增修东莱书说》卷十《商书·盘庚上第九》

(归善斋按，见"凡尔众，其惟致告")

7. （宋）黄度《尚书说》卷三《商书·盘庚上》

(归善斋按，见"邦之臧，惟汝众")

8. （宋）袁燮《絜斋家塾书钞》卷六《商书·盘庚上》

(归善斋按，见"凡尔众，其惟致告")

9. （宋）蔡沈《书经集传》卷三《商书·盘庚上》

(归善斋按，见"凡尔众，其惟致告")

10. （宋）黄伦《尚书精义》卷十九《商书·盘庚上》

(归善斋按，见"凡尔众，其惟致告")

11. （宋）陈经《尚书详解》卷十六《商书·盘庚上》

(归善斋按，见"予告汝于难，若射之有志")

12. （宋）钱时《融堂书解》卷七《商书·盘庚上》

(归善斋按，见"予告汝于难，若射之有志")

13. （宋）魏了翁《尚书要义》

原缺。

14. （宋）陈大猷《书集传或问》卷上《商书·盘庚上》

(归善斋按，未解)

15. （宋）胡士行《尚书详解》卷五《商书·盘庚上第九》

(归善斋按，见"无有远迩，用罪伐厥死，用德彰厥善")

16. （元）吴澄《书纂言》卷三《商书·盘庚》

(归善斋按，见"自今至于后日，各恭尔事齐乃位度乃口")

17. （元）陈栎《书集传纂疏》卷三《朱子订定蔡氏集传·商书·盘庚上》

(归善斋按，见"凡尔众，其惟致告")

18. （元）许谦《读书丛说》卷五

原缺。

19. （元）董鼎《书传辑录纂注》卷三《商书·盘庚上》

(归善斋按，见"凡尔众，其惟致告")

20. （元）朱祖义《尚书句解》卷五《商书·盘庚上第九》

罚及尔身，弗可悔（不然，吾有罚以加尔之身，汝欲悔之而不及矣)。

21.（明）王樵《尚书日记》卷八《商书·盘庚上》

(归善斋按，见"凡尔众，其惟致告")

22.（清）库勒纳等撰《日讲书经解义》卷五《商书·盘庚上》

(归善斋按，见"凡尔众，其惟致告")

商书　盘庚中第十

（宋）林之奇《尚书全解》卷十九《商书·盘庚中》

《盘庚》三篇，有上、中、下之别，亦犹《泰誓》三篇也。盖其书虽同为此一事而作，然其所以誓诰之时，则有先后，故史记从而分之。《泰誓》上篇始合诸侯于孟津而作也；次篇次于河朔而作也，下篇将发于孟津而作也。故史官虽析为三篇，而每篇之首，必志其所作之时，以为之别。此盖记载之体然也。此三篇之作，亦有先后之不同，故史之叙述，皆志而别之。上篇曰"盘庚迁于殷，民不适有居，率吁众戚，出矢言"；中篇曰"盘庚作，惟涉河以民迁，乃话民之弗率，诞告用亶其有众，咸造，勿亵在王庭"；下篇曰"盘庚既迁，奠厥攸居，乃正厥位，绥爱有众"，皆志其所作之先后，故唐孔氏曰，上二篇未迁时事，下一篇既迁后事。上篇人皆怨上，初启民心，故其辞尤切；中篇民已少悟，故其辞稍缓；下篇民既从迁，故辞复益缓。此言深得叙书者之意。王氏以为告群臣庶民，与夫百官族姓，此则未深考于其所叙之先后，而妄为之说也。

（明）马明衡《尚书疑义》卷三《商书·盘庚中》

《盘庚中》。

《盘庚上》篇，全是戒责之辞，故以罚德相并而言，然藏严恪于从容之中，不甚峭露。此篇只反复告以所必当迁之意，无违意也，其恳恻之真，有以益见于意言之表。至云"崇降罪疾"，"自上其罚"，"乃祖乃父乃断弃汝不救乃死"皆是。即其平日之所严事，而畏信者，以开悟之；非即以刑罚加之也。惟"乱政""具乃贝玉"之臣，则必欲加之以刑，而亦出其乃祖乃父之意，非一人之私也。先儒谓上篇告臣之词，中篇告民之词，意或然也。

盘庚作，惟涉河以民迁

1. （汉）孔氏传、（唐）陆德明音义、孔颖达疏《尚书注疏》卷八《商书·盘庚上》

盘庚作，惟涉河以民迁。

传，为此南渡河之法，用民徙。

疏，正义曰，盘庚于时见都河北，欲迁向河南，作为南渡河之法，欲用民徙。

传正义曰，郑玄云作渡河之具；王肃云为此思南渡河之事；此传言南渡河之法，皆谓造舟船渡河之具，是济水先后之次，思其事而为之法也。

2. （宋）苏轼《书传》卷八《商书·盘庚中第十》

盘庚作，惟涉河。

作，起也。

3. （宋）林之奇《尚书全解》卷十九《商书·盘庚中》

盘庚作惟涉河以民迁，乃话民之弗率，诞告用亶其有众，咸造，勿亵在王庭。盘庚乃登进厥民，曰明听朕言，无荒失朕命。

盘庚既于上篇丁宁反复，告其臣民以迁都之意，则夫臣之傲上从康，不可以告训民之相与咨怨不适有居者，稍能自悔，而迁都之谋决矣，于是将欲与之涉河而迁焉，犹惧夫民情之未甚孚也，又谆谆而开诱之，务使群黎百姓，皆中心悦而诚服，然后帅之而迁，故史官既叙载其所以告戒之言于后，而必推本其所以告之意，而冠之于先。观此数言，虽实至约，而其所形容，盖得盘庚之心，可谓善叙事矣。

"作"者，起而将迁之辞也。汉孔氏曰，为此南渡河之法，用民徙。郑氏云，作，渡河之具。王子雍云，为此思渡河之事，皆过论也。据经，但云"盘庚作，惟涉河以民迁"，则"作"之一字，亦何必求之太深邪。《秦风·无衣》之诗曰，"岂曰无衣，与子同泽，王于兴师，修我矛戟，与子偕作。岂曰无衣，与子同裳。王于兴师，修我甲兵。与子偕行"。"作"与"行"字，盖是一义，以是知"盘庚作"者，是将行而渡河耳，非有他义也。耿在河北，亳在河南，故曰"作惟涉河以民迁"也。虽将以民渡河而迁，然民之情，好逸恶劳，乐因循而惮改作，犹有弗率者，于是盘庚乃以话言开迪其蒙蔽，而导之以迁都之利。其所以大告于民者，无他，凡欲用其诚信于尔众而已。子夏曰，"信而后劳其民，未信则以为厉己也"。民之弗率而强之以迁，苟非使其诚信著于民，审知迁之为利，不迁之为害，而乐从之，则是厉民而已。厉民而用之，仁者不为也。故苏氏曰，民之弗率不以政令齐之，而以话言晓之。此盘庚之仁也。又曰民怨诽逆命，而盘庚终不怒，引咎自责，益开众言，反复告训，以口舌代斧钺，忠厚之至。此言皆深得盘庚之旨。盖齐之以政令，劫之以斧钺，民未必不从也。然其从实畏而从之耳，欲民之信而从之不可得也。惟其不以政令齐之，而以话言晓之，以口舌代斧钺，故其始虽若优游而无决，而终能使民信而从之，而无所勉强于其间。此盖盘庚之心，而史官善形容之，苏氏善发明之，皆可以一唱而三叹也。造，至也。"咸造，勿亵在王庭"，盖使司寇之官，致万民于外朝，而将告语之，先戒以勿亵渎，以听上之令也。"登进厥民"，谓升进之使前，而告语之也。传曰，未言而信，信在言前。盘庚"诞告用亶其有众，咸造，勿亵在王庭"，然后"登进厥民"而告之，可谓"信在言前"矣。夫君民之势，有尊卑上下之殊，若霄壤之不相侔。苟君之于民而以其势力与之较，则为君者，将以至尊自侈，而莫接于民；为民者将以至卑自抑，而莫亲于君。上下之情离，则危败祸乱自此生矣。故禹训曰"民可近，不可下"，谓当以情接之，而不当以势凌之也。"民之弗率"，则使之咸造王庭，升进之使前，而与之周旋曲折，论其祸福安危之理，若父子兄弟相与议其家事于闺门之内者，其近民也如此，民其有不心悦而诚服者哉。

4. (宋)史浩《尚书讲义》卷九《商书·盘庚中》

《盘庚中》。

盘庚作,惟涉河以民迁,乃话民之弗率,诞告用亶其有众,咸造,勿亵在王庭。盘庚乃登进厥民,曰,明听朕言,无荒失朕命。

君民之相去亦远矣,今而盘庚使之咸造在庭,又登进之,如家人父子相与告语,略不见己之为尊,而民之为卑。此皆三代时事,在后世则罕见矣。三代之时,君民初不相远。汉时犹未甚隔绝,以一女子之言,而能除三代肉刑之法;主父偃上书,朝奏暮召入,此犹有三代遗意。嗣是厥后,民日以卑,人主俨然南面以临其下。君民之情,旷隔而不通,闾阎疾苦壅于上达,宜乎?治道之不如古也。欲天下之大治,须还是君民之情相通,始得咸造在庭,登进厥民。此先王所以能致天下之极治也。欲识三代治体,于此处可见。本朝太宗时,渔夫樵妇皆呼至于殿陛之前,而询其利害,此三代圣人之用心也。"明听朕言,无荒失朕命",以此两句耸动之也。

5. (宋)夏僎《尚书详解》卷十三《商书·盘庚中》

《盘庚中》。

盘庚作,惟涉河以民迁,乃话民之弗率,诞告用亶其有众,咸造,勿亵在王庭。盘庚乃登进厥民,曰,明听朕言,无荒失朕命。

林少颖谓,《盘庚》三篇之作,先后不同,故史官折为三篇,而每篇之首,必志其所作之时,以为之别。上篇,言"盘庚迁于殷"至"出矢言";中篇,言"盘庚作,惟涉河"至"咸造,勿亵在王庭";下篇,言"盘庚既迁"至"绥爰有众",皆志其所作之先后也。然则,此篇必言"盘庚作,惟涉河以民迁,乃话民之弗率,诞告用亶其有众"者,盖盘庚上篇丁宁反复告其民以迁都之意,则臣之傲上从康不可告训,与民之相与怨咨不适有居者,稍能自悔,而迁都之谋决矣。于是将与之涉河以迁焉,故言"盘庚作,惟涉河以民迁"。作,有行意。《诗》言"与子偕作","与子偕行",则"行"与"作"盖一义。耿在河北,亳在河南,故其将行,必自北渡河而南也。盘庚将行,又恐民情好逸恶劳,乐因循,而惮改作，犹有弗率者，于是乃以话言，陈说其向来不率之状，将以大告其民，而用其诚信于尔众，故曰"诞告用亶其有众"，亶者，信也。子夏曰，"信而后劳，其民未信，则以为厉己"。盘庚之意，盖谓迁之，而诚信未着于民，则强之而已，是厉民也。此盘庚所以必用亶于有众也。盘庚既用诚信于众，于是致万民，而使咸至于外朝，且使之不得亵渎，而倾听上令也。盘庚既使之勿亵在王庭，于是乃升进其民而告之。自"明听朕言"以下，即盘庚登进告戒之言也，盖盘庚将出语言，恐群臣听之不诚，故先敕之，汝当明明以听我之言，不可如从前之荒怠，而遗失我今日之教命也。下文即所出之教命也。所谓"无荒失"者，无荒怠而失此教也。

6. （宋）时澜《增修东莱书说》卷十一《商书·盘庚中第十》

盘庚作，惟涉河，以民迁乃话民之弗率。

作者，动作之作，涉河而去，此将迁时也。上篇作于未迁之时，下篇作于已迁之时。未迁则情未动；已迁则情已定，不至涣散溃乱。惟动摇将迁，人情皇皇，尤不可忽。今观此篇，其辞最切，盖民在道路，冒风雨霜露，逾山川险阻，安危存亡所系正在此时也。

7. （宋）黄度《尚书说》卷三《商书·盘庚中》

盘庚作，惟涉河，以民迁，乃话民之弗率，诞告用亶其有众。

作，动也，将动而迁，乃话其民弗率之故，大告之以信其有众。

8. （宋）袁燮《絜斋家塾书钞》卷六《商书·盘庚中》

《盘庚中》。

盘庚作，惟涉河以民迁，乃话民之弗率，诞告用亶其有众，咸造，勿亵在王庭。

此书，盖盘庚既迁中道所作。上篇，大略是告臣，民亦在其中。此篇则大略告民之辞居多。盖涉河既迁，为之臣者，固无虑其中变，小民无常，万一背叛离散，岂不大可虑哉？此盘庚是书之所以作也。诞告者。大告也，大布心腹，使人皆信之也。天子所止之处，皆谓之王庭，此在道之王庭也。小民咸造于庭，而无有亵慢者焉。观"咸造勿亵"四字，便可以见先王之道，不以君尊自处，鄙夷其民，而使之皆至于天子之庭，其亲之如是。然虽亲之，而无有亵慢，则亦未尝不尊。其咸造也，熏然其和；其勿亵也，肃然其严。君民之情，通达无间，而君民之分，亦未尝不肃，夫是之谓。执其两端，一于宽和，而无凛然不可犯之意，非也；一于严肃，而无蔼然相亲之意，亦非也。惟"咸造勿亵"，二者合焉，此先王之道也。

9.（宋）蔡沈《书经集传》卷三《商书·盘庚中》

《盘庚中》。

盘庚作，惟涉河，以民迁，乃话民之弗率，诞告用亶其有众。咸造，勿亵在王庭。盘庚乃登进厥民。

亶，当旱反；造，七到反。作，起而将迁之辞。殷在河南，故涉河。诞，大；亶，诚也。咸造，皆至也。勿亵，戒其毋得亵慢也。此史氏之言。苏氏曰，民之弗率，不以政令齐之，而以话言晓之，盘庚之仁也。

10.（宋）黄伦《尚书精义》卷十九《商书·盘庚中》

盘庚作，惟涉河以民迁，乃话民之弗率，诞告用亶其有众，咸造，勿亵在王庭。盘庚乃登进厥民，曰，明听朕言，无荒失朕命。

张氏曰，君民之势，疑若甚远而不相侔也。盘庚之告，必登进之，则不压之以势，所以密迩之，而欲其亲己也。明听朕言者，欲知上之意也。无荒失朕命者，欲其勤上之事也。

11.（宋）陈经《尚书详解》卷十六《商书·盘庚中》

《盘庚中》。

盘庚作，惟涉河以民迁，乃话民之弗率，诞告用亶其有众，咸造，勿亵在王庭。

此数句，史文也。中篇，乃其将迁之词，合臣民而告之也。上篇，未迁之时，其人心咨怨，故盘庚之言，不得不严切。中篇，将迁则人心已略信矣，犹未全信之也，故告之之辞稍缓。下篇，已迁，则其辞尤缓。作史者，述其意，谓盘庚作者，率民而起，涉河而南以迁也。当此之时道路之间，跋履之劳，人情得无怀旧土之安乎？又况于此时，信者半，疑者亦半，不得不以善言，而训其不率者。诞，大也，大告以言，而诚信用孚于众人之心。彼臣民咸至于王庭，亦皆以诚信而应上之命，无敢有亵狎者。此有以见君民之交孚也。虽然天下至大也，万民至众也，其所以服役听命者，岂无人哉。于是乎，有圣人出焉，为之统制，为之整理。凡所以云为注措，则风起声随，云合影应焉。虑其有不从者，今而，盘庚迁都之谋，以口舌代斧钺，回曲宛转，旁譬方喻，又从而以至诚听神之说，以警悟之。斯民于此，宜其变前日不从之心，为今日乐从之意可也。又且优游不进，咨嗟出怨言，岂盘庚不善于化民欤，抑民不肯从盘庚欤？曰，迁都之大事也，盘庚之率民，民非不从。盖自汤而至于今，凡五迁都，民之困于是役为已久矣。力罢气乏，憔悴劳苦，何况盘庚至此复迁，则其咨嗟不进，非民之罪也，是亦当然之理耳，余故表而出之。

12.（宋）钱时《融堂书解》卷七《商书·盘庚中》

《盘庚中》。

盘庚作，惟涉河以民迁，乃话民之弗率，诞告用亶其有众，咸造，勿亵在王庭。盘庚乃登进厥民，曰，明听朕言，无荒失朕命。

此书其殆告之于临河将渡之时欤。王庭，行宫之常次也。

13.（宋）魏了翁《尚书要义》

原缺。

14.（宋）陈大猷《书集传或问》卷上《商书·盘庚中》

（归善斋按，未解）

15.（宋）胡士行《尚书详解》卷五《商书·盘庚中第十》

盘庚作（起行），惟涉河以民迁，乃话（话言陈说）民之弗率（从），诞（大）告用亶（信）其有众，咸造（进），勿亵（慢）在王庭，盘庚乃登（上）进厥民，曰明听朕言，无荒（废）失朕命。

上篇未迁，则未动也，下篇已迁则既静也。惟中篇，则将迁，将迁则动而未静时也，跋涉险阻，蒙犯霜露，人情仓皇，安危存亡所系，正在此时，故话之，进之，曰用亶，曰明听，所以感化提撕之者尤切。

16.（元）吴澄《书纂言》卷三《商书·盘庚》

盘庚作，惟涉河以民迁，乃话民之弗率，诞告用亶其有众，咸造，勿亵在王庭。盘庚乃登进厥民，曰，明听朕言，无荒失朕命。

以。犹"与"也，谓能左右之也。话，说，喻之也。弗率，不循上命。诞，大；亶，诚；有众，兼臣民而言；王庭，谓道路次舍之所，如《周官》掌次所职。盘庚既起涉河南，其民以迁，乃说喻其不从令者，大告之以诚心，其民皆至，戒其勿得亵慢。凡在王庭听号令，王臣君前，庶民居后，盘庚已告其臣矣。今将告其民，故升进其民于前，令其明听我言，遵守而行，不得废失我所命也。自君言之，谓之言；自臣言之，谓之命。

17.（元）陈栎《书集传纂疏》卷三《朱子订定蔡氏集传·商书·盘庚中》

《盘庚中》。

盘庚作，惟涉河以民迁，乃话民之弗率，诞告用亶其有众，咸造，勿亵在王庭。盘庚乃登进厥民。

作，起而将迁之辞。殷在河南，故涉河。诞，大；亶，诚也。咸造，皆至也。勿亵，戒其毋得亵慢也。此史氏之言。苏氏曰，民之弗率，不以政令齐之，而以话言晓之，盘庚之仁也。

纂疏：

吕氏曰，王庭乃道路行宫，如《周礼·掌次》是也。班次，臣在前，民在后，故升进民于前而告之。

18.（元）许谦《读书丛说》卷五

原缺。

19.（元）董鼎《书传辑录纂注》卷三《商书·盘庚中》

盘庚作，惟涉河以民迁，乃话民之弗率，诞告用亶其有众，咸造，勿亵在王庭。盘庚乃登进厥民。

作，起而将迁之辞。殷在河南，故涉河。诞，大；亶，诚也。咸造，皆至也。勿亵，戒其毋得亵慢。也此史氏之言。苏氏曰，民之弗率，不以政令齐之，而以话言晓之，盘庚之仁也。

纂注：

吕氏曰，已离旧邦，未至新邑，则王庭，盖道路行宫，如《周礼·掌次》是也。班次，臣在前，民在后，故升进其民于前而告之。

20.（元）朱祖义《尚书句解》卷五《商书·盘庚中第十》

盘庚作（盘庚率民而起），惟涉河以民迁（涉河而南以民迁亳）。

21.（明）王樵《尚书日记》卷八《商书·盘庚中》

《盘庚中》。

"盘庚作，惟涉河"至"浮于天时"。

王庭，金氏以为行次之庭。蔡氏谓起而将迁，则未在途也。古我前后，泛言，不指商王；天时亦未指水灾。观"殷降大虐，先王不怀"，方是说商事也。

《孟子》曰"忧民之忧者，民亦忧其忧"，经曰"保后胥戚"是也。"乐民之乐者民亦乐其乐"，经曰"惟喜康共"是也。"鲜以不浮于天时"，此一语更可味古之人，天时有灾，鲜不以人事胜之。后世则未如之何，而归咎于天。上下同忧，天时可胜，何事不济。

22.（清）库勒纳等撰《日讲书经解义》卷五《商书·盘庚中》

《盘庚中》。

此盘庚将迁而告其民之词，史臣述之为中篇。

盘庚作，惟涉河以民迁，乃话民之弗率，诞告用亶其有众，咸造，勿亵在王庭，盘庚乃登进厥民，曰，明听朕言，无荒失朕命。

此二节书，史臣记盘庚申告弗率之民也。"作"者，是起而将迁之辞。诞，大也。亶，诚也。咸造，皆至也。史臣谓，盘庚既训勉其臣，于是启行将涉河而南迁都于殷，此时之民尚有惑于利害，而心怀疑贰者，盘庚不忍驱以刑罚，乃以话言晓谕弗率之民，出至诚以相告。盖迁都乃为民之实意，诚信诞孚，虽愚顽皆可感格，于是有众咸至王庭，又戒其无得亵慢，欲其恭敬以听上命也。盘庚乃登进其民而告之曰，凡我所以告汝众者，当明听之，遵信奉行，无怠弃朕命而不从也。当时风俗近古，小民皆得入见至尊，亲闻诰令，上无不宣之君德，下无不达之民情，所以疾苦上闻，而恩泽旁流也。

乃话民之弗率，诞告用亶其有众

1.（汉）孔氏传、（唐）陆德明音义、孔颖达疏《尚书注疏》卷八《商书·盘庚上》

乃话民之弗率，诞告用亶其有众。

传，话善言。民不循教，发善言，大告用诚于众。

音义，话，胡快反，马云告也，言也。诞，徐音但。亶，丁但反，马本作单音，同诚也。音义，造，七报反，注同。马，在早反，云为也。

疏，正义曰，乃出善言，以告晓民之不循教者，大为教告，用诚心于其所有之众人。

传正义曰，《释诂》云，话，言也。孙炎曰，话，善人之言也。王苦民不从教，必发善言告之，故以话为善言。郑玄《诗笺》亦云，话，善言也。

《尚书注疏》卷八《考证》

诞告用亶其有众。

臣浩按，注疏读此七字为句，宋儒始以"其有众"连下"咸造"二字为句。

2.（宋）苏轼《书传》卷八《商书·盘庚中第十》

以民迁，乃话民之弗率民之弗率。

不以政令齐之，而以话言晓之，此盘庚之仁也。

诞告用亶其有众，咸造，勿亵在王庭。

亵，慢也。

3.（宋）林之奇《尚书全解》卷十九《商书·盘庚中》

(归善斋按，见"盘庚作，惟涉河以民迁")

4.（宋）史浩《尚书讲义》卷九《商书·盘庚中》

(归善斋按，见"盘庚作，惟涉河以民迁")

5.（宋）夏僎《尚书详解》卷十三《商书·盘庚中》

(归善斋按，见"盘庚作，惟涉河以民迁")

6.（宋）时澜《增修东莱书说》卷十一《商书·盘庚中第十》

(归善斋按，另见"盘庚作，惟涉河以民迁")

诞告用亶其有众，咸造，勿亵在王庭。

亶者，诚意也，大告用诚于有众。此篇之作，民已离旧都而未至新邑。已离旧都，则动思土之心，未至新邑则未见安宁之乐，尤易于涣散怨弛，故盘庚于中道，使之皆来王庭之上，而无敢亵慢。王庭，既非旧都，又非新邑，道路中行宫，如《周礼·掌次》是也。

7.（宋）黄度《尚书说》卷三《商书·盘庚中》

(归善斋按，见"盘庚作，惟涉河以民迁")

8.（宋）袁燮《絜斋家塾书钞》卷六《商书·盘庚中》

(归善斋按，见"盘庚作，惟涉河以民迁")

9.（宋）蔡沈《书经集传》卷三《商书·盘庚中》

(归善斋按，见"盘庚作，惟涉河以民迁")

10.（宋）黄伦《尚书精义》卷十九《商书·盘庚中》

(归善斋按，见"盘庚作，惟涉河以民迁")

11.（宋）陈经《尚书详解》卷十六《商书·盘庚中》

(归善斋按，见"盘庚作，惟涉河以民迁")

12.（宋）钱时《融堂书解》卷七《商书·盘庚中》

(归善斋按，见"盘庚作，惟涉河以民迁")

13.（宋）魏了翁《尚书要义》

原缺。

14.（宋）陈大猷《书集传或问》卷上《商书·盘庚中》

《盘庚中》。

林氏曰，苏氏曰民之不率，不以刑罚齐之，而以话言晓之，此盘庚之仁也。夫民怨诽逆命，而盘庚终不怒，引咎自责，反复告训，以言代斧钺，忠厚之至。此言深得盘庚之旨。

15.（宋）胡士行《尚书详解》卷五《商书·盘庚中第十》

(归善斋按，见"盘庚作，惟涉河以民迁")

16.（元）吴澄《书纂言》卷三《商书·盘庚》

(归善斋按，见"盘庚作，惟涉河以民迁")

17. （元）陈栎《书集传纂疏》卷三《朱子订定蔡氏集传·商书·盘庚中》

(归善斋按，见"盘庚作，惟涉河以民迁")

18. （元）许谦《读书丛说》卷五

原缺。

19. （元）董鼎《书传辑录纂注》卷三《商书·盘庚中》

(归善斋按，见"盘庚作，惟涉河以民迁")

20. （元）朱祖义《尚书句解》卷五《商书·盘庚中第十》

乃话民之弗率（乃以话言陈述向来不率之民），诞告用亶其有众（大告以言，用诚信以孚于众人之心）。

21. （明）王樵《尚书日记》卷八《商书·盘庚中》

(归善斋按，见"盘庚作，惟涉河以民迁")

22. （清）库勒纳等撰《日讲书经解义》卷五《商书·盘庚中》

(归善斋按，见"盘庚作，惟涉河以民迁")

（明）梅鷟《尚书考异》卷五《盘庚》

"诞告用单"。

马云，单，丁但反，诚也。《书》作"亶"。

咸造，勿亵在王庭

1.（汉）孔氏传、（唐）陆德明音义、孔颖达疏《尚书注疏》卷八《商书·盘庚上》

咸造，勿亵在王庭。

传，造，至也。众皆至王庭，无亵慢。

音义，亵，息列反。

疏，正义曰，于时众人皆至，无有亵慢之人，尽在于王庭。

2.（宋）苏轼《书传》卷八《商书·盘庚中第十》

(归善斋按，见"咸造，勿亵在王庭")

3.（宋）林之奇《尚书全解》卷十九《商书·盘庚中》

(归善斋按，见"盘庚作，惟涉河以民迁")

4.（宋）史浩《尚书讲义》卷九《商书·盘庚中》

(归善斋按，见"盘庚作，惟涉河以民迁")

5.（宋）夏僎《尚书详解》卷十三《商书·盘庚中》

(归善斋按，见"盘庚作，惟涉河以民迁")

6.（宋）时澜《增修东莱书说》卷十一《商书·盘庚中第十》

(归善斋按，见"乃话民之弗率，诞告用亶其有众")

7.（宋）黄度《尚书说》卷三《商书·盘庚中》

咸造，勿亵在王庭。盘庚乃登进厥民，曰，明听朕言，无荒失朕命。

造，至；升，进，使前。大司寇大询朝位，三公及州长、百姓北面

8.（宋）袁燮《絜斋家塾书钞》卷六《商书·盘庚中》

(归善斋按，见"盘庚作，惟涉河以民迁")

9.（宋）蔡沈《书经集传》卷三《商书·盘庚中》

(归善斋按，见"盘庚作，惟涉河以民迁")

10.（宋）黄伦《尚书精义》卷十九《商书·盘庚中》

(归善斋按，见"盘庚作，惟涉河以民迁")

11.（宋）陈经《尚书详解》卷十六《商书·盘庚中》

(归善斋按，见"盘庚作，惟涉河以民迁")

12.（宋）钱时《融堂书解》卷七《商书·盘庚中》

(归善斋按，见"盘庚作，惟涉河以民迁")

13.（宋）魏了翁《尚书要义》

原缺。

14.《书集传或问》卷上宋陈大猷撰

(归善斋按，未解)

15.（宋）胡士行《尚书详解》卷五《商书·盘庚中第十》

(归善斋按，见"盘庚作，惟涉河以民迁")

16.（元）吴澄《书纂言》卷三《商书·盘庚》

(归善斋按，见"盘庚作，惟涉河以民迁")

17. （元）陈栎《书集传纂疏》卷三《朱子订定蔡氏集传·商书·盘庚中》

(归善斋按，见"盘庚作，惟涉河以民迁")

18. （元）许谦《读书丛说》卷五

原缺。

19. （元）董鼎《书传辑录纂注》卷三《商书·盘庚中》

(归善斋按，见"盘庚作，惟涉河以民迁")

20. （元）朱祖义《尚书句解》卷五《商书·盘庚中第十》

咸造，弗亵在王庭（臣民咸至王庭，亦皆以诚信应上命，无敢有亵狎者）。

21. （明）王樵《尚书日记》卷八《商书·盘庚中》

(归善斋按，见"盘庚作，惟涉河以民迁")

22. （清）库勒纳等撰《日讲书经解义》卷五《商书·盘庚中》

(归善斋按，见"盘庚作，惟涉河以民迁")

（清）朱鹤龄《尚书埤传》卷八《商书·盘庚》

王庭。

吕祖谦曰，已离旧邦，未至新邑，则王庭盖道路行宫，如《周礼·掌次》，设车宫、帷宫是也。

盘庚乃登进厥民

1.（汉）孔氏传、（唐）陆德明音义、孔颖达疏《尚书注疏》卷八《商书·盘庚上》

盘庚乃登进厥民。

传，升进，命使前。

疏，盘庚乃升进其民，延之使前，而众告之。史叙其事，以为盘庚发诰之目。

2.（宋）苏轼《书传》卷八《商书·盘庚中第十》

盘庚乃登进厥民，曰，明听朕言，无荒失朕命。呜呼！古我前后，罔不惟民之承，保后胥戚，鲜以不浮于天时。

承，敬也。古者，谓"过"曰"浮"。"浮"之言"胜"也，以敬民，故民保卫其后，相与忧其忧，虽有天时之灾，鲜不以人力胜之也。

3.（宋）林之奇《尚书全解》卷十九《商书·盘庚中》

（归善斋按，见"盘庚作，惟涉河以民迁"）

4.（宋）史浩《尚书讲义》卷九《商书·盘庚中》

（归善斋按，见"盘庚作，惟涉河以民迁"）

5.（宋）夏僎《尚书详解》卷十三《商书·盘庚中》

（归善斋按，见"盘庚作，惟涉河以民迁"）

6.（宋）时澜《增修东莱书说》卷十一《商书·盘庚中第十》

盘庚乃登进厥民，曰明听朕言，无荒失朕命。

朝廷班爵，各有其次，公卿列于前，大夫、士列于后，民则又其后也。盘庚急于告民，乃登进民于前列而告之曰，汝当洗心涤虑，以听我言，不可怠荒以失我命也。上篇如伐死、彰善之戒，如罚及尔身之戒，既已甚明，遵之足矣。又再命之者，以方迁之时，民情易于弛懈，故整顿振，作欲其必迁也。

7. （宋）黄度《尚书说》卷三《商书·盘庚中》

（归善斋按，见"乃话民之弗率，诞告用亶其有众"）

8. （宋）袁燮《絜斋家塾书钞》卷六《商书·盘庚中》

盘庚乃登进厥民，曰，明听朕言，无荒失朕命。
（按，袁氏此节注《大典》原缺）

9. （宋）蔡沈《书经集传》卷三《商书·盘庚中》

（归善斋按，见"盘庚作，惟涉河以民迁"）

10. （宋）黄伦《尚书精义》卷十九《商书·盘庚中》

（归善斋按，见"盘庚作，惟涉河以民迁"）

11. （宋）陈经《尚书详解》卷十六《商书·盘庚中》

盘庚乃登进厥民，曰，明听朕言，无荒失朕命。呜呼古我前后，罔不惟民之承，保后胥戚，鲜以不浮于天时。殷降大虐，先王不怀，厥攸作，视民利用迁。

君甚贵，而民甚贱；君至尊，而民至卑。盘庚升其民而进之，君不以贵且尊者临其民，而民自忘其卑且贱。此三代所以与其民不薄也。曰"明听朕言"足矣，又曰"无荒失朕命"，此丁宁重复之意，欲使听者之专。古我前后，以商家先王之故事告之也。我前后，一举措动作，无不惟民之是顺，故民以安其君之政，而与君相与，以同其忧。《孟子》谓"忧民之忧者民亦忧其忧"是也。君惟民之承，而民与君同其忧，是君与民一心也。岂有所行之事，而不顺天时者。浮者，顺从之谓也。殷降大虐，谓嚻与相，皆为水患是也。先王所以不安其居，有所作为者，无非视民之所利而迁，此商家之故事也。

12.（宋）钱时《融堂书解》卷七《商书·盘庚中》

（归善斋按，见"盘庚作，惟涉河以民迁"）

13.（宋）魏了翁《尚书要义》

原缺。

14.（宋）陈大猷《书集传或问》卷上《商书·盘庚中》

（归善斋按，未解）

15.（宋）胡士行《尚书详解》卷五《商书·盘庚中第十》

（归善斋按，见"盘庚作，惟涉河以民迁"）

16.（元）吴澄《书纂言》卷三《商书·盘庚》

（归善斋按，见"盘庚作，惟涉河以民迁"）

17.（元）陈栎《书集传纂疏》卷三《朱子订定蔡氏集传·商书·盘庚中》

（归善斋按，见"盘庚作，惟涉河以民迁"）

18.（元）许谦《读书丛说》卷五

原缺。

19.（元）董鼎《书传辑录纂注》卷三《商书·盘庚中》

（归善斋按，见"盘庚作，惟涉河以民迁"）

20.（元）朱祖义《尚书句解》卷五《商书·盘庚中第十》

盘庚乃登进厥民（盘庚乃升其民而进至前）。

21.（明）王樵《尚书日记》卷八《商书·盘庚中》

(归善斋按，见"盘庚作，惟涉河以民迁")

22.（清）库勒纳等撰《日讲书经解义》卷五《商书·盘庚中》

(归善斋按，见"盘庚作，惟涉河以民迁")

曰，明听朕言，无荒失朕命

1.（汉）孔氏传、（唐）陆德明音义、孔颖达疏《尚书注疏》卷八《商书·盘庚上》

曰，明听朕言，无荒失朕命。
传，荒，废。

2.（宋）苏轼《书传》卷八《商书·盘庚中第十》

(归善斋按，见"盘庚乃登进厥民")

3.（宋）林之奇《尚书全解》卷十九《商书·盘庚中》

(归善斋按，见"盘庚作，惟涉河以民迁")

4.（宋）史浩《尚书讲义》卷九《商书·盘庚中》

(归善斋按，见"盘庚作，惟涉河以民迁")

5. （宋）夏僎《尚书详解》卷十三《商书·盘庚中》

(归善斋按，见"盘庚作，惟涉河以民迁")

6. （宋）时澜《增修东莱书说》卷十一《商书·盘庚中第十》

(归善斋按，见"盘庚乃登进厥民")

7. （宋）黄度《尚书说》卷三《商书·盘庚中》

(归善斋按，见"乃话民之弗率，诞告用亶其有众")

8. （宋）袁燮《絜斋家塾书钞》卷六《商书·盘庚中》

(按袁氏此节注《大典》原缺)

9. （宋）蔡沈《书经集传》卷三《商书·盘庚中》

曰，明听朕言，无荒失朕命。
荒，废也。

10. （宋）黄伦《尚书精义》卷十九《商书·盘庚中》

(归善斋按，见"盘庚作，惟涉河以民迁")

11. （宋）陈经《尚书详解》卷十六《商书·盘庚中》

(归善斋按，见"盘庚乃登进厥民")

12. （宋）钱时《融堂书解》卷七《商书·盘庚中》

(归善斋按，见"盘庚作，惟涉河以民迁")

13. （宋）魏了翁《尚书要义》

原缺。

14.（宋）陈大猷《书集传或问》卷上《商书·盘庚中》

(归善斋按，未解)

15.（宋）胡士行《尚书详解》卷五《商书·盘庚中第十》

(归善斋按，见"盘庚作，惟涉河以民迁")

16.（元）吴澄《书纂言》卷三《商书·盘庚》

(归善斋按，见"盘庚作，惟涉河以民迁")

17.（元）陈栎《书集传纂疏》卷三《朱子订定蔡氏集传·商书·盘庚中》

曰，明听朕言，无荒失朕命。
荒，废也。

18.（元）许谦《读书丛说》卷五

原缺。

19.（元）董鼎《书传辑录纂注》卷三《商书·盘庚中》

曰，明听朕言，无荒失朕命。
荒，废也。

20.（元）朱祖义《尚书句解》卷五《商书·盘庚中第十》

曰（谕之曰），明听朕言（汝当明明听我之言），无荒失朕命（无复如前日之荒怠遗弃我之教命）。

21.（明）王樵《尚书日记》卷八《商书·盘庚中》

(归善斋按，见"盘庚作，惟涉河以民迁")

22.（清）库勒纳等撰《日讲书经解义》卷五《商书·盘庚中》

（归善斋按，见"盘庚作，惟涉河以民迁"）

呜呼！古我前后，罔不惟民之承

1.（汉）孔氏传、（唐）陆德明音义、孔颖达疏《尚书注疏》卷八《商书·盘庚上》

呜呼！古我前后，罔不惟民之承。
传，言我先世贤君，无不承安民而恤之。

2.（宋）苏轼《书传》卷八《商书·盘庚中第十》

（归善斋按，见"盘庚乃登进厥民"）

3.（宋）林之奇《尚书全解》卷十九《商书·盘庚中》

呜呼！古我前后，罔不惟民之承，保后胥戚，鲜以不浮于天时。
言尔众当明听我之言，无荒废，以失我之命。既敕戒之矣，于是嗟叹而称述其前世之所以屡迁者，莫不本于人情，而其民亦说而从之。今之所以迁，是以先王之意，而民未之从也。谓汤已下至于祖乙，凡迁都之主皆是也。孔子曰"使民如承大祭"，言不敢轻用民力而重之如此。"罔不惟民之承"，谓我前后之所为，无不敬民而承之，未尝轻用其力也。我先后既"罔不惟民之承"，故民亦"保后"而相与同其忧戚。林子和曰，忧民之忧，民亦忧其忧。"罔不惟民之承"则是忧民忧也。"保后胥戚"，则民亦忧其忧。此说是也。"鲜以不浮于天时"，孔氏曰，浮，行也，言皆行天时。唐孔氏谓，顺时布政，若《月令》之为。王氏曰，乘时流行，无所底滞。此诸说，皆以"浮"为"行"，其说亦通。而某窃以谓苏氏之说为胜，谓古者谓"过"为"浮"，"浮"之言"胜"也，以此敬民，故民

281

保其后，相与忧其忧，虽有天时之灾，鲜不以人力胜之也。此其为说，不惟于"浮"字之义为通，而且与上下文相贯。古人谓"名胜实"，为"名浮于实"，而又有"天人相胜"之说。天之降灾于人，宜其国遂至于危败祸乱，而不可救，而先后能与其民同心协力，择利而迁，是以安存而无虞，是修其人事，而能胜其天时者矣。既言先世之君与民同其忧，恤修人事以"浮于天时"，于是又详言其所以"浮于天时"之事也。

4.（宋）史浩《尚书讲义》卷九《商书·盘庚中》

呜呼！古我前后，罔不惟民之承，保后胥戚，鲜以不浮于天时。殷降大虐，先王不怀。厥攸作，视民利用迁。汝曷弗念我古后之闻，承汝，俾汝，惟喜康共，非汝有咎比于罚。予若吁怀兹新邑，亦惟汝故，以丕从厥志。今予将试以汝迁，安定厥邦。汝不忧朕心之攸困，乃咸大不宣乃心钦念，以忱动予一人。尔惟自鞠自苦。

（按，此段讲义原缺）

5.（宋）夏僎《尚书详解》卷十三《商书·盘庚中》

呜呼！古我前后，罔不惟民之承，保后胥戚，鲜以不浮于天时。殷降大虐，先王不怀。厥攸作，视民利用迁。汝曷弗念我古后之闻，承汝，俾汝，惟喜康共，非汝有咎比于罚。

盘庚上既告臣民，使之明听朕言，故此遂嗟叹而言之。古我前后，谓盘庚已前诸君，或指商以前而言，不特成汤、祖乙等也。盖下文言"殷降大虐先王不怀"，既是指汤而言，故知此指，指商以前诸君也。盘庚谓往古我之群后，凡有施为，无不惟民是承，如使民，如承大祭之承。承之为言，奉也。无不为民之故，而奉以周旋也。惟前后，惟民是承，故为之民，亦保后之胥戚。所谓"保后胥戚"者，盖保卫其后，而相与同其忧戚也。子和张彦政谓，忧民之忧者，民亦忧其忧。"罔不惟民之承"，则忧民之忧者；"保后胥戚"，则民亦忧其忧也。惟前后能"惟民是承"，而民又能"保后胥戚"，君民相与如此，故当时举事无不浮于天时。

浮于天时，有二说。张彦清谓，浮，如物之浮水，东西南北，无不惟水势是适，无所底滞。今先后之君民，相与如此，故凡有为，有行，未有不顺于天时。盖谓天时可行，在我不敢强止；天时当息，在我不敢强作。此之谓"浮于天时"。林少颖则又依苏氏谓，浮为胜，谓古者以过为浮，浮之为言，胜也，言君民相与同忧如此，故虽有天时之灾，皆可以人力胜之也。此二说皆通。

盘庚上既引言先后君民之间相与如此，率能浮于天时，故此遂言，我商之先后，惟知此理，故天降虐罚于殷，如仲丁在嚣，河亶甲在相，祖乙在耿，皆迫于祸灾，不能自已，故先王于是不敢怀居故邑，于是见几而作，视民所利而率之以迁，则先王于迁都之事，非不善也。先王之事既如此，汝视群臣，何不念汝所闻于我古先后之事，其所以迁者，大抵敬汝民而承之，使汝相率以迁而共其喜乐安康之事而已。我之迁都，既欲承汝，而俾汝，共享其康乐，则今日之事，非是汝有过咎，近乎谪罚，而遂迫汝以迁也。

6.（宋）时澜《增修东莱书说》卷十一《商书·盘庚中第十》

呜呼！古我前后，罔不惟民之承，保后胥戚，鲜以不浮于天时。

古我先王，无不顺从民欲，民亦保我先王而与之相为忧戚，君民之情通，故凡有所为，鲜有不浮于天时者，浮，如舟之浮于水靡有阻碍，言，君民一心动作无所龃龉也，盘庚自反，言先王能如此我乃不能是亦我有未尽者且以开谕百姓也。

7.（宋）黄度《尚书说》卷三《商书·盘庚中》

呜呼！古我前后，罔不惟民之承，保后胥戚，鲜以不浮于天时。殷降大虐，先王不怀。厥攸作，视民利用迁，汝曷弗念我古后之闻，承汝，俾汝，惟喜康共，非汝有咎比于罚。

先王无不惟民之承，而民亦保其君，相与戚忧，鲜以不浮于天时之故。浮，犹溢也。天时溢出为灾，犹《洪范》极备为凶也。殷降大虐，水圮都邑。先王不敢怀安。其所兴作，视民利为当迁。汝曷不念所闻古后之行事，其所以承汝，使汝惟喜乐安宁，将与汝共之，非汝有过咎，比于五流之罚而迁汝也。

8.（宋）袁燮《絜斋家塾书钞》卷六《商书·盘庚中》

呜呼！古我前后，罔不惟民之承，保后胥戚，鲜以不浮于天时。殷降大虐，先王不怀。厥攸作，视民利用迁。汝曷弗念我古后之闻，承汝，俾汝，惟喜康共。

自下承上，谓之承。以君临民，而曰"惟民之承"，先王之敬民也如此，使民如承大祭。古先圣王所以待其民者，分明如下之承其上，故曰"民为贵，社稷次之，君为轻"。《周官》，"献民数于王，王拜而受之"。只观"承"之一字，便见得三代治体，与后世不同。君敬其民，故民亦皆保其上，而同其忧戚焉。"鲜以不浮于天时"者，言大略皆是顺天时而迁也，顺流曰浮。天降大虐于殷，故先王不敢怀居。其所动作皆视民之利而迁也。盘庚言此，其意以为迁都之事，使我先王未尝有，而吾创为此，则汝虽不从可也。然自契至于成汤八迁，自汤至于今五迁矣。何前日能为之，而吾今日不可为也。故曰"汝曷弗念我古后之闻"，盘庚此言最妙，所以使其此心涣然开释也。"承汝，俾汝，"，即所谓"惟民之承"。既曰"惟民之承"，又曰"承汝俾汝，"，说此两"承"字，盘庚又有深意。盖盘庚恐当时之民，以为吾以人主之尊，而临其民，驱逐之使他适，故为此言，以明吾之心不如此。何者当迁而不迁，至于都邑圮坏，小民荡析离居，则是我不以民为重，亵慢之而然，其为不敬大矣。当迁而迁，目前虽若小劳，乃是知民之为重，敬之而不敢忽，所以如此。盘庚涉河，深恐当时民不谕其意，故明以告之，使知吾今日之迁，非以刑威驱之，以至尊临之，乃是敬汝，欲汝与我共享熹康之福也。呜呼！盘庚迁都之本心着矣。

9.（宋）蔡沈《书经集传》卷三《商书·盘庚中》

呜呼！古我前后，罔不惟民之承，保后胥戚，鲜以不浮于天时。

承，敬也。苏氏曰，古谓过为浮，浮之言胜也。后既无不惟民之敬，故民亦保后，相与忧其忧。虽有天时之灾，鲜不以人力胜之也。林氏曰，忧民之忧者，民亦忧其忧。"罔不惟民之承"，忧民之忧也。"保后胥戚"，民亦忧其忧也。

10.（宋）黄伦《尚书精义》卷十九《商书·盘庚中》

呜呼！古我前后，罔不惟民之承，保后胥戚，鲜以不浮于天时。

无垢曰，既耸动之矣，则又嗟叹以感激之，曰，古我先王前后相传，以心者无他事焉，惟民之承敬而已。何以敬之，盖民至愚而神也，至弱而强也，即天之聪明与明威也，敢不敬乎？惟君以敬民为心，而民亦以保君为心。要之，终于一心而已。同气而异息，同心而异形，相与同其忧戚之事，以观天时之往来，东西南北，惟天时之从。浮言之义，概可见矣。故天时在亳，则迁于亳；天时在嚣，则迁于嚣；天时在相，则迁于相；天时在耿，则迁于耿，其敢有私意者哉？其敢有倡和险肤，傲上从康者哉。

吕氏曰，我先王盖顺从民，民一有所欲，先王未尝不顺从之。先王顺民如此，民亦不敢违我先王，故保我先王而与之同其忧。以此君民之情便通，惟君民之情通，故我先王为事，天时既至，便随天时而为之。浮，随也。

11.（宋）陈经《尚书详解》卷十六《商书·盘庚中》

（归善斋按，见"盘庚乃登进厥民"）

12.（宋）钱时《融堂书解》卷七《商书·盘庚中》

呜呼！古我前后，罔不惟民之承，保后胥戚，鲜以不浮于天时。殷降大虐，先王不怀。厥攸作，视民利用迁。汝曷弗念我古后之闻，承汝，俾汝，惟喜康共，非汝有咎比于罚。

此节首言先王能承民，故民亦皆保君。承，顺承也。浮，如物之浮于水。天时犹水也，君之举事犹物也，水至即物浮，时至即事举。消息盈虚，与时偕行，略无差失，故谓之"浮"也。殷，指亳殷也。殷，乃亳之别名。盘庚以前未闻有殷之号。此号乃因地而着，是知殷指亳无疑。虐，灾也。怀，怀居也。商有天下以来，本都亳殷，为是天降大灾，先王不敢怀居此土，有所作为，遂徙而之他，亦是见得民所利便，而用之以迁耳。此先王是指仲丁。下文复曰，汝曷不念我古后之闻，则概举有商迁都诸贤君矣。盘庚意谓，亳有大虐，故先王视民利而迁都，今耿有水患，故我复视民利迁亳，隐然可见。

13.（宋）魏了翁《尚书要义》

原缺。

14.（宋）陈大猷《书集传或问》卷上《商书·盘庚中》

（归善斋按，未解）

15.（宋）胡士行《尚书详解》卷五《商书·盘庚中第十》

呜呼，古我前后，罔不惟民之承（顺），保（民亦保）后（前后）胥（相）戚（忧），鲜（少）以不浮（如舟浮水，顺通无阻碍）于天时。殷降（下）大虐（天时之灾，如嚣、相、耿皆迫于圮毁），先王不怀（怀安），厥攸（所以）作（起），视民利（去危就安）用迁。汝曷弗念我古后之闻。

后承民，民保后，后、民相恤以顺天。嚣而相，相而耿，不敢怀安，求民利耳。往事所闻如此，汝何不念，而疑今日之迁乎。

16.（元）吴澄《书纂言》卷三《商书·盘庚》

呜呼！古我前后，罔不惟民之承，保后胥戚，鲜以不浮于天时。殷降大虐，先王不怀。厥攸作，视民利用迁。汝曷弗念我古后之闻，承汝，俾汝，惟喜康共，非汝有咎比于罚。

承，奉顺也。保，爱护也。浮，如名浮于实，实浮于名之浮，过也，犹言胜之也。降，黜去之意；大虐，谓水灾虐害人也。我先王，无不惟民是承，故民亦保爱其君，共忧其忧，虽有天时之灾，鲜不以人力胜之也。殷家能远去水灾之大害，以先王不怀其居之故，其所以起而迁者，视民所利而用迁也。汝民何不思念所闻我先后之事，我之奉承汝者，盖欲使汝共享喜乐安康之利，非惟汝有罪，比附于罚而谪迁汝也。

17.（元）陈栎《书集传纂疏》卷三《朱子订定蔡氏集传·商书·盘庚中》

呜呼！古我前后，罔不惟民之承，保后胥戚，鲜以不浮于天时。

承，敬也。苏氏曰，古谓过为浮，浮之言胜也。后既无不惟民之敬，故民亦保后，相与忧其忧。虽有天时之灾，鲜不以人力胜之也。林氏曰，忧民之忧者，民亦忧其忧。"罔不惟民之承"，忧民之忧也。"保后胥戚"，民亦忧其忧也。

纂疏：

愚谓，承，顺也，何必训敬。

18.（元）许谦《读书丛说》卷五

原缺。

19.（元）董鼎《书传辑录纂注》卷三《商书·盘庚中》

呜呼！古我前后，罔不惟民之承，保后胥戚，鲜以不浮于天时。

承，敬也。苏氏曰，古者谓过为浮，浮之言胜也。后既无不惟民之敬，故民亦保后，相与忧其忧，虽有天时之灾，鲜不以人力胜之也。林氏曰，忧民之忧者，民亦忧其忧。"罔不惟民之承"，忧民之忧也。"保后胥戚"，民亦忧其忧也。

纂注：

新安陈氏曰，承奉顺之意，苏氏训为敬传从之，恐非。

20.（元）朱祖义《尚书句解》卷五《商书·盘庚中第十》

呜呼（嗟叹）！古我前后（盘庚已前诸君），罔不惟民之承（凡有施为，无不惟民是顺）。

21.（明）王樵《尚书日记》卷八《商书·盘庚中》

(归善斋按，见"盘庚作，惟涉河以民迁")

22.（清）库勒纳等撰《日讲书经解义》卷五《商书·盘庚中》

呜呼！古我前后，罔不惟民之承，保后胥戚，鲜以不浮于天时。

此一节书，见君臣一体相关之意也。承，敬也。胥戚，同其忧也。浮者，胜之也。盘庚告其民曰，迁都之事，君为民计安全，民亦当与君共忧患。昔我烈祖，当水灾为虐，无不以民之利害为己之利害。敬谨恪恭，图谋万全。其时百姓亦莫不保爱其君，同其忧戚，所以上下一心，和以致福，虽遇天时为患，皆以人力胜之，去危即安，国祚民生，赖以永宁。此先世君民同德之效，汝所当取法者也。

保后胥戚，鲜以不浮于天时

1.（汉）孔氏传、（唐）陆德明音义、孔颖达疏《尚书注疏》卷八《商书·盘庚上》

保后胥戚，鲜以不浮于天时。

传，民亦安君之政，相与忧行君令。浮，行也，少以不行于天时者，言皆行天时。

音义，鲜，息浅反。

疏，传正义曰，以君承安民而忧之，故民亦安君之政，相与忧行君令，使君令必行，责时群臣不忧行君令也。舟船浮水而行，故以浮为行也。行天时也，顺时布政，若《月令》之为也。

2.（宋）苏轼《书传》卷八《商书·盘庚中第十》

（归善斋按，见"盘庚乃登进厥民"）

3.（宋）林之奇《尚书全解》卷十九《商书·盘庚中》

（归善斋按，见"古我前后，罔不惟民之承"）

288

4.（宋）史浩《尚书讲义》卷九《商书·盘庚中》

(按，此段讲义原缺)

5.（宋）夏僎《尚书详解》卷十三《商书·盘庚中》

(归善斋按，见"古我前后，罔不惟民之承")

6.（宋）时澜《增修东莱书说》卷十一《商书·盘庚中第十》

(归善斋按，见"呜呼，古我前后，罔不惟民之承")

7.（宋）黄度《尚书说》卷三《商书·盘庚中》

(归善斋按，见"呜呼，古我前后，罔不惟民之承")

8.（宋）袁燮《絜斋家塾书钞》卷六《商书·盘庚中》

(归善斋按，见"呜呼，古我前后，罔不惟民之承")

9.（宋）蔡沈《书经集传》卷三《商书·盘庚中》

(归善斋按，见"呜呼，古我前后，罔不惟民之承")

10.（宋）黄伦《尚书精义》卷十九《商书·盘庚中》

(归善斋按，见"呜呼，古我前后，罔不惟民之承")

11.（宋）陈经《尚书详解》卷十六《商书·盘庚中》

(归善斋按，见"盘庚乃登进厥民")

12.（宋）钱时《融堂书解》卷七《商书·盘庚中》

(归善斋按，见"呜呼，古我前后，罔不惟民之承")

13.（宋）魏了翁《尚书要义》

原缺。

14.（宋）陈大猷《书集传或问》卷上《商书·盘庚中》

（归善斋按，未解）

15.（宋）胡士行《尚书详解》卷五《商书·盘庚中第十》

（归善斋按，见"呜呼，古我前后，罔不惟民之承"）

16.（元）吴澄《书纂言》卷三《商书·盘庚》

（归善斋按，见"呜呼，古我前后，罔不惟民之承"）

17.（元）陈栎《书集传纂疏》卷三《朱子订定蔡氏集传·商书·盘庚中》

（归善斋按，见"呜呼，古我前后，罔不惟民之承"）

18.（元）许谦《读书丛说》卷五

原缺。

19.（元）董鼎《书传辑录纂注》卷三《商书·盘庚中》

（归善斋按，见"呜呼，古我前后，罔不惟民之承"）

20.（元）朱祖义《尚书句解》卷五《商书·盘庚中第十》

保后胥戚（民亦保卫其君，相与同其忧戚），鲜以不浮于天时（少有不先天时以趋事者）。

21.（明）王樵《尚书日记》卷八《商书·盘庚中》

（归善斋按，见"盘庚作，惟涉河以民迁"）

22.（清）库勒纳等撰《日讲书经解义》卷五《商书·盘庚中》

（归善斋按，见"呜呼，古我前后，罔不惟民之承"）

殷降大虐，先王不怀

1.（汉）孔氏传、（唐）陆德明音义、孔颖达疏《尚书注疏》卷八《商书·盘庚上》

殷降大虐，先王不怀。

传，我殷家于天降大灾，则先王不思故居而行徙。

疏，传正义曰，迁徙者，止为邑居垫隘，水泉咸卤，非为避天灾也。此传以虐为灾，怀为思，言殷家于天降大灾，则先王不思故居而行徙者，以天时人事，终是相将邑居，不可行化，必将天降之灾。上云"不能相匡以生，罔知天之断命"，即是天降灾也。

2.（宋）苏轼《书传》卷八《商书·盘庚中第十》

殷降大虐，先王不怀。厥攸作，视民利用迁。

先王以天降灾虐，不敢怀安，其所作而迁者视民利而已。

3.（宋）林之奇《尚书全解》卷十九《商书·盘庚中》

殷降大虐，先王不怀，厥攸作，视民利用迁。汝曷弗念我古后之闻，承汝，俾汝，惟喜康共，非汝有咎比于罚。

言我先王之迁，未有无故而迁者，皆因天时大灾虐于我殷家。盖仲丁之迁于嚣，河亶甲之迁于相，祖乙之迁于耿，虽其书已亡不见其所以迁之故，然以此言观之，则知其迁也，皆迫于祸灾，有不得已而不可以已者。惟天降咎大虐于殷，故我先王不敢怀居于其故邑，舍其旧而新是图，于是见几而作，视民之所利者而帅之以迁。陈少南曰，上浮天时，下观地利，

291

此先王迁之大略也。汝之臣民，不从我以迁者，何不念汝所闻于古我先后之事，其所以迁，大抵敬汝民而承之，遂使汝从其迁徙之事，惟欲与汝共其喜乐安康而已，非汝之有过咎，近于谪罚，而遂迫汝以迁也。

4. （宋）史浩《尚书讲义》卷九《商书·盘庚中》

（按，此段讲义原缺）

5. （宋）夏僎《尚书详解》卷十三《商书·盘庚中》

（归善斋按，见"古我前后，罔不惟民之承"）

6. （宋）时澜《增修东莱书说》卷十一《商书·盘庚中第十》

殷降大虐，先王不怀。厥攸作，视民利用迁。汝曷弗念我古后之闻，承汝，俾汝，惟喜康共，非汝有咎比于罚。予若吁怀兹新邑，亦惟汝故，以丕从厥志。

"殷降大虐，先王不怀"者，旧都之不可安居，乃天以是虐我商家也。我先王不敢怀安，视民之便利即迁，不若今日之犹豫也。何不思念古后时所以如此者乎？"承汝，俾汝，惟喜康共，非汝有咎比于罚"者，言迁之本意，欲奉承汝，俾汝，同跻于喜乐安康之域。汝不察，乃谓我有何罪，而以迁都之事，殃罚于我。民视迁徙为殃罚，故明谕之曰，非也。我所以呼尔怀念此新邑者，非为己，亦惟汝之故，而将以大从尔之志尔。民不欲迁，而盘庚迁之，弗民志矣，乃谓之大从尔志者，盖民志欲安其所，以不欲迁者怀目前之利，而不知它日安康之乐。盘庚徙之，乃所以大从其志也。

7. （宋）黄度《尚书说》卷三《商书·盘庚中》

（归善斋按，见"呜呼，古我前后，罔不惟民之承"）

8. （宋）袁燮《絜斋家塾书钞》卷六《商书·盘庚中》

（归善斋按，见"呜呼，古我前后，罔不惟民之承"）

9.（宋）蔡沈《书经集传》卷三《商书·盘庚中》

殷降大虐，先王不怀。厥攸作，视民利用迁。汝曷弗念我古后之闻，承汝，俾汝，惟喜康共，非汝有咎比于罚。

比，毗至反。先王以天降大虐，不敢安居。其所兴作，视民利当迁而已。尔民何不念我以所闻先王之事，凡我所以敬汝，使汝者，惟喜与汝同安尔，非为汝有罪，比于罚而谪迁汝也。

10.（宋）黄伦《尚书精义》卷十九《商书·盘庚中》

殷降大虐，先王不怀。厥攸作，视民利用迁，汝曷弗念我古后之闻，承汝，俾汝，惟喜康共，非汝有咎比于罚。

无垢曰，是殷降大虐，先王不以怀亡为念而必迁也。然而，其迁岂快耳目之娱，便心志之适哉，以民为心而已。视民之所利在于何地，则随民所利而迁之。汝何不念我先王之德，所以闻于后世者无他，以敬民为心而已。惟以敬民为心，故有喜乐康宁之事，则使汝共享之。今我之迁，以此邦将有荡析离居之忧，而亳殷又有喜乐康宁之事，故不敢违先王敬民之心，挈汝以迁都，所以避害而就利也，非谓汝有罪，犯当受远谪之罚也。不知汝何若而不肯迁乎？患至而后思，祸来而后悔，亦无及矣。

张氏曰，商之先王，遭天所降之毒虐，不得安其居处，于是不敢以旧邦为怀，故汤至祖乙递迁，则其不怀可知矣。"厥攸作，视民利用迁"者，言其所作，视民所以便利，则从而迁矣。

11.（宋）陈经《尚书详解》卷十六《商书·盘庚中》

（归善斋按，见"盘庚乃登进厥民"）

12.（宋）钱时《融堂书解》卷七《商书·盘庚中》

（归善斋按，见"呜呼，古我前后，罔不惟民之承"）

13.（宋）魏了翁《尚书要义》

原缺。

14. （宋）陈大猷《书集传或问》卷上《商书·盘庚中》

（归善斋按，未解）

15. （宋）胡士行《尚书详解》卷五《商书·盘庚中第十》

（归善斋按，见"呜呼，古我前后，罔不惟民之承"）

16. （元）吴澄《书纂言》卷三《商书·盘庚》

（归善斋按，见"呜呼，古我前后，罔不惟民之承"）

17. （元）陈栎《书集传纂疏》卷三《朱子订定蔡氏集传·商书·盘庚中》

殷降大虐，先王不怀。厥攸作，视民利用迁，汝曷弗念我古后之闻，承汝，俾汝，惟喜康共，非汝有咎比于罚。

先王以天降大虐，不敢安居。其所兴作，视民利当迁而已。尔民何不念我以所闻先王之事，凡我所以敬汝，使汝者，惟喜与汝同安尔，非为汝有罪，比于罚而谪迁汝也。

18. （元）许谦《读书丛说》卷五

原缺。

19. （元）董鼎《书传辑录纂注》卷三《商书·盘庚中》

殷降大虐，先王不怀。厥攸作，视民利用迁。汝曷弗念我古后之闻，承汝，俾汝，惟喜康共，非汝有咎比于罚。

先王以天降大虐，不敢安居，其所兴作，视民利当迁而已。尔民何不念我以所闻先王之事，凡我所以敬汝，使汝者，惟喜与汝同安尔，非为汝有罪，比于罚而谪迁汝也。

20. (元) 朱祖义《尚书句解》卷五《商书·盘庚中第十》

殷降大虐（以天于殷家屡降大虐罚，如嚣与相，皆有水患），先王不怀（是以先王不敢怀安故邑）。

21. (明) 王樵《尚书日记》卷八《商书·盘庚中》

"殷降大虐"至"比于罚"。

先王以天降大虐，不敢安居。其所兴作，视民利当迁而已。此尔民所闻，宜亦以此而念我凡所以敬汝，使汝者，惟喜与汝同安尔，非为汝有罪而以迁汝为罚也。"汝曷弗念我古后之闻"，汝何不以所闻于古后者，而思念我今日之事乎？

22. (清) 库勒纳等撰《日讲书经解义》卷五《商书·盘庚中》

殷降大虐，先王不怀。厥攸作，视民利用迁。汝曷弗念我古后之闻，承汝，俾汝，惟喜康共，非汝有咎比于罚。

此一节书，又明示民以迁都之意也。虐，害也。怀，安也。古后，即先王。咎，罪也。盘庚曰，国有疑谋，必稽诸旧闻，而断自先王。汝民不闻先王迁都之事乎？昔我殷邦河水为灾，天降大害，我先王承民之心，不敢安居。其所兴作，惟视民所利益，用以迁徙，谋断于上，而民志不疑。先王之往事如此，汝民曷不念我迁都之举，实闻之先王，凡所以敬汝民命，而使汝迁都者，惟喜与汝远避河水之害，而共享安居之利，亦犹先王视民利用迁之意也。岂以汝民有罪，而比附于迁谪之罚哉。

厥攸作，视民利用迁

1. (汉) 孔氏传、(唐) 陆德明音义、孔颖达疏《尚书注疏》卷八《商书·盘庚上》

厥攸作，视民利用迁。

传，其所为视民有利则用徙。

2.（宋）苏轼《书传》卷八《商书·盘庚中第十》

(归善斋按，见"殷降大虐，先王不怀")

3.（宋）林之奇《尚书全解》卷十九《商书·盘庚中》

(归善斋按，见"殷降大虐，先王不怀")

4.（宋）史浩《尚书讲义》卷九《商书·盘庚中》

(按，此段讲义原缺)

5.（宋）夏僎《尚书详解》卷十三《商书·盘庚中》

(归善斋按，见"古我前后，罔不惟民之承")

6.（宋）时澜《增修东莱书说》卷十一《商书·盘庚中第十》

(归善斋按，见"殷降大虐，先王不怀")

7.（宋）黄度《尚书说》卷三《商书·盘庚中》

(归善斋按，见"呜呼，古我前后，罔不惟民之承")

8.（宋）袁燮《絜斋家塾书钞》卷六《商书·盘庚中》

(归善斋按，见"呜呼，古我前后，罔不惟民之承")

9.（宋）蔡沈《书经集传》卷三《商书·盘庚中》

(归善斋按，见"殷降大虐，先王不怀")

10.（宋）黄伦《尚书精义》卷十九《商书·盘庚中》

(归善斋按，见"殷降大虐，先王不怀")

11. （宋）陈经《尚书详解》卷十六《商书·盘庚中》

(归善斋按，见"盘庚乃登进厥民")

12. （宋）钱时《融堂书解》卷七《商书·盘庚中》

(归善斋按，见"呜呼，古我前后，罔不惟民之承")

13. （宋）魏了翁《尚书要义》

原缺。

14. （宋）陈大猷《书集传或问》卷上《商书·盘庚中》

(归善斋按，未解)

15. （宋）胡士行《尚书详解》卷五《商书·盘庚中第十》

(归善斋按，见"呜呼，古我前后，罔不惟民之承")

16. （元）吴澄《书纂言》卷三《商书·盘庚》

(归善斋按，见"呜呼，古我前后，罔不惟民之承")

17. （元）陈栎《书集传纂疏》卷三《朱子订定蔡氏集传·商书·盘庚中》

(归善斋按，见"殷降大虐，先王不怀")

18. （元）许谦《读书丛说》卷五

原缺。

19. （元）董鼎《书传辑录纂注》卷三《商书·盘庚中》

(归善斋按，见"殷降大虐，先王不怀")

20.（元）朱祖义《尚书句解》卷五《商书·盘庚中第十》

厥攸作（其所作为），视民利用迁（必视民所利，而用之以迁）。

21.（明）王樵《尚书日记》卷八《商书·盘庚中》

（归善斋按，见"殷降大虐，先王不怀"）

22.（清）库勒纳等撰《日讲书经解义》卷五《商书·盘庚中》

（归善斋按，见"殷降大虐，先王不怀"）

汝曷弗念我古后之闻

1.（汉）孔氏传、（唐）陆德明音义、孔颖达疏《尚书注疏》卷八《商书·盘庚上》

汝曷弗念我古后之闻。
传，古后先王之闻，谓迁事。
音义，曷，何末反，下同。

2.（宋）苏轼《书传》卷八《商书·盘庚中第十》

汝曷弗念我古后之闻，承汝，俾汝，惟喜康共，非汝有咎比于罚。
我古后所以敬汝，使汝者，喜与汝同安耳，非为有咎之日，使汝同受其罚也。

3.（宋）林之奇《尚书全解》卷十九《商书·盘庚中》

（归善斋按，见"殷降大虐，先王不怀"）

4. （宋）史浩《尚书讲义》卷九《商书·盘庚中》

（按，此段讲义原缺）

5. （宋）夏僎《尚书详解》卷十三《商书·盘庚中》

（归善斋按，见"古我前后，罔不惟民之承"）

6. （宋）时澜《增修东莱书说》卷十一《商书·盘庚中第十》

（归善斋按，见"殷降大虐，先王不怀"）

7. （宋）黄度《尚书说》卷三《商书·盘庚中》

（归善斋按，见"呜呼，古我前后，罔不惟民之承"）

8. （宋）袁燮《絜斋家塾书钞》卷六《商书·盘庚中》

（归善斋按，见"呜呼，古我前后，罔不惟民之承"）

9. （宋）蔡沈《书经集传》卷三《商书·盘庚中》

（归善斋按，见"殷降大虐，先王不怀"）

10. （宋）黄伦《尚书精义》卷十九《商书·盘庚中》

（归善斋按，见"殷降大虐，先王不怀"）

11. （宋）陈经《尚书详解》卷十六《商书·盘庚中》

汝曷弗念我古后之闻，承汝，俾汝，惟喜康共，非汝有咎比于罚。予若吁怀兹新邑，亦惟汝故，以丕从厥志。今予将试以汝迁，安定厥邦。

我古后之事闻于后世者如此，汝何以是为念乎？我之所以迁者，亦犹先王之迁也，承顺汝民，使汝惟喜乐康安之是共，岂以汝有罪戾之故逐迁，劳顿使汝比近于罚乎？汝民切勿有他疑也。我之若顺，呼吁尔民，使怀安于此新邑者，皆惟汝之故，欲以大从汝之志愿也。民之所志者，在于好安恶危，好利恶害而已。吾之迁者，正欲以安利之，是从汝之本志也。"今予将用汝以迁，安定厥邦"，舍前日之害，而趋今日之利，则汝之志得矣。

12.（宋）钱时《融堂书解》卷七《商书·盘庚中》

（归善斋按，见"呜呼，古我前后，罔不惟民之承"）

13.（宋）魏了翁《尚书要义》

原缺。

14.（宋）陈大猷《书集传或问》卷上《商书·盘庚中》

（归善斋按，未解）

15.（宋）胡士行《尚书详解》卷五《商书·盘庚中第十》

（归善斋按，见"呜呼，古我前后，罔不惟民之承"）

16.（元）吴澄《书纂言》卷三《商书·盘庚》

（归善斋按，见"呜呼，古我前后，罔不惟民之承"）

17.（元）陈栎《书集传纂疏》卷三《朱子订定蔡氏集传·商书·盘庚中》

（归善斋按，见"殷降大虐，先王不怀"）

18.（元）许谦《读书丛说》卷五

汝曷弗念我古后之闻？汝何不以所闻于古后者，而思念我今日之事乎？

19.（元）董鼎《书传辑录纂注》卷三《商书·盘庚中》

（归善斋按，见"殷降大虐，先王不怀"）

20. （元）朱祖义《尚书句解》卷五《商书·盘庚中第十》

汝曷弗念我古后之闻（汝民何不念我先王迁都之事，闻之后世者）。

21. （明）王樵《尚书日记》卷八《商书·盘庚中》

（归善斋按，见"殷降大虐，先王不怀"）

22. （清）库勒纳等撰《日讲书经解义》卷五《商书·盘庚中》

（归善斋按，见"殷降大虐，先王不怀"）

承汝，俾汝，惟喜康共，非汝有咎比于罚

1. （汉）孔氏传、（唐）陆德明音义、孔颖达疏《尚书注疏》卷八《商书·盘庚上》

承汝，俾汝，惟喜康共，非汝有咎比于罚。

传，今我法先王，惟民之承，故承汝，使汝徙，惟与汝共喜安，非谓汝有恶徙汝，令比近于殃罚。

音义，俾，必尔反。咎，其九反。比。毗志反。徐扶至反。注及下同。共，群用反。令，力呈反。近，"附近"之"近"。

疏，正义曰，先王为政，惟民之承。今我亦法先王，故承安汝，使汝徙，惟欢喜安乐，皆与汝共之，非谓汝有咎恶而徙汝，令比近于殃罚也。

2. （宋）苏轼《书传》卷八《商书·盘庚中第十》

（归善斋按，见"汝曷弗念我古后之闻"）

3.（宋）林之奇《尚书全解》卷十九《商书·盘庚中》

(归善斋按，见"殷降大虐，先王不怀")

4.（宋）史浩《尚书讲义》卷九《商书·盘庚中》

(按，此段讲义原缺)

5.（宋）夏僎《尚书详解》卷十三《商书·盘庚中》

(归善斋按，见"古我前后，罔不惟民之承")

6.（宋）时澜《增修东莱书说》卷十一《商书·盘庚中第十》

(归善斋按，见"殷降大虐，先王不怀")

7.（宋）黄度《尚书说》卷三《商书·盘庚中》

(归善斋按，见"呜呼，古我前后，罔不惟民之承")

8.（宋）袁燮《絜斋家塾书钞》卷六《商书·盘庚中》

(归善斋按，另见"呜呼，古我前后，罔不惟民之承")

非汝有咎比于罚。予若吁怀兹新邑，亦惟汝故，以丕从厥志。

盘庚谓，吾所以迁，非是汝有罪而罚汝，亦非是我自为一身，皆是为汝之故。都邑圮坏，汝民将荡析离居，故我所以须着用迁。呜呼！当时之民，以为盘庚自为己计也。斯言一出，其心宁不为之耸动乎？且天生民而立君，不过欲司牧下民。人主举事，岂可自私其身，亦无非为民计。"以丕从厥志"，此一句尤当着力看，盖民之本志也。只要迁，是非可否，本心未尝不明，但一时为利害所蔽，惮其道涂之阻，迁徙之劳，所以不从。盘庚深见其本心，故直指言之，以为汝之本心，亦只以为当迁，吾今日之举，乃所以大从尔之志。此一句，是盘庚迁都底骨髓。盘庚所以迁，其根本全在此。前乎此，特未说尔，至此说出，愈更分明。大抵天下之至明者，人之本心也。今试以迁都之事，问一愚鄙之

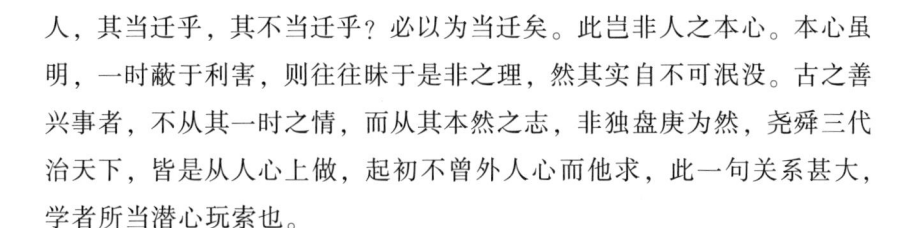

人，其当迁乎，其不当迁乎？必以为当迁矣。此岂非人之本心。本心虽明，一时蔽于利害，则往往昧于是非之理，然其实自不可泯没。古之善兴事者，不从其一时之情，而从其本然之志，非独盘庚为然，尧舜三代治天下，皆是从人心上做，起初不曾外人心而他求，此一句关系甚大，学者所当潜心玩索也。

9. （宋）蔡沈《书经集传》卷三《商书·盘庚中》

（归善斋按，见"殷降大虐，先王不怀"）

10. （宋）黄伦《尚书精义》卷十九《商书·盘庚中》

（归善斋按，见"殷降大虐，先王不怀"）

11. （宋）陈经《尚书详解》卷十六《商书·盘庚中》

（归善斋按，见"汝曷弗念我古后之闻"）

12. （宋）钱时《融堂书解》卷七《商书·盘庚中》

（归善斋按，见"呜呼，古我前后，罔不惟民之承"）

13. （宋）魏了翁《尚书要义》

原缺。

14. （宋）陈大猷《书集传或问》卷上《商书·盘庚中》

（归善斋按，未解）

15. （宋）胡士行《尚书详解》卷五《商书·盘庚中第十》

承（顺）汝，俾（使）汝（迁），惟喜康（安）共，非汝有咎比（近）于罚。予若吁（呼）怀（念）兹新邑（亳），亦惟汝故，以丕从厥志。

亳之迁，乐与民同其安也，岂以殃罚之乎？为汝故，以从汝志耳，岂以徇我之欲乎？民不欲迁，而以迁为丕从者。欲安者，民之大欲。迁而久安，乃所以丕从其欲，安之本心。其不欲迁，乃一时暂蔽于浮言之私耳。

16.（元）吴澄《书纂言》卷三《商书·盘庚》

(归善斋按，见"呜呼，古我前后，罔不惟民之承")

17.（元）陈栎《书集传纂疏》卷三《朱子订定蔡氏集传·商书·盘庚中》

(归善斋按，见"殷降大虐，先王不怀")

18.（元）许谦《读书丛说》卷五

原缺。

19.（元）董鼎《书传辑录纂注》卷三《商书·盘庚中》

(归善斋按，见"殷降大虐，先王不怀")

20.（元）朱祖义《尚书句解》卷五《商书·盘庚中第十》

承汝，俾汝，惟喜康共（我今日迁不过顺汝民情，使汝惟喜乐康安之是共），非汝有咎（非汝有罪咎），比于罚（故遂迁徙劳顿，使汝比近于罚）。

21.（明）王樵《尚书日记》卷八《商书·盘庚中》

(归善斋按，见"殷降大虐，先王不怀")

22.（清）库勒纳等撰《日讲书经解义》卷五《商书·盘庚中》

(归善斋按，见"殷降大虐，先王不怀")

予若吁怀兹新邑，亦惟汝，故以丕从厥志

1.（汉）孔氏传、（唐）陆德明音义、孔颖达疏《尚书注疏》卷八《商书·盘庚上》

予若吁怀兹新邑，亦惟汝，故以丕从厥志。
传，言我顺和怀此新邑，欲利汝众，故大从其志而徙之。
音义，吁，羊戍反。
疏，正义曰，盘庚言，我顺于道理，和协汝众，归怀此新邑者，非直为我王家，亦惟利汝众，故为此，大从我本志，而迁徙不有疑也。

2.（宋）苏轼《书传》卷八《商书·盘庚中第十》

予若吁怀兹新邑，亦惟汝故，以丕从厥志。
予所以召呼怀来新邑之人者，亦惟以汝故也。将使汝久居而安，以大从我志。

3.（宋）林之奇《尚书全解》卷十九《商书·盘庚中》

予若吁怀兹新邑，亦惟汝，故以丕从厥志。今予将试以汝迁，安定厥邦。
先王之"视民利用迁"者既已如此，我之所以号召尔民，而进之使尔怀兹新邑者，亦岂为我一人之私计也哉。亦惟尔民之荡析离居，罔有定极，故为尔择利而迁，以大从尔之志，亦如先王之"承汝，俾汝，惟喜康共"也。夫盘庚之迁，盖民情相与怨咨而不悦，今乃曰"以丕从厥志"，何也？苏氏曰，古之所谓从众者，非从其口之所不乐，而从其心之所同然也。亳邑之迁，实斯民之所利也。惟其为浮言之所摇动，故其诵于口者，咸有不乐之言，若乃幡然而改，以其利害安危之实，而反求之于心，则固知其迁之之利，与不迁之害矣。故"丕从厥志"者，正苏氏所谓非从其口之所不乐，而从其心之所同然者也。惟其迁也，盖为汝民之故，"以丕

305

从厥志"，故我今兹所以将试以汝迁者，凡以"安定厥邦"而已，非有他意也。王氏曰，"今予将试以汝迁，安定厥邦"者，告民以迁之安利也，以迁为安定厥邦，则知不迁必有危而不安，乱而不定之事也。此说是也。

4. （宋）史浩《尚书讲义》卷九《商书·盘庚中》

（按，此段讲义原缺）

5. （宋）夏僎《尚书详解》卷十三《商书·盘庚中》

予若吁怀兹新邑，亦惟汝故，以丕从厥志，今予将试以汝迁，安定厥邦。汝不忧朕心之攸困，乃咸大不宣乃心钦念，以忱动予一人。尔惟自鞠自苦，若乘舟，汝弗济臭厥载，尔忱不属，惟胥以沉，不其或稽，自怒曷瘳。

盘庚上既言我迁都，本为民计，非以汝有罪而罚之，故此遂言"予若吁怀兹新邑，亦惟汝故，以丕从厥志"。吁，呼也。与"无辜吁天"之"吁"同。盘庚谓所以呼召尔臣民，进而教告，使之怀安于此新邑者，非我一人之私计也，亦惟尔臣民荡析离居之故，是以释利而迁，将以大从尔志也。林少颖谓，盘庚之迁，民咨胥怨，今乃曰丕从厥志，何哉？苏氏曰，古之所谓从众者，非从其口之所不乐，而从其心之所同然。亳邑之迁，实斯民之利，惟其为浮言摇动，故从于口者，咸有不乐之言。若有幡然而改，以其利害安危之实，而反求于心，则固知迁之利，不迁之害矣，是盘庚所谓从厥者；正苏氏所谓非从其口之所不乐，而从其心之所同然也。惟盘庚不从其口，而从其志故尔。言虽怨咨未已，我于是试与汝共迁，以安定厥邦也。既言今日之迁，将以安定厥邦，故遂责之曰，我心忧念尔众如此，汝乃不能忧念我心之所困病者，在于民之不迁，方且相与怨嗟，不宣布尔之腹心敬念，以忱诚感动我一人。如此则是汝自取困穷，自取病苦而已。譬如舟之载物，不以时而济，则将臭败其所载。盖耿地潟卤，不以时迁则沉溺无所不至矣。故又继之曰"尔忱不属，惟胥以沉"。属，逮也。盖谓，汝不能以忱动予一人，是尔之忱诚有所不逮也。忱诚不逮，则失可迁之时，而相与及于沉溺之患矣。如此则是汝之所见进退，无所稽考，徒自肆其忿怒不逊之意，果何时而瘳也，故曰"不其或稽自怒曷瘳"。

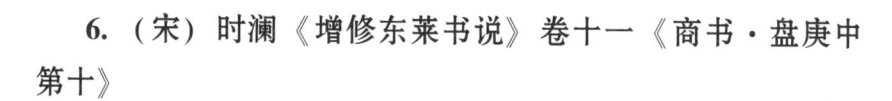

6. (宋) 时澜《增修东莱书说》卷十一《商书·盘庚中第十》

(归善斋按,见"殷降大虐,先王不怀")

7. (宋) 黄度《尚书说》卷三《商书·盘庚中》

予若吁怀兹新邑,亦惟汝故,以丕从厥志。
予所为顺和怀念此新邑,岂非为汝故,以大从吾为民之志乎?

8. (宋) 袁燮《絜斋家塾书钞》卷六《商书·盘庚中》

(归善斋按,见"承汝,俾汝,惟喜康共,非汝有咎比于罚")

9. (宋) 蔡沈《书经集传》卷三《商书·盘庚中》

予若吁怀兹新邑,亦惟汝故,以丕从厥志。

我所以招呼怀来于此新邑者,亦惟以尔民荡析离居之故,欲承汝,俾汝,康共以大从尔志也。或曰,盘庚迁都,民咨胥怨而此以为丕从厥志,何也?苏氏曰,古之所谓从众者,非从其口之所不乐,而从其心之所不言而同然者。夫趋利而避害,舍危而就安,民心同然也。殷亳之迁,实斯民所利,特其一时为浮言摇动,怨咨不乐,使其即安危利害之实,而反求其心,则固其所大欲者矣。

10. (宋) 黄伦《尚书精义》卷十九《商书·盘庚中》

予若吁怀兹新邑,亦惟汝故,以丕从厥志。今予将试以汝迁,安定厥邦。汝不忧朕心之攸困,乃咸大不宣乃心钦念,以忱动予一人。尔惟自鞠自苦,若乘舟,汝弗济,臭厥载。

无垢曰,今我所以如此呼汝等,怀此新邑者,非谓我求耳目之玩,便心志之适也。惟汝等之故,欲使汝喜乐,使汝康宁,大从汝之本志耳。民之本志,欲喜乐,欲康宁。今此耿邑,将荡析离居,使民忧而不喜,迫而不康。然而下民见不及远,识不到微,反违其心志之所欲,非先王有以指示,则是坐视斯民趋而之死地也。舟,所以济川也;新都,所以图安也。

乘舟而不肯济川，则所载之物，皆为臭腐；有新都而不肯徙，则生生之具，皆为弃物。

张氏曰，吁，和也。"吁兹新邑"者，以迁于此为和也。怀，归也。"怀兹新邑"者，以迁于此为归也。上浮于天时，下顺于民事，此之谓"若"；率吁众戚，使之惟喜康共，此之谓"吁"；朕及笃敬恭承民命，永地于新邑，此之谓"怀"。盘庚之所若吁怀兹新邑者，亦惟汝民之故，以丕从厥志而已。

吕氏曰，"若乘舟，汝弗济，臭厥载"，此盖已在道路中，民尚有迟疑，不肯迁之意。盘庚恐其迟疑，则至于害事，故多所譬喻，以告晓之。谓今之迁都，正如乘舟一般，乘舟须是便渡，不可迟疑。若遂迟疑而不渡，必将臭腐其所载之物矣。

11.（宋）陈经《尚书详解》卷十六《商书·盘庚中》

(归善斋按，见"汝曷弗念我古后之闻")

12.（宋）钱时《融堂书解》卷七《商书·盘庚中》

予若吁怀兹新邑，亦惟汝故以，丕从厥志。今予将试以汝迁，安定厥邦。汝不忧朕心之攸困，乃咸大不宣乃心钦念，以忱动予一人。尔惟自鞠自苦，若乘舟，汝弗济，臭厥载。尔忱不属惟胥以沉，不其或稽，自怒曷瘳。

上节既言古我先后，惟民之承，而民皆保后胥戚，故盘庚于此乃自言，我亦惟民之承，而民不能保后胥戚也，"亦惟汝故"而下是言"惟民之承"处；"汝不忧朕心之攸困"而下是言民之不能"保后胥戚"处。此书谕民凡两言。"将试以汝迁"，道一"试"字，见盘庚委曲乐易处。不属，犹不及也，言尔之信我，若有不及，但有水患相沉溺耳。

13.（宋）魏了翁《尚书要义》

原缺。

14.（宋）陈大猷《书集传或问》卷上《商书·盘庚中》

(归善斋按，未解)

15.（宋）胡士行《尚书详解》卷五《商书·盘庚中第十》

（归善斋按，见"承汝，俾汝，惟喜康共，非汝有咎比于罚"）

16.（元）吴澄《书纂言》卷三《商书·盘庚》

予若吁怀兹新邑，亦惟汝故，以丕从厥志。今予将试以汝迁，安定厥邦。

民志本欲安其居，所以不肯迁者，以苟目前之暂安，而不图他日之久安，我所以招呼汝迁怀念此新邑者，亦惟汝之故，将以大从尔民欲安之志。不迁，则举国无安定之时；"以汝迁"者，所以安定一国也。

17.（元）陈栎《书集传纂疏》卷三《朱子订定蔡氏集传·商书·盘庚中》

予若吁怀兹新邑，亦惟汝故，以丕从厥志。

我所以招呼怀来于此新邑者，亦惟以尔民荡析离居之故。欲承汝，俾汝，康共以大从尔志也。或曰，盘庚迁都，民咨胥怨，而此以为"丕从厥志"何也？苏氏曰，古之所谓从众者，非从其口之所不乐，而从其心之所不言而同然者。夫趋利而避害，舍危而就安，民心同然也。殷亳之迁，实斯民所利，特其一时为浮言摇动，怨咨不乐，使其即安危利害之实，而反求其心，则固其所大欲者矣。

18.（元）许谦《读书丛说》卷五

原缺。

19.（元）董鼎《书传辑录纂注》卷三《商书·盘庚中》

予若吁怀兹新邑，亦惟汝故，以丕从厥志。

我所以招呼怀来于此新邑者，亦惟以尔民荡析离居之故。欲承汝，俾汝，康共以大从尔志也。或曰，盘庚迁都，民咨胥怨，而此以为"丕从厥志"，何也？苏氏曰，古之所谓从众者，非从其口之所不乐，而从其心之所不言而同然者。夫趋利而避害，舍危而就安，民心同然也。殷亳之迁，实斯民所利特,其一时为浮言摇动,怨咨不乐,使其即安危利害之实,而反求其心,则固其所大欲者矣。

20. (元) 朱祖义《尚书句解》卷五《商书·盘庚中第十》

予若吁怀兹新邑(我所以顺呼汝民,使怀安于此新邑者),亦惟汝故(亦皆缘汝之故),以丕从厥志(所以大从汝之志愿)。

21. (明) 王樵《尚书日记》卷八《商书·盘庚中》

"予若吁怀兹新邑"至"丕从厥志"。

民不乐迁,而谓之丕从厥志者,苏氏发得好。王者未尝以人从欲,而亦不违道徇人,惟审于安危利害之实,而为之趋利避害,舍危就安,则不从其口之所不乐者,实以大从其心之所不言而同然者也。

22. (清) 库勒纳等撰《日讲书经解义》卷五《商书·盘庚中》

予若吁怀兹新邑,亦惟汝故,以丕从厥志。

此一节书言,迁都所以为民生,正所以从民志也。吁,呼也。怀,解作来;新邑,指洛都也。盘庚曰,尔民之不乐迁徙,将无疑我拂众以从己之欲耶。我思趋利远害,舍危即安,汝之本志固然,而乃不肯迁者,当是为浮言所摇惑耳。我所以不惮语言,谆复招呼,怀来于此新邑者,亦惟因汝荡析离居之故,欲贻汝安康,以大从汝之志也。我从汝之志,而视利以用迁。汝曷不体我之心,而图迁以趋利哉?

今予将试以汝迁,安定厥邦

1. (汉) 孔氏传、(唐) 陆德明音义、孔颖达疏《尚书注疏》卷八《商书·盘庚上》

今予将试以汝迁,安定厥邦。

传，试，用。

2.（宋）苏轼《书传》卷八《商书·盘庚中第十》

今予将试以汝迁，安定厥邦，汝不忧朕心之攸困，乃咸大不宣乃心钦念，以忧动予一人。尔惟自鞠自苦，若乘舟，汝弗济，臭厥载。

困，病也。鞠，穷也。汝不忧我心之所病者，乃不布心腹敬念，以诚动我，但作怨诽，以自穷苦，譬如临（一作流）水，具（一作乘）舟能终不济乎？无迟留，以臭败其所载也。

3.（宋）林之奇《尚书全解》卷十九《商书·盘庚中》

（归善斋按，见"予若吁怀兹新邑，亦惟汝，故以丕从厥志"）

4.（宋）史浩《尚书讲义》卷九《商书·盘庚中》

（按，此段讲义原缺）

5.（宋）夏僎《尚书详解》卷十三《商书·盘庚中》

（归善斋按，见"予若吁怀兹新邑，亦惟汝，故以丕从厥志"）

6.（宋）时澜《增修东莱书说》卷十一《商书·盘庚中第十》

今予将试以汝迁，安定厥邦。

时已在道，盘庚乃谓，姑试同尔迁，以观安定与否，深见盘庚之不自用也。

7.（宋）黄度《尚书说》卷三《商书·盘庚中》

今予将试以汝迁，安定厥邦。汝不忧朕心之攸困，乃咸大不宣乃心钦念，以忧动予一人，尔惟自鞠自苦。

试，言试其事也。灼然已见其可为，而曰试者，为众人之不能尽知也。今人犹曰，且试观之。迁则安定厥邦，不迁则莫可为也。汝不忧朕心之所用如此，乃皆大不宣，其心务自覆匿，不能钦念，以诚而动。我此岂所谓保后胥戚者乎？不顺我而迁，喜乐康安不得共之，必且自穷自苦。

8.（宋）袁燮《絜斋家塾书钞》卷六《商书·盘庚中》

今予将试以汝迁，安定厥邦。

盘庚既已涉河，则是民已从盘庚而迁矣。然且曰，将试以汝迁，何哉？观"试"之一字，可见盘庚敬民之意，盖诚不强迫民之必迁也。遐想盘庚敬心分明，如承大祭，如朽索之驭六马，兢兢业业，敬畏恐惧，惟恐民心中变，而厥邦之不安，何敢强民之从也哉。当子细玩味这"试"字。

9.（宋）蔡沈《书经集传》卷三《商书·盘庚中》

今予将试以汝迁，安定厥邦。汝不忧朕心之攸困，乃咸大不宣乃心钦念，以忧动予一人。尔惟自鞠自苦。若乘舟，汝弗济，臭厥载。尔忱不属，惟胥以沉，不其或稽，自怒曷瘳。

忱，时任反；乘，平声；瘳，丑鸠反。上文言，先王惟民之承，而民亦保后胥戚。今我亦惟汝故，安定厥邦，而汝乃不忧我心之所困，乃皆不宣布腹心，钦念以诚感动于我。尔徒为此纷纷自取穷苦。譬乘舟，不以时济，必败坏其所资。今汝从上之诚，间断不属，安能有济，惟相与以及沉溺而已。《诗》曰"其何能淑，载胥及溺"，正此意也。利害若此，尔民而罔或稽察焉，是虽怨疾忿怒，何损于困苦乎？

10.（宋）黄伦《尚书精义》卷十九《商书·盘庚中》

（归善斋按，见"予若吁怀兹新邑，亦惟汝，故以丕从厥志"）

11.（宋）陈经《尚书详解》卷十六《商书·盘庚中》

（归善斋按，见"汝曷弗念我古后之闻"）

12.（宋）钱时《融堂书解》卷七《商书·盘庚中》

（归善斋按，见"予若吁怀兹新邑，亦惟汝，故以丕从厥志"）

13.（宋）魏了翁《尚书要义》

原缺。

14.（宋）陈大猷《书集传或问》卷上《商书·盘庚中》

（归善斋按，未解）

15.（宋）胡士行《尚书详解》卷五《商书·盘庚中第十》

今予将试以汝迁，安定厥邦。
迁矣，而方曰将试，辞意之婉厚之至也。

16.（元）吴澄《书纂言》卷三《商书·盘庚》

（归善斋按，见"予若吁怀兹新邑，亦惟汝，故以丕从厥志"）

17.（元）陈栎《书集传纂疏》卷三《朱子订定蔡氏集传·商书·盘庚中》

今予将试以汝迁，安定厥邦。汝不忧朕心之攸困，乃咸大不宣乃心钦念，以忱动予一人。尔惟自鞠自苦。若乘舟，汝弗济，臭厥载。尔忱不属，惟胥以沈，不其或稽，自怒曷瘳。

上文言，先王惟民之承，而民亦保后胥戚。今我亦惟汝故，安定厥邦，而汝乃不忧我心之所困，乃皆不宣布腹心钦念，以诚感动于我。尔徒为此纷纷自取穷苦。譬乘舟，不以时济，必败坏其所资。今汝从上之诚，间断不属，安能有济，惟相与以及沉溺而已。《诗》曰"其何能淑，载胥及溺"，正此意也。利害若此，尔民而罔或稽察焉，是虽怨疾忿怒，何损于困苦乎？

纂疏：
　　袁氏曰，王涉河，故指舟为喻。

18.（元）许谦《读书丛说》卷五

原缺。

19.（元）董鼎《书传辑录纂注》卷三《商书·盘庚中》

今予将试以汝迁，安定厥邦。汝不忧朕心之攸困，乃咸大不宣乃心钦念，以忧动予一人。尔惟自鞠自苦。若乘舟，汝弗济，臭厥载。尔忱不属，惟胥以沈，不其或稽，自怒曷瘳。

上文言，先王惟民之承，而民亦保后胥戚。今我亦惟汝故，安定厥邦，而汝乃不忧我心之所困，乃皆不宣布腹心钦念，以诚感动于我。尔徒为此纷纷自取穷苦。譬乘舟，不以时济，必败坏其所资。今汝从上之诚。间断不属。安能有济。惟相与以及沈溺而已。《诗》曰"其何能淑，载胥及溺"，正此意也。利害若此，尔民而罔或稽察焉，是虽怨疾忿怒，何损于困苦乎？

20.（元）朱祖义《尚书句解》卷五《商书·盘庚中第十》

今予将试以汝迁（今我将用以汝迁），安定厥邦（安定绥怀于其邦）。

21.（明）王樵《尚书日记》卷八《商书·盘庚中》

"今予将试以汝迁"至"自怒曷瘳"。

计迁已久，成迁在今。今予将试以汝迁，而汝乃不忧我心之攸困。困，谓万众动移，皆在君心之念也。既不知体君心之劳，又不直以所疑告于上，祇自取穷苦，何由自解。今已敛其资贿尽室首途之时，若次且不前，如乘舟弗济，必败所载。夫从上之忧，贵于属，而忌于疑。今汝已从我决迁，此心不属，终难共济，奚止臭厥载，有胥及溺而已。利害若此，而不之稽，虽自怒，庸损于苦乎？鞠，穷也。

吴氏曰，尔民不得安居，此我心之忧，乃皆大不宣布其心钦敬思念，以诚心动我。尔惟苟安，坐待水患之至，是自取穷苦。譬之乘舟者，若迟滞不济，必臭败所载之物。从上之心，间断不属，则不能复济，惟相与以及沉溺而已。利害若此,汝不考察,但有怨怒,何能瘳乎,言无益也。按,"不其或稽",稽者,所谓即安危利害之实,而反求其心也。

22.（清）库勒纳等撰《日讲书经解义》卷五《商书·盘庚中》

今予将试以汝迁,安定厥邦。汝不忧朕心之攸困,乃咸大不宣乃心钦念,以忱动予一人,尔惟自鞠自苦。若乘舟,汝弗济,臭厥载。尔忱不属,惟胥以沉,不其或稽,自怒曷瘳。

此一节书,又以不迁之害警动庶民也。试,用也。忱,诚也。鞠,穷也。臭,犹言败;属,续也。稽,察也。曷瘳,言不可救也。盘庚曰,邦依民以立,民依邦以安。耿受河患,尔民荡析离居。今我念先王承民之意,将试以汝迁徙,而安定其邦国,使汝民得永赖安全。我劳心筹画,承汝之心,谓宜有孚于汝矣。汝不忧我心之所困苦,乃皆大不宣布汝心,而敬慎思念,以汝之诚,感动我一人,岂先王之民所云"保后胥戚"者乎？将望汝协心力,以胜天时,尔乃惟纷纷自取穷苦。譬若乘舟,汝不及时以济,必臭败其所载之资。今日迁都,正君民同心共济之时,汝从上之诚,间断不属,则亦焉能有济乎？惟相与及于沉溺而已。利害昭然如此,尔民曾不稽察,以早决从违,但自生怨疾忿怒,亦曷救于沉溺之苦哉？予不能为解已。

汝不忧朕心之攸困

1.（汉）孔氏传、（唐）陆德明音义、孔颖达疏《尚书注疏》卷八《商书·盘庚上》

汝不忧朕心之攸困。

传,所困不顺上命。

2. (宋) 苏轼《书传》卷八《商书·盘庚中第十》

(归善斋按, 见"今予将试以汝迁, 安定厥邦")

3. (宋) 林之奇《尚书全解》卷十九《商书·盘庚中》

汝不忧朕心之攸困, 乃咸大不宣乃心钦念, 以忧动予一人。尔惟自鞠自苦。若乘舟, 汝弗济, 臭厥载, 尔忱不属, 惟胥以沉, 不其或稽, 自怒曷瘳。

先王之世, 在上者"视民利用迁", 以忧民之忧, 则民亦忧其忧。今我之迁于斯邑, 亦惟汝民之故, "以丕从厥志", 而"安定厥邦", 可谓忧民之忧矣。而汝民不能"保后胥戚", 以忧我之忧, 故遂责之。由汝不能忧我心之所困, 盖盘庚之心, 以民之不迁为病也。惟不念我心之所困病, 故为浮言之所摇动, 相与咨怨, 大不宣布尔腹心敬念, 以忱诚感动我一人。尔徒为此纷纷, 以自取穷苦而已。盖我将欲与汝共其喜乐, 以从汝之志, 而汝乃不宣其心, 以尽忠于我, 则其所穷苦也, 非尔之自贻伊戚而何? 汝既自取穷苦, 不肯从我以迁, 譬如舟之载物, 不以时而济, 则将臭败其所载。盖耿之地, 焉卤沮洳若此, 苟不以时迁, 则沉溺重腿之患, 无所不至矣。此谓当及时而迁也。既汝不能大宣"乃心钦念, 以忧动予一人", 则是尔之诚忧有所不逮也。诚忧不逮而失其可迁之时, 以相与及于沉溺之患矣。《诗》曰"其何能淑, 载胥及溺", 正此意也。汝之不肯从我以迁者, 其害如此, 则是汝之所见进退无所稽考, 徒自肆其忿怒不逊之意, 果何时而瘳也。

4. (宋) 史浩《尚书讲义》卷九《商书·盘庚中》

(按, 此段讲义原缺)

5. (宋) 夏僎《尚书详解》卷十三《商书·盘庚中》

(归善斋按, 见"予若吁怀兹新邑, 亦惟汝, 故以丕从厥志")

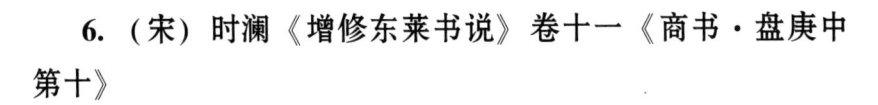

6.（宋）时澜《增修东莱书说》卷十一《商书·盘庚中第十》

汝不忧朕心之攸困，乃咸大不宣乃心钦念，以忧动予一人，尔惟自鞠自苦。

告谕反复，可谓披心腹亦思之，至于困弊矣。今汝不忧念我心经画，如此之劳，乃皆包藏其心，而不宣明，故上下之情不通。当钦敬其念虑，以至诚感动我一人可也，不然则自取穷苦。鞠，穷也。

7.（宋）黄度《尚书说》卷三《商书·盘庚中》

（归善斋按，见"今予将试以汝迁，安定厥邦"）

8.（宋）袁燮《絜斋家塾书钞》卷六《商书·盘庚中》

汝不忧朕心之攸困，乃咸大不宣乃心钦念，以忧动予一人。尔惟自鞠自苦。若乘舟，汝弗济，臭厥载。

观"困"之一字，见盘庚谋迁之时，其反复思虑，不是轻举。盖不迁，则都邑圮坏，民生昏垫，王业不成；迁之，则劳民动众，人心弗从，跋涉阻险，劳费不一。不迁既不可，迁又重咈人情，而民不我从。又思量如何去告戒他，如何去感动他，日夜思念，至于忧困。所谓困于心，衡于虑也。观此一字，可以深见盘庚之心。盘庚言，我之此举，其思之深，虑之至矣，汝乃不念我之所以困者为谁，如此反肆，为胥怨以违上之命令，其可乎？宣，达也。尔民皆有此心，只被利害之私横乎胸次，所以本心不能宣达。尔不宣达乃心敬念诚信，以感动我一人，尔惟自取鞠苦。尔傲上从康，可谓不敬矣，亦可谓不信矣。鞠，穷也。今曰不迁，则都邑圮坏，老稚转乎沟壑，非自取鞠苦乎？譬如乘舟，而弗终济，则其所载必臭腐，此又是盘庚委曲引喻，使之晓然见利害之实，正当涉河之时，故指舟以为喻。

9.（宋）蔡沈《书经集传》卷三《商书·盘庚中》

（归善斋按，见"今予将试以汝迁，安定厥邦"）

10. （宋）黄伦《尚书精义》卷十九《商书·盘庚中》

（归善斋按，见"予若吁怀兹新邑，亦惟汝，故以丕从厥志"）

11. （宋）陈经《尚书详解》卷十六《商书·盘庚中》

汝不忧朕心之攸困，乃咸大不宣乃心钦念，以忱动予一人。尔惟自鞠自苦。若乘舟，汝弗济，臭厥载。尔忱不属，惟胥以沉，不其或稽，自怒曷瘳。汝不谋长以思乃灾，汝诞劝忧。今其有今罔后，汝何生在上。今予命汝一，无起秽以自臭，恐人倚乃身，迂乃心。予迓续乃命于天，予岂汝威，用奉畜汝众。

昔我先王忧民之忧，而民亦忧君之忧。我今则亦忧民之忧如先王，而尔乃不能忧君之事如先王之民。朕心之所困者，在于欲迁而民弗从也。汝曾不以此为忧，乃皆大不宣布汝之心，敬念其诚信，以感动我一人，方且背后扇为浮言以惑众，不以利害之真实者而告其上，是汝心之不展布，而敬念以诚者，未有尽也。尔所以如此者，特自取其穷苦而已，岂有利于汝哉？譬之乘舟，然必济而后可；不济，则舟中所载之物，必臭败矣。新邑之安，当决意以迁则可，若犹豫迟回而不进，则无有生生之理矣。"尔忱不属，惟胥以沉"，我观尔之诚信不相联属，进而闻我言，则惟我之信；退而闻众人之论，则皇惑心无定见。一可，一否，一进，一退，此其诚之不属也，终必归于沉溺而已。尔何不试稽考其是非利害之所在，凡人于是非之不明，而利害之不审者，失于不知稽考而已。汝试稽考之，则是非利害，自灼然于心。苟其不然，则他日罹其祸害，虽自怒何所瘳乎？犹言悔之无及也。汝不谋为长久之计。以思其灾害。则是汝大相劝勉。而从忧患也。劝忧者。若《孟子》所谓"安其危而利其灾"也。今虽有今日之安。而后日无久长之利，汝安得生生之理，长在于人之上乎？今我命汝以纯一其心，当一心听我言，无有迟疑进退之意，起秽恶以自臭败。"恐人倚乃身，迂乃心"，盘庚明言告之，恐好人好生事者，倚汝之身，以迂曲汝之心，唱浮言以鼓动人心，遂文饰其说，以谓众人之情如此。盘庚惧其有此等人，汝民不可轻信也。我之意，但为迎迓接续汝命于天而已，迟回于此旧邑，则汝无生生之理，是命已绝矣。今而共迁新邑，去危就安，岂非迓

续乃命乎？予岂汝威哉，特奉承畜养汝众人而已。

此篇专以告民，并及其臣，故其言详缓优游，比上篇不同。

12. (宋) 钱时《融堂书解》卷七《商书·盘庚中》

(归善斋按，见"予若吁怀兹新邑，亦惟汝，故以丕从厥志")

13. (宋) 魏了翁《尚书要义》

原缺。

14. (宋) 陈大猷《书集传或问》卷上《商书·盘庚中》

(归善斋按，未解)

15. (宋) 胡士行《尚书详解》卷五《商书·盘庚中第十》

汝不忧朕心之攸困（病），乃咸大不宣（布）乃心钦念，以忱动（感）予一人。尔惟自鞠（穷）自苦。若乘舟，汝弗济（迟疑中流，不急登岸），臭（腐）厥载。尔忱不属（联属于君），惟胥以沈（溺），不其或稽（考迁不迁之利害），自（徒自）怒（锢滞忿怒）曷（何时）瘳（愈）？汝不谋长（迁为长久之安），以思乃灾（不迁之祸）。汝诞（大）劝（相劝）忧（沈溺之忧），今其有今（苟目前之安）罔后（后悔无及），汝何生（生业）在上。

此详告以不迁之祸也。

16. (元) 吴澄《书纂言》卷三《商书·盘庚》

汝不忧朕心之攸困。乃咸大不宣乃心钦念，以忱动予一人。尔惟自鞠自苦。若乘舟，汝弗济，臭厥载。尔忱不属，惟胥以沉，不其或稽，自怒曷瘳。汝不谋长以思乃灾，汝诞劝忧，今其有今罔后，汝何生在上。

尔民不得安居，此我心之忧，而至于困者。我忧尔民之忧，而汝不忧我心之忧，乃皆大不宣布其心钦敬思念，以诚心感动我。尔惟苟安，坐待水患之至，是自取穷苦。譬之乘舟者，然汝若迟滞不济，则必臭败其所载

319

之物。济水之诚心，间断不属，则不复能济，惟相与以及沉溺而已。利害若此，汝不考察，但自怨咨忿怒，何能瘳其病乎？言无益也。汝不为长久之谋，以思将至之灾，是汝大有可忧，而自劝其忧也。《孟子》曰安其危，利其灾，乐其所以亡，"劝忧"之谓。有今，言有今日也。罔后，言无后日也。上，天也。今日偷生，后日必死，何能有生命于天乎？下文"迓续乃命于天"，盖相首尾之辞。

17.（元）陈栎《书集传纂疏》卷三《朱子订定蔡氏集传·商书·盘庚中》

（归善斋按，见"今予将试以汝迁，安定厥邦"）

18.（元）许谦《读书丛说》卷五

原缺。

19.（元）董鼎《书传辑录纂注》卷三《商书·盘庚中》

（归善斋按，见"今予将试以汝迁，安定厥邦"）

20.（元）朱祖义《尚书句解》卷五《商书·盘庚中第十》

汝不忧朕心之攸困（汝民乃不忧我心之所困者，在于欲迁）。

21.（明）王樵《尚书日记》卷八《商书·盘庚中》

（归善斋按，见"今予将试以汝迁，安定厥邦"）

22.（清）库勒纳等撰《日讲书经解义》卷五《商书·盘庚中》

（归善斋按，见"今予将试以汝迁，安定厥邦"）

乃咸大不宣乃心钦念，以忱动予一人

1.（汉）孔氏传、（唐）陆德明音义、孔颖达疏《尚书注疏》卷八《商书·盘庚上》

乃咸大不宣乃心钦念，以忱动予一人。

传，汝皆大不布腹心敬念，以诚感动我，是汝不尽忠尔。

音义，忱，市林反。

2.（宋）苏轼《书传》卷八《商书·盘庚中第十》

（归善斋按，见"今予将试以汝迁，安定厥邦"）

3.（宋）林之奇《尚书全解》卷十九《商书·盘庚中》

（归善斋按，见"汝不忧朕心之攸困"）

4.（宋）史浩《尚书讲义》卷九《商书·盘庚中》

（按，此段讲义原缺）

5.（宋）夏僎《尚书详解》卷十三《商书·盘庚中》

（归善斋按，见"予若吁怀兹新邑，亦惟汝，故以丕从厥志"）

6.（宋）时澜《增修东莱书说》卷十一《商书·盘庚中第十》

（归善斋按，见"汝不忧朕心之攸困"）

7.（宋）黄度《尚书说》卷三《商书·盘庚中》

（归善斋按，见"今予将试以汝迁，安定厥邦"）

8.（宋）袁燮《絜斋家塾书钞》卷六《商书·盘庚中》

(归善斋按，见"汝不忧朕心之攸困")

9.（宋）蔡沈《书经集传》卷三《商书·盘庚中》

(归善斋按，见"今予将试以汝迁，安定厥邦")

10.（宋）黄伦《尚书精义》卷十九《商书·盘庚中》

(归善斋按，见"予若吁怀兹新邑，亦惟汝，故以丕从厥志")

11.（宋）陈经《尚书详解》卷十六《商书·盘庚中》

(归善斋按，见"汝不忧朕心之攸困")

12.（宋）钱时《融堂书解》卷七《商书·盘庚中》

(归善斋按，见"予若吁怀兹新邑，亦惟汝，故以丕从厥志")

13.（宋）魏了翁《尚书要义》

原缺。

14.（宋）陈大猷《书集传或问》卷上《商书·盘庚中》

(归善斋按，未解)

15.（宋）胡士行《尚书详解》卷五《商书·盘庚中第十》

(归善斋按，见"汝不忧朕心之攸困")

16.（元）吴澄《书纂言》卷三《商书·盘庚》

(归善斋按，见"汝不忧朕心之攸困")

17.（元）陈栎《书集传纂疏》卷三《朱子订定蔡氏集传·商书·盘庚中》

（归善斋按，见"今予将试以汝迁，安定厥邦"）

18.（元）许谦《读书丛说》卷五

原缺。

19.（元）董鼎《书传辑录纂注》卷三《商书·盘庚中》

（归善斋按，见"今予将试以汝迁，安定厥邦"）

20.（元）朱祖义《尚书句解》卷五《商书·盘庚中第十》

乃咸大不宣乃心（乃皆大不宣布汝之腹心）钦念，以忱（敬念以忱诚）动予一人（感动我一人）。

21.（明）王樵《尚书日记》卷八《商书·盘庚中》

（归善斋按，见"今予将试以汝迁，安定厥邦"）

22.（清）库勒纳等撰《日讲书经解义》卷五《商书·盘庚中》

（归善斋按，见"今予将试以汝迁，安定厥邦"）

尔惟自鞠自苦

1.（汉）孔氏传、（唐）陆德明音义、孔颖达疏《尚书注疏》卷八《商书·盘庚上》

惟自鞠自苦。

传，鞠，穷也，言汝为臣不忠，自取穷苦。

音义，鞠，居六反。

2.（宋）苏轼《书传》卷八《商书·盘庚中第十》

(归善斋按，见"今予将试以汝迁，安定厥邦")

3.（宋）林之奇《尚书全解》卷十九《商书·盘庚中》

(归善斋按，见"汝不忧朕心之攸困")

4.（宋）史浩《尚书讲义》卷九《商书·盘庚中》

(按，此段讲义原缺)

5.（宋）夏僎《尚书详解》卷十三《商书·盘庚中》

(归善斋按，见"予若吁怀兹新邑，亦惟汝，故以丕从厥志")

6.（宋）时澜《增修东莱书说》卷十一《商书·盘庚中第十》

(归善斋按，见"汝不忧朕心之攸困")

7.（宋）黄度《尚书说》卷三《商书·盘庚中》

(归善斋按，见"今予将试以汝迁，安定厥邦")

8.（宋）袁燮《絜斋家塾书钞》卷六《商书·盘庚中》

(归善斋按，见"汝不忧朕心之攸困")

9.（宋）蔡沈《书经集传》卷三《商书·盘庚中》

(归善斋按，见"今予将试以汝迁，安定厥邦")

10.（宋）黄伦《尚书精义》卷十九《商书·盘庚中》

(归善斋按，见"予若吁怀兹新邑，亦惟汝，故以丕从厥志")

11.（宋）陈经《尚书详解》卷十六《商书·盘庚中》

(归善斋按，见"汝不忧朕心之攸困")

12.（宋）钱时《融堂书解》卷七《商书·盘庚中》

(归善斋按，见"予若吁怀兹新邑，亦惟汝，故以丕从厥志")

13.（宋）魏了翁《尚书要义》

原缺。

14.（宋）陈大猷《书集传或问》卷上《商书·盘庚中》

(归善斋按，未解)

15.（宋）胡士行《尚书详解》卷五《商书·盘庚中第十》

(归善斋按，见"汝不忧朕心之攸困")

16.（元）吴澄《书纂言》卷三《商书·盘庚》

(归善斋按，见"汝不忧朕心之攸困")

17.（元）陈栎《书集传纂疏》卷三《朱子订定蔡氏集传·商书·盘庚中》

(归善斋按，见"今予将试以汝迁，安定厥邦")

18.（元）许谦《读书丛说》卷五

原缺。

19.（元）董鼎《书传辑录纂注》卷三《商书·盘庚中》

(归善斋按，见"今予将试以汝迁，安定厥邦")

20. （元）朱祖义《尚书句解》卷五《商书·盘庚中第十》

尔惟自鞠自苦（是汝自取困穷，自取病苦）。

21. （明）王樵《尚书日记》卷八《商书·盘庚中》

（归善斋按，见"今予将试以汝迁，安定厥邦"）

22. （清）库勒纳等撰《日讲书经解义》卷五《商书·盘庚中》

（归善斋按，见"今予将试以汝迁，安定厥邦"）

若乘舟，汝弗济，臭厥载

1. （汉）孔氏传、（唐）陆德明音义、孔颖达疏《尚书注疏》卷八《商书·盘庚上》

若乘舟，汝弗济，臭厥载。
传，言不徙之害，如舟在水中，流不渡，臭败其所载物。
音义，臭，徐尺售反。载如字，又在代反。
疏，正义曰，臭是气之别名。古者香气、秽气皆名为"臭"。《易》云"其臭如兰"，谓香气为"臭"也。《晋语》云"惠公改葬申生，臭彻于外"，谓秽气为"臭"也。下文覆述此意，云"无起秽以自臭"，则此臭谓秽气也。肉败则臭，故以臭为败。船不渡水，则败其所载物也。

2. （宋）苏轼《书传》卷八《商书·盘庚中第十》

（归善斋按，见"今予将试以汝迁，安定厥邦"）

3.（宋）林之奇《尚书全解》卷十九《商书·盘庚中》

(归善斋按，见"汝不忧朕心之攸困")

4.（宋）史浩《尚书讲义》卷九《商书·盘庚中》

若乘舟，汝弗济，臭厥载。尔忱不属，惟胥以沉，不其或稽，自怒曷瘳。汝不谋长以思乃灾，汝诞劝忧。今其有今罔后，汝何生在上。今予命汝一，无起秽以自臭。恐人倚乃身，迂乃心。予迓续乃命于天，予岂汝威，用奉畜汝众。

"若乘舟"者，方其涉河，请以舟喻也。夫作舟所以济险。险至而弗肯济，则舟将腐烂尔，故曰"臭厥载"也。忱，诚也。汝诚不属我以共济，将相与沉弱于水，尔正若此舟之不用也。汝不稽其可否，而自起怒厥疾，安能有瘳耶。汝不谋其长短，而思乃灾，其忧安得不劝耶。患至而自怒，哭至而劝忧，则失其性命之正，其沦胥以亡宜矣。今其有可安之理，后亦罔知自保，则亡无日矣，何能享其身于上乎？"命汝一"者，使之一其心，而惟上所令，勿起秽德，以自底于臭腐，期于速济而已。夫人不立己，而使他人得以倚乃身；心怀犹豫，而他人得以迂乃心，形虽未亡，而生亡矣。予今谆谆，正欲为之续其命于天，岂恃其威而迫汝，乃畜汝而不使离散而已。盘庚之爱民深切矣。

5.（宋）夏僎《尚书详解》卷十三《商书·盘庚中》

(归善斋按，见"予若吁怀兹新邑，亦惟汝，故以丕从厥志")

6.（宋）时澜《增修东莱书说》卷十一《商书·盘庚中第十》

若乘舟，汝弗济，臭厥载。

已至中路，民尚有迟疑不肯前之意，故谓今之迁都，正如乘舟当顺流而济，若迟疑于中流，则将臭腐其所载之物矣。

7. (宋)黄度《尚书说》卷三《商书·盘庚中》

若乘舟,汝弗济,臭厥载。尔忱不属,惟胥以沉,不其或稽,自怒曷瘳。

譬诸乘舟而弗求济,必臭败其所载物。尔诚不相属,犹豫二三,岂但臭厥载而已。中流泛泛,必相与沉溺矣。不于此稽察而至于祸败,虽自怒,何能瘳。

8. (宋)袁燮《絜斋家塾书钞》卷六《商书·盘庚中》

(归善斋按,见"汝不忧朕心之攸困")

9. (宋)蔡沈《书经集传》卷三《商书·盘庚中》

(归善斋按,见"今予将试以汝迁,安定厥邦")

10. (宋)黄伦《尚书精义》卷十九《商书·盘庚中》

(归善斋按,见"予若吁怀兹新邑,亦惟汝,故以丕从厥志")

11. (宋)陈经《尚书详解》卷十六《商书·盘庚中》

(归善斋按,见"汝不忧朕心之攸困")

12. (宋)钱时《融堂书解》卷七《商书·盘庚中》

(归善斋按,见"予若吁怀兹新邑,亦惟汝,故以丕从厥志")

13. (宋)魏了翁《尚书要义》

原缺。

14. (宋)陈大猷《书集传或问》卷上《商书·盘庚中》

(归善斋按,未解)

15.（宋）胡士行《尚书详解》卷五《商书·盘庚中第十》

（归善斋按，见"汝不忧朕心之攸困"）

16.（元）吴澄《书纂言》卷三《商书·盘庚》

（归善斋按，见"汝不忧朕心之攸困"）

17.（元）陈栎《书集传纂疏》卷三《朱子订定蔡氏集传·商书·盘庚中》

（归善斋按，见"今予将试以汝迁，安定厥邦"）

18.（元）许谦《读书丛说》卷五

原缺。

19.（元）董鼎《书传辑录纂注》卷三《商书·盘庚中》

（归善斋按，见"今予将试以汝迁，安定厥邦"）

20.（元）朱祖义《尚书句解》卷五《商书·盘庚中第十》

若乘舟（譬如乘舟），汝弗济（汝不以时而济），臭厥载（将臭败其所载之物）。

21.（明）王樵《尚书日记》卷八《商书·盘庚中》

（归善斋按，见"今予将试以汝迁，安定厥邦"）

22.（清）库勒纳等撰《日讲书经解义》卷五《商书·盘庚中》

（归善斋按，见"今予将试以汝迁，安定厥邦"）

尔忱不属，惟胥以沉，不其或稽，自怒曷瘳

1.（汉）孔氏传、（唐）陆德明音义、孔颖达疏《尚书注疏》卷八《商书·盘庚上》

尔忱不属，惟胥以沉，不其或稽，自怒曷瘳。

传，汝忠诚不属逮古，苟不欲徙，相与沉溺，不考之先王祸至，自怒何瘳差乎？

音义，属，音烛，注同，马云，独也。沉，直林反。瘳，敕留反。

疏，正义曰，盘庚责其臣民，汝等不用徙者，由汝忠诚不能属逮于古贤，苟不欲徙，惟相与沉溺于众不欲徙之言，不具有考验于先王迁徙之事。汝既不考于古，及其祸至，乃自忿怒，何所瘳差也。

2.（宋）苏轼《书传》卷八《商书·盘庚中第十》

尔忱不属，惟胥以沉，不其或稽，自怒曷瘳。

尔诚不能上达也，但相与沉溺，莫或考其利害者，自怨自怒，何损于病乎？

3.（宋）林之奇《尚书全解》卷十九《商书·盘庚中》

(归善斋按，见"汝不忧朕心之攸困")

4.（宋）史浩《尚书讲义》卷九《商书·盘庚中》

(归善斋按，见"若乘舟，汝弗济，臭厥载")

5.（宋）夏僎《尚书详解》卷十三《商书·盘庚中》

(归善斋按，见"予若吁怀兹新邑，亦惟汝，故以丕从厥志")

6. （宋）时澜《增修东莱书说》卷十一《商书·盘庚中第十》

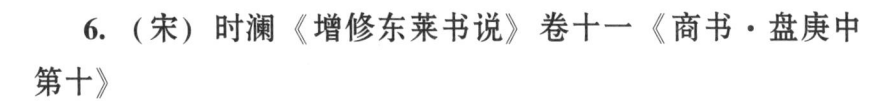

尔忱不属，惟胥以沉，不其或稽，自怒曷瘳。汝不谋长以思乃灾，汝诞劝忧。

忱者，诚信也。属者，联属也。当时之民为告谕所感，渐知信矣。惟其信盘庚不可不迁之心，与安土重迁之心，两者交战，故信盘庚之心，不相联属，故告以汝，若不联属，此信心终当相胥沉溺于水患矣。民但见不迁利害，至于当迁利害，思虑不及，沉锢之中，自生忿怒，何由而平。汝于当迁之利害，暂加稽考，于理有见，其怒自瘳矣。汝不能长虑，却顾目前苟安，不思它日必被水患，劝汝不迁者，其实劝尔入于忧患之域也。

7. （宋）黄度《尚书说》卷三《商书·盘庚中》

（归善斋按，见"若乘舟，汝弗济，臭厥载"）

8. （宋）袁燮《絜斋家塾书钞》卷六《商书·盘庚中》

尔忱不属，惟胥以沉，不其或稽，自怒曷瘳。

这"忱"字，即是钦念以忱人，皆有此忱，然须是相连属乃可。今日既要迁，明日又不要迁，则是忱信之心涣散，而不相接续。既不相接续，事如何得成，惟相率而沉溺尔。盘庚当时欲迁，斯民往往怀怨怒以咎其上，故又告之以"不其或稽，自怒曷瘳"，言人之怒，只是为私情所夺，不曾子细契勘，且如迁都一事，尔试子细稽察其利害是非，以为迁是乎，不迁是乎？水患一至，民生不能自保，则今日诚不可不迁也。理所当迁，吾从而迁焉，怨怒之心，何自而生。人所以有怨怒者，正缘是不曾稽察。或问明道先生曰，人要怒，是如何？先生曰，但当怒时，量度道理当怒与不当怒，怒自然是息，即此理也。

9. （宋）蔡沈《书经集传》卷三《商书·盘庚中》

（归善斋按，见"今予将试以汝迁，安定厥邦"）

10. （宋）黄伦《尚书精义》卷十九《商书·盘庚中》

尔忱不属，惟胥以沉，不其或稽，自怒曷瘳。汝不谋长以思乃灾，汝诞劝忧。今其有今罔后，汝何生在上。

无垢曰，不属者，不相接续也。进，闻我谆谆之言，则有迁意；退，受小人聒聒之论，则又怀安。如此，岂有他事哉，原汝之病所以如此者，止据目前之安，不谋长久之，计不思灾患之来，是大相劝趋于忧戚之地而已。《孟子》曰"不仁者可与言哉？安其危而利其菑，乐其所以亡者"，其盘庚之士大夫乎？其诞劝忧之谓乎？止欲为今日之安，凭愚就短而不知改，不复听上之号令，终以不悟，非陷于刑辟，则陷于患害，其死也，可立而待，复何得生在人上乎？

张氏曰，君以民为体，臣以君为心，则民属于君者也。今尔众民不以诚信而属君，则与携贰矣，故至于违上之命，不适有居，此所以沉陷于祸患，而莫之或知也。

又曰，常人之情，贪朝夕之安，不虞患害之在，后是不谋长以思乃灾，故不迁也。适，所以劝忧而已，勉进之谓也。相劝以善，则有可乐之道。今不谋长久之计，以思其灾害，其为祸莫大，于此是之谓劝忧者也。

吕氏曰，忱，诚也。属，联属也。惟其信盘庚不可不迁之心。与安土重迁之心。两者交战。故信盘庚之心不相联属。盘庚言，汝若信我之心不相联属，汝惟相胥沉溺于水中也。"今其有今罔后，汝何生在上"，言迁都机会不可失。今迁都，只有今日，后将无日。汝若不乘今日便迁，汝将为水圮坏，连汝生业，如屋舍，如畎亩，尽为水所圮坏矣。如何有留得生业在上面。

11. （宋）陈经《尚书详解》卷十六《商书·盘庚中》

(归善斋按，见"汝不忧朕心之攸困")

12. （宋）钱时《融堂书解》卷七《商书·盘庚中》

(归善斋按，见"予若吁怀兹新邑，亦惟汝，故以丕从厥志")

13.（宋）魏了翁《尚书要义》

原缺。

14.（宋）陈大猷《书集传或问》卷上《商书·盘庚中》

吕氏曰，汝若不略稽考当迁利害，但自忿怒，何缘得平。凡人有忿怒之心，则见此而不见彼，若暂时稽考，其怒自瘳。

15.（宋）胡士行《尚书详解》卷五《商书·盘庚中第十》

(归善斋按，见"汝不忧朕心之攸困")

16.（元）吴澄《书纂言》卷三《商书·盘庚》

(归善斋按，见"汝不忧朕心之攸困")

17.（元）陈栎《书集传纂疏》卷三《朱子订定蔡氏集传·商书·盘庚中》

(归善斋按，见"今予将试以汝迁，安定厥邦")

18.（元）许谦《读书丛说》卷五

原缺。

19.（元）董鼎《书传辑录纂注》卷三《商书·盘庚中》

(归善斋按，见"今予将试以汝迁，安定厥邦")

20.（元）朱祖义《尚书句解》卷五《商书·盘庚中第十》

尔忱不属（今汝忱诚有所不逮，不能从我迁），惟胥以沉（惟相与及于沉溺矣）。不其或稽（尔乃不能稽考是非利害所在），自怒曷瘳（他日罹其祸患，虽自怒，何所瘳瘥乎）。

333

21. （明）王樵《尚书日记》卷八《商书·盘庚中》

（归善斋按，见"今予将试以汝迁，安定厥邦"）

22. （清）库勒纳等撰《日讲书经解义》卷五《商书·盘庚中》

（归善斋按，见"今予将试以汝迁，安定厥邦"）

汝不谋长以思乃灾，汝诞劝忧

1. （汉）孔氏传、（唐）陆德明音义、孔颖达疏《尚书注疏》卷八《商书·盘庚上》

汝不谋长以思乃灾，汝诞劝忧。
传，汝不谋长久之计，思汝不徙之灾。苟不欲徙，是大劝忧之道。
疏，正义曰，凡人以善自劝，则善事多；若以忧自劝，则忧来众。今不徙，则忧来众，是自劝励以忧愁之道。

2. （宋）苏轼《书传》卷八《商书·盘庚中第十》

汝不谋长以思乃灾，汝诞劝忧。
汝不谋长策以虑患，则是劝忧矣。劝忧，犹言乐祸也。

3. （宋）林之奇《尚书全解》卷十九《商书·盘庚中》

汝不谋长以思乃灾，汝诞劝忧。今其有今罔后，汝何生在上。今予命汝一，无起秽以自臭，恐人倚乃身，迂乃心。予迓续乃命于天，予岂汝威，用奉畜汝众。

汝不为长久之谋，以思其不迁之灾，则是汝以忧自劝。犹《孟子》曰"安其危而利其灾，乐其所以亡也"。"今其有今罔后，汝何生在上"，顾氏云，责群臣，汝今日其且有今目前之小利，无后日长久之计，祸患将至，何得久在生民上乎？盖亦责其远虑也。夫迁之为利，不迁之为害。盖一言而决矣，今乃至于纷纷而莫定者，则其心之莫适为主，故浮言得以摇动之，而无适从也。是以盘庚既责其不以诚忧事上，则遂告之曰"今予命汝一"，言汝但能一汝之心，而不徇于目前之利，则利害之实见矣。利害之实见，则是不欲迁者，徒起秽恶，以自取臭败而已。此亦所以申前文"若乘舟，汝弗济，臭厥载"之义。盖反复开譬，以尽其意。犹上章既言"若农服田力穑"，又曰"惰农自安"；既曰"予若观火"，又曰"若火之燎于原"，皆首尾相发明之辞也。我之所以命汝以一，其心无起秽以自臭者，盖恐群臣之"傲上从康"者，欲徇其私，则倚托乃之身，而迂僻乃之心，遂使尔民怨诽咨嗟而不欲徙，则彼得以为之辞也。予之谆谆告汝以祸福利害之实，亦岂有他哉，盖将导迎汝于喜康之地，而续汝之命于天。予岂以威胁汝而使迁哉？凡以畜养尔众而已此。盖所以总结其前之义也。先王之迁，鲜亦不浮于天时，故"予续迓乃命于天"，是亦将修人事，以胜夫天之降灾也。先王不怀旧邑，"视民利用迁"，"俾汝，惟喜康共，非汝有咎比于罚"，故"予岂汝威，用奉畜汝众"，是其志盖亦不在于咎罚汝，而惟欲使尔享其利也。先王之迁也如此，吾之迁亦如是。是则，予之迁也，岂咈百姓以从己之欲也哉？盖所以顺民之心，以祈天永命而已。黄博士曰，天以人因，人以天成，则义与命相待而后立者，故能承古以迁，迁则天其永我命于兹新邑。盘庚所以逆其命之至，继其命之绝，使尔众有复生在上也。此说甚善。人主造命而不可言命，予言之屡矣，而盘庚之所谓"迓续乃命于天"之说，其义尤为深切著明，故复论之。《易》曰，"显诸仁，藏诸用，鼓万物，而不与圣人同忧"。盖天之应物，祸福吉凶之来，皆以类至，而听其自取。尔初未尝容心于其间，故其命靡常而不取，必于其有治而无乱，有安而无危也。圣人治天下，其所以应天者，祸福吉凶之来而无有忧患之心故能转祸而为福去凶而为告其至于将危将乱之际而皆有续之之道焉，且以尧舜观之，以尧而生丹朱，以舜而生商均，则其传天下也，有必危必乱之道矣。尧舜知其必危必乱，将荼毒天下之民，而不可救，于是续民命于天。而尧以位授之舜，舜以位授之禹，则斯民复享安且治，无以异于尧舜在位之日，而不见夫丹朱、商均之患，岂非圣人有忧天下之心，以能迓续民命于天乎？故凡圣贤之君，当危乱之机已萌，而有所变更，而振起之者，皆所以续民之命，岂独盘庚哉？故柳子厚《愈膏肓疾赋》托言秦缓，论膏肓之疾不可治，而或者以为可治。其言以医国为喻，而曰变弱为强，易曲成直，宁关天命在我人力，以忠孝为干橹，以仁义为封殖，拯厥兆庶，绥乎社稷。一言而荧惑退舍，一挥而羲和匪昃。桑谷生庭而自灭，野雉雊鼎而自息，诚天地之无亲，曷膏肓之能极。秦缓于是言曰，吾谓治国在天，子谓治国在贤；吾谓命不可续，子谓命将可延。此言托意兴喻，可谓曲尽其理矣。不明乎此道者，谓之不知命。故伊川先生有言曰，天命不可易也。然有可易者，惟有德者能之。如修养之引年，世祚之祈天永命，常人之至圣贤者，皆此道也。呜呼！世之治乱存亡，人之寿夭智愚，为此系于天，而人事无所与焉，是徒为自暴自弃而已。

4.（宋）史浩《尚书讲义》卷九《商书·盘庚中》

（归善斋按，见"若乘舟，汝弗济，臭厥载"）

5.（宋）夏僎《尚书详解》卷十三《商书·盘庚上》

汝不谋长以思乃灾，汝诞劝忧。今其有今罔后，汝何生在上。今予命汝一，无起秽以自臭，恐人倚乃身，迂乃心。予迓续乃命于天，予岂汝威，用奉畜汝众。

盘庚上既言汝众不迁，是退无所稽考，徒自肆其忿怒，何时能已，故此，遂言，汝所以自肆忿怒者，以汝不为长久之谋，思其不迁之灾，是汝自劝勉于忧愁之道也。所谓自劝勉于忧愁之道，即《孟子》所谓"安其危而利其灾"者也。惟汝众皆自劝以忧，是汝有今日目前之小利，无后日久长之计也。无久长之计，则祸患将至，何以得久生在世之上乎？此盖责其不能远虑也。盘庚既责其不能远虑，故又告之曰，汝虽不能远虑，无意于迁，然其意已决，命汝之言，已一定而不易，汝当倾心一意，顺从以迁，不可复鼓浮言以惑众听。若鼓动不已，则如秽恶之物，今幸沉伏在下，不可搅动。若搅动之，则是起秽，非特臭及他人，亦所以自臭。譬如浮言，昔时鼓动，今幸稍息，民有从迁之意。不可再鼓，若再鼓，则非特害民，而汝群臣亦自害也。盘庚既责群臣，使不得起秽自臭，故又告之曰，我所以再三如此训饬汝等者，实恐其中有人徇其私利，不顾国家大计，则倚托汝之身而迁僻汝之心，使怨叹而彼得以为辞，故予所以再三训饬，不能自已也。殊不知我所以再三训敕于汝者，实以迁都之事，将永汝命于新邑，故我顺天意而从事，将迎合天意，续接汝命于天也。我岂以威胁汝哉，凡欲奉养汝众而已，故曰"予岂汝威，用奉畜汝众"。

6. （宋）时澜《增修东莱书说》卷十一《商书·盘庚中第十》

（归善斋按，见"尔忱不属，惟胥以沉，不其或稽，自怒曷瘳"）

7. （宋）黄度《尚书说》卷三《商书·盘庚中》

汝不谋长以思乃灾，汝诞劝忧，今其有今罔后，汝何生在上。

汝不谋度长久，以思汝不迁之灾，是大劝忧之道，必自厎于困穷，苟安朝夕，有今罔后。汝谓此何生在上乎？傲诞从康，自作之咎，生于下，不生于上也。河亶甲以前事不可考，祖乙之迁，以水其灾已见，故其民乐从盘庚之迁，以其民不能胥匡以生，其祸尚隐伏未能尽见，大家又壅隔其间，故其民惮从。

8. （宋）袁燮《絜斋家塾书钞》卷六《商书·盘庚中》

汝不谋长以思乃灾，汝诞劝忧。今其有今罔后，汝何生在上。

尔民所以不肯迁此，皆不为长久之计，又不思不迁之灾。若使为长久之计，则耿邑圮坏，近在朝夕，岂可不迁。若思荡析离居，转徙沟壑，其灾害切身，又安有违上之命者。尔今日皆不曾自去思量。此是告他最亲切，教他试自思量。看盘庚告民一句，是一服药，汝若不迁，是不以逸乐相劝，而以忧相劝也。汝之意必以为今日之迁，有跋涉之劳，故苟安以祈目前之乐，殊不知今日虽有此逸乐，他日水患之至，尚安得享此逸乐乎？故曰"今其有今罔后"。尔之不迁，其害立至，虽欲久生在世，何可得乎？

9. (宋)蔡沈《书经集传》卷三《商书·盘庚中》

汝不谋长以思乃灾，汝诞劝忧。今其有今罔后，汝何生在上。

汝不为长久之谋，以思其不迁之灾，是汝大以忧而自劝也。《孟子》曰"安其危，而利其灾，乐其所以亡"，劝忧之谓也。有今，犹言有今日也。罔后，犹言无后日也。上，天也。"今其有今罔后"，是天断弃汝命，汝有何生理于天乎？下文言"迓续乃命于天"，盖相首尾之辞。

10. (宋)黄伦《尚书精义》卷十九《商书·盘庚中》

(归善斋按，见"尔忱不属，惟胥以沉，不其或稽，自怒曷瘳")

11. (宋)陈经《尚书详解》卷十六《商书·盘庚中》

(归善斋按，见"汝不忧朕心之攸困")

12. (宋)钱时《融堂书解》卷七《商书·盘庚中》

汝不谋长以思乃灾，汝诞劝忧。今其有今罔后，汝何生在上。今予命汝一，无起秽以自臭，恐人倚乃身，迂乃心。予迓续乃命于天，予岂汝威，用奉畜汝众。

上节但言民不忧君之忧，于此却言民无远虑，是自动其忧，极言民命所系在此一举，尤紧切也。

13. (宋)魏了翁《尚书要义》

原缺。

14. (宋)陈大猷《书集传或问》卷上《商书·盘庚中》

(归善斋按，未解)

15. (宋)胡士行《尚书详解》卷五《商书·盘庚中第十》

(归善斋按，见"汝不忧朕心之攸困")

16.（元）吴澄《书纂言》卷三《商书·盘庚》

（归善斋按，见"汝不忧朕心之攸困"）

17.（元）陈栎《书集传纂疏》卷三《朱子订定蔡氏集传·商书·盘庚中》

汝不谋长以思乃灾，汝诞劝忧。今其有今罔后，汝何生在上。

汝不为长久之谋，以思其不迁之灾，是汝大以忧而自劝也。《孟子》曰"安其危而利其灾乐其所以亡"，劝忧之谓也。有今，犹言有今日也。罔后，犹言无后日也。上，天也。"今其有今罔后"，是天断弃汝命，汝有何生理于天乎？下文言"迓续乃命于天"，盖相首尾之辞。

纂疏：

苏氏曰，劝忧，犹言乐祸。

陈氏大猷曰，死，则魄降在下；生。则在世上。汝有何生理在世上乎？

18.（元）许谦《读书丛说》卷五

原缺。

19.（元）董鼎《书传辑录纂注》卷三《商书·盘庚中》

汝不谋长以思乃灾，汝诞劝忧。今其有今罔后，汝何生在上。

汝不为长久之谋，以思其不迁之灾，是汝大以忧而自劝也。《孟子》曰"安其危而利其灾乐其所以亡"，劝忧之谓也。有今，犹言有今日也。罔后，犹言无后日也。上，天也。"今其有今罔后"，是天断弃汝命，汝有何生理于天乎？下文言"迓续乃命于天"，盖相首尾之辞。

20.（元）朱祖义《尚书句解》卷五《商书·盘庚中第十》

汝不谋长（汝不谋为长久之计）以思乃灾（以思汝不迁之灾），汝诞劝忧（是汝大勤勉于忧愁之道）。

339

21. （明）王樵《尚书日记》卷八《商书·盘庚中》

"汝不谋长以思乃灾"至"汝何生在上"。

孔氏曰，汝不谋长久之计，思汝不徙之灾，是大劝忧之道。正义曰，凡人以善自劝，则善事多；若以忧自劝，则忧来。众今不徙，则忧来，众是自劝以忧之道也。

忧溺而惮迁是劝忧也，岂人情哉，不谋长而思其灾故耳，所谓火未及然，自谓之安也。若谋长，则知灾在旦夕，今日之势可谓有今日无后日，汝何生在上乎？

22. （清）库勒纳等撰《日讲书经解义》卷五《商书·盘庚中》

汝不谋长以思乃灾，汝诞劝忧。今其有今罔后，汝何生在上。

此一节书，承上文而言不迁之害也。诞，大也。上，谓天也。盘庚曰，我思先民之保后而胜天者，安危之故，悉而生死之计审也。汝民不为长远之谋，以思不迁之祸，是汝分明安危利灾，而大以忧自劝也。然或暂苦沉溺于目前，几幸安定，于后日犹可说也。今但有今日，而无后日，是天断弃汝命，汝复有何生理于天乎？甚矣，汝之劝忧也。予承汝康汝之心，其何能巳哉？

今其有今罔后，汝何生在上

1. （汉）孔氏传、（唐）陆德明音义、孔颖达疏《尚书注疏》卷八《商书·盘庚上》

今其有今罔后，汝何生在上。

传，言不徙，无后计，汝何得久生在人上，祸将及汝。

疏，正义曰，顾氏云，责群臣，汝今日其且有今目前之小利，无后日久长之计，患祸将至，汝何得久生在民上也。

2. （宋）苏轼《书传》卷八《商书·盘庚中第十》

今其有今罔后，汝何生在上。
不谋其长，有今而无后，汝何以生于民上乎？

3. （宋）林之奇《尚书全解》卷十九《商书·盘庚中》

(归善斋按，见"汝不谋长以思乃灾，汝诞劝忧")

4. （宋）史浩《尚书讲义》卷九《商书·盘庚中》

(归善斋按，见"若乘舟，汝弗济，臭厥载")

5. （宋）夏僎《尚书详解》卷十三《商书·盘庚上》

(归善斋按，见"汝不谋长以思乃灾，汝诞劝忧")

6. （宋）时澜《增修东莱书说》卷十一《商书·盘庚中第十》

今其有今罔后，汝何生在上。
言迁都机会不可失，正在今日，后将无及矣。汝若不乘今日遂迁，将为水所圮坏，屋庐畎亩皆当荡然，安能存生业而在上。

7. （宋）黄度《尚书说》卷三《商书·盘庚中》

(归善斋按，见"汝不谋长以思乃灾，汝诞劝忧")

8. （宋）袁燮《絜斋家塾书钞》卷六《商书·盘庚中》

(归善斋按，见"汝不谋长以思乃灾，汝诞劝忧")

9. （宋）蔡沈《书经集传》卷三《商书·盘庚中》

(归善斋按，见"汝不谋长以思乃灾，汝诞劝忧")

10. （宋）黄伦《尚书精义》卷十九《商书·盘庚中》

(归善斋按，见"尔忱不属，惟胥以沉，不其或稽，自怒曷瘳")

11. （宋）陈经《尚书详解》卷十六《商书·盘庚中》

(归善斋按，见"汝不忧朕心之攸困")

12. （宋）钱时《融堂书解》卷七《商书·盘庚中》

(归善斋按，见"汝不谋长以思乃灾，汝诞劝忧")

13. （宋）魏了翁《尚书要义》

原缺。

14. （宋）陈大猷《书集传或问》卷上《商书·盘庚中》

吕氏曰，迁都机会止有今日，若不乘今而迁则生业将为水坏，汝何以生在上乎？

15. （宋）胡士行《尚书详解》卷五《商书·盘庚中第十》

(归善斋按，见"汝不忧朕心之攸困")

16. （元）吴澄《书纂言》卷三《商书·盘庚》

(归善斋按，见"汝不忧朕心之攸困")

17. （元）陈栎《书集传纂疏》卷三《朱子订定蔡氏集传·商书·盘庚中》

(归善斋按，见"汝不谋长以思乃灾，汝诞劝忧")

18. （元）许谦《读书丛说》卷五

原缺。

19. （元）董鼎《书传辑录纂注》卷三《商书·盘庚中》

(归善斋按，见"汝不谋长以思乃灾，汝诞劝忧")

20. （元）朱祖义《尚书句解》卷五《商书·盘庚中第十》

今其有今罔后（今但有目前无长久之计），汝何生在上（汝何以得久生在世上乎）。

21. （明）王樵《尚书日记》卷八《商书·盘庚中》

（归善斋按，见"汝不谋长以思乃灾，汝诞劝忧"）

22. （清）库勒纳等撰《日讲书经解义》卷五《商书·盘庚中》

（归善斋按，见"汝不谋长以思乃灾，汝诞劝忧"）

（清）朱鹤龄《尚书埤传》卷八《商书·盘庚》

尔何生在上.

黄震曰，"汝何生在上"，古注以"上"为"人上"，盖对民责臣之辞也，诸家从之。蔡解以"上"为"天"。愚恐"生在天"三字为文意有未妥。

今予命汝一，无起秽以自臭

1. （汉）孔氏传、（唐）陆德明音义、孔颖达疏《尚书注疏》卷八《商书·盘庚上》

今予命汝一，无起秽以自臭。

传，我一心命汝，汝违我，是自臭败。

音义，秽，于废反。

疏，正义曰，今我命汝是，我之一心也。汝当从我，无得起为秽恶以自臭败。汝违我命，是起秽以自臭也。

343

《尚书注疏》卷八《考证》

"今予命汝一"疏"今我命汝,是我之一心也"。

臣召南按,如疏所解,则"今予命汝"当一读,"一"字为一句。

2.（宋）苏轼《书传》卷八《商书·盘庚中第十》

今予命汝一。

命汝一德一心也。

无起秽以自臭。

起秽者,未能臭人,先自臭也。

3.（宋）林之奇《尚书全解》卷十九《商书·盘庚中》

(归善斋按,见"汝不谋长以思乃灾,汝诞劝忧")

4.（宋）史浩《尚书讲义》卷九《商书·盘庚中》

(归善斋按,见"若乘舟,汝弗济,臭厥载")

5.（宋）夏僎《尚书详解》卷十三《商书·盘庚上》

(归善斋按,见"汝不谋长以思乃灾,汝诞劝忧")

6.（宋）时澜《增修东莱书说》卷十一《商书·盘庚中第十》

今予命汝一,无起秽以自臭。

当时民心已信,而又未能忘安土重迁之念,故其心二而不一。盘庚使之一心从上,不可自生秽恶,以污臭其身。盖迁都,则无它,若不肯迁,是自生秽恶,而自作弗靖也。

7.（宋）黄度《尚书说》卷三《商书·盘庚中》

今予命汝一,无起秽以自臭。

一故不变,起于秽,必自臭。

8.（宋）袁燮《絜斋家塾书钞》卷六《商书·盘庚中》

今予命汝一，无起秽以自臭，恐人倚乃身，迁乃心。予迓续乃命于天，予岂汝威，用奉畜汝众。

"一"，即是前"忱"字。盘庚深恐民心之中变。复焕然而散。故命之以一，使其心常如今日，则迁都之事庶几有成。若今日欲迁，而明日不肯迁，终始不如一也。汝心才不一，则是起污秽以臭败。当日之迁，亦不下数万人。人才众，则其间必有奸宄之人，倚众以为乱者，故曰"恐人倚乃身"，言汝虽欲迁了，又恐有人倚尔之身而为乱，可不谨哉。迁乃心者，尔之心本自正直，又恐有人将利害之私来蛊惑汝，使不欲迁，则正直之心，反为迁曲矣。汝前日在耿邑，几被水害，汝之生理几绝矣。我今日迁，使之在安乐之地，是我再接续尔之命于天也。我又非以威刑驱迫汝使之迁，我之本意正要畜养汝众，使汝得全其生。

9.（宋）蔡沈《书经集传》卷三《商书·盘庚中》

今予命汝一，无起秽以自臭，恐人倚乃身，迁乃心。

迁，云居反。尔民当一心，以听上，无起秽恶以自臭败，恐浮言之人，倚汝之身，迁汝之心，使汝邪僻而无中正之见也。

10.（宋）黄伦《尚书精义》卷十九《商书·盘庚中》

今予命汝一，无起秽以自臭。恐人倚乃身，迁乃心。予迓续乃命于天，予岂汝威，用奉畜汝众。

无垢曰，臣民听上号令，此本心也，本心则一。不知听上，而唱和险肤，此二三其德也。一德，则言可道，行可乐，而遗芳千载矣。二三，则言为无根，行为不道，是遗臭万世也。小人欲为奸者，必倚民之身以为重，迁民之心使从恶。其心以谓一心不足以动上，故鼓动众人，呼吸群类，以逞其奸，必欲得志而后已。盘庚故谆谆告诫，使迁新邑，以迎续民命于天，其心可谓仁矣。夫唱和险肤，摇动国家。使商鞅当此，必曰腰斩；使李斯当此，必曰族诛。然盘庚乃方亶其有众，登进厥民，丁宁辛苦，若父兄之训子弟，岂以刑戮威之哉？方将奉养斯民置于喜康之地。呀

345

以刑罚驱民者，乃鞅斯之学；以训诲待民者，乃先王之道也。

张氏曰，夫物成，则馨香；败，则臭秽。馨香，人之所爱也；臭秽，人之所恶也。民不听上，而惟胥以沉，则其为恶，莫大于此，故告以"无起秽以自臭"，然而民之不听上命，盖亦在位之人无以率之故也。

陈氏曰，民愚无知，恐有倚其身，使不直；迁其心，使不正。不直，则身亡；不正，则心亡。内外俱亡，汝民亦沦胥而死矣。我将导迎接续汝之正命，使汝胥正以生，岂以迁徙之事威虐汝辈乎？奉此事，以畜汝众而已。

11.（宋）陈经《尚书详解》卷十六《商书·盘庚中》

(归善斋按，见"汝不忧朕心之攸困")

12.（宋）钱时《融堂书解》卷七《商书·盘庚中》

(归善斋按，见"汝不谋长以思乃灾，汝诞劝忧")

13.（宋）魏了翁《尚书要义》

原缺。

14.（宋）陈大猷《书集传或问》卷上《商书·盘庚中》

(归善斋按，未解)

15.（宋）胡士行《尚书详解》卷五《商书·盘庚中第十》

今予命汝一（一心从上），无起秽以自臭。恐人（奸人）倚（依）乃身，迁（曲）乃心。予迓（迎）续（接）乃命于天，予岂汝威（虐），用（以）奉（承）畜（养）汝众。

汝心之未一，以巨室之倚，汝迁汝故也。汝信之是自臭耳。予之迁，则所以续汝命，而畜汝者也，岂以虐汝乎？

16.（元）吴澄《书纂言》卷三《商书·盘庚》

今予命汝一，无起秽以自臭，恐人倚乃身，迁乃心。予迓续乃命于天，予岂汝威，用奉畜汝众。

尔既从我涉河矣，或尚有二心而迟滞于行，今予命汝专一其心，无再起秽恶，间其从上之善心，以自致臭败其舟中之载。恐人之浮言诳惑，偏倚汝之身，迂曲汝之心，使汝身心颠倒，利害昏迷，不知不迁则将有沉溺之祸，故我今因水患未至之时而迁，是迎迓接续汝命于天，而使汝更生也。予岂是用威势，驱迫汝以迁乎？盖用以奉承畜养汝众，欲汝得全其生矣。

17.（元）陈栎《书集传纂疏》卷三《朱子订定蔡氏集传·商书·盘庚中》

今予命汝一，无起秽以自臭。恐人倚乃身，迁乃心。

尔民当一心以听上，无起秽恶以自臭败。恐浮言之人倚汝之身，迁汝之心，使汝邪僻而无中正之见也。

18.（元）许谦《读书丛说》卷五

原缺。

19.（元）董鼎《书传辑录纂注》卷三《商书·盘庚中》

今予命汝一，无起秽以自臭，恐人倚乃身，迁乃心。

尔民当一心以听上，无起秽恶以自臭败，恐浮言之人，倚汝之身，迁汝之心，使汝邪僻而无中正之见也。

20.（元）朱祖义《尚书句解》卷五《商书·盘庚中第十》

今予命汝一（今我命汝迁亳之言一定不易），无起秽以自臭（无鼓浮言惑众，如起横恶之物，非特臭及他人，适所以自臭也）。

21.（明）王樵《尚书日记》卷八《商书·盘庚中》

"今予命汝一"至"迁乃心"。

人心不能自决，则好用非理之谋，浮言之误人不浅，而人每不悟也。

"今予命汝一",是非无两在,利害无两从。心有定主,则不迷于正直之途;身有定归,则不陷于邪僻之地。不然身心非所自有,颠倒迷惑,趋于祸患,如起秽以自臭,岂他人能败之哉?

22.（清）库勒纳等撰《日讲书经解义》卷五《商书·盘庚中》

今予命汝一,无起秽以自臭,恐人倚乃身,迁乃心。

此一节书,承上文,既言不迁之害,而欲民之决于从迁也。秽,谓恶;倚,偏也。迁,曲也。盘庚曰,我想汝之惮于从迁,由于浮言之摇惑。汝之惑于浮言,由于心志之疑贰。今予命汝专一乃心,从我迁徙,无起傲上从康之秽恶,以自臭败。盖中心有主,则邪僻不能干。苟汝心不一,恐浮言之人,倚汝之身,外导以倾邪;迁汝之心,内诱以纡曲,则利害去就,不得以自由矣。汝民可不省悟浮言之非,而一心以听予乎?

恐人倚乃身,迁乃心

1.（汉）孔氏传、（唐）陆德明音义、孔颖达疏《尚书注疏》卷八《商书·盘庚上》

恐人倚乃身,迁乃心。

传,言汝既不欲徙,又为他人所误,倚曲迁僻。

音义,倚,于绮反,徐于奇反。迁,音于。僻,匹亦反。

疏,正义曰,言汝心既不欲徙,旁人或更误汝。我又恐他人倚曲汝身,迁僻汝心,使汝益不用徙也。

传正义曰,人心不能自决,则好用非理之谋,言汝既不欲迁徙,又为他人所误。盘庚疑其被误,故言此也。以物倚物者必曲,故倚为曲也。迁是"回"也,回行必僻,故"迁"为"僻"也。

2.（宋）苏轼《书传》卷八《商书·盘庚中第十》

恐人倚乃身，迁乃心。予迓续乃命于天，予岂汝威，用奉畜汝众。

出怨言者，或愚人，为人所使，故告之曰，恐人倚托乃身以为奸，迁僻乃心，俾迷惑失道，予故导迎汝，以续汝命于天。予岂汝威哉？以奉养汝众而已。

3.（宋）林之奇《尚书全解》卷十九《商书·盘庚中》

（归善斋按，见"汝不谋长以思乃灾，汝诞劝忧"）

4.（宋）史浩《尚书讲义》卷九《商书·盘庚中》

（归善斋按，见"若乘舟，汝弗济，臭厥载"）

5.（宋）夏僎《尚书详解》卷十三《商书·盘庚上》

（归善斋按，见"汝不谋长以思乃灾，汝诞劝忧"）

6.（宋）时澜《增修东莱书说》卷十一《商书·盘庚中第十》

恐人倚乃身，迁乃心。予迓续乃命于天，予岂汝威，用奉畜汝众。

当此之时，奸人易以乘民心之不一而生变，故谓恐奸人，因汝之不肯迁，依倚汝身，以作奸宄，并汝牵引入于迁曲之地矣。都之必迁，乃我迎迓接续尔之命于天也。盖旧都水坏，民命将绝，因患之未甚而迁，乃所以迓续汝命。汝迁新邑，即获生生之道矣。予岂因此威虐汝众，但欲奉承养畜汝尔。

7.（宋）黄度《尚书说》卷三《商书·盘庚中》

恐人倚乃身，迁乃心。予迓续乃命于天，予岂汝威，用奉畜汝众。

人且误汝，偏倚汝身，迁曲汝心，终必有灾。不服常业，身偏倚矣；不则德义，心迁曲矣。故予今将迎续汝命于天，予非威胁汝，用奉承汝，畜养汝而已。

8. (宋)袁燮《絜斋家塾书钞》卷六《商书·盘庚中》

(归善斋按,见"今予命汝一,无起秽以自臭")

9. (宋)蔡沈《书经集传》卷三《商书·盘庚中》

(归善斋按,见"今予命汝一,无起秽以自臭")

10. (宋)黄伦《尚书精义》卷十九《商书·盘庚中》

(归善斋按,见"今予命汝一,无起秽以自臭")

11. (宋)陈经《尚书详解》卷十六《商书·盘庚中》

(归善斋按,见"汝不忧朕心之攸困")

12. (宋)钱时《融堂书解》卷七《商书·盘庚中》

(归善斋按,见"汝不谋长以思乃灾,汝诞劝忧")

13. (宋)魏了翁《尚书要义》

原缺。

14. (宋)陈大猷《书集传或问》卷上《商书·盘庚中》

(归善斋按,未解)

15. (宋)胡士行《尚书详解》卷五《商书·盘庚中第十》

(归善斋按,见"今予命汝一,无起秽以自臭")

16. (元)吴澄《书纂言》卷三《商书·盘庚》

(归善斋按,见"今予命汝一,无起秽以自臭")

17. （元）陈栎《书集传纂疏》卷三《朱子订定蔡氏集传·商书·盘庚中》

(归善斋按，见"今予命汝一，无起秽以自臭")

18. （元）许谦《读书丛说》卷五

原缺。

19. （元）董鼎《书传辑录纂注》卷三《商书·盘庚中》

(归善斋按，见"今予命汝一，无起秽以自臭")

20. （元）朱祖义《尚书句解》卷五《商书·盘庚中第十》

恐人倚乃身（恐奸人好生事者，倚托汝之身），迁乃心（以迁曲汝之心，倡浮言以惑众，遂文其说，以谓众人之情皆如此。有此等人，汝不可轻信）。

21. （明）王樵《尚书日记》卷八《商书·盘庚中》

(归善斋按，见"今予命汝一，无起秽以自臭")

22. （清）库勒纳等撰《日讲书经解义》卷五《商书·盘庚中》

(归善斋按，见"今予命汝一，无起秽以自臭")

予迓续乃命于天，予岂汝威，用奉畜汝众

1. （汉）孔氏传、（唐）陆德明音义、孔颖达疏《尚书注疏》卷八《商书·盘庚上》

予迓续乃命于天，予岂汝威用奉畜汝众。

351

传,迓,迎也,言我徙欲迎续汝命于天,岂以威胁汝乎?用奉畜养汝众。

音义,迓,五驾反。畜,许竹反,下同。胁,虚业反。

疏,传正义曰,迓,迎,《释诂》文。不迁必将死矣。天欲迁以延命。天意向汝,我欲迎之。天断汝命,我欲续之。我今徙者,欲迎续汝命于天,岂以威胁汝乎?迁都惟用奉养汝众臣民耳。

2. (宋) 苏轼《书传》卷八《商书·盘庚中第十》

(归善斋按,见"恐人倚乃身,迁乃心")

3. (宋) 林之奇《尚书全解》卷十九《商书·盘庚中》

(归善斋按,见"汝不谋长以思乃灾,汝诞劝忧")

4. (宋) 史浩《尚书讲义》卷九《商书·盘庚中》

(归善斋按,见"若乘舟,汝弗济,臭厥载")

5. (宋) 夏僎《尚书详解》卷十三《商书·盘庚上》

(归善斋按,见"汝不谋长以思乃灾,汝诞劝忧")

6. (宋) 时澜《增修东莱书说》卷十一《商书·盘庚中第十》

(归善斋按,见"恐人倚乃身,迁乃心")

7. (宋) 黄度《尚书说》卷三《商书·盘庚中》

(归善斋按,见"恐人倚乃身,迁乃心")

8. (宋) 袁燮《絜斋家塾书钞》卷六《商书·盘庚中》

(归善斋按,见"今予命汝一,无起秽以自臭")

9. (宋) 蔡沈《书经集传》卷三《商书·盘庚中》

予迓续乃命于天,予岂汝威,用奉畜汝众。

畜，许六反。我之所以迁都者，正以迎续汝命于天。予岂以威胁汝哉，用以奉养汝众而已。

10. （宋）黄伦《尚书精义》卷十九《商书·盘庚中》

（归善斋按，见"今予命汝一，无起秽以自臭"）

11. （宋）陈经《尚书详解》卷十六《商书·盘庚中》

（归善斋按，见"汝不忧朕心之攸困"）

12. （宋）钱时《融堂书解》卷七《商书·盘庚中》

（归善斋按，见"汝不谋长以思乃灾，汝诞劝忧"）

13. （宋）魏了翁《尚书要义》

原缺。

14. （宋）陈大猷《书集传或问》卷上《商书·盘庚中》

林氏曰，黄博士曰，天以人因，人以天成。盖义与命，相待而立，故承古以迁，则天其永我命于兹新邑。盘庚所以逆其命之至，继其命之绝，使尔有众，复生在上也。此说甚善。人主造命，而不可言命。盘庚所谓"迓续乃命于天"其义尤深切着明。《易》曰"鼓万物而不与圣人同忧"，盖天之应物，祸福吉凶之来，皆以类至，而听其自取尔，初未尝容心，故其命靡常，而不可必其有治无乱，有安无危也。圣人之所以应天者，祸福吉凶之来，而吾必有忧患之心，故能转祸为福，去凶为吉。至于将危乱之际，皆有续之道焉。如尧生丹朱，舜生商均，传以天下必有危乱之道。尧、舜知其危乱，将荼毒生民而不可救，于是续民命于天，而尧以位授舜，舜以位授禹，则斯民复享治安，无异于尧、舜在位之时，而不见夫丹朱商均之患，岂非圣人有忧天下之心，能迓续民命于天乎？故凡圣贤之君，当危乱之机已萌，必有所变更而振起之，皆所以续民命，岂独盘庚哉？明此道谓之知命；不明此道谓之不知命。伊川有言曰，天命不可易也，然有可易者，惟有德者能之。愚按，关子明《筮书》所谓"卜筮，

兆将然之机；人事，萌未然之应"；邵康节所谓"不由天地，只由人"者，皆此理也

15. （宋）胡士行《尚书详解》卷五《商书·盘庚中第十》

（归善斋按，见"今予命汝一，无起秽以自臭"）

16. （元）吴澄《书纂言》卷三《商书·盘庚》

（归善斋按，见"今予命汝一，无起秽以自臭"）

17. （元）陈栎《书集传纂疏》卷三《朱子订定蔡氏集传·商书·盘庚中》

予迓续乃命于天。予岂汝威，用奉畜汝众。

我之所以迁都者，正以迎续汝命于天。予岂以威胁汝哉，用以奉养汝众而已。

18. （元）许谦《读书丛说》卷五

原缺。

19. （元）董鼎《书传辑录纂注》卷三《商书·盘庚中》

予迓续乃命于天。予岂汝威，用奉畜汝众。

我之所以迁都者，正以迎续汝命于天，予岂以威胁汝哉？用以奉养汝众而已。

20. （元）朱祖义《尚书句解》卷五《商书·盘庚中第十》

予迓续乃命于天（我所以将汝迁者，但欲迎迓接续汝命于天），予岂汝威（我岂以威胁汝哉），用奉畜汝众（欲奉养汝众民而已）。

21.（明）王樵《尚书日记》卷八《商书·盘庚中》

"予迓续乃命于天"至"怀尔然"。

汝知人言之不可从，则知我心之所，当体我之心何心也，为汝何生在上，则迁都以迎续乃命于天者，我之心也。我岂汝威哉，用奉畜汝众而已。此其一也，尔先人从我先后，屡迁厥邦，既甚劳矣，岂不谓自今贻后，人以安而不知，又不免于迁焉。予惟深念乎此，所以经营新都，为一劳永逸之计，以有家之利。"丕克羞养尔"者，怀念汝之深故也，爱之，能勿劳乎？劳之，所以安之也。此又其一也。

22.（清）库勒纳等撰《日讲书经解义》卷五《商书·盘庚中》

予迓续乃命于天。予岂汝威，用奉畜汝众。

此一节书，又发明其为民迁都之意也。迓，迎也。畜，养也。盘庚曰，我所以欲汝一心从迁者，岂以自利哉？盖天为民立君，君为民立命。耿圮河水，有今罔后，汝命垂绝。我实承汝忍晏然不为之所乎？我今以汝迁都，乃以汝垂绝之命，迎续于天。予岂胁汝以威哉，用奉养汝众，使罔后而有后，无生而更生。我意盖如此，汝民可不思乎？

（明）陈第《尚书疏衍》卷三

予迓续乃命于天，予岂汝威，用奉畜汝众。予念我先神后之劳尔先，予丕克羞尔，用怀尔然。失于政，陈于兹，高后丕乃崇降罪疾，曰，曷虐朕民？汝万民乃不生生，暨予一人猷同心。先后丕降与汝罪疾，曰，曷不暨朕幼孙有比，故有爽德，自上其罚汝，汝罔能迪。古我先后既劳乃祖乃父，汝共作我畜民，汝有戕则在乃心。我先后绥乃祖乃父，乃祖乃父乃断弃汝，不救乃死。兹予有乱政同位，具乃贝玉。乃祖乃父丕，乃告我高后，曰，作丕刑于朕孙。迪高后丕乃崇降弗祥。

耿圮而不可居，天之将绝民命也。予迁之殷，迓续乃命于天也。岂威汝乎？用畜养尔也。且尔之身非始于今日，始于尔之先。我之畜尔，亦非惟为尔，亦念我先神后之劳来尔先，故大克羞尔，用怀尔者，思无忝厥祖

355

故也。然我固以先祖故而怀尔先祖，尤以尔，我故而昭示于赫赫。使殷可迁而不迁，为失于政。耿不可久而故久为陈于兹，高后降我罪疾，谓虐汝也。今不失不陈，所以生汝。汝不肯生生，而外心于我，先后不降与汝罪疾乎？盘庚告群臣曰，尔祖其从与享之，言有功之臣，配享于庙；告民曰，先王既劳乃祖乃父，言子子孙孙相继为君，民以相听令也。不奉我令，先自弃已，尔祖父其救乃死乎？此非汝民之罪，由乱政在位之臣，据土地货殖之利，聚宝贝金玉之富，动浮言以惑众。听尔祖父，且告我高后，而崇降弗祥耳。神之所祸，孰能解之乎？《记》曰，殷人尊神，率民以事神先鬼。

予念我先神后之劳尔先，予丕克羞尔，用怀尔然

1. （汉）孔氏传、（唐）陆德明音义、孔颖达疏《尚书注疏》卷八《商书·盘庚上》

予念我先神后之劳尔先，予丕克羞尔，用怀尔然。

传，言我亦法汤，大能进劳汝，以义怀汝心，而汝违我，是汝反先人。

音义，劳，力报反，又如字，注同。

疏，正义曰，我念我先世神后之君成汤，爱劳汝之先人，故我大能进用汝，与汝爵位，用以道义德怀，安汝心耳。然汝乃违我命，是汝反先人也。

传正义曰，《易》称，神者妙万物而为言也。殷之先世神明之君，惟有汤耳。故知神后，谓汤也。下"高后""先后"与此"神后"一也。神者，言其通圣；高者，言其德尊。此"神后"言先，于"高后"略而不言"先"。其下直言"先后"，又略而不言"高"，从上省文也。"劳尔先"，谓爱之也。劳者，勤也。闵其勤劳而慰劳之"劳"，亦爱之义。故《论语》云"爱之能勿劳乎"，是"劳"为"爱"也。追言汤"劳汝先"，

则此所责之臣，其祖于成汤之世已在朝廷，世仕王朝，而不用己命，故责之深也。

《尚书注疏》卷八《考证》

予丕克羞尔，用怀尔然。

臣召南按，孔传以"大能进劳汝"解"予丕克羞尔"；"以义怀汝心"解"用怀尔"，又云"而汝违我，是汝反先人"，孔疏顺传为说，是经文"然"字自为一句也。

2.（宋）苏轼《书传》卷八《商书·盘庚中第十》

予念我先神后之劳尔先，予丕克羞，尔用怀尔然。

尔之先祖有勋劳于汤，故我大进用尔，以怀尔也。

3.（宋）林之奇《尚书全解》卷十九《商书·盘庚中》

予念我先神后之劳尔先，予丕克羞尔，用怀尔然。

《王制》曰"修其教不易其俗，齐其政不易其宜"，先王之所以施其政教于民，大抵审其风俗之所尚而利导之，故民之从之也。轻亦晓然，知利害好贤之实，无黾勉不得已之意。此所以用力寡，而就效众也。殷人之俗，尊神尚鬼，而不敢慢彼其心，盖以鬼神于人，吉凶祸福，其应如响，洋洋然在其上，在其左右，而不可欺也。故严威俨恪而事之。盘庚审于风俗之所尚，故其所以告谕民而率之以迁者，既为之明言迁都之为利，不迁都之为害，而丁宁激切之辞，盖尤严于鬼神之际。上篇曰"兹予大享于先王尔祖，其从与享之，作福作灾，予亦不敢动用非德"者，盖言我先王与乃祖在天之神灵，昭昭乎其不可欺。我之所以事先王，则不可以不迁；尔知求其祖考，则不可以不从我而迁也。其所谓因其风俗之所尚，而齐以政教者，既已致意于此矣。至于此篇反复谆告，以尽其意，极陈其鬼神吉凶祸福之应，而不厌其辞之繁缛也。曰神后，曰商后，曰先后，皆指自汤而下至于祖乙。凡迁都之主也，而其称谓不同者，特变其文耳。亦犹《舜典》之言"艺祖""文祖"，本非有异义也。而先儒以谓皆指汤，而言其说，非。据上文称"古我先后罔不惟民之承"，"殷降大虐，先王不怀"，皆是泛指迁都之君。此文与上意实相连接，安得以为专指成汤乎？

况此文指臣民之先世，皆云乃祖乃父，而盘庚之世，距成汤甚远，其臣民之父，盖无有逮事成汤者，以是知其所称"神后""商后""先后"，大抵泛指迁都之主，不独数汤一人而不及其余也。唐孔氏亦觉其非，故从而为之说曰，盘庚距汤，年世多矣。臣父不及汤世，而云父者，与祖连言之耳。此盖欲庇盖先儒之失，而强为之辞矣。夫言祖而连父于其所未尝逮事之世，无是理也。盘庚言我思念我先后，自汤至于祖乙，与尔先祖，相与勤劳，择利而迁，是尔之先臣在于前世，有大勋劳于我商家，故我大进用尔于列位，用以绥怀汝，使汝各得其所安，以无忘先世之德也。

4. （宋）史浩《尚书讲义》卷九《商书·盘庚中》

予念我先神后之劳尔先，予丕克羞尔，用怀尔然。失于政，陈于兹，高后丕乃崇降罪疾，曰，曷虐朕民。汝万民乃不生生，暨予一人猷同心，先后丕降与汝罪疾，曰，曷不暨朕幼孙有比，故有爽德，自上其罚汝。汝罔能迪。古我先后既劳乃祖乃父，汝共作我畜民，汝有戕则在乃心，我先后绥乃祖乃父，乃祖乃父乃断弃汝，不救乃死。兹予有乱政同位，具乃贝玉。乃祖乃父丕乃告我高后曰，作丕刑于朕孙。迪高后丕乃崇降弗祥。

盘庚之爱民，不为不至，而民之迷谬，未有甚于此时也。以言告之，不从；又引迟任古人之言告之，亦不从；乃质之鬼神，以其先后及乃祖乃父之灵而告之，其晓之可谓切矣。盖商人尊神，率民以事神，先鬼而后礼。盘庚乃因其俗而导之，庶几其必从也。"予念我先神后之劳尔先"者，引先后及乃祖乃父以为辞，所以使其知畏敬而从命也。"予丕克羞"者，大进汝于安佚之地，所以怀保汝也。苟失其政，使汝汩陈于兹，则先后必以我为虐汝，而降罪疾于我矣。高后者，若今所谓高祖，必指成汤而言也。"汝万民乃不生生"，生亦进之，以乂汝万民，既不念生生之理，是不与我同心，则先后亦大降罪疾与汝，曰，曷不与我幼孙有比。比者，辅也。汝不比辅我，自汝有爽德，其罚必自上而降，罔能顺其畜民之心矣。我先后既劳乃祖乃父，汝亦当共我作畜民之计。今当迁而不迁，汝必怀其戕害之心，我先后既绥安乃祖乃父，乃祖乃父岂不荷先后之恩而返念我。苟知汝有戕害我之心，则必断弃汝，不救其死矣。言祖宗之灵，无幽不烛也。商民闻之，必思其祖宗，如在其上矣。其敢不听乎？贝玉，宝货也。民之所以重迁，恋其宝货而已。今若我有乱政不能禁，汝同位使坏之而不留，则汝乃祖乃父以汝之故，亦诉我于先后，以为作大刑于朕孙，则我亦当罹其不祥矣。汝不从我迁，则汝得罪于我先后。我坐视而不迁，则我得罪于汝乃祖乃父，则其迁也，岂得已哉。然则商人，岂不惧而从命乎。

5. （宋）夏僎《尚书详解》卷十三《商书·盘庚中》

予念我先神后之劳尔先，予丕克羞尔，用怀尔然。失于政，陈于兹。高后丕乃崇降罪疾，曰，曷虐朕民。汝万民乃不生生，暨予一人猷同心。先后丕降与汝罪疾，曰，曷不暨朕幼孙有比。故有爽德，自上其罚汝，汝罔能迪。

盘庚上既言今日迁都将以迓续民命于天汝众不可不迁，故此，又以见鬼神之际，祸福之理儆之。盘庚谓，我思念我先神后，自汤至祖乙，诸君勤劳尔先祖，择民利而率民以迁，故我所以今日大进用汝于列位者，将用以绥怀汝，使汝各得其所，且视我无忘先世之德也。我意既如此，苟今日之迁，不能明慎刑政，率民以迁，则是失其政也。既失其政，而使臣民皆久陈于此耿邑，以速沉溺之患，则无以慰我先王与尔祖之心，故我商之高后，乃赫然振怒于上天，大重降其罪疾于我，曰，耿地圮坏如此，汝何虐害吾民，而不视民利用迁乎？我不能率民以迁，则高后固降以罪疾。若汝万民不以生生为念，与我一人谋同其心，相与以迁，而乃肆为浮言，以鼓惑天下，则我商之先后，又将大降罪疾于汝众民，曰，耿地如此，汝何不与我幼小之孙，有所亲比相与共迁乎？此皆是我先王有明爽之德在天，见汝众民傲慢不从，故有罪疾自上天而降，加罪于汝。汝于此时，不知以何辞导迪于天，而自免其罪疾乎？故曰"汝罔能迪"。所谓幼孙者，盘庚自抑之辞也。盘庚言此，盖以商人尚鬼，故以祸福恐动以也。林少颖谓，盘庚三篇言神后，皆指自汤而下，至于祖乙。凡迁都之主也，而称谓不同者，特变文耳，亦犹《舜典》言艺祖、文祖，本无异议，而先儒乃以为指汤而言，其说非也。按，下文云"古我先后"与"殷降大虐""先王不怀"，皆是泛指迁都之君。此文与上意实相连接，安得以为指汤乎？况此文指臣民之先世，皆云"乃祖乃父"，而盘庚之世，距成汤远甚。其盘庚臣民之父祖，无有逮事成汤者，以是知所言神后、高后、先后大抵泛指迁都之主，不特指汤一人而不及其余也。

6.（宋）时澜《增修东莱书说》卷十一《商书·盘庚中第十》

予念我先神后之劳尔先，予丕克羞尔，用怀尔然。失于政，陈于兹，高后丕乃崇降罪疾，曰，曷虐朕民。汝万民乃不生生，暨予一人猷同心，先后丕降与汝罪疾，曰，曷不暨朕幼孙有比。故有爽德，自上其罚汝，汝罔能迪。

我先神圣之后，自成汤以来，抚劳尔先，我念及此，乌得不羞养尔。所谓羞养者，乃用以怀尔也。使我政有阙失，而又陈久于此，先王必降罪戾于我，谓我残虐先王之民矣。"汝万民乃不生生"，生生者，新起之意也。不能奋迅澡濯，趋事赴功，以与君同心，共谋迁都之事，我先后亦必罪戾加汝，谓汝何故不同我幼孙相与迁都。先后昭明之德，洋洋在上，必罚殛汝。至于此，无道以获免，言先后之灵对越，在天昭昭，不可掩矢之之辞也。生生之意，不可不味。人情惮迁，志意散弛，教以生生，作而起之也。

7.（宋）黄度《尚书说》卷三《商书·盘庚中》

予念我先神后之劳尔先，予丕克羞尔，用怀尔然。失于政，陈于兹，高后丕乃崇降罪疾，曰，曷虐朕民。

神后、高后，皆汤。予念汤劳来尔先人使作德，故予亦大能进尔于善，用绥怀尔则既然矣。我若不迁，政教不行，陈腐于此，则汝何能善，汤必大降罪疾于我，而言曰，何得虐毒我民。

8.（宋）袁燮《絜斋家塾书钞》卷六《商书·盘庚中》

尔予念我先神后之劳尔先，予丕克羞尔，用怀尔然。失于政，陈于兹，高后丕乃崇降罪疾，曰，曷虐朕民。汝万民乃不生生，暨予一人猷同心，先后丕降与汝罪疾，曰，曷不暨朕幼孙有比。故有爽德，自上其罚汝，汝罔能迪。

此是告民，谓我先神后，亦曾劳尔之先而迁，我所以进尔于此，用怀来尔即"王命众悉至于庭"之意也。都邑圮坏，我若久于其地而不迁，则高后定降罪疾于我，何者，我今日所有之民，先王之民也。水患将至而不迁，是我虐其民，何所逃罪。今我欲迁，汝万民乃不与我同心，先后明明在上，自上罚汝，汝何能迪乎？迪者，道也，言无辞也。

9.（宋）蔡沈《书经集传》卷三《商书·盘庚中》

予念我先神后之劳尔先，予丕克羞尔，用怀尔然。

神后，先王也。羞，养也，即上文畜养之。言我思念我先神后之劳尔先人，我大克羞养尔者，用怀念尔故也。

10.（宋）黄伦《尚书精义》卷十九《商书·盘庚中》

予念我先神后之劳尔先，予丕克羞尔，用怀尔然。

无垢曰，予所以不忍用威刑以治汝罪，而奉养汝众者，以念我先王曾劳勤汝先祖同成此大功业，汝实先正子孙，我当念旧不忘，是以大能用进汝于士大夫之列，方且诚心训诰，以怀来汝心，庶几，回心易虑，同此迁都之举。汝知其所以然乎？

吕氏曰，言我之所以迁者，我盖念我先神圣之后已曾慰劳尔之祖先了，我先王前日既慰劳尔之祖先，今日乌得而不羞养尔。盖前日之民，便是后日之民，我之所以迁都，缘要怀安尔，故如此，我若不要怀安尔，我又何苦如此。

11.（宋）陈经《尚书详解》卷十六《商书·盘庚中》

予念我先神后之劳尔先，予丕克羞尔，用怀尔然。失于政，陈于兹。高后丕乃崇降罪疾，曰，曷虐朕民。

在朝之臣，其祖父昔尝为先神后之臣，我先神后，既劳尔之先，故我以羞进尔，用怀安尔，亦念我先神后之故。汝岂可不知此意，当迁而不迁，则失于政也。不当迟久而久，是"陈于兹"也。我高后之神灵对越在天，重降罪疾于我，且曰，何故虐我之民而不迁乎？此盘庚罪己之意，既言高后之罪罚及己，然后言及于民，及于臣，又及于其"具乃贝玉"

者，质之鬼神，以为誓者也。

12.（宋）钱时《融堂书解》卷七《商书·盘庚中》

予念我先神后之劳尔先，予丕克羞尔，用怀尔然。失于政，陈于兹。高后丕乃崇降罪疾，曰，曷虐朕民。汝万民乃不生生，暨予一人猷同心。先后丕降与汝罪疾，曰，曷不暨朕幼孙有比。故有爽德，自上其罚汝，汝罔能迪。

此节又告以祖考之神灵，昭格切近于身也。"曰，曷虐朕民"，祖考之心，以保民为心。今视民之荡析离居，而祇图自安，何得不降罪戾。

13.（宋）魏了翁《尚书要义》

原缺。

14.（宋）陈大猷《书集传或问》卷上《商书·盘庚中》

（归善斋按，未解）

15.（宋）胡士行《尚书详解》卷五《商书·盘庚中第十》

予念我先神（明）后之劳（亢）尔先（先祖）。予丕克羞（进用）尔，用怀（念）尔然（如此）。失于政（当迁之政），陈（久）于兹（耿），高后丕乃崇（重）降罪疾（于我），曰，曷虐（沉溺）朕（商后）民。汝万民乃不生生（生其生），暨（与）予一人猷（谋）同心（以迁）。先后丕降与汝罪疾，曰，曷不暨朕幼孙（盘庚自谓）有比（同迁），故有爽（明）德，自上（天）其罚汝（民），汝罔能迪（导迪求免）。

以高后在天之灵儆之。殷尚鬼也。

16.（元）吴澄《书纂言》卷三《商书·盘庚》

予念我先神后之劳尔先，予丕克羞尔，用怀尔然。

先神后，先王也。羞，养也，即上文奉畜之意，言我思念我先王尝劳尔之先人，我大克羞养尔者，用抚安尔，故如此。

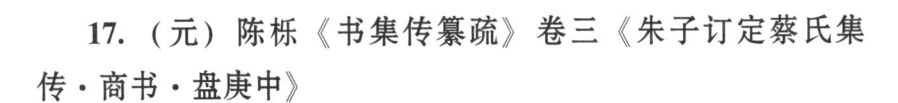

17.（元）陈栎《书集传纂疏》卷三《朱子订定蔡氏集传·商书·盘庚中》

予念我先神后之劳尔先，予丕克羞尔，用怀尔然。

神后，先王也。羞，养也，即上文畜养之意，言我思念我先神后之劳尔先人，我大克羞养尔者，用怀念尔故也。

18.（元）许谦《读书丛说》卷五

原缺。

19.（元）董鼎《书传辑录纂注》卷三《商书·盘庚中》

予念我先神后之劳尔先，予丕克羞尔，用怀尔然。

神后，先王也。羞，养也，即上文畜养之意，言我思念我先神后之劳尔先人，我大克羞养尔者，用怀念尔故也。

20.（元）朱祖义《尚书句解》卷五《商书·盘庚中第十》

予念我先神后之劳尔先（因念我先神后，自汤至祖乙诸君，劳动尔先祖，率民以迁），予丕克羞尔，用怀尔然（使我今日大能进用尔于列位者，用怀尔祖之劳，所以如此）。

21.（明）王樵《尚书日记》卷八《商书·盘庚中》

（归善斋按，见"予迓续乃命于天，予岂汝威用奉畜汝众"）

22.（清）库勒纳等撰《日讲书经解义》卷五《商书·盘庚中》

予念我先神后之劳尔先，予丕克羞尔，用怀尔然。

此一节书，承上文"奉畜汝众"而言，而又动之以念其先人也。羞，解作养。盘庚曰，迁都之事，我先世神圣之君，屡有成烈。当日保后胥戚，竭力从迁者，则尔先人也。我思念我先神后之劳尔先人尔先

363

人，不以为劳而勇于趋利，我今图迁，所以大克奉养尔众，用怀念尔为先民之子孙，不忍坐视其荡析离居而然，尔民乃不体我心，而欣然从迁何耶？

（明）陈第《尚书疏衍》卷三

（归善斋按，见"予迓续乃命于天，予岂汝威用奉畜汝众"）

失于政，陈于兹，高后丕乃崇降罪疾，曰，曷虐朕民

1.（汉）孔氏传、（唐）陆德明音义、孔颖达疏《尚书注疏》卷八《商书·盘庚上》

失于政，陈于兹高后，丕乃崇降罪疾，曰，曷虐朕民。

传，崇，重也。今既失政，而陈久于此而不徙，汤必大重下罪疾于我，曰，何为虐我民而不徙乎？

音义，重，直勇反，又直恭反。

疏，正义曰，盘庚以民不愿迁，言神后将罪汝，欲惧之，使从己也。我所以必须徙者，我今失于政教，陈久于此，民将有害，高德之君成汤，必忿我不徙，大乃重下罪疾于我，曰何为残虐我民而不徙乎？

传正义曰，崇，重，《释诂》文。

2.（宋）苏轼《书传》卷八《商书·盘庚中第十》

失于政，陈于兹，高后丕乃崇降罪疾，曰，曷虐朕民。

陈，久也。崇，大也。耿圮而不迁，以病我民，是失政，而久于此也，汤必大降罪疾于我，以我为虐民也。

3.（宋）林之奇《尚书全解》卷十九《商书·盘庚中》

失于政，陈于兹，高后丕乃崇降罪疾，曰，曷虐朕民。汝万民乃不生

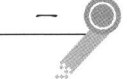

生，暨予一人猷同心。

我惟用大进尔，以绥怀尔，故足以慰尔。先后与夫乃祖父在天之灵，盖先后乃祖乃父之心，惟欲后之人各安其居，而无荡析离居之患也。苟我失其政，而惟臣民之所沮抑，不得率汝以迁，陈久于此耿邑，而速其沉溺重腿之患，则是我之优游不继，有以致之然也。故我商后，乃赫然震怒于上，重降罪疾于我，其意若曰，汝何为虐我民，不能择利而迁乎？惟我高后之心，必欲使我重爱斯民之命，择利而迁。今我既有迁都之定谋矣，而汝万民，乃安于逸乐，惮于劳苦，而无趋事赴功之意，以与我一人，协其谋谟，同心以迁，则是汝众之责也。继之曰"汝万民乃不生生暨予一人猷同心"，先儒以"生生"为"进进"，不如苏氏之说。苏氏曰，乐生兴事，则其生也。厚是，谓"生生"。张平子赋曰"盘庚作诰，率民以苦"，盖其自耿迁亳也，将使斯民去其奢侈怠惰之习，而为务本力农之事，是所谓率之以苦。惟其率之以苦，故告之以是而又以乐其生生者，勤勤恳恳，其言不一而足，既曰使"万民罔不生生"，又曰"往哉生生"，又曰"生生自庸"，盖为优游称导，其所劝勉之意，使其敏于是功，而无败坏不振之患也。

4.（宋）史浩《尚书讲义》卷九《商书·盘庚中》

（归善斋按，见"予念我先神后之劳尔先，予丕克羞尔，用怀尔然"）

5.（宋）夏僎《尚书详解》卷十三《商书·盘庚中》

（归善斋按，见"予念我先神后之劳尔先，予丕克羞尔，用怀尔然"）

6.（宋）时澜《增修东莱书说》卷十一《商书·盘庚中第十》

（归善斋按，见"予念我先神后之劳尔先，予丕克羞尔，用怀尔然"）

7. （宋）黄度《尚书说》卷三《商书·盘庚中》

（归善斋按，见"予念我先神后之劳尔先，予丕克羞尔，用怀尔然"）

8. （宋）袁燮《絜斋家塾书钞》卷六《商书·盘庚中》

（归善斋按，见"予念我先神后之劳尔先，予丕克羞尔，用怀尔然"）

9. （宋）蔡沈《书经集传》卷三《商书·盘庚中》

失于政，陈于兹，高后丕乃崇降罪疾，曰，曷虐朕民。

陈，久；崇，大也。耿忌而不迁，以病我民，是失政而久于此也。高后，汤也。汤必大降罪疾于我，曰，何为而虐害我民。盖人君不能为民图安，是亦虐之也。

10. （宋）黄伦《尚书精义》卷十九《商书·盘庚中》

失于政，陈于兹，高后丕乃崇降罪疾，曰，曷虐朕民。汝万民乃不生生，暨予一人猷同心，先后丕降与汝罪疾，曰，曷不暨朕幼孙有比。故有爽德，自上其罚汝，汝罔能迪。

无垢曰，傥我顺汝之意而不迁，权柄在下，纲纪倒植，是失于政也。傥我随汝之意而不迁，怀安怀土，不知避害，是陈于兹也。则我先王，在幽冥之中，将大降罪疾，曰，汝何故怯懦而失于政，汝何故愚暗而陈于兹，使万民坐受此患祸之虐乎？是我之迁，畏幽冥之中鬼神之见诛矣。我不迁则鬼神降罪疾于我。夫得罪于人君，尚可辩说以逃罪，得罪于鬼神，虽有辩如仪秦，巧如恭显，其能解免乎？是知聒聒之策，正可以欺人，而不可以欺天也。

张氏曰，生生者，进进之谓也。夫物，生则进而大，故生有进意。汝万民不从我以迁，是不能与我进而同心矣。夫民之所为，既不与君同心，则是不能比辅其君者也。

11. （宋）陈经《尚书详解》卷十六《商书·盘庚中》

（归善斋按，见"予念我先神后之劳尔先，予丕克羞尔，用怀尔然"）

12. （宋）钱时《融堂书解》卷七《商书·盘庚中》

（归善斋按，见"予念我先神后之劳尔先，予丕克羞尔，用怀尔然"）

13. （宋）魏了翁《尚书要义》

原缺。

14. （宋）陈大猷《书集传或问》卷上《商书·盘庚中》

（归善斋按，未解）

15. （宋）胡士行《尚书详解》卷五《商书·盘庚中第十》

（归善斋按，见"予念我先神后之劳尔先，予丕克羞尔，用怀尔然"）

16. （元）吴澄《书纂言》卷三《商书·盘庚》

失于政，陈于兹，高后丕乃崇降罪疾，曰，曷虐朕民。

陈，久；崇，大；高后，汤也。知有水患而不迁，政之失也。失政而久留于此，汤必大降罪疾于我，曰，何为虐害我民。盖君不能为民图安，俾遭沉溺之患，是虐害之也。

17. （元）陈栎《书集传纂疏》卷三《朱子订定蔡氏集传·商书·盘庚中》

失于政，陈于兹，高后丕乃崇降罪疾，曰，曷虐朕民。

陈，久；崇，大也。耿圮而不迁，以病我民，是失政而久于此也。高

367

后,汤也。汤必大降罪疾于我,曰,何谓而虐害我民。盖人君不能为民图安,是亦虐之也。

18.（元）许谦《读书丛说》卷五

原缺。

19.（元）董鼎《书传辑录纂注》卷三《商书·盘庚中》

失于政,陈于兹,高后丕乃崇降罪疾,曰,曷虐朕民。

陈,久;崇,大也;耿圮而不迁,以病我民,是失政而久于此也。高后,汤也。汤必大降罪疾于我,曰,何为而虐害我民。盖人君不能为民图安,是亦虐之也。

20.（元）朱祖义《尚书句解》卷五《商书·盘庚中第十》

失于政（苟今日尔臣不能率民以迁,是失其政也）,陈于兹（不当久居于耿而欲居之,是陈于兹也）,高后丕乃崇降罪疾,曰（我商高后,乃赫然震怒于上天,大重降其罪疾于我,曰）,曷虐朕民（耿地圮坏如此,汝何虐害我民而不迁乎）？

21.（明）王樵《尚书日记》卷八《商书·盘庚中》

"失于政,陈于兹"至"曷虐朕民"。

此言君不体民,则高后罪之。孙炎曰,陈,居之久也。

22.（清）库勒纳等撰《日讲书经解义》卷五《商书·盘庚中》

失于政,陈于兹,高后丕乃崇降罪疾,曰,曷虐朕民。

此一节书,是恐民心疑贰,又举鬼神之事以警惧之也。陈,犹言久;崇,大也。高后,高祖也。盘庚曰,人君之政,莫要于安民。今耿圮水患,民之不安甚矣。我实为君,若不为民图迁,是失安民之政,而久居于此也。且汝民固我高后之遗黎也,我若坐视尔等沉溺而不救,我

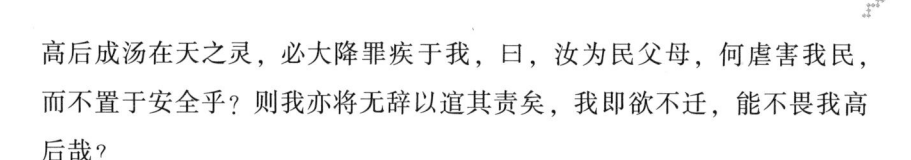

高后成汤在天之灵，必大降罪疾于我，曰，汝为民父母，何虐害我民，而不置于安全乎？则我亦将无辞以逭其责矣，我即欲不迁，能不畏我高后哉？

（明）陈第《尚书疏衍》卷三

（归善斋按，见"予迓续乃命于天，予岂汝威用奉畜汝众"）

汝万民乃不生生，暨予一人猷同心

1.（汉）孔氏传、（唐）陆德明音义、孔颖达疏《尚书注疏》卷八《商书·盘庚上》

汝万民乃不生生，暨予一人猷同心。

传，不进进谋同心徙。

疏，正义曰，我既欲徙，而汝与万民乃不进进，与我一人谋计同心。

传正义曰，又云，尘，久也。孙炎曰，陈居之久，久则生尘矣。古者，尘、陈同也，故陈为久之义。物之生长，则必渐进，故以"生生"为"进进"。王肃亦然。进进是同心愿乐之意也。此实责群臣而言。汝万民者，民心亦然，因博及之。

《尚书注疏》卷八《考证》

"汝万民乃不生生"，传"不进进"，疏"进进是同心愿乐之意"。

臣浩按，此二篇中三言"生生"，传俱解作"进进"疏谓王肃亦然，似古人方言如是。

2.（宋）苏轼《书传》卷八《商书·盘庚中第十》

汝万民乃不生生，暨予一人猷同心。先后丕降与汝罪疾，曰，曷不暨朕幼孙有比。

乐生兴事，则其生也。厚是，谓"生生"。比，同德也。

3.（宋）林之奇《尚书全解》卷十九《商书·盘庚中》

(归善斋按，见"失于政，陈于兹，高后丕乃崇降罪疾，曰，曷虐朕民"）

4.（宋）史浩《尚书讲义》卷九《商书·盘庚中》

(归善斋按，见"予念我先神后之劳尔先，予丕克羞尔，用怀尔然"）

5.（宋）夏僎《尚书详解》卷十三《商书·盘庚中》

(归善斋按，见"予念我先神后之劳尔先，予丕克羞尔，用怀尔然"）

6.（宋）时澜《增修东莱书说》卷十一《商书·盘庚中第十》

(归善斋按，见"予念我先神后之劳尔先，予丕克羞尔，用怀尔然"）

7.（宋）黄度《尚书说》卷三《商书·盘庚中》

汝万民乃不生生，暨予一人猷同心，先后丕降与汝罪疾，曰，曷不暨朕幼孙有比。故有爽德，自上其罚汝，汝罔能迪。

生生，充其类，进善不已也。《易》曰"生生之谓易"。盘庚言，我不能进尔于上，汤且降罪疾于我。汝万民力不能以类，茂长于善，暨予一人，偕之大道，而同心焉，汤亦大降与汝罪疾，曰，何以不及我幼孙协比，而致有差爽之德，自上降罚于汝，汝无能迪吉矣。幼孙，盘庚自谓。

8.（宋）袁燮《絜斋家塾书钞》卷六《商书·盘庚中》

(归善斋按，见"予念我先神后之劳尔先，予丕克羞尔，用怀尔然"）

9. (宋)蔡沈《书经集传》卷三《商书·盘庚中》

汝万民乃不生生,暨予一人猷同心,先后丕降与汝罪疾,曰,曷不暨朕幼孙有比。故有爽德,自上其罚汝,汝罔能迪。

比,毘至反。乐生兴事,则其生也,厚是谓生生。先后,泛言商之先王也。幼孙,盘庚自称之辞。比,同"事"也。爽,失也,言汝民不能乐生兴事,与我同心以迁,我先后大降罪疾于汝,曰,汝何不与朕幼小之孙同迁乎?故汝有失德,自上其罚汝,汝无道以自免也。

10. (宋)黄伦《尚书精义》卷十九《商书·盘庚中》

(归善斋按,见"失于政,陈于兹,高后丕乃崇降罪疾,曰,曷虐朕民")

11. (宋)陈经《尚书详解》卷十六《商书·盘庚中》

汝万民乃不生生,暨予一人猷同心,先后丕降与汝罪疾,曰,曷不暨朕幼孙有比。故有爽德,自上其罚汝,汝罔能迪。

盘庚既言我不迁,则鬼神之罚及我,又言汝民不迁,则鬼神之罚必及尔民。汝万民不能趋生生之理,及我一人谋所以同心迁都,故先后大降与汝以罪疾,其说曰,何不及我幼孙盘庚比同其心乎?先后有爽明之德,自上而罚汝,汝将何道以辞其责乎?

12. (宋)钱时《融堂书解》卷七《商书·盘庚中》

(归善斋按,见"予念我先神后之劳尔先,予丕克羞尔,用怀尔然")

13. (宋)魏了翁《尚书要义》

原缺。

14. (宋)陈大猷《书集传或问》卷上《商书·盘庚中》

(归善斋按,未解)

15.（宋）胡士行《尚书详解》卷五《商书·盘庚中第十》

(归善斋按，见"予念我先神后之劳尔先，予丕克羞尔，用怀尔然"）

16.（元）吴澄《书纂言》卷三《商书·盘庚》

汝万民乃不生生，暨予一人猷同心，先后丕降与汝罪疾，曰，曷不暨朕幼孙有比。故有爽德，自上其罚汝，汝罔能迪。

去死地，就生地，生其生也。先后，泛言商先王。幼孙，盘庚自称。比，顺从也。故，如"刑故"之故；爽，差也。言汝民不能求生其生，而与我同心以迁，我先后大降罪戾于汝，曰，汝何不与我幼孙顺比，而故有此失德也。先后自上罚汝，汝无能迪。迪，谓开导解说，以求免也。

17.（元）陈栎《书集传纂疏》卷三《朱子订定蔡氏集传·商书·盘庚中》

汝万民乃不生生，暨予一人猷同心，先后丕降与汝罪疾，曰，曷不暨朕幼孙有比。故有爽德，自上其罚汝，汝罔能迪。

乐生兴事，则其生也，厚是谓生生。先后，泛言商之先王也。幼孙，盘庚自称之辞。比，同"事"也。爽，失也。言汝民不能乐生兴事，与我同心以迁，我先后大降罪疾于汝，曰，汝何不与朕幼小之孙同迁乎？故汝有失德，自上其罚汝，汝无道以自免也。

18.（元）许谦《读书丛说》卷五

原缺。

19.（元）董鼎《书传辑录纂注》卷三《商书·盘庚中》

汝万民乃不生生，暨予一人猷同心，先后丕降与汝罪疾，曰，曷不暨朕幼孙有比，故有爽德，自上其罚汝，汝罔能迪。

乐生兴事，则其生也，厚是谓生生。先后，泛言商之先王也。幼孙，盘庚自称之辞。比，同"事"也。爽，失也。言汝民不能乐生兴事，与我同心以迁，我先后大降罪疾于汝，曰，汝何不与朕幼小之孙同迁乎？故汝有失德，自上其罚汝，汝无道以自免也。

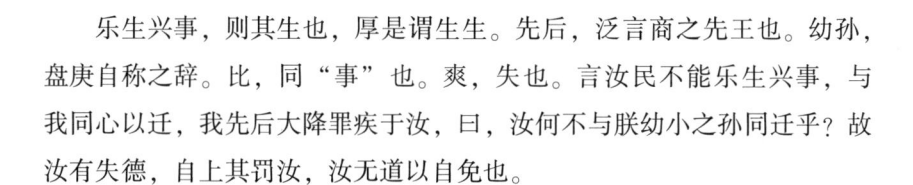

20．（元）朱祖义《尚书句解》卷五《商书·盘庚中第十》

汝万民乃不生生（汝万民乃不以生生为念），暨予一人猷同心（与我一人谋同其心以迁）。

21．（明）王樵《尚书日记》卷八《商书·盘庚中》

"汝万民乃不生生"至"汝罔能迪"。

此言民不体君，则先后亦罪之。生生，谓勉于生理。先后，泛言商之先王也。幼孙，盘庚自谓也。比，同心也。爽，失也。汝罔能迪，言无辞也。

22．（清）库勒纳等撰《日讲书经解义》卷五《商书·盘庚中》

汝万民乃不生生，暨予一人猷同心，先后丕降与汝罪疾，曰，曷不暨朕幼孙有比。故有爽德，自上其罚汝，汝罔能迪。

此一节书，言民不从迁，将得罪于先后也。生生者，生养不穷之意。猷，谋也。幼孙，盘庚自称。比，同事也。爽德，犹言失德。迪，道也。盘庚曰，我之迁都，固大惧获罪于我先后，将以生汝。汝万民乃不自求生养无穷之计，与我一人共谋同心以从迁而趋利，则罪在汝矣。我先后必大降罪疾于汝，曰，何不与我幼孙合心合力以迁，故有此起秽傲上之失德，先后爱汝之心，一旦赫然易虑，自上降罚于汝，汝将何道以自免乎？予又为汝滋惧已。

（明）陈第《尚书疏衍》卷三

（归善斋按，见"予迓续乃命于天，予岂汝威用奉畜汝众"）

先后丕降与汝罪疾，曰，曷不暨朕幼孙有比

1.（汉）孔氏传、（唐）陆德明音义、孔颖达疏《尚书注疏》卷八《商书·盘庚上》

先后丕降与汝罪疾，曰，曷不暨朕幼孙有比？

传，言非但罪我，亦将罪汝。幼孙，盘庚自谓。比，同心。

疏，正义曰，则我先君成汤，大下与汝罪疾，曰，何故不与我幼孙盘庚有相亲比，同心徙乎？

2.（宋）苏轼《书传》卷八《商书·盘庚中第十》

（归善斋按，见"汝万民乃不生生，暨予一人猷同心"）

3.（宋）林之奇《尚书全解》卷十九《商书·盘庚中》

先后丕降与汝罪疾，曰，曷不暨朕幼孙有比？故有爽德，自上其罚汝，汝罔能迪。

汝既不能乐生兴事，而与我同心以迁，则是得罪于我先后矣。故我先后大降罪病于汝，其意曰，汝何不与幼小之孙而相同心以迁乎？故有爽明之德，自上天而罚汝，汝无所道言，无辞以自免故也。"幼孙"者，盘庚自抑之辞也。

4.（宋）史浩《尚书讲义》卷九《商书·盘庚中》

（归善斋按，见"予念我先神后之劳尔先，予丕克羞尔，用怀尔然"）

5.（宋）夏僎《尚书详解》卷十三《商书·盘庚中》

（归善斋按，见"予念我先神后之劳尔先，予丕克羞尔，用怀尔然"）

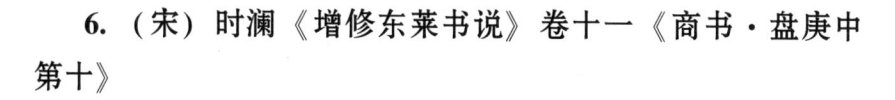

6. （宋）时澜《增修东莱书说》卷十一《商书·盘庚中第十》

(归善斋按，见"予念我先神后之劳尔先，予丕克羞尔，用怀尔然")

7. （宋）黄度《尚书说》卷三《商书·盘庚中》

(归善斋按，见"汝万民乃不生生，暨予一人猷同心")

8. （宋）袁燮《絜斋家塾书钞》卷六《商书·盘庚中》

(归善斋按，见"予念我先神后之劳尔先，予丕克羞尔，用怀尔然")

9. （宋）蔡沈《书经集传》卷三《商书·盘庚中》

(归善斋按，见"汝万民乃不生生，暨予一人猷同心")

10. （宋）黄伦《尚书精义》卷十九《商书·盘庚中》

(归善斋按，见"失于政，陈于兹，高后丕乃崇降罪疾，曰，曷虐朕民")

11. （宋）陈经《尚书详解》卷十六《商书·盘庚中》

(归善斋按，见"汝万民乃不生生，暨予一人猷同心")

12. （宋）钱时《融堂书解》卷七《商书·盘庚中》

(归善斋按，见"予念我先神后之劳尔先，予丕克羞尔，用怀尔然")

13. （宋）魏了翁《尚书要义》

原缺。

14. (宋)陈大猷《书集传或问》卷上《商书·盘庚中》

(归善斋按,未解)

15. (宋)胡士行《尚书详解》卷五《商书·盘庚中第十》

(归善斋按,见"予念我先神后之劳尔先,予丕克羞尔,用怀尔然")

16. (元)吴澄《书纂言》卷三《商书·盘庚》

(归善斋按,见"汝万民乃不生生,暨予一人猷同心")

17. (元)陈栎《书集传纂疏》卷三《朱子订定蔡氏集传·商书·盘庚中》

(归善斋按,见"汝万民乃不生生,暨予一人猷同心")

18. (元)许谦《读书丛说》卷五

原缺。

19. (元)董鼎《书传辑录纂注》卷三《商书·盘庚中》

(归善斋按,见"汝万民乃不生生,暨予一人猷同心")

20. (元)朱祖义《尚书句解》卷五《商书·盘庚中第十》

先后丕降与汝罪疾,曰(则我先后又将大降与汝以罪疾,曰),曷不暨朕幼孙有比(聒地如此,汝何不与我幼小之孙有所亲比,相与共迁乎)?

21. (明)王樵《尚书日记》卷八《商书·盘庚中》

(归善斋按,见"汝万民乃不生生,暨予一人猷同心")

22.（清）库勒纳等撰《日讲书经解义》卷五《商书·盘庚中》

(归善斋按,见"汝万民乃不生生,暨予一人猷同心")

（明）陈第《尚书疏衍》卷三

(归善斋按,见"予迓续乃命于天,予岂汝威用奉畜汝众")

故有爽德,自上其罚汝,汝罔能迪

1.（汉）孔氏传、（唐）陆德明音义、孔颖达疏《尚书注疏》卷八《商书·盘庚上》

故有爽德,自上其罚汝,汝罔能迪。

传,汤有明德在天,见汝情,下罚汝,汝无能道言无辞。

疏,正义曰,汝不与我同心,故汤有明德,从上见汝之情,其下罪罚于汝,汝实有罪,无所能道言,无辞以自解说也。

传正义曰,训"爽"为"明",言其见下,故称明德。《诗》称"三后在天",死者精神在天,故言下见汝。

《尚书注疏》卷八《考证》

"故有爽德"传"汤有明德在天"。

臣召南按,传解此句颇为牵强。依传,则"故有爽德"自上六字为句。

2.（宋）苏轼《书传》卷八《商书·盘庚中第十》

故有爽德,自上其罚汝,汝罔能迪。

非独先后罚汝也,汝有失德,天其罚汝,汝何道自免乎?

3. （宋）林之奇《尚书全解》卷十九《商书·盘庚中》

(归善斋按，见"先后丕降与汝罪疾，曰，曷不暨朕幼孙有比")

4. （宋）史浩《尚书讲义》卷九《商书·盘庚中》

(归善斋按，见"予念我先神后之劳尔先，予丕克羞尔，用怀尔然")

5. （宋）夏僎《尚书详解》卷十三《商书·盘庚中》

(归善斋按，见"予念我先神后之劳尔先，予丕克羞尔，用怀尔然")

6. （宋）时澜《增修东莱书说》卷十一《商书·盘庚中第十》

(归善斋按，见"予念我先神后之劳尔先，予丕克羞尔，用怀尔然")

7. （宋）黄度《尚书说》卷三《商书·盘庚中》

(归善斋按，见"汝万民乃不生生，暨予一人猷同心")

8. （宋）袁燮《絜斋家塾书钞》卷六《商书·盘庚中》

(归善斋按，见"予念我先神后之劳尔先，予丕克羞尔，用怀尔然")

9. （宋）蔡沈《书经集传》卷三《商书·盘庚中》

(归善斋按，见"汝万民乃不生生，暨予一人猷同心")

10. （宋）黄伦《尚书精义》卷十九《商书·盘庚中》

(归善斋按，见"失于政，陈于兹，高后丕乃崇降罪疾，曰，曷虐朕民")

11.（宋）陈经《尚书详解》卷十六《商书·盘庚中》

(归善斋按,见"汝万民乃不生生,暨予一人猷同心")

12.（宋）钱时《融堂书解》卷七《商书·盘庚中》

(归善斋按,见"予念我先神后之劳尔先,予丕克羞尔,用怀尔然")

13.（宋）魏了翁《尚书要义》

原缺。

14.（宋）陈大猷《书集传或问》卷上《商书·盘庚中》

(归善斋按,未解)

15.（宋）胡士行《尚书详解》卷五《商书·盘庚中第十》

(归善斋按,见"予念我先神后之劳尔先,予丕克羞尔,用怀尔然")

16.（元）吴澄《书纂言》卷三《商书·盘庚》

(归善斋按,见"汝万民乃不生生,暨予一人猷同心")

17.（元）陈栎《书集传纂疏》卷三《朱子订定蔡氏集传·商书·盘庚中》

(归善斋按,见"汝万民乃不生生,暨予一人猷同心")

18.（元）许谦《读书丛说》卷五

原缺。

19. （元）董鼎《书传辑录纂注》卷三《商书·盘庚中》

（归善斋按，见"汝万民乃不生生，暨予一人猷同心"）

20. （元）朱祖义《尚书句解》卷五《商书·盘庚中第十》

故有爽德（此皆我先王有明爽之德在天，见汝众民傲慢不从，有此罪疾），自上其罚汝（乃自上天降罚于汝），汝罔能迪（汝将何道，以辞其责）。

21. （明）王樵《尚书日记》卷八《商书·盘庚中》

（归善斋按，见"汝万民乃不生生，暨予一人猷同心"）

22. （清）库勒纳等撰《日讲书经解义》卷五《商书·盘庚中》

（归善斋按，见"汝万民乃不生生，暨予一人猷同心"）

（明）陈第《尚书疏衍》卷三

（归善斋按，见"予迓续乃命于天，予岂汝威用奉畜汝众"）

古我先后既劳乃祖乃父

1. （汉）孔氏传、（唐）陆德明音义、孔颖达疏《尚书注疏》卷八《商书·盘庚上》

古我先后既劳乃祖乃父。

传，劳之共治人。

疏，正义曰，又责群臣，古我先君成汤，既爱劳汝祖汝父，与之共治民矣。

2. （宋）苏轼《书传》卷八《商书·盘庚中第十》

古我先后既劳乃祖乃父，汝共作我畜民，汝有戕则在乃心。我先后绥乃祖乃父。乃祖乃父乃断弃汝，不救乃死。

则，象也。汝同我养民，而有戕民之象见于心，故为鬼神之所断弃也。

3. （宋）林之奇《尚书全解》卷十九《商书·盘庚中》

古我先后既劳乃祖乃父，汝共作我畜民，汝有戕则在乃心。我先后绥乃祖乃父，乃祖乃父乃断弃汝，不救乃死。兹予有乱政同位，具乃贝玉。乃祖乃父丕乃告我高后曰，作丕刑于朕孙。迪高后丕乃崇降弗祥。

鬼神聪明正直，赏罚善恶，各以其类，无容私于其间。我虽为先后之子孙，苟我虐朕民，而不知其所以拯捄之者，则得罪于先后，虽我先王亦不以子孙之故而私之。苟惟汝臣民不与我协心以迁，而获罪于我先后，则乃祖乃父，安得私尔子孙，而不降之灾乎？故称汝之获戾于上天；又谓乃祖乃父虽欲私尔，不可得也。言我先王既与汝之祖父相与勤劳以迁，今为惕我所畜之民而有戕，则在乃之心以沮败国家之大计，我先后怀乃祖乃父而告之，乃祖乃父于是断绝汝，而不救汝之死也。《左传》曰"毁败为戕"，"戕则"天下也。苏氏谓，则，象也。尔有戕民之象见于心，以"戕则"为贼民之象。其说迂也。苟"戕则在乃心"，已为我先后与乃祖乃父之心断弃汝，不救汝死，况有乱国政之臣，缔交立党，同其列位，眷恋于耿邑之奢侈，具乃宝贝，贪于货贿，莫知纪极，而唱为戕贼之言，以鼓惑愚民，则其罪为愈重也。贝，水虫也，古者取其甲以为货。若今用钱。贝者，货也；玉者，宝也。下篇曰"无总于货宝"是也。既其罪为汝重，于是乃祖乃父乃告我之先后曰，作大刑于朕之孙。于是开导我先后降下不祥之罚于汝之身也。自"予念我先神后之劳尔先"至"迪高后，丕乃崇降弗祥"，大抵言，今兹之迁，乃我高后与乃祖乃父之心。我不能率汝以迁，则是违我高后之意；汝不从我心以迁，则是违乃祖之意。殃祸之来，有如影响之速。我不可以不率汝，汝不可以不从我也。夫鬼神之理，藏于幽冥，杳忽之间，而不可以形容想象求也。故智者推而远之，而致之于不可测知之域。惟男巫女觋之于鬼神，然后信其所以与人相接者，皆有卓然之实迹。其居处饮食，与明而为人者无异，此盖愚俗之弊。今盘庚与臣言其迁都之意，而及其先王与臣民之祖父，所以相告相语，与夫所以震怒不悦，而降以罪疾之言，无所不至。周公祷武王之疾于三王曰，予仁若考，多才多艺，能事鬼神；武王之不能事鬼神。其言为尤著明信。如此二说，则是人之死也，其君臣父子相，与处于鬼神之域，盖自若也，无乃近于巫觋之见哉。盖惟达于理，然后能知鬼神之情状；不达于理而言鬼神，则是巫觋而已。"季路问事鬼神，子曰，未能事人，焉能事鬼。敢问死，曰，未知生，焉知死"。此盖夫子深告子路以死生鬼神之理。不知生而欲知死，不能事人而欲能事鬼神，则是不知至理之所在，而以求鬼神之情状，臆度而言之，非愚则诬也。盘庚之迁所以奉承先王之心，而臣民"傲上从康"之心不可训告，此必为先后之所震怒而不赦也。周公欲以身代武王之死，盖王业之基，天夺武王之速，其三王之心皆所不忍于此也。此二者至理之所在，极其理而推之，则可以知鬼神之情状，虽其言若亲与鬼神相接见，其好恶取舍之所在，不为厚诬也。

4．（宋）史浩《尚书讲义》卷九《商书·盘庚中》

（归善斋按，见"予念我先神后之劳尔先，予丕克羞尔，用怀尔然"）

5．（宋）夏僎《尚书详解》卷十三《商书·盘庚中》

古我先后既劳乃祖乃父，汝共作我畜民，汝有戕则在乃心。我先后绥乃祖乃父乃，祖乃父乃断弃汝，不救乃死。兹予有乱政同位，具乃贝玉，乃祖乃父丕乃告我高后，曰，作丕刑于朕孙。迪高后丕乃崇降弗祥。

盘庚上既言汝众不与我同迁，则我先后必加罪疾于汝，至此，又恐臣民以为先王虽欲罚我，而我先祖父岂不欲救我哉，故盘庚于是又言，汝先祖父必不救汝之意也。盘庚谓，古我先后既以迁都之故，劳尔祖乃父，故我于是用汝为我容民畜众之官，所以答尔祖父之劳也。今汝为吾畜民之官，乃有戕贼吾民之意，在汝之心。苏氏谓，则，象也，有戕民之象见于心。汝既有戕民之则在心，则我先王恶汝，必罚于汝，必先有以慰汝祖父之心,使之不得救汝。惟我先王有以安慰汝祖父,则汝之祖父亦将断绝而弃汝,坐视汝受先王之罪疾,以致死而不救也。然此特坐视先王之罪不救而已,若夫我国家或有乱政之臣,缔交立党,同在列位,不以天下国家为念,眷恋耿邑之沃饶,备具兼有贝玉,惟知贪冒货贿,莫知纪极,则汝祖父不特不救而已,且将大告于我高后,使我高后作为大刑罚以及其子孙,开导启迪我先后,大重降其不祥之事,以加乎其身矣。贝,水虫,古人取其角以为宝,如今用钱玉即宝也。盘庚言此,盖深戒群臣,使之知鼓动浮言,不肯迁都者,不特先王降罚,祖先不救,祖先且将劝导先王大降诛罚以及其子孙也。林少颖谓,鬼神之理,藏于幽冥,杳忽之间不可以形容相像求。今盘庚与臣民言其迁都之意,而及先王与臣民之祖父,所以相告语与夫所以振怒不悦而降以罪戾之言,无所不至,岂人之死也。其君臣父子相与处于鬼神之域,盖自若也。无乃近于男巫女觋之见哉。盖达于至理者,然后能知鬼神之情状。盘庚之迁,所以奉承先王之心,而臣民傲上从康,不可训诰,若此,必以为先后震怒而不赦者。盖盘庚极其理而推之,知鬼神之情状,故其言,虽若亲与鬼神相接,而不为厚诬也。

6. (宋) 时澜《增修东莱书说》卷十一《商书·盘庚中第十》

古我先后既劳乃祖乃父,汝共作我畜民,汝有戕则在乃心,我先后绥乃祖乃父,乃祖乃父乃断弃汝,不救乃死。

前告百姓,至此乃告在位,故前止言"尔先",今言"祖、父"者,盖在位之祖父,世有功于王室也。我先王既劳乃祖乃父,乃祖乃父既有功于王室,今尔子孙正当共与我畜养百姓,而乃扇摇浮言,怀奸于心。心既有奸,则汝心之物,则已戕害矣。则者,"有物有则"之"则"也。我先王旧尝抚绥尔祖父,尔祖父必将以义断恩而弃绝汝矣。汝至于死,亦不救汝。

7. (宋) 黄度《尚书说》卷三《商书·盘庚中》

古我先后既劳乃祖乃父,汝共作我畜民。汝有戕则在乃心,我先后绥乃祖乃父,乃祖乃父乃断弃汝,不救乃死。

383

先王劳来乃祖乃父，故汝共作我畜民，衣食温饱，长老慈幼，是为畜民。而汝不臧厥心，乃有戕害之事，虽包藏不露而鬼神知之。我先王绥安乃祖乃父，乃祖乃父怀我先王之德，不平怒汝，乃断弃汝，虽死不救。

8.（宋）袁燮《絜斋家塾书钞》卷六《商书·盘庚中》

古我先后既劳乃祖，乃父汝共作我畜民。汝有戕则在乃心，我先后绥乃祖乃父，乃祖乃父乃断弃汝，不救乃死。兹予有乱政同位，具乃贝玉，乃祖乃父丕乃告我高后，曰，作丕刑于朕孙。迪高后丕乃崇降弗祥。

此是告臣。在民言"尔先"；在臣言"乃祖乃父"，臣民之别如此。此亦与上章同义。大略言，我若不迁，我定受其罚。我欲迁，而尔不从我迁则此罪罚却是尔当之。夫所谓"我先后"，所谓"乃祖乃父"皆鬼神也。盘庚何以知其必降罪罚，必降弗祥，此无他，以吾心而知之也。吾之心，即鬼神之心也。精气为物，游魂为变，是故知鬼神之情状。吾之精气游魂，即鬼神之精气游魂。也以吾之心如此，则知鬼神之心亦如此，且都邑圮坏，吾心知其当迁。当迁而不迁，吾心知其为非也。吾心既知其为非，则鬼神亦必以为非。鬼神既以为非，则安有不降之罪罚者。此无他，只缘统是一个道理。盘庚又不是且如此说，灼然见得道理是如此。然又须看盘庚说这两个"劳"字，曰"予念我先神后之劳尔先"，又曰"古我先后既劳乃祖乃父"，所以下两个"劳"字者，盘庚之意，盖谓，我先后亦曾劳尔万民群臣以迁，然当日群臣万民皆不惮其劳苦。从我而迁，盖以迁为是也。尔之先祖父，既从我先神后以迁，今日我欲迁尔，乃惮一时之劳，而不我从，尔先祖父以尔为是乎？非乎？吾知其必以尔为非，安得不降罪罚。所以说这两个"劳"字，盘庚之意深矣。我不迁则罚罪在我，尔不从我而迁则其罪罚在尔。盘庚与臣民皆一等说，这祸福，这意思，甚好，不谓人君之尊，自有一等祸福；臣民之卑，又有一等祸福，皆只是一体言之。后世岂肯如此说，便见得这是三代之时，圣贤之君说话。

9.（宋）蔡沈《书经集传》卷三《商书·盘庚中》

古我先后既劳乃祖乃父，汝共作我畜民。汝有戕则在乃心。我先后绥乃祖乃父，乃祖乃父乃断弃汝，不救乃死。

戕，慈良反。断，都管反。"既劳乃祖乃父"者，申言劳尔先也。"汝共作我畜民"者，汝皆为我所畜之民也。戕，害也。绥，怀来之意。谓，汝有戕害在汝之心，我先后固已知之，怀来汝祖汝父，汝祖汝父亦断弃汝，不救汝死也。

10.（宋）黄伦《尚书精义》卷十九《商书·盘庚中》

古我先后既劳乃祖乃父，汝共作我畜民。汝有戕则在乃心，我先后绥乃祖乃父，乃祖乃父乃断弃汝，不救乃死。兹予有乱政同位，具乃贝玉，乃祖乃父丕乃告我高后，曰，作丕刑于朕孙。迪高后丕乃崇降弗祥。

无垢曰，古我先王，既与汝祖父同其劳苦，以安养斯民，汝今为我养民之官，亦当与我同心，如汝祖父之于先王可也。今乃不能继汝祖父养民之心，而汝包藏贼心，以害斯民，今乃坐使民趋于死地而不顾，非贼心而何？盖汝祖父与我先王，相为安危者也。我先王见汝如此用心，故将降罪罚于汝，以安汝祖父，汝祖父亦欲安先王，故断汝而不收，弃汝而不录，不救以安国家，汝乃趋于死地矣。至于此时，虽悔何及。

张氏曰，乱政者，治政之臣也。同位者，与之共天位也。乱政之臣，当以德义事其上，今乃务足于货宝，则是怀利以事其君者。为人臣者怀利以事其君于是安土重迁，以非义为民之唱，其罪莫大乎此。夫幽冥之涂，虽若异致，然鬼神之情状，其与人不殊。人之所好，彼则从而福之；人之所恶，彼则从而祸之。盘庚之迁，始告之以人事，既不听从，于是又告之以鬼神之事，盖亦因其俗之所尚，而导之者也。

11.（宋）陈经《尚书详解》卷十六《商书·盘庚中》

古我先后既劳乃祖乃父，汝共作我畜民。汝有戕则在乃心，我先后绥乃祖乃父，乃祖乃父乃断弃汝，不救乃死。

盘庚既言民不迁，则鬼神之罚及民矣，又言臣不迁，则鬼神之罚又将及臣。古我先后，既勤劳尔臣之祖父，我亦念尔先祖之劳，而用汝，俾汝，共我畜养其民。汝反有戕则在其心。传曰，毁则为贼。则者，"有物有则"之"则"同。凡事莫不有法度，有准则。汝则戕贼其则。我先后安尔之祖父，言尔祖父与我先王，君臣之际相安，而无有不足之处。汝有戕则在心，则汝之祖父既不安，而我先王亦不安，故乃祖乃父必断弃汝，而不救汝之死，言冥冥之中，必有谴责也。

12.（宋）钱时《融堂书解》卷七《商书·盘庚中》

古我先后既劳乃祖乃父，汝共作我畜民。汝有戕则在乃心，我先后绥乃祖乃父，乃祖乃父乃断弃汝，不救乃死。兹予有乱政同位，具乃贝玉，乃祖乃父丕乃告我高后，曰，作丕刑于朕孙。迪高后丕乃崇降弗祥。

上节言汝民不生其生，而与我同心，则先后大降罪疾，此复谓，汝等若包藏祸心，不特得罪于我，高后虽汝祖父之灵，亦不救汝之死，又所以攻其隐匿，破其奸谋也。上言"劳尔先"，此又言"劳乃祖乃父"，盖为迁都定邑而劳之，与今日人情正相反，所以数首提此"劳"字以为谕。则者，"物则"之"则"。人之本心，皆具此则，顺之则为善为良；戕之则为凶为暴。传曰，毁则为贼，毁则即戕则也。此专指其在心之事。虽然我或得罪于汝众，汝祖父亦不我恕也。于此，我有乱政之臣，与之同位，黩货无厌，尽有汝之贝玉。汝祖父必大告我后，曰，吾，君之臣。夺我孙之宝货，是吾君大刑罚我孙也。必导我高后使，大重降不祥于我矣。上节言高后大降罪疾，将自己与民对说，及此节，言民之祖父之灵，复将民与自己对说。盘庚晓谕顽愚而言之至此，亦可谓恳切矣哉。

13.（宋）魏了翁《尚书要义》

原缺。

14.（宋）陈大猷《书集传或问》卷上《商书·盘庚中》

（归善斋按，未解）

15.（宋）胡士行《尚书详解》卷五《商书·盘庚中第十》

古我先后，既劳乃祖乃父，汝共作我畜民（养民之官），汝有戕则（戕民之象）在乃心。我先后绥（安）乃祖乃父。乃祖乃父乃断（绝）弃汝，不救乃死。兹予有乱（治）政（之人）同位（在位），具（聚畜）

乃贝（水虫，古人取其壳为宝，如今用钱）玉（宝）。乃祖乃父，丕乃告我高后，曰，作丕刑于朕子孙。迪（启）高后，丕乃崇降弗祥。

此言不特高祖之灵可畏，而乃祖父之灵亦可畏也。尔巨室职在治民，乃不同于利民，而惟恋耽之沃饶，以为总货宝计，则我高后纵以尔祖父旧劳之故，不欲降罚以伤其意，而乃祖父自不汝救，岂特不救，且将启告，以降不祥矣。

16.（元）吴澄《书纂言》卷三《商书·盘庚》

古我先后既劳乃祖乃父，汝共作我畜民。汝有戕则在乃心，我先后绥乃祖乃父，乃祖乃父乃断弃汝，不救乃死。

"既劳乃祖乃父"者，申言"劳尔先"也；"汝共作我畜民"者，汝皆为我所畜之民也。戕，害也。汝不肯迁，非止灾及汝身，凡我所畜之民，皆受其祸，是汝实戕害之也。则，或云当作"贼"，"贝"右畔"戎"字也。绥，抚谕之意。汝有戕贼民生之恶在心，先后知之，以此谕汝祖父，汝祖父亦弃绝汝，而不救汝之死也。

17.（元）陈栎《书集传纂疏》卷三《朱子订定蔡氏集传·商书·盘庚中》

古我先后既劳乃祖乃父，汝共作我畜民。汝有戕则在乃心，我先后绥乃祖乃父，乃祖乃父乃断弃汝，不救乃死。

"既劳乃祖乃父"者，申言"劳尔先"也，"汝共作我畜民"者，汝皆为我所畜之民也。戕，害也。绥，怀来之意。谓汝有戕害在汝之心，我先后固已知之，怀来汝祖汝父，汝祖汝父亦断弃汝，不救汝死也。

18.（元）许谦《读书丛说》卷五

原缺。

19.（元）董鼎《书传辑录纂注》卷三《商书·盘庚中》

古我先后既劳乃祖乃父，汝共作我畜民。汝有戕则在乃心，我先后绥乃祖乃父，乃祖乃父乃断弃汝，不救乃死。

"既劳乃祖乃父"者，申言"劳尔先"也。"汝共作我畜民"者，汝皆为我所畜之民也。戕，害也。绥，怀来之意。谓汝有戕害在汝之心，我先后固已知之，怀来汝祖汝父，汝祖汝父亦断弃汝，不救汝死也。

20.（元）朱祖义《尚书句解》卷五《商书·盘庚中第十》

古我先后（自成汤至祖乙）既劳乃祖乃父（既以迁都之故，劳尔祖父）。

21.（明）王樵《尚书日记》卷八《商书·盘庚中》

"古我先后"至"不救乃死"。

此言民不体君，非但先后罪之，其祖父亦罪之。戕，害也。有害人之心，而不欲徙者，是反祖父之行，故其祖父亦断弃之，不救其死也。

22.（清）库勒纳等撰《日讲书经解义》卷五《商书·盘庚中》

古我先后既劳乃祖乃父，汝共作我畜民。汝有戕则在乃心，我先后绥乃祖乃父。乃祖乃父乃断弃汝，不救乃死。

此一节书，言民不从迁，且并得罪于其祖父也。戕，害也。绥者，慰安之意。盘庚曰，汝民疑阻不迁，不但得罪于我先王，即尔祖父亦于汝有隐痛焉。昔我先王迁都，既劳汝祖汝父，是汝祖父实明于君臣之分谊者也。我继先王而为君，则汝皆为我所畜养之民，汝若能以汝祖父之事先王者事我，即为汝祖父之孝子顺孙矣。今河水为患，我效我先后而迁都以康汝，汝不法汝祖父而从我以迁，是即戕害生民矣。苟不戕害在汝之心，我先王念汝祖父实有成劳，必安慰汝祖父。致其用罚之意，汝祖父素明大义，乃断弃汝而不救汝之死于先王之前矣。汝一不从迁，难逃祖父之责，如此可不畏哉。

(明) 陈第《尚书疏衍》卷三

(归善斋按, 见"予迓续乃命于天, 予岂汝威用奉畜汝众")

汝共作我畜民, 汝有戕则在乃心

1. (汉) 孔氏传、(唐) 陆德明音义、孔颖达疏《尚书注疏》卷八《商书·盘庚上》

汝共作我畜民, 汝有戕, 则在乃心。

传, 戕, 残也。汝共我治民, 有残人之心, 而不欲徙, 是反父祖之行。

音义, 戕, 在良反, 又七良反。行, 下孟反。断, 丁缓反。

疏, 正义曰, 汝今共为我养民之官, 是我于汝与先君同也。而汝有残虐民之心, 非我令汝如此, 则在汝心自为此恶, 是汝反祖父之行, 虽汝祖父亦不佑汝。

传正义曰, 劳之共治人者, 下句责臣之身云, 汝共作我畜民, 明先后劳其祖父, 是劳之共治民也。《春秋》宣十八年, 邾人戕鄫子, 《左传》云, 凡自虐其君曰弑, 自外曰戕。戕为残害之义, 故为残也。

2. (宋) 苏轼《书传》卷八《商书·盘庚中第十》

(归善斋按, 见"古我先后既劳乃祖乃父")

3. (宋) 林之奇《尚书全解》卷十九《商书·盘庚中》

(归善斋按, 见"古我先后既劳乃祖乃父")

4. (宋) 史浩《尚书讲义》卷九《商书·盘庚中》

(归善斋按, 见"予念我先神后之劳尔先, 予丕克羞尔, 用怀尔然")

389

5.（宋）夏僎《尚书详解》卷十三《商书·盘庚中》

(归善斋按，见"古我先后既劳乃祖乃父")

6.（宋）时澜《增修东莱书说》卷十一《商书·盘庚中第十》

(归善斋按，见"古我先后既劳乃祖乃父")

7.（宋）黄度《尚书说》卷三《商书·盘庚中》

(归善斋按，见"古我先后既劳乃祖乃父")

8.（宋）袁燮《絜斋家塾书钞》卷六《商书·盘庚中》

(归善斋按，见"古我先后既劳乃祖乃父")

9.（宋）蔡沈《书经集传》卷三《商书·盘庚中》

(归善斋按，见"古我先后既劳乃祖乃父")

10.（宋）黄伦《尚书精义》卷十九《商书·盘庚中》

(归善斋按，见"古我先后既劳乃祖乃父")

11.（宋）陈经《尚书详解》卷十六《商书·盘庚中》

(归善斋按，见"古我先后既劳乃祖乃父")

12.（宋）钱时《融堂书解》卷七《商书·盘庚中》

(归善斋按，见"古我先后既劳乃祖乃父")

13.（宋）魏了翁《尚书要义》

原缺。

14.（宋）陈大猷《书集传或问》卷上《商书·盘庚中》

(归善斋按，未解)

15. （宋）胡士行《尚书详解》卷五《商书·盘庚中第十》

（归善斋按，见"古我先后既劳乃祖乃父"）

16. （元）吴澄《书纂言》卷三《商书·盘庚》

（归善斋按，见"古我先后既劳乃祖乃父"）

17. （元）陈栎《书集传纂疏》卷三《朱子订定蔡氏集传·商书·盘庚中》

（归善斋按，见"古我先后既劳乃祖乃父"）

18. （元）许谦《读书丛说》卷五

原缺。

19. （元）董鼎《书传辑录纂注》卷三《商书·盘庚中》

（归善斋按，见"古我先后既劳乃祖乃父"）

20. （元）朱祖义《尚书句解》卷五《商书·盘庚中第十》

汝共作我畜民（故我用汝共为吾民畜养之官），汝有戕则在乃心（汝乃有戕贼吾民之象在汝之心）。

21. （明）王樵《尚书日记》卷八《商书·盘庚中》

（归善斋按，见"古我先后既劳乃祖乃父"）

22. （清）库勒纳等撰《日讲书经解义》卷五《商书·盘庚中》

（归善斋按，见"古我先后既劳乃祖乃父"）

我先后绥乃祖乃父，乃祖乃父乃断弃汝，不救乃死

1. （汉）孔氏传、（唐）陆德明音义、孔颖达疏《尚书注疏》卷八《商书·盘庚上》

我先后绥乃祖乃父，乃祖乃父乃断弃汝，不救乃死。

传，言我先王安汝父祖之忠，今汝不忠汝父祖，必断绝弃汝命，不救汝死。

疏，正义曰，我先君安汝祖汝父之忠，汝祖汝父忠于先君，必忿汝违我，乃断绝弃汝命，不救汝死，言汝违我命，故汝祖父亦忿见汤，罪汝，不救汝死也。

传正义曰，先后爱劳汝祖汝父，与共治民，汝祖父必有爱人之心，作训为也。汝今共为我养民之官，而有残民之心而不用徙以避害，是汝反祖父之行。盘庚距汤年世多矣，臣父不及汤世，而云父者，与祖连言之耳。

2. （宋）苏轼《书传》卷八《商书·盘庚中第十》

(归善斋按，见"古我先后既劳乃祖乃父")

3. （宋）林之奇《尚书全解》卷十九《商书·盘庚中》

(归善斋按，见"古我先后既劳乃祖乃父")

4. （宋）史浩《尚书讲义》卷九《商书·盘庚中》

(归善斋按，见"予念我先神后之劳尔先，予丕克羞尔，用怀尔然")

5. （宋）夏僎《尚书详解》卷十三《商书·盘庚中》

(归善斋按，见"古我先后既劳乃祖乃父")

6.（宋）时澜《增修东莱书说》卷十一《商书·盘庚中第十》

（归善斋按，见"古我先后既劳乃祖乃父"）

7.（宋）黄度《尚书说》卷三《商书·盘庚中》

（归善斋按，见"古我先后既劳乃祖乃父"）

8.（宋）袁燮《絜斋家塾书钞》卷六《商书·盘庚中》

（归善斋按，见"古我先后既劳乃祖乃父"）

9.（宋）蔡沈《书经集传》卷三《商书·盘庚中》

（归善斋按，见"古我先后既劳乃祖乃父"）

10.（宋）黄伦《尚书精义》卷十九《商书·盘庚中》

（归善斋按，见"古我先后既劳乃祖乃父"）

11.（宋）陈经《尚书详解》卷十六《商书·盘庚中》

（归善斋按，见"古我先后既劳乃祖乃父"）

12.（宋）钱时《融堂书解》卷七《商书·盘庚中》

（归善斋按，见"古我先后既劳乃祖乃父"）

13.（宋）魏了翁《尚书要义》

原缺。

14.（宋）陈大猷《书集传或问》卷上《商书·盘庚中》

（归善斋按，未解）

15.（宋）胡士行《尚书详解》卷五《商书·盘庚中第十》

（归善斋按，见"古我先后既劳乃祖乃父"）

16.（元）吴澄《书纂言》卷三《商书·盘庚》

(归善斋按，见"古我先后既劳乃祖乃父")

17.（元）陈栎《书集传纂疏》卷三《朱子订定蔡氏集传·商书·盘庚中》

(归善斋按，见"古我先后既劳乃祖乃父")

18.（元）许谦《读书丛说》卷五

原缺。

19.（元）董鼎《书传辑录纂注》卷三《商书·盘庚中》

(归善斋按，见"古我先后既劳乃祖乃父")

20.（元）朱祖义《尚书句解》卷五《商书·盘庚中第十》

我先后绥乃祖乃父（则我先王必先有以安慰汝祖汝父），乃祖乃父乃断弃汝（使汝祖父乃防绝遗弃汝），不救乃死（坐视汝受先王之罪疾，而不救汝死）。

21.（明）王樵《尚书日记》卷八《商书·盘庚中》

(归善斋按，见"古我先后既劳乃祖乃父")

22.（清）库勒纳等撰《日讲书经解义》卷五《商书·盘庚中》

(归善斋按，见"古我先后既劳乃祖乃父")

（明）陈第《尚书疏衍》卷三

(归善斋按，见"予迓续乃命于天，予岂汝威用奉畜汝众")

兹予有乱政同位，具乃贝玉

1.（汉）孔氏传、（唐）陆德明音义、孔颖达疏《尚书注疏》卷八《商书·盘庚上》

兹予有乱政同位，具乃贝玉。

传，乱，治也。此我有治政之臣同位，于父祖，不念尽忠但，念贝玉而已，言其贪。

音义，治，直吏反。尽，子忍反。

疏，正义曰，又责臣云，汝祖父非徒不救汝死，乃更请与汝罪于此。我有治政之臣同位，于其父祖，其位与父祖同，心与父祖异，不念忠诚，但念具汝贝玉而已，言其贪而不忠也。

传正义曰，乱，治，《释诂》文。舍人曰，乱，义之治也。孙炎曰，乱，治之理也。大臣理国之政，此者所责之人，故言于此。我有治政之臣，言其同位于父祖，责其位同而心异也。贝者，水虫。古人取其甲以为货，如今之用钱。然《汉书·食货志》具有其事，贝是行用之货也。贝玉是物之最贵者，责其贪财，故举二物以言之。当时之臣不念尽忠于君，但念具贝玉而已，言其贪也。

2.（宋）苏轼《书传》卷八《商书·盘庚中第十》

兹予有乱政同位，具乃贝玉。乃祖乃父丕乃告我高后曰，作丕刑于朕孙。迪高后丕乃崇降弗祥。

乱政，犹言乱臣也。具者，多取而兼有之之谓也。《春秋》传曰"昔平王东迁，七姓从王，牲用备具，王赖之，而赐之骍旄之盟"。郑子产曰"我先君威公，与商人皆出自周，庸次比耦，以艾杀此地。斩之蓬蒿藜藿而共处之世，有盟誓，以相信也。曰尔无我叛，我无强贾，毋或匄夺。尔有利市宝贿，我勿与知"。盖迁国危事也，方道路之勤，营筑之劳，宝贿暴露，而贪吏扰之，易以生变，故于其将行先盟之鬼神，曰，凡我乱政同

395

位之臣，敢利汝贝玉，则其父祖当告我高后而诛之。不独如此而已，王亦自誓于众曰，朕不肩好货，又曰无总于货宝，丁宁如此，所以儆百官，而安民心，此古者迁国之法也。

3.（宋）林之奇《尚书全解》卷十九《商书·盘庚中》

（归善斋按，见"古我先后既劳乃祖乃父"）

4.（宋）史浩《尚书讲义》卷九《商书·盘庚中》

（归善斋按，见"予念我先神后之劳尔先，予丕克羞尔，用怀尔然"）

5.（宋）夏僎《尚书详解》卷十三《商书·盘庚中》

（归善斋按，见"古我先后既劳乃祖乃父"）

6.（宋）时澜《增修东莱书说》卷十一《商书·盘庚中第十》

兹予有乱政同位，具乃贝玉，乃祖乃父丕乃告我高后，曰，作丕刑于朕孙。迪高后丕乃崇降弗祥。

凡尔在位，与我共治政者，不可具货宝而不肯迁。民之所以不欲迁者，特安土耳。世家巨室，聚畜财货，根蟠固结，恐因迁散失，故摇动百姓，其本根之病正在于此，故告之，汝若具宝玉而不肯迁，尔祖父必将告我高后，导迪我高后作大刑于汝，降大不祥于汝矣。上告民之辞略，此告群臣之辞详，盖民止于怀土，其罪多在群臣具贝玉而不肯迁。具乃贝玉，正在位者根本之病，非发其根本之良心，何以能治。敬畏祖父者，人之良心也。盘庚提其祖父而言之，敬畏之心，岂不油然而顾，恋财宝之念轻矣。

7.（宋）黄度《尚书说》卷三《商书·盘庚中》

兹予有乱政同位，具乃贝玉，乃祖乃父丕乃告我高后，曰，作丕刑于朕孙。迪高后丕乃崇降弗祥。

乱治，位虽有高下，而皆与人主共治政，故曰乱政。同位，治政有位，在民上而不恤民，具乃贝玉而已。汝又信其诖惑，不顺我迁，故乃祖先父大告汤，使作大刑于朕孙，开导汤大积高降弗祥。前篇训有位无此，语士君子当自识此理也。此篇训万民，故及之。或曰，盘庚患其民不从令，故假鬼神以惧之，是乎？曰否。古人必畏天，必敬鬼神，必省察祸福，是故国家诰命，必发于宗庙，而盟誓必临之以鬼神。人心敬戒，懔乎神祇，祖考常在其上也。从世人心，放肆慢言恣行，虽鬼神福善祸淫，其道不改。而人方颠迷，岂能识察，故虽陨越殄灭，而犹不悟。大抵古人鬼神之训，皆非假说之言也，推此必然耳。

8. （宋）袁燮《絜斋家塾书钞》卷六《商书·盘庚中》

（归善斋按，见"古我先后既劳乃祖乃父"）

9. （宋）蔡沈《书经集传》卷三《商书·盘庚中》

兹予有乱政同位，具乃贝玉，乃祖乃父丕乃告我高后，曰，作丕刑于朕孙。迪高后丕乃崇降弗祥。

乱，治也。具，多取而兼有之谓。言若我治政之臣，所与共天位者，不以民生为念，而务富贝玉者，其祖父亦告我成汤，作丕刑于其子孙，启成汤丕乃崇降弗祥而不赦也。此章先儒皆以为责臣之辞，然详其文势，曰"兹予有乱政同位"，则亦对民庶责臣之辞，非直为群臣言也。按，上四章言，君有罪，民有罪，臣有罪，我高后与尔民臣祖父，一以义断之，无所赦也。王氏曰，先王设教，因俗之善而导之，反俗之恶而禁之。方盘庚时，商俗衰，士大夫弃义即利，故盘庚以具贝玉为戒，此反其俗之恶而禁之者也。自成周以上，莫不事死如事生，事亡如事存，故其俗，皆严鬼神。以经考之，商俗为甚，故盘庚特称"先后"与臣民之祖父，崇降罪疾为告，此因其俗之善而导之者也。

10. （宋）黄伦《尚书精义》卷十九《商书·盘庚中》

（归善斋按，见"古我先后既劳乃祖乃父"）

11. （宋）陈经《尚书详解》卷十六《商书·盘庚中》

兹予有乱政同位，具乃贝玉，乃祖乃父丕乃告我高后，曰，作丕刑于朕孙。迪高后丕乃崇降弗祥。

盘庚先言臣之不迁，则鬼神之责将及尔臣，又言尔臣之中，有贪鄙在位，取人之财货无耻者，则鬼神之责，亦必及之。乱，治也。兹我有治政之臣，汝之共天位者，或有黩货无厌，道涂之间，迁徙之时，民有宝货暴露，乃具而有之，则乃祖父丕大告我高后，曰，作大刑于我之孙，遂开导我高后，重降弗祥之事于汝身，而不汝救。鬼神之德无私，岂私其子孙而不罚之哉。凡此四段，皆是盘庚质之鬼神，先言己，次言民，又次言臣之贪货者，区区以鬼神之说，告之，无乃失之诬乎？然臣民端不可诬也。说者谓商人之俗尚鬼，盘庚惧己德之不足以感民，遂借鬼神之说以警动其心，俾知所畏殊，不知幽明一理，神人一致，人之理即神之理也。合于理者，必合众人之心，必合鬼神之心；不合于理者，必不合众人之心，必不合鬼神之心。自后世观之，诚心既不足，遂以鬼神为森茫荒忽之事，岐幽明为二致矣。盘庚迁都之举，正所谓质诸鬼神而无疑者也，岂诬也哉。

12. （宋）钱时《融堂书解》卷七《商书·盘庚中》

(归善斋按，见"古我先后既劳乃祖乃父")

13. （宋）魏了翁《尚书要义》

原缺。

14. （宋）陈大猷《书集传或问》卷上《商书·盘庚中》

(归善斋按，未解)

15. （宋）胡士行《尚书详解》卷五《商书·盘庚中第十》

(归善斋按，见"古我先后既劳乃祖乃父")

16. （元）吴澄《书纂言》卷三《商书·盘庚》

兹予有乱政同位，具乃贝玉，乃祖乃父丕乃告我高后，曰，作丕刑于朕孙。迪高后丕乃崇降弗祥。

乱，治也。具者，多取而兼之谓。贝，海介虫。古者，以贝为货，以玉为宝。此言贝玉，货宝互相备也。世臣巨家，聚畜货宝，恐因迁散失耗费，故摇动百姓，使不肯迁。迪，开导也。盘庚言，若治政之臣所以共天位者，不以民生为念，而惟务富己贝玉者，其祖父亦告我高后，令作大刑于其子孙，开导我高后，崇降之以不祥也。丕刑以人事言，不祥以神事言，皆谓祸也。以上四节，言君有罪，民有罪，臣有罪，我先后与尔民臣祖父，皆降之祸。商俗尚鬼，因其所畏所信以晓之。先儒皆以此一节为责臣，然详其文势，则亦对民庶，而责其臣之辞，盖此时臣民皆在，盘庚登进其民于前，则所告皆与民言，不应此一节独为与臣言也。

17. （元）陈栎《书集传纂疏》卷三《朱子订定蔡氏集传·商书·盘庚中》

兹予有乱政同位，具乃贝玉，乃祖乃父丕乃告我高后，曰，作丕刑于朕孙。迪高后丕乃崇降弗祥。

乱，治也，具多取而兼有之谓。言若我治政之臣，所与共天位者，不以民生为念，而务富贝玉者，其祖父亦告我成汤，作丕刑于其子孙，启成汤丕乃崇降弗祥而不赦也。此章先儒皆以为责臣之辞，然详其文势，曰"兹予有乱政同位"，则亦对民庶，责臣之辞非直为群臣言也。案，上四章言，君有罪，民有罪，臣有罪，我高后与尔民臣祖父一以义断之，无所赦也。王氏曰，先王设教，因俗之善而导之，反俗之恶而禁之。方盘庚时，商俗衰，士大夫弃义即利，故盘庚以具贝玉为戒，此反其俗之恶而禁之者也。自成周以上，莫不事死如事生，事亡如事存，故其俗皆严鬼神。以经考之，商俗为甚，故盘庚特称"先后"与臣民之祖父，崇降罪疾为告，此因其俗之善而导之者也。

纂疏：

问，盘庚言其先王与其臣祖父，若真有物在其上降灾、降罚与之周旋从事于日用间者。窃谓，此亦大概言，理之所在，质诸鬼神而无疑耳。而殷人之俗尚鬼，故以其深信者导之，夫岂亦真有一物邪。曰，鬼神之理，圣人盖难言之，谓真有一物固不可，谓非有物亦不可，若未能晓然见得，且缺之可也。

18.（元）许谦《读书丛说》卷五

原缺。

19.（元）董鼎《书传辑录纂注》卷三《商书·盘庚中》

兹予有乱政同位，具乃贝玉，乃祖乃父丕乃告我高后，曰，作丕刑于朕孙。迪高后丕乃崇降弗祥。

乱，治也，具多取而兼有之谓。言若我治政之臣，所与共天位者，不以民生为念，而务富贝玉者，其祖父亦告我成汤，作丕刑于其子孙，启成汤丕乃崇降弗祥而不赦也。此章先儒皆以为责臣之辞，然详其文势，曰"兹予有乱政同位"，则亦对民庶，责臣之辞非直为群臣言也。案，上四章言，君有罪，民有罪，臣有罪，我高后与尔民臣祖父，一以义断之，无所赦也。王氏曰，先王设教，因俗之善而导之，反俗之恶而禁之。方盘庚时，商俗衰，士大夫弃义即利，故盘庚以具贝玉为戒，此反其俗之恶而禁之者也。自成周以上，莫不事死如事生，事亡如事存，故其俗皆严鬼神。以经考之，商俗为甚，故盘庚特称"先后"与臣民之祖父崇降罪疾为告，此因其俗之善而导之者也。

辑录：

铢问，盘庚言，其先王与其群臣之祖父，若真有物在其上，降灾、降罚，与之周旋从事于日用之间者。铢。窃谓，此亦大概言，理之所在，质诸鬼神而无疑尔。而殷俗尚鬼，故以其深信者导之。夫岂亦真有一物邪，乞赐垂诲。先生曰，鬼神之理，圣人盖难言之，谓真有一物固不可，谓非真有一物亦不可。若未能晓然见得，且阙之可也。

纂注：

新安陈氏曰，神后，言神灵在天；高后，言功德崇高，与先后皆指先王之迁都者言之。大意言，我不率民以迁，先王必罪我；汝不从上以迁，不特先王罪汝，汝之祖父亦祸汝矣。

20. （元）朱祖义《尚书句解》卷五《商书·盘庚中第十》

兹予有乱政同位（于此众有乱政之臣，缔交立党，同在列位），具乃贝玉（眷恋耿邑沃饶，备具贝玉。贝，水虫，古人取其甲为宝，如今用钱玉亦宝也）。

21. （明）王樵《尚书日记》卷八《商书·盘庚中》

"兹予有乱政同位"至"丕乃崇降弗祥"。

乱，治也，言我有治政之臣，同位于其祖父，而不同心者，高后与其祖父亦罪之。按，上篇责臣之辞，但言其浮言误众，傲违上命，怠惰自安而已，不言其所以然之故也。至此，始曰，具乃贝玉，则群臣实利濒河之地沃饶自丰，故不能迁，不肯迁，浮言以害迁，皆生于务富贝玉之一念而已。"具乃贝玉"，犹云"总于货宝"。贝，水蠡，古人取其甲以为货，如今之用钱也。

22. （清）库勒纳等撰《日讲书经解义》卷五《商书·盘庚中》

兹予有乱政同位，具乃贝玉，乃祖乃父丕乃告我高后曰，作丕刑于朕孙。迪高后丕乃崇降弗祥。

此一节书，又对民而责臣也。乱，解作治；具者，多取而兼有之也。盘庚曰，汝民不肯从迁，实为浮言所惑，汝亦知浮言者之谴罚，皆将无所宥乎？兹我治政之臣，所与共天位者，不以安民为念，惟畜聚宝玉，以自便其身图，汝虽为其浮言所愚，其乃祖乃父早已摘其隐伏，相与告我高后成汤曰，我子孙为臣不忠，弃义贪利，其大作刑戮于我子孙，以讨其罪。是诸臣祖父，实启我高后，大降不祥而不赦。夫臣不图迁，乃祖乃父且加祸责焉。汝民，其可惑于浮言而不迁乎？

（明）陈第《尚书疏衍》卷三

（归善斋按，见"予迓续乃命于天，予岂汝威用奉畜汝众"）

乃祖乃父丕乃告我高后曰，作丕刑于朕孙

1.（汉）孔氏传、（唐）陆德明音义、孔颖达疏《尚书注疏》卷八《商书·盘庚上》

乃祖乃父丕乃告我高后曰，作丕刑于朕孙。

传，言汝父祖见汝贪而不忠必大乃告汤曰，作大刑于我子孙，求讨不忠之罪。

音义，告，工号反。我高后，本又作乃祖乃父。

疏，正义曰，汝先祖先父以汝如此大乃告我高后曰，为大刑于我子孙，以此言开道我高后。故我高后大乃下不善之殃以罚汝。

传正义曰，作大刑于我子孙者，上句言成汤罪此诸臣，其祖父不救子孙之死；此句言臣之祖父请成汤讨其子孙以不从己，故责之益深。先祖请讨，非盘庚所知原神之意，而为之辞，以惧其子孙耳。

2.（宋）苏轼《书传》卷八《商书·盘庚中第十》

（归善斋按，见"兹予有乱政同位，具乃贝玉"）

3.（宋）林之奇《尚书全解》卷十九《商书·盘庚中》

（归善斋按，见"古我先后既劳乃祖乃父"）

4.（宋）史浩《尚书讲义》卷九《商书·盘庚中》

（归善斋按，见"予念我先神后之劳尔先，予丕克羞尔，用怀尔然"）

402

5.（宋）夏僎《尚书详解》卷十三《商书·盘庚中》

(归善斋按,见"古我先后既劳乃祖乃父")

6.（宋）时澜《增修东莱书说》卷十一《商书·盘庚中第十》

(归善斋按,见"兹予有乱政同位,具乃贝玉")

7.（宋）黄度《尚书说》卷三《商书·盘庚中》

(归善斋按,见"兹予有乱政同位,具乃贝玉")

8.（宋）袁燮《絜斋家塾书钞》卷六《商书·盘庚中》

(归善斋按,见"古我先后既劳乃祖乃父")

9.（宋）蔡沈《书经集传》卷三《商书·盘庚中》

(归善斋按,见"兹予有乱政同位,具乃贝玉")

10.（宋）黄伦《尚书精义》卷十九《商书·盘庚中》

(归善斋按,见"古我先后既劳乃祖乃父")

11.（宋）陈经《尚书详解》卷十六《商书·盘庚中》

(归善斋按,见"兹予有乱政同位,具乃贝玉")

12.（宋）钱时《融堂书解》卷七《商书·盘庚中》

(归善斋按,见"古我先后既劳乃祖乃父")

13.（宋）魏了翁《尚书要义》

原缺。

14.（宋）陈大猷《书集传或问》卷上《商书·盘庚中》

(归善斋按,未解)

15.（宋）胡士行《尚书详解》卷五《商书·盘庚中第十》

（归善斋按，见"古我先后既劳乃祖乃父"）

16.（元）吴澄《书纂言》卷三《商书·盘庚》

（归善斋按，见"兹予有乱政同位，具乃贝玉"）

17.（元）陈栎《书集传纂疏》卷三《朱子订定蔡氏集传·商书·盘庚中》

（归善斋按，见"兹予有乱政同位，具乃贝玉"）

18.（元）许谦《读书丛说》卷五

原缺。

19.（元）董鼎《书传辑录纂注》卷三《商书·盘庚中》

（归善斋按，见"兹予有乱政同位，具乃贝玉"）

20.（元）朱祖义《尚书句解》卷五《商书·盘庚中第十》

乃祖乃父丕乃告我高后，曰（汝祖父将大告我先王，曰），作丕刑于朕孙（可作为大刑罚，以及于我子孙）。

21.（明）王樵《尚书日记》卷八《商书·盘庚中》

（归善斋按，见"兹予有乱政同位，具乃贝玉"）

22.（清）库勒纳等撰《日讲书经解义》卷五《商书·盘庚中》

（归善斋按，见"兹予有乱政同位，具乃贝玉"）

（明）陈第《尚书疏衍》卷三

(归善斋按，见"予迓续乃命于天，予岂汝威用奉畜汝众")

迪高后丕乃崇降弗祥

1. （汉）孔氏传、（唐）陆德明音义、孔颖达疏《尚书注疏》卷八《商书·盘庚上》

迪高后丕乃崇降弗祥。

传，言汝父祖开道汤，大重下不善以罚汝，陈忠孝之义以督之。

疏，正义曰，成汤与汝祖父，皆欲罪汝，汝何以不从我徙乎。

传正义曰，训"迪"为"道"，言汝父祖开道汤也。不从君为不忠，违父祖为不孝，父祖开道汤下罚，欲使从君顺祖，陈忠孝之义以督励之。

2. （宋）苏轼《书传》卷八《商书·盘庚中第十》

(归善斋按，见"兹予有乱政同位，具乃贝玉")

3. （宋）林之奇《尚书全解》卷十九《商书·盘庚中》

(归善斋按，见"古我先后既劳乃祖乃父")

4. （宋）史浩《尚书讲义》卷九《商书·盘庚中》

(归善斋按，见"予念我先神后之劳尔先，予丕克羞尔，用怀尔然")

5. （宋）夏僎《尚书详解》卷十三《商书·盘庚中》

(归善斋按，见"古我先后既劳乃祖乃父")

6. （宋）时澜《增修东莱书说》卷十一《商书·盘庚中第十》

（归善斋按，见"兹予有乱政同位，具乃贝玉"）

7. （宋）黄度《尚书说》卷三《商书·盘庚中》

（归善斋按，见"兹予有乱政同位，具乃贝玉"）

8. （宋）袁燮《絜斋家塾书钞》卷六《商书·盘庚中》

（归善斋按，见"古我先后既劳乃祖乃父"）

9. （宋）蔡沈《书经集传》卷三《商书·盘庚中》

（归善斋按，见"兹予有乱政同位，具乃贝玉"）

10. （宋）黄伦《尚书精义》卷十九《商书·盘庚中》

（归善斋按，见"古我先后既劳乃祖乃父"）

11. （宋）陈经《尚书详解》卷十六《商书·盘庚中》

（归善斋按，见"兹予有乱政同位，具乃贝玉"）

12. （宋）钱时《融堂书解》卷七《商书·盘庚中》

（归善斋按，见"古我先后既劳乃祖乃父"）

13. （宋）魏了翁《尚书要义》

原缺。

14. （宋）陈大猷《书集传或问》卷上《商书·盘庚中》

（归善斋按，未解）

15. （宋）胡士行《尚书详解》卷五《商书·盘庚中第十》

(归善斋按，见"古我先后既劳乃祖乃父")

16. （元）吴澄《书纂言》卷三《商书·盘庚》

(归善斋按，见"兹予有乱政同位，具乃贝玉")

17. （元）陈栎《书集传纂疏》卷三《朱子订定蔡氏集传·商书·盘庚中》

(归善斋按，见"兹予有乱政同位，具乃贝玉")

18. （元）许谦《读书丛说》卷五

原缺。

19. （元）董鼎《书传辑录纂注》卷三《商书·盘庚中》

(归善斋按，见"兹予有乱政同位，具乃贝玉")

20. （元）朱祖义《尚书句解》卷五《商书·盘庚中第十》

迪高后（又开导启迪我先王）丕乃崇降弗祥（大重降不祥之事于汝身而不汝赦）。

21. （明）王樵《尚书日记》卷八《商书·盘庚中》

(归善斋按，见"兹予有乱政同位，具乃贝玉")

22. （清）库勒纳等撰《日讲书经解义》卷五《商书·盘庚中》

(归善斋按，见"兹予有乱政同位，具乃贝玉")

（明）陈第《尚书疏衍》卷三

（归善斋按，见"予迓续乃命于天，予岂汝威用奉畜汝众"）

（清）朱鹤龄《尚书埤传》卷八《商书·盘庚》

"迪高后丕乃崇降弗祥"，黄度曰，盘庚患其民不从令，故假鬼神以惧之，是乎曰否，古人必畏天，必敬神明，必省祸福，是故国家诰命必发于宗庙，而誓诰必临之以鬼神，心知敬戒，则神祇祖考憪乎常在上也。《盘庚》所云非关假设，道固然耳。

呜呼！今予告汝不易

1. （汉）孔氏传、（唐）陆德明音义、孔颖达疏《尚书注疏》卷八《商书·盘庚上》

呜呼！今予告汝不易。

传，凡所言皆不易之事。

音义，"不易"之"易"，以豉反，注同。"易种"之"易"如字，又以豉反，注同。

疏，正义曰，盘庚以言事将毕，欲戒使入之，故呜呼而叹之。今我告汝皆不易之事，言其难也。

传正义曰，此"易"读为"难易"之"易"，不易，言其难也。王肃云，告汝以命之不易为难。郑玄云，我所以告汝者，不变易，言必行之，谓盘庚自道己言必不改易，与孔异。

2. （宋）苏轼《书传》卷八《商书·盘庚中第十》

呜呼！今予告汝不易，永敬大恤，无胥绝远。

迁国，大忧也。君臣与民一德一心而后可，相绝远则殆矣。

3. （宋）林之奇《尚书全解》卷十九《商书·盘庚中》

呜呼！今予告汝不易，永敬大恤，无胥绝远。汝分猷念以相从，各设中于乃心，乃有不吉不迪，颠越不恭，暂遇奸宄，我乃劓殄灭之，无遗育，无俾易种于兹新邑。

"不易"，《释文》作"易"字读。今当作"易"字读。盘庚既以至理之所在，推说鬼神之情状，论其吉凶祸福之不差僭者，尽于此矣。于是嗟叹而告之曰，我今之迁都，谋计之已深，思虑之已熟，计在必行，而不可变易也。汝当钦此忧恤之事，忧我之忧，而无与我绝远，而使君民上下之情不得通也。苏氏曰，迁国，大忧也。君臣与民一德一心而后可，相绝远不殆矣。汝臣民皆各以其类相与，而思念从我以迁，各设中正于汝之心，无为浮言横议之所移夺。其或有不善之人为不道，以至于颠越我之命而不恭，与夫暂遇奸宄之人，是皆不能设中于乃心也。故我论其轻重而加之罪。轻则劓之，重则殄灭之，无使易种于兹新邑也。"易种"者，唐孔氏曰，恶种在善人之中，则善人亦变易为恶。故绝其类，无使易种于兹新邑也。据此文理，但是"傲上从康"，不肯从我以迁之人，初无异于劫夺之事。夫劫夺之事，国有常刑，无俟于告戒之也。其曰"暂遇奸宄"者，大抵肆为浮言之人。"暂遇"二字，类不通，姑且阙之。

4. （宋）史浩《尚书讲义》卷九《商书·盘庚中》

呜呼！今予告汝不易，永敬大恤，无胥绝远。汝分猷念以相从，各设中于乃心，乃有不吉不迪，颠越不恭，暂遇奸宄，我乃劓殄灭之，无遗育，无俾易种于兹新邑。往哉！生生！今予将试以汝迁，永建乃家。

迁国，大事也。《周官》大询之礼三迁，国居其一。非大利害存亡，盖不可以轻举，谓之大恤。大恤者，大忧也。"今予告汝不易"者，言无"反汗"也。"永敬大恤"者，令不可慢此迁国之事，当同其忧患，无相绝远也。无相绝远，则汝忧非不属，不暨有比之患去矣。"汝分猷念以相从"，既分其所为所念以从君，各设中于乃心，则"倚乃身，迁乃心"之患去矣。患，不可不立法，以与民共守。其启行之初，苟无纪律，乱亡继之矣。乃有不吉者，自灾于厥身也。不迪者，舍德而不惕予一人也。颠越

409

不恭者，行止无序，而自作弗靖也。"暂遇奸宄"者，猝然相值，而取其贝玉于同位也。凡此皆劓殄灭之。劓，则其罪轻；殄灭，则其罪大，使无遗种于新邑。其约法如是，民岂敢犯乎？其无所犯，得至于新邑者，则当勉其生生之业。"今予将试以汝迁，永建乃家"者，是不从命者不得至于新邑；从命者建立室家，民将何为乎，亦曰从之者，如归市尔。自盘庚一迁之后，八世不迁，水患不至，民得抱子弄孙，养生丧死，岂非盘庚之恩，而盘庚"永建乃家"之说，若蓍龟之验，可谓贤圣之君矣。

5.（宋）夏僎《尚书详解》卷十三《商书·盘庚中》

呜呼！今予告汝不易，永敬大恤，无胥绝远。汝分猷念以相从，各设中于乃心，乃有不吉不迪，颠越不恭，暂遇奸宄，我乃劓殄灭之无遗育，无俾易种于兹新邑。往哉！生生！今予将试以汝迁，永建乃家。

不易，《释文》作以豉反。今当依郑玄，作"如"字读。盘庚上既言以鬼神之情状告之。使知所畏惧，不敢不迁，故于此又嗟叹而言，所以决其计也。盘庚之意，盖谓今我迁都之谋虑之已熟，故所以告教于汝者，已不可变易，汝当长敬此忧恤之事，与我同忧其忧，不可相绝远，而使上下之情不通也。苏氏谓，迁国，大忧也。君臣与民一心一德，而或相绝远则怠矣。此说是也。君臣与民一，不可相远，故汝臣民须当分谋而念所以迁都之事。所谓分谋者，谓各以类相与谋也。既言"分猷念以相从"，又言"各设中于乃心"者，盘庚之意谓，汝臣民，今日所以不肯迁都者，缘各有私心，故为浮言之所惑。今欲以类，相与谋其迁都之事，要当各设中正于乃心，则其心正而无私，则浮言不能入矣。其或有不善不道之人，覆违颠越我之教命而不恭敬者，徒欲在此旧都，时暂逢人而行奸宄之事，如是之人皆不能设中于乃心者也。故我于是论其罪之轻重。轻者则劓割其鼻。重者则殄灭之至于死。无所遗漏而再得生育之道。所以如是者，盖以傲上从康，告教至此，犹不知化，是顽嚚不可话言者也。盘庚不欲使得易种于兹新邑也。唐孔氏谓，易种，即今俗语云相染易也。恶种在善人之中，则善人亦变易为恶。故盘庚所以绝其恶类，不使易变其种类于此新邑也。盘庚既告臣民，谓不肯迁者，我必诛不赦，故又伤之曰，汝众须期于必往，能往则能厚其生生之理。惟往于新邑，而可以厚其生生之理，故我于是将涉河，试与汝众迁于亳都，以永长建立尔之家，使汝子孙长享其生生之乐也，故曰"永建乃家"。

6.（宋）时澜《增修东莱书说》卷十一《商书·盘庚中第十》

呜呼！今予告汝不易，永敬大恤，无胥绝远。汝分猷念以相从，各设中于乃心。

永敬者，敬之工夫常相接续也。大恤者，恤其大，而不恤其小也。盘庚举先祖父以告，人之敬心已生；顾其私而安土之念复动，则敬心又散，是暂敬而非长久之敬也。顾惜财宝，恤其小者耳，终被水患，生业终不可保，是不恤其大也。尔当开心腹，露情实，使君臣之心相通。若复含隐不宣乃心，君臣之情，愈相绝远矣。"汝分猷念以相，从各设中于乃心"者，当时人心之所猷念，止在不迁之中，盍亦分其猷念从当迁者而思之。知己而不知人，谋虑可谓偏矣。各建中道于心，合人己而致思可也。民受天地之中，何待于设。如《孟子》言"求其放心"，心何待于求，求生于放也。民失其中，恶得而不设哉。

7.（宋）黄度《尚书说》卷三《商书·盘庚中》

呜乎！今予告汝不易，永敬大恤，无胥绝远，汝分猷念以相从，各设中于乃心。

事不可已，故告之不易，其忧为大，故当永敬。绝远而不相亲，事何由济。各安其分，而念于道，必能降以相从。中苟不设，犯分违道必矣。

8.（宋）袁燮《絜斋家塾书钞》卷六《商书·盘庚中》

呜呼！今予告汝不易，永敬大恤，无胥绝远。

不易，谓断然不易也。永敬，即无"尔忱不属"之患。今日虽敬承我命，明日汝傥又亵慢而不从，果能永敬乎？大恤，恤其大者也。一时迁徙，有跋涉之劳，此事之小者也。适兹新邑，相与生生，为无穷之计，此事之大者也。尔当恤其大者，毋恤其小者。尔今虽迁，若其中有一人萌背叛之心，此便是相绝远，而不能相保以生，要须使之欢欣交通，闾里相保,故曰"无胥绝远"。

9.（宋）蔡沈《书经集传》卷三《商书·盘庚中》

呜呼！今予告汝不易,永敬大恤,无胥绝远。汝分猷念以相从,各设中于乃心。

"告汝不易",即上篇"告汝于难"之意。大恤,大忧也。今我告汝以迁都之难,汝当永敬我之所大忧念者,君民一心,然后可以有济。苟相绝远,而诚不属则殆矣。分猷者,分君之所图,而共图之。分念者,分君之所念而共念之,相从相与也。中者,极至之理,各以极至之理存于心,则知迁徙之议为不可易,而不为浮言横议之所动摇也。

10.（宋）黄伦《尚书精义》卷十九《商书·盘庚中》

呜呼！今予告汝不易,永敬大恤,无胥绝远。汝分猷念以相从,各设中于乃心。

无垢曰,不易者,盖言一定之理,不可改易也。顺之则有福,逆之则有祸。汝当永敬我言,无或中惰,当大恤我言,无或轻忽,庶几汝心变易,上下情通,亿万人之众,若出乎一家；遐荒僻陋之远,若处于一堂,而无相绝远矣。夫上下之情不通,则为否；上下之情通,则为泰。

又曰,盖人之心本自明澈,万里森然,惟舍此以合浮议,则此心陷于浮议中,而颠沛错乱,不可复反。傥分其心而不为浮议所摇,则能从吾迁居之长计,而吾之中道见矣。夫人心本中,但一陷于偏陂,则其中蔽且迷东西者,看斗柄,逃空虚者,喜足音世,皆偏陂傥,非贤君为之指南,则中道何由而见？今臣民能听盘庚之言,则心安平,中道见矣。

张氏曰,分者使之别其善恶；猷者使之谋其从违；念则思之而不忘也。惟能分别善恶,而后能谋之；得其当而后能念以相从矣。"设中于乃心",则无依违顾望之累,而惟义是从。能惟义是从,则知向之不从以迁者,皆违义矣。

吕氏曰,"我告尔不易永敬"者,教之敬于久,勿敬于暂。大恤者,教之恤其大,勿恤其小。当时人见盘庚举其先祖父以教我,谁不知敬,后复为安土重迁之心惑乱,则敬心去了。如此乃是暂时之敬,非久长之敬。

当时人顾惜货宝，而惮于迁徙，是但恤其小者，到得被水患圮坏，虽性命亦不可保，是恤其小而不恤其大也。

又曰，设中于心，庶几不失之偏民。受天地之中以生，人谁无这个中，何待于设。《孟子》说，道是"求其放心"而已。心何用求，求生于敬；中何用设，惟是民见得傍一边，不见这一边，便偏了此心，而不是中，乌得而不设？

11.（宋）陈经《尚书详解》卷十六《商书·盘庚中》

呜呼！今予告汝不易，永敬大恤，无胥绝远。汝分猷念以相从，各设中于乃心。乃有不吉不迪，颠越不恭，暂遇奸宄，我乃劓殄灭之无遗育，无俾易种于兹新邑。往哉！生生！今予将试以汝迁，永建乃家。

今我告汝之心已一定而不可易矣，汝当长敬我言，不可既敬之而又辍也。汝当大忧念我之言而行之，不可计小害而不从也。能永敬大恤，则君民相通，无有所弃绝相远矣。汝又当分其谋，分其念，各人自为谋念以相从于我，不可同为一谋，合为一辞，以为不可迁。若如此，只是一偏之私情。但知此之利害，而不知彼之利害，安得有公正之理乎？汝但人各自为谋，不可合为一说，则中正之理，自设于汝之心矣。中者，只是人同然之理。人皆有之，何待设。正恐群臣徇于私情之一偏，则中正之理亡，故必设中于汝心。此二句只是谋欲其异，则理终归于同也。又惧夫道涂跋履之际，有奸人乘间而发，不得不先有以警之。如有不善之人，不道之人，颠倒而逾越，则不顺理之人与乎不恭敬者，暂遇人而暂为劫夺者，为恶于内外也。如有此等人，我当小者劓其鼻，大者殄灭而绝之，不惟及其身，而并及其家，使无有遗育，无使移其种类于此新邑。虽未有此事，而不得不先为之虑也。观盘庚于首篇之末章曰"罚及尔身，弗可悔"，而终篇又为是言，非古人重于刑罚也。首篇而使之必从，中篇则惩其奸宄，亦使之必从。盘庚之用心可知矣。往哉！自今以往长，趋生生之理。今予用以汝迁，则永建尔之家，汝当共为无穷之计也。前言安定厥邦，邦既安定，则家可以永建。《诗》曰"适彼乐土，乐土乐土，爰得我所"者，如《语》所谓"居其所"之"所"同。盖有土，后得所。先邦而后家，理也，亦势也。

12.（宋）钱时《融堂书解》卷七《商书·盘庚中》

呜呼！今予告汝不易，永敬大恤，无胥绝远。汝分猷念以相从，各设中于乃心。乃有不吉不迪，颠越不恭，暂遇奸宄，我乃劓殄灭之无遗育，无俾易种于兹新邑。往哉！生生！今予将试以汝迁，永建乃家。

不迪，不行我之言也。上言"将试以汝迁"，则曰"安定厥邦"；此言"将试以汝迁"，则曰"永建乃家"。上举邦国大体而言，此则切斯民之家而言，语脉相承，而意益紧切。

13.（宋）魏了翁《尚书要义》

原缺。

14.（宋）陈大猷《书集传或问》卷上《商书·盘庚中》

（归善斋按，未解）

15.（宋）胡士行《尚书详解》卷五《商书·盘庚中第十》

呜呼，今予告汝不易（注，以豉反，郑如字，变也），永敬（永则不止，敬于暂）大恤（大则所恤不在小），无胥绝远（不宣乃心疏外于君），汝分猷（谋）念以相从，各设（立）中于乃心。

敬不永，而恤不大，则惟总货是念，而与中相远矣。汝试分汝所谋念者，以从我，而立中道以观之，则尔之谋不迁以总货；予之谋迁以利民，孰是孰非有定论矣。分者不遽责，以尽去己见也。设中，则公见立，而私见自去矣。

16.（元）吴澄《书纂言》卷三《商书·盘庚》

呜呼！今予告汝不易，永敬大恤，无胥绝远。汝分猷念以相从，各设中于乃心。

"告汝不易"，犹上文"告汝于难"之意。水患大可忧，汝当久敬畏，与我同心，不可相疏远隔绝也。民之所以与君相远绝者，由其偏为己计，

而不分其念以为国计也。故使之分其念以相从，而各设中于其心也。中则其心公平，不偏于为己计矣。

17.（元）陈栎《书集传纂疏》卷三《朱子订定蔡氏集传·商书·盘庚中》

呜呼！今予告汝不易，永敬大恤，无胥绝远。汝分猷念以相从，各设中于乃心。

"告汝不易"，即上篇"告汝于难"之意。大恤，大忧也。今我告汝以迁都之难，汝当永敬我之所大忧念者，君民一心，然后可以有济。苟相绝远，而诚不属，则殆矣。分猷者，分君之所图，而共图之；分念者，分君之所念，而其念之相从相与也。中者，极至之理，各以极至之理存于心，则知迁徙之议为不可易，而不为浮言横议之所动摇也。

纂疏：

愚谓，告汝者一定不易矣。永敬我所大忧者，汝当以君之心为心也。中者，人心同然之理，何待于设。正缘群臣徇于私情之一偏，则中之理亡矣。汝不当偏为己计，当分汝所谋所念以从上，各设中理于心，则明见利害，自有不偏之准在于胸中，不至于偏私矣。不设中于心，则人将"倚汝身，迁汝心"也。

18.（元）许谦《读书丛说》卷五

原缺。

19.（元）董鼎《书传辑录纂注》卷三《商书·盘庚中》

呜呼！今予告汝不易，永敬大恤，无胥绝远。汝分猷念以相从，各设中于乃心。

"告汝不易"，即上篇"告汝于难"之意。大恤，大忧也。今我告汝以迁都之难，汝当永敬我之所大忧念者。君民一心，然后可以有济。苟相绝远，而诚不属，则殆矣。分猷者，分君之所图，而共图之。分念者，分君之所念，而共念之，相从相与也。中者，极至之理，各以极至之理存于心，则知迁徙之议为不可易，而不为浮言横议之所动摇也。

纂注：

新安陈氏曰，"告汝不易"，一说，"告汝于难"之意。一说，告汝者一定不易矣。中者，人心同然之理，何待于设，正缘群臣徇于私情之一偏，则中之理亡矣。汝不当偏为私己计，当分汝所谋所念以从上，各设中理于心，则明见利害，自有不偏之准在于胸中，不至于偏私矣。不设中于心，则人必"倚汝身，迁汝心"也。

20. （元）朱祖义《尚书句解》卷五《商书·盘庚中第十》

呜呼（盘庚嗟叹）今予告汝不易（今我告汝不可改易）

21. （明）王樵《尚书日记》卷八《商书·盘庚中》

呜呼！"今予告汝不易"至"设中于乃心"。

孔氏曰，凡所言皆不易之事。正义曰，言其难也。此"易"读为"难易"之"易"。郑玄云，我所以告汝者，皆不变易，言必行之，与孔异。永敬我所大忧者，以君之心为心，无相绝远。盖君臣一体，当分君之所谋，而共谋之；分君之所念，而共念之。中者，人心同然之理，何待于设，正缘群臣徇于私情之偏，则此理不见，故勉以舍其偏见，设中于心。

按，前曰"一"，此曰"中"，民心皆有一，民心皆有中。圣贤理会利害处，即义理，故随事而有不偏之准，不二之则。盘庚训民图迁，而有及于此，良有以也。至于后世，但知有利害，不然则其心先主于利害，而以礼义行之耳，安知所谓"一"与"中"乎？

22. （清）库勒纳等撰《日讲书经解义》卷五《商书·盘庚中》

呜呼！今予告汝不易，永敬大恤，无胥绝远。汝分猷念以相从，各设中于乃心。

此一节书，是既反复劝诫，决计迁都，又叹息而言之也。恤，犹言忧；猷，图谋也。设，安设也。盘庚曰，迁都之事，我亦岂敢漫然哉。今我谆切告汝，无非其难之意，然而必于迁者，盖利害安危之故，我心筹之已审，汝当即我之所大忧恤者，而永敬之，无使上下之情相去绝远，而诚意不相连属也。如我以安民为谋，汝当分我之谋，而相与共图之。我以忧民为念，汝当分我之念，而相与共念之，同心协力，期于相济以有成，乃为可耳。然欲体我之心，又必先正汝之心。盖是非利害，人心皆有极至之理，但人"迁乃心"而不觉耳。汝今各设大中至正之则于汝心，则知迁都之议，断不容已，而浮言不复能摇汝矣。

永敬大恤，无胥绝远

1.（汉）孔氏传、（唐）陆德明音义、孔颖达疏《尚书注疏》卷八《商书·盘庚上》

永敬大恤，无胥绝远。

传，长敬我言，大忧行之，无相与，绝远弃废之。

音义，远，于万反，又如字，注同。

疏，正义曰，事既不易，当长敬我言，大忧行之，无相绝远弃废之。

2.（宋）苏轼《书传》卷八《商书·盘庚中第十》

(归善斋按，见"呜呼！今予告汝不易")

3.（宋）林之奇《尚书全解》卷十九《商书·盘庚中》

(归善斋按，见"呜呼！今予告汝不易")

4.（宋）史浩《尚书讲义》卷九《商书·盘庚中》

(归善斋按，见"呜呼！今予告汝不易")

5.（宋）夏僎《尚书详解》卷十三《商书·盘庚中》

(归善斋按，见"呜呼！今予告汝不易")

6.（宋）时澜《增修东莱书说》卷十一《商书·盘庚中第十》

(归善斋按，见"呜呼！今予告汝不易")

7.（宋）黄度《尚书说》卷三《商书·盘庚中》

(归善斋按，见"呜呼！今予告汝不易")

8.（宋）袁燮《絜斋家塾书钞》卷六《商书·盘庚中》

(归善斋按，见"呜呼！今予告汝不易")

9.（宋）蔡沈《书经集传》卷三《商书·盘庚中》

(归善斋按，见"呜呼！今予告汝不易")

10.（宋）黄伦《尚书精义》卷十九《商书·盘庚中》

(归善斋按，见"呜呼！今予告汝不易")

11.（宋）陈经《尚书详解》卷十六《商书·盘庚中》

(归善斋按，见"呜呼！今予告汝不易")

12.（宋）钱时《融堂书解》卷七《商书·盘庚中》

(归善斋按，见"呜呼！今予告汝不易")

13.（宋）魏了翁《尚书要义》

原缺。

14.（宋）陈大猷《书集传或问》卷上《商书·盘庚中》

(归善斋按，未解)

15.（宋）胡士行《尚书详解》卷五《商书·盘庚中第十》

(归善斋按,见"呜呼！今予告汝不易")

16.（元）吴澄《书纂言》卷三《商书·盘庚》

(归善斋按,见"呜呼！今予告汝不易")

17.（元）陈栎《书集传纂疏》卷三《朱子订定蔡氏集传·商书·盘庚中》

(归善斋按,见"呜呼！今予告汝不易")

18.（元）许谦《读书丛说》卷五

原缺。

19.（元）董鼎《书传辑录纂注》卷三《商书·盘庚中》

(归善斋按,见"呜呼！今予告汝不易")

20.（元）朱祖义《尚书句解》卷五《商书·盘庚中第十》

永敬大恤,无胥绝远。

(归善斋按,未解)

21.（明）王樵《尚书日记》卷八《商书·盘庚中》

(归善斋按,见"呜呼！今予告汝不易")

22.（清）库勒纳等撰《日讲书经解义》卷五《商书·盘庚中》

(归善斋按,见"呜呼！今予告汝不易")

汝分猷念以相从，各设中于乃心

1. （汉）孔氏传、（唐）陆德明音义、孔颖达疏《尚书注疏》卷八《商书·盘庚上》

汝分猷念以相从，各设中于乃心。

传，群臣当分明相与谋念，和以相从，各设中正于汝心。

音义，分，扶问反，又如字，注同。

疏，正义曰，必须存心奉行，汝群臣常分辈相与计谋，念和协以相从，各设中正于汝心，勿为残害之事。

《尚书注疏》卷八《考证》

"汝分猷念以相从，各设中于乃心"。

金履祥曰，《古文尚书》"猷"念作"繇"。古字"繇攸"通用，猷念，所念耳。分，《石经》作"比"。"设中"，《古文》作"禽中"，于义为长。

2. （宋）苏轼《书传》卷八《商书·盘庚中第十》

汝分猷念以相从。各分其事以谋之。

各设中于乃心。

中，公平也。

3. （宋）林之奇《尚书全解》卷十九《商书·盘庚中》

（归善斋按，见"呜呼！今予告汝不易"）

4. （宋）史浩《尚书讲义》卷九《商书·盘庚中》

（归善斋按，见"呜呼！今予告汝不易"）

5. （宋）夏僎《尚书详解》卷十三《商书·盘庚中》

(归善斋按，见"呜呼！今予告汝不易")

6. （宋）时澜《增修东莱书说》卷十一《商书·盘庚中第十》

(归善斋按，见"呜呼！今予告汝不易")

7. （宋）黄度《尚书说》卷三《商书·盘庚中》

(归善斋按，见"呜呼！今予告汝不易")

8. （宋）袁燮《絜斋家塾书钞》卷六《商书·盘庚中》

汝分猷念以相从，各设中于乃心。

曰分，曰各，此两字当子细看。盖当时之人，浮言胥动，皆不曾自去思量，但见上有倡为之说者，则下之人皆同声和之，以为迁之非，是初未尝反而思之。盘庚于是使之分念，使之各设中焉。各自反之于心，今日之迁，果是耶，非耶，不可但随人浪说，各自思量，则道理自见。夫中，一也。今而使之各设中，盖随声是非，乃是人各有心，各设中，焉到得道理至当处，人心一而已。使之各设中，乃所以使人心之一也。呜呼！盘庚何以深见斯人之病，而用药如此之切当哉。盖古者贤圣之君，其胸中无一毫之蔽，所以深见得他人之心，一言一句，皆切中人心之病，若使其胸中先自蒙蔽，何以知得如此之深。当时所以不从，正缘随声是非，不曾各自思念。惟盘庚此心明白，所以灼然见得。

9. （宋）蔡沈《书经集传》卷三《商书·盘庚中》

(归善斋按，见"呜呼！今予告汝不易")

10. （宋）黄伦《尚书精义》卷十九《商书·盘庚中》

(归善斋按，见"呜呼！今予告汝不易")

11. (宋)陈经《尚书详解》卷十六《商书·盘庚中》

(归善斋按,见"呜呼!今予告汝不易")

12. (宋)钱时《融堂书解》卷七《商书·盘庚中》

(归善斋按,见"呜呼!今予告汝不易")

13. (宋)魏了翁《尚书要义》

原缺。

14. (宋)陈大猷《书集传或问》卷上《商书·盘庚中》

(归善斋按,未解)

15. (宋)胡士行《尚书详解》卷五《商书·盘庚中第十》

(归善斋按,见"呜呼!今予告汝不易")

16. (元)吴澄《书纂言》卷三《商书·盘庚》

(归善斋按,见"呜呼!今予告汝不易")

17. (元)陈栎《书集传纂疏》卷三《朱子订定蔡氏集传·商书·盘庚中》

(归善斋按,见"呜呼!今予告汝不易")

18. (元)许谦《读书丛说》卷五

原缺。

19. (元)董鼎《书传辑录纂注》卷三《商书·盘庚中》

(归善斋按,见"呜呼!今予告汝不易")

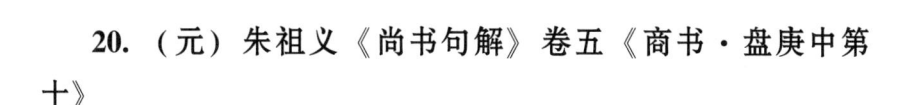

20.（元）朱祖义《尚书句解》卷五《商书·盘庚中第十》

汝分猷念以相从（汝分其谋，分其念，各自为谋念以相从我，无同谋合辞以为不可迁），各设中于乃心（各设中正于汝心，无徇私情而忘公理）。

21.（明）王樵《尚书日记》卷八《商书·盘庚中》

(归善斋按，见"呜呼！今予告汝不易")

22.（清）库勒纳等撰《日讲书经解义》卷五《商书·盘庚中》

(归善斋按，见"呜呼！今予告汝不易")

（元）陈师凯《蔡氏传旁通》卷三《盘庚中》

中者，极至之理，各以极至之理存于心。

中者，无过，无不及，举天下无以加之，故谓之极至之理。孔子曰，中庸之为德，其至矣乎。各设中于乃心者，言此心各以中为准，而不为浮言所摇动也。

乃有不吉不迪

1.（汉）孔氏传、（唐）陆德明音义、孔颖达疏《尚书注疏》卷八《商书·盘庚上》

乃有不吉不迪。

传，不善不道谓凶人。

疏，正义曰，汝群臣若有不善不道。

2.（宋）苏轼《书传》卷八《商书·盘庚中第十》

乃有不吉不迪。

不吉，凶人也。不迪，不道者也。

3.（宋）林之奇《尚书全解》卷十九《商书·盘庚中》

（归善斋按，见"呜呼！今予告汝不易"）

4.（宋）史浩《尚书讲义》卷九《商书·盘庚中》

（归善斋按，见"呜呼！今予告汝不易"）

5.（宋）夏僎《尚书详解》卷十三《商书·盘庚中》

（归善斋按，见"呜呼！今予告汝不易"）

6.（宋）时澜《增修东莱书说》卷十一《商书·盘庚中第十》

乃有不吉不迪，颠越不恭，暂遇奸宄，我乃劓殄灭之无遗育，无俾易种于兹新邑。

道路中，奸人恐其乘动摇之际生变，故严其令以告晓之。其有不善不道，颠怪逾越，不敬上帝之人，与暂时于所遇，而作奸宄者，小则劓，大则殄灭之，无使遗育移其种类于兹邑，以为民害。暂遇者，谓本非奸宄，暂以人之未必知其踪迹，遂为恶者。此道路中之所当深防，其所以不敢为奸于平日者，谓人知其姓名，知其居处，其迹将不可逭。至暂遇之时，卒然相值，过则影灭，遂生此心。推而言之，莫见乎隐，莫显乎微，君子所以谨其独也。

7.（宋）黄度《尚书说》卷三《商书·盘庚中》

乃有不吉不迪，颠越不恭，暂遇奸宄，我乃劓殄灭之无遗育，无俾易种于兹新邑。

迁徙之际，固当明法禁，而况尝有异论动摇，或恐奸邪乘间而作，必

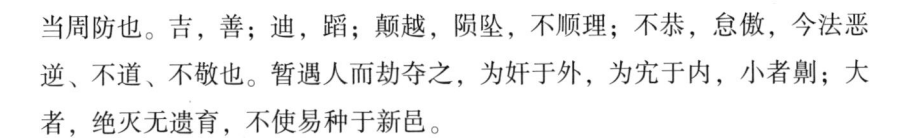

当周防也。吉，善；迪，蹈；颠越，陨坠，不顺理；不恭，怠傲，今法恶逆、不道、不敬也。暂遇人而劫夺之，为奸于外，为宄于内，小者劓；大者，绝灭无遗育，不使易种于新邑。

8. （宋）袁燮《絜斋家塾书钞》卷六《商书·盘庚中》

乃有不吉不迪，颠越不恭，暂遇奸宄，我乃劓殄灭之无遗育，无俾易种于兹新邑。

当时所以不肯迁，只缘大家巨室，各有宝货，深恐道涂之间，或遇奸宄，致遭劫夺，所以倡为浮言，龃龉其上。盘庚深见得当时之病在兹，故前面既说"具乃贝玉"，此又严暂遇奸宄之刑。暂遇者，卒然相遇，即为奸宄，盖当时岂能一一皆是好人。小人惟利害是视，何所不至。万一道涂间，或遇劫，夺这便瓦解涣然离散，如何迁得成。所以其刑，须着用大，故严劓殄灭之无遗，直皆灭了更无遗类，凛然有甚可畏者。"予则孥戮"，此乃治军之刑。今而以孥戮之刑施之迁都之时，虽曰"军容不入国"，然这事非十分严不可。此便见得古人之善变，不拘于常处。盘庚之诰虽曰宽，然严处直是严，盖不如此，不能成事。后世所以做事不成，皆缘是不知变。古人处事通变，不执直是，与后世不同。当时固不曾用此刑，但其号令，不得不如此严。号令既严，则人知所畏避而不敢犯。人既不敢犯，则又曷常果用之耶？

9. （宋）蔡沈《书经集传》卷三《商书·盘庚中》

乃有不吉不迪，颠越不恭，暂遇奸宄，我乃劓殄灭之无遗育，无俾易种于兹新邑。

易，夷益反；种，之勇反。乃有不善不道之人，颠陨逾越，不恭上命者，及暂时所遇，为奸为宄，劫掠行道者，我小则加以劓，大则殄灭之无有遗育，毋使移其种于此新邑也。迁徙道路艰关，恐奸人乘隙生变，故严明号令以告敕之。

10. （宋）黄伦《尚书精义》卷十九《商书·盘庚中》

乃有不吉不迪，颠越不恭，暂遇奸宄，我乃劓殄灭之无遗育，无俾易种于兹新邑。

无垢曰，盘庚迁于新邑，正欲丕变弊俗，一登于先王之世，使人人有士君子之行，岂容有凶残小人，得与于其间哉。使凶残小人得闻此戒，奸心消缩，善心油然，盘庚之所愿也。

张氏曰，不能顺命，则为不吉；不能循道，则为不迪。颠，则不能以自立；越，则不能以守中；不恭，则不能以钦上。柔聚于外而为奸，刚穷于内而为宄。乃有不吉不迪，颠越不恭，则暂遇奸宄，其罪之轻者，则劓之；其罪之重者，则殄灭之。盖其教之之笃，则其刑之之重，不为过矣。以谓不如是，则无以威之使畏，而事无由济矣。

吕氏曰，今日过这一县，明日过旁一县，谓之暂遇。是这般时节，奸人易得因此为奸宄。他平日所以不敢做奸宄者，必谓人识我姓名住处，容易捉得，所以不敢。至别暂遇处，必说是我暂时处，此纵我做奸宄，明日便去矣，又谁识得我，又如何捉得我。此是道路之大病，故盘庚须要仔细根治。

11. （宋）陈经《尚书详解》卷十六《商书·盘庚中》

（归善斋按，见"呜呼！今予告汝不易"）

12. （宋）钱时《融堂书解》卷七《商书·盘庚中》

（归善斋按，见"呜呼！今予告汝不易"）

13. （宋）魏了翁《尚书要义》

原缺。

14. （宋）陈大猷《书集传或问》卷上《商书·盘庚中》

（归善斋按，未解）

15. （宋）胡士行《尚书详解》卷五《商书·盘庚中第十》

乃有不吉（善）不迪（道），颠（怪）越（逾）不恭，暂（暂时）

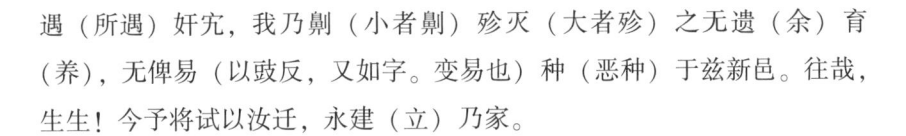

遇（所遇）奸宄，我乃劓（小者劓）殄灭（大者殄）之无遗（余）育（养），无俾易（以豉反，又如字。变易也）种（恶种）于兹新邑。往哉，生生！今予将试以汝迁，永建（立）乃家。

16.（元）吴澄《书纂言》卷三《商书·盘庚》

乃有不吉不迪，颠越不恭，暂遇奸宄，我乃劓殄灭之无遗育，无俾易种于兹新邑。

不善，不道之人；颠倒逾越，不恭顺上令者，及暂时所遇为奸为宄，劫掠行道者，轻则劓之，重则殄灭之，无有遗留其生育，无俾遗其种类于此新邑也。迁徙道路，恐有奸人乘隙生变，故严以戒敕之。

17.（元）陈栎《书集传纂疏》卷三《朱子订定蔡氏集传·商书·盘庚中》

乃有不吉不迪，颠越不恭，暂遇奸宄，我乃劓殄灭之无遗育，无俾易种于兹新邑。

乃有不善不道之人，颠陨逾越，不恭上命者，及暂时所遇为奸为宄，劫掠行道者，我小则加以劓，大则殄灭之无有遗育，毋使移其种于此新邑也。迁徙道路间关，恐奸人乘隙生变，故严明号令以告敕之。

18.（元）许谦《读书丛说》卷五

原缺。

19.（元）董鼎《书传辑录纂注》卷三《商书·盘庚中》

乃有不吉不迪，颠越不恭，暂遇奸宄，我乃劓殄灭之无遗育，无俾易种于兹新邑。

乃有不善不道之人，颠陨逾越，不恭上命者，及暂时所遇为奸为宄，劫掠行道者，我小则加以劓，大则殄灭之，无有遗育，毋使移其种于此新邑也。迁徙道路艰关，恐奸人乘隙生变，故严明号令以告敕之。

20. （元）朱祖义《尚书句解》卷五《商书·盘庚中第十》

乃有不吉不迪（乃或有不善不道之人）。

21. （明）王樵《尚书日记》卷八《商书·盘庚中》

"乃有不吉不迪"至"无俾易种于兹新邑"。

孔氏曰，不善不道，谓凶人；劓，割；育，长也。言不吉之人，当割绝灭之，无遗长其类，无使易种于此新邑。

今按，殄灭之无遗育，谓凡为凶者，必尽灭之，无使有漏恶遗种类于新邑耳。种，即谓上所指之凶人，漏而不诛，复使为稂莠于新邑，故谓之无遗种。《左传》"芟夷蕴崇之"，引此为证，本亦只言除恶必尽之意而其言之。过将使以辞害意者，启滥杀之祸，故朱子非之。此则不可不知也。邵文庄公曰，此道路之令也。颠越不恭，斗也。暂遇奸宄，盗也。劓，刑也。殄灭之，杀也。迁徙道途之际，群小易乘机为奸之时也，故严其令。

22. （清）库勒纳等撰《日讲书经解义》卷五《商书·盘庚中》

乃有不吉不迪，颠越不恭，暂遇奸宄，我乃劓殄灭之无遗育，无俾易种于兹新邑。

此一节书，又严号令以防乘隙生变之人也。吉，善也。迪，道也。颠越，颠倒违越也。劓者，割鼻之刑；遗，留也。育，生育也。易，犹言"移"也。盘庚曰，刑有典常，不当意为轻重，然法从权制，岂可姑息容奸。今当迁徙，正宜严肃，乃有不善不道之人，颠倒违越，不恭上命，敢行暴乱，及暂时所遇为奸为宄，乘机窃掠者，此非可以常例论也。我小则加之以劓刑，大则绝灭之，无有遗育，无使移其种于此新造之邑。岂淫刑以逞哉？欲保全善类，不得不严创奸宄，法在必行，尚其戒哉。

颠越不恭，暂遇奸宄

1. （汉）孔氏传、（唐）陆德明音义、孔颖达疏《尚书注疏》卷八《商书·盘庚上》

颠越不恭，暂遇奸宄。

传，颠，陨；越，坠也。不恭，不奉上命；暂遇人而劫夺之。为奸于外，为宄于内。

音义，暂，才滥反。陨，于敏反。

疏，正义曰，陨坠礼法，不恭上命，暂逢遇人，即为奸宄而劫夺之。

传正义曰，《释诂》云，陨落、陨坠，颠越也，是从上倒下之言，故以颠为陨；越是遗落，为坠也。《左传》僖公九年，齐桓公云"恐陨越于下"；文十八年史克云"弗敢失坠陨越"，是遗落废失之意，故以陨坠不恭为不奉上命也。暂遇人而劫夺之，谓逢人即劫，为之无已。成十七年《左传》曰"乱在外为奸，在内为宄"，是劫夺之事，故以劫夺解其"奸宄"也。

2. （宋）苏轼《书传》卷八《商书·盘庚中第十》

颠越不恭。

行险以犯上者。

暂遇奸宄。

劫掠行道为奸者也。

3. （宋）林之奇《尚书全解》卷十九《商书·盘庚中》

（归善斋按，见"呜呼！今予告汝不易"）

4. （宋）史浩《尚书讲义》卷九《商书·盘庚中》

（归善斋按，见"呜呼！今予告汝不易"）

5. （宋）夏僎《尚书详解》卷十三《商书·盘庚中》

(归善斋按，见"呜呼！今予告汝不易")

6. （宋）时澜《增修东莱书说》卷十一《商书·盘庚中第十》

(归善斋按，见"乃有不吉不迪")

7. （宋）黄度《尚书说》卷三《商书·盘庚中》

(归善斋按，见"乃有不吉不迪")

8. （宋）袁燮《絜斋家塾书钞》卷六《商书·盘庚中》

(归善斋按，见"乃有不吉不迪")

9. （宋）蔡沈《书经集传》卷三《商书·盘庚中》

(归善斋按，见"乃有不吉不迪")

10. （宋）黄伦《尚书精义》卷十九《商书·盘庚中》

(归善斋按，见"乃有不吉不迪")

11. （宋）陈经《尚书详解》卷十六《商书·盘庚中》

(归善斋按，见"呜呼！今予告汝不易")

12. （宋）钱时《融堂书解》卷七《商书·盘庚中》

(归善斋按，见"呜呼！今予告汝不易")

13. （宋）魏了翁《尚书要义》

原缺。

14. （宋）陈大猷《书集传或问》卷上《商书·盘庚中》

(归善斋按，未解)

15.（宋）胡士行《尚书详解》卷五《商书·盘庚中第十》

（归善斋按,见"乃有不吉不迪"）

16.（元）吴澄《书纂言》卷三《商书·盘庚》

（归善斋按,见"乃有不吉不迪"）

17.（元）陈栎《书集传纂疏》卷三《朱子订定蔡氏集传·商书·盘庚中》

（归善斋按,见"乃有不吉不迪"）

18.（元）许谦《读书丛说》卷五

原缺。

19.（元）董鼎《书传辑录纂注》卷三《商书·盘庚中》

（归善斋按,见"乃有不吉不迪"）

20.（元）朱祖义《尚书句解》卷五《商书·盘庚中第十》

颠越不恭（颠覆违越我言,不恭我命）,暂遇奸宄（徒欲耿邑时,暂逢人而为奸宄之事）。

21.（明）王樵《尚书日记》卷八《商书·盘庚中》

（归善斋按,见"乃有不吉不迪"）

22.（清）库勒纳等撰《日讲书经解义》卷五《商书·盘庚中》

（归善斋按,见"乃有不吉不迪"）

我乃劓殄灭之，无遗育，无俾易种于兹新邑

1.（汉）孔氏传、（唐）陆德明音义、孔颖达疏《尚书注疏》卷八《商书·盘庚上》

我乃劓殄灭之，无遗育，无俾易种于兹新邑。

传，劓，割；育，长也，言不吉之人当割绝灭之，无遗长其类，无使易种于此新邑。

音义，劓，鱼器反，徐吾气反。殄，徒典反。长，丁丈反，下"遗长"同。

疏，正义曰，我乃割绝灭之，无有遗余生长。所以然者，欲无使易其种类于此新邑故耳。

传正义曰，五刑截鼻为劓，故劓为割也。育，长，《释诂》文。不吉之人，当割绝灭之，无遗长其类，谓早杀其人，不使得子孙有此恶类也。易种者，即今俗语云相染易也。恶种在善人之中，则善人亦变易为恶，故绝其类，无使易种于此新邑也。灭去恶种，乃是常法。而言于此新邑，言己若至新都，当整齐使洁清。

2.（宋）苏轼《书传》卷八《商书·盘庚中第十》

我乃劓殄灭之。

轻者劓之，重者殄灭之。

无遗育，无俾遗种于兹新邑。

3.（宋）林之奇《尚书全解》卷十九《商书·盘庚中》

(归善斋按，见"呜呼！今予告汝不易")

4.（宋）史浩《尚书讲义》卷九《商书·盘庚中》

(归善斋按，见"呜呼！今予告汝不易")

5.（宋）夏僎《尚书详解》卷十三《商书·盘庚中》

(归善斋按，见"呜呼！今予告汝不易")

6.（宋）时澜《增修东莱书说》卷十一《商书·盘庚中第十》

(归善斋按，见"乃有不吉不迪")

7.（宋）黄度《尚书说》卷三《商书·盘庚中》

(归善斋按，见"乃有不吉不迪")

8.（宋）袁燮《絜斋家塾书钞》卷六《商书·盘庚中》

(归善斋按，见"乃有不吉不迪")

9.（宋）蔡沈《书经集传》卷三《商书·盘庚中》

(归善斋按，见"乃有不吉不迪")

10.（宋）黄伦《尚书精义》卷十九《商书·盘庚中》

(归善斋按，见"乃有不吉不迪")

11.（宋）陈经《尚书详解》卷十六《商书·盘庚中》

(归善斋按，见"呜呼！今予告汝不易")

12.（宋）钱时《融堂书解》卷七《商书·盘庚中》

(归善斋按，见"呜呼！今予告汝不易")

13.（宋）魏了翁《尚书要义》

原缺。

14.（宋）陈大猷《书集传或问》卷上《商书·盘庚中》

(归善斋按，未解)

15.（宋）胡士行《尚书详解》卷五《商书·盘庚中第十》

(归善斋按，见"乃有不吉不迪")

16.（元）吴澄《书纂言》卷三《商书·盘庚》

(归善斋按，见"乃有不吉不迪")

17.（元）陈栎《书集传纂疏》卷三《朱子订定蔡氏集传·商书·盘庚中》

(归善斋按，见"乃有不吉不迪")

18.（元）许谦《读书丛说》卷五

原缺。

19.（元）董鼎《书传辑录纂注》卷三《商书·盘庚中》

(归善斋按，见"乃有不吉不迪")

20.（元）朱祖义《尚书句解》卷五《商书·盘庚中第十》

我乃劓殄灭之（我乃轻则割其鼻，重则殄灭之至死）无遗育（无使遗漏再得生育于世），无俾易种于兹新邑（无使移其种类于此新邑）。

21.（明）王樵《尚书日记》卷八《商书·盘庚中》

(归善斋按，见"乃有不吉不迪")

22.（清）库勒纳等撰《日讲书经解义》卷五《商书·盘庚中》

(归善斋按，见"乃有不吉不迪")

往哉！生生！今予将试以汝迁，永建乃家

1.（汉）孔氏传、（唐）陆德明音义、孔颖达疏《尚书注疏》卷八《商书·盘庚上》

往哉！生生！今予将试以汝迁，永建乃家。

传，自今以往，进进于善，我乃以汝徙，长立汝家。卿、大夫称家。

疏，正义曰，自今已往哉，汝当进进于善，今我将用以汝迁，长立汝，使汝在位，传诸子孙，勿得违我言也。

传正义曰，长立汝家，谓赐之以族，使子孙不绝。《左传》所谓"诸侯命氏"是也。王朝大夫，天子亦命之氏，故云"立汝家"也。

2.（宋）苏轼《书传》卷八《商书·盘庚中第十》

往哉，生生！今予将试以汝迁，永建乃家。

（归善斋按，未解）

3.（宋）林之奇《尚书全解》卷十九《商书·盘庚中》

往哉！生生！今予将试以汝迁，永建乃家。

既告之以"设中于乃心"，不可肆为颠越奸宄矣，于是又总结之曰，自今以往，汝当乐生兴事，以厚其生，无恋于旧都，而失此长久之业。今我将涉河，"试以汝迁"于亳邑，永建汝之家，使汝子子孙孙，长享其生生之乐也。亳邑，成汤之旧都，王业之所基也。使商之君，能审其治乱之势，世世而守之，则其社稷无疆之休，且可以万年子子孙孙永保矣。盘庚既自耿邑而迁于此，以致中兴之治。而后高宗之兴亦在亳邑。盖商之兴王，未有不在亳邑者。而其后世有从亳邑而迁于水之南，商俗靡靡。而至于纣，居于朝歌之地。夫朝歌者，非使民务本从农之地也。是以习为奢丽淫侈，以至于亡。靡靡之乐，盖始于朝歌之风俗也。

4. （宋）史浩《尚书讲义》卷九《商书·盘庚中》

(归善斋按，见"呜呼！今予告汝不易")

5. （宋）夏僎《尚书详解》卷十三《商书·盘庚中》

(归善斋按，见"呜呼！今予告汝不易")

6. （宋）时澜《增修东莱书说》卷十一《商书·盘庚中第十》

往哉！生生！今予将试以汝迁，永建乃家。

又教之以生生。生生者，新新不已，振发懈怠废弛之意也。盖正迁之时，离其旧，而未睹其新，民心未有所据依也。试同汝迁，庶可建尔之家，为万世无穷之计乎。

7. （宋）黄度《尚书说》卷三《商书·盘庚中》

往哉！生生！今予将试以汝迁，永建乃家。

(归善斋按，未解)

8. （宋）袁燮《絜斋家塾书钞》卷六《商书·盘庚中》

往哉！生生！今予将试以汝迁，永建乃家。

《易》曰，"生生之谓易"。"生生"二字，不可不子细看。内外精粗，皆在其中，自能离圮坏之处，适兹新邑，得以安居乐业，室家相保，此亦生。然所谓生者，不特是活在世上，永底烝民之生，此之谓生，岂徒具其形生而已哉？苟不明道理，虽生无以异于死者，如此说生又进一步，若更向上说，则为善而进进不已，日新又新，有无穷之意焉。此所谓生生也。须知是，若精若粗，皆在其中。

9. （宋）蔡沈《书经集传》卷三《商书·盘庚中》

往哉！生生！今予将试以汝迁，永建乃家。

往哉，往新邑也。方迁徙之时，人怀旧土之念，而未见新居之乐，故再以生生勉之，振起其怠惰，而作其趋事也。试，用也。今我将用汝迁，永立乃家，为子孙无穷之业也。

10.（宋）黄伦《尚书精义》卷十九《商书·盘庚中》

往哉！生生！今予将试以汝迁，永建乃家。

无垢曰，谓自今以往，各务为生生长久之计，永使汝父子、兄弟、夫妇，上下熙恬康乐，与我国家同享安乐也。

史氏曰，劳于从事者，天下之常情；巧于诱民者，人君之智术。自汤至于盘庚，迁都者八，而见于经者有五。斯民跋涉于深险，奔走于寒暑，提挈抱负，区区怨怒，至是而怀土重迁，盖其常情，无足怪也。盘庚于是，可不巧为诱掖之说，而动其不回之心哉。言自今之迁都，立家室一劳而无怍，一定而不改，生聚于斯，当不复为前日之纷纷矣。诱掖至此，岂智术之得已哉？

11.（宋）陈经《尚书详解》卷十六《商书·盘庚中》

（归善斋按，见"呜呼！今予告汝不易"）

12.（宋）钱时《融堂书解》卷七《商书·盘庚中》

（归善斋按，见"呜呼！今予告汝不易"）

13.（宋）魏了翁《尚书要义》

原缺。

14.（宋）陈大猷《书集传或问》卷上《商书·盘庚中》

（归善斋按，未解）

15.（宋）胡士行《尚书详解》卷五《商书·盘庚中第十》

（归善斋按，见"乃有不吉不迪"）

16. （元）吴澄《书纂言》卷三《商书·盘庚》

往哉！生生！今予将试以汝迁，永建乃家。

"往哉！生生"，往新邑以生汝之生也。"永建乃家"，为尔子孙立无穷之业也。此第三章。

17. （元）陈栎《书集传纂疏》卷三《朱子订定蔡氏集传·商书·盘庚中》

往哉！生生！今予将试以汝迁，永建乃家。

往哉，往新邑也。方迁徙之时，又怀旧土之念，而未见新居之乐，故再以生生勉之，振起其怠惰，而作其趋事也。试，用也。今我将用汝迁，永立乃家，为子孙无穷之业也。

纂疏：

愚谓，生生，生养不穷之道也。末二句，应前"今予将试以汝迁，安定厥邦"。前以"邦"言，此以乃"家"言，互文见意。民惟邦本，本固邦宁，必民家永建，而后邦国永定也。

18. （元）许谦《读书丛说》卷五

原缺。

19. （元）董鼎《书传辑录纂注》卷三《商书·盘庚中》

往哉！生生！今予将试以汝迁，永建乃家。

往哉，往新邑也，言迁徙之时，人怀旧土之念，而未见新居之乐，故再以生生勉之，振起其怠惰，而作其趋事也。试，用也。今我将用汝迁，永立乃家，为子孙无穷之业也。

纂注：新安陈氏曰，生生，生养不穷之道也。末二句，应前"今予将试以汝迁安定厥邦"。前以"邦"言，此以"家"言，互文见意。民惟邦本，本固邦宁。必民家永建，而后邦国安定也。

20.（元）朱祖义《尚书句解》卷五《商书·盘庚中第十》

往哉！生生（往新邑，则可厚生生之理），今予将试以汝迁（今我将试与汝众迁于亳都），永建乃家（以永长建立尔之家）。

21.（明）王樵《尚书日记》卷八《商书·盘庚中》

"往哉！生生"至"永建乃家"。

前云"汝万民罔不生生"，故此云"往哉！生生"以勉之。汝不谋长，则何生之上，若暨予敩同心，则生生之道于往新邑得之矣。"今予将试以汝迁"，凡两言之见，其不轻之意，中篇君民相体，是一篇之大旨。

22.（清）库勒纳等撰《日讲书经解义》卷五《商书·盘庚中》

往哉！生生！今予将试以汝迁，永建乃家。

此一节书，又以利坚庶民从迁之意也。盘庚曰，耿被河患，汝民不能聊生矣。往哉，乐生兴事，在此新邑。今我将用汝以迁，为一劳永逸之计，使汝永立乃家身，享居食之乐，复传子孙于无穷，则汝民能念先民之劳，予亦因得追先后之烈矣。勉哉！噫元后作民父母。盘庚之民傲上从康，不恭上命，初未尝憸之以威，利害安危，反复开道，务以诚意，相为感通，煦煦焉如慈亲之怙幼子，真不愧元后父母矣。为人上者，尚其以盘庚为法哉。

商书　盘庚下第十一

（明）马明衡《尚书疑义》卷三《商书·盘庚下》

《盘庚下》，此既迁定众志之词，末乃切切于货宝生生之致意，其真重于民矣。篇中有数处难晓，若逐字生义，亦解释得去。然终是不可知。如"适于山用降我凶德"，如蔡注虽亦稍通，余疑字必有缺误者。如"吊由灵"，以"灵"为"善"，指当时众谋有善者，则亦不可解。"用弘兹贲"，谓众人惟欲弘大此大业，辞亦不顺。又如"鞠人谋人之保居叙钦"，此等皆不可解，意皆当时口头之语，今皆不可知也。民之不欲迁者，惑于大家之言，亦苟目前之安。小人之性，大抵然也。当其未迁之时，未免有责让之言；及其既迁之后，犹虑其未审利害之实，且或恐上之责让未已而不安也，故复开诚以告之，期于迁而获安而已，岂复念前日之浮言耶？此盘庚之于民，真有保护赤子之意。

盘庚既迁，奠厥攸居，乃正厥位

1.（汉）孔氏传、（唐）陆德明音义、孔颖达疏《尚书注疏》卷八《商书·盘庚上》

盘庚既迁，奠厥攸居，乃正厥位。

传，定其所居，正郊庙朝社之位。

音义，奠，田荐反。朝，直遥反。

疏，正义曰，盘庚既迁至殷地，定其国都处所，乃正其郊庙、朝社之位。

传正义曰，训"攸"为"所"，定其所居，总谓都城之内，官府万民之居处也。郑玄云，徙主于民，故先定其里宅所处，次乃正宗庙朝廷之位。如郑之意，奠厥攸居者，止谓定民之居，岂先令民居使足，待其余剩之处，然后建王宫乎？若留地以拟王宫，即是先定王居，不得为先定民矣。孔惟言定其所居，知是官民之居并定之也。《礼》郊在国外，左祖右社，面朝后市。正厥位，谓正此郊庙朝社之位也。

2.（宋）苏轼《书传》卷八《商书·盘庚下第十一》

盘庚既迁，奠厥攸居，乃正厥位。

郊庙朝社之位。

3.（宋）林之奇《尚书全解》卷十九《商书·盘庚下》

此篇盘庚既迁，犹恐民情未尽，谕其所以迁都之意，故复为之反复告谕，申前篇之义，推其赤心，以与斯民同其劳逸，共其好恶，未尝致疑于其间。盖其爱民恻怛之意充实于中，而优游宽大之语自然发见于外，皆其心之所诚然者也。故其始也，臣民"傲上从康"，扇为浮言；其民相与咨嗟胥怨，而不适有居；其君臣上下之情，可谓判然而离矣。而其终也，不变一法，不戮一人，而其臣民莫不中心悦服，乐以从上，无黾勉而不得已之意。盖盘庚之德发而为言，则善能顺民心之所欲者而利导之，故能定天下难定之业，断天下难断之疑。史官深陈未迁之前，既迁之后，所以与臣民言者，以示后世，欲使人君知为国者举大事、决大谋，而臣民之情，或有未孚，则其所以晓之者当如此也。故虽其辞屈曲聱牙而不可晓，而先王忠厚之意实存于其间。学者于此，又不可不尽心也。薛氏曰，百官族姓，则凡以身任王事而与世禄之家皆在焉，此所以异。既迁奠居则无事矣，而盘庚之于百姓，犹谆谆若未迁之初者，何也？曰，事未济，则待于众也，故委曲以求人而弗劳；事已济，则无待于众也，故傲睨以绝物而弗顾，此

441

常人之情，非君子居业之道也。此说善。将恐将惧，惟予与汝；将安将乐，汝转弃予，此世俗之人以其得失利害而惑其心者也。盘庚之心，出于忠厚至诚恻怛之心，其所以通上下之情，而同其劳逸者，岂以未迁既迁者，而二其心哉。惟其不然，故其二篇虽若少缓，而其爱民重民之意，未尝以其既迁而少懈也。

盘庚既迁，奠厥攸居，乃正厥位，绥爰有众。

"盘庚既迁"者，既渡河而迁至于亳邑也。"奠厥攸居"者，既至亳邑，于是君民各定其所居也。"乃正厥位"者，先儒谓，正郊庙朝社之位。其意谓，迁都之制，前朝后市，左宗庙右社稷也。然盘庚之营亳邑，将必先定此郊庙之位，然后迁而居之，不应既迁而后定也。按，《召诰》之篇曰，成王之营洛邑，召公先卜之，既得卜则经营。至于位成，然后周公乃达观于新邑营。古者既定都，必先定其郊庙朝社之位而后迁。盘庚之迁亦如此。向使既迁而后定位，则上而宗庙神祇，亦皆有暴露之患；下而百姓亦皆有繇役之困，非古者迁都之道也。所谓"正厥位"者，既"奠厥攸居"，于是正乎民之位，登进之于朝，而与之论迁都之劳而慰恤之，故继之曰"绥爰有众"，言谕其迁都之意，以慰其心，而安此有众之情也。

4.（宋）史浩《尚书讲义》卷九《商书·盘庚下》

《盘庚下》。

盘庚既迁，奠厥攸居，乃正厥位，绥爰有众，曰，无戏怠，懋建大命。今予其敷心腹肾肠，历告尔百姓于朕志。罔罪尔众，尔无共怒，协比谗言予一人。古我先王将多于前功，适于山，用降我凶德，嘉绩于朕邦。今我民用荡析离居，罔有定极。尔谓朕曷震动万民以迁，肆上帝将复我高祖之德，乱越我家。朕及笃敬，恭承民命，用永地于新邑。肆予冲人，非废厥谋，吊由灵。各非敢违卜，用弘兹贲。呜呼！邦伯、师长、百执事之人，尚皆隐哉。予其懋简相尔念敬我众。朕不肩好货，敢恭生生鞠人，谋人之保居，叙钦。今我既羞告尔于，朕志若否，罔有弗钦。无总于货宝，生生自庸，式敷民德，永肩一心。

奠，安定之辞也。居既定，则郊社庙朝之位正，而劳来还定安集之功成，所谓"绥爱有众"也。戒之曰，无戏以倚其身，无怠以迁其心，我将勉建大命自兹始也。夫人危疑之际，为其所沮毁，衔之在心，事定然后复其仇，人之常也。盘庚虑人情未免此疑，故晓之曰，今予敷露心腹肾肠，历告尔百姓于朕志，言天子之情与常人不同。今我不念旧恶，罔罪尔众。汝不得共怒，协心比力，以鼓谗言于我一人。盘庚于此决其疑畏，以安反侧之心，然后其治始可成矣。古我先王，祖乙也。将多于前功，欲增益前人之功也。故徙于耿，冀其近山而免河患，降伏其凶德，而嘉绩于我邦；意则美矣。而今我民用荡析离居，罔有定极，则河患复至，是以圮焉。尔谓我何故震动万民以迁于此，实上帝将复我高祖成汤之德治进于我家，我乃笃敬恭承上帝恤民之命，以永地于新邑。盖成汤之居亳，从先王居也。今上帝复我汤之德，使我亦犹成汤以居亳也。"肆予冲人"，自谦之称也。非废尔之谋，而欲为是纷纷也，实由上帝之灵，各不敢违卜。违卜，逆天命也。既不逆天命，当大兹贲饰于新邑矣。邦伯，二伯也，师九州岛之师，长五国之长也。百执事之臣，公卿大夫也。尚冀各隐之于心，谅我此意，我当懋简相汝。懋简，选用其贤智，而辅翼其孤寡念，敬其群众也。我不任好货之人，故无聚敛侵渔之弊。于汝生生之事不，敢不恭鞠养其人，使之相保以居叙钦者，不敢慢也。今我既进于我志，若否者，问其顺否也。我既罔有弗钦，又无聚货宝以侵夺汝生生之理，皆自用凿井耕田，不知上力之所自也。民德式敷使无贰志，故曰"永肩一心"也。窃尝论古之帝王，皆从民欲，唯盘庚不恤民，而断然为之曰永建乃家，又曰用永地于新邑，非知水之络脉，安见不再圮，而能保其永永乎？彼自契至汤，已八迁，自汤至盘庚又五迁，十三迁之间，其国之劳费，民之怨咨，可想而知也。子孙宁不思其故，而求有以救之乎？今有一家相传以一疾，子孙必能推其受病之原，而考其治病之方，因而以医名者多矣，此盘庚所以知水也。按，春秋宋灾，子罕祀盘庚于西门。盘庚非水神，安能以胜火灾。此其证也。惜乎。其详不经见也。

5.（宋）夏僎《尚书详解》卷十三《商书·盘庚下》

《盘庚下》。

盘庚既迁，奠厥攸居，乃正厥位，绥爱有众，曰，无戏怠，懋建大

443

命。今予其敷心腹肾肠，历告尔百姓于朕志，罔罪尔众，尔无共怒，协比谗言予一人。

林少颖谓，此篇既迁之后，盘庚恐民未尽谕其迁都之意，故又为之反复告谕，以申前篇之义。盖其爱民恻怛之意，实充于中，故优游宽大之语，自然发于外也。盘庚之迁始也，臣民傲上从康，咨嗟胥怨，君臣上下之道，判然而离终也。乃不变一法，不戮一人，而臣民莫不中心悦服，乐以从上，无黾勉不得已之意者，盖盘庚发言，能顺民所欲而利导之，故能定天下难定之业，断天下难断之疑。史官探讨未迁之前，与既迁之后，所以与臣民言者，以遗后世欲，使为人君者，知举大事，决大谋。而臣民未敷，则所以晓谕之者，当如此也。然则此篇之首，必言盘庚既迁者，谓，既渡河而至于亳邑也。"奠厥攸居"者，谓既至亳邑，而君民各定其所居也。"乃正厥位"，先儒皆谓正郊庙社之位。然不应既迁之后，而后定此位。如成王营洛，必先经营位成，而后成王至新邑。若使盘庚既迁而后定位，则上而宗庙有暴露之患，下而百姓亦有徭役之困，非古迁都之道也。然则此所谓正厥位者，乃既定君民所居，于是正君臣之位，登进于朝，与之论迁徙之劳，而安慰之，故继之曰"绥爰有众"，言论其迁都之意，以慰其心，而安此有众之情也。自"无戏怠"以下，即盘庚"绥爰有众"之言也。盘庚之言，谓汝众既迁此新邑，当黾勉赴功，务为勤勤不匮之事，以图长久之计，不可以游戏怠惰而生骄奢之心，遂至速祸灾，使大命颠覆不存，或当懋建大命可也。盘庚言此，盖祖乙圮于耿，乃天将永民命于新邑，故我之迁续乃命于天也。今既迁矣，则我所以续其命者至矣。在尔民，固当勉以自立其命。盘庚既告以"无戏怠懋建大命"，又言"今予其敷心腹肾肠，历告尔百姓于朕志"者，盘庚谓，我今日既迁，我其敷布我心腹肾肠，不匿厥旨遍告百姓以我所迁之意也。"罔罪尔众"者，谓昔日未迁，我谆谆告汝，以不迁则必罚无赦。所以如是者，凡欲以去其傲上从康之心，无肆其逸慝，以败国家之大计而已。今尔既从我以迁，则我不复罪尔众矣。我既不复罪尔众，则尔众须当安居乐业，无以既迁之后，遂共为忿怒，相与协比，肆其逸言，以毁我一人也。故继之曰"尔无共怒协比谗言予一人"。

6.（宋）时澜《增修东莱书说》卷十一《商书·盘庚下第十一》

盘庚既迁，奠厥攸居，乃正厥位。

已至新邑，乃安民之所居，分都邑，立宗庙，而正其位。夫宗庙，重事也。何以在奠民居之后？盖盘庚本为民而迁，故"至"，即使民得以就安先民后己之意也。

7.（宋）黄度《尚书说》卷三《商书·盘庚下》

盘庚既迁，奠厥攸居，乃正厥位，绥爰有众，曰，无戏怠，懋建大命。

奠，定定其邑居，而正庙社朝市郊野之位。其众新至，劳来安定之，告戒之，使无戏怠，勉立大命于新邑。

8.（宋）袁燮《絜斋家塾书钞》卷六《商书·盘庚下》

《盘庚下》。

盘庚既迁，奠厥攸居，乃正厥位，绥爰有众，曰，无戏怠，懋建大命。

古者建国，前朝后市，右社稷，左宗庙。今既迁矣，此其位不可乱，故正之。绥者，安也。民方新集，凡事未便也。室庐未便也，器用未便也；所授之田亩，未尝耕耨也，须是绥他，使之至此如归，有今日安居之乐，忘前日迁徙之劳，处新造未集之邦，而无异于久处长安之地，闾里之间熙然，如在春风和气中，则民皆乐其处而无涣散之心矣。观"绥"之一字，须当知其中有无限事。《周官·旅师》致新甿之法，使无征役，以地之嫩恶为之等。此下一"绥"字，则其间，如役使，如授田，皆与常时不同，特不详言尔。《尚书》与后世诸史不相似。后世史书皆分明说了。如《尚书》只下一个字，其中有无穷之义，且如"乃正厥位"，只说一"正"字；"绥爰有众"。只说一"绥"字，而其间，自有许多条目。所以学者，读《尚书》不可不自思索也。"无戏怠"，使之不得嬉戏怠惰也。当时，臣民所以不肯迁，只缘从康之故。盘庚方其未迁，谆谆训诲，

445

若曰"勉出乃力";若曰"若农服田力穑,乃亦有秋";若曰"惰农自安,不昏作劳,不服田亩,越其罔有黍稷",皆所以黜其从康之心也。今既迁矣,又恐其此心复散,不知为生生无穷之计,故又以此言戒之。此便见古人不已处。前日之戒惧其怀土重迁,欲使之黾勉以从事也;今日之戒惧其既迁而怠,欲使之孳孳不已,勤于为善也。民生在勤,勤则不匮,戏怠之心岂可一日有。古之王天下者,常置斯民于不得不勉之地,故《书》曰"灼于四方,罔不惟德之勤";又曰"黎民敏德"。尧舜三代治天下,常使斯民勤于德。盘庚既迁之后,而犹戒民以"无戏怠",其意深矣。伊川《易传解卦》说"其来复,吉",以为既解其难,而安平无事,是无所往也,则当修复治道,正纪纲,明法度,进复先代明王之治,是来复也,谓反正理也。自古圣王救难定乱,其始未暇遽为也。既安定,则为可久可继之治。自汉而下,乱既除,则不复有为,姑随时维持而已,故不能成善治,盖不知"来复"之义也。此语甚佳,学者须当看盘庚既迁之后,犹如此告戒,便见古人不同处。"懋建大命",即《孟子》所谓"夭寿不贰,修身以俟之,所以立命也"。

9. (宋) 蔡沈《书经集传》卷三《商书·盘庚下》

《盘庚下》。

盘庚既迁,奠厥攸居,乃正厥位,绥爰有众。

盘庚既迁新邑,定其所居,正君臣上下之位,慰劳臣民迁徙之劳,以安有众之情也。此史氏之言。

10. (宋) 黄伦《尚书精义》卷十九《商书·盘庚下》

《盘庚下》。

盘庚既迁,奠厥攸居,乃正厥位。

无垢曰,盘庚既到新都,昼参日景,夜考极星,以至相其阴阳;观其流泉,以定官府万民之居矣。国家一新,民居一变,向来衰敝之风,奢侈之俗,亦一扫不见踪迹矣。然后,可以兴治化而变易民心焉。

吕氏曰,此是已到新邑时,乃安民之所居。"正厥位",是分都邑,立宗庙等事。夫定宗庙非小事,何故在奠民居之后,盖盘庚之迁,为民而迁，故才到便使民就安稳处，此亦见得盘庚先民故也。

11. （宋）陈经《尚书详解》卷十六《商书·盘庚下》

《盘庚下》。

盘庚既迁，奠厥攸居，乃正厥位，绥爰有众，曰，无戏怠，懋建大命。

下篇，乃盘庚已迁之后事。既定矣，则以腹心之事，直说示人，所以慰安抚摩之，不比上、中二篇，惧其不已从，则铺陈祸福利害至此，则无用示以祸福利害矣。然自"绥爰有众"下至于"用弘兹贲"，此一章乃是慰安人情，使之不疑；自"邦伯、师长、百执事之人，尚皆隐哉"而下至终篇，此一章，乃是戒群臣一心以敬民，不可以营私为念。此其一篇之大义也。既迁之后，奠定其民之所居，乃正其宗庙、社稷、朝市之位。虽然如是。当人情乍离旧都，而至新邑，情有未安，事有未便，岂无动念；又况前此不从其君以迁，安知今日事定之后，其君得无按旧过以诛戮乎。此其情又不能无疑。盘庚所告有众，而必先安之，正所以绝他人之动念，而示之以无疑也。"无戏怠，懋建大命"，今则既迁于此，长为生生之计，是尔之大命于此乎。立民生在勤，勤则不匮，汝不可以一时迁徙跋涉之劳，而遂为戏狎以度日，遂为怠惰以偷安，当勉立汝之大命可也。

12. （宋）钱时《融堂书解》卷七《商书·盘庚下》

《盘庚下》。

盘庚既迁，奠厥攸居，乃正厥位，绥爰有众，曰，无戏怠，懋建大命。今予其敷心腹肾肠，历告尔百姓于朕志，罔罪尔众。尔无共怒，协比谗言予一人。

"正厥位"，正南面之位也。或曰，南面之位未尝不正，何必于此而复正之。曰，此新邑，视朝之始也，方其启行，越在道涂，常次暂寓，非岩廊比，亦固略势分，而与之亲接矣。既即新邑，事体一新，正厥位而抚绥之，所以明尊卑之分也。"懋建大命"，今日迁都，脱之沉溺，而与之生生。此天之命也，所谓大命也。

447

13.（宋）魏了翁《尚书要义》

原缺。

14.（宋）陈大猷《书集传或问》卷上《商书·盘庚下》

《盘庚下》。

林氏曰，"乃正厥位"，先儒以为正郊庙、朝社之位。夫盘庚之营亳邑，将必先定郊庙、朝社之礼，然后迁而居之，不应既迁而后定位也。按，召公营洛，既得卜则经营，至于位成，周公乃达观于新邑营。所谓"正厥位"者，乃正臣民之位，登进于朝，而慰抚告谕之也。此说善。

15.（宋）胡士行《尚书详解》卷五《商书·盘庚下第十一》

盘庚既迁，奠（定）厥攸（所）居（民居），乃正厥位（分都邑，立宗庙，夏云，正君臣之位）。绥（安）爰有众，曰无戏（狎）怠，懋（勉）建大命。

奠居之始，正大命建立之时，可戏怠而不懋乎？

16.（元）吴澄《书纂言》卷三《商书·盘庚》

盘庚既迁，奠厥攸居，乃正厥位，绥爰有众。

既迁至亳邑也，定其上下所居，谓君有寝庙，臣有邑宅，民有廛里也。位，朝见群下之位。正其朝位，以见臣民，而慰劳抚谕之也。

17.（元）陈栎《书集传纂疏》卷三《朱子订定蔡氏集传·商书·盘庚下》

《盘庚下》。

盘庚既迁，奠厥攸居，乃正厥位，绥爰有众。

盘庚既迁新邑，定其所居，正君臣上下之位，慰劳臣民迁徙之劳，以安有众之情也。此史氏之言。

纂疏：

林氏曰，孔谓正郊庙、朝社之位，非也。乃正臣民之位，整朝仪而抚谕之耳。

18.（元）许谦《读书丛说》卷五

原缺。

19.（元）董鼎《书传辑录纂注》卷三《商书·盘庚下》

盘庚既迁，奠厥攸居，乃正厥位，绥爰有众。

盘庚既迁新邑，定其所居，正君臣上下之位，慰劳臣民迁徙之劳，以安有众之情也。此史氏之言。

20.（元）朱祖义《尚书句解》卷五《商书·盘庚下第十一》

盘庚既迁（既渡河以迁于亳邑），奠厥攸居（君民各定所居），乃正厥位（正其宗庙、社稷、朝廷之位）。

21.（明）王樵《尚书日记》卷八《商书·盘庚下》

《盘庚下》。

"盘庚既迁"至"绥爰有众"。

居者，官府民廛井邑之居；位者，君、卿、大夫、士、民上下之位。既奠其居，乃各正其分守，呼集慰劳而安之。"曰，无戏怠，懋建大命"，"曰"盘庚之言也。大命，非常之命也。迁国之初，百为经始，君臣上下，正当同力一心，以立邦家无穷之基。当时傲上从康，习于戏怠。未迁则以为惮，既迁则以为足，故以"无戏怠"戒之，建大命勉之。命虽在天，立之在我。始而曰"天其永我命于兹新邑，予迓续乃命"，于天是命之短长，在于迁之计决与不决；今而曰"无戏怠，懋建大命"，是命之有永，又系于迁之后勉与不勉也。

22.（清）库勒纳等撰《日讲书经解义》卷五《商书·盘庚下》

《盘庚下》。

此盘庚既迁都，而慰劳戒勉其臣民之词，史臣述之，为下篇。

盘庚既迁，奠厥攸居，乃正厥位，绥爰有众，曰，无戏怠，懋建大命。

此二节书，史臣记盘庚之迁，而述其慰勉臣民之言也。奠，安定也。居者，官民之居止。位者，上下之位序。史臣谓，盘庚之迁都，凡以谋厥居耳。今既迁新邑，定厥邦于斯，建乃家于斯，臣民之居止皆已定矣。然国家新造之时，体统未能即肃，而臣民播迁之后，劳怨难以遽忘。盘庚乃正其上下尊卑之位，而慰安臣民迁徙之劳，且将以释其猜贰，而劝其图新也。曰，迁国之始，正君臣上下，趋事赴功之时，尔等傲上从康之故习，不可以不戒也。尚其无戏而各敬乃事，无怠而各勤乃事乎。然我非不念尔之劳瘁，而过于督责也。盖永命者在天，而立命则在人，必也臣尽常职而崇功广业，民安常业而乐生兴事，共勉力以建大命。斯民有以遂其生，国有以永其祚，而亿万世无穷之计在于此矣。

绥爰有众，曰，无戏怠，懋建大命

1.（汉）孔氏传、（唐）陆德明音义、孔颖达疏《尚书注疏》卷八《商书·盘庚上》

绥爰有众，曰，无戏怠，懋建大命。

传，安于有众，戒无戏怠，勉立大教。

疏，正义曰，又属民而聚之，安慰于其所有之众，曰，汝等自今以后，无得游戏怠惰，勉力立行教命。

传正义曰，郑玄云，勉立我大命，使心识教令，常行之。王肃云，勉立大教，建性命，致之五福。又按下句"尔无共怒""予一人"是恐其不从己命。此句宜言我有教命，汝当勉力立之。郑说如孔旨也。

2.（宋）苏轼《书传》卷八《商书·盘庚下第十一》

绥爰有众，曰，无戏怠，懋建大命。

生者有以养，死者有以葬祭，勉立此大命也。

3.（宋）林之奇《尚书全解》卷十九《商书·盘庚下》

（归善斋按，另见"盘庚既迁，奠厥攸居，乃正厥位"）

曰，无戏怠，懋建大命。

楚庄王训其民以若敖、蚡冒，筚路蓝缕，以启山林，箴之曰，民生在勤，勤则不匮。盖创业之君，其艰难险阻，以遗其子孙有永之业者，无非率民以勤苦也。然子孙而率民以勤苦者，亦必推本先王艰难之意。成汤之居亳，其地依山而居，土高而地瘠，故其民力穑务农，不忘劳苦之意。观汤之伐桀也，其民曰，我后不恤我众，舍我穑事而割正夏，则是亳之民，犹汲汲于稼穑之事。至于耿之地，则舃卤垫隘，不利于稼穑，而其民舍本趋末，不复可以劳苦，非所谓勤而不匮之道也。故盘庚之于亳，将告以先王劳苦之意。是以首告之曰"无戏怠，懋建大命"，言汝既迁于此新邑，当黾勉赴功，务为勤则不匮之事，以图长久之计，不可以游戏怠惰骄奢之心生，而自速祸灾，使大命颠覆而不得存也。中篇曰"予迓续乃命于天"，言我不能为汝择利而迁，使汝得趋于生生之乐，则是我绝命而不续也。今我能择利而迁，而汝无乐事赴功之意，则是我不绝汝命，而汝自绝之也。是以，既迁而告之曰"懋建大命"，言我虽能续汝命于天，汝心能无戏怠，然后可以立汝之命也。

4.（宋）史浩《尚书讲义》卷九《商书·盘庚下》

（归善斋按，见"盘庚既迁，奠厥攸居，乃正厥位"）

5.（宋）夏僎《尚书详解》卷十三《商书·盘庚下》

（归善斋按，见"盘庚既迁，奠厥攸居，乃正厥位"）

6. (宋)时澜《增修东莱书说》卷十一《商书·盘庚下第十一》

绥爰有众,曰,无戏怠,懋建大命。

民乍至新邑,劳困不胜,费抚绥之时也。上篇言"王命众悉至于庭",中篇言"咸造勿亵,在王庭",此乃云"绥爰有众",盖未迁之时,务在通达;正迁之时,务在严肃;已迁之后,务在绥抚,各得其当也,不可戏狎怠堕,各思自勉,为万世子孙长久无穷之计。跋涉之余民力已困民志已堕室庐未辑田亩未叙不自聊赖戏者不聊赖之态也,但戏狎以度日耳。如《清人》之诗"高克陈其师旅,翱翔河上,众散而归",想当时,三军无所用心,但左旋右抽以作戏狎戏,即有散之兆矣。戏怠之病未去,安能建大命,以为长久无穷之计乎。

7. (宋)黄度《尚书说》卷三《商书·盘庚下》

(归善斋按,见"盘庚既迁,奠厥攸居,乃正厥位")

8. (宋)袁燮《絜斋家塾书钞》卷六《商书·盘庚下》

(归善斋按,见"盘庚既迁,奠厥攸居,乃正厥位")

9. (宋)蔡沈《书经集传》卷三《商书·盘庚下》

(归善斋按,另见"盘庚既迁,奠厥攸居,乃正厥位")

曰,无戏怠,懋建大命。

"曰",盘庚之言也。大命,非常之命也。迁国之初,臣民上下,正当勤劳,尽瘁趋事赴功,以为国家无穷之计,故盘庚以"无戏怠"戒之,以建大命勉之。

10. (宋)黄伦《尚书精义》卷十九《商书·盘庚下》

绥爰有众,曰,无戏怠,懋建大命。今予其敷心腹肾肠,历告尔百姓于朕志,罔罪尔众。尔无共怒,协比谗言予一人。

无垢曰,既迁而奠居正位矣,乃安慰众人,曰,汝等当敬以立身,勤以厚生，无或戏怠，当勉为生生之计，以安以养，以葬以祀，立此大命也。惟不戏慢，则能建此大命。惟不怠惰，则能勉此大命。《盘庚》上、中二篇，以刑罚儆励臣民，今既迁矣，敷心腹肾肠者，展尽底蕴，曰，汝无自疑，汝前有罪，我今一切不问。汝等无或怀疑，共怒相与协比，兴谗贼之言于我也。我今明白告汝，罔罪尔众日前之过矣。汝等其各自安土乎。

又曰，盖天下之乱，莫大于下有疑心。怀恩疑代宗而作乱；庞勋疑懿宗而作乱，敬瑭疑从珂而作乱；而回鹘之乱，定于子仪之一言；廷凑之乱，定于韩愈之一言。则盘庚之推诚竭志，真知治之本矣。

张氏曰，绥，如车之有绥车，之所恃以为安也，故绥有安意。盘庚之迁，非扰于有众，将以安之而已。此之谓"绥爱有众"。戏则不恭，怠则不勤。无戏者，欲其恭乃事也；无怠者，欲其勤乃职也。惟能"无戏怠"，然后能"懋建大命"。大命在天，懋建者人而已。懋者，勉之使大也；建者，抗之使立也。今盘庚披肝胆，露情素，而告之以其志，盖将以率之而已。"罔罪汝众"者，言我不以尔向之不告朕与不宣乃心为罪而罪之也。我既无罪于尔，则尔亦不得共怒协比，谗言于我，则当一意以奉上。而共怒协比谗言，宜不可为也。

吕氏曰，大抵未迁，止要得通达。不通达，如何得他晓。正迁时，止要得严肃。不严肃，如何得他不生变。已迁时，止要得抚绥。不绥抚，如何苏得他劳损困弊。故《盘庚上》，则"命众悉至于王庭"，欲得其通达；中则使之"勿亵在王庭"，欲得其严肃；后则"绥爱有众"，欲得其抚绥。此见其处三节，皆得当处，教他不可戏狎怠惰，各思自勉，为万世子孙长久之计。

11.（宋）陈经《尚书详解》卷十六《商书·盘庚下》

（归善斋按，见"盘庚既迁，奠厥攸居，乃正厥位"）

12.（宋）钱时《融堂书解》卷七《商书·盘庚下》

（归善斋按，见"盘庚既迁，奠厥攸居，乃正厥位"）

13.（宋）魏了翁《尚书要义》

原缺。

14.（宋）陈大猷《书集传或问》卷上《商书·盘庚下》

(归善斋按，未解)

15.（宋）胡士行《尚书详解》卷五《商书·盘庚下第十一》

(归善斋按，见"盘庚既迁，奠厥攸居，乃正厥位")

16.（元）吴澄《书纂言》卷三《商书·盘庚》

(归善斋按，另见"盘庚既迁，奠厥攸居，乃正厥位")

曰，无戏怠，懋建大命。

"曰"，盘庚之言也。无戏，欲其敬事；无怠，欲其勤事；大命：兼民命、国命。而言"建命"，犹《孟子》言"立命"，盖命虽在天，立之在我，使民有以遂其生国，有以永其祚也。当时，傲上从康，习于戏怠，未迁则以为惮；既迁则以为足，谓今日自可永命，不复为自勉自力之计，故以戒。

17.（元）陈栎《书集传纂疏》卷三《朱子订定蔡氏集传·商书·盘庚下》

(归善斋按，另见"盘庚既迁，奠厥攸居，乃正厥位")

曰，无戏怠，懋建大命。

"曰"，盘庚之言也。大命，非常之命也。迁国之初，臣民上下，正当勤劳尽瘁，趋事赴功，以为国家无穷之计，故盘庚以"无戏怠"戒之，以"建大命"勉之。

纂疏：

愚谓，戏即傲上，怠即从康，乃其故习。未迁则惮以为难；既迁，则苟以为足。未必不，谓不必更勉自可以永命矣。命虽在天，建之在我，必懋勉，始能建大命；必"无戏怠"，始能懋勉，故首矫其旧习，而新其精神也。

18.（元）许谦《读书丛说》卷五

原缺。

19.（元）董鼎《书传辑录纂注》卷三《商书·盘庚下》

（归善斋按，另见"盘庚既迁，奠厥攸居，乃正厥位"）

曰，无戏怠，懋建大命。

"曰"，盘庚之言也。大命，非常之命也。迁国之初，臣民上下，正当勤劳尽瘁，趋事赴功，以为国家无穷之计。故盘庚以"无戏怠"戒之，以"建大命"勉之。

纂注：

陈氏大猷曰，当时傲上从康，戏怠乃其故习。未迁，则惮以为难；既迁，则苟以为足。未必不，谓不必更勉而自可以永命矣。命虽在天，建立之在我，必懋勉而后能立大命；必"无戏怠"，而后能懋勉，故首以"无戏怠"矫其旧习，而新其精神也。

20.（元）朱祖义《尚书句解》卷五《商书·盘庚下第十一》

绥爱有众（慰安有众之情，使无疑），曰，无戏怠（言既迁之后，无游戏怠惰），懋建大命（当勉立汝之大命，长为生生计）。

21.（明）王樵《尚书日记》卷八《商书·盘庚下》

（归善斋按，见"盘庚既迁，奠厥攸居，乃正厥位"）

22.（清）库勒纳等撰《日讲书经解义》卷五《商书·盘庚下》

（归善斋按，见"盘庚既迁，奠厥攸居，乃正厥位"）

455

今予其敷心腹肾肠，历告尔百姓于朕志

1.（汉）孔氏传、（唐）陆德明音义、孔颖达疏《尚书注疏》卷八《商书·盘庚上》

今予其敷心腹肾肠，历告尔百姓于朕志。

传，布心腹言，输诚于百官，以告志。

音义，肾，时忍反。肠，徐持良反。

疏，正义曰，今我其布心腹肾肠，输写诚信，历遍告汝百姓于我心志者，欲迁之曰，民臣共怒盘庚，盘庚恐其怖惧，故开解之。

传正义曰，布心腹者，此论心所欲言腹内之事耳，以心为五脏之主，腹为六腑之总，肠在腹内，肾在心下，举肾肠以配腹心。《诗》曰"公侯腹心"；宣十二年《左传》云"敢腹心"，是"腹心"足以表内，"肾肠"配言之也。

2.（宋）苏轼《书传》卷八《商书·盘庚下第十一》

今予其敷心腹肾肠，历告尔百姓于朕志，罔罪尔众，尔无共怒，协比谗言予一人。古我先王将多于前功，适于山，用降我凶德，嘉绩于朕邦。今我民用荡析离居，罔有定极。尔谓朕曷震动万民以迁。

古我先王，将求多于前人之功，故即于高原近山而居，而天降此凶灾之德，我先王不即迁者，嘉与汝民共施功于我旧邦，而民终不免流离无所定止，我岂无故震动万民以迁哉。

3.（宋）林之奇《尚书全解》卷十九《商书·盘庚下》

今予其敷心腹肾肠，历告尔百姓于朕志，罔罪尔众。尔无共怒，协比谗言予一人。

既告之以"无戏怠，懋建大命"，于是推本开导其先王之所以导民之意，而率尔臣民以迁者以告之也，故曰"今予其敷心腹肾肠，历告尔百

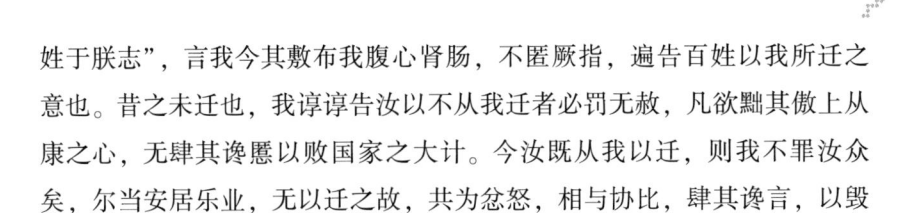

姓于朕志",言我今其敷布我腹心肾肠,不匿厥指,遍告百姓以我所迁之意也。昔之未迁也,我谆谆告汝以不从我迁者必罚无赦,凡欲黜其傲上从康之心,无肆其谗慝以败国家之大计。今汝既从我以迁,则我不罪汝众矣,尔当安居乐业,无以迁之故,共为忿怒,相与协比,肆其谗言,以毁我一人也。

4.(宋)史浩《尚书讲义》卷九《商书·盘庚下》

(归善斋按,见"盘庚既迁,奠厥攸居,乃正厥位")

5.(宋)夏僎《尚书详解》卷十三《商书·盘庚下》

(归善斋按,见"盘庚既迁,奠厥攸居,乃正厥位")

6.(宋)时澜《增修东莱书说》卷十一《商书·盘庚下第十一》

今予其敷心腹肾肠,历告尔百姓于朕志,罔罪尔众。尔无共怒协比,谗言予一人。

未迁之时,固当训告;今既迁矣,又敷心腹肾肠,而历告之,何也?当时,胥动浮言之人,必谓盘庚正迁之时,事变纷乱,刑罚有所未暇,事定必将明正典刑,怀疑而不安,可深虑也,故盘庚敷心腹肾肠,历以心事,告其民,谓必不以前日不从之故,而加罪尔众。尔无怀疑,相与怨怒,言上既不念罪,则下亦不当蓄怒也,破其疑则安矣。大抵事未定,则隐忍以容之;事已定,则发泄而治之,此后世之政也。

7.(宋)黄度《尚书说》卷三《商书·盘庚下》

今予其敷心腹肾肠,历告尔百姓于朕志,罔罪尔众。尔无共怒协比,谗言予一人。

迁时,百姓容有不能尽知吾心者,浮言胥动,今悉无罪汝。汝亦无复共怒协比,谗言于我。

8. （宋）袁燮《絜斋家塾书钞》卷六《商书·盘庚下》

今予其敷心腹肾肠，历告尔百姓于朕志，罔罪尔众。

或谓，盘庚至此，始言敷心腹肾肠，则前日之所言，其不情乎？此非知盘庚心者也。《盘庚》三篇之言，皆是"敷心腹肾肠"也。且盘庚所以迁，又非以刑驱之，又非以智术笼络之，一味只是至诚感动。若使其心腹肾肠，有一毫隐而不敷，却何以感人动物，以是知三篇之书，无非"心腹肾肠"之言，所以言于此者。盖说"罔罪尔众"，尔方前日未迁之时，尝有罪之之言，若曰"矧予制乃短长之命"；若曰"我乃劓殄灭之"。盘庚深恐斯民既迁之后，犹惧有罪戾之及，故明白以告之，谓我今日不复罪尔众，尔众亦无可罪也。民于此始安然无疑矣。

9. （宋）蔡沈《书经集传》卷三《商书·盘庚下》

今予其敷心腹肾肠，历告尔百姓于朕志，罔罪尔众。尔无共怒协比，谗言予一人。

肾，是忍反；比，毗至反。历，尽也。百姓，畿内民庶，百官、族姓亦在其中。

10. （宋）黄伦《尚书精义》卷十九《商书·盘庚下》

（归善斋按，见"绥爰有众，曰，无戏怠，懋建大命"）

11. （宋）陈经《尚书详解》卷十六《商书·盘庚下》

今予其敷心腹肾肠，历告尔百姓于朕志，罔罪尔众。尔无共怒协比，谗言予一人。古我先王，将多于前功，适于山，用降我凶德，嘉绩于朕邦。今我民用荡析离居，罔有定极。尔谓朕曷震动万民以迁。

天下之乱，常生于斯人之有疑心。汉光武拔邯郸，吏得民毁谤之书，会诸将而烧之，曰"令反侧子自安"，此正是绝人之疑心也。盘庚恐人情有惑疑其上，故以"心腹肾肠"，开心见诚，而直告以朕志之所向，言我今以舍其旧，而新是图，汝前不从我迁都之罪，今亦置之不复论矣。尔不可相与共为忿怒，相协比为谗言，以谤我；又告之以当迁之意。"古我先王"，谓仲丁、河亶甲、祖乙是也。我先王将欲多大前人之功，故迁都而适于山，依山以为固。庶几，其无水患以降下其凶德，求其嘉美之功于朕邦而已，岂有他哉？不意今我民犹未免夫水患，荡析离居，无有定止。事势既如此，安得坐视旧邑之害乎？此所以不得不迁耳。民不知我之本心，将谓何为复震动万邦之民以迁乎。

12.（宋）钱时《融堂书解》卷七《商书·盘庚下》

（归善斋按，见"盘庚既迁，奠厥攸居，乃正厥位"）

13.（宋）魏了翁《尚书要义》

原缺。

14.（宋）陈大猷《书集传或问》卷上《商书·盘庚下》

（归善斋按，未解）

15.（宋）胡士行《尚书详解》卷五《商书·盘庚下第十一》

今予其敷（布）心腹肾肠，历（遍）告尔百姓于朕志，罔罪尔众，尔无共怒协（合）比（分）防言（怨怒）予一人。

事扰无定，事定追咎浮言之人，宁无以此疑其上，故明告之，使勿怀疑以蓄怨也。

16.（元）吴澄《书纂言》卷三《商书·盘庚》

今予其敷心腹肾肠，历告尔百姓于朕志，罔罪尔众。尔无共怒协比，逸言予一人。

自此至"兹贲"，告民也。"敷心腹肾肠"，谓无一不布露也。历，尽也。百姓，民庶也。协合比连也。臣民虽既迁，盘庚犹虑其强从上令，非出本心，怨怒未忘，故明白洞达，以释其疑，而曰，尔无共怀前日之怒而合比，逸言以谤议我也。

17.（元）陈栎《书集传纂疏》卷三《朱子订定蔡氏集传·商书·盘庚下》

今予其敷心腹肾肠，历告尔百姓于朕志，罔罪尔众。尔无共怒协比，谗言予一人。

历，尽也。百姓，畿内民庶，百官、族姓亦在其中。

纂疏：

愚谓，"朕志"下文所言是也。意前日浮言之徒，必有唱为事定后有罪责之说，故以此释众疑，而绝谗谤也。

18.（元）许谦《读书丛说》卷五

原缺。

19.（元）董鼎《书传辑录纂注》卷三《商书·盘庚下》

今予其敷心腹肾肠，历告尔百姓于朕志，罔罪尔众。尔无共怒协比，谗言予一人。

历，尽也。百姓，畿内民庶，百官、族姓亦在其中。

纂注：

新安陈氏曰，"朕志"，下文所言是也。意前日浮言之徒，必有唱为事定后有罪责之说者，故以此言释众疑，而绝谤谗也。

20.（元）朱祖义《尚书句解》卷五《商书·盘庚下第十一》

今予其敷心腹肾肠（今我其布心腹肾肠所蕴），历告尔百姓于朕志(历告以所迁之志)。

21.（明）王樵《尚书日记》卷八《商书·盘庚下》

"今予其敷心腹肾肠"至"协比谗言予一人"。

"敷心腹肾肠"，言无一不布露。臣民虽既迁，盘庚又虑其强从上令，非出本心，怨怒未忘，故明白洞达以释其疑。"朕志"，下文所言是也。

意前日浮言之徒，必有倡为事定后罪责之说者，故以此言释众疑而绝谗谤也。始曰"历告尔百姓于朕志，罔罪尔众"；终曰"今我既羞告尔于朕志"，此一篇之纲领，夫为民者，朕之志也。

22.（清）库勒纳等撰《日讲书经解义》卷五《商书·盘庚下》

今予其敷心腹肾肠，历告尔百姓于朕志，罔罪尔众。尔无共怒协比，谗言予一人。

此一节书，盘庚既戒勉之以作其气，复开示之以释其疑也。"敷心腹肾肠"，言吐露衷曲也。历，犹言尽也。百姓是庶民与百官族姓，兼臣民而言。协，合同也。比，附和也。盘庚曰，上下之情，欲其相信，今我敷布心腹肾肠，开诚吐露，尽告尔臣民以朕志，使尔等悉知前迁都之时，恐浮言之徒，有倡为事后加罪之说者，岂知我早已释然，不复追究往事加罪于尔众也。尔众其各安心守分，无共怀怨怒疑虑，相煽合同附和，而兴谗谤之言于我一人，如此则上下相信，两无猜嫌，国家共保福祚于无穷矣。

罔罪尔众，尔无共怒，协比谗言予一人

1.（汉）孔氏传、（唐）陆德明音义、孔颖达疏《尚书注疏》卷八《商书·盘庚上》

罔罪尔众，尔无共怒，协比谗言予一人

传，群臣前有此过，故禁其后。今我不罪汝，汝勿共怒我，合比凶人而妄言。

音义，比，毗志反。谗，士咸反。

疏，正义曰，今我无复罪汝众人，我既不罪汝，汝无得如前共为忿怒，协比谗言毁恶我一人，恕其前愆，与之更始也。

461

2.（宋）苏轼《书传》卷八《商书·盘庚下第十一》

(归善斋按，见"今予其敷心腹肾肠，历告尔百姓于朕志")

3.（宋）林之奇《尚书全解》卷十九《商书·盘庚下》

(归善斋按，见"今予其敷心腹肾肠，历告尔百姓于朕志")

4.（宋）史浩《尚书讲义》卷九《商书·盘庚下》

(归善斋按，见"盘庚既迁，奠厥攸居，乃正厥位")

5.（宋）夏僎《尚书详解》卷十三《商书·盘庚下》

(归善斋按，见"盘庚既迁，奠厥攸居，乃正厥位")

6.（宋）时澜《增修东莱书说》卷十一《商书·盘庚下第十一》

(归善斋按，见"今予其敷心腹肾肠，历告尔百姓于朕志")

7.（宋）黄度《尚书说》卷三《商书·盘庚下》

(归善斋按，见"今予其敷心腹肾肠，历告尔百姓于朕志")

8.（宋）袁燮《絜斋家塾书钞》卷六《商书·盘庚下》

(归善斋按，另见"今予其敷心腹肾肠，历告尔百姓于朕志")

尔无共怒协比，谗言予一人。

前曰"不其或稽，自怒曷瘳"，此又曰"尔无共怒"，所以多说这"怒"字者，盖人情方去，故即新则凡事皆不便，则必怨怨，则必怒，故盘庚使之无共怒，无协比谗言予一人。自常情观之，今既迁矣，又何可怒，亦何谗言之有？然盘庚犹谆谆告戒者，盖虽是既迁万，一动其怨怒之心，万一有为谗言鼓扇于中者，则民将不安其居，岂不大可惧哉？此盘庚之所不能已也。夫既迁之后，而其言如此，此处当着精神看。

9. (宋)蔡沈《书经集传》卷三《商书·盘庚下》

(归善斋按,见"今予其敷心腹肾肠,历告尔百姓于朕志")

10. (宋)黄伦《尚书精义》卷十九《商书·盘庚下》

(归善斋按,见"绥爰有众,曰,无戏怠,懋建大命")

11. (宋)陈经《尚书详解》卷十六《商书·盘庚下》

(归善斋按,见"今予其敷心腹肾肠,历告尔百姓于朕志")

12. (宋)钱时《融堂书解》卷七《商书·盘庚下》

(归善斋按,见"盘庚既迁,奠厥攸居,乃正厥位")

13. (宋)魏了翁《尚书要义》

原缺。

14. (宋)陈大猷《书集传或问》卷上《商书·盘庚下》

(归善斋按,未解)

15. (宋)胡士行《尚书详解》卷五《商书·盘庚下第十一》

(归善斋按,见"今予其敷心腹肾肠,历告尔百姓于朕志")

16. (元)吴澄《书纂言》卷三《商书·盘庚》

(归善斋按,见"今予其敷心腹肾肠,历告尔百姓于朕志")

17. (元)陈栎《书集传纂疏》卷三《朱子订定蔡氏集传·商书·盘庚下》

(归善斋按,见"今予其敷心腹肾肠,历告尔百姓于朕志")

18. （元）许谦《读书丛说》卷五

原缺。

19. （元）董鼎《书传辑录纂注》卷三《商书·盘庚下》

（归善斋按，见"今予其敷心腹肾肠，历告尔百姓于朕志"）

20. （元）朱祖义《尚书句解》卷五《商书·盘庚下第十一》

罔罪尔众（今日既迁，无罪尔众）。尔无共怒（尔众无共为忿怒），协比谗言予一人（相与协比，肆谗言以毁我一人）。

21. （明）王樵《尚书日记》卷八《商书·盘庚下》

（归善斋按，见"今予其敷心腹肾肠，历告尔百姓于朕志"）

22. （清）库勒纳等撰《日讲书经解义》卷五《商书·盘庚下》

（归善斋按，见"今予其敷心腹肾肠，历告尔百姓于朕志"）

古我先王将多于前功

1. （汉）孔氏传、（唐）陆德明音义、孔颖达疏《尚书注疏》卷八《商书·盘庚上》

古我先王将多于前功。
传，言以迁徙多大前人之功。
疏，正义曰，言古者我之先王将故多大于前人之功，是故徙都。
传正义曰，古我先王，谓迁都者，前人谓未迁者，前人久居旧邑，民不能相匡以生，则是居无功矣。盘庚言先王以此迁徙，故多大前人之功美，故我今迁亦欲多前功矣。

2. （宋）苏轼《书传》卷八《商书·盘庚下第十一》

（归善斋按，见"今予其敷心腹肾肠，历告尔百姓于朕志"）

3. （宋）林之奇《尚书全解》卷十九《商书·盘庚下》

古我先王将多于前功，适于山，用降我凶德，嘉绩于朕邦。

"古我先王"，指成汤也。契始居亳，其后屡迁而莫能安定。汤欲增广前人之功，于是复居于亳。亳之地依山附险而居安，立政三亳。郑氏曰，汤旧都之民，其长居险。盖东成皋，南辕辕，西降谷也。以是知"适于山"者，盖指亳而言也。适于山，则其民敦厚务本而劳，劳则善心生。善心生，则基德升而凶德降。盖骄奢淫逸者皆凶德也。惟其民之相与乐事赴功，故成汤以成其美功，欲我商家伐夏救民，由七十里而有天下也。

4. （宋）史浩《尚书讲义》卷九《商书·盘庚下》

（归善斋按，见"盘庚既迁，奠厥攸居，乃正厥位"）

5. （宋）夏僎《尚书详解》卷十三《商书·盘庚下》

古我先王将多于前功，适于山，用降我凶德，嘉绩于朕邦。今我民用荡析离居，罔有定极。尔谓朕曷震动万民以迁，肆上帝将复我高祖之德，乱越我家。朕及笃敬，恭承民命，用永地于新邑。肆予冲人，非废厥谋，吊由灵。各非敢违卜，用弘兹贲。

《盘庚上》既言今日迁都已定，尔众不可共肆逸言，故此遂言先王所以迁都之意也。古我先王，指成汤也。契始居亳，其后屡迁，莫能安定。汤欲增广前人之功，于是始居于亳，依山附险而居。按《立政》"三亳"郑氏云，东成皋，南辕辕，西降谷，则知此言"古我先王将多于前功，适于山"者，盖指成汤迁亳，所以大契之功也。以亳邑依山，故言"适于山"者。林少颖谓，耿地潟卤，不利稼穑，民多舍本趋末。惟亳邑依山而居，士高而地瘠，其民皆知力穑，故汤居亳，则民当伐夏之时，犹有"不恤我众，舍我穑事"之言，则居亳而民务稼穑也可知。惟居耿则趋末；

465

居亳则务本。此盘庚所以必欲法先王，"适于山"，而迁于亳也。既言"适于山"，又言用"降我凶德"，岂适山果迁以降凶德耶？盖适山则敦厚务本，而劳劳则善心生，善心生则基德升，而凶德降。盖骄奢淫佚，皆凶德也。惟适山可以降凶德，此成汤之所以能成其美功于我国家也，故曰"嘉绩于朕邦"。盘庚既言先王成汤，欲大前功，故迁亳依山而居，将欲降凶德而成美绩，故此遂言耿地不可居之意。盖以耿地乃潟卤之地，我民用摇动分析，离其所居，无有定止，是将陷于凶德而莫之拯救，故我之迁亳，亦欲效我先王之"适于山"也。今之臣民，乃谓我何无故震动万民以迁都之劳，是何不体吾意之所向也。又况今日之迁，非盘庚私意，乃上帝以我高祖成汤盛德大业，将使其子孙复兴其业，故祖乙之圮于耿，乃降乱于我家，将以启吾迁都之谋也。此言"乱越我家"。正如路温舒言祸乱之作，天将以开圣人，惟上帝欲复成汤之德，故使民荡析离居，而以祸乱启我国家，故我今日所以能笃敬而恭承民命，以永宅于此新邑也。迁都而言"承民命"者，盖迁都之谋天，使永民命，而君则敬承之正，如上篇言"迓续乃命于天"也。盘庚既言迁都之意如此，故又告之曰，今日之迁，尔众不欲，而我欲之，非我幼冲之人敢废尔卿、士、大夫之谋也。尔皆傲上从康，其谋不善，故我不用尔。若善，则我无有不用也，故继之曰"吊由灵"。吊，至也。由，用也。灵，善也，言至诚用善谋也。然则今日之事，尔不欲而我必迁，盖不敢违卜，将以恢扩弘大我商家莫大之业而已，故继之曰"各非敢违卜，用弘兹贲"。

6. （宋）时澜《增修东莱书说》卷十一《商书·盘庚下第十一》

古我先王将多于前功，适于山，用降我凶德，嘉绩于朕邦。

昔我先王将以增多前人之功，当迁则迁往于山，即高处。高则无水患矣。用降下其凶德，自山而下，则谓之降，所以能成美功于其邦。

7. （宋）黄度《尚书说》卷三《商书·盘庚下》

古我先王将多于前功，适于山，用降我凶德，嘉绩于朕邦。今我民用荡析离居，罔有定极。

先王，祖乙。祖乙圮于耿，以屡迁靡定，将使功多于前人，故"适于山"择高而居，用降损我凶德，使灾害悉去。降，犹今言减少也。自祖乙至阳甲六世矣。夫亦为有美绩焉。观辞意，则以嚚、相皆因水而迁者，至耿则不因水，盘庚之迁，必有以也。《孟子》曰，"仁政必自经界始经界不正井地不均谷禄不平"。经界正，则分田制禄可坐而定也。山居固远水，而险阻狭隘，其初遗民犹少，久而生齿日繁，地不能容，于是荡析离居，任地不以井邑丘甸，而田法坏，域民不以比闾族党；而比法坏，敛财不以郊甸县都；而赋法坏，治兵不以五两卒旅；而军法坏，是则山居而地不可井，民不可比。先王法制靡烂败坏，举不可行，所谓"失于政，陈于兹"，盖不可一朝居也。公卿、大夫"具乃贝玉"而已。自其婚友不昏作劳，不服田亩，骄堕易贫，其害犹如此，而况于小民乎。惟垫溺之忧，屡迁之扰，民得休息，久而安之，遂不复顾念其它，所以迁事一起，而咨怨并作，居民乖异，莫能合也。盘庚反复告教，言语略尽，而其意卒不宣露，至此始自谓敷心腹肾肠，历告朕志，则岂不以"可使由之，不可使知之"者，亦有所难言欤。盘庚智足以谋，勇足以断，仁足以行，然亦不易矣。盘庚又八世，至武乙去亳徙河北，即朝歌又三世，至纣淫靡而亡。其世家骄淫，周公迁于洛历三纪，而后世变风移，此商人风俗盛衰本末。

8. （宋）袁燮《絜斋家塾书钞》卷六《商书·盘庚下》

古我先王将多于前功，适于山，用降我凶德，嘉绩于朕邦。今我民用荡析离居，罔有定极。

"适于山"，既所以依险阻，亦所以避水患。凶德，水患也。降凶德，谓居高而临下也。

9. （宋）蔡沈《书经集传》卷三《商书·盘庚下》

古我先王将多于前功，适于山，用降我凶德，嘉绩于朕邦。

古我先王，汤也。"适于山"，往于亳也。契始居亳，其后屡迁。成汤欲多于前人之功，故复往居亳。按《立政》"三亳"，郑氏曰东成皋，南辕辕，西降谷。以亳依山，故曰"适于山"也。降，下也。依山地高，水下而无河圮之患，故曰用下我凶德，嘉绩美功也。

467

10.（宋）黄伦《尚书精义》卷十九《商书·盘庚下》

古我先王将多于前功，适于山，用降我凶德，嘉绩于朕邦。今我民用荡析离居，罔有定极。尔谓朕曷震动万民以迁，肆上帝将复我高祖之德，乱越我家。朕及笃敬，恭承民命，用永地于新邑。

无垢曰，先王将立美功于耿都，岂意水患为灾，民皆动荡分析，离其居处，或东或西，或南或北，罔有定所乎，是天意不欲商家都于此地也。夫人事即天意，非人事之外别有天意也。先王依山为居，迁徙都邑，以降凶灾于人事亦至矣，而又有荡析离居之患，生于不意。人事如此，天意可知，斯固不迁，是逆天也。此所以顺天而又迁焉。以天意如此，故我与笃厚肃敬之臣，恭谨承奉斯民之性命，用长久居于此新邑。所以如此者，上当天意也。

张氏曰，"适于山"者，迁而适于山，则依山以为居，所以防其水泉沉溺之患也。能迁以防患，则民得以安其居，然后可以驱而之善。民善矣，则基德升而凶德降，故曰"用降我凶德"。夫然后嘉美之绩可以兴于朕邦也。

吕氏曰，昔我先王将欲增多前人之功，当迁即迁。往于山，山即高处。高处无水患，此所以降下了凶德。居于高，则凶德自下去，此是因地势而言，所以能成美功于其邦。

11.（宋）陈经《尚书详解》卷十六《商书·盘庚下》

(归善斋按，见"今予其敷心腹肾肠，历告尔百姓于朕志")

12.（宋）钱时《融堂书解》卷七《商书·盘庚下》

古我先王将多于前功，适于山，用降我凶德，嘉绩于朕邦。今我民用荡析离居，罔有定极。尔谓朕曷震动万民以迁，肆上帝将复我高祖之德，乱越我家。朕及笃敬，恭承民命，用永地于新邑。肆予冲人，非废厥谋，吊由灵。各非敢违卜，用弘兹贲。呜呼！邦伯、师长、百执事之人尚皆隐哉。予其懋简相尔念敬我众。朕不肩好货，敢恭生生鞠人，谋人之保居，叙钦。今我既羞告尔于朕志，若否，罔有弗钦。无总于货宝，生生自庸，式敷民德，永肩一心。

上文既开释之，使之无疑、无怒、无逸言矣，此方告之以迁都之本志也。此节先看两个"将"字，方得其旨。大抵灾变之来，天之所以开圣人。先王将多于前功，而天降凶德。今上帝将复我高祖德，而乱越我家，见得祸之于彼，所以开之于此，非偶然也。此专以成汤迁亳之事，为今迁亳之证甚明切。多，犹增广也。前功，指亳，乃前人之旧都也。凶德，灾异也。朕邦，即亳，盘庚以今日所都而言也。"复高祖之德"，谓复汤故都。上篇谓"绍复先王之大业"，而此言"复高祖之德"者，有盛德，即有大业。德，即业也。及者，"及事"之"及"，言我及得以笃敬其事，而恭承尔民之命。吊，至也，极也。由，从也。灵，神灵也。极欲从神之灵，各非敢违卜。此时所言，则见成汤之迁亳以灾异；而迁中篇所言，则见仲丁之去亳，以灾异而去。意各有所指，而亳之事体互见矣。敢恭生生，不暴慢民而能鞠养之，又谋画区处之，而使之咸保其居，我则次序而加敬也。复谕之曰，汝无聚敛于货宝，此乃生生之所自用，不可夺也。

13.（宋）魏了翁《尚书要义》

原缺。

14.（宋）陈大猷《书集传或问》卷上《商书·盘庚下》

（归善斋按，未解）

15.（宋）胡士行《尚书详解》卷五《商书·盘庚下第十一》

古我先王（汤）将多（增）于前（契）功。适（迁往）于山（商亳），用降（下降）我凶德，嘉（美）绩（功）于朕邦。

此言汤居亳，以大契之功也。

16.（元）吴澄《书纂言》卷三《商书·盘庚》

古我先王将多于前功，适于山，用降我凶德，嘉绩于朕邦。

古我先王，汤也。多，犹增广也。山，谓亳邑。商都嚣、相、耿等处，皆近水，惟亳近山。郑氏曰"东成皋，南辕辕，西降谷"是也。契始居亳，其后累迁，莫能安定。汤欲增广前人之功，于是复居于亳。凶德，谓民受水害，适亳邑，依山以居。自此民获其吉。所以降黜其凶德，而又成美功于我邦，谓汤由亳而兴，以有天下也。

17.（元）陈栎《书集传纂疏》卷三《朱子订定蔡氏集传·商书·盘庚下》

古我先王将多于前功，适于山，用降我凶德，嘉绩于朕邦。

古我先王，汤也。"适于山"，往于亳也。契始居亳，其后屡迁。成汤欲多于前人之功，故复往居亳。案《立政》"三亳"，郑氏曰"东成皋，南辕辕，西降谷"，以亳依山，故曰"适于山"也。降，下也，依山地高，水下而无河圮之患，故曰用下我凶德，嘉绩美功也。

纂疏：王氏炎曰，自此至"用宏兹贲"，言所以迁之意，以谕臣民也。自"邦伯、师长"至篇终，既迁之后，言欲为之意，以望群臣也，此所谓朕志也。

18.（元）许谦《读书丛说》卷五

原缺。

19.（元）董鼎《书传辑录纂注》卷三《商书·盘庚下》

古我先王将多于前功，适于山，用降我凶德，嘉绩于朕邦。

古我先王，汤也。适于山，往于亳也。契始居亳，其后屡迁。成汤欲多于前人之功，故复往居亳。案《立政》"三亳"，郑氏曰"东成皋，南辕辕，西降谷"，以亳依山，故曰"适于山"也。降，下也，依山地高，水下而无河圮之患，故曰用下我凶德，嘉绩美功也。

纂注：

王氏炎曰，自此至"用宏兹贲"，言所以迁之意，以谕臣民也。自"邦伯、师长"至篇终，既迁之后，言欲为之意，以望群臣也。此所谓朕志也。

愚案《立政》"三亳"，又本皇甫谧说。

20.（元）朱祖义《尚书句解》卷五《商书·盘庚下第十一》

古我先王（汤）将多于前功（契始居亳，汤欲广前功，于是复居亳）。

21.（明）王樵《尚书日记》卷八《商书·盘庚下》

自"古我先王"至"用弘兹贲"，言迁都之意在于恭承民命。自"邦伯师长"至篇终，言今日责望群臣之意，在于敢恭生生，一惟为民而已矣。尔众惟不明于此志，故未迁而二三；既迁而疑惧，谓予有罪尔之心。今予尽布露以告，汝则当勉所当勉，而可以释所，不必疑惧矣。"古我先王"至"嘉绩于朕邦"，言我先王成汤，将多于前人之功，故始居亳汤，以亳而兴王业。王业之兴，是多于前人之功，必推本于亳，故特言之，见居亳之善也。言居亳之善，所以见今迁之宜。不曰适于亳，而曰适于山者，亳地依山也。降，下也。凶德，水患也。亳地依山，土厚水深，可以永无水患也。"嘉绩于朕邦"，"嘉绩"对"凶德"而言，消斯民沉溺重腿之疾，绝后世骄奢淫佚之风，足以厚民生，行王化。绩孰嘉焉，按书序云，自契至于成汤八迁，汤始居亳，从先王居。先王者，孔氏以为契父帝喾，尝居亳。今蔡氏以为契始居亳，其后屡迁。成汤欲多于前人之功，故复往居亳者，误。"今我民用荡析离居"至"震动万民以迁"，"荡析离居"，谓四散避水，闾井荡析，民众离居，不复能保聚也。"肆上帝将复我"至"用永地于新邑"，此与古我先王一节正相应。先王将多于前人之功，故适于亳，以"嘉绩于朕邦"，盘庚将"复我高祖之德"，故承天命以永地于新邑。盘庚绍复而归诸天者，天不欲泯成汤之德，非予小子智虑所能及也。笃敬，盖当时老成之臣与盘庚同心者也，轻心不可与图事，薄德不可以成功。盘庚所与"恭承民命"者，乃独有在于笃敬之人，知人谙练具于此，见盘庚所以不可及也与。"肆予冲人"至"用弘兹贲"，孔氏曰，冲，童。童人，谦也。吊，至；灵，善也。非废，谓动谋于众，至用其善。弘、贲，皆大也。君臣同谋，不敢违卜。用大此大业尔。

大事必谋于众，向尔众不欲迁，而我不从，非废尔众谋也，乃至用尔众谋之善者。尔我之情如此，尔何疑于我乎？大事必卜，向者卜稽，以为当迁，而尔众不欲，亦非敢违卜也，本亦为我思虑，欲我仍旧贯，而弘大此大业尔。尔之情如此，我何疑于尔乎？蔡氏曰，盘庚于既迁之后，申彼此之情，释疑惧之意，忠厚之意蔼然，言表盘庚其贤矣哉。

正义曰，众谋必有异见，故至极用其善者。《诗》云"有贲其首"，是弘、贲皆为大之义。按，贲，扶云反。蔡氏训从孔氏，则音亦当然。今人多读作"贲卦"之"贲"，不知"贲饰"之"贲"不训大也。

22.（清）库勒纳等撰《日讲书经解义》卷五《商书·盘庚下》

古我先王将多于前功，适于山，用降我凶德，嘉绩于朕邦。

此一节书，叙先王迁都之善也。先王，指成汤。多者，推广之意。适，往也。亳都依山，故云"适于山"，降，下也，即除去之意。凶德，灾祸也。盘庚曰，昔我先王成汤，以始祖契建都于亳国，无水患，功在生民。其后屡迁，前功几坠，于是将增多于前功，而恢复之，故复适于高山之亳。山高土厚，用除去我国家昏垫之凶祸，而河水不能灾，予以安居乐业，修政立事，而有嘉美之绩于我国家，所谓厥邦安定而四方底绥者，我先王实然矣。

适于山，用降我凶德，嘉绩于朕邦

1.（汉）孔氏传、（唐）陆德明音义、孔颖达疏《尚书注疏》卷八《商书·盘庚上》

适于山，用降我凶德，嘉绩于朕邦。

传，徙必依山之险，无城郭之劳，下去凶恶之德，立善功于我国。

音义，降，工巷反，徐下江反。去，羌吕反。

疏，正义曰，而适于山险之处，用下去我凶恶之德，立善功于我新国。

传正义曰，先王至此五邦，不能尽知其地所都，皆近山，故总称适于山也。《易·坎卦》象云"王公设险以守其国"。徙必依山之险，欲使下民无城郭之劳，虽则近山，不可全无城郭，言其防守易耳。徙必近，山则旧处新居皆有山矣。而云适于山者，言其徙必依山，不适平地，不谓旧处无山，故徙就山也。水泉咸卤，民居垫隘，时君不为之徙，即是凶恶之德。其徙者，是下去凶恶之德，立善功于我新迁之国也。言下者，凶德在身下。

2．（宋）苏轼《书传》卷八《商书·盘庚下第十一》

（归善斋按，见"今予其敷心腹肾肠，历告尔百姓于朕志"）

3．（宋）林之奇《尚书全解》卷十九《商书·盘庚下》

（归善斋按，见"古我先王将多于前功"）

4．（宋）史浩《尚书讲义》卷九《商书·盘庚下》

（归善斋按，见"盘庚既迁，奠厥攸居，乃正厥位"）

5．（宋）夏僎《尚书详解》卷十三《商书·盘庚下》

（归善斋按，见"古我先王将多于前功"）

6．（宋）时澜《增修东莱书说》卷十一《商书·盘庚下第十一》

（归善斋按，见"古我先王将多于前功"）

7．（宋）黄度《尚书说》卷三《商书·盘庚下》

（归善斋按，见"古我先王将多于前功"）

8．（宋）袁燮《絜斋家塾书钞》卷六《商书·盘庚下》

（归善斋按，见"古我先王将多于前功"）

473

9.（宋）蔡沈《书经集传》卷三《商书·盘庚下》

(归善斋按,见"古我先王将多于前功")

10.（宋）黄伦《尚书精义》卷十九《商书·盘庚下》

(归善斋按,见"古我先王将多于前功")

11.（宋）陈经《尚书详解》卷十六《商书·盘庚下》

(归善斋按,见"今予其敷心腹肾肠,历告尔百姓于朕志")

12.（宋）钱时《融堂书解》卷七《商书·盘庚下》

(归善斋按,见"古我先王将多于前功")

13.（宋）魏了翁《尚书要义》

原缺。

14.（宋）陈大猷《书集传或问》卷上《商书·盘庚下》

(归善斋按,未解)

15.（宋）胡士行《尚书详解》卷五《商书·盘庚下第十一》

(归善斋按,见"古我先王将多于前功")

16.（元）吴澄《书纂言》卷三《商书·盘庚》

(归善斋按,见"古我先王将多于前功")

17.（元）陈栎《书集传纂疏》卷三《朱子订定蔡氏集传·商书·盘庚下》

(归善斋按,见"古我先王将多于前功")

18.（元）许谦《读书丛说》卷五

用降我凶德。

金先生曰，犹传所谓"有汾浍以流其恶"；《国语》所谓"沃土民不才，瘠土民好义"之意，盖消斯民沉溺重腿之疾，而绝后世骄奢淫佚之风也。

19.（元）董鼎《书传辑录纂注》卷三《商书·盘庚下》

（归善斋按，见"古我先王将多于前功"）

20.（元）朱祖义《尚书句解》卷五《商书·盘庚下第十一》

适于山（往亳依山而居），用降我凶德（用降凶德而升吉德），嘉绩于朕邦（汤所以能成美功于我国家）。

21.（明）王樵《尚书日记》卷八《商书·盘庚下》

（归善斋按，见"古我先王将多于前功"）

22.（清）库勒纳等撰《日讲书经解义》卷五《商书·盘庚下》

（归善斋按，见"古我先王将多于前功"）

（元）陈师凯《蔡氏传旁通》卷三《盘庚下》

按，《立政》三亳，郑氏曰，东成皋，南辕辕，西降谷。

注疏之说如此，而本传《立政》又与此不同者，彼亦出疏文，此为郑氏说，而彼为皇甫谧说。盖蔡氏有疑，故并举之耳。疏又云，古书亡灭无证，未知谁得旨矣。成皋，春秋之虎牢也。辕辕，山名，在河南府緱氏县。

（清）朱鹤龄《尚书埤传》卷八《商书·盘庚》

"适于山"。

（附考）蔡传成皋，汉志河南郡有成皋县，注云即虎牢也，轘辕山名，在河南缑氏县东南。薛综云，山坂十四曲将去复还，故曰轘辕降谷未详，当亦在河南。愚按，此三亳与《立政》篇传不同，亦孔疏所引郑注，但于史传无考，蔡氏以其地皆岩险，故引以释适于山之语耳。

今我民用荡析离居，罔有定极

1.（汉）孔氏传、（唐）陆德明音义、孔颖达疏《尚书注疏》卷八《商书·盘庚上》

今我民用荡析离居，罔有定极。

传，水泉沉溺，故荡析离居，无安定之极，徙以为之极。

音义，析，先历反，注同。

疏，正义曰，但徙来已久，水泉沉溺，今我在此之民用，播荡分析，离其居宅，无有安定之极，我今徙而使之得其中也，说其迁都之意，亦欲多大前人之功，定民极也。

传正义曰，而坠去之民居，积世穿掘处，多则水泉盈溢，令人沉深，而陷溺其处，不可安居，播荡分析，离其居宅，无安定之极。极，训"中"也。《诗》云"立我烝民，莫匪尔极"，言民赖后稷之功，莫不得其中，今为民失中，故徙以为之中也。

2.（宋）苏轼《书传》卷八《商书·盘庚下第十一》

（归善斋按，见"今予其敷心腹肾肠，历告尔百姓于朕志"）

3.（宋）林之奇《尚书全解》卷十九《商书·盘庚下》

今我民用荡析离居，罔有定极。尔谓朕曷震动万民以迁，肆上帝将复

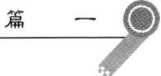

我高祖之德，乱越我家。朕及笃敬，恭承民命，用永地于新邑。

言我此耿地，沉溺垫隘，近于舄卤之地，我民摇荡分析，离其所居，无有定止，是将陷于凶德而莫之救拯。尔臣民谓我何为震动万民以迁都之劳，盖我以民荡析离居之故意者，上帝之心将复我高祖成汤之德，使其子孙复兴其基业，故降乱于我邦，使此耿之民荡析离居，罔有定极，而启我迁于新邑也。路温舒曰，天之降祸乱，所以开圣人也。故我之民，盖将以复我高祖之德于此新邑。我于此时，能以民之命而恭承之，俾永宅于此新邑，则是盘庚之所以迁者，亦汤之将多于前功，用降我凶德，嘉绩于朕邦之心也。

4. （宋）史浩《尚书讲义》卷九《商书·盘庚下》

（归善斋按，见"盘庚既迁，奠厥攸居，乃正厥位"）

5. （宋）夏僎《尚书详解》卷十三《商书·盘庚下》

（归善斋按，见"古我先王将多于前功"）

6. （宋）时澜《增修东莱书说》卷十一《商书·盘庚下第十一》

今我民用荡析离居，罔有定极。尔谓朕曷震动万民以迁，肆上帝将复我高祖之德，乱越我家。

民无远虑，未见水害而不欲迁，犹可。今既荡析离居矣，犹惮于迁何也？濒水之民，水至则忧，水去则忘之。极者，止也。水所圮坏，已无所止其身矣。尚不自觉，姑欲苟安，反谓我何为震动万民以迁。民既出此言，岂不自疑，述其所言，无复它意，使之释然也。所以迁者，盖上帝将复我高祖成汤之德，以治我家。亳邑，汤之旧都也。盘庚非特欲复成汤之故业，盖将复成汤之法度纪纲。圣人所居，风声气习，尚有可考求之以为治也。

7. （宋）黄度《尚书说》卷三《商书·盘庚下》

（归善斋按，见"古我先王将多于前功"）

8. （宋）袁燮《絜斋家塾书钞》卷六《商书·盘庚下》

（归善斋按，见"古我先王将多于前功"）

9. （宋）蔡沈《书经集传》卷三《商书·盘庚下》

今我民用荡析离居，罔有定极。尔谓朕曷震动万民以迁。

今耿为河水圮坏，沉溺垫隘，民用荡析离居，无有定止，将陷于凶德而莫之救。尔谓我何故震动万民以迁也。

10. （宋）黄伦《尚书精义》卷十九《商书·盘庚下》

（归善斋按，见"古我先王将多于前功"）

11. （宋）陈经《尚书详解》卷十六《商书·盘庚下》

（归善斋按，见"今予其敷心腹肾肠，历告尔百姓于朕志"）

12. （宋）钱时《融堂书解》卷七《商书·盘庚下》

（归善斋按，见"古我先王将多于前功"）

13. （宋）魏了翁《尚书要义》

原缺。

14. （宋）陈大猷《书集传或问》卷上《商书·盘庚下》

（归善斋按，未解）

15. （宋）胡士行《尚书详解》卷五《商书·盘庚下第十一》

今我民用（在耿），荡（防）析（分）离居，罔有定极（止。）尔谓朕曷（何以）震（惊）动万民以迁。肆（故）上帝将复我高祖（汤）之德，乱（治）越（于）我家。朕及笃敬（笃敬之臣），恭承民命，用永地（于）新（邑）。

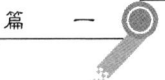

此言耿之圮，而天使迁亳也。

16.（元）吴澄《书纂言》卷三《商书·盘庚》

今我民用荡析离居，罔有定极。尔谓朕曷震动万民以迁。肆上帝将复我高祖之德，乱越我家。朕及笃敬，恭承民命，用永地于新邑。肆予冲人，非废厥谋。吊由灵，各非敢违卜，用弘兹贲。

荡，漂；析，分；极，止；震，亦动也。冲，童；吊，至；由，用；灵，善；弘，大；贲，饰也。旧都垫圮，民漂荡分析，离其所居，无有定止。而尔民犹且安土重迁，乃谓我何为震动万民以迁乎？此乃天将俾我兴复成汤之德，以治我家，故我及一二臣之能，笃敬以恭承民命者，用图永安居于此新邑也。我非废尔众谋，其至乃用尔谋之善，指当时民臣有言当迁者也。我与善谋之人，"各非敢违卜"，盖用以弘大此贲饰之事，是以不得不迁也。贲者，犹曰增光于前人也。盖盘庚之迁，鬼谋不吉，而人谋已决，故违卜而迁也。

17.（元）陈栎《书集传纂疏》卷三《朱子订定蔡氏集传·商书·盘庚下》

今我民用荡析离居，罔有定极。尔谓朕曷震动万民以迁。

今耿为河水圮坏，沉溺垫隘，民用荡析离居，无有定止，将降于凶德而莫之救。尔谓我何故震动万民以迁也。

18.（元）许谦《读书丛说》卷五

原缺。

19.（元）董鼎《书传辑录纂注》卷三《商书·盘庚下》

今我民用荡析离居，罔有定极。尔谓朕曷震动万民以迁。

今耿为河水圮坏，沉溺垫隘，民用荡析离居，无有定止，将陷于凶德而莫之救。尔谓我何故震动万民以迁也。

20.（元）朱祖义《尚书句解》卷五《商书·盘庚下第十一》

今我民用荡析离居（今我民在耿地，用摇荡分析，离其所居），罔有定极（无有定止）。

21.（明）王樵《尚书日记》卷八《商书·盘庚下》

（归善斋按，见"古我先王将多于前功"）

22.（清）库勒纳等撰《日讲书经解义》卷五《商书·盘庚下》

今我民用荡析离居，罔有定极。尔谓朕曷震动万民以迁。

此一节书，又自叙其迁都之意也。极，解作"止"。盘庚曰，我之以汝迁都，正因耿为河水所圮，尔民用不得保聚，浮荡分析，离散居处，无有定止，乃陷于凶德，而宜急图嘉绩之时，尔民反谓我何故震动万民以迁。若我无故而毒苦尔者，岂惟悖于先王，当亦未知天意耳。

尔谓朕曷震动万民以迁

1.（汉）孔氏传、（唐）陆德明音义、孔颖达疏《尚书注疏》卷八《商书·盘庚上》

尔谓朕曷震动万民以迁。

传，言皆不明己本心。

疏，正义曰，言我徒以为民立中，汝等不明我心，乃谓我何故震动万民以为此迁。

2.（宋）苏轼《书传》卷八《商书·盘庚下第十一》

（归善斋按，见"今予其敷心腹肾肠，历告尔百姓于朕志"）

480

3.（宋）林之奇《尚书全解》卷十九《商书·盘庚下》

(归善斋按，见"今我民用荡析离居，罔有定极")

4.（宋）史浩《尚书讲义》卷九《商书·盘庚下》

(归善斋按，见"盘庚既迁，奠厥攸居，乃正厥位")

5.（宋）夏僎《尚书详解》卷十三《商书·盘庚下》

(归善斋按，见"古我先王将多于前功")

6.（宋）时澜《增修东莱书说》卷十一《商书·盘庚下第十一》

(归善斋按，见"今我民用荡析离居，罔有定极")

7.（宋）黄度《尚书说》卷三《商书·盘庚下》

尔谓朕曷震动万民以迁，肆上帝将复我高祖之德，乱越我家。

迁，奚能遽复汤之德哉。不迁，人情玩习，法令垢弊，弃本逐末，浮伪淫奢，诚不可为已。大抵都邑岁久繁庶，势必至此。盘庚之迁，不因灾变，徒以其民不能胥匡以生，而自谓罔知天之断命，其惠有甚于水者。众人之智不及此。复汤之德，规模自迁始。

8.（宋）袁燮《絜斋家塾书钞》卷六《商书·盘庚下》

尔谓朕曷震动万民以迁，肆上帝将复我高祖之德，乱越我家。

盘庚之迁，一则耿邑圮坏，民皆昏垫，将以避水患；一则亦是天意将兴复商家，使之离此旧邑，复亳都，复如成汤有为于天下，使天下复为成汤之世，此是两意。何者？耿邑之都亦已久矣，今而圮坏，分明是天诱其衷，欲复我高祖之德，使我再讨头脑，做大祸之中，有大福存焉。惟盘庚之心，上与天通，知得天意是如此。当时之人，初不知。前此，盘庚亦尝露其意矣。曰"若颠木之有由蘖"，"天其永我命于兹新邑"，但前此未迁，未可说破。至此始明言之，虽然亦是盘庚有志要出来做，所以见得。

481

使其无志,岂能有成耶?

9. (宋)蔡沈《书经集传》卷三《商书·盘庚下》

(归善斋按,见"今我民用荡析离居,罔有定极")

10. (宋)黄伦《尚书精义》卷十九《商书·盘庚下》

(归善斋按,见"古我先王将多于前功")

11. (宋)陈经《尚书详解》卷十六《商书·盘庚下》

(归善斋按,见"今予其敷心腹肾肠,历告尔百姓于朕志")

12. (宋)钱时《融堂书解》卷七《商书·盘庚下》

(归善斋按,见"古我先王将多于前功")

13. (宋)魏了翁《尚书要义》

原缺。

14. (宋)陈大猷《书集传或问》卷上《商书·盘庚下》

(归善斋按,未解)

15. (宋)胡士行《尚书详解》卷五《商书·盘庚下第十一》

(归善斋按,见"今我民用荡析离居,罔有定极")

16. (元)吴澄《书纂言》卷三《商书·盘庚》

(归善斋按,见"今我民用荡析离居,罔有定极")

17. (元)陈栎《书集传纂疏》卷三《朱子订定蔡氏集传·商书·盘庚下》

(归善斋按,见"今我民用荡析离居,罔有定极")

18.（元）许谦《读书丛说》卷五

原缺。

19.（元）董鼎《书传辑录纂注》卷三《商书·盘庚下》

（归善斋按，见"今我民用荡析离居，罔有定极"）

20.（元）朱祖义《尚书句解》卷五《商书·盘庚下第十一》

尔谓朕曷震动万民以迁（尔臣民乃谓，我何无故震动万民以迁都之劳）。

21.（明）王樵《尚书日记》卷八《商书·盘庚下》

（归善斋按，见"古我先王将多于前功"）

22.（清）库勒纳等撰《日讲书经解义》卷五《商书·盘庚下》

（归善斋按，见"今我民用荡析离居，罔有定极"）

肆上帝将复我高祖之德，乱越我家

1.（汉）孔氏传、（唐）陆德明音义、孔颖达疏《尚书注疏》卷八《商书·盘庚上》

肆上帝将复我高祖之德，乱越我家。
传，以徙故，天将复汤德，治理于我家。
音义，治，直吏反。
疏，正义曰，我以此迁之故上天将复我高祖成汤之德治理于我家。
传正义曰，民害不徙，违失汤德。以徙之故，天必佑我，将使复奉汤德，令得治理于我家，言由徙，故天福之。

2. （宋）苏轼《书传》卷八《商书·盘庚下第十一》

肆上帝将复我高祖之德，乱越我家。
济及我家也。

3. （宋）林之奇《尚书全解》卷十九《商书·盘庚下》

（归善斋按，见"今我民用荡析离居，罔有定极"）

4. （宋）史浩《尚书讲义》卷九《商书·盘庚下》

（归善斋按，见"盘庚既迁，奠厥攸居，乃正厥位"）

5. （宋）夏僎《尚书详解》卷十三《商书·盘庚下》

（归善斋按，见"古我先王将多于前功"）

6. （宋）时澜《增修东莱书说》卷十一《商书·盘庚下第十一》

（归善斋按，见"今我民用荡析离居，罔有定极"）

7. （宋）黄度《尚书说》卷三《商书·盘庚下》

（归善斋按，见"尔谓朕曷震动万民以迁"）

8. （宋）袁燮《絜斋家塾书钞》卷六《商书·盘庚下》

（归善斋按，见"尔谓朕曷震动万民以迁"）

9. （宋）蔡沈《书经集传》卷三《商书·盘庚下》

肆上帝将复我高祖之德，乱越我家。朕及笃敬，恭承民命，用永地于新邑。
乃上天将复我成汤之德，而治及我国家。我与一二笃敬之臣，敬承民命，用长居于此新邑也。

10. （宋）黄伦《尚书精义》卷十九《商书·盘庚下》

（归善斋按，见"古我先王将多于前功"）

11. （宋）陈经《尚书详解》卷十六《商书·盘庚下》

肆上帝将复我高祖之德，乱越我家。朕及笃敬，恭承民命，用永地于新邑。肆予冲人，非废厥谋。吊由灵，各非敢违卜，用弘兹贲。

高祖，成汤也。汤兴王业在于亳邑，天之意将兴复我高祖之德，故使我居亳，以从高祖之旧。天道幽难测，何自而见之。耿邑之不安其居，则天之意固有在矣。天意复我高祖之德，而治于我家。余岂能违天乎？朕于是及笃厚钦敬之臣，恭承民之命，以永地于此新邑。盖贤者之见，亦与天同也。盘庚之时，其不从以迁者，虽群臣唱为浮言以动众，而当时之贤者，亦未尝以不迁为利也。若曰"无侮老成人"；若曰"朕及笃敬"，则臣下之贤者，已与盘庚之志合矣。盘庚安能违贤者之谋，而徇众人乎？亦犹伐商之役，扑君御事皆不从，而周公之所深信者，十人之知帝命而已。"肆予冲人"，自谦辞也。弗废其谋，汝众人之所谋，以为不当迁者，非我敢废尔之谋而不用也，极其至则在于用善而已。天之意也，笃敬之臣也，此皆谋之至善者也。"各非敢违卜"，又况人谋鬼谋之皆合。有如卜之鬼神，而卜以为吉，则又其可违乎？以是知盘庚非违众而自用。以天之意，贤者之意，鬼神之意合，是数者之谋而用之，所以能弘大其贲饰也。我之所以迁都者，正为贲饰其前人之业，与今日之治也。得天人幽明之意，而无间，则所贲者，可以铺张而弘大之矣。此章所以破群臣之疑情也。

12. （宋）钱时《融堂书解》卷七《商书·盘庚下》

（归善斋按，见"古我先王将多于前功"）

13. （宋）魏了翁《尚书要义》

原缺。

14. （宋）陈大猷《书集传或问》卷上《商书·盘庚下》

（归善斋按，未解）

15. （宋）胡士行《尚书详解》卷五《商书·盘庚下第十一》

（归善斋按，见"今我民用荡析离居，罔有定极"）

16. （元）吴澄《书纂言》卷三《商书·盘庚》

（归善斋按，见"今我民用荡析离居，罔有定极"）

17. （元）陈栎《书集传纂疏》卷三《朱子订定蔡氏集传·商书·盘庚下》

肆上帝将复我高祖之德，乱越我家。朕及笃敬，恭承民命，用永地于新邑。

乃上天将复我成汤之德而治及我国家，我与一二笃敬之臣，敬承民命，用长居于此新邑也。

18. （元）许谦《读书丛说》卷五

原缺。

19. （元）董鼎《书传辑录纂注》卷三《商书·盘庚下》

肆上帝将复我高祖之德，乱越我家。朕及笃敬，恭承民命，用永地于新邑。

乃上天将复我成汤之德而治及我国家，我与一二笃敬之臣，敬承民命，用长居于此新邑也。

20. （元）朱祖义《尚书句解》卷五《商书·盘庚下第十一》

肆上帝将复我高祖之德（殊不知我迁，乃天将复我高祖成汤盛德大业），乱越我家（致治于我国家）。

21.（明）王樵《尚书日记》卷八《商书·盘庚下》

（归善斋按，见"古我先王将多于前功"）

22.（清）库勒纳等撰《日讲书经解义》卷五《商书·盘庚下》

肆上帝将复我高祖之德，乱越我家。朕及笃敬，恭承民命，用永地于新邑。

此一节书，是援天意以晓臣民也。乱，治也。越，及也。笃，敬，谓诚笃恭敬之臣。盘庚曰，绍复先业，予岂敢自为功哉，盖天实启之矣。今耿圮河水，上帝将复我高祖成汤之德，治及我国家，故启牖我心，使我与二三笃敬忠诚体国之臣，熟审利害，决计迁殷，用敬承汝民垂绝之命，而迓续之，使避害趋利，舍危就安，用长居于此新邑。民安则国治。庶几祖德以复，而天意为无负已。

朕及笃敬，恭承民命，用永地于新邑

1.（汉）孔氏传、（唐）陆德明音义、孔颖达疏《尚书注疏》卷八《商书·盘庚上》

朕及笃敬，恭承民命，用永地于新邑。
传，言我当与厚敬之臣，奉承民命，用长居新邑。
疏，正义曰，我当与厚敬之臣，奉承民命，用是长居于此新邑。

2.（宋）苏轼《书传》卷八《商书·盘庚下第十一》

朕及笃敬恭承民命，用永地于新邑。
我当及此时，敬承上帝恤民之命，以永居于新邑。

3. （宋）林之奇《尚书全解》卷十九《商书·盘庚下》

（归善斋按，见"今我民用荡析离居，罔有定极"）

4. （宋）史浩《尚书讲义》卷九《商书·盘庚下》

（归善斋按，见"盘庚既迁，奠厥攸居，乃正厥位"）

5. （宋）夏僎《尚书详解》卷十三《商书·盘庚下》

（归善斋按，见"古我先王将多于前功"）

6. （宋）时澜《增修东莱书说》卷十一《商书·盘庚下第十一》

朕及笃敬，恭承民命，用永地于新邑。

我之迁，盖与二三笃敬大臣谋虑，欲顺承尔民命，以长居于新邑。笃敬者，同心同德之人也。定迁之时，岂无同心同德之人，赞其决然之计乎？夫盘庚之迁，乃拂众违民之大者。而中篇云"以丕从厥志"，此云"恭承民命"。志者，民之良心；命者，心之正。理民之良心，正理不过欲安耳。民以安土重迁之故，自为昏惑，虽非从其情，乃从其心；虽非顺其事，乃顺其理。

7. （宋）黄度《尚书说》卷三《商书·盘庚下》

朕及笃敬，恭承民命，用永地于新邑。
我所以与厚敬之臣，恭承民命，用长居此地于新邑。

8. （宋）袁燮《絜斋家塾书钞》卷六《商书·盘庚下》

朕及笃敬，恭承民命，用永地于新邑。

盘庚谓，我亦非是以己意自为，我尝谋之笃敬之臣，而彼亦以为当迁也。自古人主，事虽出于己意，亦须赖贤人辅助。周公伐三监，有十夫。予翼人之有生，或祸或福，或夭或寿，皆有定命。耿邑圮坏，则民命皆绝，故我之迁，乃所以使既绝之命，复得以生，荡析离居之民，复得以安居乐业。所谓"予迓续乃命于天"是也。承,即"罔不惟民之承"底"承"字。的知民之重,君之轻,故以上而承下,以贵而承贱,忘其势位之为尊崇也。观此一字。可以知三代圣人之道。

9. (宋) 蔡沈《书经集传》卷三《商书·盘庚下》

(归善斋按,见"肆上帝将复我高祖之德,乱越我家")

10. (宋) 黄伦《尚书精义》卷十九《商书·盘庚下》

(归善斋按,见"古我先王将多于前功")

11. (宋) 陈经《尚书详解》卷十六《商书·盘庚下》

(归善斋按,见"肆上帝将复我高祖之德,乱越我家")

12. (宋) 钱时《融堂书解》卷七《商书·盘庚下》

(归善斋按,见"古我先王将多于前功")

13. (宋) 魏了翁《尚书要义》

原缺。

14. (宋) 陈大猷《书集传或问》卷上《商书·盘庚下》

(归善斋按,未解)

15. (宋) 胡士行《尚书详解》卷五《商书·盘庚下第十一》

(归善斋按,见"今我民用荡析离居,罔有定极")

16. (元) 吴澄《书纂言》卷三《商书·盘庚》

(归善斋按,见"今我民用荡析离居,罔有定极")

17.（元）陈栎《书集传纂疏》卷三《朱子订定蔡氏集传·商书·盘庚下》

(归善斋按，见"肆上帝将复我高祖之德，乱越我家")

18.（元）许谦《读书丛说》卷五

原缺。

19.（元）董鼎《书传辑录纂注》卷三《商书·盘庚下》

(归善斋按，见"肆上帝将复我高祖之德，乱越我家")

20.（元）朱祖义《尚书句解》卷五《商书·盘庚下第十一》

朕及笃敬（朕于是及笃厚钦敬之臣），恭承民命（敬承民之命），用永地于新邑（用长其宅地于此新邑）。

21.（明）王樵《尚书日记》卷八《商书·盘庚下》

(归善斋按，见"古我先王将多于前功")

22.（清）库勒纳等撰《日讲书经解义》卷五《商书·盘庚下》

(归善斋按，见"肆上帝将复我高祖之德，乱越我家")

肆予冲人，非废厥谋，吊由灵

1.（汉）孔氏传、（唐）陆德明音义、孔颖达疏《尚书注疏》卷八《商书·盘庚上》

肆予冲人，非废厥谋，吊由灵。

传,冲,童。童人,谦也。吊,至;灵,善也。非废,谓动谋于众。至用其善。

音义,吊,音的,或如字。

疏,正义曰,以此须迁之故,我童蒙之人,非敢废其询谋,谋于众人,众谋不同,至用其善者。言善谋者皆欲迁都也。

传正义曰,冲、童,声相近,皆是幼小之名。自称童人,言己幼小无知,故为谦也。吊,至;灵,善,皆《释诂》文。《礼》,将有大事,必谋于众。谋众乃是常理,故言非废,谓动谋于众,言已不自专也。众谋必有异见,故至极用其善者。

2. (宋)苏轼《书传》卷八《商书·盘庚下第十一》

肆予冲人,非废厥谋,吊由灵。各非敢违卜,用弘兹贲。

冲,童也。吊,至也。灵,善也。弘,大也。贲,饰也。我非敢不与众谋,但至用其善者,自迁至于奠居,无所不用卜,以大此郊、庙、朝、市之饰。

3. (宋)林之奇《尚书全解》卷十九《商书·盘庚下》

肆予冲人,非废厥谋,吊由灵。各非敢违卜,用弘兹贲。

我之自耿迁于亳,迁则为降我凶德也,不迁则是凶德之不降,其利害较然也如此。汝之臣民,为私欲所胜,傲上从康,而不能平心定气,审利害之实,以从我迁。我之所以强汝而迁者,皆为其傲上从康之谋而不用之。今之善谋皆是审于安危之势,是违其傲上从康之谋,而从其善谋以成我商家之大业也。弘,大也,恢扩之也。《左氏》成公六年,晋师侵蔡,楚公子申、公子成,以申息之师救蔡。御诸桑隧,赵同、赵括欲战,请于武子。武子将许之。知庄子、范文子、韩献子谏曰不可。于是军帅之欲战者众,或谓栾武子曰,圣人与众同欲,是以济事。子盍从众?子之佐十一人,其不欲战者三人而已,欲战者可谓众矣。武子曰,善钧从众,夫善众之主也。三卿为主,可谓众矣,从之不亦可乎?盘庚不从群臣傲上之谋,而能用其善谋,此亦栾武子之意也。

4. (宋)史浩《尚书讲义》卷九《商书·盘庚下》

(归善斋按,见"盘庚既迁,奠厥攸居,乃正厥位")

5. (宋)夏僎《尚书详解》卷十三《商书·盘庚下》

(归善斋按,见"古我先王将多于前功")

6. (宋)时澜《增修东莱书说》卷十一《商书·盘庚下第十一》

肆予冲人,非废厥谋,吊由灵。各非敢违卜,用弘兹贲。

吊,至也。灵,善也。弘,大也。贲,亦大也。我非固不从汝之谋,所以从其谋之至善者。尔亦非敢有违于卜筮,如卜稽曰"其如台",天意所在也。所以能弘大其大业。各者,言我及笃敬之人皆然也。当时,赞盘庚迁都之策者,不为无人,有笃敬之臣,又有至善之谋。而上篇、中篇一语不及,事定而后言之者,盖圣人举大事,常以一己任怨。方民胥怨之时,圣人不欲分怨于下。盘庚既不肯分怨于下,想同谋之人,亦安肯分怨于上也。大抵看书,当因其所已言,思其所未言。

7. (宋)黄度《尚书说》卷三《商书·盘庚下》

肆予冲人,非废厥谋,吊由灵。各非敢违卜,用弘兹贲。

冲,童退,托童人当异同之论始作夫,岂敢废之,吊至由用灵善,其至者用善而已,至言其为不可加也,吾谋之,既善,卜之又协其敢违之乎?弘贲皆大也,审谋考卜用大,此大业。

8. (宋)袁燮《絜斋家塾书钞》卷六《商书·盘庚下》

肆予冲人,非废厥谋,吊由灵。各非敢违卜,用弘兹贲。

盘庚之迁,人谓其不恤人言,断以已意而必为之也,不知盘庚所以谋诸人者盖悉矣。观"朕及笃敬",与夫"非废厥谋"之言,岂以己意而自为也哉。论至德者,不和于俗;成大功者,不谋于众。愚民可与乐成,难与虑始此。乃战国之时,操一切之政者所为。三代圣贤举事,岂肯如此说。《洪范》曰"汝则有大疑，谋及乃心，谋及卿士，谋及庶人，谋及卜筮"，数者无一不从，是之谓大同，举事必至于大同。方是盘庚之迁，反复思虑，所以谋及乃心者至矣。朕及笃敬，非废厥谋，所以谋于人者至矣。"各非敢违卜"，则又谋及卜筮焉。盘庚曷尝敢废神人之谋而惟己是徇哉。"吊由灵"，灵者，善也，用其谋之善者也。弘与贲，皆"大"之义。恢，张其广大规模也。大抵为天下者，其规模须当极于广大。管仲得君如彼，其专也行乎。国政如彼其久也，功烈如彼其卑也。且管仲非无九合诸侯，一匡天下之功，然功烈如彼其卑。若唐虞三代之治，其广大悠久，与天地同量。所谓"用弘兹贲"，惟唐虞三代之时为然。处圮坏之都邑，人情以为亦可苟安，然非广大悠远之计。盘庚所以断然迁于新邑，盖将再造王业。为长久不拔之规也。

9.（宋）蔡沈《书经集传》卷三《商书·盘庚下》

肆予冲人，非废厥谋，吊由灵。各非敢违卜。用弘兹贲。

冲，童；吊，至；由，用；灵，善也。弘、贲，皆大也。言我非废尔众谋，乃至用尔众谋之善者，指当时臣民有审利害之实，以为当迁者言也。尔众亦非敢固违我卜，亦惟欲弘大此大业尔，言尔众亦非有他意也。盖盘庚于既迁之后，申彼此之情，释疑惧之意，明吾前日之用谋略。彼既往之傲惰委曲忠厚之意，蔼然于言辞之表，大事以定，大业以兴，成汤之泽于是而益永，盘庚其贤矣哉。

10.（宋）黄伦《尚书精义》卷十九《商书·盘庚下》

肆予冲人，非废厥谋，吊由灵。各非敢违卜，用弘兹贲。

无垢曰，夫理有是非，则谋有臧否，使一听众人之谋，不惟理之所在，其成其败，则曰非我之罪，此众人之谋也。如此，则君道乱矣。第谋之臧者用之，谋之否者置之。至于退有后言，险肤胥动，有所不能免也。非特不废人谋也。虽鬼神亦不敢不敬焉。卜，鬼谋也。人谋、鬼谋，既皆以为当迁矣，故我弘此贲饰之法，以起肃敬之心，以策怠惰之志，以除弊恶之风，以新耳目之观，而布新化，用旧人，丕变前都之习俗，使奢侈纵恣之萌不复着见，而恭俭勤劳之惠油然而生，则是迁也，其意岂不伟乎。

张氏曰,"吊由灵"者,至诚用善之谓也。非特不废于人谋,至于鬼神之谋则亦在所不废,故曰"各非敢违卜"者。卜之既吉,则可以迁矣。其迁也,将以大此朝市、庙社、宫室贲饰之事也。

11. (宋) 陈经《尚书详解》卷十六《商书·盘庚下》

(归善斋按,见"肆上帝将复我高祖之德,乱越我家")

12. (宋) 钱时《融堂书解》卷七《商书·盘庚下》

(归善斋按,见"古我先王将多于前功")

13. (宋) 魏了翁《尚书要义》

原缺。

14. (宋) 陈大猷《书集传或问》卷上《商书·盘庚中》

或问,吕氏曰,盘庚迁都,既有笃敬之臣,又有至善之谋,盘庚初不言有此等人为我画策,至事定日方语此,盖圣贤以一己任怨。方万民有怨之时,圣贤不欲分怨于下,故不言也。此说固善,然成王东征,曰"爽邦由哲民献予翼",岂分怨于人乎。曰以盘庚为君主,此谋于上,民犹有怨,使盘庚邈推其谋于臣下,则民愈不服矣。东征之举,周公自处危疑之地,故不得不援贤者以为证,其事体与盘庚又不同矣。

15. (宋) 胡士行《尚书详解》卷五《商书·盘庚下第十一》

肆予冲(幼)人,非废(弃)厥(卿、大夫)谋(不迁之谋),吊(至)由(用)灵(善)。各非敢违卜,用宏(大)兹贲(大业)。

此言迁之,非徇己私意也。

16. (元) 吴澄《书纂言》卷三《商书·盘庚》

(归善斋按,见"今我民用荡析离居,罔有定极")

17.（元）陈栎《书集传纂疏》卷三《朱子订定蔡氏集传·商书·盘庚下》

肆予冲人，非废厥谋，吊由灵。各非敢违卜，用宏兹贲。

冲，童；吊，至；由，用；灵，善也。宏、贲，皆大也。言我非废尔众谋，乃至用尔众谋之善者，指当时臣民有审利害之时，以为当迁者言也。尔众亦非敢固违我卜，亦惟欲宏大此大业尔，言尔众亦非有他意也。盖盘庚于既迁之后，申彼此之情，释疑惧之意，明吾前日之用谋略。彼既往之傲惰委曲忠厚之意，蔼然于言辞之表。大事以定，大业以兴，成汤之泽于是而益永，盘庚其贤矣哉。

纂疏：

陈氏傅良曰，我与汝皆非私意，各惟卜是用，以求宏大贲饰之事耳。贲，去声。

愚案，"多于前功"以下，朱子本疑之。"吊由灵"，"宏兹贲"等语，尤难晓，姑存旧说而已。

18.（元）许谦《读书丛说》卷五

原缺。

19.（元）董鼎《书传辑录纂注》卷三《商书·盘庚下》

肆予冲人，非废厥谋，吊由灵。各非敢违卜，用宏兹贲。

冲，童；吊，至；由，用；灵，善也。宏、贲，皆大也。言我非废尔众谋，乃至用尔众谋之善者，指当时臣民有审利害之实，以为当迁者言也。尔众亦非敢固违我卜，亦惟欲宏大此大业尔，言尔众亦非有他意也。盖盘庚于既迁之后，申彼此之情，释疑惧之意，明吾前日之用谋略。彼既往之傲惰委曲忠厚之意，蔼然于言辞之表。大事以定，大业以兴，成汤之泽于是而益永，盘庚其贤矣哉。

纂注：

张氏曰，盘庚非特不废人谋卜者，鬼谋亦不敢违之，是人谋鬼谋，皆以为当迁。

苏氏曰，贲，饰也。宏，大。此郊庙朝市之饰。

陈氏傅良曰，各非敢违卜，君民匹敌之言也。盖曰，吾与汝，皆非私意，各惟卜是用，以求其宏大藩饰之事尔。

新安陈氏曰，此篇如"多于前功"以下，朱子本疑之。如"吊由灵"，"宏兹贲"等语，实难晓，姑依前注，观之可也。

20.（元）朱祖义《尚书句解》卷五《商书·盘庚下第十一》

肆予冲人（故我幼冲之人），非废厥谋（非敢废尔卿、士、大夫不迁之谋而不用），吊由灵（惟至诚用善谋，及去尔不善之谋）。

21.（明）王樵《尚书日记》卷八《商书·盘庚下》

（归善斋按，见"古我先王将多于前功"）

22.（清）库勒纳等撰《日讲书经解义》卷五《商书·盘庚下》

肆予冲人，非废厥谋，吊由灵。各非敢违卜，用弘兹贲。

此一节书，又慰谕臣民，以释其疑惧之意也。冲人，盘庚自称。吊，解作"至"；由，用也。灵，善也。弘者，恢扩之意。贲，大也。盘庚曰，迁都之举，盖尝参之人谋而决诸龟卜矣。当时，尔臣民中，多言不可迁者，非我冲人废弃尔谋而违众以自用也，盖谋不贵于多，而贵于善尔。臣民中有深悉利害，而建议当迁者，是谓善谋，我乃至取其善者而用之。予何容心焉。即尔众之不肯从迁，亦非敢故违我吉卜也，想以为轻易迁徙，国本动摇，不若听从民便，待水患自息，而荡析可以无虞，亦用恢弘此国家之大业耳。由今思之，我非有意于违众，尔亦非有意于违卜，上下之情固均可原谅也，复何嫌、何疑而有惧意哉。

各非敢违卜，用宏兹贲

1.（汉）孔氏传、（唐）陆德明音义、孔颖达疏《尚书注疏》卷八《商书·盘庚上》

各非敢违卜，用弘兹贲。

传，弘、贲，皆大也。君臣用谋，不敢违卜，用大此迁都大业。

音义，贲，扶云反。

疏，正义曰，又决之于龟卜而得吉，我与汝群臣各非敢违卜，用是，必迁。光大，此迁都之大业，我徙本意如此耳。

传正义曰，弘、贲皆大也。《释诂》文。樊光曰，《周礼》云"其声大而弘"；《诗》云"有贲其首"，是弘、贲皆为"大"之义也。各者，非一之辞，故为君臣用谋，不敢违卜。《洪范》云，"汝则有大疑，谋及卿士，谋及卜筮"，言非敢违卜，是既谋及于众，又决于蓍龟也。"用大此迁都"，大，谓立嘉绩以大之也。

《尚书注疏》卷八《考证》

"各非敢违卜，用弘兹贲"，传"弘、贲皆大也"，疏"《诗》云有贲其首"。

臣召南按，宋儒苏轼、陈傅良解"贲"字作"《易》贲卦之贲"，言新迁规模焕然一新，以汤诰贲，若草木证之，似较传、疏为惬。

2.（宋）苏轼《书传》卷八《商书·盘庚下第十一》

（归善斋按，见"肆予冲人，非废厥谋，吊由灵"）

3.（宋）林之奇《尚书全解》卷十九《商书·盘庚下》

（归善斋按，见"肆予冲人，非废厥谋，吊由灵"）

4. （宋）史浩《尚书讲义》卷九《商书·盘庚下》

（归善斋按，见"盘庚既迁，奠厥攸居，乃正厥位"）

5. （宋）夏僎《尚书详解》卷十三《商书·盘庚下》

（归善斋按，见"古我先王将多于前功"）

6. （宋）时澜《增修东莱书说》卷十一《商书·盘庚下第十一》

（归善斋按，见"肆予冲人，非废厥谋，吊由灵"）

7. （宋）黄度《尚书说》卷三《商书·盘庚下》

（归善斋按，见"肆予冲人，非废厥谋，吊由灵"）

8. （宋）袁燮《絜斋家塾书钞》卷六《商书·盘庚下》

（归善斋按，见"肆予冲人，非废厥谋，吊由灵"）

9. （宋）蔡沈《书经集传》卷三《商书·盘庚下》

（归善斋按，见"肆予冲人，非废厥谋，吊由灵"）

10. （宋）黄伦《尚书精义》卷十九《商书·盘庚下》

（归善斋按，见"肆予冲人，非废厥谋，吊由灵"）

11. （宋）陈经《尚书详解》卷十六《商书·盘庚下》

（归善斋按，见"肆上帝将复我高祖之德，乱越我家"）

12. （宋）钱时《融堂书解》卷七《商书·盘庚下》

（归善斋按，见"古我先王将多于前功"）

13. （宋）魏了翁《尚书要义》

原缺。

14.（宋）陈大猷《书集传或问》卷上《商书·盘庚下》

（归善斋按，未解）

15.（宋）胡士行《尚书详解》卷五《商书·盘庚下第十一》

（归善斋按，见"肆予冲人，非废厥谋，吊由灵"）

16.（元）吴澄《书纂言》卷三《商书·盘庚》

（归善斋按，见"今我民用荡析离居，罔有定极"）

17.（元）陈栎《书集传纂疏》卷三《朱子订定蔡氏集传·商书·盘庚下》

（归善斋按，见"肆予冲人，非废厥谋，吊由灵"）

18.（元）许谦《读书丛说》卷五

原缺。

19.（元）董鼎《书传辑录纂注》卷三《商书·盘庚下》

（归善斋按，见"肆予冲人，非废厥谋，吊由灵"）

20.（元）朱祖义《尚书句解》卷五《商书·盘庚下第十一》

各非敢违卜（尔不欲迁而我必迁，盖不敢违吉卜），用宏兹贲（将恢弘增大商业，贲饰其治耳）。

21.（明）王樵《尚书日记》卷八《商书·盘庚下》

（归善斋按，见"古我先王将多于前功"）

22.（清）库勒纳等撰《日讲书经解义》卷五《商书·盘庚下》

（归善斋按，见"肆予冲人，非废厥谋，吊由灵"）

呜呼！邦伯、师长、百执事之人，尚皆隐哉

1.（汉）孔氏传、（唐）陆德明音义、孔颖达疏《尚书注疏》卷八《商书·盘庚上》

呜呼！邦伯、师长、百执事之人，尚皆隐哉。

传，邦伯，二伯及州牧也。众长，公卿也，言当庶几相隐括，共为善政。

音义，长，丁丈反，注同。

疏，正义曰，言迁事已讫，故叹而敕之。呜呼！国之长伯，及众官之长，与百执事之人，庶几皆相与隐括，共为善政哉。

传正义曰，邦伯，邦国之伯；诸侯，师长，故为东西二伯，及九州岛之牧也。郑玄注《礼记》云殷之州长曰伯，虞夏及周皆曰牧。此殷时而言牧者，此乃郑之所约，孔意不然，故总称"牧"也。"师"训为"众"，众长，众官之长，故为三公、六卿也。其百执事，谓大夫以下诸百职事之官皆是也。此总敕众臣，故二伯以下，及执事之人，皆戒之也。《释言》云，庶几，尚也。反复相训，故"尚"为庶几、庶幸也。几，冀也。隐，谓隐审也。幸冀相与，隐审捡括，共为善政，欲其同心共为善也。隐括必是旧语，不知本出何书，何休《公羊序》云"隐括使就绳墨焉"。

2.（宋）苏轼《书传》卷八《商书·盘庚下第十一》

呜呼！邦伯、师长、百执事之人、尚皆隐哉。

邦伯，诸侯也。师长，公卿也。隐，闵也。

3.（宋）林之奇《尚书全解》卷十九《商书·盘庚下》

呜呼！邦伯、师长、百执事之人，尚皆隐哉。予其懋简相尔念敬我众。

盘庚既重言其所以迁都用谋之意矣，于是又丁宁反复，以申其所以使之无废怠懋钦厥德之意，而告之曰，自诸侯至于师长、百执事之人者，是皆我之所共忧戚而图国家之安也。我之勤劳忧戚，率之以迁都，而不敢自宁如此，则汝亦皆忧戚恻然于心，而念我一人矣。"邦伯"者，邦之诸侯；"师长"者，众官之长，六卿也，百执事之人则其属也。尔邦伯、师长、百执事之人，诚能恻隐于其心有所不安，与我共勉励贤才，务以相念钦敬我众民。而民之不欲迁者，由乎在位之臣傲上从康，扇为浮言，以恐动之。故盘庚之先其责在位者尤至详，而其中篇之所告，丁宁反复告其在位之臣。苟在位之臣能念敬我众，则斯民岂复有怨咨于上哉。故自此下告戒之文，不及于民，惟在于百执事也。

4.（宋）史浩《尚书讲义》卷九《商书·盘庚下》

（归善斋按，见"盘庚既迁，奠厥攸居，乃正厥位"）

5.（宋）夏僎《尚书详解》卷十三《商书·盘庚下》

呜呼！邦伯、师长、百执事之人，尚皆隐哉。予其懋简相尔念敬我众，朕不肩好货，敢恭生生鞠人，谋人之保居，叙钦。今我既羞告尔于朕志，若否，罔有弗钦。无总于货宝，生生自庸，式敷民德，永肩一心。

邦伯，一邦之伯，盖诸侯也。师长，众官之长，盖六卿也。百执事之人，则凡执事之小臣，乃六卿之属也。盘庚前反复言迁都之意备矣。故此又嗟叹其事，呼众臣而勉之，使之既迁之后，各勉力为国，不可复徇于私也。盘庚之意，谓今日之迁，乃吾所深忧，不得已如此。今既迁矣，谓邦伯、师长与百执事之人，庶几忧吾之忧，而加恻隐之心，不可复如前日鼓动之时，诚能恻隐，则我将勉力简拔贤才，以辅助于尔，与其同心协力，念以钦敬我之众民。然我之用贤亦不敢轻。苟顺货财，我不任也。但能果敢而敬于生生之道者，与相鞠养于民者，与能谋人而保安其所居者，如此

501

之人，我则叙其勤劳而钦敬之，非此我不用也。盘庚此言，盖以前此富家巨室所以不肯迁，皆缘总于货宝，故安土重迁。今盘庚恐其既迁之后，复总货宝，念耿邑之储畜，怨积于中而不恤国事，故以好货自私者则不用；能厚民生而安养于民者则用之，如此，则在位之君子，庶几不敢念前日之货宝，而尽瘁于国家矣。盘庚告之之意如此，又恐其未明己意，故又告之曰，今我既进尔而告尔以我志之所顺与不顺者。所顺者，则既迁之后，能念国家，而施实德于民者也；所不顺者，则既迁之后，悼念货宝而不恤国事也。盘庚谓，我进尔而告尔以我志之顺与不顺，我之言无有不敬，未尝敢戏言，故为尔众臣者，须当体我此意，不可复总聚货宝，惟以是厚民生生之业，自用其心，以此而布敷德泽于民，不特今日行之，而明日则变之也。长任此心而不变可也，故曰"式敷民德永肩一心"。

苏氏谓，盘庚迁都，民怨诽逆命，而盘庚不怒，引咎自责，益开众言，反复告戒，以口舌代斧钺，忠厚之至。此商所以复兴也。后之君子厉民自用，以盘庚借口，予不可不辨诚哉，苏氏之言也，故特表而出之。

6.（宋）时澜《增修东莱书说》卷十一《商书·盘庚下第十一》

呜呼！邦伯、师长、百执事之人，尚皆隐哉。

使群臣各分受治民之责。隐者，恻隐之谓，体君之意，以抚怀斯民也。邦伯、师长，即前日在位惑民者。盘庚至此，无所改易此意，尤不可不深思也。

7.（宋）黄度《尚书说》卷三《商书·盘庚下》

呜呼！邦伯、师长、百执事之人，尚皆隐哉。

伯，长也。诸侯，一国之长。师，官师，有教帅之义。《胤征》官师相规。长，其官之长，事之是否隐之于心，则自知也。

8.（宋）袁燮《絜斋家塾书钞》卷六《商书·盘庚下》

呜呼！邦伯、师长、百执事之人，尚皆隐哉。予其懋简相尔念敬我众。

《孟子》曰,"王若隐其无罪",又曰"恻隐之心"。隐者,若有物隐于其中也。听吾之言,而其中若有物隐焉,则所入者深矣。若耳虽听之,而未尝念其言,未尝有动于中,岂所谓隐也哉。简者,如所谓"惟简在上帝之心";相者,如所谓佑贤辅德之意。简,言其不忘汝;相,言其辅助汝也。我勉力以简相汝,汝其可不念敬我众乎?

9.（宋）蔡沈《书经集传》卷三《商书·盘庚下》

呜呼!邦伯、师长、百执事之人,尚皆隐哉。

隐,痛也。盘庚复叹息,言尔诸侯、公卿、百执事之人,庶几皆有所隐痛于心哉。

10.（宋）黄伦《尚书精义》卷十九《商书·盘庚下》

呜呼!邦伯、师长、百执事之人、尚皆隐哉。予其懋简相尔念敬我众。

无垢曰,外有邦伯诸侯,内而师长公卿,以至内外百执事之人,其见吾心如此。既已迁都,不念旧恶,一切不问。自今以往,其皆庶几体吾本心,勿复以私僻之见自外于我也。

又曰,念此民而不忽,敬此民而不慢,此正盘庚之心也。使邦伯、师长、百执事之人,与上同休戚,则必念敬我众民矣。审有如此人,吾将勉择贤者以相助,为此念敬之事,盖风俗弊坏,为恶者众,有一人以民为心,则群起而攻之,浸润肤受,必使其去乃已。非人主有以扶持之,其亦何所恃乎?倘君能择贤者助之,则有唱有和,有左有右,而其志得施民,于是而安俗矣。"简相"之义,人主倘为君子计,似不可一日而忽也。

张氏曰,懋者,所以勉之也;简者,所以择之也。有以懋之,则不隐者在所劝;有以简之,则不隐者在所黜,非特懋简尔。又且左右以辅相之,故不忠不良之人,固不得以沮毁之。

11.（宋）陈经《尚书详解》卷十六《商书·盘庚下》

呜呼!邦伯、师长、百执事之人,尚皆隐哉。予其懋简相尔念敬我众。朕不肩好货,敢恭生生鞠人,谋人之保居,叙钦。今我既羞告尔于朕志，若否，罔有弗钦，无总于货宝，生生自庸，式敷民德，永肩一心。

此章深戒群臣，革去前日之旧习，而为他日之远图，所以为他日之远图者，莫若专一其心，以敬民也。合内外大小之臣而告之，曰，凡尔外而为邦伯者诸侯之长也，内而为师长者公卿之列也，百执事之人布于列位者，庶几皆当以恻隐为心。恻隐者，爱人之心也。人谁无此心，但恐其为利欲所蔽，则知有一己之私，而不知有民之可爱。予其懋简相尔，我所以勉尔简择尔，使尔为我之辅相者，亦赖汝敬念我之众民，念之不忘，敬之不忽。好货之人，朕所不任。盖心在于货财，则一意营私，岂知有民。如此等人，我之所恶也。惟是以生生长久为虑者，鞠养人者，与乎谋人之保居者，如此等人皆是一心。为民生生者，思欲民之得其生；鞠人者，思欲民之得其养；谋人保居者，思欲民之得其安。吾安得不叙其才而用之，加其礼貌而敬之乎？今我既羞进尔，告尔以朕志之所顺，与朕志之所否，若上文所谓"不肩好货叙钦"。恭生生，鞠人、谋人、保居是也。朕志之所否。既以告汝，汝当无有不致其敬，切不得以总聚宝货为心。虽曰利己，然有害于民，则己安能独享其利。惟以生生为心，则敬民之生而己之生，亦在其中矣。"式敷民德永肩一心"，天生烝民，有物有则，民之秉彝，好是懿德。汝之德，即民之德，无有二致。式，用也，用布其德以及民，永任一心，言当纯一其心。此心苟不纯一，则货宝之心必夺之，己有害于民德，安能敷民德哉。观中篇、下篇之书，所告者，及于"具乃贝玉"与夫"好货宝"之辞，可见商俗之薄。其不迁者，亦以富家巨室谋利于彼故也。人臣苟怀一利，心必无为民之心。盘庚乃是洗旧习，明示好恶而一新之也。

12.（宋）钱时《融堂书解》卷七《商书·盘庚下》

（归善斋按，见"古我先王将多于前功"）

13.（宋）魏了翁《尚书要义》

原缺。

14. （宋）陈大猷《书集传或问》卷上《商书·盘庚下》

（归善斋按，未解）

15. （宋）胡士行《尚书详解》卷五《商书·盘庚下第十一》

呜呼！邦伯（诸侯）、师长（众官之长，六卿也）、百执事之人（小臣），尚（庶）皆隐（恻隐）哉。予其懋（勉）简（▲）相（助）尔念敬我众。朕不肩（任）好货，敢（果）恭生生（生民生之人）鞠（养）人，谋人之保（安）居，叙（叙用）钦（敬）。

恻隐心之公也好货心之私也不任彼而简相叙钦于此好恶之意明矣

16. （元）吴澄《书纂言》卷三《商书·盘庚》

呜呼！邦伯、师长、百执事之人，尚皆隐哉。予其懋简相尔念敬我众。

自此至篇终，告臣也。邦伯，邦之长，诸侯也。师长，众官之长，公卿也。百执事，百官也。隐，闵痛也。简，阅；相，视也。新迁之民，生理未复，诸臣当恻然悯痛，爱护封殖之。予其勉阅视尔，尔当思所以敬我众。众兼臣民而言。

17. （元）陈栎《书集传纂疏》卷三《朱子订定蔡氏集传·商书·盘庚下》

呜呼！邦伯、师长、百执事之人，尚皆隐哉。

隐，痛也。盘庚复叹息，言尔诸侯、公卿、百执事之人，庶几皆有所隐痛于心哉。

18. （元）许谦《读书丛说》卷五

原缺。

19. (元)董鼎《书传辑录纂注》卷三《商书·盘庚下》

呜呼！邦伯、师长、百执事之人，尚皆隐哉。

隐，痛也。盘庚复叹息，言尔诸侯、公卿、百执事之人，庶几皆有所隐痛于心哉。

20. (元)朱祖义《尚书句解》卷五《商书·盘庚下第十一》

呜呼（盘庚嗟叹）！邦伯、师长（一邦之伯，诸侯；众官之长，六卿）、百执事之人（百执事，小臣，皆呼而告之），尚皆隐哉（尔等庶几皆加恻隐之心）。

21. (明)王樵《尚书日记》卷八《商书·盘庚下》

呜呼！邦伯、师长、百执事之人，尚皆隐哉。

孔氏曰，邦伯，二伯及州牧也。众长，公卿也。正义曰，百执事，谓大夫以下诸有职事之官。按古称邦伯，皆指诸侯之长，如《洛诰》，公以书命邦伯，而邦伯以公命，命诸侯亦可见。邦伯之不指诸侯矣。此处蔡传似以邦伯，只指诸侯，看来孔传说是。其所谓州牧，亦止是当州之牧，非遍指九州岛之牧也。盖盘庚为新迁之民，生理未复，故欲凡有民事之寄者，皆有所隐痛于心，何尝及畿外之诸侯哉。

自此至篇终，专告有位者。

22. (清)库勒纳等撰《日讲书经解义》卷五《商书·盘庚下》

呜呼邦伯师长百执事之人尚皆隐哉

此一节书，是以安民之功，专责臣下也。邦伯统率诸侯之官；师长，众官之长；百执事，大夫以下有执事之官。隐，犹痛也。盘庚叹息而言曰，今日者大事已成矣，上下之情亦通矣。新迁之民，生计未复，责在民牧。尔群臣有任岳牧而为诸侯之统帅者，有任公卿而为众官之师长者，有各司一职而为百执事者，位职尊卑虽有不同，而安民之寄则一。今我百姓播荡艰难，尔群臣尚皆恻然隐痛于心哉。心诚隐痛，则所以抚恤而安全之者，自不能不尽其职矣。

予其懋简相尔念敬我众

1.（汉）孔氏传、（唐）陆德明音义、孔颖达疏《尚书注疏》卷八《商书·盘庚上》

予其懋简相尔念敬我众。

传，简，大；相，助也。勉大助汝，念敬我众民。

音义，相，息亮反。

疏，正义曰，我其勉力大助汝等为善，汝当思念爱敬我之众民。

传正义曰，简，大，《释诂》文；又云，相，助、虑也。俱训为"虑"，是"相"得为"助"也。盘庚欲使群臣同心为善，欲勉力大佐助之，使皆念敬我众民也。

2.（宋）苏轼《书传》卷八《商书·盘庚下第十一》

予其懋简相尔。

择贤以助尔。

3.（宋）林之奇《尚书全解》卷十九《商书·盘庚下》

(归善斋按，见"邦伯、师长、百执事之人，尚皆隐哉")

4.（宋）史浩《尚书讲义》卷九《商书·盘庚下》

(归善斋按，见"盘庚既迁，奠厥攸居，乃正厥位")

5.（宋）夏僎《尚书详解》卷十三《商书·盘庚下》

(归善斋按，见"邦伯、师长、百执事之人，尚皆隐哉")

6.（宋）时澜《增修东莱书说》卷十一《商书·盘庚下第十一》

予其懋简相尔念敬我众。

懋，勉；简，择；相，度。其能治民者，使之念念在于敬民而不可忽。盖民乍至新邑，敬民之念稍弛，民即有不得其所者矣。

7.（宋）黄度《尚书说》卷三《商书·盘庚下》

予其懋简相尔念敬我。众朕不肩好货，敢恭生生鞠人，谋人之保居叙钦。

懋勉简检相助，肩任鞠穷也，勉择参伍僚属以助之人谓邦伯、师长也，必当念敬我众好货者，非所任果敢恭敬滋长于善哀矜穷乏之，人而能谋人之保居者序之于位尊敬之。鸿雁曰，爱及矜人哀此鳏寡，又曰，虽则劬劳其究安宅。

8.（宋）袁燮《絜斋家塾书钞》卷六《商书·盘庚下》

（归善斋按，见"邦伯、师长、百执事之人，尚皆隐哉"）

9.（宋）蔡沈《书经集传》卷三《商书·盘庚下》

予其懋简相尔念敬我众。

相尔雅曰，导也，我懋勉简择导汝以念敬，我之民众也。

10.（宋）黄伦《尚书精义》卷十九《商书·盘庚下》

（归善斋按，见"邦伯、师长、百执事之人，尚皆隐哉"）

11.（宋）陈经《尚书详解》卷十六《商书·盘庚下》

（归善斋按，见"邦伯、师长、百执事之人，尚皆隐哉"）

12.（宋）钱时《融堂书解》卷七《商书·盘庚下》

（归善斋按，见"古我先王将多于前功"）

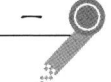

13. （宋）魏了翁《尚书要义》

原缺。

14. （宋）陈大猷《书集传或问》卷上《商书·盘庚下》

(归善斋按，未解)

15. （宋）胡士行《尚书详解》卷五《商书·盘庚下第十一》

(归善斋按，见"邦伯、师长、百执事之人，尚皆隐哉")

16. （元）吴澄《书纂言》卷三《商书·盘庚》

(归善斋按，见"邦伯、师长、百执事之人，尚皆隐哉")

17. （元）陈栎《书集传纂疏》卷三《朱子订定蔡氏集传·商书·盘庚下》

予其懋简相尔念敬我众。

相，《尔雅》曰导也。我懋勉简择导汝，以念敬我之民众也。

18. （元）许谦《读书丛说》卷五

原缺。

19. （元）董鼎《书传辑录纂注》卷三《商书·盘庚下》

予其懋简相尔念敬我众。

相，《尔雅》曰导也。我懋勉简择导汝，以念敬我之民众也。

20. （元）朱祖义《尚书句解》卷五《商书·盘庚下第十一》

予其懋简相尔（我其勉勉简择，使尔为我辅相），念敬我众（思念钦敬我之众民）。

21.（明）王樵《尚书日记》卷八《商书·盘庚下》

予其懋简相尔念敬我众。

言予其勉择群臣之材品，相导其念敬我众也。下正言"简相"之事。

22.（清）库勒纳等撰《日讲书经解义》卷五《商书·盘庚下》

予其懋简相尔念敬我众。

此一节书，又明示己任臣为民之意也。懋，勉也。简，择也。相者，开导之意。盘庚曰，人君之务，知人为先；人臣之职，安民为要。予敢不先自勉哉。自今以往，我其勉力以简择尔爱民之臣而委任之，开导尔爱民之心而鼓舞之。尔诸臣亦实体我承民之意而念敬我众乎。念者，存诸心而不忘；敬者慎其心而不忽。苟念敬稍弛，民即有不得其所者矣，可不慎哉。

朕不肩好货，敢恭生生鞠人，
谋人之保居，叙钦

1.（汉）孔氏传、（唐）陆德明音义、孔颖达疏《尚书注疏》卷八《商书·盘庚上》

朕不肩好货，敢恭生生鞠人，谋人之保居，叙钦。

传，肩，任也。我不任贪货之人，敢奉用进进于善者。人之穷困，能谋安其居者，则我式序而敬之。

音义，好，呼报反。任，而林反。

疏，正义曰，我不任用好货之人，有人果敢奉用进进于善见穷困之人，能谋此穷困之人安居者，我乃次序而敬用之。

传正义曰，《释诂》云，肩，胜也。舍人曰，肩，强之胜也。强能胜重，是堪任之义，故为"任"也。我今不委任贪货之人。以"恭"为

"奉",人有向善而心不决志,故美其人,能果敢奉用进进于善者,言其人好善不倦也。"鞠"训为"穷",鞠人,谓穷困之人。谋人之保居,谓谋此穷人之安居,若见人之穷困,能谋安其居,爱人而乐安存之者,则我式序而敬之。《诗》云"式序在位",言其用次序在官位也。郑、王皆以鞠为养,言能谋养人,安其居省,我则次序而敬之,与孔不同。

2. (宋)苏轼《书传》卷八《商书·盘庚下第十一》

念敬我众,朕不肩好货,敢恭生生鞠人、谋人之保居,叙钦。

肩,任也。不任好货之人也。敢,果也。恭者必慎,果于利,慎于厚生之道也。鞠人,穷人也。谋人,富人也。富则能谋,贫富相保而居,各以其叙相敬也。此教民厚生之道也。

3. (宋)林之奇《尚书全解》卷十九《商书·盘庚下》

朕不肩好货,敢恭生生鞠人,谋人之保居,叙钦。今我既羞告尔于朕志,若否,罔有弗钦。无总于货宝,生生自庸,式敷民德,永肩一心。

彼群臣之所以不肯率民以迁,而扇为浮言者,惟在其安于骄侈之俗久,不欲复易,是以傲上从康,扇为不根之言,而恐沉于众,又既使之舍其沃饶奢侈之地,而从其近山之都,去其骄奢之俗而率为力农务本之习。其心可谓至难者,于是明言二者之利害,以开其为此,而去其为彼。我不肩好货之人,惟其果于恭敬而听吾之告令,能乐生兴事赴功,以厚其生者为能鞠养此民者,能谋人以保其居者,此我所以叙勤劳而钦之也。我之好恶既如此,则汝当无总于货宝,各思乐事赴功,为民生兴事,使不失其所赖以生者,则是能自致其功也。盘庚之所告于臣民,谆复告戒,尽于此矣。于是又总结之曰"式敷民德,永肩一心",言敷德于民,则是能一心以事上。盖汝之群臣,不能一心以事我者,见汝贪于货宝,而要民之害,故扇以浮言,自以为有德于民而不悟,其非实德也。故上篇则告之以"汝克黜乃心",而其终篇则曰"永肩一心",盖谓欲黜其傲上从康之心,则在于施实德于民,则能一心以事上矣。盖私心去,则义理自明。义理明,则物莫能夺,而爱民之实著矣。

4.（宋）史浩《尚书讲义》卷九《商书·盘庚下》

(归善斋按，见"盘庚既迁，奠厥攸居，乃正厥位")

5.（宋）夏僎《尚书详解》卷十三《商书·盘庚下》

(归善斋按，见"邦伯、师长、百执事之人，尚皆隐哉")

6.（宋）时澜《增修东莱书说》卷十一《商书·盘庚下第十一》

朕不肩好货，敢恭生生鞠人，谋人之保居，叙钦。

肩，任也。鞠，养也。敢，果也。民未安宁，好利之人必横敛以为害，故好货者决不可任。"敢恭生生"，谓果敢恭敬于兴起民心者也。貌敬者亦有之，乃暂时之敬，久必忽矣。惟出于果然者，斯不至于怠忽。生生者，奋起澡濯，乐事赴功，无懈惰废弛之意也能。鞠育斯民，为民谋虑，而保民之所居。此皆盘庚之心，如此者则以次序而敬之。

7.（宋）黄度《尚书说》卷三《商书·盘庚下》

(归善斋按，见"予其懋简相尔念敬我众")

8.（宋）袁燮《絜斋家塾书钞》卷六《商书·盘庚下》

朕不肩好货，敢恭生生鞠人，谋人之保居，叙钦。

好货之人，吾所不任。果敢以恭生生之理，与夫能鞠养斯人，谋人之保居，使之安居乐业者，吾其以次序而敬用之。功有大小，故用之亦有次序也。

9.（宋）蔡沈《书经集传》卷三《商书·盘庚下》

朕不肩好货，敢恭生生鞠人，谋人之保居，叙钦。

肩，任；敢，勇也。鞠人、谋人未详，或曰，鞠，养也。我不任好贿之人，惟勇于敬民以其生生为念，使鞠人、谋人之保居者，吾则叙而用之，钦而礼之也。

10.（宋）黄伦《尚书精义》卷十九《商书·盘庚下》

朕不肩好货，敢恭生生鞠人，谋人之保居，叙钦。今我既羞告尔于朕志，若否，罔有弗钦。无总于货宝，生生自庸，式敷民德，永肩一心。

无垢曰，人主之磨砺风俗，要当示所好恶。所恶者，利则小人退；所好者，义则君子，进。盘庚新迁亳都，将以一新风俗，其可不明示好恶之所在乎？如此则向来弊俗，耳目一变，安得不革心从善，改过自新。君子道长，而为泰通之世乎。总，聚敛也。前既曰不任好货之人，此又曰无聚敛于货宝，则知盘庚之时，风俗之不美也。夫为士大夫，垂绅委佩，在人之上，而好货殖财，风俗如何醇厚，礼义如何不消殒乎？士大夫倘能永任一心以事君，而无二三，其德则民德，不期而自敷矣。一心则诚，二三则伪。诚则唯知君父而已。天下利势，曾不足乱其胸次。此二帝三王之臣，所以为事君之要路也。

11.（宋）陈经《尚书详解》卷十六《商书·盘庚下》

(归善斋按，见"邦伯、师长、百执事之人，尚皆隐哉")

12.（宋）钱时《融堂书解》卷七《商书·盘庚下》

(归善斋按，见"古我先王将多于前功")

13.（宋）魏了翁《尚书要义》

原缺。

14.（宋）陈大猷《书集传或问》卷上《商书·盘庚下》

(归善斋按，未解)

15.（宋）胡士行《尚书详解》卷五《商书·盘庚下第十一》

(归善斋按，见"邦伯、师长、百执事之人，尚皆隐哉")

16. (元)吴澄《书纂言》卷三《商书·盘庚》

朕不肩好货,敢恭生生鞠人,谋人之保居,叙钦。

肩,任也。鞠人,困穷之人不能自谋者也。谋人,能自谋之人,不困穷者也。我不任贪人,有能敢于恭承民之生生,俾贫富之,各保其居,皆叙而敬之者,我则任之也。曰恭,曰钦,所谓敬我众也。

17. (元)陈栎《书集传纂疏》卷三《朱子订定蔡氏集传·商书·盘庚下》

朕不肩好货,敢恭生生鞠人,谋人之保居,叙钦。

肩,任;敢,勇也。鞠人、谋人未详。或曰,鞠,养也。我不任好贿之人,惟勇于敬民,以其生生为念,使鞠人、谋人之保居者,吾则叙而用之,钦而礼之也。

18. (元)许谦《读书丛说》卷五

原缺。

19. (元)董鼎《书传辑录纂注》卷三《商书·盘庚下》

朕不肩好货,敢恭生生鞠人,谋人之保居,叙钦。

肩,任;敢,勇也。鞠人、谋人未详。或曰,鞠,养也。我不任好贿之人,惟勇于敬民,以其生生为念,使鞠人、谋人之保居者,吾则叙而用之,钦而礼之也。

20. (元)朱祖义《尚书句解》卷五《商书·盘庚下第十一》

朕不肩好货(我不任好货财之人),敢恭生生(有能果于恭敬生民之生者),鞠人、谋人之保居(能鞠养人者,又能图谋使人保安其居者),叙钦(吾则叙其劳绩而用之,加其礼貌而敬之)。

21.（明）王樵《尚书日记》卷八《商书·盘庚下》

"朕不肩好货"至"生生自庸"。

肩，任也。敢，犹"果敢"之"敢"。鞠，养；若，顺也。否，不顺也。无、毋同。总，聚也。民功曰庸。言朕不任好货之人，惟勇于敬民，以其生生为念，使鞠人有养者，谋人自营者，各保其居，此念敬我众者也。我则叙而用之，钦而礼之。所任若此，所不任若彼。朕志不难知也。既进告尔矣，尔臣惟能如我所勉，斯可谓之能顺朕志，而昔之不欲迁，不足谓之不顺朕志也。惟违我所戒，斯谓之不顺朕志。纵使昔能从迁，亦不足谓之能顺朕志也。二者，尔当深念，无有不敬我所言也。敬我之所否，而无总货宝，申不肩好货之戒；敬我之所若，而生生自庸，申敢恭生生之训。生生自庸，以民之生生为功而自勉也。

鞠人、谋人，若训鞠为养，则好货者，自鞠自谋者也。敢恭生生者，鞠人、谋人之保居，而不为己利者也。鞠人、谋人之能使人各保其居，此真勇于敬民者也。此句蔡氏无明解，既以为未详，不如阙之。

22.（清）库勒纳等撰《日讲书经解义》卷五《商书·盘庚下》

朕不肩好货，敢恭生生鞠人，谋人之保居，叙钦。

此一节书，是以懋简相尔之实告群臣也。肩，任也。敢，勇也。鞠，养育也。叙，用也。盘庚曰，从来聚敛之臣，恒主于戕民而病国。尔诸臣中，有贪好货财者，朕决不任用，以其掊克聚敛，不念敬我众也。惟勇于敬民，以其生生为念，凡小民利害安危之故，一身担当，毫无顾虑。民不能自养，则毅然身为抚恤，而必遂其养；民不能自保其居，则毅然代为营谋，而务保其居。必如是，尽心竭力，方是能念敬我众者，我则录其功而叙之，优以礼而钦之。予懋简之意。盖如此，夫民之失业，由官邪也。诚人臣以黩货为戒，而急急惟民之求，则殷阜乐康于是乎在。而人主持此意以用人，其所以谨好恶，而明取舍，又孰加于此哉。

今我既羞告尔于朕志，若否，罔有弗钦

1. （汉）孔氏传、（唐）陆德明音义、孔颖达疏《尚书注疏》卷八《商书·盘庚上》

今我既羞告尔于朕志，若否，罔有弗钦。

传，已进告汝之后，顺于汝心与否，当以情告，我无敢有不敬。

音义，告，呼报反。

疏，正义曰，今我既进而告汝于我心志矣，其我所告，顺合于汝心与否，当以情告，我无得有不敬者。

2. （宋）苏轼《书传》卷八《商书·盘庚下第十一》

今我既羞告尔于朕志，若否，罔有弗钦。

若，顺我而迁者也。否，不顺者也。

3. （宋）林之奇《尚书全解》卷十九《商书·盘庚下》

（归善斋按，见"朕不肩好货，敢恭生生鞠人，谋人之保居，叙钦"）

4. （宋）史浩《尚书讲义》卷九《商书·盘庚下》

（归善斋按，见"盘庚既迁，奠厥攸居，乃正厥位"）

5. （宋）夏僎《尚书详解》卷十三《商书·盘庚下》

（归善斋按，见"邦伯、师长、百执事之人，尚皆隐哉"）

6. （宋）时澜《增修东莱书说》卷十一《商书·盘庚下第十一》

今我既羞告尔于朕志，若否，罔有弗钦。

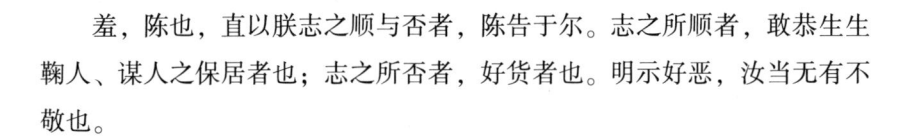

羞，陈也，直以朕志之顺与否者，陈告于尔。志之所顺者，敢恭生生鞠人、谋人之保居者也；志之所否者，好货者也。明示好恶，汝当无有不敬也。

7. （宋）黄度《尚书说》卷三《商书·盘庚下》

今我既羞告尔于朕志，若否，罔有弗钦。无总于货宝，生生自庸，式敷民德，永肩一心。

今我既进汝告以朕志矣。庶事方殷，凡所施设，不能皆善。其顺于理，则承之；否则相与反复之，无有弗敬，当黜远贪饕，其能滋长于善，自用有常，而后用敷民德，永任一心，勿替引之。总于货宝，言专利也。贝玉货宝之戒，至此凡三迁都，异论实起于此。山薮，财货出焉，民不尽力于常产，机巧趋利。有势力者，则常擅其权。晋人谋去，故绛诸大夫曰，必居郇瑕氏之地，沃饶而近盬。韩献子曰，不可山泽林盬，国之宝也。国饶则民骄佚近宝公室乃贫夫近宝之贫民必有窃持其权者，而利归于下。晋大夫所以乐往，商诸臣所以重去，宜皆以此也。盘庚迁于宽平之地，将制民常产，正经界而均一之，以兴教化，使日迁善远罪而保天命焉。苟惟士大夫趋利之俗犹在，岂惟民无所观法。而坏法败政，必有自兹始，故其丁宁切至如此。尧舜禹皆居冀，惟商居河南豫州之境，地最平广，井法行焉。

8. （宋）袁燮《絜斋家塾书钞》卷六《商书·盘庚下》

今我既羞告尔于朕志，若否，罔有弗钦。

羞，进也，进尔而以吾心之所若与否者，明告之若否，即是好恶。好货者，吾之所否者也；敢恭生生鞠人谋人之保居者，吾之所若者也。我明示以吾之所好恶，汝当无一事之不敬，则好货之念其敢或萌；而生生之理，其敢有不恭乎？

9. （宋）蔡沈《书经集传》卷三《商书·盘庚下》

今我既羞告尔于朕志，若否，罔有弗钦。

否，俯九反。羞，进也。若者，如我之意，即"敢恭生生"之谓；

否者，非我之意，即"不肩好货"之谓，二者尔当深念，无有不敬我所言也。

10.（宋）黄伦《尚书精义》卷十九《商书·盘庚下》

（归善斋按，见"朕不肩好货，敢恭生生鞠人，谋人之保居，叙钦"）

11.（宋）陈经《尚书详解》卷十六《商书·盘庚下》

（归善斋按，见"邦伯、师长、百执事之人，尚皆隐哉"）

12.（宋）钱时《融堂书解》卷七《商书·盘庚下》

（归善斋按，见"古我先王将多于前功"）

13.（宋）魏了翁《尚书要义》

原缺。

14.（宋）陈大猷《书集传或问》卷上《商书·盘庚下》

（归善斋按，未解）

15.（宋）胡士行《尚书详解》卷五《商书·盘庚下第十一》

今我既羞（进）告尔于朕志，若（顺，恻隐者）否（不任好货者），罔有弗钦（敬从），无总（众）于货宝，生生自庸（民功曰庸），式（用）敷（布）民德（富而教之，民心本然之德），永（长）肩（任）一心（一于民，而勿贰于货）。

予告尔明矣，所若所否，汝无不钦，则无于彼，式于此，而尔之心一矣。向者贪于沃饶之私意尽去。而中篇森严之令泯矣。盘庚以口舌代斧斤，其忠厚之至欤。

16.（元）吴澄《书纂言》卷三《商书·盘庚》

今我既羞告尔于朕志，若否，罔有弗钦。无总于货宝，生生自庸，式敷民德，永肩一心。

若者，如我之志，恭生生是也；否者，不如我之志，好货是也。总，聚也。庸，用也。今既示汝以朕志之向背，尔当无所不用其敬，毋聚宝货，而以民之生生为己责，式用敷布其德于民，永久守此一心而不变也。始终不二之谓一。

此第四章。

17.（元）陈栎《书集传纂疏》卷三《朱子订定蔡氏集传·商书·盘庚下》

今我既羞告尔于朕志，若否，罔有弗钦。

羞，进也。若者，如我之意，即"敢恭生生"之谓；否者，非我之意，即"不肩好货"之谓。二者尔当深念，无有不敬我所言也。

18.（元）许谦《读书丛说》卷五

篇末"朕志"绝句。则"若否"一字，如传意，或"否"字绝句，则"若"为虚字。谓告汝以我之志，及非我之志者，汝皆当钦之。

19.（元）董鼎《书传辑录纂注》卷三《商书·盘庚下》

今我既羞告尔于朕志，若否，罔有弗钦。

羞，进也。若者，如我之意，即"敢恭生生"之谓；否者，非我之意，即"不肩好货"之谓。二者，尔当深念，无有不敬我所言也。

20.（元）朱祖义《尚书句解》卷五《商书·盘庚下第十一》

今我既羞告尔于朕志，若否（今我既进尔，告尔以我志所顺与不顺者），罔有弗钦（无有不敬）。

21.（明）王樵《尚书日记》卷八《商书·盘庚下》

（归善斋按，见"朕不肩好货，敢恭生生鞠人，谋人之保居，叙钦"）

519

22.（清）库勒纳等撰《日讲书经解义》卷五《商书·盘庚下》

今我既羞告尔于朕志，若否，罔有弗钦。

此一节书，前既明示诸臣，而因欲其善体己意也。羞，进也。若，顺也。否，不顺也。盘庚曰，人臣奉职，每伺人主爱民之志，意以为从违。今我意在念敬我众，而不欲专利以自封。既进告尔等以朕志，我所不肩，是不顺我意者；我所叙钦，是顺我意者。凡顺与否，既明明言之矣。尔等当咸喻我意，毋好货而敢恭生生，无有不钦我之命可也。民生主德，皆于尔诸臣赖之，可不念哉。

无总于货宝，生生自庸

1.（汉）孔氏传、（唐）陆德明音义、孔颖达疏《尚书注疏》卷八《商书·盘庚上》

无总于货宝，生生自庸。

传，无总货宝以求位，当进进皆自用功德。

疏，正义曰，汝等无得总于货实，以求官位，当进进自用功德，不当用富也。

2.（宋）苏轼《书传》卷八《商书·盘庚下第十一》

无总于货宝。
总，聚也。
生生自庸。
各自用其厚生之道。

3.（宋）林之奇《尚书全解》卷十九《商书·盘庚下》

（归善斋按，见"朕不肩好货，敢恭生生鞠人，谋人之保居，叙钦"）

4.（宋）史浩《尚书讲义》卷九《商书·盘庚下》

（归善斋按，见"盘庚既迁，奠厥攸居，乃正厥位"）

5.（宋）夏僎《尚书详解》卷十三《商书·盘庚下》

（归善斋按，见"邦伯、师长、百执事之人，尚皆隐哉"）

6.（宋）时澜《增修东莱书说》卷十一《商书·盘庚下第十一》

无总于货宝，生生自庸。

申不肩好货之训也，故言"无总""生生"者。作事赴功，日新之也。人之作事赴功，为利为名，不出两端不为。是故而自用，以治己事，乃自庸也。不贪财若易，自庸若难。盘庚两言，无所轻重。何也？盖以理观之，本无轻重、难易之别。无总货宝，不若论到极处，非做生生自庸工夫不能为。大抵人才靠外，做者虽有粗细，其实一也，都是不见根本。总于货宝，是靠外粗底；为善好名；是靠外细底，其实一也。

7.（宋）黄度《尚书说》卷三《商书·盘庚下》

（归善斋按，见"今我既羞告尔于朕志，若否，罔有弗钦"）

8.（宋）袁燮《絜斋家塾书钞》卷六《商书·盘庚下》

无总于货宝，生生自庸，式敷民德，永肩一心。

庸，用也。生生之理，未尝不在天下，在人用之尔。如有物于此，能用之，则为我所用。生生之理，自古固存，朝夕从事焉。所谓庸也，未尝从事，则此理与我判然二物，于我何有焉。民皆有此德，在上之人，有以敷广之。盖德虽民所固有，然良心善性至微而未着，至小而未大也。在上位者，有以启迪教化之，使微者日着；小者日大，则民德广矣。一心之人，吾其永任之，所谓"永肩一心"也。盘庚之迁，当时所以胥动浮言，正缘在位之人，惟货是顾，所以惮于迁徙。夫天下之事，不过义与利而

521

已。舜、跖之分，可谓远矣，亦不过在利与善之间。惟利是视，而不顾其义之所当然，此当时，人腹心本根之疾，岂可不与除去。若今日既迁之后，前日好货之心犹未尽除，则岂能尽忠以事上乎？盘庚深见其病，所以明示之以好恶，使之皆从吾心之所若也。且人惟一心，既欲为善，又欲为利，岂所谓一心也哉。盘庚所以告其臣，大略使之一心。

9. （宋）蔡沈《书经集传》卷三《商书·盘庚下》

无总于货宝，生生自庸。

无、毋同；总，聚也。庸，民功也。此则直戒其所不可为，勉其所当为也。

10. （宋）黄伦《尚书精义》卷十九《商书·盘庚下》

（归善斋按，见"朕不肩好货，敢恭生生鞠人，谋人之保居，叙钦"）

11. （宋）陈经《尚书详解》卷十六《商书·盘庚下》

（归善斋按，见"邦伯、师长、百执事之人，尚皆隐哉"）

12. （宋）钱时《融堂书解》卷七《商书·盘庚下》

（归善斋按，见"古我先王将多于前功"）

13. （宋）魏了翁《尚书要义》

原缺。

14. （宋）陈大猷《书集传或问》卷上《商书·盘庚下》

（归善斋按，未解）

15. （宋）胡士行《尚书详解》卷五《商书·盘庚下第十一》

（归善斋按，见"今我既羞告尔于朕志，若否，罔有弗钦"）

16. （元）吴澄《书纂言》卷三《商书·盘庚》

(归善斋按，见"今我既羞告尔于朕志，若否，罔有弗钦")

17. （元）陈栎《书集传纂疏》卷三《朱子订定蔡氏集传·商书·盘庚下》

无总于货宝，生生自庸。

无、毋同；总，聚也。庸，民功也。此则直戒其所不可为，勉其所当为也。

18. （元）许谦《读书丛说》卷五

原缺。

19. （元）董鼎《书传辑录纂注》卷三《商书·盘庚下》

无总于货宝，生生自庸。

无、毋同；总，聚也。庸，民功也。此则直戒其所不可为，勉其所当为也。

20. （元）朱祖义《尚书句解》卷五《商书·盘庚下第十一》

无总于货宝（尔无以总聚货宝为心），生生自庸（惟以厚民生生之业，自用其心）。

21. （明）王樵《尚书日记》卷八《商书·盘庚下》

(归善斋按，见"朕不肩好货，敢恭生生鞠人，谋人之保居，叙钦")

22. （清）库勒纳等撰《日讲书经解义》卷五《商书·盘庚下》

无总于货宝，生生自庸。

523

此一节书,又申罔有不钦之实,而戒勉其臣也。总,聚也。庸者,安民之功。盘庚曰,具乃贝玉,尔诸臣尝有此故习矣。今必以是为戒。其无谋聚货宝而朘民之生,以自封殖也。往哉生生,向曾不以为念矣,今必以是为勉,敢恭生生而安民,以自为功可也。下以厚民生,上以奉君命,斯为念敬,而罔不钦者已。

(清)朱鹤龄《尚书埤传》卷八《商书·盘庚》

"毋总于货宝",黄度曰,总于货宝,言专利也。贝玉,货宝之戒。至此凡三迁都,异论实始于此。大河之濒,财货丰殖,民不尽力于常产,机巧趋利,有势力者常擅其权。晋人谋去,故绛诸大夫曰,必居郇瑕氏之地,沃饶而近盬。韩献子曰,不可山泽林盬国之宝也。国饶则民骄佚近宝公室乃贫夫近宝之地必有窃持其权者而利归于下。晋大夫所以乐往,商诸臣所以重去,皆为此也。尧、舜、禹皆都冀,惟汤居河南,不惟祖宗王业所基,豫州之境地最平广,井法行焉。盘庚迁于宽平之地,将均土田,置常产,以兴治化。苟士大夫趋利之俗犹在,则民无所观,坏法乱纪必自兹始,所以反复切戒之也。

式敷民德,永肩一心

1.(汉)孔氏传、(唐)陆德明音义、孔颖达疏《尚书注疏》卷八《商书·盘庚上》

式敷民德,永肩一心。

传,用布示民,必以德义,长任一心以事君。

疏,正义曰,用此布示于民,必以德义,长任一心以事君,不得怀二意。以迁都既定,故殷勤以戒之。

2.(宋)苏轼《书传》卷八《商书·盘庚下第十一》

式敷民德,永肩一心。

民不悦而犹为之，先王未之有也。祖乙圮于耿，盘庚不得不迁，然使先王处之，则动民而民不惧，劳民而民不怨。盘庚德之衰也。其所以信于民者未至，故纷纷如此。然民怨诽逆命，而盘庚终不怒，引咎自责，益开众言，反复告谕，以口舌代斧钺，忠厚之至。此殷所以不亡而复兴也。后之君子，厉民以自用者，皆以盘庚借口，予不可以不论。

3. （宋）林之奇《尚书全解》卷十九《商书·盘庚下》

（归善斋按，见"朕不肩好货，敢恭生生鞠人，谋人之保居，叙钦"）

4. （宋）史浩《尚书讲义》卷九《商书·盘庚下》

（归善斋按，见"盘庚既迁，奠厥攸居，乃正厥位"）

5. （宋）夏僎《尚书详解》卷十三《商书·盘庚下》

（归善斋按，见"邦伯、师长、百执事之人，尚皆隐哉"）

6. （宋）时澜《增修东莱书说》卷十一《商书·盘庚下第十一》

式敷民德永肩一心。

既富庶，则当教之，教民非自外求因其本然之德而敷之耳，所以在奠厥民居之后。

7. （宋）黄度《尚书说》卷三《商书·盘庚下》

（归善斋按，见"今我既羞告尔于朕志，若否，罔有弗钦"）

8. （宋）袁燮《絜斋家塾书钞》卷六《商书·盘庚下》

（归善斋按，见"无总于货宝，生生自庸"）

9. （宋）蔡沈《书经集传》卷三《商书·盘庚下》

式敷民德，永肩一心。

式，敬也，敬布为民之德，永任一心，欲其久而不替也。《盘庚》篇终，戒勉之意，一节严于一节，而终以无穷期之，盘庚其贤矣哉。苏氏曰，民不悦而犹为之，先王未之有也。祖乙圮于耿，盘庚不得不迁。然使先王处之，则动民而民不惧劳民，而民不怨。盘庚德之衰也，其所以信于民者未至，故纷纷如此。然民怨诽逆命，而盘庚终不怒，引咎自责，益开众言，反复告谕，以口舌代斧钺，忠厚之至。此殷之所以不亡而复兴也。后之君子厉民以自用者，皆以盘庚借口，予不可以不论。

10.（宋）黄伦《尚书精义》卷十九《商书·盘庚下》

（归善斋按，见"朕不肩好货，敢恭生生鞠人，谋人之保居，叙钦"）

11.（宋）陈经《尚书详解》卷十六《商书·盘庚下》

（归善斋按，见"邦伯、师长、百执事之人，尚皆隐哉"）

12.（宋）钱时《融堂书解》卷七《商书·盘庚下》

（归善斋按，见"古我先王将多于前功"）

13.（宋）魏了翁《尚书要义》

原缺。

14.（宋）陈大猷《书集传或问》卷上《商书·盘庚下》

（归善斋按，未解）

15.（宋）胡士行《尚书详解》卷五《商书·盘庚下第十一》

（归善斋按，见"今我既羞告尔于朕志，若否，罔有弗钦"）

16.（元）吴澄《书纂言》卷三《商书·盘庚》

（归善斋按，见"今我既羞告尔于朕志，若否，罔有弗钦"）

17.（元）陈栎《书集传纂疏》卷三《朱子订定蔡氏集传·商书·盘庚下》

式敷民德，永肩一心。

式，敬也，敬布为民之德，永任一心，欲其久而不替也。《盘庚》篇终，戒勉之意，一节严于一节，而终以无穷期之。盘庚其贤矣哉。苏氏曰，民不悦而犹为之，先王未之有也。祖乙圯于耿，盘庚不得不迁，然使先王处之，则动民而民不惧劳民而民不怨。盘庚德之衰也，其所以信于民者未至，故纷纷如此。然民怨，谋逆命，而盘庚终不怒，引咎自责，益开众言，反覆告谕，以口舌代斧钺，忠厚之至。此殷之所以不亡而复兴也。后之君子，厉民以自用者，皆以盘庚借口，予不可以不论。

纂疏：

愚谓，前告众民，后告群臣，言庶几皆有恻隐之仁心哉。新迁之民，生理未复，尤当视之如伤，恻隐以爱之。我其懋简相尔，尔当念我众，而不忘敬我众而不忽也。好货之人不能念敬我众者也，我则不肩任之；敢于恭以生民生而安养人者，能念敬我众者也，我则叙钦之。今我既进告尔以朕志之所顺与否。敢恭，所顺者；好货，所否者也。汝当无不敬我言也。敬我之所否，而无总货宝，申不肩好货之戒也。敬我之所若，而以生生自用，申敢恭生生之训也。尔其用敷为民之德，而永肩一心焉。

此篇始曰"历告百姓于朕志"，终曰"羞告尔于朕志若否"。始告民以朕志者，以释其疑惧之情也，终告臣以朕志者，欲其审好恶之辨也。前日群臣唱浮言以惑民者，傲上从康，其病证也。具乃贝玉，其病根也。今虽已迁，而病证犹未退，病根犹未除，故始曰"无戏怠"，以革傲上从康之病证；终曰"不肩好货"，"无总货宝"，使除"具乃贝玉"之病根，然后上能敬君命，下能仁民生，而永建国家无穷之基矣。先王动民而民不惧劳民而民不怨。是迁也民惧而怨，至费三篇之语，言固见商德之衰矣。然以口舌代斧钺，化违慢为顺从，拔荡析，置衽席，慈祥恻怛，不吝三篇之语言，亦见盘庚之贤欤。蔡氏"自庸"训为"民功"；式，训"敬"，盖更审之。

18. （元）许谦《读书丛说》卷五

原缺。

19. （元）董鼎《书传辑录纂注》卷三《商书·盘庚下》

式敷民德，永肩一心。

式，敬也，敬布为民之德，永任一心，欲其久而不替也。《盘庚》篇终戒勉之意，一节严于一节，而终以无穷期之，盘庚其贤矣哉。苏氏曰，民不悦而犹为之，先王未之有也。祖乙圮于耿，盘庚不得不迁。然使先王处之，则动民而民不惧劳民而民不怨，盘庚德之衰也。其所以信于民者未至，故纷纷如此。然民怨诽逆命，而盘庚终不怒，引咎自责，益开众言，反复告谕，以口舌代斧钺，忠厚之至，此殷之所以不亡而复兴也。后之君子厉民以自用者，皆以盘庚借口，予不可以不论。

纂注：

新安陈氏曰，此篇始曰"历告尔百姓于朕志"，终曰"今我既羞告尔于朕志若否"，始以朕志告百姓，终以朕志告群臣，明示一人之心，以通臣民千万人之心。告民以朕志者，以释其疑惧之情；告臣以朕志者，欲其审好恶之辨。前日群臣唱浮言以惑民者，傲上从康，其病证也；具乃贝玉，其病根也。今虽已迁而病证犹未退，病根犹未除，故始曰"无戏怠"，以革傲上从康之病证；终曰"不肩好货"、无总货，实使除"具乃贝玉"之病根，然后上能敬君命，下能仁民生，而可以永建国家无穷之基矣。

20. （元）朱祖义《尚书句解》卷五《商书·盘庚下第十一》

式敷民德（用布其爱民之德），永肩一心（长任此心而不变）。

21. （明）王樵《尚书日记》卷八《商书·盘庚下》

式敷民德，永肩一心。

式，敬也，敬布为民之德，永任一心，欲其持之久也。民德，民功。

在此心之无倦而已，此心何心也，即隐哉之心。天地父母，斯民之心也。有此心，则随在受其福。此心不诚，则易分。一分则自鞠、自谋之念生，而鞠人、谋人之意薄矣。下篇于既迁之后，申彼此之情，释疑惧之意，而首曰"历告尔百姓于朕志"，末曰"我既羞告于朕志"，是一篇之关键。

苏氏曰，民不悦而犹为之，先王未之有也。祖乙圮于耿，盘庚不得不迁。民怨诽逆命，而盘庚终不怒，引咎自责，益开众言，反复告谕，以口舌代斧钺，忠厚之至，殷之所以复兴也。后之君子厉民以自用者，皆以盘庚借口，予不可以不论。

22.（清）库勒纳等撰《日讲书经解义》卷五《商书·盘庚下》

式敷民德，永肩一心。

此一节书，又望群臣为民之心始终勿替也。式，敬也。敷，布也。肩，任也。盘庚曰，尔诸臣不总货宝，则民利兴；生生自庸，则民生遂。此为民之大德也。但人情多勤于始，而怠于终，鲜有能久而不变者。汝等当兢兢业业，以敷布为民之德。自今至于后日，常任一心，不杂不贰，则德惠垂于无穷矣。予视利用迁，汝能为民导利，而利于以不匮；予迓续乃命，汝能为民立命，而命赖以有永。庶几哉，予不负百姓亦可仰告我先王矣。夫盘庚戒勉其臣民，以通上下之情，慰疑惧之意。而于天之所以爱民，臣之所以奉君，独惓惓而不已。至好货之戒，尤反复致意焉。盖人臣不自利则必急公，急公则爱国，爱国则重民命，而凡可以遂民之生者，无不勇往而力任，所谓正本清源之道。盖如此而其词和平，其意谆复而不厌，若盘庚真可谓爱民之主矣。

篇　　二

商书　西伯戡黎第十六

殷始咎周

1.（汉）孔氏传、（唐）陆德明音义、孔颖达疏《尚书注疏》卷九《商书·西伯戡黎》

序，殷始咎周。

传，咎，恶。

音义，咎，其九反，马云，咎周者，为周所咎。

疏，正义曰，文王功业稍高，王兆渐著，殷之朝廷之臣始畏恶周家。

传正义曰，《易·系辞》云"无咎者善补过也"，则"咎"是"过"之别名，以彼过而憎恶之，故"咎"为"恶"也。

2.（宋）苏轼《书传》卷八《商书·西伯戡黎第十六》

殷始咎周。

咎，恶也。

3.（宋）林之奇《尚书全解》卷二十一《商书·西伯戡黎》

殷始咎周，周人乘黎。祖伊恐，奔告于受，作《西伯戡黎》。

533

据《史记》文王脱于羑里之囚，而献洛西之地，然后纣赐之弓矢鈇钺，使得专征伐，为西伯。文王之为西伯，得专征伐之权，出于纣之命也。既受命于纣以专征伐，于是诸侯有为不道者，文王为民除害，称兵而往伐之。黎乃诸侯之国，《史记》以为"耆"，《大传》为"肌"，其音相近，盖在上党壶关之地，与朝歌接，而密迩于王畿。其君党恶于纣，与之为不义，而虐用其民。文王既专征伐，于是率师戡黎而胜之。既胜黎矣，殷之贤臣祖伊知黎不道，为周所戡，其势必及于殷。盖当时诸侯助纣为虐者多矣，斯民之困于虐政，望乎仁政之拯己于水火之中，不啻饥渴之于饮食也。周人之德，既及于黎国，则天下之困于虐政者，皆相率而归之，纣虽欲不亡不可得也。且如汤之于桀，本未至于称兵而伐之，惟其葛伯仇饷得罪于斯民，故不得已，率兵以伐葛。既伐葛矣，于是东征，西夷怨；南征，北狄怨，曰，奚独后予。攸徂之民，室家相庆，曰，徯我后，后来其苏。民之情所望其拯己之命者既如此其切，汤迫于事势之不得已，故遂伐桀而革夏命。盖汤之伐葛本无伐桀之心，而伐桀之征，实兆于此。文王之于黎，亦犹汤之于葛也。文王之戡黎，虽无心于伐纣，而当时之人，以胜殷之任归之，则虽欲顾君臣之大分而不忍为，然天命人心之所迫，必有不能已者，此祖伊所以咎周也。咎，恶也，恶其将不利于商也。曰"殷始咎周"者，非是举殷国之人，皆知咎周也，但指祖伊而言之耳。《史记》曰"祖伊闻之而始咎周"，此言为得其实。祖伊之所以始咎周也，盖以周人乘黎而胜之故也。周人既乘黎而胜之，祖伊恐其将不利于殷，为是震恐，而奔告于纣。史官录其言，而为此篇也。

4.（宋）史浩《尚书讲义》卷十《商书·西伯戡黎》

殷始咎周，周人乘黎，祖伊恐，奔告于受，作《西伯戡黎》。

黎者，纣之旁邑；乘者，骤而攻之；戡者，攻而定之也。孔子曰"三分天下有其二，以服事商，周之德，其可谓至德也已矣"，而此书乃曰《西伯戡黎》，何也？盖当是时，纣始囚文王于羑里，故曰商始咎周也。文王之民，惟恐纣之杀文王也，故乘黎以恐之，冀纣有所惮而不敢杀，故曰"周人乘黎"也。祖伊，祖乙之后，纣之臣也，果恐而奔告，则周人之计得矣。其曰西伯者，祖伊归罪于文王之言也。此书祖伊作，不得不

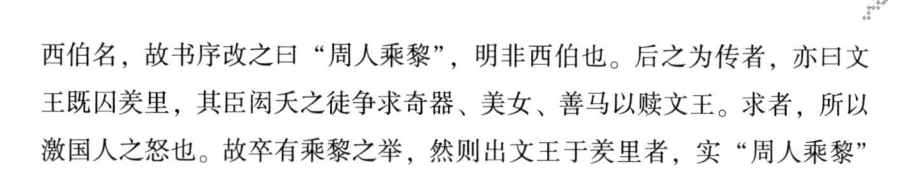

西伯名，故书序改之曰"周人乘黎"，明非西伯也。后之为传者，亦曰文王既囚羑里，其臣闳夭之徒争求奇器、美女、善马以赎文王。求者，所以激国人之怒也。故卒有乘黎之举，然则出文王于羑里者，实"周人乘黎"之功也。

5.（宋）夏僎《尚书详解》卷十五《商书·西伯戡黎》

《西伯戡黎》。

殷始咎周，周人乘黎，祖伊恐，奔告于受，作《西伯戡黎》。

据《史记》，文王脱羑里之囚，而献洛西之地，然后纣赐之弓矢、鈇钺，使专征伐，为西伯文王既受命于纣，得专征伐，故诸侯有为，不道文王，遂称兵以诛之。黎乃诸侯之国，《史记》以为"饥"，《大传》为"耆"，在上党壶关，乃朝歌之西境也。其地密迩王畿，其君党恶于纣，虐用其民，故文王为民称兵伐之。初无心于伐纣也。而殷乃咎恶于周者，非恶文王有伐纣之心也。纣时，诸侯相助为恶者多矣。今黎国既以为虐为周所伐，周德及黎，则天下之困于虐政者，皆将相率而归周，纣虽不亡不可得也。此殷所以恶周也。然殷所以恶周，非举殷人之皆恶也。祖伊知殷亡，故恶之耳。《史记》言，祖伊闻而始咎周，此说是也。乘，胜也。以乘驾有加陵之意，故知"乘"为"胜"也。此序必言"殷始咎周，周人乘黎"者，言殷之所以咎周者，以周之胜黎胜。黎则举天下之民困于虐政者，皆归之。虽文王顾君臣大分，有不忍为，而天命人心所迫，必有不能已者故也。若汤之兴，初无革夏之心，为民伐葛，则东征西怨，南征北怨，虽汤有不能自已。此祖伊所以震恐而奔告于受，言黎既胜，则民心归周，则天下非殷有也。故史官录其言，而作《西伯戡黎》之书。胡益之乃谓，周欲伐商，以黎当所伐之道，故先乘之。乘者，袭也。噫果如益之此说，则文王已有伐商之心，所以服事商者，孔子欺我也。至陈少南，则以西伯为武，王亦弗之思也哉。

6.（宋）时澜《增修东莱书说》卷十三《商书·西伯戡黎第十六》

殷始咎周，周人乘黎，祖伊恐，奔告于受，作《西伯戡黎》。

文王有君人之大德，有事君之小心。纣在上为恶日增，文王在下修德日盛，殷之所以咎周也。黎之地近王畿，而辅纣为恶者，武王不得已而戡之。祖伊纣之贤臣，见黎之地既为周胜，恐惧奔走，而告于受。奔告有仓皇之意。当时上下化纣之恶，莫知危亡之至。惟祖伊于醉中独醒，恐惧而告。西伯，非文王，乃武王也。周国于西，是为西伯。《史记》载，纣使胶鬲观兵，胶鬲问曰西伯，曷为而来，则武王亦继文王为西伯矣。孔子序书，言"始"字最有意。言"始"者，见周人前此之无心也。"始咎周"者，见商之咎人，而不自反也。天下之理不两大，周日盛，商日危，文王虽三分天下有其二，然天命未绝，周无伐商之心。今天命已绝，周人不容不乘黎。商人始知周必伐商，是以"始咎周"，以此见周于未乘黎之前，文王、武王事君之心如此，可见周之至德矣。

7.（宋）黄度《尚书说》卷三《商书·西伯戡黎》

（归善斋按，未解）

8.（宋）袁燮《絜斋家塾书钞》卷七《商书·西伯戡黎》

殷始咎周，周人乘黎，祖伊恐，奔告于受，作《西伯戡黎》。

文王三分天下有其二，以服事殷。彼其尽以臣事君之礼，殷未有疑周之心。到得后来戡黎，黎，党纣为恶者，周乘胜而伐之，故"殷始咎周"。观"始"之一字，则知前乎，此殷未尝疑周也。常人见此事，亦未必知恐惧。祖伊，殷之忠臣，见事穷势迫，其心甚恐，奔走而告于受，此《西伯戡黎》之所以作也。

9.（宋）蔡沈《书经集传》卷三《商书·西伯戡黎》

（归善斋按，未解）

10.（宋）黄伦《尚书精义》卷二十三《商书·西伯戡黎》

殷始咎周，周人乘黎，祖伊恐，奔告于受，作《西伯戡黎》。

郑氏曰，西伯，周文王也，时国于岐，封为雍州伯也。国在西，故曰西伯。无垢曰，始文王遵养韬晦，殷人不以西伯为意。纣日夜为恶，西伯日夜为善，天下之心日夜去纣而归西伯。殷之贤者，为国家深思远虑，知天下之势，将尽归于文王，纣将尽亡祖宗社稷，此所以"始咎周"也。夫黎近王圻，文王威德日隆，动无不克，其势将至王朝矣，此祖伊所以恐而奔告也。恐而奔告，其惊惧之心亦可见矣。夫文王称兵迫近王畿，使朝廷大臣惊恐，此不赦之罪也，借使得专征伐，当如是之恣乎？使纣按其不臣之心，下令而废黜之，有何不可，至无以为计，称天自解，何也？曰天下之势已归文王矣。王者无势，以天下之势为势。势既去矣，特一独夫耳，禁之谁止，令之谁从。使文王肯听天子之令，天下其肯舍文王乎？赖文王大圣，不肯遽顺天下之心，举成汤故事，使当伊尹成汤之际，纣有南巢之放久矣。孔子见其心，故曰，周之德可谓至德也已矣。

黄氏曰"商始咎周，周人乘黎"，黎，近邑也。祖伊恐奔告于受，则势亡已迫矣。文王三分天下有其二，天下未有非之者。及其戡黎，而圣人独念之深如此，盖以非吾有以取之，而心归焉，则受天下而不为，非君臣之间一有嫌隙，而遽乘其近邑。若将迫而取之，则黎虽区区，不得无罪。虽然一邑不可取，则天下宜不可取。取一邑为罪，则取天下宜为大罪。夫不许其取一邑也，益以见其不取天下之为至德也耶。且事君如文王，至矣。而以一邑获罪，况其下文王一等者乎。呜呼！圣人之心微矣哉。

张氏曰，纣之无道，天下归周久矣，然昏迷而不悟，至于"周人乘黎"，乃"始咎周"。夫黎之与殷，辅车之相依。今既乘黎，则是唇亡齿寒，殷之所以恶周，以此而已。祖伊，纣之臣也，方且恐惧奔走以告于王，悯其丧亡无日，此《西伯戡黎》之所以作也。

吕氏曰，纣之恶日盛，周之德日著，此祖伊之所以"咎"，谓之"始咎"者，商元不曾咎周，便见得商人安于文武甚久，亦文武有君人之大德，事君之小心也。黎国，近纣都，与同恶之国。周戡伐其逼近纣都之国，事势近迫，故祖伊奔走而告于受。

11.（宋）陈经《尚书详解》卷十九《商书·西伯戡黎》

殷始咎周，周人乘黎，祖伊恐，奔告于受，作《西伯戡黎》。

咎，恶也，"始咎周"者，商人之恶周自今日始，前此商人安于周，而有未疑之心，至是周人之德日着，而商人之恶日长，所以见疑而恶之也。"周人乘黎"，孔子序书不曰"周人乘黎"，商始咎周，而曰"殷始咎周周人乘黎"，可见"乘黎"在于"咎周"之后，不是因"乘黎"而始于"咎周"也。既恶周而疑之矣，复有"乘黎"之举，加兵于王圻之近国，此祖伊所以彷徨警惧，奔告于王。庶几王之改过，求所以图全之计也。作书者谓之"戡黎"，序书者加以"乘"字，此乃春秋之法也。戡者，以兵致讨之谓；"乘"者以力胜之之谓。武王乘黎未为过举。然君臣之分，如天冠地履之不可易移。伐王圻之近国，以警于王，岂臣子之所乐为哉。武王于此，安得不为法受恶，加一"乘"字，然后君臣之分正，而千万世之论定，此序书者之本旨也。

12.（宋）钱时《融堂书解》卷八《商书·西伯戡黎》

《西伯戡黎》。

殷始咎周，周人乘黎，祖伊恐，奔告于受，作《西伯戡黎》。

序云"殷始咎周"，今读此书，初无咎周之文，曷为而有此书法耶？曰，首着此语，所以明西伯之心也。非乘黎而后咎周也，"殷始咎周"，西伯始不得已而有乘黎之事也。何者？乘，袭也。夫方伯连率，讨罚不义之诸侯，固宜，上告于天子矣，安有既戡黎，而殷始知哉？西伯既戡黎，而祖伊恐，是戡之时，殷不知也，是袭也。袭近甸之诸侯，而天子不知，岂西伯之得已也。周之德化日盛，而天下之心日归，方是时殷人忌之，始咎周矣。殷方咎周，而不义之诸侯日残民以逞，在西伯又不容坐视，吾是以知有不得已之心焉。孔子定"戡"为乘，而首发"殷始咎周"之义，所以明西伯之心也。

13.（宋）魏了翁《尚书要义》

原缺。

14.（宋）陈大猷《书集传或问》卷上

（归善斋按，无此篇）

15.（宋）胡士行《尚书详解》卷五《商书·西伯戡黎第十六》

殷始咎（纣不责己，而责人）周，周人乘（伐）黎（地近王畿，辅纣为恶），祖伊恐（民归周，则商亡），奔告于受，作《西伯戡黎》。

文王脱羑里之囚，纣赐之弓矢鈇钺，使专征伐。其乘黎，乃方伯之职，其事君之小心，则自若特纣增其恶，而文增其德，所以见咎恶，而祖伊以此占商周之兴亡而恐也。吕云，西伯武王，非文王也。

16.（元）吴澄《书纂言》卷三《商书·盘庚》

（归善斋按，未解）

17.（元）陈栎《书集传纂疏》卷三《朱子订定蔡氏集传·商书·西伯戡黎》

（归善斋按，未解）

18.（元）许谦《读书丛说》卷五

原缺。

19.（元）董鼎《书传辑录纂注》卷三《商书·西伯戡黎》

（归善斋按，未解）

20.（元）朱祖义《尚书句解》卷五《商书·西伯戡黎第十六》

殷始咎周。
史官言祖伊闻而始咎周，盖殷始咎恶周者。

21. (明) 王樵《尚书日记》卷八《商书·西伯戡黎》

(归善斋按,未解)

22. (清) 库勒纳等撰《日讲书经解义》卷五《商书·西伯戡黎》

(归善斋按,未解)

周人乘黎

1. (汉) 孔氏传、(唐) 陆德明音义、孔颖达疏《尚书注疏》卷九《商书·西伯戡黎》

周人乘黎。

传,乘,胜也。所以见恶。

音义,黎,力分反,国名,《尚书大传》作"耆"。

疏,正义曰,所以畏恶之者,以周人伐而胜黎邑故也。

传正义曰,以其胜黎,所以见恶,释其见恶之由,是周人胜黎之后始恶之。《诗毛传》云,乘,陵也。乘驾是加陵之意,故"乘"为"胜"也。郑玄云,纣闻文王断虞芮之讼,又三伐皆胜,而始畏恶之。所言据《书传》为说。伏生《书传》云,文王受命一年,断虞芮之质;二年伐邘;三年伐密须;四年伐犬夷;五年伐耆;六年伐崇;七年而崩耆,即黎也。乘黎之前始言恶周,故郑以伐邘、伐密须、伐犬夷,三伐皆胜,始畏恶之。《武成》篇文王诞膺天命,九年乃崩,则伐国之年,不得如《书传》所说,未必见三伐皆胜始畏之。

2. (宋) 苏轼《书传》卷八《商书·西伯戡黎第十六》

周人乘黎。

乘,胜也。黎,在上党壶关。

3.（宋）林之奇《尚书全解》卷二十一《商书·西伯戡黎》

（归善斋按，见"殷始咎周"）

4.（宋）史浩《尚书讲义》卷十《商书·西伯戡黎》

（归善斋按，见"殷始咎周"）

5.（宋）夏僎《尚书详解》卷十五《商书·西伯戡黎》

（归善斋按，见"殷始咎周"）

6.（宋）时澜《增修东莱书说》卷十三《商书·西伯戡黎第十六》

（归善斋按，见"殷始咎周"）

7.（宋）黄度《尚书说》卷三《商书·西伯戡黎》

（归善斋按，未解）

8.（宋）袁燮《絜斋家塾书钞》卷七《商书·西伯戡黎》

（归善斋按，见"殷始咎周"）

9.（宋）蔡沈《书经集传》卷三《商书·西伯戡黎》

（归善斋按，未解）

10.（宋）黄伦《尚书精义》卷二十三《商书·西伯戡黎》

（归善斋按，见"殷始咎周"）

11.（宋）陈经《尚书详解》卷十九《商书·西伯戡黎》

（归善斋按，见"殷始咎周"）

541

12. （宋）钱时《融堂书解》卷八《商书·西伯戡黎》

(归善斋按，见"殷始咎周")

13. （宋）魏了翁《尚书要义》

原缺。

14. （宋）陈大猷《书集传或问》卷上

(归善斋按，无此篇)

15. （宋）胡士行《尚书详解》卷五《商书·西伯戡黎第十六》

(归善斋按，见"殷始咎周")

16. （元）吴澄《书纂言》卷三《商书·盘庚》

(归善斋按，未解)

17. （元）陈栎《书集传纂疏》卷三《朱子订定蔡氏集传·商书·西伯戡黎》

(归善斋按，未解)

18. （元）许谦《读书丛说》卷五

原缺。

19. （元）董鼎《书传辑录纂注》卷三《商书·西伯戡黎》

(归善斋按，未解)

20. （元）朱祖义《尚书句解》卷五《商书·西伯戡黎第十六》

周人乘黎。

以周人胜黎，则举天下困于虐政，皆将归之，纣虽欲不亡不可得也。

21. （明）王樵《尚书日记》卷八《商书·西伯戡黎》

(归善斋按，未解)

22. （清）库勒纳等撰《日讲书经解义》卷五《商书·西伯戡黎》

(归善斋按，未解)

（清）蒋廷锡《尚书地理今释·商书·西伯戡黎》

黎，黎国，今山西潞安府黎城，平顺二县地。《括地志》云，故黎城，黎侯国也。在潞州黎城县东北十八里，《尚书》云"西伯戡黎"是也。

祖伊恐

1. （汉）孔氏传、（唐）陆德明音义、孔颖达疏《尚书注疏》卷九《商书·西伯戡黎》

祖伊恐。
传，祖己后，贤臣。
疏，正义曰，殷臣祖伊见周克黎国之易，恐其终必伐殷。
传正义曰，"祖己后，贤臣"，此无所出，正以同为祖氏，知是其后，明能先觉，故知贤臣。

2. （宋）苏轼《书传》卷八《商书·西伯戡黎第十六》

祖伊恐，奔告于受，作《西伯戡黎》。
祖己后也。受，纣也，帝乙子。西伯，文王也。戡，亦胜也。

3. （宋）林之奇《尚书全解》卷二十一《商书·西伯戡黎》

（归善斋按，见"殷始咎周"）

4. （宋）史浩《尚书讲义》卷十《商书·西伯戡黎》

（归善斋按，见"殷始咎周"）

5. （宋）夏僎《尚书详解》卷十五《商书·西伯戡黎》

（归善斋按，见"殷始咎周"）

6. （宋）时澜《增修东莱书说》卷十三《商书·西伯戡黎第十六》

（归善斋按，见"殷始咎周"）

7. （宋）黄度《尚书说》卷三《商书·西伯戡黎》

（归善斋按，未解）

8. （宋）袁燮《絜斋家塾书钞》卷七《商书·西伯戡黎》

（归善斋按，见"殷始咎周"）

9. （宋）蔡沈《书经集传》卷三《商书·西伯戡黎》

（归善斋按，未解）

10. （宋）黄伦《尚书精义》卷二十三《商书·西伯戡黎》

（归善斋按，见"殷始咎周"）

11. （宋）陈经《尚书详解》卷十九《商书·西伯戡黎》

（归善斋按，见"殷始咎周"）

12. （宋）钱时《融堂书解》卷八《商书·西伯戡黎》

（归善斋按，见"殷始咎周"）

13. （宋）魏了翁《尚书要义》

原缺。

14. （宋）陈大猷《书集传或问》卷上

（归善斋按，无此篇）

15. （宋）胡士行《尚书详解》卷五《商书·西伯戡黎第十六》

（归善斋按，见"殷始咎周"）

16. （元）吴澄《书纂言》卷三《商书·盘庚》

（归善斋按，未解）

17. （元）陈栎《书集传纂疏》卷三《朱子订定蔡氏集传·商书·西伯戡黎》

（归善斋按，未解）

18. （元）许谦《读书丛说》卷五

原缺。

19. （元）董鼎《书传辑录纂注》卷三《商书·西伯戡黎》

（归善斋按，未解）

20. （元）朱祖义《尚书句解》卷五《商书·西伯戡黎第十六》

祖伊恐（祖伊震恐）

21.（明）王樵《尚书日记》卷八《商书·西伯戡黎》

（归善斋按，未解）

22.（清）库勒纳等撰《日讲书经解义》卷五《商书·西伯戡黎》

（归善斋按，未解）

奔告于受

1.（汉）孔氏传、（唐）陆德明音义、孔颖达疏《尚书注疏》卷九《商书·西伯戡黎》

奔告于受。

传，受，纣也，音相乱，帝乙之子，嗣立暴虐无道。

音义，受，如字，传云"受，纣也，音相乱"。马云，"受"读曰"纣"。或曰受妇人之言，故号曰受也。

疏，正义曰，奔走告受，言殷将灭。

传正义曰，经云"奔告于王"，王无谥号，故序言"受"以明之。此及《泰誓》《武成》皆呼此君为受。自外书传皆呼为"纣"，"受"即"纣"也，音"相乱"，故字改易耳。《殷本纪》云，帝乙崩，子辛立，是为帝辛，天下谓之"纣"。郑玄云，纣，帝乙之少子，名辛。帝乙爱而欲立焉，号曰"受德"。时人传声转作"纣"也。史掌书知其本，故曰"受"，与孔大同。"谥法"云"残义损善曰纣"。殷时未有谥法，后人见其恶，为作恶义耳。

2.（宋）苏轼《书传》卷八《商书·西伯戡黎第十六》

（归善斋按，见"祖伊恐"）

3.（宋）林之奇《尚书全解》卷二十一《商书·西伯戡黎》

(归善斋按，见"殷始咎周")

4.（宋）史浩《尚书讲义》卷十《商书·西伯戡黎》

(归善斋按，见"殷始咎周")

5.（宋）夏僎《尚书详解》卷十五《商书·西伯戡黎》

(归善斋按，见"殷始咎周")

6.（宋）时澜《增修东莱书说》卷十三《商书·西伯戡黎第十六》

(归善斋按，见"殷始咎周")

7.（宋）黄度《尚书说》卷三《商书·西伯戡黎》

(归善斋按，未解)

8.（宋）袁燮《絜斋家塾书钞》卷七《商书·西伯戡黎》

(归善斋按，见"殷始咎周")

9.（宋）蔡沈《书经集传》卷三《商书·西伯戡黎》

(归善斋按，未解)

10.（宋）黄伦《尚书精义》卷二十三《商书·西伯戡黎》

(归善斋按，见"殷始咎周")

11.（宋）陈经《尚书详解》卷十九《商书·西伯戡黎》

(归善斋按，见"殷始咎周")

12. （宋）钱时《融堂书解》卷八《商书·西伯戡黎》

(归善斋按，见"殷始咎周")

13. （宋）魏了翁《尚书要义》

原缺。

14. （宋）陈大猷《书集传或问》卷上

(归善斋按，无此篇)

15. （宋）胡士行《尚书详解》卷五《商书·西伯戡黎第十六》

(归善斋按，见"殷始咎周")

16. （元）吴澄《书纂言》卷三《商书·盘庚》

(归善斋按，未解)

17. （元）陈栎《书集传纂疏》卷三《朱子订定蔡氏集传·商书·西伯戡黎》

(归善斋按，未解)

18. （元）许谦《读书丛说》卷五

原缺。

19. （元）董鼎《书传辑录纂注》卷三《商书·西伯戡黎》

(归善斋按，未解)

20. （元）朱祖义《尚书句解》卷五《商书·西伯戡黎第十六》

奔告于受（奔告殷受）

21.（明）王樵《尚书日记》卷八《商书·西伯戡黎》

(归善斋按，未解)

22.（清）库勒纳等撰《日讲书经解义》卷五《商书·西伯戡黎》

(归善斋按，未解)

作《西伯戡黎》

1.（汉）孔氏传、（唐）陆德明音义、孔颖达疏《尚书注疏》卷九《商书·西伯戡黎》

作《西伯戡黎》。
传，戡，亦胜也。
音义，伯，亦作"拍"。戡，音堪，《说文》作囗，云杀也。以此"戡"训"刺"音竹甚反。胜，诗证反。
疏，正义曰，史叙其事，作《西伯戡黎》。
传正义曰，戡，胜，《释诂》文。孙炎曰，戡，强之胜也。

2.（宋）苏轼《书传》卷八《商书·西伯戡黎第十六》

(归善斋按，见"祖伊恐")

3.（宋）林之奇《尚书全解》卷二十一《商书·西伯戡黎》

(归善斋按，见"殷始咎周")

4.（宋）史浩《尚书讲义》卷十《商书·西伯戡黎》

(归善斋按，见"殷始咎周")

549

5. (宋)夏僎《尚书详解》卷十五《商书·西伯戡黎》

(归善斋按,见"殷始咎周")

6. (宋)时澜《增修东莱书说》卷十三《商书·西伯戡黎第十六》

(归善斋按,见"殷始咎周")

7. (宋)黄度《尚书说》卷三《商书·西伯戡黎》

(归善斋按,未解)

8. (宋)袁燮《絜斋家塾书钞》卷七《商书·西伯戡黎》

(归善斋按,见"殷始咎周")

9. (宋)蔡沈《书经集传》卷三《商书·西伯戡黎》

(归善斋按,未解)

10. (宋)黄伦《尚书精义》卷二十三《商书·西伯戡黎》

(归善斋按,见"殷始咎周")

11. (宋)陈经《尚书详解》卷十九《商书·西伯戡黎》

(归善斋按,见"殷始咎周")

12. (宋)钱时《融堂书解》卷八《商书·西伯戡黎》

(归善斋按,见"殷始咎周")

13. (宋)魏了翁《尚书要义》

原缺。

14.（宋）陈大猷《书集传或问》卷上

（归善斋按，无此篇）

15.（宋）胡士行《尚书详解》卷五《商书·西伯戡黎第十六》

（归善斋按，见"殷始咎周"）

16.（元）吴澄《书纂言》卷三《商书·盘庚》

（归善斋按，未解）

17.（元）陈栎《书集传纂疏》卷三《朱子订定蔡氏集传·商书·西伯戡黎》

（归善斋按，未解）

18.（元）许谦《读书丛说》卷五

原缺。

19.（元）董鼎《书传辑录纂注》卷三《商书·西伯戡黎》

（归善斋按，未解）

20.（元）朱祖义《尚书句解》卷五《商书·西伯戡黎第十六》

作西伯戡黎（遂作此书戡堪）

21.（明）王樵《尚书日记》卷八《商书·西伯戡黎》

（归善斋按，未解）

22.（清）库勒纳等撰《日讲书经解义》卷五《商书·西伯戡黎》

（归善斋按，未解）

（明）梅鷟《尚书考异》卷五

"西伯戡耆"。

"耆"，古文作"黎"，伏生《尚书大传》作"耆"。"戡"，《说文》作"𢧵"。

《西伯戡黎》

（宋）蔡沈《书经集传》卷三《商书·西伯戡黎》

西伯戡黎。

戡，音堪。西伯，文王也，名昌，姓姬氏。戡，胜也。黎，国名，在上党壶关之地。按《史记》，文王脱羑里之囚，献洛西之地，纣赐弓矢鈇钺，使得专征伐，为西伯。文王既受命，黎为不道，于是举兵伐而胜之。祖伊知周德日盛，既已戡黎，纣恶不悛，势必及殷，故恐惧奔告于王，庶几王之改之也。史录其言以为此篇，诰体也。今文古文皆有。

或曰，西伯，武王也。《史记》尝载纣使胶鬲观兵，胶鬲问之曰，西伯曷为而来，则武王亦继文王为西伯矣。

（宋）陈经《尚书详解》卷十九《商书·西伯戡黎》

《西伯戡黎》。

此篇乃商家之亡，周家之兴，皆自此而始。西伯，即武王，非文王也。文王三分天下有其二，以服事商。有君民之大德，有事君之小心，必无戡黎之事。至武王时，人心去商久矣。《孟子》曰"取之而燕民悦，则取之"，武王是也。黎，乃近王圻之国。黎侯必与纣同恶相济者，武王继文王之为方伯后，得以专征诸侯。黎与纣同恶，是以不得不伐。以其迫近王圻之故，故祖伊所以恐，知周之必兴，商必亡也。虽然武王岂有利商之心哉？黎之恶虽在所当讨，而亦因此以警纣，使纣因之以改过，反前日之不善，为今日之善，则武王退就臣子之位。戡黎之举，特方伯之称职尔，

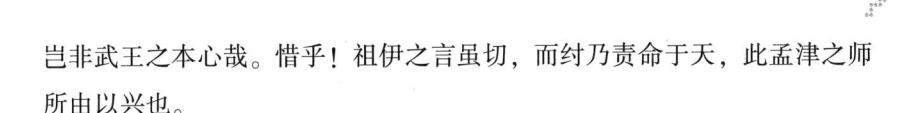

岂非武王之本心哉。惜乎！祖伊之言虽切，而纣乃责命于天，此孟津之师所由以兴也。

（元）吴澄《书纂言》卷三《商书·盘庚》

《西伯戡黎》。

《史记》，文王脱羑里之囚，献洛西之地，纣赐弓矢鈇钺，专征伐为西伯。戡，胜也。黎国，名旧说以为在上党壶关之地，今潞州有黎城县。

吕氏曰，西伯，武王也。《史记》，纣使胶鬲观周师，问曰西伯曷为而来，则武王亦继文王为西伯矣。澄谓，黎，畿内之国。文王三分天下有其二，以服事殷，决不称兵于纣之畿内。武王嗣为西伯，其事殷犹文王也。其伐殷在于嗣位十有二年之后。盖天命未绝，则为君臣；一旦命绝，乃行天罚。此事，间不容发。今既兵逼王畿，祖伊而奔告，则振撼甚矣，岂得戡黎之后班师而去，复就臣位，而纣恬不以为意也。窃疑戡黎之师，当是伐纣之时。然黎国若潞州之黎城，则山路险僻，不当周师经行之道。纣都朝歌，在今卫州，而卫州有黎阳，去朝歌甚迩，或指当时近畿，有小国。周师自孟津渡河，故先戡黎，而遂乘胜以进纣都也。

（元）陈栎《书集传纂疏》卷三《朱子订定蔡氏集传·商书·西伯戡黎》

《西伯戡黎》。

西伯，文王也，名昌，姓姬氏。戡，胜也。黎，国名，在上党壶关之地。案《史记》，文王脱羑里之囚，献洛西之地，纣赐弓矢鈇钺，使得专征伐为西伯。文王既受命，黎为不道，于是举兵伐而胜之。祖伊知周德日盛，既已戡黎，纣恶不悛，势必及殷，故恐惧，奔告于王，庶几王之改之也。史录其言以为此篇，诰体也，今文古文皆有。

或曰，西伯，武王也。《史记》尝载纣使胶鬲观兵，胶鬲问之曰，西伯曷为而来，则武王亦继文王为西伯矣。

纂疏：

黎在汉上党郡壶关，纣都朝歌，上党在朝歌之西，黎近畿之国也。

（元）董鼎《书传辑录纂注》卷三《商书·西伯戡黎》

《西伯戡黎》。

西伯，文王也，名昌，姓姬氏。戡，胜也。黎，国名，在上党壶关之地。案《史记》，文王脱羑里之囚，献洛西之地，纣赐弓矢鈇钺，使得专征伐为西伯。文王既受命，黎为不道，于是举兵伐而胜之。祖伊知周德日盛，既已戡黎，纣恶不悛，势必及殷，故恐惧奔告于王，庶几王之改之也。史录其言，以为此篇，诰体也。今文古文皆有。

或曰，西伯，武王也。《史记》尝载，纣使胶鬲观兵，胶鬲问之曰，西伯曷为而来，则武王亦继文王为西伯矣。

（元）朱祖义《尚书句解》卷五《商书·西伯戡黎第十六》

《史记》曰，文王脱羑里之囚，而献洛西之地，然后纣赐之弓矢斧钺，使专征伐，为西伯。文王既受命于纣，故诸侯有为不道，文王诛之。黎，诸侯之国，在上党壶关，乃朝歌之西境。其地密迩王畿，其君党恶于纣，虐用其民，故文王为民称兵伐之。祖伊知周德及黎，则天下之困于虐政者，皆将去商归周，于是震恐作此篇。

《西伯戡黎》。

竹简所标题。

（元）陈师凯《蔡氏传旁通》卷三《西伯戡黎》

黎，国名，在上党壶关之地。

今潞州壶关县也。又有黎城县，《史记》称西伯伐饥国。又云败耆，注云饥者，即黎。

羑里之囚。

《史记正义》云，羑，一作"牖"，音酉，羑城在相州汤阴县北九里，今彰德路汤阴县也。

献洛西之地。

《史记正义》云，洛水一名漆沮，水在同州洛西之地，谓文丹坊等州也。

或曰，《史记》尝载纣使胶鬲观兵。

史记不见，所出《武成》疏引《帝王世纪》云，武王军鲔水，纣使胶鬲候周师，见王问曰，西伯将焉之？王曰，将攻薛也。胶鬲曰，然愿西伯毋我欺王。曰，不予欺也。将之殷，胶鬲曰，何日至？王曰，以甲子日。胶鬲去，而雨甚，军卒请休。王曰，已令胶鬲报其主，吾雨而行，所以救胶鬲之死也，遂行。

（明）袁仁《尚书砭蔡编》

《西伯戡黎》。

蔡据《史记》以为文王事，非也。金仁山、胡五峰、吕成公、陈少南、薛季龙，皆以为武王事，而吴氏以戡黎之师在伐纣之时，尤得旨。王伯厚曰，商都朝歌，黎在上党壶关，乃河朔险要之地。朝歌之西境，密迩王畿，黎亡则商震矣。故武王渡孟津莫之或御，此祖伊所以恐而奔告也。厥后，周以商墟封卫，狄入黎侯，而卫不救，唇亡齿寒，遂为狄所灭，是知黎为商都要关，而戡黎为武王伐纣时事，无疑矣。

（明）马明衡《尚书疑义》卷三《商书·西伯戡黎》

《西伯戡黎》。

戡黎之事，先儒论之多，而蔡氏犹以为文王之事者，何耶？夫文王伐密，伐崇者，亦非如《史记》所言，因崇侯虎之谮而伐之也，是专以为己也。司马迁不知圣人者，特以楚汉之际事迹揣量，岂足以见圣人之人，与楚汉用兵者不可同年而语哉？盖文王既得专征伐，则凡诸侯之为民害者，皆王法所必诛者，故文王伐之，欲使奉王法，去民害，非收邑以为己贰也。今戡黎至祖伊恐，而奔告曰，天既讫我殷命，则其势已逼矣，岂得谓三分天下有二，以服事殷乎？其为武王无疑。吴幼清谓，黎，畿内之国。文王决不称兵于纣之畿内。武王嗣为西伯，其事殷犹文王也，其伐殷在于嗣位十有二年之后，盖天命未绝，则为君臣一日，命绝则天行罚，此事间不容发。今兵既逼王畿，祖伊恐而奔告，则震撼甚矣，岂得戡黎之后，班师而去，复就臣位，而纣恬然不以为意哉？当是武王伐纣之时，先戡黎，而遂乘胜以伐纣都也。此说为得之。今王其如台，谓民之欲丧，至欲天之降威，而受大命者亟至如此。今王之所为，其曰但如我而已，谓略无一毫警动修改之意。观下文"我生不有命在天"之言，则真以为但如我而已。季世之主，拒谏以自是，而自取灭亡者，每如此，可不监哉？《商书》言"其如台"凡四，盖商之恒言也。注疏皆以正言之。于《汤誓》"夏罪其如台"，则云其如我之所闻；于《盘庚》则曰其如我所行；于《肜日》则曰天道其如我所言；于《戡黎》则曰其如我所言，是以正言之。惟蔡注，皆以反言，其如我何哉？今看来，依正说为长，而其义则各依其事之语脉，各有攸当也。

（明）袁仁《尚书砭蔡编》

《西伯戡黎》。

蔡据《史记》以为文王事，非也。金仁山，胡五峰、吕成公、陈少南、薛季龙，皆以为武王事，而吴氏以戡黎之师在伐纣之时，尤得旨。王伯厚曰，商都朝歌，黎在上党壶关，乃河朔险要之地。朝歌之西境，密迩王畿，黎亡则商震矣。故武王渡孟津莫之或御，此祖伊所以恐而奔告也。厥后，周以商墟封卫，狄入黎侯，而卫不救，唇亡齿寒，遂为狄所灭，是知黎为商都要关，而戡黎为武王伐纣时事，无疑矣。

（清）王夫之《尚书稗疏》卷三《商书·西伯戡黎》

西伯。

吕伯恭诸儒，皆以西伯为武王，朱蔡以为不然，顾未有确证其非武王者。《竹书》记周之伐黎，在殷纣四十四年，为武王嗣位之三年，与《史记》异。顾经编《戡黎》于《微子》一篇之前，而祖伊所指陈纣之失德，亦未若微、箕所云之甚，使在文王既没之后，纣在位已久，恶已贯盈而焚炙忠良，斫胫剖心之事，已习于毒，祖伊其能尽言不讳，而免于祸乎？且祖伊于纣末年而尚存，则武王克商访箕子、式商容而何不一及于伊耶？则祖伊已先殷亡。而恐非乘黎奔告之后，周师即至于牧野之西矣。况使武王因乘黎之势，而师遂东，则下上党，出王屋，径按河北，又何迂道而渡孟津，则《竹书》之不足信，审矣。史以文王脱羑里，专征伐之后，纣用费仲恶来，诸侯益疏纣归周，西伯乃大举戡黎，在比干未死之先，而比干死于文王未薨之日，于书之次序为合。盖纣已释文王，赐之弓矢鈇钺。既置文王于膜外，而因诸侯归周，则又有忌周之心，故序曰，殷始咎周，而文王之伐黎，则以塞殷西向之路，使不得由汾晋而窥河右，盖亦以自固，而非以为取商之奇术，则亦不害其为至德矣。必谓文王不宜有伐黎之事，则密崇之役，亦非敌国，不相征之义又将何以曲为之讳哉？

（清）张英《书经衷论》卷二《商书·西伯戡黎》

《西伯戡黎》，注以为文王。宋儒谓武王亦称西伯，疑其为武王。今观其言曰"天既讫我殷命"，则其词何迫也。纣曰"我生不有命在天"，是亦无可如何之言也。当文王之时，商辛之恶方张，西周之势未盛。羑里之囚献地之请，皇皇畏罪之不暇，安有称兵于畿内之诸侯，而商之君臣如是其震动者乎？且文王崩，武王嗣立，十三年而始有盟津之举，亦安有情事若是之迫切，而纣犹能容之于十三年之久乎？祖伊之言定当为陈师牧野之时，而非西伯专征之日可知也，《通鉴前编》系之于武王允当矣。国家之败亡，其始，必有水旱灾伤，使人民流离失所，皆放弃其良心，违越其典常，而后兵革随之，败亡因之此，皆由天心之厌弃，而后至于斯极也，故祖伊举此，以明败亡之符，而绝不言及于戡黎之事，见兵戎之在外者易靖；而民生风俗之坏于内者，大可忧也。强国之凌逼者可挽，而天命之既去不可挽也，特因戡黎之时，而痛切言之耳。

（清）孙之騄辑《尚书大传》（辑本）卷二《商书》

《西伯戡黎传》（《书》正义《西伯戡黎》引伏生传）。

春子曰，文王治岐（《玉海》引《大传》），施政而物皆听（《文选注》）。

周文王至磻溪，见吕望，文王拜之尚父。望钓得玉璜，刻曰，周受命，吕佐检德，合于今昌来提。

西伯既戡黎，纣囚之羑里（《尔雅》疏引《尚书大传》）。

太公之羑里，见文王。散宜生遂至犬戎氏，取美马，驳身朱鬛鸡目

557

者;之西海之滨,取白狐青翰;之于氏(一作于陵氏),取怪兽尾,倍其身,名曰虞;之有参氏(一作莘),取美女;之江淮之浦,取大贝,如车渠,陈于纣庭。纣悦曰,非子罪也。崇,侯也,遂遣西伯伐崇。

郑玄曰,翰,长毛也。虞,盖驺虞也。

散宜生、闳夭、南宫括三子者,学于太公。太公见三子之为贤人,遂酌酒切脯,除为师学之礼,约为朋友。

散宜生、南宫适、闳夭三子相与,学讼于太公。四子遂见西伯于羑里,献宝以免文王。孔子曰,文王得四臣,吾亦得四友。自吾得回也,门人加亲,是非胥附耶?自吾得赐也,远方之士日至,是非奔奏耶?自吾得师也,前有光后有辉,是非先后耶?自吾得繇也,恶言不至门,是非御侮耶?文王有四臣,以免虎口;丘亦有四友,以御侮(《公羊》疏)。

《诗》疏引殷传曰,西伯得四友,献宝免于虎口,而克耆。又引《大传》曰,得三子献宝,纣释文王而出伐黎。

(清)朱鹤龄《尚书埤传》卷八《商书·西伯戡黎》

《西伯戡黎》。

金履祥曰,商自祖乙以来复都河北,在今卫州之朝歌。而黎,今潞州之黎城,自潞至卫,计三百余里耳,则黎者商畿内诸侯之国也。西伯戡黎,盖武王也。自史迁以文王伐耆为戡黎,于是传注皆以为文王,失之矣。孔子称三分天下有其二,以服事殷为至德,而传称文王率殷之畔国以事纣,则戡黎之役文王岂遽然称兵天子之畿内乎?然则文王固尝伐邘、伐崇、伐密须矣,而何独难于戡黎,盖诸侯赐弓矢,然后征赐斧钺,然后杀文。王献洛西之地,纣赐弓矢斧钺,得专征伐,则西诸侯之失道者,文王得专讨之。若崇、若密须,率西诸侯也。自关河以东诸侯,非文王之所得讨,况畿内诸侯乎?三分天下有其二,特江汉以南风化所感,皆归之耳。文王固未尝称兵南国也,而岂有畿内之师乎?纣杀九侯,醢鄂侯,文王闻之窃叹,遂执而囚之,何况兵加畿内?祖伊之告如是其急也,以纣之悍而于此反迟迟十有余年,恬不知忌乎?故胡五峰、吕成公、陈少南、薛季龙,诸儒皆以为武王,其说是也。昔者,纣尝为黎之搜,则黎者,党纣济恶之国也。武王观政于商,则戡黎之役,或者所以警纣耳,而终莫之悛,所以有孟津之师与。观祖伊之言，曰"天既讫我殷命"，"殷之即丧"则是时殷已陷危亡无日矣。故胡氏遂以为戡黎之师在伐纣之时。其非文王也亦明矣。然则。文王，西伯也。武王而谓之西伯，何也？戡黎列于商书，以商视周，盖西伯耳。殷之制，分天下以为左右，曰二伯。子夏谓，殷王帝乙时，王季已命为伯，受圭瓒秬鬯之赐（见《孔丛子》），则周之为西伯，旧矣，非始自文王。文王因之受专征之命尔。武王未伐商袭爵犹故，故传记武王伐纣之事曰"西伯"。军至洧水，纣使胶鬲候周师而问，曰西伯曷来？然则武王之尝为西伯，复何疑哉（《史书占毕》曰，考《汲冢竹书》帝辛四十一年西伯昌薨，四十二年西伯发授丹书于吕望，四十四年西伯发伐黎。自武王之立以至克殷，始终西伯之外无他称焉，始信戡黎之举，灼然出于武王也）。

愚按，祖伊所告情词危迫，其为武王甚明。但胡五峰、吴才老、吴幼清皆以戡黎为伐纣渡河时事，则不然。黎在河北，武王会师孟津，方渡河。其日月皆可考，渡河之后，直抵纣都不应复分兵畿内为戡黎之役，金氏说得之。

（清）库勒纳等撰《日讲书经解义》卷五《商书·西伯戡黎》

《西伯戡黎》。

文王举兵胜黎，祖伊见周之日盛，痛殷之将亡，遂进谏于纣，欲其惧而改省也。史臣录其言，以《西伯戡黎》名篇。

西伯既戡黎

1.（汉）孔氏传、（唐）陆德明音义、孔颖达疏《尚书注疏》卷九《商书·西伯戡黎》

《西伯戡黎》。

西伯既戡黎。

传，近王圻之诸侯，在上党东北。

音义，近，"附近"之"近"。圻，巨依反。

疏，正义曰，郑玄云，西伯，周文王也。时国于岐，封为雍州伯也。国在西，故曰西伯。王肃云，王者中分天下为二公，总治之，谓之二伯，得专行征伐。文王为西伯，黎侯无道，文王伐而胜之。两说不同，孔无明解。下传云"文王率诸侯以事纣"，非独率一州之诸侯也。《论语》称"三分天下有其二，以服事殷"，谓文王也。终乃三分有二，岂独一州牧乎。且言西伯对东为名，不得以国在西而称西伯也，盖同王肃之说。

传正义曰，黎国，汉之上党郡壶关所治黎亭是也。纣都朝歌，王圻千里，黎在朝歌之西，故为近王圻之诸侯也。郑云入纣圻内，文王犹尚事纣，不可伐其圻内，所言圻内亦无文也。

《尚书注疏》卷九考证

"西伯既戡黎"传"在上党东北"，疏"黎国，汉之上党郡壶关所治黎亭是也"。

《括地志》，故黎城，黎侯国，在潞州黎城县东北八十里。王应麟曰，商都朝歌，黎在上党壶关，乃河朔险要之地。黎亡而商震矣。周以商墟封卫，狄人迫逐黎侯，卫不能救而式微。《旄邱》之诗作，卫亦为狄所灭。卫之灭，犹商之亡也。秦拔上党而赵韩危，唐平泽潞而三镇服。形势岂可忽哉。臣召南按，疏"所治黎亭"，"所治"二字疑衍。《地理志》上党郡壶关县注引应劭曰，黎，侯国也。今黎亭是后书。《郡国志》曰，壶关有黎亭，故黎国。刘昭注曰"文王戡黎"即此。然则黎亭，是壶关县乡亭之名，非所治也。

2.（宋）苏轼《书传》卷八《商书·西伯戡黎第十六》

西伯既戡黎，祖伊恐，奔告于王，曰，天子！天既讫我殷命。格人元龟，罔敢知。

吉人至于道为格人，其言与蓍、龟同也。

3.（宋）林之奇《尚书全解》卷二十一《商书·西伯戡黎》

《西伯戡黎》

西伯既戡黎，祖伊恐，奔告于王，曰，天子！天既讫我殷命。格人元龟，罔敢知吉。非先王不相我后人，惟王淫戏，用自绝，故天弃我，不有康食，不虞天性，不迪率典。今我民罔弗欲丧，曰，天曷不降威？大命不挚，今王其如台？

西伯，盖指文王也。郑氏曰，时国于岐，封为雍州伯也。国在西，故曰西伯。王肃曰，王者中分天下为二公，总治之，谓之二伯，得专征伐，文王为西伯。黎侯无道，文王伐而胜之。唐孔氏主于王肃之说，其言谓，《论语》称三分天下有其二，以服事殷，谓文王终乃三分天下有其二，岂独一州牧乎？且言西伯对东为名，不得以国在西而称西伯也。按周之制，周之建诸侯，立二伯，分陕而治。康王即位，太保率西方诸侯入应门左；毕公率东方诸侯入应门右。盖太保召公，西伯也；毕公乃东伯也。商之二伯谅亦如此。文王既为西伯，主西方之诸侯，则西方诸侯之为不义者，文王所当征也。黎乃文王所总之诸侯，其戡而胜之，盖方伯连帅之职然也。其于文王所以事殷之至德，实未尝失，而祖伊之所以恐者，非谓文王将有伐商之心也。盖以黎之亡，逆知殷之必亡。民既弃殷而归周，则文王虽欲终守臣节而不可得，此其所以咎而奔告于受也。汉孔氏曰，文王率诸侯以事纣，内秉王心，纣不能制。此说大害理。夫文王之所以为至德者，惟其未尝有欲王之心也。使其内秉王心，而阳率诸侯以事纣，则其与曹操、司马懿果何以异哉？此盖读是篇，而不知详考祖伊之意，故为此说，是不可不辨也。受，即纣也。此篇与《泰誓》《武成》，皆呼为"受"，其余诸书，则以为"纣"，盖"受"与"纣"音相乱耳。祖伊既于戡黎逆知殷之必亡，于是奔走以告于受，呼纣为天子而谓之曰，天既讫尽我殷之命，而不能复以有天下，而为天子矣。其所以知其讫尽我殷命者，以其稽于至人之言，考于元龟之占，皆无敢知我商家之有吉者，言其必凶也。盖以天时、人事观之，知其有必亡之理。其所以必亡者，非我祖成汤而下不相助我后人而绝之于天，盖王之淫戏豫怠，有以自绝于天，故先王虽有相助之心，亦无救国家之亡也。惟王之所以自绝者如此，故天弃我国家，使天下之民不有安食，不能虞度其固有之天性，不能训迪其国家之常典。此盖言，饥馑荐臻，国多凶荒，盗贼起于贫穷而犯法者众也。夫天佑下民，作之君，作之师，惟欲其富之、教之也。今乃至于不有康食，不虞天性，不迪率典，则君师之任两失之矣。斯民何赖焉？故今我民无不欲殷家之丧亡，谓纣之残虐如此，何不降威罚于纣。纣有如是之残虐，而威罚不及其身，则是天之命不劢挚，徒姑息以容之也。民之情怨愤于纣若此之甚，而纣方且偃然自肆，全无悛改之心，而谓彼恶我者，其如我何。此盖殷之社稷既有必亡之势，而纣方且安其危，利其菑，乐其所以亡者，自以为必不亡也。

4.（宋）史浩《尚书讲义》卷十《商书·西伯戡黎》

《西伯戡黎》。

西伯既戡黎，祖伊恐，奔告于王，曰，天子！天既讫我殷命，格人元龟，罔敢知吉。非先王不相我后人，惟王淫戏用自绝，故天弃我，不有康食，不虞天性，不迪率典。今我民罔弗欲丧，曰，天曷不降威，大命不挚，今王其如台？王曰，呜呼！我生不有命在天？祖伊反曰，呜呼！乃罪多，参在上，乃能责命于天。殷之即丧，指乃功，不无戮于尔邦。

天子者，天之所子，至尊之称，未易可当也。必能洪覆万物，与天同功，然后可称天子。周人既戡黎，祖伊奔告之辞，曰天子者，所以觉纣也，以谓王为天子，而使天下至此其极，尚可称天子乎？天既终我商命。格人，有道之人。元龟，良卜也。不敢知吉，皆曰凶也。夫神祇祖考之心，孰不欲人君之贤，方其在盈成之际，其心犹恐人君骄惰以害治，惴惴然未尝一日安乐。及夫能持，其盈守其成，然后此心乃安乐之。况其丧乱之时乎？是知先王未尝不相我后人，实王淫戏以自绝也。先王既已绝意，天亦且弃之。不有康食，年凶也。不虞天性，昏其天性而无所虞度也。不迪率典，乱其旧章而不能率由也。神祇祖考既如此，民心可见矣。民欲其丧，反怨天不降威，而大命不挚，是不欲其少延也。夫民所以畏爱其君，以其能保养我。今王其如我何？祖伊之言切矣。而纣方曰，我生不有命在天，民其如我何。祖伊反者，归其国也。其曰"乃罪多参在上，乃能责命于天"者，谓汝之罪，参于天者众，天已弃汝，岂可复责天以保己之命耶？商之即丧，指乃功，指戡黎之功以告其及祸不远。周敢乘黎，岂无戮尔邦之意乎？比干昔谏纣，至于剖心，今祖伊之谏，犹使反国，盖方其急时，若有悟者，虽以我生有命拒之，然其心终恐，此祖伊所以得反国。文王所以终脱羑里之祸也。使纣自此而改，岂复有牧野之师乎？然犹愈于后世之君，不用其臣之言，至于灭亡，乃反惭其人，因而杀之者多矣。此不及纣远甚。传曰，纣之不善不如是之甚也，于兹可证。

5.（宋）夏僎《尚书详解》卷十五《商书·西伯戡黎》

《西伯戡黎》。

西伯既戡黎，祖伊恐奔告于王，曰，天子，天既讫我殷命，格人元龟罔敢知吉．非先王不相我后人，惟王淫戏用自绝，故天弃我，不有康食，不虞天性，不迪率典。今我民罔弗欲丧，曰，天曷不降威，大命不挚。今王其如台。

上言西伯戡黎，史官题其篇之目也；下言西伯既戡黎，乃史官推本祖伊所言之由也。盖文王以西伯专征黎侯之不道，既戡伐之，祖伊知戡黎之后，代虐以宽，民必去商归周，于是震恐奔走而告其王。商受，书序孔子所言，故称"受"，此是当时史官所录，故言王。然商受又有言"商纣者。盖"受"与"纣"音相乱耳。后世乃谓谥法，"残义损善"曰"纣"。此盖见其恶为，作恶义也。祖伊告王之意，盖谓，周既戡黎，民知其有去杀胜残之美，必靡然归之。民归则天必与。天既与周，则商之天命必讫尽矣，故言"天既讫我殷命"，稽于至人之言，考于元龟之占，皆无敢言我商家之吉者，则其凶可知矣。商家丧亡之证既如此，此非我商先王自成汤而下诸贤王不相亲我后人也，乃王自以淫乱戏怠之事，自绝于天，故天因而弃绝于我。天既弃，则丧亡无日，虽有粟而不得食，故曰"不有康食"，言其不得安坐而食也。虽有父子之天性，亦不可保，故曰"不虞天性"，言虽有周亲，亦不可度其能保也。先王贻后王之典法，后王所当率循也。今既丧亡无日，则已不得为天子，虽有可率之典，亦不遵迪而行之，故曰"不迪率典"。惟纣在上淫戏不道，上天绝之至于"不有康食，不虞天性，不迪率典"，则斯民何赖焉？汝今日我商之民，无不欲商之丧亡，且曰纣之残虐，天何不降罚于纣，而使之丧亡也。夫纣之无道如此，威罚之降理所宜得。今乃未降威罚，是天之大命乃不勐挚，而徒姑息以容之也，故曰"大命不挚"，此盖欲其亡国之势，故呼天为言，冀其威之速降也。民既呼天，而言谓纣罪如此，天不降威，是天命之不挚，故又言今纣已失君道，而民心已离，虽尚处君位已无如我何，盖欲天之必罚无赦也。此乃祖伊，即民言以告纣，冀其知畏也。

6.（宋）时澜《增修东莱书说》卷十三《商书·西伯戡黎第十六》

西伯既戡黎，祖伊恐，奔告于王，曰，天子！天既讫我殷命，格人元龟，罔敢知吉。非先王不相我后人，惟王淫戏用自绝。

天子者，惊惧之情，呼君而告之也。天既讫绝我殷家之命，殷之贤臣自言天命之已讫，则周之受命决矣。格人与元龟，皆罔敢知吉。商之格人，非独祖伊，微子之徒皆是也。自古观兴衰，皆参之以卜，格人与元龟并言者，乃有道之士，至诚如神，如元龟之先知也。成汤德泽在人，神灵在天，于后人未尝无相助之心。惟纣骄淫荒戏，用以自绝，其天命自云者，天无心，周亦无心也。

7.（宋）黄度《尚书说》卷三《商书·西伯戡黎》

西伯既戡黎，祖伊恐，奔告于王，曰天子！天既讫我殷命，格人、元龟罔敢知吉。非先王不相我后人，惟王淫戏用自绝。

讫，绝；格，至。孔氏曰，至人以人事观，殷大龟以神灵着之，皆无敢知其吉者。纣罪多矣，一语蔽之曰"淫戏"。

8.（宋）袁燮《絜斋家塾书钞》卷七《商书·西伯戡黎》

《西伯戡黎》。

西伯既戡黎。

西伯，或者以为文王，或者以为武王。谓之武王者，盖谓文王三分天下有其二，以服事殷，必无戡黎之事。不知《诗》言"既伐崇墉，崇墉党纣"，为恶者既伐之矣。黎亦党纣为恶者，则安得而不伐耶？故虽谓之文王亦可。

9.（宋）蔡沈《书经集传》卷三《商书·西伯戡黎》

西伯既戡黎，祖伊恐，奔告于王。

下文无及戡黎之事，史氏特标此篇首，以见祖伊告王之因也。祖姓，伊名，祖己后也。奔告，自其邑奔走来告纣也。

10.（宋）黄伦《尚书精义》卷二十三《商书·西伯戡黎》

《西伯戡黎》。西伯既戡黎，祖伊恐，奔告于王，曰，天子！天既讫我殷命，格人、元龟，罔敢知吉。

无垢曰，文王为西伯，则凡西方一道诸侯，皆得而征伐之，使纣在上，朝廷清明，西伯戡黎乃方伯称职，何警惧之有。则夫祖伊所以恐而奔告者，以朝廷紊乱，故深为之疑虑也。以事势观天命，将归于周，而绝于殷。此祖伊之见也。未敢以为然，而问之至道之人，至道之人以谓殷命将绝矣。又卜之元龟，元龟之兆亦以谓殷命将绝。人谋、鬼谋，无有以为吉者。其归周也必矣。

陈氏曰，格，至也。《大学》曰"致知在格物"，所谓致知者，穷理也。穷理而至万物之所至，则格之为言，能极物理之所至也。至诚之道，可以前知国家将兴，必有祯祥；国家将亡，必有妖孽，见乎蓍龟，动乎四体。今以格人而考元龟，不见其吉，则商之事可知矣

张氏曰，周已胜黎，祖伊恐而奔告于王者，欲其畏祸而知改也。将告之以天命，故以天子称之。天既讫我殷命者，言文王三分天下有其二，则其受命久矣。周既受命，今又戡黎，则殷王之命于此乎终矣。格人，则其诚，足以前知者也；元龟则其神，足以前知者也。格人、元龟罔敢知吉，则其凶咎必至于天、人之所不与也。惟其天、人不与，此所以不能保其宗庙社稷，而至于覆亡。

吕氏曰，当时，人皆不恐惧，独祖伊恐惧者，何故？祖伊是众醉中独醒者，奔告于王，呼天子，言天已绝了我商家之命，其情甚急切。

11.（宋）陈经《尚书详解》卷十九《商书·西伯戡黎》

西伯既戡黎，祖伊恐，奔告于王，曰，天子！天既讫我殷命，格人、元龟，罔敢知吉。非先王不相我后人，惟王淫戏用自绝，故天弃我，不有康食，不虞天性，不迪率典。今我民罔弗欲丧，曰，天曷不降威，大命不挚。今王其如台？

祖伊，乃商之贤臣也，因西伯戡黎之故，知天命、人心将归周，故恐惧而告于王，曰，天子！天既讫我商命，天、人初无二致。人事所在，即天理也。观商之恶如此日甚，周人之德如此日著，岂非天命将在周，而绝商乎？讫者，绝也。格人者，至人以人事观之；元龟者，以神灵考之。此皆无所知其吉者，言必凶也。常人见其形，而君子见其理。格人、元龟亦知其理，必至于亡也。"非先王不相我后人，惟王淫戏用自绝"，先王在天之灵，岂不欲佑助子孙，俾之长久享天命。王既荒淫戏怠，自绝于天，先王亦莫如之何矣。王以淫戏自绝，故天于是从而弃绝之。何以见天之弃我哉，即人事以观之，可见天下之民，苦于暴虐，而不得以安其食，沦于恶德而不知虞度。其天性之善，父子兄弟，无以相养，而不知蹈循其典常，此即天之弃我也。"今我民罔不欲丧"者，民本自有爱君敬上之心，今至于民无不欲亡，以谓天何不降畏威于纣。受天之大命，以伐商者，何为不至乎？此乃人各有心。而《孟子》谓之"独夫"者也。桀之恶至于民之为"时日曷丧"，纣之恶至于民"罔弗欲丧"，此汤武之举动，所以顺乎人也。"今王其如台"，言自今以后，王当如我所言，恐惧改悔而后可。

12.（宋）钱时《融堂书解》卷八《商书·西伯戡黎》

西伯既戡黎，祖伊恐，奔告于王，曰，天子！天既讫我殷命，格人、元龟罔敢知吉。非先王不相我后人，惟王淫戏用自绝，故天弃我，不有康食，不虞天性，不迪率典。今我民罔弗欲丧，曰，天曷不降威，大命不挚。今王其如台？

康，安也。虞，亦安也。迪，导也。不导之使率乎典常也。挚，《韵书》云，握持也。大命已去，不得而握持矣。祖伊只论天命、人心，全不就利害上商量，不就事势上计较。祖伊此一段，主本在"淫戏自绝"。

13.（宋）魏了翁《尚书要义》

原缺。

14.（宋）陈大猷《书集传或问》卷上

（归善斋按，无此篇）

15.（宋）胡士行《尚书详解》卷五《商书·西伯戡黎第十六》

《西伯戡黎》。

西伯既戡黎，祖伊恐，奔告于王，曰，天子（惊呼），天既讫（尽）我殷命，格（至）人元（大）龟（占），罔敢知吉，非先王不相（助）我后人，惟王淫戏用自绝，故天弃我，不有康（安）食，不虞（度）天性，不迪（行）率（由）典（彝常）。今我民罔弗欲丧，曰，天曷不降威，大命不（何不）挚（猛）。今王其如台？

此时曰"曷丧"之谓。

16.（元）吴澄《书纂言》卷三《商书·盘庚》

西伯既戡黎，祖伊恐，奔告于王。

祖伊，殷贤臣也。篇中无及戡黎之事，作书者特标此于篇首，以见祖伊告王之因也。奔告自邑来奔告纣也。

17.（元）陈栎《书集传纂疏》卷三《朱子订定蔡氏集传·商书·西伯戡黎》

西伯既戡黎，祖伊恐，奔告于王。

下文无及戡黎之事，史氏特标此篇首，以见祖伊告王之因地。祖姓，伊名，祖己后也。奔告，自其邑奔走来告纣也。

18. （元）许谦《读书丛说》卷五

原缺。

19. （元）董鼎《书传辑录纂注》卷三《商书·西伯戡黎》

西伯既戡黎，祖伊恐，奔告于王。

下文无及勘黎之事，史氏特标此篇首，以见祖伊告王之因也。祖姓，伊名，祖己后也。奔告，自其邑奔走来告纣也。

20. （元）朱祖义《尚书句解》卷五《商书·西伯戡黎第十六》

西伯既戡黎（又言西伯既戡黎，乃史官推本祖伊所言之由，盖黎侯不道，文王戡伐之，祖伊知戡黎之后，代虐以宽，民必去商归周）。

21. （明）王樵《尚书日记》卷八《商书·西伯戡黎》

《西伯戡黎》。

"西伯既戡黎"至"今王其如台"。

祖伊，孔氏曰，祖已后，贤臣，言天已毕讫殷之命。至人以人事观殷，大龟以神灵逆知来物，皆无知殷有吉者，言必凶也。纣自绝于天，天亦弃之。"不有康食"，饥馑荐臻也。民不相保，骨肉相弃，"不虞天性"也。民穷盗起，法度不能禁，"不迪率典"也。大命，有天命之人也。挚，至也。言受天命者，胡不至望有天吏来问其罪也。上言天弃殷，此言民弃殷。

22. （清）库勒纳等撰《日讲书经解义》卷五《商书·西伯戡黎》

西伯既戡黎，祖伊恐，奔告于王，曰，天子！天既讫我殷命，格人、元龟，罔敢知吉。非先王不相我后人，惟王淫戏用自绝。

此二节书，首节史臣记事之词，次节祖伊告王之词也。西伯，周文王也，受命为西方诸侯长，故称"西伯"。黎，国名。戡，胜也。祖伊，殷之贤臣。王指纣言。讫，绝也。格人，有识之至人也。相，助也。史臣曰，西伯受命于殷，得专征伐。黎国无道，举兵伐之。此时，既胜黎国，殷之贤臣有祖伊者，见周德方隆，势日强大，纣恶愈甚，势必危亡，惟恐戡黎之后，遂有伐殷之举，乃自私邑奔走来告于王，盖忠君忧国之意，欲王之改过以图存也。祖伊进谏于王，先呼天子，以感动之，曰，国命修短，皆系于天，由今日而观上天，既已断绝我殷之命脉矣。何以知之，盖国家之兴亡，其几先见。惟至诚之人，至灵之龟，乃能前知。今有识之至人，与占卜之元龟，皆知凶祸必至，无敢有知其吉者，则天之绝我殷命，昭然可见矣。然殷家基业，自祖宗列圣相传到今，岂不欲保佑我后世子孙，使之长守而不坠哉，盖由我王不法祖宗，不畏天命，惟淫乱戏侮以自绝于天，故虽先王在天之灵，亦不得而庇佑之耳。王可不亟思改过，以回天意乎。

（明）陈第《尚书疏衍》卷三

西伯既戡黎。

书序只云，作《西伯戡黎》未尝明指其人。孔、蔡皆以为文王，孔传又云文王率诸侯以事纣，内秉王（去声）心，纣不能制其言，益谬矣。《史记》胶鬲观兵，问西伯曷为而来，是谓武王为西伯。盖文王薨，武王立，其称西伯。固宜文王脱羑里之囚，纣赐弓矢鈇钺，得专征伐，故尝伐崇，伐密，伐阮，伐犬戎矣。然崇即丰土，密、阮、犬戎，皆西北荒裔之地，伐之得也。若黎，则不然，纣都朝歌，黎在上党，相去三百余里。伐黎，则震于王畿之邻矣，岂以文王之至德为之。故黎无罪，则不伐；有罪，必请命天子，而使郊圻无恐。本征伐之大义也，今观祖伊之词曰"天讫殷命"，曰"大命不挚"，讫，毕；挚，持也，谓殷之大命已毕，而不能自持，是旦夕灭亡之兆矣。非武王之事而何哉？先儒吴氏，以戡黎之师在伐纣之时，此非有明文可据，然不为文王，则断断可知也。

（清）朱鹤龄《尚书埤传》卷八《商书·西伯戡黎》

西伯既戡黎，祖伊恐。

王应麟曰，商都朝歌黎在上党壶关，乃河朔险要之地，朝歌之西境，密迩王畿，黎亡则商震矣。故武王渡孟津，莫之或御周，以殷墟封卫，狄人迫逐黎侯，卫为方伯连率，不能救而式微。《旄丘》之诗作"唇亡齿寒"，卫终为狄所灭。卫之亡，犹商之亡也。秦拔上党，而韩赵危；唐平泽潞，而三镇服。形势其可忽哉？

祖伊恐，奔告于王，曰，天子！天既讫我殷命

1.（汉）孔氏传、（唐）陆德明音义、孔颖达疏《尚书注疏》卷九《商书·西伯戡黎》

祖伊恐，奔告于王，曰，天子！天既讫我殷命。

传，文王率诸侯以事纣，内秉王心，纣不能制。今又克有黎国，迫近王圻，故知天已毕讫殷之王命，言将化为周。

音义，王心，于况反，下注"宜王"者同。

疏，传正义曰，襄四年《左传》云"文王率殷之叛国以事纣"，是率诸侯共事纣也。貌虽事纣，内秉王心，布德行威，有将王之意，而纣不能制，日益强大，今复克有黎国，迫近王圻，似有天助之力，故云天已毕讫殷之王命，言殷祚至此而毕，将欲化为周也。

《尚书注疏》卷九考证

"祖伊恐"传"文王率诸侯以事纣，内秉王心，纣不能制"，疏"貌虽事纣，内秉王心。"

王应麟曰，孔传岂知文王之心哉？文王之德之纯，心与貌异乎？

2.（宋）苏轼《书传》卷八《商书·西伯戡黎第十六》

（归善斋按，见"西伯既戡黎"）

3.（宋）林之奇《尚书全解》卷二十一《商书·西伯戡黎》

（归善斋按，见"西伯既戡黎"）

4.（宋）史浩《尚书讲义》卷十《商书·西伯戡黎》

（归善斋按，见"西伯既戡黎"）

5.（宋）夏僎《尚书详解》卷十五《商书·西伯戡黎》

（归善斋按，见"西伯既戡黎"）

6.（宋）时澜《增修东莱书说》卷十三《商书·西伯戡黎第十六》

（归善斋按，见"西伯既戡黎"）

7.（宋）黄度《尚书说》卷三《商书·西伯戡黎》

（归善斋按，见"西伯既戡黎"）

8.（宋）袁燮《絜斋家塾书钞》卷七《商书·西伯戡黎》

祖伊恐，奔告于王，曰，天子！天既讫我殷命，格人、元龟，罔敢知吉。非先王不相我后人，惟王淫戏用自绝，故天弃我，不有康食，不虞天性，不迪率典。今我民罔弗欲丧，曰天曷不降威，大命不挚。今王其如台？王曰，呜呼！我生不有命在天？祖伊反，曰，呜呼！乃罪多，参在上，乃能责命于天。殷之即丧，指乃功，不无戮于尔邦。

国之兴亡治乱，古人每于格人、元龟而断焉。武王之伐殷也，有乱臣十人，"朕梦协朕卜"。周公之伐三监也，民献有十夫予翼，卜陈惟若兹。盘庚迁都亦惟及笃敬之人，恭承民命，卜稽曰，其如台。盖常人所言，亦未必是。格人者，至人也，其言无有不当人之所言，未必无私。鬼神之心，无一毫之私。所以古人举事与夫占，国之兴亡皆于此乎决。今格人、元龟皆以为不吉，则天之弃我命，亦断可知矣。岂是先王不相我后人，惟王淫戏用自绝尔。纣日夜荒耽于酒，未尝安宁而食，故曰"不有康食"。虞，度也。淫酗肆虐，岂天性所有之事乎。今而若此，则不虞度乎天性矣，故曰"不虞天性"。淫荒之人，所行者皆非常道，故曰"不迪率典"，至于民欲与皆亡，则其危亡，可立而待也。祖伊以此箴谏于纣，而纣乃反曰"我生不有命在天"。夫贵贱贫富固是定命，穷而为匹夫，命当为匹夫也。贵而为天子。命当为天子也，谓之非命则不可，然只如此说亦不得。天之生物，必因其材而笃焉。"栽者培之倾者覆之"，又须知此亦是天命始得。且如人之寿夭，固有定命，苟恃吾有定命而残生害性之事，无所不为，则天虽欲与之寿，其可得耶？尊为天子诚定命矣，苟肆行无道，则天下人心皆叛之，天虽欲使久居尊位，又可得耶？纣只缘不合认这个是天命，以为命当为天子，虽无道，亦弗能夺也，不知天命固不可如此论。"我生不有命在天"，此一句是纣为恶之根源，故祖伊以为乃罪贯盈，皆参列于上矣，乃能责命于天乎？殷即今丧矣。凡其所为皆底于成功矣。大凡事之成者。或善或恶。皆谓之功。必将就是邦受刑戮焉。故曰"不无戮于尔邦"。武王胜殷杀纣，则果如其言也。观祖伊之言，全无君臣之分，几于不逊矣，然不如此无缘感动。所谓若药弗瞑眩，厥疾弗瘳，苦切而言之，庶几有可挽回之理。此可以见忠臣爱国为君之心。虽然祖伊尽言极谏如此，而纣终不怒。东坡以为，后之人君有不如纣者多矣，其言非不甚善殊。不知人主拒谏者，固可虑，闻谏而不喜亦不怒，尤为可忧。盖一时拒谏后，恐有悔苦，言药之而耳如不闻，则无可望矣。李德裕《丹扆箴》曰，忠虽不忤，而善不从，以规为瑱，是谓塞聪。此古今人主之大患也。

9.（宋）蔡沈《书经集传》卷三《商书·西伯戡黎》

（归善斋按，另见"西伯既戡黎"）

曰，天子天既讫我殷命，格人、元龟，罔敢知吉。非先王不相我后人，惟王淫戏用自绝。

祖伊将言天讫殷命，故特呼天子以感动之。讫，绝也。格人，犹言至人也。格人、元龟皆能先知吉凶者，言天既已绝我殷命，格人、元龟皆无敢知其吉者，甚言凶祸之必至也。非先王在天之灵不佑我后人，我后人淫戏用自绝于天耳。

10.（宋）黄伦《尚书精义》卷二十三《商书·西伯戡黎》

（归善斋按，见"西伯既戡黎"）

11.（宋）陈经《尚书详解》卷十九《商书·西伯戡黎》

（归善斋按，见"西伯既戡黎"）

12.（宋）钱时《融堂书解》卷八《商书·西伯戡黎》

（归善斋按，见"西伯既戡黎"）

13.（宋）魏了翁《尚书要义》

原缺。

14.（宋）陈大猷《书集传或问》卷上

（归善斋按，无此篇）

15.（宋）胡士行《尚书详解》卷五《商书·西伯戡黎第十六》

（归善斋按，见"西伯既戡黎"）

16.（元）吴澄《书纂言》卷三《商书·盘庚》

（归善斋按，另见"西伯既戡黎"）

曰，天子！天既讫我殷命，格人、元龟，罔敢知吉。非先王不相我后人，惟王淫戏用自绝，故天弃我，不有康食，不虞天性，不迪率典。

讫，绝也。格人，犹言至人也。康，安；虞，度；率，循；典，常法也。祖伊特呼天子而言，天既绝我殷命，格人、元龟皆能先知吉凶，今无敢知其吉者，甚言凶祸之必至。非先王在天之灵不佑我后人，我后人淫戏用自绝于天，故天从而弃绝之，使我不有其安享之食，谓沉酗暴殄也；不知其本然之性，谓昏乱厥德也；不行其当循之典，谓废坏常法也，三者皆纣所自为，若天夺其间而使之为之然，故曰"天弃我"。

17.（元）陈栎《书集传纂疏》卷三《朱子订定蔡氏集传·商书·西伯戡黎》

（归善斋按，另见"西伯既戡黎"）

曰，天子！天既讫我殷命，格人、元龟，罔敢知吉。非先王不相我后人，惟王淫戏用自绝。

祖伊将言天讫殷命，故先呼天子以感动之。讫，绝也。格人，犹言至人也。格人、元龟皆能先知吉凶者，言天既已绝我殷命，格人、元龟皆无敢知其吉者，甚言凶祸之必至也。非先王在天之灵不佑我后人，我后人淫戏，用自绝于天耳。

纂疏：

西伯戡黎，便是这个事难判断。观戡黎大故逼近纣都了，岂有臣子而敢称兵于天子之都乎？看来文王只是不伐纣耳，其他事亦都做了，如伐崇、戡黎之类。退之云，臣罪当诛兮天王圣明，伊川以为此说出文王心来，尝疑这个说得来太过。据当日事势观之，恐不如此若说。文王终守臣节，何故伐崇侯虎，只是后人因孔子以服事殷一句，遂委曲回护个文王说教好看，殊不知孔子只是说文王不伐纣耳。尝见杂说云，纣杀九侯鄂侯争之强辩之疾，并醢鄂侯，西伯闻之窃叹，崇侯虎潜之，曰，西伯欲叛纣囚之羑里。西伯叹曰，父有不慈，子不可以不孝；君有不明，臣不可以不忠，岂有君而可叛者乎？诸侯闻之以西伯能敬上而恤下也，遂相率归之。看来只这般说得平。

问，西伯旧说多指文王，惟陈少南、吕伯恭、薛季隆以为武王。吴才老亦曰，戡黎恐是伐纣时事。二说孰是？答曰，此等无证据，可且缺之。

18.（元）许谦《读书丛说》卷五

原缺。

19. （元）董鼎《书传辑录纂注》卷三《商书·西伯戡黎》

（归善斋按，另见"西伯既戡黎"）

曰，天子！天既讫我殷命，格人、元龟，罔敢知吉。非先王不相我后人，惟王淫戏用自绝。

祖伊将言天讫殷命，故特呼天子以感动之。讫，绝也。格人，犹言至人也。格人、元龟皆能先知吉凶者，言天既已绝我殷命，格人、元龟皆无敢知其吉者，甚言凶祸之必至也。非先王在天之灵不佑我后人，我后人淫戏，用自绝于天耳。

辑录：

西伯戡黎，便是这个事难判断。观戡黎，大故逼近纣都了，岂有诸侯臣子而敢称兵于天子之都乎？看来文王只是不伐纣耳，其他事亦都做了。如伐崇、戡黎之类。韩退之云，臣罪当诛兮天王圣明。伊川以为此说出文王心来，尝疑这个说得来太过。据当日事势观之，恐不如此。若说文王终守臣节，何故伐崇侯虎。只是后人因孔子以服事殷一句，遂委曲回护个文王说教好看。殊不知孔子只是说文王不伐纣耳。尝见杂说云，纣杀九侯鄂侯争之强辨之疾，并醢鄂侯，西伯闻之窃叹。崇侯虎潜之曰，西伯欲叛纣怒因之羑里。西伯叹曰，父有不慈子不可以不孝；君有不明，臣不可以不忠，岂有君而可叛者乎？于是诸侯闻之，以西伯能敬上而恤下也，遂相率而归之。看来只这般说得平。

儞铢问，西伯戡黎，旧说西伯多指文王，惟陈少南、吕伯恭、薛季隆以为武王。吴才老亦曰，乘黎恐是伐纣时事。武王未称王，亦只称西伯而已。铢案，书序言"殷始咎周，周人乘黎"，则殷自此以前，未尝恶周也。殷始有恶周之心，而周又乘袭戡胜近畿之黎国，迫于王都，且见征伐黎在汉上党郡壶关，纣都朝歌，上党在朝歌之西，此祖伊所以恐而奔告于受，曰，"天既讫我殷命"。曰恐，曰奔告，曰讫我殷命，则其事势亦且迫矣，恐非文王时事也。文王率商之叛国以事纣，而孔子亦称其"三分天下有其二以服事殷"为至德，所谓有事君之小心者，正文王之事，孔子所以谓之至德也。当时征伐虽或有之，未必迫近于畿甸，然史记又谓文王伐犬戎、伐密须、败耆国。耆，即黎也，音相近。文王得专征伐，故伐之。二说未知孰是，乞赐垂诲。先生答曰，此等无证据，可且阙之。

殷始咎周，周人乘黎，祖伊恐奔告于受，这事势便自是住不得。若曰奔告于受，则商之忠臣义士，何尝一日忘周，自是昏迷耳。

道夫问，孔氏传谓书序是后人附会，不足信。曰亦不必序，只经文谓"祖伊恐奔告于王，曰，天子天既讫我殷命"，则是已交手争竞了。纣固无道，然亦是武王事势不相安，住不得了。仲虺告成汤曰"肇我邦于有夏，止非辜"，则仲虺分明言，事势不容住，我不诛彼，则彼将图我矣。后人多曲为之说以讳之。要之，自是避不得。

20. （元）朱祖义《尚书句解》卷五《商书·西伯戡黎第十六》

祖伊恐（于是震恐），奔告于王（奔走告商王受），曰，天子（称受为天之子）！天既讫我殷命（天既讫绝我殷之命）。

21. （明）王樵《尚书日记》卷八《商书·西伯戡黎》

（归善斋按，见"西伯既戡黎"）

22. （清）库勒纳等撰《日讲书经解义》卷五《商书·西伯戡黎》

（归善斋按，见"西伯既戡黎"）

格人元龟，罔敢知吉

1. （汉）孔氏传、（唐）陆德明音义、孔颖达疏《尚书注疏》卷九《商书·西伯戡黎》

格人元龟，罔敢知吉。

传，至人以人事观殷，大龟以神灵考之，皆无知吉。

疏，传正义曰，格，训为"至"。至人，谓至道之人，有所识解者也。至人以人事观殷，大龟有神灵，逆知来物，故大龟以神灵考之二者，皆无知殷有吉者，言必凶也。祖伊未必问至人亲灼龟，但假之以为言耳。

2.（宋）苏轼《书传》卷八《商书·西伯戡黎第十六》

(归善斋按，见"西伯既戡黎")

3.（宋）林之奇《尚书全解》卷二十一《商书·西伯戡黎》

(归善斋按，见"西伯既戡黎")

4.（宋）史浩《尚书讲义》卷十《商书·西伯戡黎》

(归善斋按，见"西伯既戡黎")

5.（宋）夏僎《尚书详解》卷十五《商书·西伯戡黎》

(归善斋按，见"西伯既戡黎")

6.（宋）时澜《增修东莱书说》卷十三《商书·西伯戡黎第十六》

(归善斋按，见"西伯既戡黎")

7.（宋）黄度《尚书说》卷三《商书·西伯戡黎》

(归善斋按，见"西伯既戡黎")

8.（宋）袁燮《絜斋家塾书钞》卷七《商书·西伯戡黎》

(归善斋按，见"祖伊恐，奔告于王，曰，天子！天既讫我殷命")

9.（宋）蔡沈《书经集传》卷三《商书·西伯戡黎》

(归善斋按，见"祖伊恐，奔告于王，曰，天子！天既讫我殷命")

10. （宋）黄伦《尚书精义》卷二十三《商书·西伯戡黎》

（归善斋按，见"西伯既戡黎"）

11. （宋）陈经《尚书详解》卷十九《商书·西伯戡黎》

（归善斋按，见"西伯既戡黎"）

12. （宋）钱时《融堂书解》卷八《商书·西伯戡黎》

（归善斋按，见"西伯既戡黎"）

13. （宋）魏了翁《尚书要义》

原缺。

14. （宋）陈大猷《书集传或问》卷上

（归善斋按，无此篇）

15. （宋）胡士行《尚书详解》卷五《商书·西伯戡黎第十六》

（归善斋按，见"西伯既戡黎"）

16. （元）吴澄《书纂言》卷三《商书·盘庚》

（归善斋按，见"祖伊恐，奔告于王，曰，天子！天既讫我殷命"）

17. （元）陈栎《书集传纂疏》卷三《朱子订定蔡氏集传·商书·西伯戡黎》

（归善斋按，见"祖伊恐，奔告于王，曰，天子！天既讫我殷命"）

18. （元）许谦《读书丛说》卷五

原缺。

19.（元）董鼎《书传辑录纂注》卷三《商书·西伯戡黎》

（归善斋按，见"祖伊恐，奔告于王，曰，天子！天既讫我殷命"）

20.（元）朱祖义《尚书句解》卷五《商书·西伯戡黎第十六》

格人、元龟（稽于正人之言考于大龟之占）罔敢知吉（皆无敢言商家之吉）。

21.（明）王樵《尚书日记》卷八《商书·西伯戡黎》

（归善斋按，见"西伯既戡黎"）

22.（清）库勒纳等撰《日讲书经解义》卷五《商书·西伯戡黎》

（归善斋按，见"西伯既戡黎"）

非先王不相我后人，惟王淫戏，用自绝

1.（汉）孔氏传、（唐）陆德明音义、孔颖达疏《尚书注疏》卷九《商书·西伯戡黎》

非先王不相我后人，惟王淫戏，用自绝。
传，非先祖不助子孙，以王淫过戏逸，用自绝于先王。
音义，相，息亮反。
疏，传正义曰，《礼记》称"万物本于天，人本于祖"，则天与先王，俱是人君之本。

2.（宋）苏轼《书传》卷八《商书·西伯戡黎第十六》

非先王不相我后人，惟王淫戏，用自绝，故天弃我，不有康食，不虞天性，不迪率典。

天弃我，故天地鬼神，无有安食于我者。不虞天性者，父子之亲不相虞度也。不迪率典者，五典之亲不相道率也。

3.（宋）林之奇《尚书全解》卷二十一《商书·西伯戡黎》

（归善斋按，见"西伯既戡黎"）

4.（宋）史浩《尚书讲义》卷十《商书·西伯戡黎》

（归善斋按，见"西伯既戡黎"）

5.（宋）夏僎《尚书详解》卷十五《商书·西伯戡黎》

（归善斋按，见"西伯既戡黎"）

6.（宋）时澜《增修东莱书说》卷十三《商书·西伯戡黎第十六》

（归善斋按，见"西伯既戡黎"）

7.（宋）黄度《尚书说》卷三《商书·西伯戡黎》

（归善斋按，见"西伯既戡黎"）

8.（宋）袁燮《絜斋家塾书钞》卷七《商书·西伯戡黎》

（归善斋按，见"祖伊恐，奔告于王，曰，天子！天既讫我殷命"）

9.（宋）蔡沈《书经集传》卷三《商书·西伯戡黎》

（归善斋按，见"祖伊恐，奔告于王，曰，天子！天既讫我殷命"）

10.（宋）黄伦《尚书精义》卷二十三《商书·西伯戡黎》

非先王不相我后人，惟王淫戏用自绝，故天弃我，不有康食，不虞天性，不迪率典。

无垢曰，先王以俭，而纣以淫；先王以恭，而纣以戏。先王以恭俭垂后，而纣以淫戏绝之，是先王绝纣乎，纣绝先王乎？此所以谓之"自绝"也。且纣嬖妇人，爱妲己，收狗马奇物，作沙丘苑台，其淫乃如此。北里之舞，靡靡之乐，以酒为池，以肉为林，使男女相裸，逐其间，其戏乃如此，将何以见先王乎？想祖宗在窨冥之中，方悲悼不已，虽欲以私意佑之，不可得也。使祖宗佑之，是祖宗为淫戏者，作渊薮也。神、人一理，人所恶，则祖宗神灵亦恶之矣，又何疑哉。

又曰，祖宗即天也，自绝于祖宗，则亦自绝于天也。自绝于天，故天弃之；自绝于先王，则先王亦弃之，无疑矣。何以见弃之之实乎？天下之民，无有安于田亩而康食者，以皆苦征役，无有安其常心；而"虞天性"者，以皆为草窃，无有事父母，畜妻子。而"迪率厥典"者，以皆为敌仇，事至于此，则天、人之意，祖宗之意，盖可知矣。

张氏曰，"不有康食"，言其困穷也；"不虞天性"，言其内不足以度知天命；"不迪率典"者，言其外不足以率循常道也。夫纣之将亡，民可以食，鲜可以饱，此之谓"不有康食"。惟其"不有康食"，则常心遂丧。于内则"不虞天性"，而至于无命；于外则"不迪率典"，而至于无义，此殷之所以即丧也。

王荆公曰，不虞天性，能度天性，而行则义矣。

吕氏曰，商之贤圣之君六七作，非不可以凭藉扶持，先王亦非不相助尔，后人自是尔淫酗戏狎，以自绝于先王。

11.（宋）陈经《尚书详解》卷十九《商书·西伯戡黎》

（归善斋按，见"西伯既戡黎"）

12. （宋）钱时《融堂书解》卷八《商书·西伯戡黎》

（归善斋按，见"西伯既戡黎"）

13. （宋）魏了翁《尚书要义》

原缺。

14. （宋）陈大猷《书集传或问》卷上

（归善斋按，无此篇）

15. （宋）胡士行《尚书详解》卷五《商书·西伯戡黎第十六》

（归善斋按，见"西伯既戡黎"）

16. （元）吴澄《书纂言》卷三《商书·盘庚》

（归善斋按，见"祖伊恐，奔告于王，曰，天子！天既讫我殷命"）

17. （元）陈栎《书集传纂疏》卷三《朱子订定蔡氏集传·商书·西伯戡黎》

（归善斋按，见"祖伊恐，奔告于王，曰，天子！天既讫我殷命"）

18. （元）许谦《读书丛说》卷五

原缺。

19. （元）董鼎《书传辑录纂注》卷三《商书·西伯戡黎》

（归善斋按，见"祖伊恐，奔告于王，曰，天子！天既讫我殷命"）

20. （元）朱祖义《尚书句解》卷五《商书·西伯戡黎第十六》

非先王不相我后人（非我商先代诸贤王不相助我后人），惟王淫戏用自绝（惟王自以淫乱戏怠之事自绝于天）。

21.（明）王樵《尚书日记》卷八《商书·西伯戡黎》

（归善斋按,见"西伯既戡黎"）

22.（清）库勒纳等撰《日讲书经解义》卷五《商书·西伯戡黎》

（归善斋按,见"西伯既戡黎"）

故天弃我,不有康食,不虞天性,不迪率典

1.（汉）孔氏传、（唐）陆德明音义、孔颖达疏《尚书注疏》卷九《商书·西伯戡黎》

故天弃我,不有康食,不虞天性,不迪率典。

传,以纣自绝于先王,故天亦弃之,宗庙不有安食于天下,而王不度知天性命所在,而所行不蹈循常法,言多罪。

音义,度,待洛反。

疏,传正义曰,纣既自绝于先王,亦自绝于天。上经言"纣自绝先王"此言天弃纣互明纣自绝,然后天与先王弃绝之,故传申通其意,以纣自绝先王,故天亦弃之。亦者,亦先王言先王与天俱弃之也。《孝经》言天子"得万国之欢心以事其先王",然后"祭则鬼享之"。今纣既自绝于先王,先王不有安食于天下。言纣虽以天子之尊事宗庙,宗庙之神不得安食也。而王不度知天命所在,不知己之性命当尽也,而所行不蹈循常法,动悉违法,言多罪。

2.（宋）苏轼《书传》卷八《商书·西伯戡黎第十六》

（归善斋按,见"非先王不相我后人,惟王淫戏,用自绝"）

583

3.（宋）林之奇《尚书全解》卷二十一《商书·西伯戡黎》

（归善斋按，见"西伯既戡黎"）

4.（宋）史浩《尚书讲义》卷十《商书·西伯戡黎》

（归善斋按，见"西伯既戡黎"）

5.（宋）夏僎《尚书详解》卷十五《商书·西伯戡黎》

（归善斋按，见"西伯既戡黎"）

6.（宋）时澜《增修东莱书说》卷十三《商书·西伯戡黎第十六》

故天弃我，不有康食，不虞天性，不迪率典。

今我民兄弟、妻子离散，无一饭之安，其情之摇可知矣。又天性迷乱，不自虞度，不遵上之典法，民至于此，莫知有君也。虽然民之弃商耳，何以知天之弃商。民弃之，即天弃之也。天亦何心于弃商，故天弃我，曰"故"者，天实有所因矣。

7.（宋）黄度《尚书说》卷三《商书·西伯戡黎》

故天弃我，不有康食，不虞天性，不迪率典。

纣自绝于天，故天弃之，而犹不悛，或酗纵，或暴怒，未尝一食能自安也。不复虞度天性，喜怒哀乐，不能知其所由生；毁废典常，无所蹈率。

8.（宋）袁燮《絜斋家塾书钞》卷七《商书·西伯戡黎》

（归善斋按，见"祖伊恐，奔告于王，曰，天子！天既讫我殷命"）

9.（宋）蔡沈《书经集传》卷三《商书·西伯戡黎》

故天弃我，不有康食，不虞天性，不迪率典。

康，安；虞，度也；典，常法也。纣自绝于天，故天弃殷。"不有康食"，饥馑荐臻也。"不虞天性"，民失常心也。"不迪率典，"废坏常法也。

10.（宋）黄伦《尚书精义》卷二十三《商书·西伯戡黎》

(归善斋按，见"非先王不相我后人，惟王淫戏，用自绝")

11.（宋）陈经《尚书详解》卷十九《商书·西伯戡黎》

(归善斋按，见"西伯既戡黎")

12.（宋）钱时《融堂书解》卷八《商书·西伯戡黎》

(归善斋按，见"西伯既戡黎")

13.（宋）魏了翁《尚书要义》

原缺。

14.（宋）陈大猷《书集传或问》卷上

(归善斋按，无此篇)

15.（宋）胡士行《尚书详解》卷五《商书·西伯戡黎第十六》

(归善斋按，见"西伯既戡黎")

16.（元）吴澄《书纂言》卷三《商书·盘庚》

(归善斋按，见"祖伊恐，奔告于王，曰，天子！天既讫我殷命")

17.（元）陈栎《书集传纂疏》卷三《朱子订定蔡氏集传·商书·西伯戡黎》

故天弃我，不有康食，不虞天性，不迪率典。

康，安；虞，度也；典，常法也。纣自绝于天，故天弃殷，"不有康食"，饥馑荐臻也。"不虞天性"，民失常心也。"不迪率典"，废坏常法也。

纂疏：

孔氏曰，宗庙不有安食。

夏氏曰，言不得安食，所谓虽有粟，吾得而食，诸无一饭之安也。

愚案，《诗》云"自天降康丰年穰穰"，丰穰为降康，则"不有康食"，为天降饥馑明矣。书之言性，此第三见，盖谓所受于天之性，为私欲所昏蔽，而不能自省察也。惟不自省察，其天性是以不蹈迪率循乎典常。凡此皆谓纣也。

18.（元）许谦《读书丛说》卷五

原缺。

19.（元）董鼎《书传辑录纂注》卷三《商书·西伯戡黎》

故天弃我，不有康食，不虞天性，不迪率典。

康，安；虞，度也。典常，法也。纣自绝于天，故天弃殷。"不有康食"，饥馑荐臻也。"不虞天性"，民失常心也。"不迪率典"，废坏常法也。

纂注：

新安陈氏曰，《诗》曰"自天降康丰年穰穰"，以丰穰为降康，则"不有康食"，为天降饥馑明矣。书之言"性"，此第三见，盖谓人所受于天之性，为私欲所蔽，而不能省察也。惟不自省察，其天性是以不导迪率循乎典常。凡此皆谓纣耳。

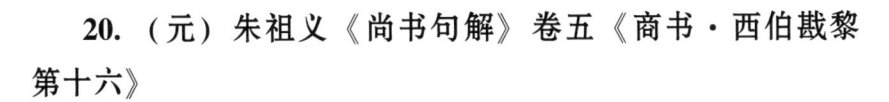

20. (元) 朱祖义《尚书句解》卷五《商书·西伯戡黎第十六》

故天弃我（故天因而弃绝我商），不有康食（丧亡无日，不得安坐而食），不虞天性（伦于恶德，不知虞度天性之善），不迪率典（父子、兄弟无以相养，不知蹈循常典）。

21. (明) 王樵《尚书日记》卷八《商书·西伯戡黎》

（归善斋按，见"西伯既戡黎"）

22. (清) 库勒纳等撰《日讲书经解义》卷五《商书·西伯戡黎》

故天弃我，不有康食，不虞天性，不迪率典。今我民罔弗欲丧，曰，天曷不降威，大命不挚。今王其如台？王曰，呜呼！我生不有命在天？

此三节书，首节是备述丧亡之形，二节言民之弃殷，三节见纣之怙恶也。康，安也。虞，忖度也。典，常法也。大命，乃受非常之命者。挚，至也。祖伊曰，我王既自绝于天，故天弃我殷，种种皆是丧亡之象。如民以食为天，今则水旱饥荒，小民无有安食，而民不聊生矣。民各有恒性，今则悖礼伤道，下民昧其本心，而天理灭亡矣。国家之常典，所当世世守之者也，今则纲纪废弛，法度变乱，不复率由先王之旧章，而国不可以为国矣。"不有康食"，天不欲遂其生也。"不虞天性"，天不欲复其性也。"不迪率典"，天不欲其治平也。于此见天之弃殷。而格人、元龟之"罔敢知吉"者在是矣。且不但天心弃之也，今我殷邦之民，苦于虐政，亦无不欲殷之丧亡，每私相告，语曰，今我等困苦至此，上天如何不降威于殷而灭亡之乎？其有道之君宜受非常之命者，如何不至而救我于水火之中乎？今我王失为君之道，断难久居民上，将无奈我何矣。民之弃殷如此。夫人君立天、人之间，而为上下所交弃，其势必至于危亡，虽先王其能相之乎？祖伊之言痛切极矣。纣乃不知悔过，而叹息曰，尔虽云民心背畔，将欲亡我，然我尊为天子，实天生我以主万民，独不有命在天乎，小民亦无如我何矣。夫纣当天怒民怨之日，而为饰非拒谏之言，此所以终于灭亡，而莫可救也。

今我民罔弗欲丧，曰，天曷不降威？大命不挚，今王其如台

1. （汉）孔氏传、（唐）陆德明音义、孔颖达疏《尚书注疏》卷九《商书·西伯戡黎》

今我民罔弗欲丧，曰，天曷不降威？大命不挚，今王其如台。

传，挚，至也。民无不欲王之亡，言天何不下罪诛之。有大命宜王者，何以不至？王之凶害，其如我所言。

音义，挚，音至，本又作□。

疏，传正义曰，挚、至同音，故"挚"为"至"也。言天何不下罪诛之，恨其久行虐政，欲得早杀之也。有大命宜王者，何以不至向望大圣之君，欲令早伐纣也。王之凶祸，其如我之所言，以王不信，故审告之也。

2. （宋）苏轼《书传》卷八《商书·西伯戡黎第十六》

今我民罔弗欲丧，曰，天曷不降威？大命不挚，今王其如台。

挚，鸷也。言天何不鸷取王乎？今王无若我，何民不忌王如此？

3. （宋）林之奇《尚书全解》卷二十一《商书·西伯戡黎》

（归善斋按，见"西伯既戡黎"）

4. （宋）史浩《尚书讲义》卷十《商书·西伯戡黎》

（归善斋按，见"西伯既戡黎"）

5.（宋）夏僎《尚书详解》卷十五《商书·西伯戡黎》

（归善斋按，见"西伯既戡黎"）

6.（宋）时澜《增修东莱书说》卷十三《商书·西伯戡黎第十六》

今我民罔弗欲丧，曰，天曷不降威，大命不挚，今王其如台？
祖伊言之至此，有恐伤窘穷之态，"时日曷丧"之谓也。

7.（宋）黄度《尚书说》卷三《商书·西伯戡黎》

今我民罔弗欲丧，曰，天曷不降威，大命不挚，今王其如台？
挚，古训"至"，大命不至，谓亡纣大命，胡不至也。王亡其如我言。《史记》《汤誓》"夏罪其如台"，《高宗肜日》乃曰"其如台"，《西伯戡黎》"今王其如台"，皆作"其奈何"。夏众"率怠弗协"，而后汤伐桀；殷民"罔弗欲丧"，而后武王伐纣，此之谓"时"。

8.（宋）袁燮《絜斋家塾书钞》卷七《商书·西伯戡黎》

（归善斋按，见"祖伊恐，奔告于王，曰，天子！天既讫我殷命"）

9.（宋）蔡沈《书经集传》卷三《商书·西伯戡黎》

今我民罔弗欲丧，曰，天曷不降威，大命不挚，今王其如台？
大命，非常之命。挚，至也。《史记》云，大命胡不至，民苦纣虐，无不欲殷之亡，曰，天何不降威于殷，而受大命者何不至乎？今王其无如我何，言纣不复能君长我也。上章言天弃殷，此章言民弃殷。祖伊之言，可谓痛切明着矣。

10.（宋）黄伦《尚书精义》卷二十三《商书·西伯戡黎》

今我民罔弗欲丧，曰，天曷不降威，大命不挚。今王其如台？王曰，呜呼！我生不有命在天？

无垢曰，先王之心，天之心也。天之心，民之心也。纣自绝于先王，故自绝于天，而天弃之。天弃之，故民弃之。今民无不欲纣之亡者，是民弃之也。原其所以自弃于先王者，则以先王之心，乃天之心也。天之心乃民之心也。何以见民欲纣之亡乎？其为言曰天何不降威命诛纣，又大命在于废昏立明，今何为不至乎？挚，至也，言欲天早诛废纣，而立明君也。今王能信如我之所言，而改悔乎，尚庶几天命之复回也。

又曰，为天下君，岂有无所顾藉者。纣无赖，乃有如闾巷下俚之所为者，岂人情也哉，盖亦有所恃也。所恃者，何天也？不知纣以天为何物哉。观其言天，乃以天为无知之物，专骄养人主，使恣心极意为无道，以取娱乐耳。是凡为人主者，皆天私之而不问其贤否也。殊不知天心乃民心，得民则得天矣。

周氏曰。夫命者，圣人之所罕言。凡国之所以兴亡时，之所以治乱，莫不系于人为，而非由命也，世之贱者众，而贵者鲜；愚者多，而贤者少；中人安于摈弃，俟时而动而不竞。盖圣人以此笼愚贱，息争端也。夫谓之命，则有命之者安可生而默定哉。桀、纣据禹汤之资，不善守而亡。民斯为下矣，其能不曰命哉。

吕氏曰，自有命在天，大抵为恶之人，多不自省悟，一如陈后主，方隋师韩擒虎等渡江边，帅告急之疏，陈后主皆不觉。及隋已灭陈，乃知前日边帅告急之疏，皆未曾开。以此知乱世无道之君，都不自悟如此。

11. (宋) 陈经《尚书详解》卷十九《商书·西伯戡黎》

(归善斋按，见"西伯既戡黎")

12. (宋) 钱时《融堂书解》卷八《商书·西伯戡黎》

(归善斋按，见"西伯既戡黎")

13. (宋) 魏了翁《尚书要义》

原缺。

14. （宋）陈大猷《书集传或问》卷上

（归善斋按，无此篇）

15. （宋）胡士行《尚书详解》卷五《商书·西伯戡黎第十六》

（归善斋按，见"西伯既戡黎"）

16. （元）吴澄《书纂言》卷三《商书·盘庚》

今我民罔弗欲丧，曰，天曷不降威，大命不挚，今王其如台？

大命，非常之命。民苦纣虐，无不欲殷之亡，曰，天何不降威于殷，而受大命宜王者，何不至乎？今王其何如哉？上言天弃殷，此言民弃殷。祖伊之言，可谓痛切着明矣。

17. （元）陈栎《书集传纂疏》卷三《朱子订定蔡氏集传·商书·西伯戡黎》

今我民罔弗欲丧，曰，天曷不降威，大命不挚，今王其如台？

大命，非常之命。挚，至也。《史记》云"大命胡不至"。民苦纣虐，无不欲殷之亡，曰，天曷不降威于殷，而受大命者，何不至乎？今王其无如我何，言纣不复能君长我也。上章言天弃殷，此章言民弃殷。祖伊之言，可谓痛切明着矣。

18. （元）许谦《读书丛说》卷五

原缺。

19. （元）董鼎《书传辑录纂注》卷三《商书·西伯戡黎》

今我民罔弗欲丧，曰，天曷不降威，大命不挚，今王其如台？大命，非常之命。挚，至也。《史记》云"大命胡不至"，民苦纣虐，无不欲殷之亡，曰，天何不降威于殷，而受大命者，何不至乎？今王其无如我何？

591

言纣不复能君长我也。上章言天弃殷，此章言民弃殷。祖伊之言，可谓痛切明着矣。

20.（元）朱祖义《尚书句解》卷五《商书·西伯戡黎第十六》

今我民罔弗欲丧（今我商民无不欲其丧亡），曰，天曷不降威（言天何不降威罚于纣），大命不挚（受天大命伐商者又何为不至），今王其如台（今纣虽尚处君位，民心已离，其如我何）？

21.（明）王樵《尚书日记》卷八《商书·西伯戡黎》

（归善斋按，见"西伯既戡黎"）

22.（清）库勒纳等撰《日讲书经解义》卷五《商书·西伯戡黎》

（归善斋按，见"故天弃我，不有康食，不虞天性，不迪率典"）

王曰，呜呼！我生不有命在天

1.（汉）孔氏传、（唐）陆德明音义、孔颖达疏《尚书注疏》卷九《商书·西伯戡黎》

王曰，呜呼！我生不有命在天？
传，言我生有寿命在天，民之所言岂能害我遂恶之辞。

2.（宋）苏轼《书传》卷八《商书·西伯戡黎第十六》

王曰，呜呼！我生不有命在天？祖伊反，曰，呜呼！乃罪多，参在上，乃能责命于天。
天子固有天命以保己，今汝罪之闻于天者众矣。天将去汝，岂可复责天以保己之命耶。

3.（宋）林之奇《尚书全解》卷二十一《商书·西伯戡黎》

王曰，呜呼！我生不有命在天。祖伊反，曰，呜呼！乃罪多，参在上，乃能责命于天。殷之即丧，指乃功，不与戮于尔邦。

祖伊之所以极其鲠直不讳之言，已尽矣。而纣，诲之谆谆，听我藐藐，而不之听也。方且叹曰，我之生其修短之命，受之于天。彼民之所以恶我，而欲我之亡者，其如我何。即祖伊之所谓"其如台"也。"祖伊反"，孔氏以谓反而告纣，此说不然。据此"祖伊反"，当是出而告人也。纣谓既已有天命，不足与语矣。于是祖伊出而告人，而嗟叹之曰"乃罪多，参在上，乃能责命于天。殷之即丧。指乃功。不无戮于尔邦"，言其必亡之理，而不复可救也。苏氏曰，天子固有天命以保己，今汝罪之闻于天者众矣，天将去汝，岂可复责天以保己之命邪。又曰，功，事也，视汝所行之事。虽邦人犹当戮汝，而况于天乎？此说皆是"殷之即丧"者，言其不旋踵而亡也。夫商民之恶纣，至于有"天曷不降丧，天命不挚"之言，则其怨愤之情，可谓极矣。而纣且谓"我生不有命在天"，则民之怨之也益深，而天之见绝益甚。虽诸侯未有叛之者，而殷民固将群起而为乱矣。荀子曰"武王厌旦于牧之野，鼓之而纣卒易乡，遂乘殷人而前诛纣"，盖杀之者，非周人，固殷人也。牧野之战，虽武王兴义兵，以为天下除害，而杀纣者，则实自乎殷人，不胜怨愤之气，前徒倒戈往攻纣而杀之，以快其平日之怨，非周师之杀纣也。祖伊之所谓"指乃功不无戮于尔邦"，其言实验于此。详考祖伊之所以奔告纣者，盖以周师既乘黎而胜之，其势必将不利于商，虽祖伊之意，故知周之必将取殷之天下而有之矣。然而所以告纣者，则惟论其自绝于天，而殷民罔弗欲丧，曰"天曷不降威，大命不挚"。至其谏之而不听，出而告人也。则以但言"乃罪多，参在上，乃能责命于天。殷之即丧，指乃功，不无戮于尔邦"。始终之际，曾无一言及于周将伐殷者。盖使纣不自绝于天，则周将终其臣节以事殷，岂敢伐之邪。纣既长恶不悛，而谓已有天命，殷相率而叛之，自绝于天矣，则又安能禁周之不应天顺人以伐商哉。是知商家之社稷，其存亡祸福，惟在于纣之能改过与不改过而已。至于周之戡黎，虽足以推夫殷之必亡，而殷之所以亡者，则不在是也。故祖伊惟历陈天人之祸福存亡之理，以冀纣之改过迁善，不及乎周之将伐殷也。若祖伊者，可谓知所本矣。昔高祖先入秦关，项羽后至，范增知高祖之得民心也，于是说羽曰，沛公居山东时，贪财好色，今闻其入关，珍物无所取，妇女无所幸，此其志不小，吾使人望其气，皆为龙成五色，此天子之气也，急击之勿失。故鸿门之会，高祖几不获免。增知高祖之得民心，则宜说羽以行仁政，使之无肆其残虐而多杀戮，以失秦民望。纵使不及高祖之宽仁，而犹可以后亡。增则不然，以其暴虐之政则劝而行之，而独以杀高祖为足以取天下。盖其平生所以相项羽，以为取天下之几者，惟有此一计耳，使高祖可得而害，其能救项氏之亡乎？不观于范增，无以见祖伊之知天命者也。

4.（宋）史浩《尚书讲义》卷十《商书·西伯戡黎》

（归善斋按，见"西伯既戡黎"）

5.（宋）夏僎《尚书详解》卷十五《商书·西伯戡黎》

王曰，呜呼！我生不有命在天？祖伊反，曰，呜呼！乃罪多，参在上，乃能责命于天。殷之即丧，指乃功，不无戮于尔邦。

祖伊上既极其鲠直不讳之言，实望商纣之恐惧修省，而纣乃恬不以为意，方且嗟叹而言，曰，我之生其修短之命，受之于天，民之怨我其如我何。祖伊知其不可以口舌言语感动，故反身而出，语于人曰"乃罪多，参在上，乃能责命于天"，盖谓纣之罪恶，皆参列着见于上天，天已降监，欲诛绝之。今乃不自责己，乃责命于天，谓我生修短天命已定，虽人心不归，而天命足恃，是何顽然而不可训告也。故祖伊于是直言其必亡之状，谓殷今即日丧亡，皆视尔所行之事，尔岂免诛戮之祸于尔邦哉，故曰"殷之即丧，指乃功，不无戮于尔邦"。

苏氏谓，"不无戮于尔邦"，乃祖伊谓纣罪如此，虽邦人犹当戮汝，而况天乎？此说亦通。

孔氏乃谓，"反曰"为反告于纣，此说不然。盖此数语，皆忠直激切之甚，使纣闻之，必婴比干之诛，故当以此反为反身而出也。

林少颖谓，详考祖伊所以告纣者，盖以周师乘黎，其势必不利商，及考其告之之辞，则其论自绝于天，与商民莫不欲丧，及谏不听用而出，又即言"殷之即丧，指乃功"，始终曾无一言及周将伐商者，其意盖欲使纣不自绝于天，则周将终守臣节以事殷，岂杀伐之耶？是知商之社稷，其存亡祸福，惟在纣之能改过，不能改过而已。至于周之戡黎，虽足以推殷之必亡，而殷之所以亡，则不在是也。故祖伊为力陈天人祸福存亡之理，以冀纣之改过，不及周之将伐殷也，此说极善。

6.（宋）时澜《增修东莱书说》卷十三《商书·西伯戡黎第十六》

王曰，呜呼！我生不有命在天。

祖伊之言切矣，纣反自叹息，我生岂不有命在天？天命方归之时，圣人犹曰命靡常，而不敢有也。天命已讫之后，纣乃曰有命在天乎，此兴亡之道也。亡国之君，祸患已至目前，犹不自悟。西伯既戡黎，纣方谓我生不有命在天，真不知命者也。此言之出，其沉湎之甚可知矣。

7.（宋）黄度《尚书说》卷三《商书·西伯戡黎》

王曰，呜呼！我生不有命在天？祖伊反，曰，呜呼！乃罪多，参在上，乃能责命于天。殷之即丧，指乃功，不无戮于尔邦。

反复参列，即日丧亡，指汝为功，会当有诛戮于尔国中者，败赴火。武王以黄钺，斩纣头，悬大白之旗。纣罪浮于桀，故祖伊以为当诛。纣不畏罪自反，而委命于天，盖至于此，则不复可救矣，故祖伊以为即丧之候。而武王誓师，亦援此言之。武王乘黎，祖伊谏纣，是皆有望其能改也，而纣方无忌惮如此，于是殷之贤臣，或去，或默，或死，而殷遂亡。世谓祖伊之言直，纣虽不改，终不怒，犹贤于汉唐中主，殊不知自古未尝有杀诸贤者，纣实启其端。秦汉以后，人稍习见之，纣作俑，逆道悖德，武王行天讨，遂指以为罪。纣忍于祖伊，而不忍于比干，不胜其很，至比干乃发耳。世遂以祖伊偶不死，为纣容德，岂非过乎？

或曰，乘黎而纣改过，则何如？曰，是武王之心也。须暇五年，但自《秦誓》未出师以前，纣若改过，事辄不同。圣人行事，进退常有余地也。文武从来未尝失臣节于纣。圣人格天事业，使武王能感悟纣，纣改过，君臣之际，必当更有可观羑里事，亦可见方伊尹之放太甲事。亦甚蹙矣。太甲思庸，伊尹奉而还亳，太甲方归功于师保。雷风之变，成王自以为弗及，知由是委国一听于周公。大抵圣人之所为，不可以常人论也。然纣自乘黎后，其恶愈甚。《泰誓》之师既出，安可复在君位哉。

或曰，祖伊言于暴君而其直如此，非保身之道。曰非也，灭亡将至，直言犹恐不入，何暇婉乎？幸其见听耳。不听祖伊，死何辞焉。

8.（宋）袁燮《絜斋家塾书钞》卷七《商书·西伯戡黎》

（归善斋按，见"祖伊恐，奔告于王，曰，天子！天既讫我殷命"）

9.（宋）蔡沈《书经集传》卷三《商书·西伯戡黎》

王曰，呜呼！我生不有命在天？

纣叹息谓，民虽欲亡我，我之生独不有命在天乎？

10.（宋）黄伦《尚书精义》卷二十三《商书·西伯戡黎》

（归善斋按，见"今我民罔弗欲丧，曰，天曷不降威？大命不挚，今王其如台"）

11.（宋）陈经《尚书详解》卷十九《商书·西伯戡黎》

王曰，呜呼！我生不有命在天？祖伊反，曰，呜呼！乃罪多，参在上，乃能责命于天？殷之即丧，指乃功，不无戮于尔邦。

孟子曰"不仁者可与言哉，安其危而利其菑，乐其所以亡者"，不仁者而可与言，则何亡国败家之有。观纣此言，以为我生不有命在天？是安其危利其菑者也。祖伊又从而反报之曰，乃罪之多，既以参列在天矣，而复责命于天可乎？此与夏王有罪，矫诬上天何异。古之贤主以命在我，而不以命在天，故经之所言者，惟曰"敬天之命"而已，"迓续乃命"而已，"祈天永命"而已，何尝不在己。至于无道之君，则尝责命于天。唐德宗奉天之变，乃归之命。惟李泌能知此意，故曰君不言命。使人君而言

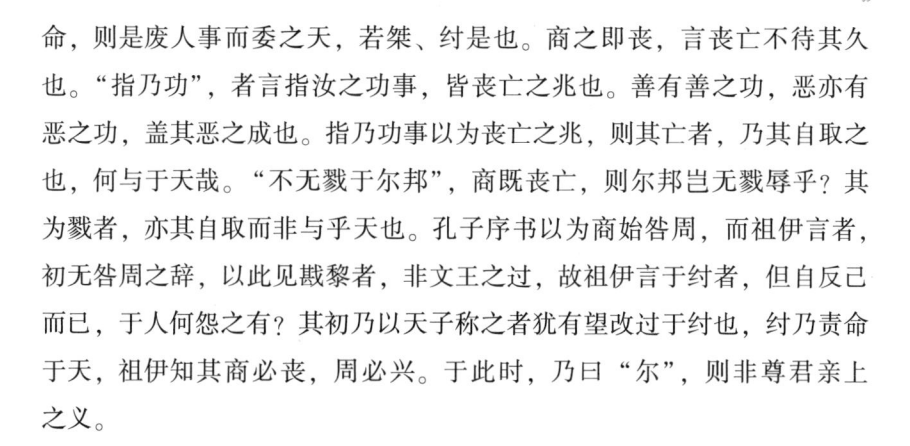

命，则是废人事而委之天，若桀、纣是也。商之即丧，言丧亡不待其久也。"指乃功"，者言指汝之功事，皆丧亡之兆也。善有善之功，恶亦有恶之功，盖其恶之成也。指乃功事以为丧亡之兆，则其亡者，乃其自取之也，何与于天哉。"不无戮于尔邦"，商既丧亡，则尔邦岂无戮辱乎？其为戮者，亦其自取而非与乎天也。孔子序书以为商始咎周，而祖伊言者，初无咎周之辞，以此见戡黎者，非文王之过，故祖伊言于纣者，但自反己而已，于人何怨之有？其初乃以天子称之者犹有望改过于纣也，纣乃责命于天，祖伊知其商必丧，周必兴。于此时，乃曰"尔"，则非尊君亲上之义。

12.（宋）钱时《融堂书解》卷八《商书·西伯戡黎》

王曰，呜呼！我生不有命在天？祖伊反，曰，呜呼！乃罪多，参在上，乃能责命于天。殷之即丧，指乃功，不无戮于尔邦。

乃功，却是暗说西伯。观再提"殷"字发语，而下文以"尔邦"对说，意脉可见，言殷之丧亡在即日矣。今指西伯之功烈，而观之，安能无戮于邦，言殷必为周所灭也。

13.（宋）魏了翁《尚书要义》

原缺。

14.（宋）陈大猷《书集传或问》卷上

（归善斋按，无此篇）

15.（宋）胡士行《尚书详解》卷五《商书·西伯戡黎第十六》

王曰，呜呼，我生不有命在天？
圣人犹曰，命靡常。纣乃曰，有命在天，真亡国之言也。

16.（元）吴澄《书纂言》卷三《商书·盘庚》

王曰，呜呼，我生不有命在天？

597

纣叹而言谓，民虽欲亡我，我之生独不有命在天乎？

17.（元）陈栎《书集传纂疏》卷三《朱子订定蔡氏集传·商书·西伯戡黎》

王曰，呜呼！我生不有命在天？
纣叹息谓，民虽欲亡我，我之生独不有命在天乎？

18.（元）许谦《读书丛说》卷五

原缺。

19.（元）董鼎《书传辑录纂注》卷三《商书·西伯戡黎》

王曰，呜呼！我生不有命在天？
纣叹息谓，民虽欲亡我，我之生独不有命在天乎？

20.（元）朱祖义《尚书句解》卷五《商书·西伯戡黎第十六》

王曰（纣恬不以为意，方且言曰），呜呼！我生不有命在天（我生于世，不有修短之命在天乎？民虽怨我，如我何）？

21.（明）王樵《尚书日记》卷八《商书·西伯戡黎》

"王曰，呜呼！我生不有命在天"至"不无戮于尔邦"。

"我生不有命在天"，《泰誓》所云"谓已有天命"也，《召诰》云"皇天既改厥元子大邦殷之命"，天意已改，而受昏不知，乃犹为此言，故祖伊退而言曰，尔罪众多，参列在上，乃能责命于天乎？凡事积而成者，皆曰"功"，言殷亡可待，指汝之事殆不能免戮于尔邦。

邹氏曰，此篇祖伊之言，危迫之甚，必在周师既渡河之后。若文王时，必无"殷之即丧"，"戮于尔邦"之语。

22. (清)库勒纳等撰《日讲书经解义》卷五《商书·西伯戡黎》

(归善斋按,见"故天弃我,不有康食,不虞天性,不迪率典")

(清)张英《书经衷论》卷二《商书·西伯戡黎》

"我生不有命在天",正所谓矫诬上天也。人主称天以出治常也。兴朝之主称天,而失德之主亦称天。兴朝之主畏天而称之也;失德之主恃天而称之也。畏天者,天怀;恃天者,天覆之。千古至可信者此天,而至靡常者亦此天。譬如奸贪之吏,其所恃以侵夺百姓者,原恃人主之爵禄也。一旦罚及于身,则今日削夺刑戮之,君命非即前日宠荣涆加之君命乎?吁,盖可类观矣。

祖伊反,曰,呜呼!乃罪多,参在上,乃能责命于天

1. (汉)孔氏传、(唐)陆德明音义、孔颖达疏《尚书注疏》卷九《商书·西伯戡黎》

祖伊反,曰,呜呼!乃罪多,参在上,乃能责命于天。

传,反,报纣也,言汝罪恶众多,参列于上天,天诛罚汝,汝能责命于天,拒天诛乎?

音义,参,七南反,马云,参字,累在上。

2. (宋)苏轼《书传》卷八《商书·西伯戡黎第十六》

(归善斋按,见"呜呼!我生不有命在天")

3. (宋)林之奇《尚书全解》卷二十一《商书·西伯戡黎》

(归善斋按,见"呜呼!我生不有命在天")

4. (宋)史浩《尚书讲义》卷十《商书·西伯戡黎》

(归善斋按,见"西伯既戡黎")

5. (宋)夏僎《尚书详解》卷十五《商书·西伯戡黎》

(归善斋按,见"呜呼!我生不有命在天")

6. (宋)时澜《增修东莱书说》卷十三《商书·西伯戡黎第十六》

祖伊反,曰,呜呼!乃罪多,参在上,乃能责命于天。

祖伊奔告,犹冀其可以急救也。纣之缓如此,反而叹曰"乃罪多,参在上",言不可掩也,乃何以能责命于天。大抵责命于天,惟与天同德者为可耳。"大人"与天、地合其德,然后,先天而天弗违,后天而奉天时。孔子温良恭俭让,然后敢谓"天之将丧斯文也,后死者不得与于斯文也。天之未丧斯文也,匡人其如予何"。夫大人与孔子之责命于天,其德盖与天相似。今纣罪参于上,乃敢责命,何不思之甚邪?

7. (宋)黄度《尚书说》卷三《商书·西伯戡黎》

(归善斋按,见"呜呼!我生不有命在天")

8. (宋)袁燮《絜斋家塾书钞》卷七《商书·西伯戡黎》

(归善斋按,见"祖伊恐,奔告于王,曰,天子!天既讫我殷命")

9. (宋)蔡沈《书经集传》卷三《商书·西伯戡黎》

祖伊反,曰,呜呼!乃罪多,参在上,乃能责命于天?

参,仓含反。纣既无改过之意,祖伊退而言曰,尔罪众多,参列在上,乃能责其命于天邪?吕氏曰,责命于天,惟与天同德者方可。

10.（宋）黄伦《尚书精义》卷二十三《商书·西伯戡黎》

祖伊反，曰，呜呼！乃罪多，参在上，乃能责命于天。殷之即丧，指乃功，不无戮于尔邦。

无垢曰，祖伊见纣不悟，恃天以为恶，故报之曰，汝罪其数多矣，今参列布于上天，天将按罪，相圣人诛汝。至于此时，汝尚能责天以命。殷之丧亡，不俟终日，将在即日矣。其丧亡之由，皆汝功事所致。指，由也。纣有何功哉？功，一也。圣主功于养人。暴主功于杀人。天随其功而报之。功于养人故天报周以数过其历。功于杀人，故天报纣以燔身悬头，以亡其社稷。"不无戮于尔邦"，盖指纣也。

张氏曰，夫莫之为而为者，天也；莫之致而至者，命也。"乃罪多，参在上"，则是为之、致之在我而已，其可以责天命哉。功者，积力而致其成也。积力以为善，则有为善之功；积力以为恶，则有为恶之功。纣徒积恶而已，故亦谓之功，言恶如此，不能无戮于尔邦。此书所谓"自作孽，不可逭"也。

11.（宋）陈经《尚书详解》卷十九《商书·西伯戡黎》

(归善斋按，见"呜呼！我生不有命在天")

12.（宋）钱时《融堂书解》卷八《商书·西伯戡黎》

(归善斋按，见"呜呼！我生不有命在天")

13.（宋）魏了翁《尚书要义》

原缺。

14.（宋）陈大猷《书集传或问》卷上

(归善斋按，无此篇)

15. （宋）胡士行《尚书详解》卷五《商书·西伯戡黎第十六》

祖伊反（出），曰，呜呼！乃罪多，参（列见）在上（天），乃能责命于天。殷之即丧，指（示）乃（纣）功（所成之事），不无戮（诛）于尔邦。

16. （元）吴澄《书纂言》卷三《商书·盘庚》

祖伊反，曰，呜呼！乃罪多，参在上，乃能责命于天？

反，还其私邑也。乃，指纣也。既无改过之意，祖伊退而言曰，尔罪众多，参列在上，乃能责其命于天邪？

吕氏曰，责命于天，惟与天同德者方可。前与纣言，故称王；此以下，祖伊退而私言之，故称"乃"。

17. （元）陈栎《书集传纂疏》卷三《朱子订定蔡氏集传·商书·西伯戡黎》

祖伊反，曰，呜呼！乃罪多，参在上，乃能责命于天？

纣既无改过之意，祖伊退而言曰，尔罪众多，参列在上，乃能责其命于天耶？吕氏曰，责命于天，惟与天同德者方可。

纂疏：

吕氏曰，责命于天，必大人与天合德，如孔子谓"天生德于予"，"天未丧斯文"，"桓魋匡人其如予何"是也。

18. （元）许谦《读书丛说》卷五

原缺。

19. （元）董鼎《书传辑录纂注》卷三《商书·西伯戡黎》

祖伊反，曰，呜呼！乃罪多，参在上，乃能责命于天？

纣既无改过之意，祖伊退而言曰，尔罪众多，参列在上，乃能责其命于天邪？吕氏曰，责命于天，惟与天同德者方可。

纂注：

吕氏曰，责命于天，如孔子谓"天生德于予"，"天未丧斯文"，"桓魋匡人其如子何"是也。

20.（元）朱祖义《尚书句解》卷五《商书·西伯戡黎第十六》

祖伊反（祖伊知其不可以言语感动，反身而退语于人曰），曰，呜呼！乃罪多，参在上（叹纣罪恶多，参列着见于上天，天已诛绝之矣），乃能责命于天（今乃不自责己，责命于天，谓我生修短自有天命）？

21.（明）王樵《尚书日记》卷八《商书·西伯戡黎》

（归善斋按，见"呜呼！我生不有命在天"）

22.（清）库勒纳等撰《日讲书经解义》卷五《商书·西伯戡黎》

祖伊反，曰，呜呼！乃罪多，参在上，乃能责命于天？殷之即丧，指乃功，不无戮于尔邦。

此二节书，祖伊退而私论之词也。反，退也。参，参列也。乃犹言汝，指纣言。功，事也。祖伊见纣不听其言，遂退而叹息曰，人君必须与天合德，方可责望于天。汝今之所为罪恶昭着，固已参列在上，而不可掩矣，又安能责望于天，而保其命耶？我见殷之丧亡，直在日夕，不能久延矣。所以然者为何？盖今日所为之事，皆天怒民怨之事。事势至此，其能免戮于商邦乎？盖祖伊忧国之深，故其言痛切如此。大抵亡国之君，不畏天命，不恤人言。人以为至危而彼以为至安。如夏桀言"我有天下如天之有日"；纣亦言"我生不有命在天"，及其丧亡，有如一辙，所谓"与乱同事，罔不亡者"，此也。万世人主，可不鉴哉。

殷之即丧，指乃功，不无戮于尔邦

1.（汉）孔氏传、（唐）陆德明音义、孔颖达疏《尚书注疏》卷九《商书·西伯戡黎》

殷之即丧，指乃功，不无戮于尔邦。

传，言殷之就亡，指汝功事所致，汝不得无死戮于殷，国必将灭亡，立可待。

2.（宋）苏轼《书传》卷八《商书·西伯戡黎第十六》

殷之即丧，指乃功，不无戮于尔邦。

功，事也。视汝所行之事，虽邦人犹当戮汝，而况于天乎？孔子曰"纣之不善，不如是之甚也"，予乃今知之祖伊之谏，尽言不讳。汉唐中主，所不能容者，纣虽不改而终不怒，祖伊得全，则后世人主有不如纣者多矣。

3.（宋）林之奇《尚书全解》卷二十一《商书·西伯戡黎》

(归善斋按，见"呜呼！我生不有命在天")

4.（宋）史浩《尚书讲义》卷十《商书·西伯戡黎》

(归善斋按，见"西伯既戡黎")

5.（宋）夏僎《尚书详解》卷十五《商书·西伯戡黎》

(归善斋按，见"呜呼！我生不有命在天")

6. (宋) 时澜《增修东莱书说》卷十三《商书·西伯戡黎第十六》

殷之即丧,指乃功,不无戮于尔邦。

商之亡在即矣。指纣朝夕所为之功而言之,无非丧亡之事业也。人共起而诛戮尔邦矣。祖伊言之至此,虽痛哭何可已也。商家覆亡,指日可待,固非祖伊之言所能救。然当时贤人,如王子微子、箕子、胶鬲可以辅相,又贤圣之君六七作,其基业日深矣。纣于此,有能辅而之善,则前日不敢知吉之格人,今将以吉而许;前日不相之先王,今将阴隲而默佑;前日弃我之天,今将昭监而眷顾。周德虽盛以服事殷,又何求也。一篇大意,当于商始咎周求之。如孔子序书言"始咎"二字,固所以形容周之盛德,不得不如此。若商臣于周,所谓不共戴天之仇,何祖伊之辞无一言及于文武,谓祖伊方责之君,不可以责人,而反曰之际,亦无咎周之辞何也?周将胜商,而商人无咎周之言,周之至德与所以由乎?大公之理者,可想而知也。

7. (宋) 黄度《尚书说》卷三《商书·西伯戡黎》

(归善斋按,见"呜呼!我生不有命在天")

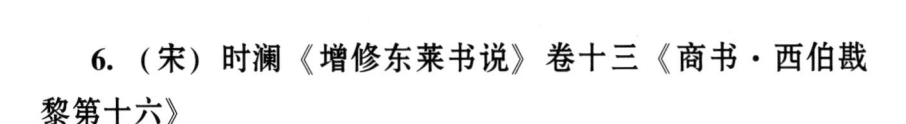

8. (宋) 袁燮《絜斋家塾书钞》卷七《商书·西伯戡黎》

(归善斋按,见"祖伊恐,奔告于王,曰,天子!天既讫我殷命")

9. (宋) 蔡沈《书经集传》卷三《商书·西伯戡黎》

殷之即丧,指乃功,不无戮于尔邦。

功,事也,言殷即丧亡矣。指汝所为之事,其能免戮于商邦乎?苏氏曰,祖伊之谏,尽言不讳。汉唐中主所不能容者,纣虽不改,而终不怒。祖伊得全,则后世人主有不如纣者多矣。

愚读是篇,而知周德之至也。祖伊以西伯戡黎不利于殷,故奔告于纣,意必及西伯戡黎不利于殷之语而入以告,后出以语人,未尝有一毫及周者，是知周家初无利天下之心。其戡黎也，义之所当伐也。使纣迁善改过，则周将终守臣节矣。祖伊，殷之贤臣也，知周之兴必不利于殷，又知殷之亡，初无与于周，故因戡黎告纣，反覆乎天命民情之可畏，而略无及周者，文武公天下之心，于是可见。

10. （宋）黄伦《尚书精义》卷二十三《商书·西伯戡黎》

(归善斋按，见"祖伊反，曰，呜呼！乃罪多，参在上，乃能责命于天")

11. （宋）陈经《尚书详解》卷十九《商书·西伯戡黎》

(归善斋按，见"呜呼！我生不有命在天")

12. （宋）钱时《融堂书解》卷八《商书·西伯戡黎》

(归善斋按，见"呜呼！我生不有命在天")

13. （宋）魏了翁《尚书要义》

原缺。

14. （宋）陈大猷《书集传或问》卷上

(归善斋按，无此篇)

15. （宋）胡士行《尚书详解》卷五《商书·西伯戡黎第十六》

(归善斋按，见"祖伊反，曰，呜呼！乃罪多，参在上，乃能责命于天")

16. （元）吴澄《书纂言》卷三《商书·盘庚》

殷之即丧，指乃功，不无戮于尔邦。

功，事也，言殷即丧亡也，指当时与纣共事之人，皆无不同受。"戮于尔之邦"者，时周师已逼，商亡在旦暮间，祖伊危迫之情可见。《史记》载，纣使胶鬲观周师，其在祖伊既告之后乎？苏氏曰，祖伊之谏，直言不讳，汉唐中主所不能容，纣虽不改而不怒，祖伊得全，则后世人主，有不如纣者多矣。

愚按，此乃殷邦殒灭命在须臾之时，盖已无暇于怒忠谏而杀忠臣也。汤二十四世祖庚弟祖甲立，二十五世子廪辛嗣，二十六世弟庚丁立，二十七世子武乙嗣，去亳迁河北，二十八世子太丁嗣，二十九世子帝乙嗣，三十世子受辛嗣，而商亡。"受""纣"，字通用。

17.（元）陈栎《书集传纂疏》卷三《朱子订定蔡氏集传·商书·西伯戡黎》

殷之即丧，指乃功，不无戮于尔邦。

功，事也，言殷即丧亡矣。指汝所为之事，其能免戮于商邦乎？苏氏曰，祖伊之谏，尽言不讳。汉唐中主所不能容者，纣虽不改，而终不怒。祖伊得全，则后世人主有不如纣者多矣。

愚读是篇，而知周德之至也。祖伊以西伯戡黎不利于殷，故奔告于纣，意必及西伯戡黎不利于殷之语而入以告，后出以语人，未尝有一毫及周者，是知周家初无利天下之心。其戡黎也，义之所当伐也。使纣迁善改过，则周将终守臣节矣。祖伊，殷之贤臣也，知周之兴必不利于殷，又知殷之亡，初无与于周，故因戡黎告纣，反覆乎天命民情之可畏，而略无及周者，文武公天下之心，于是可见。

纂疏：

孔氏曰，商之就亡，指汝事功所致。

叶氏曰，凡事积而成者，皆曰功。

王氏十朋曰，"指乃功"与"惟府辜功"之"功"同。"辜功"，犹言罪状。

吕氏曰，伊反于家，亦无咎周之辞。大凡作事，党及亲姻，以为是未必是仇敌，亦是之则是，可知矣。于此知周之盛德。

愚谓，即丧，即日丧亡也。"指乃功"，此汝之事功，当属上句。

18. （元）许谦《读书丛说》卷五

原缺。

19. （元）董鼎《书传辑录纂注》卷三《商书·西伯戡黎》

殷之即丧，指乃功，不无戮于尔邦。

功，事也，言殷即丧亡矣。指汝所为之事，其能免戮于商邦乎？苏氏曰，祖伊之谏，尽言不讳。汉唐中主，所不能容者，纣虽不改而终不怒，祖伊得全，则后世人主有不如纣者多矣。

愚读是篇，而知周德之至也。祖伊以西伯戡黎不利于殷，故奔告于纣，意必及西伯戡黎，不利于殷之语而入以告，后出以语人，未尝有一毫及周者，是知周家初无利天下之心。其戡黎也，义之所当伐也。使纣迁善改过，则周将终守臣节矣。祖伊，殷之贤臣也，知周之兴必不利于殷，又知殷之亡初无与于周故因戡黎告纣，反覆乎天命民情之可畏，而略无及周者，文武公天下之心，于是可见。

纂注：

张氏曰，丧亡不俟终日，将在即日也。

林氏曰，即丧，言不旋踵而亡也。

叶氏曰，凡事积而成者，皆曰"功"。

陈氏经曰，善有善之功，恶有恶之功，盖其恶之成也。

王氏十朋曰，"指乃功"与"惟府辜功"之"功"同。"辜功"犹言罪状。

苏氏曰，功，事也。指，视也，视汝所行之事，虽邦人，犹当戮汝，况于天乎？

吕氏曰，伊反归于家，亦无咎周之辞。大凡作事，党友亲姻以为是，未必是；至仇敌亦以为是，则是可知矣。于此知周之盛德也。

新安陈氏曰，"指乃功"当属上文，传连下文解之，文势未顺。

20.（元）朱祖义《尚书句解》卷五《商书·西伯戡黎第十六》

殷之即丧（观此，知殷即日丧亡），指乃功（指汝之政事，皆丧亡之兆），不无戮于尔邦（不能无诛戮之祸于尔殷邦）。

21.（明）王樵《尚书日记》卷八《商书·西伯戡黎》

（归善斋按，见"呜呼！我生不有命在天"）

22.（清）库勒纳等撰《日讲书经解义》卷五《商书·西伯戡黎》

（归善斋按，见"祖伊反，曰，呜呼！乃罪多，参在上，乃能责命于天"）

（清）朱鹤龄《尚书埤传》卷八《商书·西伯戡黎》

指乃功。

王十朋曰，"指乃功"与"惟府辜功"之"功"同。"辜功"，犹言罪状。

周书　武成第五

武王伐殷，往伐归兽

1.（汉）孔氏传、（唐）陆德明音义、孔颖达疏《尚书注疏》卷十《周书·武成》

序，武王伐殷，往伐归兽。

传，往诛纣，克定偃武修文，归马牛于华山桃林之牧地。

音义，兽，徐售反。本或作"嘼"，许救反。

疏，正义曰，武王之伐殷也，往则陈兵伐纣，归放牛马为兽。

传正义曰，此序于经于政，伐商，是往伐也；归马放牛，是归兽也，故传引经以解之。《尔雅》有释兽、释畜。畜、兽形相类也。在野自生为兽，人家养之为畜。归马放牛，不复乘用，使之自生自死，若野兽然，故谓之"兽"。兽以野泽为家，故言归也。

2.（宋）苏轼《书传》卷九《周书·武成第五》

武王伐殷，往伐归兽，识其政事，作《武成》。

自往伐至归牛马，皆记之。

3.（宋）林之奇《尚书全解》卷二十三《周书·武成》

此篇所载，自"往伐"至于伐商之后，发政施仁之事，首尾俱载，非必主于武而言，其以《武成》名篇者，盖书之名篇，各随其史官一时之宜，或述其所作之人，或取其所因之事，或指其所居之地，或掇篇中之字以为名，其体各有不同。要之，徒取是字以为简篇之别耳，本无意义存于其间。此篇有"越三日"，"柴、望大告武成"之言，故史官编序之时，掇取"武成"二字，以志其篇，亦犹《梓材》以篇中有"梓材"之语，非有取梓材之意也。学者之于此，能行其所无事，无以凿求之，则闻见博而智益明矣。此篇，如汉孔氏、郑氏之说，皆不必如此说也。

武王伐殷，往伐归兽，识其政事，作《武成》。

《武成》此篇，盖是武王克商之后，史官记载其本末。于《泰誓》《牧誓》之外，则为此篇以见其一时应天顺人之大概。自"往伐"之初，至于"归兽"之后，其所施设政事，皆"识"于此。"识"字，当"作"，音"志"，盖谓纪其事也。此"识其政事"，主于史官而言。汉孔氏云，记识商家政教善事，以为法。其说非也。

4.（宋）史浩《尚书讲义》卷十一《周书·武成》

武王伐殷，往伐归兽，识其政事，作《武成》。

此篇或疑其有脱简，以其语之不伦，殊不知史氏之记，先其凡例，而后其事实也。何谓"武成"，《诗》曰"文王受命，有此武功"，于时始用武功，以伐崇也。至"一戎衣天下大定"，方可谓之武功之成也。桃林华阳之畜，不用之畜也，故曰"往伐归兽"。下车之后，凡所设施，无非政事。识，记也，记其政事而为此书也。

5.（宋）夏僎《尚书详解》卷十七《周书·武成》

武王伐殷，往伐归兽，识其政事，作《武成》。

此篇，盖武王胜商之后，归马放牛，偃武修文，史官于是自往伐之始，至归兽之后，记录其始终，设施之政事，作《武成》之书，故其序所以言"武王伐殷，往伐归兽，识其政事，作《武成》"。"识"之言

611

"记"也，记其始终之政事。然此篇所以名为"武成"者，非必主言武王武功有成，盖以此篇有"柴望大告武成"之言，故史官掇取"武成"二字以名篇，亦犹《梓材》篇有"若作梓材"之语，故以"梓材"名篇，非有取于梓材之意也。但此篇以文意连属，考之，则不能无疑。

王氏则误认《孟子》取二三之说，因以孔安国所传为失序，遂更易之，且谓设从旧文而不易，则"王朝步自周于征伐商"，不属于"底商之罪"之前；"王来自商至于丰"，不属于"天下大定"之后。

惟须江徐先生谓，实王公疑之之过也。是书乃武王剪商之功已成而后作，非辛纣尚存之日作也。如使如王公所言，序首载伐商之语，继属反归之辞以成文，则武王出师誓众，悉在是篇，不当先有《泰誓》《牧誓》矣。如《记》曰以戊午、甲子之类，既举于《泰誓》《牧誓》，正是往伐誓众之书。此篇正是归兽反周，"识其政事"之书。若首书"一月壬辰，旁死魄，越翼日，癸巳，王朝步自周，于征伐商"，此史臣记王往伐之意。"厥四月载生明"至"示天下弗服"，此史臣记王归兽之意。"丁未祀于周庙"，"暨百工受命于周"，此史臣记武王功成，祀庙告天，庶邦奔走听命之意。"王若曰"至"天下大定"，此史臣叙武王告下之辞。"乃反商政"至"垂拱而天下治"，此又史臣识王政事之实，此其所以为"武成"也，其文岂必相属哉。此说有理，特从之。

6.（宋）时澜《增修东莱书说》卷十六《周书·武成第五》

武王伐殷，往伐归兽，识其政事，作《武成》。

观《武成》一篇，见武王有取商之规模，有定商之规模，以至公大义取之，以明法成理定之。后世之君，亦有乘机会赴事功，而取天下者，如秦皇、隋文、晋武得天下未几，或以奢侈亡，或以丛脞亡，或以委靡亡，取之无其义，而又无以定之也。"往伐"者，一月戊午师渡孟津之时；"归兽"者，归马放牛之时。"识其政事"者，列爵、分土之事也。

7.（宋）黄度《尚书说》卷四《周书·武成》

（归善斋按，未解）

8. （宋）袁燮《絜斋家塾书钞》卷八《周书·武成》

武王伐殷，往伐归兽，识其政事，作《武成》。

无一毫亏欠之谓"成"。武成者，言其武功无一毫之亏欠也。自秦汉以后，用兵者皆不足以言"成"，以汉高祖而尚为流矢所中几死，乌在其为成也哉。观其与项羽，战败者数矣。才败，便不可谓之"成"。武王之始用兵也，纣率其旅若林，而"前徒倒戈，攻于后以北"，更不劳余力。及其既伐纣也，"庶邦冢君暨百工受命于周"，无一人敢有异意。而"偃武修文"，"归马"，"放牛"，又非务为穷兵黩武也。是果成乎，果有亏欠乎？古人凡事皆要到成处，内而正心修身，外而治国平天下，不至于"成"不已也。如孔子之圣，必至于集大成；大禹之治水，必至于"九州岛攸同，四隩既宅，九山刊旅，九川涤源，九泽既陂，四海会同，六府孔修"，方谓之"成允"。成功有毫厘不到处，非可以为"成"矣。往伐，言其始往之时也；归兽；言其既归之事也。识，记也。《武成》之作，所以记武王之政事也。注家谓记识商家善教，以为法，此亦在其中。书言"乃反商政，政由旧"，盖反纣之暴政，用商先王之仁政，所谓"惇信明义，崇德报功"，皆商先王之旧政，武王举而行之，故谓之"记"，识殷家善教以为法，亦可。

9. （宋）蔡沈《书经集传》卷四《周书·武成》

（归善斋按，未解）

10. （宋）黄伦《尚书精义》卷二十七《周书·武成》

武王伐殷，往伐归兽，识其政事，作《武成》。

孔氏曰，"文王受命，有此武功"，《诗》之文也。彼言武功，谓始伐崇耳。殷纣尚在，其功未成。成功在于克商，今武始成矣，故以"武成"名篇，以《泰誓》继文王之年，故本之于文王。郑氏曰，着武道至此而成。无垢曰，"惟一月壬辰"至"一戎衣"而"天下大定"，此叙往伐之事也。自乃"偃武修文"至"示天下弗服"，此叙归兽之事也。自"列爵惟五"至"垂拱而天下治"，此叙识其政事之实也。夫政事，即殷家之政

613

事耳。武王特顺民心而复之，以慰天下之心。商纣废故家政事，以失天下，故武王复殷家政事，以慰天下。以此见前圣后圣之心，归于大公至正，不以一毫私意紊乱于其间也。

又曰，"武成"之义，以谓"武"至此而"成"，不复用也。夫武王所以起兵者，为何事哉？为诛纣耳。纣既已诛，武功已成矣，复安用武哉？

吕氏曰，《武成》一篇，所以总序武王伐商终始之规模。孔子序书撮其大纲，此终始之规模，皆见于序也。"往伐归兽"，所谓"归马""放牛"是也；"识其政事"，所谓"列爵""分土""建官"是也。大抵取天下之规模，与定天下之规模无异。后世之君，固有恃势力而取天下者，天下平定之后，所谓定天下之规模，蔑然无闻，往往不知创业为可继之道。

11.（宋）陈经《尚书详解》卷二十三《周书·武成》

武王伐殷，往伐归兽，识其政事，作《武成》。

序书者，以此三句，包括一篇之义。如"底商之罪"，即往伐也；"归马""放牛"，即归兽也。"列爵分土"，即政事也。武王之伐商也，于其往伐之后，即归其兽，而不用牛马，养之则为畜，放之则为兽，遂记商家之政事，以反其旧焉。盖纣之所以亡者，以其不能用先王之政事。武王既诛纣，则凡百政事，施设纪纲法度，尽复先王之旧，以为创业垂统之规。此雷雨作解之义，当天下患难未解散，则未暇及于政事；及患难既除，当思所以反前世之善政，所谓"其来复吉"者此也。秦汉以来，苟得天下则遂安意肆志，殊无远谋，所谓创业规模者，亦但随时维持而已，安知武王所以"识其政事"之意哉？

12.（宋）钱时《融堂书解》卷九《周书·武成》

《武成》。

武王伐殷，往伐归兽，识其政事，作《武成》。

自"王若曰"而下，辞无间隔，皆武王之言，所谓"识其政事"也而先儒不察"受命于周"以前，乃史官所记事节，而"王若曰"以下，皆述武王所告群后之言，但见前者丁未、庚戌等日，而癸亥、甲子之事，反见于后，遂疑错简，文不相属，未免以意更次之，不得谓之审矣。"武成"者，武功成也。

13.（宋）魏了翁《尚书要义》卷十《周书·泰誓至武成》

《武成》。

二九、往伐，谓诛纣、归兽、归马牛。

武王伐殷，往伐归兽，往诛纣克定，"偃武修文"，归马牛于华山、桃林之牧地。"识其政事"，记识殷家政教善事以为法，作《武成》。武功成，文事修。

14.（宋）陈大猷《书集传或问》卷下《周书·武成》

(归善斋按，未解)

15.（宋）胡士行《尚书详解》卷六《周书·武成第五》

武王伐殷，往伐（自往伐）归兽（至归兽），识（记）其政事，作《武成》。

《武成》。

惟一月壬辰，旁（近）死魄（明生则魄死。死魄，朔也。近死魄，初二日也）。越（于）翼（次）日癸巳。王朝步（行）自周（镐京,）于（往）征伐商。厥四月，哉（始）生明（三日），王来（归）自商（伐商），至于丰（文王所都），乃偃（息）武（武功）修（治）文（文事），归马于华山之阳（南）放牛于桃林之野（皆近丰地），示天下弗服（用）。

《记》所谓"倒载干戈，包以虎皮"也。

16.（元）吴澄《书纂言》卷四下

(归善斋按，无此篇)

17.（元）陈栎《书集传纂疏》卷四上《朱子订定蔡氏集传·周书·武成》

(归善斋按，未解)

18. （元）许谦《读书丛说》卷六

原缺。

19. （元）董鼎《书传辑录纂注》卷四《周书·武成》

（归善斋按，未解）

20. （元）朱祖义《尚书句解》卷五《周书·武成第五》

武王伐殷往伐归兽（史官叙自往伐之始至归兽之后）

21. （明）王樵《尚书日记》卷九《周书·武成》

（归善斋按，未解）

22. （清）库勒纳等撰《日讲书经解义》卷六《周书·武成》

（归善斋按，未解）

识其政事

1. （汉）孔氏传、（唐）陆德明音义、孔颖达疏《尚书注疏》卷十《周书·武成》

识其政事。

传，记识殷家政教善事，以为法。

疏，正义曰，记识殷家美政善事而行用之。

传正义曰，纣以昏乱而灭，前世政有善者，故访问殷家政教，记识善事，以为治国之法。经云"列爵惟五，分土惟三"是也。

《尚书注疏》卷十《考证》

《武成》序"识其政事"传"记识殷家政教善事，以为法"。

臣召南按，孔传误解序意，经中虽言"反商政，政由旧"，而篇名《武成》，自以武功告成为义。此篇记言甚少，叙事最多，故序言之。刘敞谓，史官具记武王克商所施行之政是也。

2. （宋）苏轼《书传》卷九《周书·武成第五》

(归善斋按，见"武王伐殷，往伐归兽")

3. （宋）林之奇《尚书全解》卷二十三《周书·武成》

(归善斋按，见"武王伐殷，往伐归兽")

4. （宋）史浩《尚书讲义》卷十一《周书·武成》

(归善斋按，见"武王伐殷，往伐归兽")

5. （宋）夏僎《尚书详解》卷十七《周书·武成》

(归善斋按，见"武王伐殷，往伐归兽")

6. （宋）时澜《增修东莱书说》卷十六《周书·武成第五》

(归善斋按，见"武王伐殷，往伐归兽")

7. （宋）黄度《尚书说》卷四《周书·武成》

(归善斋按，未解)

8. （宋）袁燮《絜斋家塾书钞》卷八《周书·武成》

(归善斋按，见"武王伐殷，往伐归兽")

9. （宋）蔡沈《书经集传》卷四《周书·武成》

(归善斋按，未解)

10. （宋）黄伦《尚书精义》卷二十七《周书·武成》

(归善斋按，见"武王伐殷，往伐归兽")

11.（宋）陈经《尚书详解》卷二十三《周书·武成》

(归善斋按，见"武王伐殷，往伐归兽")

12.（宋）钱时《融堂书解》卷九《周书·武成》

(归善斋按，见"武王伐殷，往伐归兽")

13.（宋）魏了翁《尚书要义》卷十《周书·泰誓至武成》

(归善斋按，见"武王伐殷，往伐归兽")

14.（宋）陈大猷《书集传或问》卷下《周书·武成》

(归善斋按，未解)

15.（宋）胡士行《尚书详解》卷六《周书·武成第五》

(归善斋按，见"武王伐殷，往伐归兽")

16.（元）吴澄《书纂言》卷四下

(归善斋按，无此篇)

17.（元）陈栎《书集传纂疏》卷四上《朱子订定蔡氏集传·周书·武成》

(归善斋按，未解)

18.（元）许谦《读书丛说》卷六

原缺。

19.（元）董鼎《书传辑录纂注》卷四《周书·武成》

(归善斋按，未解)

20.（元）朱祖义《尚书句解》卷五《周书·武成第五》

识其政事（记录其始终设施之政事）

21.（明）王樵《尚书日记》卷九《周书·武成》

（归善斋按，未解）

22.（清）库勒纳等撰《日讲书经解义》卷六《周书·武成》

（归善斋按，未解）

作《武成》

1.（汉）孔氏传、（唐）陆德明音义、孔颖达疏《尚书注疏》卷十《周书·武成》

作《武成》。
传，武功成，文事修。
疏，正义曰，史叙其事作《武成》。

2.（宋）苏轼《书传》卷九《周书·武成第五》

（归善斋按，见"武王伐殷，往伐归兽"）

3.（宋）林之奇《尚书全解》卷二十三《周书·武成》

（归善斋按，见"武王伐殷，往伐归兽"）

4.（宋）史浩《尚书讲义》卷十一《周书·武成》

（归善斋按，见"武王伐殷，往伐归兽"）

5.（宋）夏僎《尚书详解》卷十七《周书·武成》

(归善斋按，见"武王伐殷，往伐归兽")

6.（宋）时澜《增修东莱书说》卷十六《周书·武成第五》

(归善斋按，见"武王伐殷，往伐归兽")

7.（宋）黄度《尚书说》卷四《周书·武成》

(归善斋按，未解)

8.（宋）袁燮《絜斋家塾书钞》卷八《周书·武成》

(归善斋按，见"武王伐殷，往伐归兽")

9.（宋）蔡沈《书经集传》卷四《周书·武成》

(归善斋按，未解)

10.（宋）黄伦《尚书精义》卷二十七《周书·武成》

(归善斋按，见"武王伐殷，往伐归兽")

11.（宋）陈经《尚书详解》卷二十三《周书·武成》

(归善斋按，见"武王伐殷，往伐归兽")

12.（宋）钱时《融堂书解》卷九《周书·武成》

(归善斋按，见"武王伐殷，往伐归兽")

13.（宋）魏了翁《尚书要义》卷十《周书·泰誓至武成》

(归善斋按，见"武王伐殷，往伐归兽")

14.（宋）陈大猷《书集传或问》卷下《周书·武成》

(归善斋按，未解)

15.（宋）胡士行《尚书详解》卷六《周书·武成第五》

(归善斋按，见"武王伐殷，往伐归兽")

16.（元）吴澄《书纂言》卷四下

(归善斋按，无此篇)

17.（元）陈栎《书集传纂疏》卷四上《朱子订定蔡氏集传·周书·武成》

(归善斋按，未解)

18.（元）许谦《读书丛说》卷六

原缺。

19.（元）董鼎《书传辑录纂注》卷四《周书·武成》

(归善斋按，未解)

20.（元）朱祖义《尚书句解》卷五《周书·武成第五》

作武成（遂作此书）

21.（明）王樵《尚书日记》卷九《周书·武成》

(归善斋按，未解)

22.（清）库勒纳等撰《日讲书经解义》卷六《周书·武成》

(归善斋按，未解)

《武成》

（汉）孔氏传、（唐）陆德明音义、孔颖达疏《尚书注疏》卷十《周书·武成》

《武成》。

传，文王受命，有此武功成于克商。

疏，正义曰，此篇叙事多而王言少。惟辞又首尾不结。体裁异于余篇。自"惟一月"至"受命于周"，史叙伐殷往反，及诸侯大集，为王言发端也。自"王若曰"至"大统未集"，述祖父已来，开建王业之事也。自"予小子"至"名山大川"，言己承父祖之意，告神陈纣之罪也。自"曰惟有道"至"无作神羞"，王自陈告神之辞也。"既戊午"已下，又是史叙往伐杀纣，入殷都布政之事。"无作神羞"以下，惟告神，其辞不结，文义不成，非述作之体。按《左传》荀偃祷河云"无作神羞，具官臣偃，无敢复济，惟尔有神裁之"，蒯聩祷祖云"无作三祖羞，大命不敢请，佩玉不敢爱"，彼二者于"神羞"之下皆更申己意。此经"无作神羞"下，更无语，直是与神之言，犹尚未讫，且冢君百工，初受周命，王当有以戒之，如《汤诰》之类，宜应说其除害，与民更始，创以为恶之祸，劝以行道之福。不得大聚百官，惟诵祷辞而已。欲征则殷勤誓众，既克则空话祷神，圣人有作，理必不尔。窃谓"神羞"之下，更合有言。简编断绝，经失其本，所以辞不次耳。或初藏之日已失其本，或坏壁得之，始有脱漏。故孔称五十八篇以外，错乱磨灭不可复知，明是见在诸篇亦容脱错，但孔此篇首尾具足，既取其文为之竹。传耻云有所失落，不复言其事耳。

传正义曰，"文王受命，有此武功"，《诗》之文也。彼言武功，谓始伐崇耳，殷纣尚在，其功未成，成功在于克商，今武始成矣，故以《武成》名篇。以《泰誓》继文王之年，故本之于文王。郑云，著武道至此而成。

《尚书注疏》卷十《考证》

《武成》疏"或初藏之日已失其本,或坏壁得之,始有脱漏"。

臣召南按,古文脱误此篇为最,颖达疑之是也。至谓"不得大聚百官,惟诵祷词",义理甚确。

(宋)蔡沈《书经集传》卷四《周书·武成》

《武成》。

史氏记武王往伐、归兽、祀群神、告群后,与其政事,共为一书,篇中有"武成"二字遂以名篇。今文无,古文有。

(宋)陈经《尚书详解》卷二十三《周书·武成》

《武成》。

读此篇,可以见圣人安天下之规模。谓之"武成"者,武功既成,则无事于用武矣。武功曷为而能成也,盖圣人之武,不用于残民虐众,而用之于禁乱止暴,故凡兵之用,皆起于人而不起于我,所以起武王之兵者,纣也,非武王也。武王之兵,为纣而起,则纣既黜矣,奚以武为,故武功于此乎成,而归马、放牛,不复用矣,亦与"辟以止辟""刑期无刑"同意。此圣人之所以善用武,"溥博渊泉,而时出之"。秦汉以后,有天下者不识此意。汉高祖虽以五年之间成帝业,而功臣相继叛上,高祖竟有流矢之祸。唐太宗既得天下而末年,犹逞意于辽东之役,此皆是兵起于我,而不起于人,甚者为好战,为穷兵、为黩武、为贪功,皆不识圣人之所谓"武"也。

(宋)魏了翁《尚书要义》卷十《周书·泰誓至武成》

三十,《武成》篇,大聚百官,惟诵祷辞,必有脱错。

自"予小子"至"名山大川",言己承父祖之意,告神陈纣之罪。自"曰惟有道"至"无作神羞",王自陈告神之辞也。"既戊午"已下,又是史叙往伐、杀纣、入殷都、布政之事。"无作神羞"以下,惟告神,其辞不结,文义不成,非述作之体。按《左传》荀偃"祷河"云,"无作神羞,其官臣偃无敢复济,惟尔有神裁之";蒯聩"祷祖"云"无作三祖羞大命不敢请佩玉不敢爱"。彼二者于"神羞"之下，皆更申己意。此经"无作神羞"下更无语，直是与神之言，犹尚未讫，且冢君百工初受周命，王当有以戒之，如《汤诰》之类，宜应说其除害，与民更始，创以为恶之祸，劝以行道之福，不得大聚百官，惟诵祷辞而已。欲征，则殷勤誓众；既克，则空话祷神。圣人有作，理必不尔。窃谓，"神羞"之下，更合有言，简编断绝，经失其本，所以辞不次耳。或初藏之日已失，其本或坏壁得之，始有脱漏，故孔称五十八篇以外，错乱磨灭，不可复知，明是见在诸篇，亦容脱错。但孔此篇首尾具足，既取其文为之作。传耻云有所失落，不复言其事耳。

（元）陈栎《书集传纂疏》卷四上《朱子订定蔡氏集传·周书·武成》

《武成》。

史氏记武王往伐、归兽、祀群神、告群后，与其政事，共为一书。篇中有"武成"二字，遂以名篇。今文无，古文有。

纂疏：

问，《武成》篇编简错乱，曰新有定本，以程先生、王介甫、刘贡父、李博士诸本推究甚详。

问，《武成》篇，似不必改移，亦自可读。曰恐须是有错简。又《汉书·律历志》谓是岁有闰亦是。

吕氏曰，《武成》见武王有取商之规模，有定商之规模。取商以至公大义；定商以常典成法。秦、晋、隋，能一天下而亡不旋踵，无以定之也。

（元）董鼎《书传辑录纂注》卷四《周书·武成》

《武成》。

史氏记武王往伐、归兽、祀群神、告群后，与其政事，共为一书。篇中有"武成"二字，遂以名篇。今文无，古文有。

辑录：

问，《武成》一篇，诸家多以为错简，然反覆读之，窃以为自"王若曰"以后，皆是史官历叙以前之事，虽作武王告群后之辞，而实史官叙述之文，故其间如"有道曾孙周王发"及"昭我周王"之语，皆是史官之言，非武王当时自称如此也。亦如五诰中，"王若曰"以下，多是周公之语。若如此看，则似不必改移，亦自可读。又"既生魄"，恐是晦日。"既"者，言其魄之既足也。以历推之当为四月晦未，知此篇先生寻常如何看？先生曰，"王若曰"以下固是告群后之辞，兼叙其致祷之辞，亦与《汤诰》相类，但此辞却无结杀处，只自叙其功烈政事之美，又书戊午、癸亥、甲子日辰，亦非诰命之体，恐须是有错简。然自王氏、程氏、刘原父以下所定，亦各不同。旧尝考之，刘以为王语之末有阙文，似得之。彼有《七经小传》，否可捡看。又《汉书·历志》谓，是岁有闰，亦是也。答潘子善。

问，《武成》一篇，编简错乱，曰，新有定本，以程先生、王介甫、刘贡父、李博士诸本推究甚详。偶。

纂注：

吕氏曰，《武成》见武王有取商之规模，有定商之规模，取商以至公大义；定商以常典成法。秦、晋、隋，亦能一天下而亡不旋踵，盖无以定之也。

（元）朱祖义《尚书句解》卷五《周书·武成第五》

《武成第五》。

武功既成，则无事于用武。盖圣人之武，不用于残民害众，而用于禁乱止暴。商纣既黜，奚以武为。故归马、放牛，示不复，用岂如后世穷兵黩武，无有休息之日哉。

（元）朱祖义《尚书句解》卷五《周书·武成第五》

《武成》。

竹简标题。

（明）王樵《尚书日记》卷九《周书·武成》

《武成》。

附月日谱，见《文公大全集》。

一月（以孔注推当是辛卯朔）。壬辰旁死魄（孔注云，二日）。越翼日癸巳，王朝步自周（三日）。戊午，师渡孟津（二十八日）。

二月（若前月小尽，即是庚申朔；大尽，即是辛酉朔）。癸亥陈于商郊（庚申朔，即是四日，辛酉朔即是三日）。甲子，胜商杀纣（或五日或四日，《汉志》云，既死魄，越五日甲子，即是六日或七日，日辰不相应）。

闰月（李校书说，是岁闰二月，盖以"一月壬辰旁死魄"推之，若不置闰，即下文四月无丁未庚戌矣。其说是也。若前两月俱小，则此月己丑朔；一大一小，则庚寅朔，俱大则辛卯朔）。

三月（若前二月俱小，则戊午朔；一大二小，则己未朔；二大一小，则庚申朔；俱大则辛酉朔。然闰月小大计，必无辛酉也）。

四月（若前四月俱小，则丁亥朔；一大三小，则戊子朔；二大二小，则己丑朔，一小二大则庚寅朔）。王来自商（一日）。既生魄诸侯受命于周（十六日，或壬寅，或癸卯，或甲辰，或乙巳，经文在庚戌后，《汉志》在丁未前，恐经误）。丁未，祀于周庙（或十九日，或二十日，或二十一日，或二十二日）。庚戌，柴望，大告武成（或二十二日，或二十三日，或二十四日，或二十五日）。

孔氏曰，文王受命，有此武功，成于克商。按前四篇，自未渡河至陈于牧野，记其誓辞。此篇则自"往伐"至"天下大定"，记其前后事辞也，取篇中"武成"字以名篇。

（清）库勒纳等撰《日讲书经解义》卷六《周书·武成》

《武成》。

史臣记武王自伐商以至归周始终，规模次第，以总叙武功之成，而以"武成"名篇。

（明）马明衡《尚书疑义》卷四《周书·武成》

《武成》之书，诸家多所更定，而各有不同，或以日辰之先后，则云

"既生魄"当在"丁未"之先；或以行事之重轻，则云未祭告不敢发命。蔡氏集诸家所长，而考定之，今行于世。愚窃以为，武成之脱误，固不能无必欲更定，以为此条系于此条之下，则又安可知是，不若因其旧之为愈也。今观古本，如初叙于征伐商，遂叙王来自商；偃武修文，遂叙祀于周庙；大告武成，遂叙诸侯受命于周。而断之以"王若曰"皆辞意相属，是古人叙事之体，惟"其承厥志"之下，则似有缺文。"底商之罪"以下，皆是史臣叙其祷神立政之事，不可属"其承厥志"，以为皆王言也。大抵去古既远，复值简编断蚀之后，欲细细必求得其一字一句之不差，斯亦难矣。惟大义昭如日星，未尝以简编断蚀，而不可知也。学者不惟大义之沉潜理会，而必欲细求之字句之间，以为悉得古人之旧，是皆宋儒著述之说有以起也。况《孟子》已不尽信《书》，于《武成》取二三策，何尝悉以为武王之世之旧文哉？而孟子未尝笔削而更定之，是知古人观书，与今人观书大不同也。今如所定新本，将"底商之罪（云云）"至"万姓悦服"，叙于"厥四月，哉生明"之上，次第摆布将来，真是后世文字也。

（明）袁仁《尚书砭蔡编》

《武成》。

蔡氏考定《武成》，皆本刘氏、王氏、程子之说。然虚心读之，即不改亦自可通。自"一月壬辰"以下，言初伐商也。"厥四月哉生明"以下，言既伐商也。见不久而商平，即"一戎衣，天下大定"之意。"丁未"一节，言归而祀神。"既生魄"节，言归而觐臣。觐臣不可以先祀神。故其序如此。既觐臣不可不告诏之，故"惟先王建邦启土"以下，皆告诏群臣，述其既往之事也。"恭天成命"一节，亦告神之词。"列爵"一节，则记其致治之法耳。以今日而叙往日之事，所以月日前后不伦，不足疑也。

（明）陈第《尚书疏衍》卷四《周书·武成》

愚按，《武成》首言伐商偃武，次言庙祭柴望，因邦君百工之受命，乃追叙烈祖之勋德，及遏乱东征之详，以至战胜定功，简贤才，赉万民之事。于是以制治之大体结之。朗健流畅,轻重有伦,其文词甚可观,其述事甚可法。今为考定《武成》,理固未妨,而尚古文章之体制失矣。故不如不定之,为浑金璞玉也。《尚书》出于煨烬,岂能尽无错简,然不在《武成》篇也。善读者自得。

(清) 毛奇龄《尚书广听录》卷三

《武成》原无脱误,而宋人必谓有脱误。程氏、刘氏,各有改本。蔡氏则竟另刻一考定《武成》入经中。按,《武成》大告诸侯,自"王若曰,呜呼!群后"以下,述公刘、太王、王季,以及文王之德;自"底商之罪告于皇天后土"以下,述伐纣时告天地,以商王通罪薮恶之祸。此本告词一串,并无间断。而蔡氏谓,告诸侯与祷鬼神截然两事,岂可漫无分别,乃以"底商之罪告皇天后土"一段,移之"伐纣"之前;以"王若曰呜呼群后"一段,割在克商之后,先祷天地,后告诸侯,何等条理。然春秋时昭七年,芊尹无宇曰,昔先王数纣之罪,以告诸侯,曰,纣为天下逋逃主罪渊薮,则其所谓告皇天后土,数纣罪薮者,正其所为大告诸侯之言也,无二词也。又《国语》伶州鸠叙述武成,自癸亥布陈,甲子克商后,曰布令于商,即大告诸侯也;曰昭显文德,即其历叙先王以及文王之德也;曰底纣之多罪,即底商之罪,告天地以数纣恶也,皆是大告诸侯之词,并无祷词。且前后次第,自"王若曰呜呼群后"以下,一气顺叙,并无彼我参错一字。其在伶州鸠芊尹无宇时,定无有出入屋壁,脱漏竹简如今所云,而其文如是。苟非无良,亦当缄口抱悔恧矣。又"厥四月,哉生明,王来自商",与"丁未祀于周庙",谓是两时,遂将"既生魄"节搀之"生明"之后,"丁未"之前。而汉魏诸儒注《易》卦,引此亦是"哉生明"后直接"丁未"。此时孔传之行,未过大河,其所据书,并非晋太保郑冲传至城阳,臧曹之本然,其无不同有如是者。嗟乎,圣经一线保守不足,尚敢云改?况改又必无一通者,徒出丑耳,戒之,戒之。

(清) 朱鹤龄《尚书埤传》卷九《周书·武成》

《武成》。

孔疏，张霸伪书有《武成》篇。刘歆误以为古文。郑玄云，《武成》逸书建武之际亡，谓霸书也。此篇叙事多，王言少辞，又首尾不结，体裁异于余篇章。如愚曰《武成》多记当时之事，与《尧典》《舜典》《顾命》体制略同。此篇多错简，幸日之甲乙可考。"用附我大邑周"之下，当有阙文，则不可知矣。方孝孺曰，牧野之兵，非武王之志也，圣人之不幸也。《武成》记其时事，但曰"一戎衣"而"天下大定"，不及纣之死者，为武王讳，故不忍书也。史谓，纣登鹿台之上，衣其宝玉自燔于火而死，意为近之。吾意武王见纣之死不踊而哭，则命商之群臣以礼葬之，岂有余怒及其既死之身躯，斩其首县之太白之旗者哉？此战国薄夫之妄言，史迁取而笔之谬也（按，贾子曰，纣死弃玉门之外，观者进而蹴之。武王使人帷而守之，其无斩纣之事可知）。

（清）张英《书经衷论》卷三《周书·武成》

《武成》。

观商周革命之际，而知禹汤之德之盛也，商之初曰，缵禹旧服，兹率厥典；周之初曰，乃反商政，政由旧，盖禹汤之所服行，乃千古不易之道，特其子孙不能守而陨越颠覆之耳。汤武之奉若天道，即汤武之率由旧章，虽欲强而易之不能也。此三代之所以一道同风，而非后世之所能及者与。

《武成》篇中读至"释箕子囚，封比干墓，式商容闾，散鹿台之财，发钜桥之粟"，一时取天下气象，如日星之焕发，启蒙昧为昭明；时雨之滂沛，变枯藁为润泽。万物熙熙然而作睹。读至"偃武修文，示天下弗服"，"列爵惟五，分土惟三"，"敦信明义，崇德报功"，定天下规模如泰山之巩固，磐石之四维。子孙有所凭藉，以为不拔之业；臣民有所信守，以为久安之计。只是数语包括一代大制作，可悟史笔之妙。

愚谨按《武成》一篇，前四节总叙其伐商之始终。"王若曰"以下皆诰诫诸侯之辞。篇名曰《武成》，本非言用兵之事，乃武功既成，而大诰天下也。"王若曰"一节，言国家累世功德，为得天下之本。"底商"三节，皆述其告神之辞，言奉天伐暴，非己之所得私也。正与《汤誓》"予小子履"一节相似。"恭天成命"一节，言东征之时，民心响应如此，正与"葛伯仇饷"一节相似。"惟尔有神"一节，言伐商之事，见定天下之易，武功之所以成也。"惟尔有神，尚克相予，以济兆民，无作神羞"，正与《汤诰》"上天孚佑下民，罪人黜伏天命弗僭"之语相类。"列爵惟五"一节，末告以定天下之规模，正与《汤诰》"凡我造邦，无即匪彝，各守尔典，以承天休"同意，俱作诰诸侯之辞，犹觉完备。若依考定《武成》，以"王若曰"二节作诰诸侯之辞，止于自述先德，末节又以为史臣之辞，文意亦不相连束，且其间缺略多矣。愚意细绎，似不必改移。及观《大全》所载之说，朱子亦谓不必改移，亦自可读。"又曰王若曰"以下，固是告群后之词兼叙，其致祷之辞，亦与《汤诰》相类，为之豁然。

惟一月壬辰，旁死魄

1.（汉）孔氏传、（唐）陆德明音义、孔颖达疏《尚书注疏》卷十《周书·武成》

惟一月壬辰，旁死魄。

传，此本说始伐纣时一月，周之正月。旁，近也。月二日，近死魄。

音义，旁，步光反。魄，普白反；《说文》作霸，匹革反，云，月始生魄然貌。近，"附近"之"近"。

疏，正义曰，此历叙伐纣往反祀庙告天时日，说武功成之事也。"一月壬辰，旁死魄"，谓伐纣之年周正月。辛卯朔，其二日是壬辰也。

传正义曰，将言武城远本其始。此本说始伐纣时一月，周之正月，是建子之月，殷十二月也。此月辛卯朔，朔是死魄，故月二日近死魄。魄者，形也，谓月之轮郭无光之处名魄也。朔后明生而魄死，望后明死而魄生。《律历志》云，死魄，朔也。生魄，望也。

《尚书注疏》卷十《考证》

"惟一月壬辰"疏"《汉书·律历志》引《武成》篇"云云。

朱子曰，以孔注汉志参考，大抵多同，但汉志二月既死魄，越五日甲子为差速，而四月既生魄，与丁未、庚戌先后小不同耳。盖以上文"一月壬辰旁死魄"推之，则二月之死魄后五日，且当为辛酉或壬戌，而未得为甲子，此汉志之误也。又以一月壬辰，二月甲子并闰推之，则汉志言四月既生魄，越六日庚戌，当为二十二日，而经以生魄，居丁未庚戌之后，则恐经文倒也。历法虽无四月俱小之理，然亦不过先后一二日耳，不应所差如此之多也。宗庙内事日用丁巳，汉志乃无丁未，而以庚戌燎于周庙，则为刚日，非所当用，而燎又非宗庙之礼，且以翼日辛亥祀于天位，而越五日乙卯又祀畿于周庙，则六日之间三举大祭，礼烦而数，近于不敬，抑亦经文所无，不知刘歆何所据也。颜注以为《今文尚书》，则伏生今文二十八篇中，本无此篇。颜氏之云又未知何所据也。

2. （宋）苏轼《书传》卷九《周书·武成第五》

惟一月，壬辰旁死魄。越翼日，癸巳，王朝步自周，于征伐商。厥四月，哉生明，王来自商至于丰。

壬辰未有事，先书旁死魄者，记月之生死，使千载之日，后世可考也。历法以月起，故《书》多记生死朏望，皆先事而书，所以正历也。

3. （宋）林之奇《尚书全解》卷二十三《周书·武成》

惟一月，壬辰旁死魄。越翼日，癸巳，王朝步自周，于征伐商。

"惟一月"者，即《泰誓》所谓"一月"，盖周之正月，商之十二月也。周之正朔未建，故不可以云正月。其时日为周史记，不可以追用商之正朔，故但云一月，盖权时之义也。"壬辰旁死魄"者，正月之首也。《汉·律历志》曰"死魄，朔也。生魄，望也"。盖魄者，形也，是月之轮郭无光之处。沈内翰曰，月本无光，犹银丸，日耀之乃光。月之初生，日在其旁，故光倒，而所见才如钩。月渐远，则斜而光稍满，其形如银丸者，所谓魄也。日月合为朔之后，始受日光，故明生而魄渐死。至望后，则明死而魄渐生，故历象以明魄之生死，而定朔望、弦晦，然后日之甲乙，始可得而推也。旁，近也。一日为始死魄，则二日为近死魄。此所记载，在于癸巳之日，至"王朝步自周于征伐商"不直言癸巳之日"于征伐商"，而先言"惟一月，壬辰旁死魄"者，为历起也。盖历家之推步，

631

尤难于日月合朔。日月合朔既定，则千载之日，可坐而致也。苟为但言日，而不言朔，以取正于月之明晦，则历象不可得而推，非记载之体也。故古者将记日之甲乙，必先以日月之晦朔为定。《春秋》书日食者三十六，而其定晦朔，必以日食为准。故杜氏《长历》，以日食推行，则其月之在晦、在闰，皆可考也。此法虽详于《春秋》，其实《书》之源流也。既载"旁死魄"之日，"壬辰"以见周之克殷，其月辛卯，日月交会于星纪之次，以起周之历矣。于是系之以征伐商之日，以纪事也。故继之曰"越翼日癸巳"则武王"朝步自周于征伐商"，盖于是月始兴师，而自周癸巳日兴师，而戊午日渡孟津，则是二十五日也。甲子克殷杀受，则是三十一日也。以至于下文"丁未""庚戌"皆可以即此而推也。后世如汉唐《律历志》以其历法推考，无所不合由其事系日，日系月，故其有数存焉，可得以历而考也。

（归善斋按，另见"越三日，庚戌，柴、望"）

4.（宋）史浩《尚书讲义》卷十一《周书·武成》

《武成》。

惟一月壬辰，旁死魄。越翼日癸巳，王朝步自周，于征伐商。厥四月，哉生明，王来自商，至于丰，乃偃武修文，归马于华山之阳，放牛于桃林之野，示天下弗服。丁未，祀于周庙，邦甸、侯、卫，骏奔走，执豆笾。越三日庚戌，柴望，大告武成。既生魄，庶邦冢君，暨百工，受命于周。

此记其事之大凡也。一月周之正月。"旁死魄"者，月朔之二日，既已"生明"，其旁为"死魄"也。"哉生明"者，初生明也。"既生魄"者，既望之二日而生魄也。一月二日伐商，至四月二日始来自商。商人既定，而急于兴治，故其归如是之迟。夫"偃武修文"，归牛休马，示不复用，乃曰"武成"，是知武者所以定乱而兴治。圣人不当黜也。传言，武有七德，而终之以安民、和众、丰财，盖如是，然后可以为武之成也。"祀于周庙"，告于祖宗也。"柴望，大告"，告于天地山川也。"庶邦冢君，暨百工，受命于周"，告于镐京所会之诸侯群臣也。此史氏举其凡目，而其辞则载之于后，固非简篇之脱误也。

5.（宋）夏僎《尚书详解》卷十七《周书·武成》

《武成》。

惟一月壬辰，旁死魄。越翼日癸巳，王朝步自周，于征伐商。厥四月，哉生明，王来自商，至于丰，乃偃武修文，归马于华山之阳，放牛于桃林之野，示天下弗服。

此史官记武王伐商之终始也。此一月，即《泰誓》所谓一月也。周之正月，商之十二月也。是时，正朔未建，不可云正月。其时，已为周，又不可追用商正朔，故但云一月，盖权时之宜也。《泰誓》言一月戊午，盖记其至孟津之日也。此言一月壬辰，翼日癸巳，乃记始发镐京时也。《汉书历志》谓，死魄，朔也。生魄，望也。魄，是月之轮郭，月之一日，则生明魄死，故谓之"死魄"。故二日壬辰，为"旁死魄"，盖以其日近于死魄也。武王朝步自周，往征伐商，乃是癸巳日，不直言癸巳，而先言"惟一月壬辰，旁死魄"，乃始言"越翼日癸巳王朝步自周于征伐商"者，盖先言一月壬辰，为历起也，历家推步，尤难于日月合朔。合朔既定，则千载之日可坐而致，此《武成》所以首言"一月壬辰，旁死魄"也。既记日月合朔于上，于是继以伐商之日，盖武王伐纣，实以一月初三日癸巳兴师，故言"越翼日癸巳王朝步自周于征伐商"。翼日，是明日也。以今日为主，则明日为辅，故明日为翼日也。而武王早朝步行自镐京之周，而东往伐商也。至其月二十八日戊午，则师至孟津，渡孟津而次于河朔，即《泰誓》所谓"一月戊午，师渡孟津"，与下文所谓"惟戊午，师逾孟津"者是也。二月，则辛酉朔，四日甲子，武王则以是日灭纣，即《牧誓》所谓"甲子昧爽"是也。由是言之，则武王之伐纣，自始兴周，凡二十五日，则至孟津二十一日，则灭纣也。此不载戊午、甲子二日之事者，盖此特载往伐与归周之始末，故既载"一月壬辰，旁死魄，越翼日癸巳，王朝步自周，于征伐商"，即载"四月，哉生明，王来自商"也。唐孔氏谓，其年闰三月庚寅朔，三月庚申朔，四月己丑朔，则此言"厥四月，哉生明"，盖谓四月三日月始生明，其日当是辛卯也。前言"死魄"，此言"生明"，其实一也，特史官变文耳。盖武王既克商，于是以四月三日始自商来归至于丰。丰，盖文王所都之地也。武王既胜商而归，

633

则吊民伐罪，其事毕矣，于是偃息其武功，而修举其文事，凡负重致远之牛马，无所复用。马则归于华山之南，牛则放之于桃林之野，示天下以今既偃武，则不复服牛乘马。华山、桃林皆近丰之地。盖牛马既不用，则不复羁绊而纵之无人之境，以适其性也。此所谓"偃武修文"，即《礼记》所谓"武王胜商，济河而西，马散之华山之阳而弗复乘，牛放之桃林之野而弗复服。车甲衅而藏之府库，倒载干戈，包之以虎皮，天下知武王之不复用兵也，散军而郊射，左射狸首，右射驺虞，而贯革之射息"也，此即所谓"偃武修文"之事也。

6. （宋）时澜《增修东莱书说》卷十六《周书·武成第五》

惟一月壬辰，旁死魄。

"旁死魄"初二日也，明生而魄死，旁近也。古者，以事系日，此特纪于"魄"者，古史欲为万世之计日者，在天常着之象，历久而必差，所以《尧典》史官以星纪事，历或有差日，与星无或差之理。此圣贤经远之虑也。大抵出师，必先期一日整办军容，初三日将往伐商，则初二日正整军之日。止书"一月壬辰"，其下不书事者，见武王素办不待临时，所谓师出而人不知也。

7. （宋）黄度《尚书说》卷四《周书·武成》

《武成》。

惟一月壬辰，旁死魄，越翼日癸巳，王朝步自周，于征伐商。厥四月，哉生明，王来自商，至于丰。

《汉律历志》死魄，朔也生。魄，望也。旁，近也，近死魄，月二日也。哉，始也，始生明月三日也。古史官纪事，必书朔、望、死魄、生明，占步最准。翼，明也。武王以一月三日行，自周往征伐商，至四月三日还归在丰，凡九十日，役不逾时。凡称周，皆镐也。《武成》首记伐商往返日月，序所谓"往伐"也。

8. (宋)袁燮《絜斋家塾书钞》卷八《周书·武成》

《武成》。

惟一月壬辰,旁死魄,越翼日癸巳,王朝步自周,于征伐商。厥四月,哉生明,王来自商,至于丰。乃偃武修文,归马于华山之阳,放牛于桃林之野,示天下弗服。

朔,旦月死,至初三日生明。"旁死魄",初二日也,言其旁近死魄之日也。"越翼日癸巳",即"哉生明",不曰"哉生明",而以"癸巳"书者,下既有"哉生明",故上变文作史之法也。其实武王伐商,自正月初三日往伐,至四月初三日归于丰,实以初三日往,而先曰"一月壬辰旁死魄",下始于"癸巳",书者记识法也。文王都丰,武王既诛纣,复归于旧都,犹汤既黜夏命,复归于亳也。"偃武修文"之事,此特言其略,其详见《乐记》。天生五材,民并用之,废一不可。谁能去兵,天下虽已定,武王岂能尽弃兵而不复用乎?曰,武王之为此也,所以安天下反侧之心也。方纣在上,不特纣为恶,当时之党纣为恶者众矣,武王既已诛纣,苟犹穷兵而不已焉,则人心疑,疑则祸乱岂有既耶?故武王以此示天下,使天下晓然知吾之不复用兵也。武王果尽屏而去之哉?《记》曰"倒载干戈包之以虎皮",包而藏之,一旦有急,固可取而用之也。曰归马、放牛,归而放之,及其欲用,固未尝不在也。特欲以"偃武修文"之意示天下。惟此意不能自明,故为倒载干戈,归马放牛之事,以此意示之尔。观其"示天下弗服"之语,则可见矣。唐穆宗时,萧俛,段文昌以两河底定武不可黩,乃偃革尚文,谓之销兵。既而强盗蜂起,召募乌合,卒以取败,是皆胶于古人之陈言,而不深知古人之意也。武王之"偃武修文",非如萧、段辈尽销而去之也。

9. (宋)蔡沈《书经集传》卷四《周书·武成》

惟一月壬辰旁死魄,越翼日癸巳,王朝步自周,于征伐商。

一月建寅之月,不曰正,而曰一者,商建丑以十二月为正朔,故曰一月也。详见《太甲》《泰誓》篇。壬辰,以《泰誓》戊午推之,当是一月二日。死魄,朔也。二日,故曰"旁死魄"。翼,明也。先记"壬辰,旁死魄",然后言癸巳伐商者,犹后世言某日,必先言某朔也。周,镐京也,在京兆鄠县上林,即今长安县昆明池北镐陂是也。

10.(宋)黄伦《尚书精义》卷二十七《周书·武成》

《武成》。

惟一月壬辰旁死魄,越翼日,癸巳,王朝步自周,于征伐商。

无垢曰,一月,商之十二月,周之正月也。东坡曰,壬辰未有事,先书"旁死魄"者,记月之生死,使千载之日,后世可考也。历法以月起,故书多记生、死、朏、望,皆先事而书所以正。

11.(宋)陈经《尚书详解》卷二十三《周书·武成》

惟一月壬辰,旁死魄,越翼日癸巳,王朝步自周,于征伐商。厥四月,哉生明,王来自商,至于丰。

此历序伐纣往返,祀庙告天时日,说武功成之事也。一月周之正月,即今之十一月也。伐纣之年,周正月辛卯朔,其二日壬辰,翼日癸巳,即正月之初三日,发镐京,始东行也。其月二十八日戊午渡河,即《泰誓》上篇"一月戊午师渡孟津",与中篇"戊午次河朔"也。二月辛酉朔,甲子杀纣,《牧誓》云"甲子昧爽"是也。其年闰二月庚寅朔,三月甲申朔,四月己丑朔。"厥四月,哉生明,王来自商,至于丰",即四月初三日,其日即辛卯也。"丁未祀周庙",即四月十九日也。"越三日庚戌,柴望",即四月二十二日也。正月往伐,四月成功,史序其成功之次也。《汉律历志》引《武成》月日,与此经不同。孔颖达谓,焚书之后有人伪为之,汉世谓之"逸书",其后又亡其篇。郑康成云,《武成》逸书,建武之世亡,谓彼伪《武成》也。朔为死魄,望为生魄。魄者,月之轮郭无光之处也。朔后明生而魄死;望后明死而魄生,故一日为始死魄,初二日为旁死魄。旁,近也。初三日为生明,十六日为始生魄。壬辰未有事,先书"旁死魄"者,记月之生死,使千载之日,后世可考历法,以月起,故书多记生、死、朏、望。先事而书,所以正历。尧之史官,纪时以星;武王史官,纪时以月。纪时以星,如"日中星鸟""日永星火"之类;纪时以月,如此书"旁死魄""哉生明"之类。所以必用星与月者,以星者

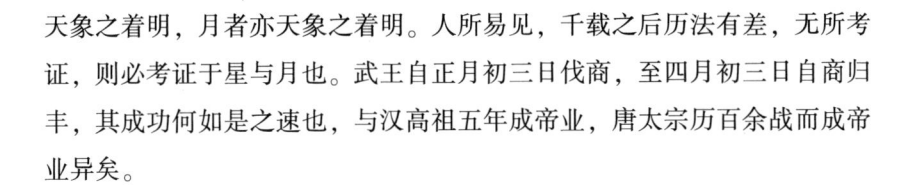

天象之着明，月者亦天象之着明。人所易见，千载之后历法有差，无所考证，则必考证于星与月也。武王自正月初三日伐商，至四月初三日自商归丰，其成功何如是之速也，与汉高祖五年成帝业，唐太宗历百余战而成帝业异矣。

12. （宋）钱时《融堂书解》卷九《周书·武成》

惟一月壬辰，旁死魄，越翼日癸巳，王朝步自周，于征伐商。厥四月，哉生明，王来自商，至于丰。乃偃武修文，归马于华山之阳，放牛于桃林之野，示天下弗服。丁未，祀于周庙，邦甸、侯、卫骏奔走，执豆笾。越三日庚戌，柴望，大告武成。既生魄，庶邦冢君暨百工，受命于周。

自"惟一月"至"受命于周"，乃史官撮记伐商事节，以明此书之所由作。武王以正月三日，自周伐商，至四月之三日，自商归至于丰，首尾凡一百二十日也。归来弗暇他及，且急急"偃武修文"。既"偃武修文"至四月十九日丁未乃祀于周庙，二十二日庚戌柴望大告武功之成。盖祀周庙亦所以告武功。柴望之时，邦甸、侯、卫亦未尝不在，互书之可以互见也。诸侯方受周之命，而与之更始也。

13. （宋）魏了翁《尚书要义》卷十《周书·泰誓至武成》

三一、正月往伐，四月告成，史历叙月日。

正义曰，此历叙伐纣往反，祀庙告天时日，说武功成之事也。"一月壬辰旁死魄"，谓伐纣之年，周正月辛卯朔，其二日是壬辰也。翌日癸巳，"王朝步自周，于征伐商"，谓正月三日，发镐京，始东行也。其月二十八日戊午渡河，《泰誓》序云"一月戊午师渡孟津"，《泰誓》中篇云"惟戊午王次于河朔"是也。二月辛酉朔，甲子杀纣，《誓》云时"甲子昧爽"，乃《誓》是也。其年闰二月庚寅朔，三月庚申朔，四月己丑朔。"厥四月，哉生明，王来自商，至于丰"谓四月三日，月始生明，其日当是辛卯也。"丁未祀于周庙"，四月十九日也。"越三日庚戌柴望"，二十二日也。正月始往伐，四月告成功，史叙其事，见其功成之次也。《汉

637

书·律历志》引《武成》篇云,惟一月壬辰旁死魄,若翌日癸巳,武王乃朝步自周于征伐纣。越若来,二月既死魄,越五日甲子咸刘商王纣。惟四月,既旁生魄,越六日庚戌武王燎于周庙,翼日辛亥祀于天位,越五日乙卯,乃以庶国祀于周庙。与此经不同,彼是焚书之后,有人伪为之,汉世谓之"逸书",其后又亡其篇。郑玄云,《武成》,逸书,建武之际亡,谓彼伪武成也。

三二、旁死魄,哉生魄,谓月二与十六。

将言武成,远本其始。此本说始伐纣时,一月周之正月,是建子之月,殷十二月也。此月辛卯朔,朔是死魄,故月二日近死魄。魄者,形也,谓月之轮郭无光之处,名魄也。朔后明生而魄死,望后明死而魄生。《律历志》云,死魄,朔也;生魄,望也。《顾命》云"惟四月哉生魄",传云,始生魄,月十六日也。月十六日为始生魄,是一日为始死魄,二日近死魄也。顾氏解死魄与小刘同,大刘以三日为始死魄,二日为旁死魄。"旁死魄"无事而记之者,与下日为发端,犹今之将言日,必先言朔也。

14. (宋)陈大猷《书集传或问》卷下《周书·武成》

(归善斋按,未解)

15. (宋)胡士行《尚书详解》卷六《周书·武成第五》

(归善斋按,见"武王伐殷,往伐归兽")

16. (元)吴澄《书纂言》卷四下

(归善斋按,无此篇)

17. (元)陈栎《书集传纂疏》卷四上《朱子订定蔡氏集传·周书·武成》

惟一月壬辰,旁死魄,越翼日癸巳,王朝步自周,于征伐商。

一月建寅之月,不曰"正"而曰"一"者,商建丑以十二月为正朔,故曰一月也。详见《太甲》《泰誓》篇。壬辰,以《泰誓》戊午推之,当是一月二日。死魄,朔也。二日,故曰"旁死魄"。翼,明也。先记"壬辰，旁死魄"，然后言"癸巳，伐商"者，犹后世言某日必先言某朔也。周，镐京也，在京兆鄠县上林，即今长安县昆明池北镐陂是也。

纂疏：

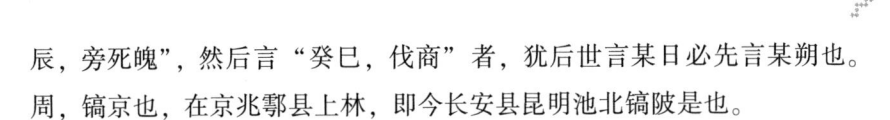

《汉志》引《武成》篇，惟一月壬辰，旁死魄，若翌日癸巳，武王乃朝步自周，于征伐纣。又曰，越若来三月，既死霸，粤五日甲子，咸刘商王纣。又曰，惟四月既旁生霸，粤六日庚戌，武王燎于周庙。翌日辛亥祀于天位，粤五日乙卯，乃以庶国祀馘于周庙，云云。诸家推历以为此年二月有闰。四月丁未为十九日，庚戌为二十二日，若无闰，则四月无丁未、庚戌。

孔氏曰，一月周之正月。

唐孔氏曰，伐纣之年，周正月辛卯朔，其二日壬辰，翌日癸巳，王发镐京东行，其月二十八日戊午渡河，《泰誓》一月戊午是也。二月辛酉朔，甲子杀纣《牧誓》"甲子昧爽"是也。其年闰二月庚寅朔，三月庚戌朔，四月己丑朔，四日"哉生明"，其日辛卯。"丁未，祀周庙"，四月十九日也。"越三日，庚戌"，二十二日也。正月始往伐，四月告成功。魄者，形也，谓月之轮郭无光处。朔后明生而魄死；望后明死而魄生。《律历志》云，死魄，朔也。生魄，望也。《顾命》"惟四月哉生魄"，传云，月十六日也。月十六日为始生魄，是一日为始死魄，二日为近死魄也。"旁死魄"无事而记之者，与下日为？端犹今言日，必先言朔也。周去孟津千里，以正月三日行，二十八日渡孟津，几二十五日。每日四十许里，师行三十里，言其大法耳。

王氏日休曰，翼，辅也，以此日为主，则明日为辅翼此日者，故以明日为翼日。

愚案，蔡氏于《泰誓》上及此皆，以孟春一月为建寅之月，与二孔之说不合，必证以《前汉·律历志》，始尤明白。《志》曰周师初发，以殷十一月戊子，亥月也。后三日得周正月辛卯朔，子月也。明日壬辰至戊午渡孟津，明日己未冬至，正月二十九日庚申。二月朔，丑月也，四日癸亥至牧野。闰二月庚寅朔。三月二日庚。申，惊蛰。古以惊蛰为寅月，中气，今云雨水。四月己丑朔，死霸。死霸，朔也。生霸，望也。是月甲辰望，乙巳旁之，故《武成》曰"惟四月，既旁生霸，粤六日庚戌，武王

639

燎于周庙",以节气证之,则武成以"周正"纪月数,而非"夏正",不辨而明矣。

18.（元）许谦《读书丛说》卷六

原缺。

19.（元）董鼎《书传辑录纂注》卷四《周书·武成》

惟一月壬辰,旁死魄,越翼日癸巳,王朝步自周,于征伐商。

一月建寅之月,不曰"正",而曰"一"者,商建丑,以十二月为正朔,故曰一月也。详见《太甲》《泰誓》篇。壬辰,以《泰誓》戊午推之,当是一月二日死魄,朔也。二日,故曰"旁死魄"。翼,明也。先记"壬辰旁死魄",然后言"癸巳,伐商"者,犹后世言某日必先言某朔也。周,镐京也,在京兆鄠县上林,即今长安县昆明池北镐陂是也。

辑录:

《汉志》引《武成》篇,惟一月壬辰,旁死霸,若翼日癸巳,武王乃朝步自周,于征伐纣。此与古今文合,但有五字差。又曰,越若来三月既死霸,粤五日甲子,咸刘商王纣。颜氏曰,今文《尚书》之辞,又曰,惟四月,既旁生霸,粤六日庚戌,武王燎于周庙,翼日辛亥,祀于天位,粤五日乙卯,乃以庶国祀馘于周庙。张氏曰,亦今文《尚书》也。又《毕命》"丰刑"曰,惟十有二年六月庚午朏,王命作策丰刑。孟康曰,逸书篇名。今案伏生今文《尚书》,无《武成》,独孔氏古文《尚书》乃有此篇。今颜氏注刘歆所引两节,见其与古文不同,遂皆以为今文《尚书》,不知何所考也。诸家推历,以为此年二月有闰,四月丁未为十九日,庚戌为二十二日,若无闰,则四月无丁未庚戌。然二日皆在生魄之后,则古文为倒,而此志所引者为顺,但其言"燎于周庙"似无理耳。况古文此篇文皆错谬,安知"既生魄,庶邦冢君暨百工,受命于周"十四字非本在"示天下弗服"之下,"丁未祀于周庙"之上,而"王若曰"以下,乃"大告武成"之文邪?以《汤诰》考之,此说为是。《毕命》古文有此篇,其年月日与此同。而"王命作册",乃序文,惟"丰刑"为无据。然年月之下,亦有"至于丰"字,岂又若《伊训》之"方明"邪?

但古文之序，"册"下更有"毕"字。孔传以为"命"为册书，以命毕公，如此则全不成文理，本文似亦有阙。"作册"二字乃衍文，而阙一"公"字也。以此可见刘歆所见，古文已非其正。而今本亦有阙误，难尽信也。孟康便以"丰刑"为逸书篇名，则亦不复本上文自有《毕命》矣，又误之甚也。此恐刘氏《七经小传》之讹，当考。答潘子善。

纂注：

王氏曰休曰，翼，辅也，以此日为主，则明日为辅翼此日者，故以明日为翼日。

唐孔氏曰，举事贵早朝，故皆言"朝"。

20.（元）朱祖义《尚书句解》卷五《周书·武成第五》

惟一月壬辰（十有三年正月二日壬辰），旁死魄（魄是月之轮廓初三日则生明魄死初二日则近于死魄）。

21.（明）王樵《尚书日记》卷九《周书·武成》

惟一月壬辰，旁死魄，越翼日癸巳，王朝步自周，于征伐商。

正义曰，此月辛卯朔。朔是死魄，故月二日近死魄。朔后明生而魄死；望后明死而魄生。《律历志》云，死魄，朔也。生魄，望也。《顾命》"惟四月哉生魄"，传云，始生魄，月十六日也。月十六日为始生魄，是一日为始死魄，二日近死魄也。"旁死魄"无事而记之者，与下日为发端，犹今之将言日必先言朔也。明日曰翌日。辇行曰步，凡云"朝步"，皆辇行也。后世称辇车曰步辇，谓人荷而行，不驾马也。周，镐京，武王所都也。于，往也。

孔氏曰，此本说始伐纣时。

22.（清）库勒纳等撰《日讲书经解义》卷六《周书·武成》

惟一月壬辰，旁死魄，越翼日癸巳，王朝步自周，于征伐商。底商之罪，告于皇天后土，所过名山大川，曰惟有道曾孙周王发，将有大正于商。今商王受无道，暴殄天物，害虐烝民，为天下逋逃主，萃渊薮。予小子既获仁人，敢祇承上帝，以遏乱略。华夏蛮貊，罔不率。俾惟尔有神，尚克相予，以济兆民，无作神羞。

此二节书，是史臣记武王伐商兴兵之期，与告神之事也。一月是建寅之月，不曰"正"而曰"一"者，商建丑以十二月为正朔，故曰一月也。旁是近，魄是月体黑暗处。每月朔后，则明生魄死，故初二日谓之"旁死魄"。翼日，明日也。"底商之罪"，是极数商纣之罪恶。有道，是周家先世祖父有道德者。逋逃，罪犯逃避之人也。略，谋略也。俾，解作"从"。史臣曰，惟一月建寅之月初二日壬辰，旁死魄，越明日癸巳，武王于是日之朝步自宗周，举兵往征伐商受，乃极数受之罪恶，告于皇天、后土，及所过名山大川之神。其祝辞曰，惟我周家先世有道之曾孙周王发，将欲兴师大正有商之罪。今商王受虽居君位，而无君道。天物者，天生之以资人用者也，受则暴恣殄绝，而不知爱惜；众民者，邦之本也，受则酷害残虐，而不知抚养。天下有罪在逃之人所当诛锄之，以安良善者也，受反收留之，与彼为主，有司莫之敢捕，如鱼之聚于深渊，兽之聚于林薮，此皆商受之罪。上帝所怒，不可不正者也。今我小子，既得仁厚有德之人为之辅佐，敢敬承上帝之意，为伐罪吊民之举，取彼凶残遏绝乱谋。惟时内而华夏，外而蛮貊，无不相率顺从我周，同力伐商。然兵凶战危，我小子何敢自恃，惟尔天地山川之神，其尚于冥冥之中辅我战胜攻取，以救济兆民，出诸水火，毋使为商所胜以贻尔神羞辱可也。

（元）陈师凯《蔡氏传旁通》卷四《武成》

死魄，朔也。

《汉律历志》文也。朔日，日月相会，二象合沓，阳上阴下，月体不明，故谓之死魄。然又谓之朔者，朔之为言，苏也，有死而复苏之机也。正义曰，此月辛卯朔，朔是死魄，故二日近死魄。旁，近也。朔后明生，而魄死；望后明死而魄生。

（明）马明衡《尚书疑义》卷四《周书·武成》

《武成》月日，如孔疏亦自明白。"一月壬辰旁死魄"，谓伐纣之年，周正月辛卯朔，其二日为壬辰。"翼日癸巳王朝步自周于征伐商"，谓正月三日,发镐京始东行也,其月二十八日戊午渡河,二月辛酉朔甲子杀纣,其年闰二月庚寅朔,三月庚申朔,四月己丑朔。"厥四月,哉生明",谓四月三日"月哉生明"其日当是辛卯也。"丁未祀于周庙",四月十九也。"越三日庚戌柴望",二十二日也。此说与《汉书·律历志》所引不合,而孔氏以为汉因伪书而为志。而朱子亦言汉书之误,则如此说,亦历历可推,似有依据。但经文"既生魄",孔传谓魄生明死,当是十五日之后,而颖达以为丁未,已是此月十九日矣,不应生魄倒在后,遂以受命为祀庙之前,惟此有疑。窃以"既生魄",既者,尽也,当是晦日。昔人有问于朱子者,亦然,正与余合。《顾命》云"惟四月哉生魄",以"哉"对"既"言之,其义又自明白矣。

(清)朱鹤龄《尚书埤传》卷九《周书·武成》

惟一月壬辰,旁死魄。

孔传一月周之正月(《史记·年表》春正月,或书"一月",或书"端月")。旁,近也。月二日死魄,疏云,此月辛卯朔,朔是死魄,故月二日近死魄。魄者,月轮郭无光处也,朔后明生而魄死,望后明死而魄生。

(清)张英《书经衷论》卷三《周书·武成》

一月壬辰,既云初二日,则四月不应有丁未。朱子云,考历数,是年当有闰月,理或然也。日食尽曰食,既"既生魄",是言其魄之既足,晦日是也。若以为望日,当曰"哉生魄",而不可言"既生魄"。以为晦日,则前后文义不舛,且由庙而郊,然后受命于周,当时次第或亦当如是也。

越翼日,癸巳,王朝步自周,于征伐商

1.(汉)孔氏传、(唐)陆德明音义、孔颖达疏《尚书注疏》卷十《周书·武成》

越翼日癸巳,王朝步自周,于征伐商。

643

传，翼，明；步，行也。武王以正月三日行自周，往征伐商。二十八日渡孟津。

疏，正义曰，"翼日癸巳，王朝步自周，于征伐商"，谓正月三日发镐京，始东行也。其月二十八日戊午渡河。《泰誓》序云，"一月戊午，师渡孟津"。《泰誓中》篇云"惟戊午王次于河朔"是也。二月辛酉朔甲子杀纣，《牧誓》云"时甲子昧爽乃誓"是也。

传正义曰，《顾命》云"惟四月哉，生魄"传云"始生魄"，月十六日也。月十六日为始生魄，是一日为始死魄，二日近死魄也。顾氏解死魄，与小刘同。大刘以三日为始死魄，二日为旁死魄。旁死魄，无事而记之者，与下日为发端，犹今之将言日，必先言朔也。翼，明，《释言》文。《释宫》云"堂上谓之行，堂下谓之步"，彼相对为名耳，散则可以通，故"步"为"行"也。周去孟津千里，以正月三日行自周，二十八日渡孟津，凡二十五日，每日四十许里，时之宜也。《诗》云"于三十里"，毛传"六师行三十里，盖言其大法耳。

2.（宋）苏轼《书传》卷九《周书·武成第五》

（归善斋按，见"惟一月壬辰，旁死魄"）

3.（宋）林之奇《尚书全解》卷二十三《周书·武成》

（归善斋按，见"惟一月壬辰，旁死魄"）

4.（宋）史浩《尚书讲义》卷十一《周书·武成》

（归善斋按，见"惟一月壬辰，旁死魄"）

5.（宋）夏僎《尚书详解》卷十七《周书·武成》

（归善斋按，见"惟一月壬辰，旁死魄"）

6.（宋）时澜《增修东莱书说》卷十六《周书·武成第五》

越翼日，癸巳，王朝步自周，于征伐商。厥四月，哉生明，王来自商,至于丰,乃偃武修文。

翼日,壬辰之次日也。"厥四月,哉生明,王来自商,至于丰",其四月初三日也,王方自商归镐京,见武王数十日之间,留于商邑,整治规摹,抚摩人民。凡周家之政,皆在于此。"乃偃武修文"者,兵端不起于武王,应之而已,所以平定,即偃武也,岂如唐太宗辽东之役哉。

7. (宋) 黄度《尚书说》卷四《周书·武成》

(归善斋按,见"惟一月壬辰,旁死魄")

8. (宋) 袁燮《絜斋家塾书钞》卷八《周书·武成》

(归善斋按,见"惟一月壬辰,旁死魄")

9. (宋) 蔡沈《书经集传》卷四《周书·武成》

(归善斋按,见"惟一月壬辰,旁死魄")

10. (宋) 黄伦《尚书精义》卷二十七《周书·武成》

(归善斋按,见"惟一月壬辰,旁死魄")

11. (宋) 陈经《尚书详解》卷二十三《周书·武成》

(归善斋按,见"惟一月壬辰,旁死魄")

12. (宋) 钱时《融堂书解》卷九《周书·武成》

(归善斋按,见"惟一月壬辰,旁死魄")

13. (宋) 魏了翁《尚书要义》卷十《周书·泰誓至武成》

三三、周去孟津千里,行二十五日。

周去孟津千里,以正月三日行自周,二十八日渡孟津,凡二十五日。每日四十许里,时之宜也。《诗》云"于三十里",毛传云,师行三十里,盖言其大法耳。

14. （宋）陈大猷《书集传或问》卷下《周书·武成》

(归善斋按，未解)

15. （宋）胡士行《尚书详解》卷六《周书·武成第五》

(归善斋按，见"武王伐殷，往伐归兽")

16. （元）吴澄《书纂言》卷四下

(归善斋按，无此篇)

17. （元）陈栎《书集传纂疏》卷四上《朱子订定蔡氏集传·周书·武成》

(归善斋按，见"惟一月壬辰，旁死魄")

18. （元）许谦《读书丛说》卷六

原缺。

19. （元）董鼎《书传辑录纂注》卷四《周书·武成》

(归善斋按，见"惟一月壬辰，旁死魄")

20. （元）朱祖义《尚书句解》卷五《周书·武成第五》

越翼日，癸巳（遇明日初三日癸巳），王朝步自周（武王早朝，步行自镐京之周而东），于征伐商（而往伐商，至其月二十八日戊午，师至孟津，渡孟津而行，至二月初四日甲子武王灭纣）。

21. （明）王樵《尚书日记》卷九《周书·武成》

(归善斋按，见"惟一月壬辰，旁死魄")

22. （清）库勒纳等撰《日讲书经解义》卷六《周书·武成》

(归善斋按，见"惟一月壬辰，旁死魄")

（元）陈师凯《蔡氏传旁通》卷四《武成》

翼，明也。

辑纂引王氏云，翼，辅也，以此日为主，则明。日为辅翼此日者，故以明日为翼日。

周，镐京也。

时武王已迁都于此。

即今长安县昆明池北镐陂是也。

《三辅黄图》云，镐池，在昆明池之北，即周之故都也，周匝二十一里，盖地三十三顷。长安县今属奉元路，即安西路古京兆也。

（明）马明衡《尚书疑义》卷四《周书·武成》

（归善斋按，见"惟一月壬辰，旁死魄"）

（清）蒋廷锡《尚书地理今释·周书·武成》

周，《史记正义》曰，太王所居周原，因号曰周；文王因之。有岐城，亦名周城，在今陕西凤翔府岐山县。

周，蔡传云，周，镐京也。镐京在今陕西西安府长安县南三十里。《三辅决录》云，镐，在丰水东。丰，在丰水西，相去二十五里。自汉武帝穿昆明池于此，镐京遗址沦陷焉。

（清）王夫之《尚书稗疏》卷四上《周书·武成》

步自周。

蔡注云，周，镐京也。今按，武王迁镐，在武成之后，《文王有声》之诗可考也。其诗之五章曰"丰水东注，维禹之绩，四方攸同，皇王维辟"，言四方会同于丰，以臣服于周，而武王成其为君也。其八章曰"丰水有芑武王岂不仕"，言武王之有事者，始基于丰也。其六章曰"镐京辟雍，自西自东，自南自北，无思不服"者，言武王迁镐，当天下大定之后，四方皆服，不但底定东土而已也。其七章曰"考卜维王，宅是镐京"，言武王已正号称王，而始卜宅也，则迁镐，在武成之后，明矣。且此篇下文云"王来自商至于丰",其归也于丰,则其往也亦于丰。而蔡氏乃云文王旧都,周先王之庙在焉。夫迁国者,必迁其宗庙。武王居镐,而庙在丰,将庙不与并迁,而镐无庙与,是弃其祖考而远之也。抑丰、镐之皆有庙与,此汉丰沛高庙,唐东都太庙之所以为失礼,而武王不宜尔也,且丰镐而皆有庙则自可告武成于镐庙,抑不当舍镐而至丰矣。蔡氏之云尔者,以《召诰》亦云"步自周",疑其同为镐京,不知《召诰》在迁镐之后,自可谓镐为周,词同而实异也。盖周本以岐之周原为国号,都屡迁,而号仍故,亦犹商之十三迁,而仍商雒之名,则岐本周也,丰亦周也,镐亦周也,乃至东迁郏鄏,而犹然周也。岂得以《召诰》步自之周,为此步自之周哉。

厥四月,哉生明,王来自商,至于丰

1.(汉)孔氏传、(唐)陆德明音义、孔颖达疏《尚书注疏》卷十《周书·武成》

厥四月,哉生明,王来自商至于丰。

传,其四月哉始也,始生明,月三日,与"死魄"互言。

音义,哉,徐音载。丰,芳弓反,文王所都也。

疏,正义曰,其年闰二月庚寅朔,三月庚申朔,四月己丑朔。"厥四月哉生明王来自商,至于丰",谓四月三日月始生明,其日当是辛卯也。

传正义曰,其四月,此伐商之四月也。哉,始,《释诂》文。《顾命》传以"哉生魄"为十六日,则"哉生明"为月初矣。以三日月光见,故传言"始生明",月三日也。此经无日,未必非二日也。"生明""死魄"俱是月初。上云"死魄",此云"生明",而魄死明生,互言耳。

2.(宋)苏轼《书传》卷九《周书·武成第五》

(归善斋按,见"惟一月壬辰,旁死魄")

3.（宋）林之奇《尚书全解》卷二十三《周书·武成》

厥四月，哉生明，王来自商，至于丰。乃偃武修文。归马于华山之阳，放牛于桃林之野，示天下弗服。

此处，先后说者极多，惟唐孔氏依汉孔氏先后为说，而其先后失次者，与夫简编之疑有脱逸，则论其端，而使学者以意逆志而自得焉。此为得体，但惜其论之有所未至也。某今于此篇，不敢轻有去取。刘元甫、王介甫、程伊川、孙元忠，数家之说，始依唐孔氏之意，按唐孔氏所次岁月日，以谓"癸巳，王朝步自周，于征伐商"，正月三日也。其月二十八日戊午渡孟津，二月辛酉朔甲子杀纣，其年闰二月庚寅朔，三月庚申朔，四月己丑。"厥四月，哉生明"，谓四月三日辛卯也。

4.（宋）史浩《尚书讲义》卷十一《周书·武成》

（归善斋按，见"惟一月壬辰，旁死魄"）

5.（宋）夏僎《尚书详解》卷十七《周书·武成》

（归善斋按，见"惟一月壬辰，旁死魄"）

6.（宋）时澜《增修东莱书说》卷十六《周书·武成第五》

（归善斋按，见"越翼日癸巳，王朝步自周，于征伐商"）

7.（宋）黄度《尚书说》卷四《周书·武成》

（归善斋按，见"惟一月壬辰，旁死魄"）

8.（宋）袁燮《絜斋家塾书钞》卷八《周书·武成》

（归善斋按，见"惟一月壬辰，旁死魄"）

9.（宋）蔡沈《书经集传》卷四《周书·武成》

厥四月，哉生明，王来自商，至于丰，乃偃武修文，归马于华山之阳，放牛于桃林之野，示天下弗服。

哉，始也。始生明，月三日也。丰，文王旧都也。在京兆鄠县，即今长安县西北灵台丰水之上，周先王庙在焉。山南曰阳。桃林，今华阴县潼关也。《乐记》曰，武王胜商，渡河而西，马散之华山之阳而弗复乘，牛放之桃林之野而弗复，服车甲衅而藏之府库，倒载干戈，包以虎皮。天下知武王之不复用兵也。此当在"万姓悦服"之下。

10.（宋）黄伦《尚书精义》卷二十七《周书·武成》

厥四月，哉生明，王来自商，至于丰。

孔氏曰，哉，始也。《顾命》传，以哉生魄为十六日，则哉生明为月初矣。以三日月光见，故传言始生明，月三日也。此经无日，未必非二日也。生明、死魄俱是月初上元死魄。此云生明，而魄死明生，互言耳。月以望亏，望是月半，望在十六日为多，通率在十六日者四分居三，其一在十五日耳。此言既生魄，故言魄生明死，十五日之后也。"丁未，祀于周庙"，已是此月是十九日矣。此受命于周，继"生魄"言之，则受命在祀庙之前，故"祀庙"之时，诸侯已奔走执事，岂得未受周命已助周祭，明其受命在"祀庙"前矣。

无垢曰，"厥四月，哉生明"，谓四月三日也。王来自伐商至于丰，欲行周家之政事也。生魄谓月十六日，则"生明"谓月三日也。朔后明生而魄死，望后明死而魄生，盖朔是死魄，二日为旁死魄，已有生明之意矣。三日则明生，而魄死矣。武王正月二日至商，至四月三日功成而归也。四月三日至丰，故十五日以后，庶邦冢君暨百工听命于武王也。

张氏曰，颁正朔，受爵服，与之正始而已。以明革商命而为周，于此乎始也。

吕氏曰，十六，明灭魄生之日。天子、诸侯、百官，皆洗心涤虑，以听新天子之号令。先是武王受命于上，后是百官受命于武王，武王乃告之以祖宗功德之盛。

11.（宋）陈经《尚书详解》卷二十三《周书·武成》

（归善斋按，见"惟一月壬辰，旁死魄"）

12. （宋）钱时《融堂书解》卷九《周书·武成》

（归善斋按，见"惟一月壬辰，旁死魄"）

13. （宋）魏了翁《尚书要义》卷十《周书·泰誓至武成》

三四、哉生明，旁死魄，俱是月初。

其四月，此伐商之四月也。哉，始，《释诂》文。《顾命》传，以哉生魄为十六日，则哉生明，为月初矣。以三日月光见，故传言始生明，月三日也。此经无日，未必非二日也。生明、死魄，俱是月初。上云"死魄"，此云"生明"，魄死明生，互言耳。

14. （宋）陈大猷《书集传或问》卷下《周书·武成》

《武成》。

或问，生明，孔安国以为月三日。孔颖达以为生明、死魄俱是月初。而诸儒多从安国之说，如何？曰，朔日，月已生明，但其明处极微昧。明生则魄死矣，故为始死魄。魄死则明生矣，故为"哉生明"。薛氏谓，哉生明，一日也。旁死魄，月二日也。至望日，则明全生，而魄全死；自望后一日，则月生魄，魄生则明死矣。至晦日，则明全死，而魄全生。故每月之终，谓之晦，以其魄全晦故也。每月之始，谓之朔，以其明初见故也。于晦朔观月，则可见，故知当以颖达之说为正。诸儒皆以"哉生魄"为十六日，既望之后一日。魄始生，而望或在十五日，或在十六日，或在十四日，不可定指十六日为既生魄也。

15. （宋）胡士行《尚书详解》卷六《周书·武成第五》

（归善斋按，见"武王伐殷，往伐归兽"）

16. （元）吴澄《书纂言》卷四下

（归善斋按，无此篇）

17.（元）陈栎《书集传纂疏》卷四上《朱子订定蔡氏集传·周书·武成》

厥四月，哉生明，王来自商，至于丰，乃偃武修文，归马于华山之阳，放牛于桃林之野，示天下弗服。

哉，始也，始生明，月三日也。丰，文王旧都也，在京兆鄠县，即今长安县西北灵防丰水之上，周先王庙在焉。山南曰阳。桃林，今华阴县潼关也。《乐记》曰，武王胜商，渡河而西，马散之华山之阳而弗复乘，牛放之桃林之野而弗复，服车甲衅而藏之府库，倒载干戈，包以虎皮。天下知武王之不复用兵也。此当在"万姓悦服"之下。

纂疏：

张氏曰，朔日，为死魄。二日，为"旁死魄"；三日，为"哉生。

吕氏曰，但归放伐纣之马牛耳。"天子十二闲"与"丘甸之赋"，自不废也。与晋武平吴而去武备，唐穆平两河而销兵不同。

王氏曰，军行战车用马，任载之车用牛。服，乘用也。急于偃武如此，见以兵定天下，非本心也。

18.（元）许谦《读书丛说》卷六

原缺。

19.（元）董鼎《书传辑录纂注》卷四《周书·武成》

厥四月，哉生明，王来自商，至于丰，乃偃武修文，归马于华山之阳，放牛于桃林之野，示天下弗服。

哉，始也。始生明，月三日也。丰，文王旧都也，在京兆鄠县，即今长安县西北灵台丰水之上，周先王庙在焉。山南曰阳。桃林，今华阴县潼关也。《乐记》曰，武王胜商渡河而西，马散之华山之阳而弗复乘，牛放之桃林之野而弗复服，车甲衅而藏之府库，倒载干戈，包以虎皮。天下知武王之不复用兵也。此当在"万姓悦服"之下。

纂注：

唐孔氏曰，生明、死魄，俱是月初。上云"死魄"，此云"生明"，互言耳。

吕氏曰，但归放用以伐纣之牛马耳。"天子十二闲"与邱甸之赋，自不废，与晋武平吴而去武备，唐穆平两河而销兵不同。

王氏曰，军行战车用马，任载之车用牛。服，乘用也。急于偃武如此，见以兵定天下，非其本心也。

20. （元）朱祖义《尚书句解》卷五《周书·武成第五》

厥四月，哉生明（其年闰三月，至四月三日辛卯，月生明），王来自商（武王自商来归），至于丰（文王所居之地）。

21. （明）王樵《尚书日记》卷九《周书·武成》

"厥四月，哉生明，王来自商"至"示天下弗服"。

孔氏曰，始生明，月三日，与死魄互言。

正义曰，生明、死魄俱是月初，互言之。

朱子曰，"哉生明""旁死魄"，皆谓月二三日，月初生明时也。凡言"既生魄"，即谓月十六日，月始阙时也。魄者，月之有体而无光处也。

蔡氏曰。丰，文王旧都，在鄠灵台沣水之上，周先王庙在焉《乐记》云，武王克殷，济河而西，马散之华山之阳而弗复乘，牛放之桃林之野而弗复，服车甲衅而藏之府库，倒载干戈，包以虎皮。天下知武王之不复用兵也。

"既生魄，庶邦冢君暨百工，受命于周"，孔氏曰，魄生明死，十五日之后。正义曰，月以望亏，望是月半，望在十六日为多，通率在十六日者四分之三，其一在十五日耳。此言"既生魄"，魄生明死，十五日之后也。此时天下始一，四方诸侯及百官，皆来朝受命。今自陕州灵宝县至潼关，皆桃林塞。干戈刃反，凡兵出，则刃向前，入则刃向后。今还而刃向后。按，此文，《汉志》在丁未前，则经之错简明甚。

22.（清）库勒纳等撰《日讲书经解义》卷六《周书·武成》

厥四月，哉生明，王来自商，至于丰，乃偃武修文，归马于华山之阳，放牛于桃林之野，示天下弗服。

此一节书，是记武王偃武之事也。"哉"字解作"始"字。初三日，月始生明，故谓之"哉生明"。丰，周之旧都。华山、桃林，皆地名。服，用也。史臣曰，武王先以一月二日，自周伐商，至是四月三日，月始生明之时，自商而来归，至于丰，乃偃息威武，而修举文德。凡所用之战马，皆发归于华山之阳；任载之牛，皆牧放于桃林之野，明示天下之人，使知自今以往，与百姓同享太平，不复兴兵动众矣。盖是时，商政暴虐，虽望时雨之师，而人心厌乱，终苦干戈之扰，故武王汲汲于"偃武修文"如此，可见用兵非圣人之得已也。

（元）陈师凯《蔡氏传旁通》卷四《武成》

丰，文王旧都，即今长安县西北灵台，丰水之上。

《三辅黄图》云，周文王灵台在长安西北四十里，高二丈，周回百二十步。丰水，出鄠南山丰谷，北入渭。

（明）梅鷟《尚书考异》卷四《武成》

厥四月，哉生明，王来自商，至于丰，乃偃武修文，归马于华山之阳，放牛于桃林之野，示天下弗服。

《乐记》曰，"武王克殷反商，未及下车，而封黄帝之后于蓟，封帝尧之后于祝，封帝舜之后于陈。下车而封夏后氏之后于杞，投殷之后于宋，封王子比干之墓，释箕子之囚，使之行商容而复其位。庶民弛政，庶士倍禄，济河而西，马散之华山之阳而弗复乘，牛散之桃林之野而弗复服，车甲衅而藏之府库而弗复用，倒载干戈包之以虎皮，将帅之士，使为诸侯，名之曰建囊，然后天下知武王之不复用兵也"。今按《记》言，弗复乘马服牛，而古文独言"示天下弗服"者，欲以一"服"字兼牛马言，欲与《记》小异也。又《史记》"纵马于华山之阳，放牛于桃林之墟，偃干戈，振兵释旅，示天下不复用也"。

（明）马明衡《尚书疑义》卷四《周书·武成》

（归善斋按，见"惟一月壬辰，旁死魄"）

（清）蒋廷锡《尚书地理今释·周书·武成》

丰，丰邑，在今陕西西安府鄠县东。《史记》文王伐崇侯虎，而作丰邑是也。

乃偃武修文

1.（汉）孔氏传、（唐）陆德明音义、孔颖达疏《尚书注疏》卷十《周书·武成》

乃偃武修文。

传，倒载干戈，包以虎皮，示不用行。礼射，设庠序修文教。

疏，传正义曰，《乐记》云武王克殷，"济河而西，车甲衅而藏之盾库。倒载干戈，包之以虎皮，天下知武王之不复用兵也。散军而郊射，左射《狸首》，右射《驺虞》，而贯革之射息也，"是偃武修文之事，故传引之。郊射是礼射也。《王制》论四代学名云"虞谓之庠，夏谓之序"，故言"设庠序，修文教"也。

2.（宋）苏轼《书传》卷九《周书·武成第五》

乃偃武修文，归马于华山之阳，放牛于桃林之野，示天下弗服。

华山之阳，有山川焉，然地至险绝，可入而不可出。桃林之野，在华山东，亦险阻，归马牛，于此示天下弗服也。《春秋传》曰，"天生五材，民并用之，阙一不可，谁能去兵"。兵不可去，则牛马不可无，虽尧舜之世，牛马之政，不可不修，而武王归马休牛，倒载干戈，包之虎皮，示不复用者，盖势有不得不然者也。夫以兵雄天下，杀世主而代之，虽盛德，所在惧者众矣。武庚，纣子也，杀其父用其子，付之以殷民，武王知其必叛矣。然必用之，纣子且用，况其余乎？所以安诸侯之惧也。楚灵王既县陈、蔡，朝诸侯，卜曰"当得天下"，民患王之无厌也，故从乱如归。知伯、夫差皆以此亡。战胜而不已，非独诸侯惧也，吾民先叛矣。汤武皆畏之，故汤以惭德，令诸侯曰"栗栗危惧，若将陨于深渊"，其敢复言兵乎。武王之"偃武"，则汤之"惭德"也。秦汉惟不知此，故始皇不及一世，而天下乱。汉虽不亡，然诸侯功臣皆叛。高祖以流矢崩，不偃武之过也。

3.（宋）林之奇《尚书全解》卷二十三《周书·武成》

（归善斋按，见"厥四月，哉生明，王来自商，至于丰"，另见后文"越三日，庚戌，柴、望，大告武成"）

4.（宋）史浩《尚书讲义》卷十一《周书·武成》

（归善斋按，见"惟一月壬辰，旁死魄"）

5.（宋）夏僎《尚书详解》卷十七《周书·武成》

（归善斋按，见"惟一月壬辰，旁死魄"）

6.（宋）时澜《增修东莱书说》卷十六《周书·武成第五》

（归善斋按，见"越翼日癸巳，王朝步自周，于征伐商"）

7.（宋）黄度《尚书说》卷四《周书·武成》

乃偃武修文，归马于华山之阳，放牛于桃林之野，示天下弗服。

天下固犹有未服者，乃偃武修文，归马放牛，以示之。此与"舜舞干羽"意同。归马、放牛，就牧也。华山、桃林，皆在华阴县。华州，《禹贡》属雍，兼有豫地，周职方豫州，其镇曰华山是也。周为畿内之地。郑桓公友封邑，一名咸林，春秋为秦晋地。《华山记》云，山分秦晋之境，鄙晋之西，则曰阴晋；边秦之东，则曰宁秦。桃林，即潼关。《左

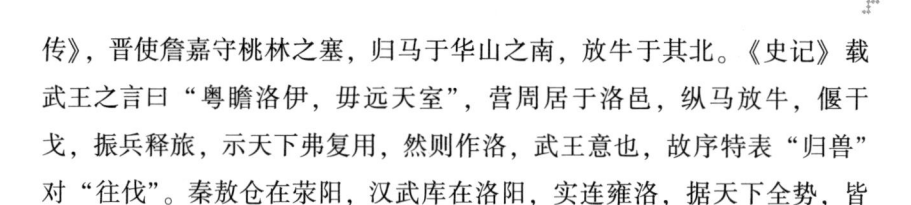

传》，晋使詹嘉守桃林之塞，归马于华山之南，放牛于其北。《史记》载武王之言曰"粤瞻洛伊，毋远天室"，营周居于洛邑，纵马放牛，偃干戈，振兵释旅，示天下弗复用，然则作洛，武王意也，故序特表"归兽"对"往伐"。秦敖仓在荥阳，汉武库在洛阳，实连雍洛，据天下全势，皆为识此意者。

8.（宋）袁燮《絜斋家塾书钞》卷八《周书·武成》

（归善斋按，见"惟一月壬辰，旁死魄"）

9.（宋）蔡沈《书经集传》卷四《周书·武成》

（归善斋按，见"厥四月，哉生明，王来自商，至于丰"）

10.（宋）黄伦《尚书精义》卷二十七《周书·武成》

乃偃武修文，归马于华山之阳，放牛于桃林之野，示天下弗服。

无垢曰，呜呼！不祥之器，岂可常玩弄。武王，圣人，知此举之不可再也。故倒载干戈，包以虎皮，示天下以不可复用之意。而修礼乐庠序之事，纳天下于中，和之中，为国家长久无穷之计，其过人也远矣。

东坡曰，华山之阳，有川焉，然地至险绝可入而不可出。桃林之野，在华山东，亦险阻。归马、放牛于此，示天下弗服也。《春秋传》曰，天生五材，民并用之，阙一不可。谁能去兵，兵不可去，则牛马不可无。虽尧舜之世，牛马之政，不可不修。而武归马休牛，倒载干戈，包之虎皮，示不复用者，盖盛德所在，惧者众矣。武庚，纣子也。杀其父，用其子，付之以殷民，武王知其必叛矣，然且用之。纣子且用，况其余乎？所以安诸侯之惧也。楚灵王既县陈蔡，朝诸侯，卜曰，当得天下，民患王之无厌也，故从乱如归。智伯、夫差，皆以此亡。战胜而不已，非独诸侯惧也，吾民先叛矣。汤、武皆畏之，故汤以"惭德"，令诸侯曰，懔懔危惧，若将陨于深渊，其敢复言兵乎？武王之"偃武"，则汤之"惭德"也。秦汉惟不知此，故始皇不及二世而天下乱。汉虽不亡，然诸侯功臣皆叛，高祖以流矢崩，皆不偃武之过也。

张氏曰，兵犹火也，不戢将自焚。此所以贵于"偃武"。马上得之，不可以马上治之。此所以贵于修文。载戢干戈，载櫜弓矢，偃武之谓也。敦尚儒术，讲明礼义，修文之谓也。"归马于华山之阳，放牛于桃林之野"，盖昔之战也，马牛有所服乘，今则马归华山，牛放桃林，因其土地所宜，而牧之者也。

吕氏曰，武王之用兵，以应天顺人，不得已而用之，一之为甚，其可再乎？大抵圣人举事，兵起于人，而不起于我，故武王所以伐纣而用兵，起于纣，而不起于武王。纣灭而兵自偃，何至于再用乎？后世兵端起于自己，而不起于人。争城而战，争地而战，至虽得天下以后，方且好大喜功而不肯止，如唐太宗，既定天下之后，犹有高丽、突厥之举。看得武王天下已定不用兵时，方见得兵起于纣，而不起于武王。

11. （宋）陈经《尚书详解》卷二十三《周书·武成》

乃偃武修文，归马于华山之阳，放牛于桃林之野，示天下弗服。

《乐记》曰，武王克商，济河而西，车甲衅而藏之府库，倒载干戈，包以虎皮，天下知武王之不复用兵也。此即"偃武修文"之意也。武既偃而不用，则凡礼乐政教，无非文也。华山之南，与夫桃林之野，皆至险之所，归马、放牛于此，则待其自生自死，示天下弗乘服之矣。然则武王岂尽放其牛马乎？此所谓归马、放牛者，当时征战所用之牛马也。若夫天子所有十二闲，则在官有常制，岂得而尽归之、放之哉。圣人于无事之时，亦未尝不为有事之备。晋武帝平吴之后，灭去州郡武备，卒至盗贼窃发。唐穆宗听萧俛销兵之议，复失两河。此不知为预备之策也。

12. （宋）钱时《融堂书解》卷九《周书·武成》

（归善斋按，见"惟一月壬辰，旁死魄"）

13. （宋）魏了翁《尚书要义》卷十《周书·泰誓至武成》

（归善斋按，未引）

14.（宋）陈大猷《书集传或问》卷下《周书·武成》

（归善斋按，未解）

15.（宋）胡士行《尚书详解》卷六《周书·武成第五》

（归善斋按，见"武王伐殷，往伐归兽"）

16.（元）吴澄《书纂言》卷四下

（归善斋按，无此篇）

17.（元）陈栎《书集传纂疏》卷四上《朱子订定蔡氏集传·周书·武成》

（归善斋按，见"厥四月，哉生明，王来自商，至于丰"）

18.（元）许谦《读书丛说》卷六

原缺。

19.（元）董鼎《书传辑录纂注》卷四《周书·武成》

（归善斋按，见"厥四月，哉生明，王来自商，至于丰"）

20.（元）朱祖义《尚书句解》卷五《周书·武成第五》

乃偃武修文（偃息武功修举文事）。

21.（明）王樵《尚书日记》卷九《周书·武成》

（归善斋按，见"厥四月，哉生明，王来自商，至于丰"）

22.（清）库勒纳等撰《日讲书经解义》卷六《周书·武成》

（归善斋按，见"厥四月，哉生明，王来自商，至于丰"）

（明）梅鷟《尚书考异》卷四《武成》

(归善斋按，见"厥四月，哉生明，王来自商，至于丰")

归马于华山之阳，放牛于桃林之野，示天下弗服

1. （汉）孔氏传、（唐）陆德明音义、孔颖达疏《尚书注疏》卷十《周书·武成》

归马于华山之阳，放牛于桃林之野，示天下弗服。

传，山南曰阳，桃林在华山东，皆非长养牛马之地，欲使自生自死，示天下不复乘用。

音义，华，胡化、胡瓜二反。华山在弘农。长，丁丈反。复，扶又反。

疏，传正义曰，《释山》云，"山西曰夕阳，山东曰朝阳"。李巡曰，山西暮乃见日，故曰夕阳；山东朝乃见日，故云朝阳。阳以见日为名，故知山南曰阳。杜预云，桃林之塞，今弘农华阴县潼关是也，是在华山东也。指其所住谓之归，据我释之则云"放"。"放牛"，"归马"，互言之耳。华山之旁，尤乏水草，非长养牛马之地，欲使自生自死。此是战时牛马，故放之，示天下不复乘用。《易·系辞》云"服牛乘马"，服、乘俱是用义，故以"服"总牛马。

2. （宋）苏轼《书传》卷九《周书·武成第五》

(归善斋按，见"乃偃武修文")

3. （宋）林之奇《尚书全解》卷二十三《周书·武成》

(归善斋按，见"厥四月，哉生明，王来自商，至于丰"，另见后文"越三日，庚戌，柴、望，大告武成")

4.（宋）史浩《尚书讲义》卷十一《周书·武成》

（归善斋按，见"惟一月壬辰，旁死魄"）

5.（宋）夏僎《尚书详解》卷十七《周书·武成》

（归善斋按，见"惟一月壬辰，旁死魄"）

6.（宋）时澜《增修东莱书说》卷十六《周书·武成第五》

归马于华山之阳，放牛于桃林之野，示天下弗服。

示天下不复事，武之意. 然牛马非尽归放也。所谓天子十有二闲，与丘甸军赋之法自不可废。但归放当时伐纣之役所兴调者耳。使武王尽归马放牛，则异时"四征弗庭"，以至管蔡之诛，将何所用如。后世萧俛、段文昌销兵，一有祸乱，遂不可支吾。"示"之一字有意，但示不复用兵之意于天下。武王至此，示生意于天下，所谓天地之大德也。

7.（宋）黄度《尚书说》卷四《周书·武成》

（归善斋按，见"乃偃武修文"）

8.（宋）袁燮《絜斋家塾书钞》卷八《周书·武成》

（归善斋按，见"惟一月壬辰，旁死魄"）

9.（宋）蔡沈《书经集传》卷四《周书·武成》

（归善斋按，见"厥四月，哉生明，王来自商，至于丰"）

10.（宋）黄伦《尚书精义》卷二十七《周书·武成》

（归善斋按，见"乃偃武修文"）

11.（宋）陈经《尚书详解》卷二十三《周书·武成》

（归善斋按，见"乃偃武修文"）

12. (宋)钱时《融堂书解》卷九《周书·武成》

(归善斋按,见"惟一月壬辰,旁死魄")

13. (宋)魏了翁《尚书要义》卷十《周书·泰誓至武成》

(归善斋按,未引)

14. (宋)陈大猷《书集传或问》卷下《周书·武成》

(归善斋按,未解)

15. (宋)胡士行《尚书详解》卷六《周书·武成第五》

(归善斋按,见"武王伐殷,往伐归兽")

16. (元)吴澄《书纂言》卷四下

(归善斋按,无此篇)

17. (元)陈栎《书集传纂疏》卷四上《朱子订定蔡氏集传·周书·武成》

(归善斋按,见"厥四月,哉生明,王来自商,至于丰")

18. (元)许谦《读书丛说》卷六

原缺。

19. (元)董鼎《书传辑录纂注》卷四《周书·武成》

(归善斋按,见"厥四月,哉生明,王来自商,至于丰")

20. (元)朱祖义《尚书句解》卷五《周书·武成第五》

归马于华山之阳,放牛于桃林之野(华山之南,桃林之野,皆近丰地),示天下弗服(示天下以今既偃武,不复服牛乘马)。

21.（明）王樵《尚书日记》卷九《周书·武成》

(归善斋按，见"厥四月，哉生明，王来自商，至于丰")

22.（清）库勒纳等撰《日讲书经解义》卷六《周书·武成》

(归善斋按，见"厥四月，哉生明，王来自商，至于丰")

（元）陈师凯《蔡氏传旁通》卷四《武成》

桃林，今华阴县潼关也。

华阴，今属陕西华州。《寰宇记》云，潼关，即《左传》晋侯使詹嘉守桃林之塞是也。按，潼关，是自函谷至于潼关，高出云表，幽谷秘邃，深林茂木，白日成昏

华山之阳。

太华山，在华阴县南八里。

峷。

许靳反，与峷同。

（明）梅鷟《尚书考异》卷四《武成》

(归善斋按，见"厥四月，哉生明，王来自商，至于丰")

（清）朱鹤龄《尚书埤传》卷九《周书·武成》

归马放牛。

武王归马放牛，与秦政之销兵，晋武之罢州郡兵何异？曰，非然也。古者军伍藏于井甸，战陈讲于搜狝，威略寓于巡守会同，无人非兵，无地非兵也，虽峷车甲，囊干戈，与后世之销兵兆乱者不同也。然则《孟子》所云，飞廉五十国，不尚烦师武欤，曰其时所有事者，东方一隅耳，戎车三百、虎贲三千，固无俟于再驾也。东坡乃以放马归牛为释天下之疑惧，亦浅之乎窥圣人矣。或又以为武王偃武太早，故致武庚之畔，尤不然矣。

663

（清）王夫之《尚书稗疏》卷四上《周书·武成》

放牛、归马。

孔传云，华阳桃林，非长养牛马之地，欲使自生自死，天下不复乘用。释书之童，骏，可笑未有如此之甚者。华阳桃林，在王畿千里之内，亦民居之井庐也，放而使之逸，则其蹂践嘉谷者，为害既不可胜言，而虽以比屋可封之民，牛马在野弃而弗问，亦未有不招系而奄有之者，使周民之朴，愿至于此极，将《费誓》所云"牿牛马"者，徒非武王之天下，周公之国乎？假令群驱牛马于山野之地，不待匝月而尽为人有，不但人贪牛马，牛马固依人也。人有之而不禁，则无主之物，人所必争，是教之以攘夺也。如其禁之，则是悬弇之饵而驱民于阱也。且牛随牛，马随马，以至于人之闲厩，必欲驱之入山，亦奔走其民，而日不给矣，况乎欲示销兵，则当自兵甲始。兵甲之用唯以资战，而他无所庸，不如马之可以驾乘车，牛之可以驾收获之役车，而尤可耕也。有可他用之牛马，弃之而唯恐其死亡之不速，无可他用之兵甲何不焚之，沉之之为快乎？故曰，兵凶器也，不曰牛马凶器也。然且于兵，则茀而藏之；于甲，则囊而敛之，是所云不复用兵者，亦以安一时之反侧，而非谓永不复用也。吕氏谓，与晋武之去武备，唐穆之销兵不同，其说是也。而又云，但归放止于伐纣之牛马，而十二闲与邱甸之赋不废，则亦惑于孔氏之狂愚矣。伐纣之牛马，岂非十二闲与邱甸之赋乎？使王厩不用，民赋不取，武王何所更得牛马，以成伐纣之军。倘前所取之厩中者弃之，而后更责圉人之蕃息，则是浪掷固有，而别求之，其愚已甚。前所赋之邱甸者弃之，而后更派取于民以补之，其殃民不尤酷哉。君子敝帷不弃，以葬马也。驱盈万之牛马，蔽塞山谷，昼亡与秣，夜亡与栖，虎狼所噬，霜雪所侵，盗所攘食，不一年而死亡且尽。夫牛马者，固不能如虎豹犀象之耐处山林，而仰饲畜于人者也。用其力以定天下，而与虎豹犀象同其驱远，且置之必死之地而不恤焉，抑岂君子之所忍乎？华山之阳，桃林之野，其北则汉唐之沙苑也，其南则邓析之壤也，固为畜牧之善地。孔氏何所见而谓非长养之地耶。"归"云者，归其所自来，厩归厩，甸归甸也。"放"云者，释之于衡輗之间也。马言归，牛言放者，互文也。放而弗乘，归之于牧，乃在由丰适锥东诸侯朝周之孔道，使天下知兵车税驾，而纣所与同恶者，且置勿讨以，俟其自新也。如其兵之再举,则必取之于厩牧,而号令早及于东人往来之道,天下亦共知之,而非火炎昆冈,因势便及之淫威矣。至愚者,秦销兵以为金狄而已,不及马也。乃以有用之牛马,视之如虺蛇之螫手,无可奈何而趣其自死,启戎心,召争窃,劳民害物,伤驯致之财,贻他日重赋之苦,嬴政之所不为,晋惠之所能知,而谓武王其然乎?故曰,童騃可笑,未有如此说之甚者也。

(清)蒋廷锡《尚书地理今释·周书·武成》

桃林,今陕西潼关卫东南,有牧牛山。按,河南阌乡县界,亦名夸父山。《山海经》夸父山北有林焉,名曰桃林。《水经注》云,湖水出桃林,塞之夸父山。武王伐纣,天下既定,散牛桃林,即此处也。

丁未,祀于周庙,邦甸、侯、卫,骏奔走,执豆笾

1.(汉)孔氏传、(唐)陆德明音义、孔颖达疏《尚书注疏》卷十《周书·武成》

丁未,祀于周庙,邦甸、侯、卫,骏奔走,执豆笾。

传,四月丁未,祭告后稷以下。文考,文王以上七世之祖。骏,大也。邦国、甸、侯、卫服诸侯,皆大奔走于庙执事。

音义,骏,荀俊反。豆,本作梪。笾,音边。上,时掌反。

疏,正义曰,丁未祀于周庙,四月十九日也。

疏,传正义曰,以"四月"之字,隔文已多,故言"四月丁未"。此以成功设祭,明其遍告群祖,知告后稷以下。后稷则始祖以下,容毁庙也。天子七庙,故云"文考,文王以上七世之祖",见是周庙皆祭之,故经总云"周庙"也。骏,大,《释诂》文。《周礼》六服,侯、甸、男、采、卫、要。此略举邦国在诸侯服,故云甸、侯、卫,其言不次。《诗·颂》云"骏奔走在庙",故云"皆大奔走于庙执事也"。

665

2. （宋）苏轼《书传》卷九《周书·武成第五》

丁未，祀于周庙，邦甸、侯、卫骏奔走，执豆笾。越三日，庚戌，柴、望，大告武成。既生魄，庶邦冢君暨百工，受命于周。王若曰，呜呼！群后，惟先王建邦启土，公刘克笃前烈，至于大王肇基王迹，王季其勤王家。

先王，当作先公，后稷也。或曰先王谓舜也。舜始封后稷于邰。公刘，后稷曾孙鞠之子。太王，后稷十二世孙，公叔祖类之子，谓古公亶父也。其子王季，谓季历也。

3. （宋）林之奇《尚书全解》卷二十三《周书·武成》

丁未，祀于周庙。

盖四月十九日也。

（归善斋按，另见后文"越三日，庚戌，柴、望，大告武成"）

丁未，祀于周庙，邦甸、侯、卫，骏奔走，执豆笾。越三日，庚戌，柴望，大告武成。既生魄庶邦冢君暨百工受命于周。王若曰，呜呼！群后，惟先王建邦启土，公刘克笃前烈，至于大王肇基王迹，王季其勤王家，我文考文王克成厥勋，诞膺天命，以抚方夏。大邦畏其力，小邦怀其德。惟九年大统未集，予小子其承厥志。

"丁未，祀于周庙"至"大告武成"，此文当属于"予小子其承厥志"之下。盖武王既归马放牛，示天下不服乘，则其王业于是乎成矣。既生魄，则十五日以后也。武王既克殷有天下，于是庶邦冢君，及内之百执事，咸来受新命于周，犹舜之居摄，则四方群牧来觐。既诸侯群臣来受新命于周，于是武王为之述其先王积德累功之艰难，故已得以成此王业，盖将帅之以祀于周庙，则先为言祖考之所以致此者，故惟历叙后稷至于文考积累之次序而已。"承其志"，盖为将"祀周庙"而言也。王于是嗟叹以告诸侯曰"惟先王建邦启土"，言周之王业自后稷，在唐虞之际，始封于邰，启此周邦之土也。先王，指后稷也。《国语》有云"昔我先王后稷"，后稷非王而称"先王"者，尊之之辞也。契在商，亦称玄王，皆尊称也。公刘，后稷曾孙，笃厚也。后稷之烈，至公刘而加厚焉。大王，后稷十二世孙，能增修后稷、公刘之业，而周之王业始基于此。王季且又能勤劳以成王家，而文王承之，功业于是大成。惟其积累之功德，源流深长如此，故大为天之所眷命，而膺受其命，以抚安四方诸夏。于是时也，大邦诸侯则畏其力，而不敢陵小；小邦于是怀其德，而得以自立强者。畏之而不敢侵小，小者怀之而有以自立，则是天下所赖以生存也。天下所赖以生存，则宜克纣伐殷，以君天下。而大统犹未集于其身，故于武王不可不承其志以致伐也。"惟九年大统未集"，先儒因此说，附会以"断虞芮之讼"，"受命称王"之说，谓文王于断讼之年，更称元年至九年而崩，武王终丧，而观兵于殷。上承文王之年，为十一年。又二年而伐殷，为十三年。其为附会之说，似若可信。然而改元立号，近起秦汉，三代之世无有也。惟后世之君于即位之年，则称元年耳，岂有文王既即位四十余年，而更称元年之理。此说殆是汉儒因"九年大统未集"之文，而生此辞，其实非也。然则"九年大统未集"，何也？盖当文王未崩九年之前，纣之恶贯盈，而不可赦也。文王知其势必不得不伐，于是时也，已有伐纣之志矣，然而犹有所不忍，迟迟于九年之久。文王既崩，而纣之恶日甚，则武王不可不承其志也。所谓"九年"者，徒谓周之王业当兴于此时矣，何改元称王之有哉？武王既告"庶邦冢君"以自后稷至于文王积德累仁成此王业而已，承其志以伐纣救民而有天下矣，于是以丁未之日"祀于周庙"，诸侯之受命于周者，咸奔祭于庙。大奔走，执豆笾，以供祭祀。既告祭于庙，又三日庚戌，于是燔柴祭天，望祀于山川，以告武成。亦犹舜，既居摄，以正月上日，受终于文祖，然后"类于上帝，禋于六宗，望于山川，遍于群神"也。武王既克商有天下，诸侯百工受命于周。而其告戒之际，惟叙述其先世积累之艰难而已，承其志。故唐孔氏与刘元甫，皆疑此下更有脱简。盖以《汤诰》考之，则诚有详略之不同，故谓武王既定天下，当殷勤告戒，不应但祖述其先世之勤劳而止也。予尝反复绎寻武王所以告诸侯之意，此盖既得天下，将欲率诸侯祀于周庙，追王其先世，故其说如此。按，《中庸》曰"武王未受命，周公成文武之德，追王大王、王季，上祀先公以天子之礼"，盖是武王既受命，于是始追王其先世，祀以天子之礼，自"惟先王建邦启土"以下，盖为追王张本而言之也。"丁未祀于周庙"，则于是行其追王之礼矣。惟其追王而言，故惟序述其先世积行累功之事，唐孔氏疑其下有脱简，未必然也。

4.（宋）史浩《尚书讲义》卷十一《周书·武成》

（归善斋按，见"惟一月壬辰，旁死魄"）

5.（宋）夏僎《尚书详解》卷十七《周书·武成》

丁未，祀于周庙，邦甸、侯、卫骏奔走，执豆笾。越三日庚戌，柴望，大告武成。既生魄，庶邦冢君暨百工，受命于周。王若曰，呜呼！群后，惟先王建邦启土，公刘克笃前烈，至于大王肇基王迹，王季其勤王家，我文考文王克成厥勋，诞膺天命，以抚方夏。大邦畏其力，小邦怀其德。惟九年，大统未集。予小子其承厥志。

此又史官记武王归周祀庙，告天之事与夫，告群后之言也。唐孔氏于上"厥四月，哉生明"云是四月三日辛卯，则此丁未，盖是四月十九日也。武王归周，至十九日，乃告祭于周家先祖之庙，即后稷而下，至文王也。武王既告庙，故近而邦甸，远而侯、卫，皆大奔走，而执豆笾以助祭祀。又三日，庚戌，是四月二十二日，武王乃燔柴祭天，望祀山川告天地以武功之成。既告庙祭天矣，于是尽此生魄已后之日，四方诸侯与凡执事之臣，皆于周受命。盖武王新即位，四方皆朝见新君，俯首听命，所以正始也。以历考之，月既望，则魄生明死，则所谓"生魄"者，盖月之十六日也。武王于四月十九日祀庙，二十三日柴望，皆是生魄之后行事，故知此言"既生魄"者非月之十六日，乃是二十二日。既柴望，于是尽此生魄已后之日，与百工受命也。盖此言"既生魄"与《舜典》言"既月"同。自十六日至三十日，皆为生魄之日，故二十二日既柴望，即尽此生魄之日，而与百工受命也。史官既载诸侯百工受命于周之事，故因载武王所以播告之言，自"王若曰"以下，即武王播告之言也。武王呼群后而告之曰，我周之王业，自后稷在唐虞之际，始封于邰，故建立此邦之疆土。后稷非王而称先王，尊之之辞也，以其为王者之始祖，故可以"先王"言之也。后稷既建邦土，至公刘，乃后稷曾孙复能修后稷之业，而使之加厚，故曰"克笃前烈"。至太王又后稷十二世孙，不忍以土地之故，驱民与狄人战，去邠邑岐，民以为仁人而从之者如归市，是太王始得民心，而王业实基于此。故《诗》言"实维大王居岐之阳实始翦商",盖谓太王时,虽未尝有翦商之志,然自此始得民心,是周家所以终翦商有天下者,实基于此也。而说《书》者,曾不深考,乃谓建邦启土自于后稷,修后稷业自于公刘,修德翦商自于太王;勤立王家自于王季;受命为王,自于文王。是说大害名教。夫武王伐纣,迫于天、人之归,不得已而举之,岂有纣未立数十年之前,商无失德,密有翦商之志。如是则是叛逆之臣,太王何异司马懿,王季何异司马师,文王何异司马昭,此必不然也。王业既成于太王,王季又勤劳以守之,故曰"其勤王家",积而至于文王,则积累之久,成就之大功业,于是大成,遂能大膺天之眷命,而抚安方夏,于是时也,大邦诸侯则畏其力而不敢陵小,小邦则怀其德而得以自立。虽自虞芮质成之明年,伐犬戎,又明年伐密须,又明年伐黎,又明年伐崇,专征九年,然三分天下有其二,以服事殷,故大勋亦未集于其身。文王之功既未能集,此武王所以自称予小子,其承厥志,盖谓今日之事,乃所以成文王未成之功,非利纣之天下而妄取之也。

6.(宋)时澜《增修东莱书说》卷十六《周书·武成第五》

丁未,祀于周庙,邦甸、侯、卫骏奔走执豆笾。

与舜"归格于艺祖"同意。舜巡狩而归,苟有一诸侯不顺,一土地不治,舜之心如何哉?武王伐纣,苟有一毫不尽,岂能对越在天。天下诸侯,皆骏奔走执豆笾,亦与武王同此心也。

7.(宋)黄度《尚书说》卷四《周书·武成》

丁未祀于周庙,邦甸、侯、卫骏奔走,执豆笾,越三日庚戌,柴望,大告武成。

自此以下,皆识政事。祀庙始用天子礼乐,称"周庙",新视听也。六服,侯、甸、男、采、卫、要,举侯、甸、卫,详近而录远也。要,则略矣。骏疾奔走,执豆笾助祭。燔柴祭天,望祭山川。祀庙斋三日,乃祭天,先庙后天,将祭天配禖,故祭庙尊祖而后配焉。其序当如此。

8. (宋)袁燮《絜斋家塾书钞》卷八《周书·武成》

丁未，祀于周庙，邦甸、侯、卫骏奔走、执豆笾。越三日庚戌，柴望，大告武成。既生魄，庶邦冢君暨百工，受命于周。

邦甸、侯、卫而不及男、采者，举上，下以包其中也。骏奔走，执豆笾，言其皆来助祭也，所谓"殷士肤敏，祼将于京"是也。焚柴告天，望祭山川而大告武成，犹所谓"至于岱宗柴望秩于山川"是也。既生魄，四月十六日也上自"庶邦冢君"，下及"百工"，皆受周之命令。前乎此，犹商家之臣，至是皆受周家之命令，则为诸侯者，皆为周家之诸侯；为百工者，皆为周家之百工矣。至于此，武功其尚有一毫之不成乎？汤、武之征伐不道，诛其君，吊其民。盖彼大无道，天下之所不容，人民之所不与，故奉天命，因人心，从而伐之。既诛其君矣，吾之责尽矣。然后复归于旧都，故"既黜夏而归于亳"；武王既伐纣而归于丰，岂有一毫利其土地人民之心哉？自秦汉以后，破人之国都，便据而有之，自立为天子。汤、武之征伐，曷尝如此。汤归于亳而天下之心，自不舍汤；武王归于丰，而天下之心自不舍武王。今观武王归"邦甸、侯、卫骏奔走，执豆笾。庶邦冢君，暨百工，受命于周"，武王非有命令也，非有期约也，而天下自翕然戴之，以为君。既是天下自归吾，然后不得已而起，因而命令之尔，所谓感而后应，迫而后动，不得已而后起。圣人真个是不得已而为之。其征伐也，非有意征伐也；其为天子也，非有意为天子也。苟有一毫私意于其间，岂足为圣人也哉。是故，尧、舜之揖逊，汤、武之征伐，其揆则一，盖同归于无私心焉尔。学者读书，非徒欲以观圣人之事，固将以求圣人之心，如复归于亳，自商至于丰，看此处便可以识得汤、武之心。

9. (宋)蔡沈《书经集传》卷四《周书·武成》

丁未，祀于周庙，邦甸、侯、卫，骏奔走，执豆笾。越三日庚戌，柴望，大告武成。

骏，《尔雅》曰"速"也。周庙，周祖庙也。武王以克商之事，祭告祖庙。近而邦甸，远而侯、卫，皆骏奔走执事，以助祭祀。豆，木豆；笾，竹豆，祭器也。既告祖庙，燔柴祭天，望祀山川，以告武功之成。由近而远，由亲而尊也。此当在"百工受命于周"之下。

10. （宋）黄伦《尚书精义》卷二十七《周书·武成》

丁未，祀于周庙，邦甸、侯、卫骏奔走，执豆笾。越三日庚戌，柴望，大告武成。

无垢曰，孔颖达谓，周正月辛卯朔，二月辛酉朔，闰二月庚寅朔，三月庚申朔，四月己丑朔，则丁未乃是十九日也。月三日至于丰，至十九日而告庙也。夫邦甸、侯、卫与武王等为诸侯，今一旦躬就臣子之位，大小奔走，执豆笾于周庙，何以使之如此服从哉，岂威刑之足惧乎？智术之足高乎？曰威刑智术可以服其形，而不可以服其心。诸侯之心服，则以武王之举，无一毫私心，与天下同其心耳。行天下之同心，此天下所以心服也。越三日，此四月二十二日也。既祭祖庙，乃郊天望祭也。大告武成，以言伐纣之功已成，乃复命于天也，以此知武王之举，岂私意哉，天之意也。使有私意，其见祖宗时，见上帝时，见山川时，能不愧于心乎？

吕氏曰，武王既定天下，偃武修文，告功于宗祖庙，见得武王伐纣，以仁易暴，不负祖宗之所付托。纣灭已后，不自有其功，尽归之于祖宗，正如舜巡守以后，"归格于艺祖"。春秋之时，尚有告挚之礼，天下诸侯骏奔走，执豆笾，亦与武王同此一意也。先告祖庙，又三日庚戌之日，方燔柴于天地、山川。夫武王躬行天讨，乃天地山川之本意，既有责于我，我之伐纣，动合天理，功成之后乃告于天地、山川。

11. （宋）陈经《尚书详解》卷二十三《周书·武成》

丁未，祀于周庙，邦甸、侯、卫骏奔走，执豆笾。越三日庚戌，柴望，大告武成。既生魄，庶邦冢君暨百工，受命于周。

丁未，即四月十九日也。武功既成，归于丰邑，遂告周庙，意者归功于祖宗，而不自居其功也。周庙，即后稷以下，文王以上也。邦国诸侯，如甸服、侯服、卫服，皆来助祭也。骏，大也，大奔走，以供祭祀之事。若《诗》云"骏奔走在庙"是也。周有六服诸侯。武王代纣，八百诸侯不期而会，此正言侯、甸、卫三服者，以其近于王畿之服也。四时祭祀皆在焉。夫诸侯，向也，与武王比肩而事纣矣；今也，为周家之臣子。倪非武王此举，

671

有以公天下之心，其谁肯服武王哉？越三日庚戌，即四月一十二日也。"柴望，大告武成"，燔柴祭天，望祀山川之神，大告天地以武功之成。先祖而后郊，以其自近始也。又有以见古人之祭天地，皆须先有以养其诚意。三日之前，既祀祖宗，则诚意已至矣，故柴望以祀天地。"既生魄"，即十六日也。武王以四月初三日至丰，故十五日以后，诸侯百工皆受命，则知此受命，当在"丁未祀庙"之前，不应诸侯未受命，而先助祭祀也。史官将述武王所以告诸侯之辞，故以"生魄"继"大告武成"之后。观此一段，见武王伐商，初非一己之私意，即祖宗之心也，即天地之心也，即诸侯、百官之心也。武王合祖宗、天地、诸侯、百官之心以为心，故祀周庙，柴望，告武成，诸侯百官皆受命，而无有歉然之意。

12. （宋）钱时《融堂书解》卷九《周书·武成》

（归善斋按，见"惟一月壬辰，旁死魄"）

13. （宋）魏了翁《尚书要义》卷十《周书·泰誓至武成》

三五、祀周庙，稷以下，文以上。

此以成功设祭，明其遍告群祖，知告后稷以下。后稷，则始祖，以下容毁庙也，天子七庙，故云"文考"，文王以上七世之祖，见是周庙皆祭之，故经总云"周庙"也。

14. （宋）陈大猷《书集传或问》卷下《周书·武成》

（归善斋按，未解）

15. （宋）胡士行《尚书详解》卷六《周书·武成第五》

丁未（十九日），祀于周庙，邦、甸、侯、卫，骏（大）奔走，执豆（木）笾。越三日（二十二日）庚戌，柴、望（详见《舜典》）大告（天地、山川）武成。既（尽）生魄（十六以后），庶邦冢君（皆生魄之日，二十二柴、望，尽此生魄以后之日，如《舜典》"既月乃日"也），暨百工受命于周。

魄，月之轮郭，黑。

明，日暎而生明，光。

月状如银丸，本无光，暎日而生明，遇朔而日月防，以渐而离，则月以渐而明，至望则中天直对，其明始满，又以渐而离，则月又以渐而亏，以至于晦。

朔，初一，月光苏而魄死。死魄，黑晕减也。

初二，旁死魄。

朏，初三月出，哉生明。

上弦，初八，魄死明生，至半。

望，十五，日月相望，光满。

生魄，十六，日明减，黑晕生。

下弦，二十三，魄生，明减至半。

晦，日尽月全黑。

16.（元）吴澄《书纂言》卷四下

（归善斋按，无此篇）

17.（元）陈栎《书集传纂疏》卷四上《朱子订定蔡氏集传·周书·武成》

丁未，祀于周庙，邦甸、侯、卫，骏奔走，执豆笾。越三日庚戌，柴望，大告武成。

骏，《尔雅》曰"速"也。周庙，周祖庙也。武王以克商之事，祭告祖庙，近而邦甸，远而侯卫，皆骏奔走执事，以助祭祀。豆，木豆；笾，竹豆，祭器也。既告祖庙，燔柴祭天，望祀山川，以告武功之成。由近而远，由亲而尊也。此当在"百工受命于周"之下。

纂疏：

陈氏曰，归马、放牛以下，偃武之事；"祀周庙"以下，修文之事。

唐孔氏曰，六服，侯、甸、男、采、卫、要。此举其要。

18.（元）许谦《读书丛说》卷六

原缺。

19.（元）董鼎《书传辑录纂注》卷四《周书·武成》

丁未，祀于周庙，邦甸、侯、卫，骏奔走，执豆笾。越三日庚戌，柴望，大告武成。

骏，《尔雅》曰"速"也，周庙，周祖庙也。武王以克商之事，祭告祖庙，近而邦甸，远而侯卫，皆骏奔走执事，以助祭祀。豆，木豆；笾，竹豆，祭器也。既告祖庙，燔柴祭天，望祀山川，以告武功之成。由近而远，由亲而尊也。此当在"百工受命于周"之下。

纂注：

陈氏曰，归马、放牛，此"偃武"之事；"祀于周庙"以下，皆修文之事。

唐孔氏曰，六服，侯、甸、男、采、卫、要。此举其要。

20.（元）朱祖义《尚书句解》卷五《周书·武成第五》

丁未（四月十九），祀于周庙（告祭周先祖庙，即后稷至文王），邦甸、侯、卫（近而诸侯之邦甸服，远而侯服、卫服），骏奔走（皆大奔走），执豆笾（执豆笾以助祭）。

21.（明）王樵《尚书日记》卷九《周书·武成》

丁未，祀于周庙，邦甸、侯、卫，骏奔走，执豆笾。越三日庚戌，柴望，大告武成。

孔氏曰，先祖后郊，自近始。

22.（清）库勒纳等撰《日讲书经解义》卷六《周书·武成》

既生魄，庶邦冢君，暨百工，受命于周。丁未，祀于周庙，邦甸、侯、卫，骏奔走，执豆笾。越三日庚戌，柴望，大告武成。

此二节书，是记武王朝觐，以严正始之道；祀神，以告武功之成也。每月望后，则月体黑，魄复生，故谓之"既生魄"。"庶邦冢君"，四方诸侯也。百工，卿、大夫也。骏，速也。豆笾，祭器。柴，燔柴，祭天也。

望，望祀山川也。史臣曰，当四月望后，月既生魄之时，四方诸侯及在朝百官，皆推戴武王为天子，相率而受命于周。盖武王至是始伐商，而为天下主也，乃择丁未之日，举祀典于祖庙。近而邦甸，远而侯、卫，莫不速奔走，执豆笾，来助祭于庙。越三日庚戌，又燔柴祭天，望祀山川。盖前者伐商，曾受命于先王，祈助于神祇，至是天下已定，故次第举行郊庙之祀，用大告武功之成，且以谢答神佑也。

（元）陈师凯《蔡氏传旁通》卷四《武成》

豆，木豆；笾，竹豆。

笾、豆，形制一，同名，以竹木而分也。

（明）梅鷟《尚书考异》卷四《武成》

丁未，祀于周庙，邦、甸、侯、卫骏奔走，执豆笾。越三日庚戌，柴、望，大告武成。

《礼记·大传》牧之野，武王之大事也。既事而退，柴于上帝，祈于社，设奠于牧室，遂率天下诸侯执笾豆，骏奔走，追王太王亶父、王季历、文王昌。《前汉书·薛宣传》冯翊垂拱蒙成。

（明）马明衡《尚书疑义》卷四《周书·武成》

(归善斋按，见"惟一月壬辰，旁死魄")

越三日，庚戌，柴、望，大告武成

1. （汉）孔氏传、（唐）陆德明音义、孔颖达疏《尚书注疏》卷十《周书·武成》

越三日，庚戌，柴、望，大告武成。

传，燔柴郊天，望祀山川，先祖后郊，自近始。

音义，燔，音烦。

疏，正义曰，越三日庚戌，柴、望，二十二日也。正月始往伐，四月告成功，史仅其事，见其功成之次也。《汉书·律历志》引《武成》篇云"惟一月壬辰旁死魄。越翼日癸巳，武王乃朝步自周于征伐纣。越若来二月既死魄，越五日甲子咸刘商王纣。惟四月既旁死魄，越六日庚戌武王燎于周庙，翼日辛亥祀于天位。越五日乙卯，乃以庶国祀于周庙"，与此经不同，彼是焚书之后，有人伪为之，汉世谓之《逸书》。其后又亡其篇，郑玄云，《武成》逸书，建武之际亡，谓彼伪武成也。

传正义曰，《召诰》云"越三日"者，皆从前至今为三日，此从丁未数之，则为四日。盖史官不同，立文自异。或此"三"当为"四"，由字积与误。

2. （宋）苏轼《书传》卷九《周书·武成第五》

（归善斋按，见"丁未，祀于周庙，邦甸、侯、卫骏奔走，执豆，笾"）

3. （宋）林之奇《尚书全解》卷二十三《周书·武成》

越三日，庚戌，柴、望。

二十二日也，庚戌日柴望矣。而下文乃曰"既生魄，庶邦冢君，暨百工，受命于周"，岂有二十二日后，乃复有生魄之文乎？唐孔氏曰，丁未，祀于周庙，已是此月十九日矣。此受命于周，继生魄言之，则受命在祀庙之前，故祀庙之时，诸侯已奔走执事，岂未受周命而已，助周祭乎，明其受命在祀庙前，则是唐孔氏于此先后之一序，已觉其非矣。然而又曰，史官失其时日，先言"告武成"既讫，然后却说"受命"，故文在下耳。此则虽觉其非，而亦未知其为失先后之序也。以某所见，当是武王既归于丰，偃武修文，归马放牛，示天下弗服矣，则"既生魄，庶邦冢君，暨百工受命于周。王若曰，呜呼！群后"以下皆系于此。既告群后以后稷、公刘、太王、王季、文王之德。而后率之以祀于周庙，以至于"柴、望，大告武成"，于理为称。然此篇见存者止于如此，其间文势或有脱逸不全者，亦未可知，虽疑其先后之次如此，亦未敢以为必然之论也。

"厥四月"者，既克商之年四月也。哉，始也，始生明，亦是初三日也。前载正月三日，则云"惟一月，壬辰旁死魄，越翼日癸巳"，此载四月三日云"哉生明"，盖魄死明生，其实一也，特史官变其文耳。武王既克商矣，于是四月三日始自商还至于丰，则吊民伐罪，其事毕矣，于是偃武修文。《乐记》云"武王克殷，渡河而西，车甲衅而藏之府库，倒载干戈包以虎皮"，"天下知武王之不复用兵也"。"散军而郊射，左射狸首，右射驺虞，而贯革之射息也"，此则偃武修文之事也。既偃武修文，示天下不复用兵，则负重致远之牛马，无所复用矣，故于是"归马于华山之阳，放牛于桃林之野"，示天下以无复服乘此等物，以从事于干戈之事也。"华山之阳""桃林之野"，皆近丰之地。盖牛马既不用矣，则不复羁继穿络而纵之无人之境，以适其性耳。二孔之说大不然，圣人之治天下，使万物各遂其性。山川鬼神，亦莫不宁，暨鸟兽鱼鳖咸若此。有夏先后，所以懋厥德而罔有天灾也。今以"示天下弗服"之故，而纵牛马于乏水草非所长养之地，非圣人所以仁万物之意也。苏氏又云，华山之阳有川焉，其地至险绝可入而不可出；桃林之野在华山东，亦险绝。归牛马于此，示天下弗服也。此亦过论矣。夫苟纵而不留，则足以见其所无用武之心矣，岂必择其可入不可出之地乎？苟其入而可以出，则天下遂将不信乎？此殆求之过也。

（归善斋按，另见"丁未，祀于周庙，邦甸、侯、卫，骏奔走，执豆笾"）

4. （宋）史浩《尚书讲义》卷十一《周书·武成》

（归善斋按，见"惟一月壬辰，旁死魄"）

5. （宋）夏僎《尚书详解》卷十七《周书·武成》

（归善斋按，见"丁未，祀于周庙，邦甸、侯、卫，骏奔走，执豆笾"）

6. （宋）时澜《增修东莱书说》卷十六《周书·武成第五》

越三日庚戌，柴望，大告武成。

武王伐纣，非武王之事，乃天地山川有责于我，我尽其责，至于功成，乃大告于天地、山川耳，又以见武王之心，与天地神明为一。

7.（宋）黄度《尚书说》卷四《周书·武成》

(归善斋按，见"丁未，祀于周庙，邦甸、侯、卫，骏奔走，执豆笾")

8.（宋）袁燮《絜斋家塾书钞》卷八《周书·武成》

(归善斋按，见"丁未，祀于周庙，邦甸、侯、卫，骏奔走，执豆笾")

9.（宋）蔡沈《书经集传》卷四《周书·武成》

(归善斋按，见"丁未，祀于周庙，邦甸、侯、卫，骏奔走，执豆笾")

10.（宋）黄伦《尚书精义》卷二十七《周书·武成》

(归善斋按，见"丁未，祀于周庙，邦甸、侯、卫，骏奔走，执豆笾")

11.（宋）陈经《尚书详解》卷二十三《周书·武成》

(归善斋按，见"丁未，祀于周庙，邦甸、侯、卫，骏奔走，执豆笾")

12.（宋）钱时《融堂书解》卷九《周书·武成》

(归善斋按，见"惟一月壬辰，旁死魄")

13.（宋）魏了翁《尚书要义》卷十《周书·泰誓至武成》

(归善斋按，未引)

14.（宋）陈大猷《书集传或问》卷下《周书·武成》

(归善斋按，未解)

15.（宋）胡士行《尚书详解》卷六《周书·武成第五》

(归善斋按，见"丁未，祀于周庙，邦甸、侯、卫，骏奔走，执豆笾")

16.（元）吴澄《书纂言》卷四下

(归善斋按，无此篇)

17.（元）陈栎《书集传纂疏》卷四上《朱子订定蔡氏集传·周书·武成》

(归善斋按，见"丁未，祀于周庙，邦甸、侯、卫，骏奔走，执豆笾")

18.（元）许谦《读书丛说》卷六

原缺。

19.（元）董鼎《书传辑录纂注》卷四《周书·武成》

(归善斋按，见"丁未，祀于周庙，邦甸、侯、卫，骏奔走，执豆笾")

20.（元）朱祖义《尚书句解》卷五《周书·武成第五》

越三日，庚戌（自四月十九日过二日至二十三日庚戌），柴、望大告武成（武王燔柴祭天望祀山川大告天地以武功成）。

21.（明）王樵《尚书日记》卷九《周书·武成》

(归善斋按，见"丁未，祀于周庙，邦甸、侯、卫，骏奔走，执豆笾")

22.（清）库勒纳等撰《日讲书经解义》卷六《周书·武成》

(归善斋按,见"丁未,祀于周庙,邦甸、侯、卫,骏奔走,执豆笾")

（明）梅鷟《尚书考异》卷四《武成》

(归善斋按,见"丁未,祀于周庙,邦甸、侯、卫,骏奔走,执豆笾")

（明）马明衡《尚书疑义》卷四《周书·武成》

(归善斋按,见"惟一月壬辰,旁死魄")

（清）朱鹤龄《尚书埤传》卷九《周书·武成》

大告武成。

孔疏,其年闰二月庚寅朔,三月庚申朔,四月己丑朔。"厥四月哉生明,王来自商,至于丰",是四月三日也。丁未,四月十九日；庚戌,二十二日也。正月始往伐,四月告成功。史序,其事见成功之次。

既生魄,庶邦冢君暨百工,受命于周

1.（汉）孔氏传、（唐）陆德明音义、孔颖达疏《尚书注疏》卷十《周书·武成》

既生魄,庶邦冢君暨百工,受命于周。

传,魄生,明死,十五日之后,诸侯与百官受政命于周,明一统。

音义,暨,其器反。

疏,传正义曰,月以望亏,望是月半,望在十六日为多,通率直十六日者,四分居三,其一在十五日耳。此言"既生魄",故言"魄生","明死"，十五日之后也。丁未祀于周庙，已是此月十九日矣。此受命于周，继生魄言之，则受命在祀庙之前，故祀庙之时，诸侯已奔走执事，岂得未受周命，已助周祭，明其受命在祀庙前矣。史官探其时、日。先言告武成既讫，然后却说受命，故文在下耳。诸侯与百官，旧有未属周者，今皆受政命于周。于此时始。天下一统也。顾氏以"既生魄"谓庚戌已后，虽十六日始生魄，从十六日至晦，皆为生魄，但不知庚戌之后几日耳。

2. （宋）苏轼《书传》卷九《周书·武成第五》

（归善斋按，见"丁未，祀于周庙，邦甸、侯、卫骏奔走，执豆笾"）

3. （宋）林之奇《尚书全解》卷二十三《周书·武成》

（归善斋按，见"丁未，祀于周庙，邦甸、侯、卫骏奔走，执豆笾"）

4. （宋）史浩《尚书讲义》卷十一《周书·武成》

（归善斋按，见"惟一月壬辰，旁死魄"）

5. （宋）夏僎《尚书详解》卷十七《周书·武成》

（归善斋按，见"丁未，祀于周庙，邦甸、侯、卫，骏奔走，执豆笾"）

6. （宋）时澜《增修东莱书说》卷十六《周书·武成第五》

既生魄，庶邦冢君暨百工，受命于周。

诸侯至此，皆洗心涤虑于武王而受命。然诸侯受命于周，其理易见武王之受命于天，无声臭之可闻。武王于何受之，学者所当思也。

7. （宋）黄度《尚书说》卷四《周书·武成》

既生魄，庶邦冢君暨百工，受命于周。

魄生明死,"既生魄",望后一日。

8.（宋）袁燮《絜斋家塾书钞》卷八《周书·武成》

(归善斋按,见"丁未,祀于周庙,邦甸、侯、卫,骏奔走,执豆笾")

9.（宋）蔡沈《书经集传》卷四《周书·武成》

既生魄,庶邦冢君暨百工,受命于周。

生魄,望后也,四方诸侯及百官,皆于周受。盖武王新即位,诸侯百官,皆朝见新君,所以正始也。此当在"示天下弗服"之下。

10.（宋）黄伦《尚书精义》卷二十七《周书·武成》

既生魄,庶邦冢君暨百工,受命于周。王若曰,呜呼！群后,惟先王建邦启土,公刘克笃前烈,至于大王肇基王迹,王季其勤王家,我文考文王,克成厥勋,诞膺天命,以抚方夏。大邦畏其力,小邦怀其德。惟九年大统未集,予小子,其承厥志。

无垢曰,王迹基于大王,王家勤于王季王,功成于文王。夫其成也,岂偶然哉,此天命也。天命不可见,第天下贤者归之,是天命之所归也。文王修德于几席间,而坐受天下。贤者之来,是大膺天命也。贤者之来,岂以为美观哉？将以共取涂炭之民,付之安平之地耳。

又曰,文王受命,明年伐犬戎,又明年伐密须,又明年败耆,又明年伐黎,又明年伐崇。其势力如此,大邦安得不畏,笃仁敬老慈少,其行德如此,小邦安得不怀。然文王之心,第知修德而已,非计较谋画。曰大邦,当以力服；小邦当以德怀。如此则是霸者之学。管乐,申商之术也。然则如之何。大邦以力服人,而文王不可以力加；小邦以德望人,而文王足以慰其望。

又曰,文王以虞芮之讼,诸侯归之,故称元年,至九年而崩,故曰未集。其曰大统,是言文王之心,不止于三分天下有其二矣。曰称王,称元年,此天下之心也。称大统,称未集,此武王之言也。

又曰,使纣悔过,武王承文王之志,当如之何？曰,率天下诸侯以就臣子之位，此承文王之志也。以纣之不改，天下之心不可遏，上天之命不可忽也。故有渡河之举，以继大统之志焉。事至大统，亦不得已焉耳。武王岂以天下为荣哉。学者当以圣人武王观，不当以凡俗之心观武王也。史曰，成王业者，其积累非一人之力。受天命者，其怀来得四海之心。

于实曰，昔周之兴也，后稷生于姜嫄，而天下昭显。文武之功起于后稷，故其《诗》曰"思文后稷，克配彼天"，又曰"立我烝民，莫匪尔极"，又曰"实颖实栗，即有邰家室"。至于公刘，遭狄人之乱，去邰之豳，身服厥劳。其《诗》曰"乃裹糇粮，于橐于囊，陟则在巘，复降在原，以处其民"。以至于太王为戎狄所逼，而不忍百姓之命，杖策而去之，故其《诗》曰"来朝走马率西水浒"，至于岐下周民，从而思之，曰"仁人不可失也"，故从之如归市，居之一年成邑，二年成市，三年五倍。其初每劳来而安集之，故其《诗》曰"乃慰乃止，乃左乃右，乃疆乃理，乃宣乃亩"。以至于王季，能貊其德音，故其诗曰"克明克类，克长克君，载锡之光"。至于文王备修旧德，而惟新其命，故其《诗》曰"惟此文王，小心翼翼，昭事上帝，聿怀多福"。由此观之，周家世积忠厚，仁及草木，内睦九族，外尊黄耇，养老乞言，以成其福禄也。

张氏曰，周之王功，肇基于太王；勤劳于王季；而其成之也，实在于文王而已，是故民附歌于《灵台》，官人咏于《棫朴》。《大明》言其明德；《皇矣》言其修德。其终也，既伐于崇，作邑于丰，则其"克成厥勋"可知矣。大邦畏，则义足以制其强；小邦怀，则仁足以绥其弱。力之所制者，外也，故使之畏；德之所绥者，内也，故使之怀。四方无拂，此大邦之所以畏也。自西，自东，自南，自北，无思不服，此小邦之所以怀也。不先有以制大邦，则小为大所吞，虽欲怀小邦难矣，故先言大邦畏，而后言小邦怀也。

吕氏曰，大畏其力，则德在其中，大则见文王之所以盛；小怀其德，则是强之制弱，形势如此，不见文王之大力，见文王之德。须去大上，识得文王之力，文王地止百里，甲兵尤不多。大邦畏者，不是畏文王。此力所以畏者，畏文王之德威而已。

683

11. （宋）陈经《尚书详解》卷二十三《周书·武成》

（归善斋按，见"丁未，祀于周庙，邦甸、侯、卫，骏奔走，执豆笾"）

12. （宋）钱时《融堂书解》卷九《周书·武成》

（归善斋按，见"惟一月壬辰，旁死魄"）

13. （宋）魏了翁《尚书要义》卷十《周书·泰誓至武成》

三六、望在十六日者，四分居三，故生魄，通言十五后。

"既生魄，庶邦冢君暨百工受命于周"，魄生明死，十五日之后，诸侯与百官受政命于周，明一统。正义曰，四月以望亏。望是月半，望在十六日为多，通率在十六日者，四分居三，其一在十五日耳。此言"既生魄"，故言魄生明死，十五日之后也。"丁未祀于周庙"，已是此月十九日矣。此受命于周。继生魄之言。则受命在祀庙之前。故祀庙之时，诸侯已奔走执事。岂得未受周命已助周祭，明其受命在祀庙前矣。史官探其时日，先言告武成，既讫，然后却说受命，故文在下耳。诸侯与百官，旧有未属周者，今皆受政命于周，于此时始天下一统。顾氏以"既生魄"谓庚戌以后，虽十六日始生魄，从十六日至晦，皆为生魄，但不知庚戌之后几日耳。

14. （宋）陈大猷《书集传或问》卷下《周书·武成》

（归善斋按，未解）

15. （宋）胡士行《尚书详解》卷六《周书·武成第五》

（归善斋按，见"丁未，祀于周庙，邦甸、侯、卫，骏奔走，执豆笾"）

16. （元）吴澄《书纂言》卷四下

（归善斋按，无此篇）

17. （元）陈栎《书集传纂疏》卷四上《朱子订定蔡氏集传·周书·武成》

既生魄，庶邦冢君暨百工受命于周。

生魄，望后也。四方诸侯及百官，皆于周受命。盖武王新即位，诸侯、百官皆朝见新君，所以正始也。此当在"示天下弗服"之下。

纂疏：

问，生明、生魄，曰，日为魂，月为魄。魄是黯处。魄死则明生哉。生明是也，老子所谓"载营魄"。载，如车载人之"载"。月受日之光，魂加于魄，魄载魂也。明之生时，大尽则初二，小尽则初三。月受日之光常全，人望在下，却在侧边了，故见其盈亏不同，或云月形如饼，非也。《笔谈》云，月形如弹丸，其受光如粉涂，一半月去日近，则光露一屑，渐远则光渐大，且如日在午，月在西，则是近一远三，谓之弦。至日月相望，则去日远矣，故谓之望。日在西而月在东，人在下面，得以望见其光之全月之中有影者，盖天包地外，地形小，日在地下，月在天中，日甚大，从地四面光起。其影，则地影也。地碍日之光，所谓山河地影是也，如星亦受日光。凡天地之光，皆是日光也。自十六日生魄之后，其光之远近，如前之弦，谓之下弦。至晦，则月与日相叠，月在日后，光尽体伏矣。

愚案，诸家多谓生魄望后也，而不察"既"字。以"望"与"既望"例之，则"哉生魄"十六日，"既生魄"，十七日也。夏氏又谓，既，尽也。与《舜典》"既月"同，谓尽此生魄以后之日，殊不知此"既"字乃已然之辞，与"食之既""既月"不同。其实十七日受命，十九日"丁未祀周庙"。简倒耳，所以云此当在"示天下弗服"之下，而"丁未祀周庙"，当在"百工受命于周"之下也。

18. （元）许谦《读书丛说》卷六

原缺。

19. （元）董鼎《书传辑录纂注》卷四《周书·武成》

既生魄，庶邦冢君暨百工，受命于周。

生魄，望后也。四方诸侯及百官，皆于周受命。盖武王新即位，诸侯、百官皆朝见新君，所以正始也。此当在"示天下弗服"之下。

辑录：

义刚问，生明、生魄如何？先生曰，日为魂，月为魄，魄是黯处。魄死，则明生，书所谓"哉生魄"是也，老子所谓"载营魄"。载，如人载车、车载人之"载"。月受日之光，魂加于魄，魄载魂也。明之生时大尽，则初二；小尽则初三月。受日之光常全，人望在下，却在侧边了，故见其盈亏不同。或云月形如饼，非也。《笔谈》云，月形如弹丸，其受光如粉涂，一半月去日近，则光露一屑。渐远则光渐大，且如月在午，日在西，则是近一远三，谓之弦。至日月相望，则去日十矣，故谓之望。日在西而月在东，人在下面，得以望见其光之全。月之中有影者，盖天包地外，地形小，日在地下，则月在天中，日甚大，从地四面光起，其影则地影也。地碍日之光，所谓山河地影是也。如星亦受日光，凡天地之光，皆是日光也。自十六日生魄之后，其光之远近如前之弦谓之下弦。至晦则月与日相叠，月在日后，光尽体伏矣。又《楚辞集注·答天问》"夜光何德"章，可参考。

纂注：

新安陈氏曰，诸家多谓生魄望后也，而不察"既"字。以"望"与"既望"例之，则"哉生魄"，十六日；"既生魄"十七日也。

夏氏又谓，既，尽也，与《舜典》"既月"同，谓尽此生魄以后之日。殊不知此"既"字乃已然之辞，与"食之既""既月"不同。其实十七日受命，十九日丁未祀周庙，简倒耳，所以云此当在"示天下弗服"之下，而"丁未祀于周庙"，当在"百工受命于周"之下也。

20. （元）朱祖义《尚书句解》卷五《周书·武成第五》

既生魄（月既望，则魄生明死，乃四月十八日也。武王于十九日祭庙，二十二日柴望，皆是生魄之后行事，又尽此生魄已后之日）。庶邦冢君暨百工，受命于周（使众邦诸侯与百官，皆受命于周）。

21.（明）王樵《尚书日记》卷九《周书·武成》

（归善斋按，见"厥四月哉生明，王来自商至于丰"）

22.（清）库勒纳等撰《日讲书经解义》卷六《周书·武成》

（归善斋按，见"丁未，祀于周庙，邦甸、侯、卫，骏奔走，执豆笾"）

（元）陈师凯《蔡氏传旁通》卷四《武成》

生魄，望后也。

十六日为哉生魄，此言既生魄未知的为何日，故止以望后言之。辑纂引陈氏曰，诸家多谓生魄望后也，而不察"既"字，以"望"与"既望"例之，则哉生魄十六日，既生魄十七日也。其实十七日受命，十九日丁未祀周庙，简倒耳。

（清）张英《书经衷论》卷三《周书·武成》

（归善斋按，见"惟一月壬辰，旁死魄"）

王若曰，呜呼！群后

1.（汉）孔氏传、（唐）陆德明音义、孔颖达疏《尚书注疏》卷十《周书·武成》

王若曰，呜呼！群后。
传，顺其祖业叹美之，以告诸侯。

2.（宋）苏轼《书传》卷九《周书·武成第五》

(归善斋按，见"丁未，祀于周庙，邦甸、侯、卫骏奔走，执豆，笾")

3.（宋）林之奇《尚书全解》卷二十三《周书·武成》

(归善斋按，见"丁未，祀于周庙，邦甸、侯、卫骏奔走，执豆笾")

4.（宋）史浩《尚书讲义》卷十一《周书·武成》

王若曰，呜呼！群后，惟先王建邦启土，公刘克笃前烈，至于大王肇基王迹，王季其勤王家，我文考文王克成厥勋，诞膺天命，以抚方夏。大邦畏其力，小邦怀其德，惟九年大统未集。予小子其承厥志。底商之罪，告于皇天、后土，所过名山大川，曰，惟有道曾孙周王发，将有大正于商。今商王受无道，暴殄天物，害虐烝民，为天下逋逃主，萃渊薮。予小子既获仁人，敢祇承上帝，以遏乱略。华夏蛮貊，罔不率俾恭天成命。肆予东征，绥厥士女。惟其士女，篚厥玄黄，昭我周王。天休震动，用附我大邑周。惟尔有神，尚克相予，以济兆民，无作神羞。

(按，此段讲义《永乐大典》原缺)

5.（宋）夏僎《尚书详解》卷十七《周书·武成》

(归善斋按，见"丁未，祀于周庙，邦甸、侯、卫，骏奔走，执豆笾")

6.（宋）时澜《增修东莱书说》卷十六《周书·武成第五》

王若曰，呜呼！群后，惟先王建邦启土，公刘克笃前烈，至于太王肇基王迹，王季其勤王家，我文考文王，克成厥勋，诞膺天命，以抚方夏。大邦畏其力，小邦怀其德，惟九年大统未集。予小子其承厥志。

武王谓，伐纣非已之能，自公刘、太王、王季笃前烈、基王迹、勤王家，建之，启之，有自来矣。太王、王季称王者，追王之也。文王能成其勋，大受天命，以抚绥方夏。"大邦畏其力，小邦怀其德"，非于大用力，而小用德也。文王地止百里，甲兵不多，力亦有限，独德为有余，固不以力加人，亦未尝以德而求人之怀也。德之所施，各称其宜。于大邦自见其德威之可畏；于小邦自见其同仁之可怀而已。"惟九年大统未集"，犹曰大勋未集也。"予小子其承厥志"，言我小子何所为，其承祖父之志耳。

7.（宋）黄度《尚书说》卷四《周书·武成》

王若曰，呜呼！群后。

自"先王建邦启土"以下，至"一戎衣，天下大定"，专言周之所以兴，于是后稷、大王、王季、文王皆称王。商契称玄王，盖追王也。周既王稷，又自大王而下，于是以王言告诸侯，非天子不制礼，不作乐也，叹见孝思，必告群后，天下之公议也，议定明日乃祀庙。

8.（宋）袁燮《絜斋家塾书钞》卷八《周书·武成》

王若曰，呜呼！群后，惟先王建邦启土，公刘克笃前烈，至于大王肇基王迹，王季其勤王家，我文考文王，克成厥勋，诞膺天命，以抚方夏。大邦畏其力，小邦怀其德，惟九年大统未集，予小子其承厥志。

三代之王，皆积德而后兴。商自契而至成汤有天下，周自稷而至武王有天下，其所积累，皆非一日。大抵积累而兴，与匹夫崛起者不同。自汉以后，皆是崛起者，乌有所谓积累之素哉。武王言此，盖谓我周家之积德，其所由来久矣。先王，后稷也。后稷称王，追王也。追王太王、亶父王、季历、文王，昌不以卑临尊也。《诗》言"玄王桓拨"谓契。契既称王，稷安得不称王。周家建邦启土，始于后稷，故从而追王之。至公刘，则克笃前烈；至太王，则王业于是乎肇基矣。观其去邠之日，邠人曰仁人也，不可失也，从之者如归市，则人心已是归周。观其乃立皋门，皋门有伉乃立应门，应门将，将则规模广大，已有王者气象。所以伐商，虽是武王，而曰"居岐之阳"，实始翦商，盖当大王时，天命固已有去商归周之渐矣，此所谓肇基王迹也。王季勤劳于王家，至文王而其功始成。强大之邦，非国势强盛，兵威振耀不足以致其服从，故曰畏其力而德固在其中

689

也。小邦则不必说力，故以怀其德，言非谓待大邦则专以力，而无事乎德也。文王九十七乃终，彼其受命而为诸侯，当已五六十年，而谓之九年何哉？或者以为文王受命称王九年。天无二日，民无二王。纣既在上，文王安有自称王之理。此俗儒之论，理决不然。然则曷谓九年，盖方文王之初年，纣亦未大无道，及其后也，天下之心皆去纣而归文王。观虞芮质成，则当时朝觐者，讴歌者，狱讼者，皆不之纣而之文王，所谓三分天下有其二。岂天下分裂而据有其二哉？近纣而迫于其威力者，固不得已而从纣。其它二分，纣之号令已自不行了。天下人心，莫不归之文王。如是者盖九年矣，故曰"惟九年大统未集"。"诞膺天命，以抚方夏"，大抵圣人之观天命，亦只自人心而占之。"天视自我民视，天听自我民听民"。心既归天命，可知今人心皆去纣而归文王，此所以为文王之"诞膺天命"也。

9.（宋）蔡沈《书经集传》卷四《周书·武成》

王若曰，呜呼！群后，惟先王建邦启土，公刘克笃前烈，至于大王肇基王迹，王季其勤王家，我文考文王，克成厥勋，诞膺天命，以抚方夏。大邦畏其力，小邦怀其德。惟九年大统未集，予小子其承厥志。

群后，诸侯也。先王，后稷，武王追尊之也。后稷，始封于邰，故曰"建邦启土"。公刘，后稷之曾孙，《史记》云，能修后稷之业。大王，古公亶父也，避狄，去邰居岐，邠人仁之，从之者如归市。《诗》曰"居岐之阳，实始翦商"。大王虽未始有翦商之志，然大王始得民心，王业之成，实基于此。王季能勤以继其业。至于文王，克成厥功，大受天命，以抚安方夏。大邦畏其威而不敢肆；小邦怀其德而得自立。自为西伯，专征而威德益著于天下。凡九年崩，大统未集者，非文王之德不足以受天下，是时，纣之恶未至于亡天下也。文王以安天下为心，故予小子亦以安天下为心。此当在"大告武成"之下。

10.（宋）黄伦《尚书精义》卷二十七《周书·武成》

（归善斋按，见"既生魄，庶邦冢君暨百工，受命于周"）

11. （宋）陈经《尚书详解》卷二十三《周书·武成》

王若曰，呜呼！群后，惟先王建邦启土，公刘克笃前烈，至于太王肇基王迹，王季其勤王家，我文考文王，克成厥勋，诞膺天命，以抚方夏。大邦畏其力，小邦怀其德。惟九年大统未集，予小子其承厥志。

此章乃武王言其家世积累，以告诸侯。群后者，指当时庶邦冢君之受命者，告之。先王，即后稷也，盖始封于邰，以农开国，故曰"建邦启土"。公刘，后稷之曾孙也，能厚先王之业，百姓多归之。如《周诗》所言笃公刘之事，可见至太王肇基王迹。肇，始也，始造王者之迹。《孟子》之言可考。去邠邑于岐山之下是也。"王季其勤王家"，能缵太王之业，勤于王家。如《周诗》所称"克长克君"，类可见我文考文王，克成厥勋，能成其王者之功。如当时伐崇、伐莒，一怒安天下，皆其勋也。"诞膺天命，以抚方夏"，谓三分天下有二。"大邦畏其力，小邦怀其德"，圣人之于天下，未尝有威爱之殊；天下之服圣人，自有威爱之辨。盖大邦素以力服人者也，遇文王而无所施，则是文王有不可犯，非畏其力而何？小邦素以德望人者也，遇文王而有以适所愿，则是文王有以抚绥之，非怀其德而何？文王初无心于力德也，而大邦、小邦自见其力之可畏，与德之可怀也。"惟九年，大统未集"，自武王言也。文王既没之后，武王继文王九年之间，未能合天下于一统，故予小子今日之事，将以继文王之志也。文王之德所谓大统者，欲天下纯被其化，脱于纣之涂炭而已。若夫必于取天下，则非武王之心也。

此章必欲叙其家世积累之劳如此，所以示其今日之有天下，皆其所当得，所以阴消群诸侯不服之心。然则群诸侯，既服武王矣，而曰阴消其不服之心者，盖自武王胜商后，商民犹有四十余年不服周者，安知其中无有不服者哉？然则道其先祖父之勤，与其所当得天下之意，自汤之时犹未至此。武王之时，则又非汤之时矣，故曰，圣人因风俗之变，而用其权。

12. （宋）钱时《融堂书解》卷九《周书·武成》

王若曰，呜呼！群后惟先王建邦启土，公刘克笃前烈，至于大王肇基王迹，王季其勤王家，我文考文王，克成厥勋，诞膺天命，以抚方夏。大邦畏其力，小邦怀其德。惟九年，大统未集，予小子其承厥志。

先儒谓，天无二日，民无二王，岂有殷纣尚存，而周称文王。文王乃是追王。然《中庸》止云，追王太王王季，未尝言追王文王，况武王伐商，曰"惟有道曾孙周王发"，又曰"昭我周王"，则伐商之先，周已称王，其义甚明。若谓殷纣尚存，无二王之理，则所谓"诞膺天命，以抚方夏"，岂臣子所得为哉。

13. （宋）魏了翁《尚书要义》卷十《周书·泰誓至武成》

（归善斋按，未引）

14. （宋）陈大猷《书集传或问》卷下《周书·武成》

（归善斋按，未解）

15. （宋）胡士行《尚书详解》卷六《周书·武成第五》

王若曰，呜呼！群后，惟先王（后稷称王者，尊之也）建（立）邦（国）启（开）土（邸），公刘（后稷曾孙）克笃（厚）前烈（迁邠）。至于太王（后稷十三世孙）肇（始）基（本）王迹（居岐山之阳，实始翦商），王季（太王子，名历）其勤王家。我文考（父）文王（名昌），克成厥勋（虞、芮质成），诞（大）膺（受）天命，以抚（绥）方夏。大邦（力强）畏其力，小邦（弱）怀（感）其德，惟九年，大统（一统）未集（合三分有二），予小子其承厥志。

先王、王迹、王家，皆有天下后尊之之辞也。文王地方百里。有德而已，何力之云曰畏，曰怀。大邦、小邦自随所见而然耳，文王何心哉？

16. （元）吴澄《书纂言》卷四下

（归善斋按，无此篇）

17.（元）陈栎《书集传纂疏》卷四上《朱子订定蔡氏集传·周书·武成》

王若曰，呜呼！群后，惟先王建邦启土，公刘克笃前烈，至于太王肇基王迹，王季其勤王家，我文考文王，克成厥勋，诞膺天命，以抚方夏。大邦畏其力，小邦怀其德。惟九年，大统未集，予小子其承厥志。

群后，诸侯也。先王，后稷，武王追尊之也。后稷，始封于邰，故曰"建邦启土"。公刘，后稷之曾孙。《史记》云，能修后稷之业。太王，古公亶父也，避狄，去邠居岐，邠人仁之，从之者如归市。《诗》曰，"居岐之阳，实始翦商"。太王虽未始有翦商之志，然太王始得民心，王业之成实基于此。王季能勤以继其业。至于文王，克成厥功，大受天命，以抚安方夏。大邦畏其威而不敢肆，小邦怀其德而得自立。自为西伯，专征而威德益着于天下，凡九年崩。"大统未集"者，非文王之德不足以受天下，是时，纣之恶未至于亡天下也。文王以安天下为心，故予小子亦以安天下为心。此当在"大告武成"之下。

纂疏：

问文王不称王之说。曰，说文王不称王固好，但书中不合有"惟九年大统未集"一句，不知所谓九年，自甚时数起。《史记》于梁惠王三十七年书襄王元年，而《竹书纪年》以为后元年，想得当时文王之事，亦类此。故先儒皆以为自虞芮质成，为受命之元年。

问，使文王更在十三四年，将终事纣乎？抑为牧野之举乎？曰，看文王亦非安坐不做事底人，如《诗》中言"文王受命有此武功"，既伐于崇，作邑于丰云云，则武功都是文王做来。《诗》载武王武功却少，但卒其伐功耳。观文王一时气势如此，度必不终竟休了，一似果实，文王待他十分黄熟自落下来。武王却似生拍破一般。详考《诗》《书》，则文武之心可见。若使文王漠然无心于天下，敛然终守臣节，则三分之二亦不当有矣。然此等处，正夫子所谓"未可与权者。食肉，不食马肝，未为不知味也"。

又曰，那时事势，自是要住不得，后人把文王说得忒恁地，却做一个不做声，不做气，如此形容文王，都没情理。以《诗》《书》考之，全不是如此。如伐崇、侵阮，这自大段施张了。只当商之季七颠八倒，上下崩颓，忽于岐山下，突出许多人也。是谁当得。

陈氏曰，大邦以力自强，遇文王而力无所施，故以文王为可畏，而有以畏其力；小邦以德望人，遇文王而获适所愿，故以文王为可怀，而有以怀其德。文王初无心于德力之辨也。

碧梧马氏曰，文王未崩九年之前，已有伐纣之志矣，然犹有所不忍，遂迟迟至九年。文王既崩，纣恶日甚，武王不可不承其志也。

愚案，后稷称先王，如《周语》云"昔我先王后稷"，又云"我先王不窋"，韦昭注，王之先祖，故称王。《商颂》亦以契为"玄王"是也。武王告诸侯，谓周之基业，自后稷、公刘、太王、王季、文王建之、笃之、基之、勤之、成之，有自来矣，我不过承先志而为之耳，意谓十五六世，数百千年积德累功，前作后述，以有今日，非一时之崛起，以耸动诸侯之听也，亦是欲因祀庙，追王先世，故历述之如此。

又案，无逸言，文王享国五十年，而此曰"九年大统未集"，世遂有文王九年称王而终之说。欧阳公力辨其不然，佐证甚明，其生不称王，信然矣。九年之说，当有折衷。先儒以虞芮质成之年为元年，一说也。如蔡氏以自为西伯专征之年为元年，又一说也。二说必有一得之。其称后元年，则梁惠、汉文景皆然矣。

18.（元）许谦《读书丛说》卷六

原缺。

19.（元）董鼎《书传辑录纂注》卷四《周书·武成》

王若曰，呜呼！群后，惟先王建邦启土，公刘克笃前烈，至于太王肇基王迹，王季其勤王家，我文考文王，克成厥勋，诞膺天命，以抚方夏。大邦畏其力，小邦怀其德。惟九年，大统未集，予小子其承厥志。

群后，诸侯也。先王，后稷，武王追尊之也。后稷，始封于邰，故曰"建邦启土"。公刘，后稷之曾孙。《史记》云，能修后稷之业。太王，古公亶父也，避狄，去邠居岐，邠人仁之，从之者如归市。《诗》曰"居岐之阳实始翦商"。太王虽未始有翦商之志，然太王始得民心，王业之成实基于此。王季能勤以继其业，至于文王，克成厥功，大受天命，以抚安方夏。大邦畏其威而不敢肆，小邦怀其德而得自立。自为西伯，专征而威德益着于天下。凡九年崩，大统未集者，非文王之德不足以受天下，是时，纣之恶未至于亡天下也。文王以安天下为心，故予小子亦以安天下为心。此当在"大告武成"之下。

辑录：

雉问先生近定《武成》新本。先生曰，前辈定本，更差一节。"王若曰"一段或接"于征伐商"之下，以为誓师之辞，或连"受命于周"之下，以为命诸侯之辞，以为誓师固是错连，下说了，以为命诸侯之辞者，此去祭日只争一两日，无缘有先诰命之理。某看却诸侯来便教他助祭，此是祭毕临遣之辞，当在"大诰武成"之下，比前辈只差此一节。

问文王不称王之说。曰，此事更要考说。文王不称王固好，但书中不合有"惟九年，大统未集"一句，不知所谓九年，自甚时数起。若谓文王固守臣节，不称王，则三分天下有其二，亦为不可。又《书》言太王肇基王迹，则到太王时周家已自强盛矣。今《史记》于梁惠王三十七年书襄王元年，而《竹书纪年》以为后元年，想得当时文王之事亦类此，故先儒皆以为自虞芮质厥成之后，为受命之元年，广周自积累以来，其势日大，又当商家无道之时，天下趋周，其势自尔。至于文王三分天下有其二以服事商，孔子乃称其至德，若非文王亦须取了。孔氏称至德，只二人皆可为而不为者也。

璘问，使文王更在十三四年，将终事纣乎？抑为武王牧野之举乎？曰，看文王亦不是安坐不做事底人，如《诗》中言"文王受命有此武功"，既伐于崇，作邑于丰云云，则武功都是文王做来。《诗》载武王武功却少，但卒其伐功耳。观文王一时气势如此，度必不终竟休了，一似果实，文王待他十分黄熟，自落下来，武王却似生拍破一般。当商纣之世，文王三分天下有其二以服事商，至武王十三年，乃伐纣而有天下。张子曰，此事间不容发，一日之间，天命未绝，则是君臣；当日命绝，则为独夫。然命之绝否，何以知之，人情而已。诸侯不期而会者八百，武王安得而止之哉。

孟注问，取之而燕民悦则取之，至古之人有行之者，文王是也。窃疑文王，大圣人于君臣之义，尊卑之等，岂不洞见而容有革商之念哉？曰，此等处难说。孔子谓"可与立，未可与权"，到那时事势，自是要住不得。后来人把文王说得忒恁地，却做一个道行看着，不做声，不做气，如此形容文王都没情理。以《诗》《书》考之，全不是如此。如《诗》自从太王至王季，说来如云，至于太王"实始翦商"，如《下武》之诗，《有声》之诗，都说文王出做事，且如伐崇一节，是做甚么？这又不是一项小小侵掠，乃是大征伐。"询尔仇方，同尔兄弟，以尔钩援，与尔临冲，以伐崇墉"。此见大段动众。岐山之下，与崇相去，自是多少里，因甚如此这般处，要做文王无意出做事，都不得。又如说"侵自阮疆，陟我高冈，无矢我陵，我陵我阿，无饮我泉，我泉我池"。这里建都自据，有其土地，这是大段施张了。或云，纣命文王得专征，伐纣不得已命之，文王不得已受之。横渠云，不以声色为政，不以革命有中国，默顺帝，则而天下归焉。其惟文王乎？若如此说，恰似内无纯臣之义，外亦不属于商。这也未必如此，只是事势自是不可已，只当商之季七颠八倒，上下崩颓，忽于岐山下突出许多人也。是谁当得。文王之事，惟孟子识之，故七篇之中所以告列国之君者，莫非勉之以王道。贺孙。

纂注：

新安陈氏曰，后稷称先王，如《周语》云"昔我先王后稷"，又云"我先王不窋"，韦昭注，王之先祖，故称王。《商颂》亦以契为玄王是也。武王告诸侯，谓周之基业自后稷、公刘、太王、王季、文王建之、笃之、基之、勤之、成之，有自来矣。我不过承先志而为之耳，意谓十五六世，数百千年积德累功，前作后述，以有今日，非一朝一夕之崛起，以耸动诸侯之听也。

欧阳氏曰，汉儒谓西伯受命称王十三年者，妄也。以纣之暴虐，西伯窃叹，遂执而囚之，至其叛，已称王，反优容不问者十三年，此岂近于人情邪？孔子曰"三分天下有其二以服事殷"，使西伯不称臣，而称王，安能服事商乎？谓西伯称王，起于何说，而孔子之言万世之信也。夷、齐，义士也，方其辞国而去，闻西伯之贤，共往归之。使西伯称王，是借叛之国，二子不以为非，依之久而不去，至武王伐纣，始以为非。不非其父，而非其子，此岂近于人情邪？《泰誓》称"十有一年"，说者因谓文王受命九年，及武王居丧三年并数之尔。故以西伯听虞芮之讼，谓之受命，以为元年。古者人君即位，必称元年。西伯即位久矣。"中间"云云，见《泰誓上》传，学者知西伯生不称王，中间不再改元，则《诗》《书》所载，灿然不诬矣。孔子当衰周之时，患众说之纷纭，惑乱当世，故修六经，以示信万世。孔子没去，圣稍远，诸家小说复兴，与六经相乱。自汉以来，莫能辨正。今卓然一信于六经，则十有三年，武王即位之十三年尔。复何疑哉。

20. （元）朱祖义《尚书句解》卷五《周书·武成第五》

王若曰（武王之意若曰）呜呼（嗟叹）群后（呼群诸侯而告）

21. （明）王樵《尚书日记》卷九《周书·武成》

"王若曰，呜呼！群后，惟先王建邦启土"至"予小子其承厥志"。

此以下武王告诸侯之辞也。诸侯百工初受周命。武王诞诰告之。如《汤诰》之意，然其文亦不全矣。尊祖，故称先王。后稷教民稼穑，有功生人，始封于邰，故曰"建邦启土"。公刘，后稷之曾孙，能修后稷之业，百姓怀之，事见《豳风·七月》及《大雅·笃公刘》之诗。古公亶父，追称太王，避狄，去邠居岐，邠人从之者，如归市，事见《绵》之诗。诗曰"居岐之阳实始翦商"。太王虽未始有翦商之志，而王业之成，实基于此。王季能勤以继其业，至于文王，克成厥功，大受天命以抚方夏。大邦畏其威而不敢肆，小邦怀其德而得自立。所谓"三分天下有其二"也。

陈氏曰，大邦以力自强，遇文王而力无所施，故以文王为可畏，而有以畏其力；小邦以德望人，遇文王而获适所愿，故以文王为可怀，而有以怀其德。文王初无心于德力之辨也。

所谓天命者，亦卜之人心而已。或曰，纣十三祀，赐西伯弓矢鈇钺，使专征伐，此文王受命之实也，天也，非人之所能为也。先儒不识天道，乃以改元称王，为受命，陋之甚也。文王得专征伐之柄，九年而薨，故曰"大统未集"。既曰"未集"，安有改元称王之事。安天下者，文王之志，武王承之。《孟子》曰"一人衡行于天下武王耻之"。

22.（清）库勒纳等撰《日讲书经解义》卷六《周书·武成》

　　王若曰，呜呼！群后，惟先王建邦启土，公刘克笃前烈，至于太王肇基王迹，王季其勤王家，我文考文王，克成厥勋，诞膺天命，以抚方夏。大邦畏其力，小邦怀其德。惟九年，大统未集，予小子其承厥志。

　　此一节书，是记武王历叙王业之所由成，以耸动诸侯也。群后，众诸侯也。先王，指后稷。诞，大也。膺，受也。方夏，谓四方华夏之地。武王告谕诸侯叹息而言曰，呜呼！尔等群后，其审听之，昔我先王后稷，在唐虞时，能教民稼穑，始受封为诸侯，建邦开国于邰之地，传至公刘，又能笃厚前人功烈。至太王，去邠居岐，始基立兴王之迹。至王季能勤劳王家。至我文考文王，乃能成就其功，实已大受上天之命，以抚安方夏之民。当时大国诸侯，皆畏惧文王之威力，而不敢放肆；小国诸侯，皆怀念文王之恩德，而赖以存立，所谓"克成厥功"者如此，惜乎九年而崩，大统未集，故今日我小子之举，不过承顺先人之志，以除暴安民而已。

惟先王建邦启土

1.（汉）孔氏传、（唐）陆德明音义、孔颖达疏《尚书注疏》卷十《周书·武成》

惟先王建邦启土。

传，谓后稷也，尊祖故称先王。

疏，传正义曰，此先王，文在公刘之前，知谓后稷也。后稷非王，尊其祖，故称先王。《周语》云"苦我先王后稷"，又曰"我先王不窋"，韦昭云，王之先祖，故称王。商须亦以契为玄王。文武之功起于后稷，后稷始封于邰，故言建邦启土。

2.（宋）苏轼《书传》卷九《周书·武成第五》

（归善斋按，见"丁未，祀于周庙，邦甸、侯、卫骏奔走，执豆笾"）

3.（宋）林之奇《尚书全解》卷二十三《周书·武成》

（归善斋按，见"丁未，祀于周庙，邦甸、侯、卫骏奔走，执豆笾"）

4.（宋）史浩《尚书讲义》卷十一《周书·武成》

（按，此段讲义《永乐大典》原缺）

5.（宋）夏僎《尚书详解》卷十七《周书·武成》

（归善斋按，见"丁未，祀于周庙，邦甸、侯、卫，骏奔走，执豆笾"）

6.（宋）时澜《增修东莱书说》卷十六《周书·武成第五》

（归善斋按，见"王若曰，呜呼！群后"）

7.（宋）黄度《尚书说》卷四《周书·武成》

惟先王建邦启土，公刘克笃前烈，至于大王肇基，王迹王季其勤王家我文考文王克成厥勋诞膺天命以抚方夏。大邦畏其力，小邦怀其德。惟九年大统未集。

先王，后稷，建邦启土于邰，为周始祖。公刘，修后稷之业。笃，厚也。《诗》称为公刘。大王避狄，从之者如归市，王迹基于此。王季在商武，以太丁、帝乙之世，有攘戎之功，商王锡圭瓒。文王为西伯，克成累世之勋，纣赐弓矢斧钺，得专征伐，王事也，故为受命之始。《大雅文王》为受命作周之诗，《大明》为武王复受天命之诗，《绵》为文王之兴，本由大王之诗。此追王，本指大邦畏其力不敢暴；小邦怀其德有所恃。

《诗》云"爰整其旅,以遏徂莒"。自专征九年,而大统未集,武王承志伐商,而天下归之。昔汤有天下,而尊契,是为建国始祖;则周尊后稷,无可疑者。推原王业所自来,追王断自大王以下,公刘非无功德,而非王迹所由兴,故亦同之于群公,此皆为天下公议,武王、周公之所以为达孝者也。文王九年,大统未集,先儒皆指为称王之实。纣在而称王,断无此事。若文王已称王,何以为追王。九年,自专征伐之后九年。

8.（宋）袁燮《絜斋家塾书钞》卷八《周书·武成》

(归善斋按,见"王若曰,呜呼!群后")

9.（宋）蔡沈《书经集传》卷四《周书·武成》

(归善斋按,见"王若曰,呜呼!群后")

10.（宋）黄伦《尚书精义》卷二十七《周书·武成》

(归善斋按,见"既生魄,庶邦冢君暨百工,受命于周")

11.（宋）陈经《尚书详解》卷二十三《周书·武成》

(归善斋按,见"王若曰,呜呼!群后")

12.（宋）钱时《融堂书解》卷九《周书·武成》

(归善斋按,见"王若曰,呜呼!群后")

13.（宋）魏了翁《尚书要义》卷十《周书·泰誓至武成》

三七、稷、不窋、皆称先王,契亦云玄王。

"惟先王建邦启土",谓后稷也,尊祖故称先王。正义曰,此"先王",文在公刘之前,知谓后稷也。后稷非王,尊其祖,故称先王。《周语》云"昔我先王后稷",又曰"我先王不窋",韦昭云,王之先祖,故称王。《商颂》亦以契为玄王。

14.（宋）陈大猷《书集传或问》卷下《周书·武成》

(归善斋按，未解)

15.（宋）胡士行《尚书详解》卷六《周书·武成第五》

(归善斋按，见"王若曰，呜呼！群后")

16.（元）吴澄《书纂言》卷四下

(归善斋按，无此篇)

17.（元）陈栎《书集传纂疏》卷四上《朱子订定蔡氏集传·周书·武成》

(归善斋按，见"王若曰，呜呼！群后")

18.（元）许谦《读书丛说》卷六

原缺。

19.（元）董鼎《书传辑录纂注》卷四《周书·武成》

(归善斋按，见"王若曰，呜呼！群后")

20.（元）朱祖义《尚书句解》卷五《周书·武成第五》

惟先王建邦启土（我周王业，自后稷在唐虞际，封于邰，建立此邦国，开启此疆土）。

21.（明）王樵《尚书日记》卷九《周书·武成》

(归善斋按，见"王若曰，呜呼！群后")

22.（清）库勒纳等撰《日讲书经解义》卷六《周书·武成》

(归善斋按，见"王若曰，呜呼！群后")

（元）陈师凯《蔡氏传旁通》卷四《武成》

先王，后稷，武王追尊之也。

追尊为一代之始祖，郊祀则以配天，故谓为先王，无谥。有谥者，自文王起。然亲庙追尊为王者，止三世，文王父也；王季祖也；太王曾祖也。自组绀以上，仍称公。故《中庸》曰上祀先公，以天子之礼，父加谥，因称文王祖无谥，不容单称王，故以字配之，以取别。然字不可加于爵上，故称王季，曾祖亦无谥，为愈尊，加太字，称太王也。王业自太王起，故追王，始太王也。

后稷始封于邰。

《寰宇记》云，武功县古有邰国，尧封后稷之地，故邰城在县西南二十二里前汉为邰县，后汉省入武功。武功县，今属干州，干州即唐奉天，属陕西奉元路

太王，古公亶父也，避狄，去邰居岐。

（元）王充耘《书义矜式》卷四《周书·牧誓、武成》

惟先王建邦启土，公刘克笃前烈，至于太王肇基王迹，王季其勤王家。我文考文王，克成厥勋，诞膺天命，以抚方夏。大邦畏其力，小邦怀其德。

王业基于前，而有积累之盛；圣德兴于后，而兼威德之著。夫论国家兴王之业，而必述其祖宗之勤，则天命人心之归，固有自来矣。昔武王之告群后，盖谓，我周之建邦启土，则后稷之封殖也。克笃前烈，则公刘其人也。至于肇基王迹而其勤王家，则又有太王王季也。是王业之开，固非一人；而积累之功，固非一世矣。我文考文王，则又克成厥勋焉，大受天命，以抚方夏。大邦、小邦莫不畏其力而怀其德焉。则圣人之继于后者，又得其盛也。不有前王之迭兴，无以开兴王之业；不有圣人之嗣兴，无以成兴王之业，则我周之有天下，夫岂偶然哉。尝观三代王业之兴，而有知天命之不易矣，则稷、契皆兴于唐虞之佐，而契之后十四传而有汤；稷之后十四传，而有文王。后世推论王业之所由，而配之庙。有"玄王""先王"之追称，以明积累之基于前，又必盛陈威德之著以见圣人之嗣兴于

后，其意深远矣。当武功告成，而有周庙之祀。侯、甸、男邦、采、卫，暨百工受命之初，而武王之言至此，又首以呜呼之辞，则我周之兴明德远矣，岂无故而然耶。且唐虞之时，弃为后稷，则周之"建邦启土"，记后稷之始，则于邰也。公刘乃后稷之曾孙，故谓之"克笃前烈"，其所谓能修后稷之业者乎。至于太王实始翦商，则太王虽未始有翦商之志，而王迹之肇基，实肇于此矣。王季继乎太王，而又能其"勤王家"焉，则王迹之肇基日益盛矣。自后稷而公刘，自太王而王季，非一世也。既建之，而后笃之；既基之，而复勤之，则积累之功有自来，而王业之开亦可见矣。至我文考文王，则积累之功，乃"克成"之焉。"其命维新"，即文王之"诞膺天命"；"修和有夏"即文王之"以抚方夏"也。既伐于崇，作邑于丰，则大邦有不畏其力者乎？虞芮质成，化行江汉，则小邦有不怀其德者乎？畏其力，则不敢放肆矣。怀其德，则得自立矣。然文王由方百里起，以至三分天下有其二，曷尝一日而有得天下之心哉。故不期于"受天命"，而"抚方夏"也。天命之归，方夏之抚，自有不期而然者矣。文王之"克成厥勋"有如此哉。然则，人徒知伐殷之功在于武王，而不知王业之成，乃文王之威德也；人徒知王业之成，在于文王，而不知王业之开，乃积累之功，非一世也。武王拳拳，以是告于群后，良有以欤，抑又论之。《中庸》言武王缵太王、王季、文王之绪，则不及乎后稷、公刘也。武王之誓师，而言惟我文考，则又不及乎太王、王季也。盖即其近而言之，则王迹之基实始于太王、王季。至于武王之有天下。则实文王已成之功，故一则曰"其承厥志"，一则曰"受命文考"，则文王又非特如太王、王季而已也。至此而历叙之，则又以明其封殖之始，在于唐虞，历夏商，而王业之基，已久。至商之季，则天命人心之归周者益盛。武王之有天下，岂有一毫之私哉。亦以天命人心之不可辞，而累世之功不可不卒之而已也。合而观之，益以见三代有道之长，而非后世所可及也。

（明）梅鷟《尚书考异》卷四《武成》

惟先王建邦启土，公刘克笃前烈，至于太王肇基王迹，王季其勤王家。我文考文王克成厥勋，诞膺天命，以抚方夏。大邦畏其力，小邦怀其德。惟九年，大统未集。予小子其承厥志。底商之罪，告于皇天后土，所过名山大川。

《周语》祭公谋父曰，昔我先世后稷，以服事虞夏。又曰，我先王不窋。此所以称后稷为先王也。又韦昭注，商亦称契为玄王。《诗》云"即有邰家室"。又鲁颂曰"奄有下国"，故言"建邦启土"也。《大雅》曰"笃公刘"，故言"克迈前烈"也。《鲁颂》曰"实惟太王，实始翦商"。又曰"缵太王之绪"。《绵》诗"庙室门社"，《中庸》曰"追王太王"，故曰"肇基王迹"也。又曰"以王季为父"，"父作之"。《诗》曰"帝作邦作对"，"则笃其庆"，"受禄无丧"。《中庸》曰"追王王季"。《礼记》引《泰誓》曰"朕文考无罪"。《文王有声》曰"遹观厥成"。又《诗》《书》所称文王受命，假哉天命，宅天命，以受方国，王赫斯怒，整旅，遏密，伐肆绝忽，戡黎等，大邦畏其力也。虞、芮小国，睹揖让之风，遂让争田为闲田，汉南诸侯闻之归者，四十余国，小邦怀其德也。"惟九年"者，以"蹶厥生"之年，为受命元年也。故注疏家遂有文王听虞芮之颂，诸侯归之，改称元年至九年而卒也。"大统未集"者，三分天下有其二也。《记》引《书》曰"惟予小子无良"，故称"予小子"。《中庸》曰"武王达孝，善继人之志"，今改作"承厥志"者，不宜全写《中庸》也。但《中庸》所谓"志"者，制礼作乐之志，此所谓志，欲集大统之志。虽能用《中庸》之文，而不免堕于史家西伯阴行善之云，则语圆而意悖矣。

哀二年，卫太子祷曰，曾孙蒯聩，敢昭告于皇祖文王云云，以集大事，无作三祖羞，告于皇天，与《泰誓》类于上帝相应。告于后土，与《泰誓》"宜于冢土"相应。欧阳修知中间不再改元，为注家之非，而不知"诞膺天命"，"惟九年"，乃《武成》古文之非也。

襄三十年，北宫文子云，《周书》数文王之德曰"大国畏其力，小国怀其德"，言畏而爱之也。

《史记》追尊古公为太王，公季为王季，盖王瑞自太王兴。武王即位，修文王绪业，九年武王上祭，于毕东观兵，至于孟津，武王自称太子发，言奉文王以伐，不敢自专。乃告司马、司徒、司寇诸节，齐信栗哉。予无知以先祖有德，臣小子受先公功，毕立赏罚，以定其功。

其勤王家。

见《礼记·祭统》孔悝铭曰"其勤公家"。

（清）朱鹤龄《尚书埤传》卷九《周书·武成》

先王建邦启土；公刘克笃前烈；王季其勤王家；惟九年。

后稷始封于邰，杜预曰，始平武功县，所治釐城（音邰）是古邰国。《诗》疏，《世本》云有邰氏女曰姜嫄，知邰是后稷母家。其国当自有君，所以得封稷者，或时君绝灭，或迁之他所也。

《周本纪》，后稷生不窋，不窋生鞠，鞠生公刘，是公刘为后稷之曾孙也。《诗》疏按郑谱，以公刘当太康之时。韦昭注《国语》以不窋当太康之时，太康禹之孙，公刘不窋之孙，计不窋宜当太康，公刘应在其后，不窋以太康时失稷官，至公刘而窜豳，其迁豳时不必当太康也。又《外传》称后稷十五世而兴，《周本纪》因以稷至文王为十五世，计虞及夏、殷、周，几千二百岁每世在位皆八十许年，子必将老始生，以理推之，实难据信。太康之世比至少康之立几将百年，盖太康始衰之时，不窋失官，少康未立之前，公刘见逐也。杨慎曰，稷与契同封，契至成汤四百二十余年。《殷本纪》凡十四世（《国语》，玄王勤商，十四世而兴），稷至文王，年倍而世半之，何稷之子孙皆长年，而契之子孙皆短世乎，无是理也（《路史》曰，《夏书》纪帝世系云，帝夋生稷，稷生台玺，台玺生叔均，叔均为田祖。夋帝，喾之名也。稷后既有台玺、叔均，则不窋不得为稷子矣。特世次久远不能尽见。《世本》，《史记》所据也，即稽《世本》，不窋至季历，已十有七世矣，何得谓十五王哉）。

王应麟曰，《周纪》古公有长子曰太伯，次曰虞仲。太姜生季历。《左传正义》曰，如《史记》之文，似王季别母迁，言疏谬。太伯、虞仲避季历，适荆蛮。若有适，庶不须相避，知其皆同母也。《孔丛子》子思曰，殷王帝乙之时，王季以九命作伯于西，受圭瓒秬鬯之赐。《竹书纪年》文丁十一年，周公季历伐翳徒之戎，获其三大夫王赐之圭瓒、秬鬯，为侯伯。

孔疏，文王断虞芮之讼，诸侯归之，改称元年（本《尚书大传》），至九年而卒，故云大业未就也。文王既未称王，而得辄改元者，诸侯自于其国，各称元年，是己之所称，容或中年得改矣。《汲冢竹书》魏惠王有

705

后元年，汉初文帝二元，景帝三元，此必有因于古也。伏生、司马迁、韩婴之徒不见此书，以为文王受命七年而崩，故郑玄等皆依用之。愚按，《史记》以"虞芮质成"，为文王受命，称王之始。此盖惑于汉儒谶纬之说，其诬甚矣。欧阳永叔、苏子由已辨正之。然文王虽无称王事，而受命改元则不可谓妄。《周书》（逸书）云，文王受命，九年时为莫春，在镐召太子发。《竹书纪年》云，殷纣三十三年，王锡命西伯得专征伐。沈约注，文王受命，九年大统未集，盖得专征伐。受命自此年始也。《帝王世纪》云，文王即位四十二年，岁在鹑火，更为受命之元年。其说皆不诬也。永叔斥西伯受命之年为元年，亦属妄说。然则文王享国五十年而此云"惟九年大统未集"，当作何解乎？王十朋曰，文王非受命于天，受命于商也，以纣之猜忌而得脱羑里之囚，纣以弓矢斧钺赐之，得专征伐，于是有遏密、伐崇、戡黎之事，此文王受命之实也。汉孔氏云，所征无敌，谓之受天命，此诞膺天命之说也。邹季友曰，按《经世书纪年》云，文王以己巳岁崩，追数九年，则辛酉岁也。而《纪年》云，辛酉岁，纣囚文王，癸亥岁始释之，命为西伯，则至己巳岁，才七年耳。当是辛酉岁即释为西伯，至崩时九年也。然《左传》又云羑里之囚七年，亦与《经世书》不合。

公刘克笃前烈

1.（汉）孔氏传、（唐）陆德明音义、孔颖达疏《尚书注疏》卷十《周书·武成》

公刘克笃前烈。

传，后稷曾孙，公，爵；刘，名。能厚先人之业。

疏，传正义曰，《周本纪》云，后稷卒，子不窋立；卒，子鞠陶立；卒，子公刘立，是公刘为后稷曾孙也。《本纪》云公刘之后，有公，非公祖之类，知公是爵。殷时未讳，故称刘名。先公多矣，独三人称公，当时之意耳。《本纪》云公刘复修后稷之业，百姓怀之，多徙而归保焉。周道之兴自此之后，是能厚先人之业也。

2. （宋）苏轼《书传》卷九《周书·武成第五》

（归善斋按，见"丁未，祀于周庙，邦甸、侯、卫骏奔走，执豆笾"）

3. （宋）林之奇《尚书全解》卷二十三《周书·武成》

（归善斋按，见"丁未，祀于周庙，邦甸、侯、卫骏奔走，执豆笾"）

4. （宋）史浩《尚书讲义》卷十一《周书·武成》

（按，此段讲义《永乐大典》原缺）

5. （宋）夏僎《尚书详解》卷十七《周书·武成》

（归善斋按，见"丁未，祀于周庙，邦甸、侯、卫，骏奔走，执豆笾"）

6. （宋）时澜《增修东莱书说》卷十六《周书·武成第五》

（归善斋按，见"王若曰，呜呼！群后"）

7. （宋）黄度《尚书说》卷四《周书·武成》

（归善斋按，见"惟先王建邦启土"）

8. （宋）袁燮《絜斋家塾书钞》卷八《周书·武成》

（归善斋按，见"王若曰，呜呼！群后"）

9. （宋）蔡沈《书经集传》卷四《周书·武成》

（归善斋按，见"王若曰，呜呼！群后"）

10. （宋）黄伦《尚书精义》卷二十七《周书·武成》

(归善斋按，见"既生魄，庶邦冢君暨百工，受命于周")

11. （宋）陈经《尚书详解》卷二十三《周书·武成》

(归善斋按，见"王若曰，呜呼！群后")

12. （宋）钱时《融堂书解》卷九《周书·武成》

(归善斋按，见"王若曰，呜呼！群后")

13. （宋）魏了翁《尚书要义》卷十《周书·泰誓至武成》

三八、先公，惟三人称公，公刘又称名。

《周本纪》云，后稷卒，子不窋立；卒，子鞠陶立；卒，子公刘立，是公刘为后稷曾孙也。《本纪》云，公刘之后，有公，非公祖之类，知公是爵。殷时，未讳，故称刘名。先公多矣。独三人称公，当时之意耳。

14. （宋）陈大猷《书集传或问》卷下《周书·武成》

(归善斋按，未解)

15. （宋）胡士行《尚书详解》卷六《周书·武成第五》

(归善斋按，见"王若曰，呜呼！群后")

16. （元）吴澄《书纂言》卷四下

(归善斋按，无此篇)

17. （元）陈栎《书集传纂疏》卷四上《朱子订定蔡氏集传·周书·武成》

(归善斋按，见"王若曰，呜呼！群后")

18.（元）许谦《读书丛说》卷六

原缺。

19.（元）董鼎《书传辑录纂注》卷四《周书·武成》

（归善斋按，见"王若曰，呜呼！群后"）

20.（元）朱祖义《尚书句解》卷五《周书·武成第五》

公刘克笃前烈（后稷曾孙公刘，复能修后稷功业）。

21.（明）王樵《尚书日记》卷九《周书·武成》

（归善斋按，见"王若曰，呜呼！群后"）

22.（清）库勒纳等撰《日讲书经解义》卷六《周书·武成》

（归善斋按，见"王若曰，呜呼！群后"）

（元）陈师凯《蔡氏传旁通》卷四《武成》

邠，与"豳"同。《地志》云，扶风栒邑县有豳乡，公刘所都，今与邠同。有邠州属陕西道。岐，今凤翔府岐山县也。

（元）王充耘《书义矜式》卷四《周书·牧誓、武成》

（归善斋按，见"惟先王建邦启土"）

（明）梅鷟《尚书考异》卷四《武成》

（归善斋按，见"惟先王建邦启土"）

（清）朱鹤龄《尚书埤传》卷九《周书·武成》

（归善斋按，见"惟先王建邦启土"）

709

至于大王肇基王迹，王季其勤王家

1.（汉）孔氏传、（唐）陆德明音义、孔颖达疏《尚书注疏》卷十《周书·武成》

至于大王肇基王迹，王季其勤王家。

传，大王修德以翦齐商人，始王业之肇迹。王季缵统其业，乃勤立王家。

音义，大，音太；肇，音兆。王迹，于兄反，又如字注。王业，王功同。

疏，传正义曰，《诗》云"后稷之孙，实惟大王；居岐之阳，实始翦商"，是大王翦齐商人，始王业之兆迹也。《周本纪》云"王李修古公之道，诸侯顺之"，是能缵统太王之业，勤立王家之基本也。

2.（宋）苏轼《书传》卷九《周书·武成第五》

（归善斋按，见"丁未，祀于周庙，邦甸、侯、卫骏奔走，执豆笾"）

3.（宋）林之奇《尚书全解》卷二十三《周书·武成》

（归善斋按，见"丁未，祀于周庙，邦甸、侯、卫骏奔走，执豆笾"）

4.（宋）史浩《尚书讲义》卷十一《周书·武成》

（按，此段讲义《永乐大典》原缺）

5.（宋）夏僎《尚书详解》卷十七《周书·武成》

（归善斋按，见"丁未，祀于周庙，邦甸、侯、卫，骏奔走，执豆笾"）

6.（宋）时澜《增修东莱书说》卷十六《周书·武成第五》

(归善斋按,见"王若曰,呜呼！群后")

7.（宋）黄度《尚书说》卷四《周书·武成》

(归善斋按,见"惟先王建邦启土")

8.（宋）袁燮《絜斋家塾书钞》卷八《周书·武成》

(归善斋按,见"王若曰,呜呼！群后")

9.（宋）蔡沈《书经集传》卷四《周书·武成》

(归善斋按,见"王若曰,呜呼！群后")

10.（宋）黄伦《尚书精义》卷二十七《周书·武成》

(归善斋按,见"既生魄,庶邦冢君暨百工,受命于周")

11.（宋）陈经《尚书详解》卷二十三《周书·武成》

(归善斋按,见"王若曰,呜呼！群后")

12.（宋）钱时《融堂书解》卷九《周书·武成》

(归善斋按,见"王若曰,呜呼！群后")

13.（宋）魏了翁《尚书要义》卷十《周书·泰誓至武成》

(归善斋按,未引)

14.（宋）陈大猷《书集传或问》卷下《周书·武成》

(归善斋按,未解)

15. （宋）胡士行《尚书详解》卷六《周书·武成第五》

(归善斋按，见"王若曰，呜呼！群后")

16. （元）吴澄《书纂言》卷四下

(归善斋按，无此篇)

17. （元）陈栎《书集传纂疏》卷四上《朱子订定蔡氏集传·周书·武成》

(归善斋按，见"王若曰，呜呼！群后")

18. （元）许谦《读书丛说》卷六

原缺。

19. （元）董鼎《书传辑录纂注》卷四《周书·武成》

(归善斋按，见"王若曰，呜呼！群后")

20. （元）朱祖义《尚书句解》卷五《周书·武成第五》

至于大王肇基王迹（至太王，又后稷十二世孙，去邠邑，岐民以为仁人，从如归市，而王者之迹始基乎此），王季其勤王家（王季能缵太王之业，勤于王家）。

21. （明）王樵《尚书日记》卷九《周书·武成》

(归善斋按，见"王若曰，呜呼！群后")

22. （清）库勒纳等撰《日讲书经解义》卷六《周书·武成》

(归善斋按，见"王若曰，呜呼！群后")

（元）陈师凯《蔡氏传旁通》卷四《武成》

《诗》曰"居岐之阳，实始翦商"。

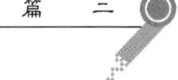

《诗·鲁颂·閟宫》之辞。朱子云，翦，断也。太王自邠徙居岐阳，四方之民咸归往之，于是王迹始字，盖有翦商之渐矣。

（元）王充耘《书义矜式》卷四《周书·牧誓、武成》

（归善斋按，见"惟先王建邦启土"）

（明）梅鷟《尚书考异》卷四《武成》

（归善斋按，见"惟先王建邦启土"）

（明）马明衡《尚书疑义》卷四《周书·武成》

武王告诸侯，叙后稷、太王、王季、文王相承以成王业者。盖太王、王季、文王，但知修德而人心自然归附。至后人推王业之所由，姑自不得不如是立言，非太王、王季、文王先有代商之心也。若文王伐密，伐崇，当时文王得专征伐，密、崇当时无道害民，故文王伐之，意在安民，非伐其不贰于己也。文王既有圣人之德，又有如是之威，四方归附，自不容已。文王何心焉，惟斯民得其安，君心之或悟，则亦已矣。所谓"大邦畏其力，小邦怀其德"者，亦当善观之。

（清）朱鹤龄《尚书埤传》卷九《周书·武成》

（归善斋按，见"惟先王建邦启土"）

我文考文王克成厥勋，诞膺天命，以抚方夏

1. （汉）孔氏传、（唐）陆德明音义、孔颖达疏《尚书注疏》卷十《周书·武成》

我文考文王克成厥勋，诞膺天命，以抚方夏。

传，言我文德之父，能成其王功，大当天命，以抚绥四方中夏。

2.（宋）苏轼《书传》卷九《周书·武成第五》

我文考文王克成厥勋，诞膺天命，以抚方夏。大邦畏其力，小邦怀其德。惟九年，大统未集。

文王以"虞芮质厥成"之岁改元，九年而崩。

3.（宋）林之奇《尚书全解》卷二十三《周书·武成》

（归善斋按，见"丁未，祀于周庙，邦甸、侯、卫骏奔走，执豆笾"）

4.（宋）史浩《尚书讲义》卷十一《周书·武成》

（按，此段讲义《永乐大典》原缺）

5.（宋）夏僎《尚书详解》卷十七《周书·武成》

（归善斋按，见"丁未，祀于周庙，邦甸、侯、卫，骏奔走，执豆笾"）

6.（宋）时澜《增修东莱书说》卷十六《周书·武成第五》

（归善斋按，见"王若曰，呜呼！群后"）

7.（宋）黄度《尚书说》卷四《周书·武成》

（归善斋按，见"惟先王建邦启土"）

8.（宋）袁燮《絜斋家塾书钞》卷八《周书·武成》

（归善斋按，见"王若曰，呜呼！群后"）

9.（宋）蔡沈《书经集传》卷四《周书·武成》

（归善斋按，见"王若曰，呜呼！群后"）

10.（宋）黄伦《尚书精义》卷二十七《周书·武成》

（归善斋按，见"既生魄，庶邦冢君暨百工，受命于周"）

11.（宋）陈经《尚书详解》卷二十三《周书·武成》

（归善斋按，见"王若曰，呜呼！群后"）

12.（宋）钱时《融堂书解》卷九《周书·武成》

（归善斋按，见"王若曰，呜呼！群后"）

13.（宋）魏了翁《尚书要义》卷十《周书·泰誓至武成》

（归善斋按，未引）

14.（宋）陈大猷《书集传或问》卷下《周书·武成》

（归善斋按，未解）

15.（宋）胡士行《尚书详解》卷六《周书·武成第五》

（归善斋按，见"王若曰，呜呼！群后"）

16.（元）吴澄《书纂言》卷四下

（归善斋按，无此篇）

17.（元）陈栎《书集传纂疏》卷四上《朱子订定蔡氏集传·周书·武成》

（归善斋按，见"王若曰，呜呼！群后"）

18.（元）许谦《读书丛说》卷六

原缺。

715

19. （元）董鼎《书传辑录纂注》卷四《周书·武成》

（归善斋按，见"王若曰，呜呼！群后"）

20. （元）朱祖义《尚书句解》卷五《周书·武成第五》

我文考文王（至我文德之父文王），克成厥勋（能成其功），诞膺天命（大受天之眷命），以抚方夏（以抚安中夏）。

21. （明）王樵《尚书日记》卷九《周书·武成》

（归善斋按，见"王若曰，呜呼！群后"）

22. （清）库勒纳等撰《日讲书经解义》卷六《周书·武成》

（归善斋按，见"王若曰，呜呼！群后"）

（元）陈师凯《蔡氏传旁通》卷四《武成》

至于文王，克成厥功，大受天命，以抚安方夏，自为西伯专征，而威德益著于天下，凡九年崩。

《朱子语录》云，问文王不称王之说，曰此事更要考说。文王不称王固好，但《书》中不合有"惟九年大统未集"一句，不知所谓九年者，自甚时数起，若谓文王固守臣节不称王，则三分天下有其二，亦为不可。又《书》言，太王肇基王迹，则到太王时，周家已自强盛矣。今《史记》于梁惠王三十七年书襄王元年，而《竹书纪年》以为后元年。想得当时文王之事亦类此。故先儒皆以为自"虞芮质厥成"之后为"受命"之元年也。又云，周自积累以来，其势日大，又当商家无道之时，天下趋周，其势自尔。至于文王三分天下有其二，以服事商，孔子乃称其至德。若非文王，亦须取了。孔子称至德，只二人，皆可为而不为者也。又云，文王之事，惟孟子识之。今按《孟子集注》云，商纣之世，文王三分天下有其二，以服事殷。至武王十三年乃伐纣而有天下。张敬夫曰，此事间不容发，一日之间天命未绝，则是君臣。当日命绝，

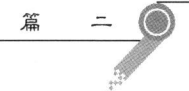

则为独夫。然命之绝否，何以知之，人情而已。诸侯不期而会者八百，武王安得而止之哉。

（元）王充耘《书义矜式》卷四《周书·牧誓、武成》

（归善斋按，见"惟先王建邦启土"）

（明）梅鷟《尚书考异》卷四《武成》

（归善斋按，见"惟先王建邦启土"）

大邦畏其力，小邦怀其德

1.（汉）孔氏传、（唐）陆德明音义、孔颖达疏《尚书注疏》卷十《周书·武成》

大邦畏其力，小邦怀其德。

传，言天下诸侯大者畏威，小者怀德，是文王威德之大。

疏，正义曰，大邦力足拒敌，故言畏其力，小邦必畏矣。小邦或被弃遗，故言怀其德，大邦亦怀德矣，量事为文也。

2.（宋）苏轼《书传》卷九《周书·武成第五》

（归善斋按，见"我文考文王克成厥勋，诞膺天命，以抚方夏"）

3.（宋）林之奇《尚书全解》卷二十三《周书·武成》

（归善斋按，见"丁未，祀于周庙，邦甸、侯、卫骏奔走，执豆笾"）

4.（宋）史浩《尚书讲义》卷十一《周书·武成》

（按，此段讲义《永乐大典》原缺）

717

5.（宋）夏僎《尚书详解》卷十七《周书·武成》

（归善斋按，见"丁未，祀于周庙，邦甸、侯、卫，骏奔走，执豆笾"）

6.（宋）时澜《增修东莱书说》卷十六《周书·武成第五》

（归善斋按，见"王若曰，呜呼！群后"）

7.（宋）黄度《尚书说》卷四《周书·武成》

（归善斋按，见"惟先王建邦启土"）

8.（宋）袁燮《絜斋家塾书钞》卷八《周书·武成》

（归善斋按，见"王若曰，呜呼！群后"）

9.（宋）蔡沈《书经集传》卷四《周书·武成》

（归善斋按，见"王若曰，呜呼！群后"）

10.（宋）黄伦《尚书精义》卷二十七《周书·武成》

（归善斋按，见"既生魄，庶邦冢君暨百工，受命于周"）

11.（宋）陈经《尚书详解》卷二十三《周书·武成》

（归善斋按，见"王若曰，呜呼！群后"）

12.（宋）钱时《融堂书解》卷九《周书·武成》

（归善斋按，见"王若曰，呜呼！群后"）

13.（宋）魏了翁《尚书要义》卷十《周书·泰誓至武成》

（归善斋按，未引）

14.（宋）陈大猷《书集传或问》卷下《周书·武成》

(归善斋按，未解)

15.（宋）胡士行《尚书详解》卷六《周书·武成第五》

(归善斋按，见"王若曰，呜呼！群后")

16.（元）吴澄《书纂言》卷四下

(归善斋按，无此篇)

17.（元）陈栎《书集传纂疏》卷四上《朱子订定蔡氏集传·周书·武成》

(归善斋按，见"王若曰，呜呼！群后")

18.（元）许谦《读书丛说》卷六

原缺。

19.（元）董鼎《书传辑录纂注》卷四《周书·武成》

(归善斋按，见"王若曰，呜呼！群后")

20.（元）朱祖义《尚书句解》卷五《周书·武成第五》

大邦畏其力（大邦诸侯则畏其力），小邦怀其德（小邦诸侯怀慕其德）。

21.（明）王樵《尚书日记》卷九《周书·武成》

(归善斋按，见"王若曰，呜呼！群后")

22.（清）库勒纳等撰《日讲书经解义》卷六《周书·武成》

（归善斋按，见"王若曰，呜呼！群后"）

（元）王充耘《书义矜式》卷四《周书·牧誓、武成》

（归善斋按，见"惟先王建邦启土"）

（明）梅鷟《尚书考异》卷四《武成》

（归善斋按，见"惟先王建邦启土"）

惟九年，大统未集

1.（汉）孔氏传、（唐）陆德明音义、孔颖达疏《尚书注疏》卷十《周书·武成》

惟九年，大统未集。

传，言诸侯归之，九年而卒，故大统未就。

疏，传正义曰，文王断虞芮之讼，诸侯归之，改称元年，至九年而卒，故云大业未就也。文王既未称王，而得辄改元年者，诸侯自于其国，各称元年，是己之所称。容或中年得改矣。《汲冢竹书》魏惠王有后元年；汉初文帝二元，景帝三元，此必有因于古也。伏生、司马迁、韩婴之徒，不见此书，以为文王受命七年而崩，故郑玄等皆依用之。

2.（宋）苏轼《书传》卷九《周书·武成第五》

（归善斋按，见"我文考文王克成厥勋，诞膺天命，以抚方夏"）

3.（宋）林之奇《尚书全解》卷二十三《周书·武成》

（归善斋按，见"丁未，祀于周庙，邦甸、侯、卫骏奔走，执豆笾")

4．（宋）史浩《尚书讲义》卷十一《周书·武成》

(按，此段讲义《永乐大典》原缺)

5．（宋）夏僎《尚书详解》卷十七《周书·武成》

(归善斋按，见"丁未，祀于周庙，邦甸、侯、卫，骏奔走，执豆笾")

6．（宋）时澜《增修东莱书说》卷十六《周书·武成第五》

(归善斋按，见"王若曰，呜呼！群后")

7．（宋）黄度《尚书说》卷四《周书·武成》

(归善斋按，见"惟先王建邦启土")

8．（宋）袁燮《絜斋家塾书钞》卷八《周书·武成》

(归善斋按，见"王若曰，呜呼！群后")

9．（宋）蔡沈《书经集传》卷四《周书·武成》

(归善斋按，见"王若曰，呜呼！群后")

10．（宋）黄伦《尚书精义》卷二十七《周书·武成》

(归善斋按，见"既生魄，庶邦冢君暨百工，受命于周")

11．（宋）陈经《尚书详解》卷二十三《周书·武成》

(归善斋按，见"王若曰，呜呼！群后")

12．（宋）钱时《融堂书解》卷九《周书·武成》

(归善斋按，见"王若曰，呜呼！群后")

13. (宋)魏了翁《尚书要义》卷十《周书·泰誓至武成》

三九、文王改元,自于其国,且容中年得改。

正义曰,文王断虞芮之讼,诸侯归之,改称元年,至九年而卒,故云大业未就也。文王既未称王,而得辄改元年者,诸侯自于其国,各称元年是已。之所称容或中年得改矣。《汲冢竹书》魏惠王有后元年。汉初文帝二元。景帝三元。此必有因于古也。伏生、司马迁、韩婴之徒,不见此书,以为文王受命七年而崩,故郑玄等皆依用之。

14. (宋)陈大猷《书集传或问》卷下《周书·武成》

(归善斋按,未解)

15. (宋)胡士行《尚书详解》卷六《周书·武成第五》

(归善斋按,见"王若曰,呜呼!群后")

16. (元)吴澄《书纂言》卷四下

(归善斋按,无此篇)

17. (元)陈栎《书集传纂疏》卷四上《朱子订定蔡氏集传·周书·武成》

(归善斋按,见"王若曰,呜呼!群后")

18. (元)许谦《读书丛说》卷六

原缺。

19. (元)董鼎《书传辑录纂注》卷四《周书·武成》

(归善斋按,见"王若曰,呜呼!群后")

20. （元）朱祖义《尚书句解》卷五《周书·武成第五》

惟九年，大统未集（文王自受命至没九年未能一统天下）

21. （明）王樵《尚书日记》卷九《周书·武成》

（归善斋按，见"王若曰，呜呼！群后"）

22. （清）库勒纳等撰《日讲书经解义》卷六《周书·武成》

（归善斋按，见"王若曰，呜呼！群后"）

（元）陈师凯《蔡氏传旁通》卷四《武成》

（归善斋按，见"我文考文王克成厥勋，诞膺天命，以抚方夏"）

（明）梅鷟《尚书考异》卷四《武成》

（归善斋按，见"惟先王建邦启土"）

（明）马明衡《尚书疑义》卷四《周书·武成》

惟九年，大统未集。

注疏皆以为文王受命改元，至九年而卒。史迁则直以文王受命而称王矣。殊不知所谓诞膺天命者，亦自后言之，文王何尝自以质虞芮之成，为己之受命而即改元，以应之哉？如是，则又何有于称王哉？盖文王改元与否，皆不可知，即有改元之事，亦是偶然，决不以己之受命而更端也。况未必有改元之事耶。"九年"之文，亦自后人追溯诸侯归服文王之时而言之。蔡传之说是矣。《武成》如"有道曾孙周王发"及"昭我周王"之语，皆有难晓处。夫武王告神之时，纣尚未毙，武王岂遽先称王耶？若后世起兵，亦有先自称帝者，是盖欲以系属人心，岂武王举兵之时，诸侯亦即尊武王为王，而武王亦遽受之耶？蔡氏以为史臣追增之辞，岂录其当时告神之语而辄加以追增之称耶？朱子释《孟子》谓商人而曰我周王，犹《商书》而曰我后也，则是当时武王虽未称王，而天下之人固以王归之

723

矣。武王自言天其以予乂民，则武王亦固任其责矣，非若后世舍曰欲之而又为之辞者，此皆大义所在。读者须求此而得其心之安。而拘于字句之末，不足为重轻也。余姑发其疑如此，而俟识者考正焉。

周王之称，予既发其疑矣。后再观之，如《汤誓》等篇，皆即称王，《泰誓》称六师，分明是已正名位矣。

（清）朱鹤龄《尚书埤传》卷九《周书·武成》

（归善斋按，见"惟先王建邦启土"）

（清）张英《书经衷论》卷三《周书·武成》

"九年大统未集"，先儒谓文王受命，称王九年而崩；武王嗣位，合居丧三年，共为十有三年而伐商，是文王不应称王而称王，不应改元而改元。武王应改元而不改元，欧阳子言之详矣。究竟《书》所谓九年者，不知何所指欤？《通鉴前编》谓此文王专征之九年也，文王以己未年赐弓矢专征，至丁卯武王嗣位，是谓九年，故谓"大统未集"。至《泰誓》之十有三年，则专指武王之即位十有三年也。其说似较汉儒为长，此欧阳子之说，而今《通鉴前编》悉从之。

予小子其承厥志

1.（汉）孔氏传、（唐）陆德明音义、孔颖达疏《尚书注疏》卷十《周书·武成》

予小子其承厥志。

传，言承文王本意。

2.（宋）苏轼《书传》卷九《周书·武成第五》

予小子其承厥志，底商之罪，告于皇天、后土所过名山、大川，曰，惟有道曾孙周王发。

有道，指其父祖也。

3. （宋）林之奇《尚书全解》卷二十三《周书·武成》

（归善斋按，见"丁未，祀于周庙，邦甸、侯、卫骏奔走，执豆笾"）

4. （宋）史浩《尚书讲义》卷十一《周书·武成》

（按，此段讲义《永乐大典》原缺）

5. （宋）夏僎《尚书详解》卷十七《周书·武成》

（归善斋按，见"丁未，祀于周庙，邦甸、侯、卫，骏奔走，执豆笾"）

6. （宋）时澜《增修东莱书说》卷十六《周书·武成第五》

（归善斋按，见"王若曰，呜呼！群后"）

7. （宋）黄度《尚书说》卷四《周书·武成》

予小子其承厥志。厎商之罪，告于皇天、后土，所过名山大川，曰惟有道曾孙周王发，将有大正于商。今商王受无道，暴殄天物，害虐烝，民为天下逋逃主，萃渊薮。予小子既获仁人，敢祗承上帝，以遏乱略。华夏、蛮貊，罔不率俾，恭天成命。肆予东征，绥厥士女，惟其士女篚厥玄黄，昭我周王。天休震动，用附我大邑周。惟尔有神，尚克相予，以济兆民，无作神羞。

告于皇天、后土，即出师、类帝、宜社也。过大山川，用事祈福。此其祝辞也。武王自谓有道，指纣为无道也。《曲礼》，内事，曰孝子某侯某；外事，曰曾孙某，侯某。外纪天生万物，纣暴绝之；民罔非天胤，纣害虐之。为天下逋逃主，如鱼鸟萃于渊薮。仁人，十乱圣智人仁贤，义理之会，应天顺人，四海归之。绥，安；玄，黄币；昭，明。我周王之行大罚，此岂人力哉？天休震动，用是皆附。周大邑，犹京师众大之称也。

"篚厥玄黄，昭我周王"，非类帝时语，盖入商境乃有此事，随所过山川，祝辞始着此语，至是类聚诏告诸侯，以见伐商，为恭天成命告于天地、鬼神而无愧也。

8. （宋）袁燮《絜斋家塾书钞》卷八《周书·武成》

（归善斋按，见"王若曰，呜呼！群后"）

9. （宋）蔡沈《书经集传》卷四《周书·武成》

（归善斋按，见"王若曰，呜呼！群后"）

10. （宋）黄伦《尚书精义》卷二十七《周书·武成》

（归善斋按，见"既生魄，庶邦冢君暨百工，受命于周"）

11. （宋）陈经《尚书详解》卷二十三《周书·武成》

（归善斋按，见"王若曰，呜呼！群后"）

12. （宋）钱时《融堂书解》卷九《周书·武成》

（归善斋按，见"王若曰，呜呼！群后"）

13. （宋）魏了翁《尚书要义》卷十《周书·泰誓至武成》

（归善斋按，未引）

14. （宋）陈大猷《书集传或问》卷下《周书·武成》

（归善斋按，未解）

15. （宋）胡士行《尚书详解》卷六《周书·武成第五》

（归善斋按，见"王若曰，呜呼！群后"）

16. （元）吴澄《书纂言》卷四下

（归善斋按，无此篇）

17. （元）陈栎《书集传纂疏》卷四上《朱子订定蔡氏集传·周书·武成》

(归善斋按，见"王若曰，呜呼！群后")

18. （元）许谦《读书丛说》卷六

原缺。

19. （元）董鼎《书传辑录纂注》卷四《周书·武成》

(归善斋按，见"王若曰，呜呼！群后")

20. （元）朱祖义《尚书句解》卷五《周书·武成第五》

予小子其承厥志（武王谦称我小子继其志）

21. （明）王樵《尚书日记》卷九《周书·武成》

(归善斋按，见"王若曰，呜呼！群后")

22. （清）库勒纳等撰《日讲书经解义》卷六《周书·武成》

(归善斋按，见"王若曰，呜呼！群后")

底商之罪，告于皇天、后土，所过名山大川

1. （汉）孔氏传、（唐）陆德明音义、孔颖达疏《尚书注疏》卷十《周书·武成》

底商之罪，告于皇天后土，所过名山大川。
传，致商之罪，谓伐纣之时。后土，社也；名山，华岳；大川，河。
音义，厎，之履反。

疏，传正义曰，"致商之罪，谓伐纣之时"，欲将伐纣，告天乃发，故文在"所过"之上。《礼》天子出征必类帝宜社。此告皇天后土，即《泰誓上》篇"类于上帝，宜于冢土"，故云"后土，社也"。昭二十九年《左传》称"句龙为后土"，后土为社是也。僖十五年《左传》云戴皇天而履后土，彼晋大夫要秦伯，故以地神后土而言之，与此异也。自周适商，路过河华，故知所过名山华岳，大川河也。山川大乃有名，名大互言之耳。《周礼·大祝》云"王过大山川则用事焉"，郑云，用事用祭化告行也。

2.（宋）苏轼《书传》卷九《周书·武成第五》

（归善斋按，未解）

3.（宋）林之奇《尚书全解》卷二十三《周书·武成》

底商之罪，告于皇天、后土，所过名山、大川，曰，惟有道曾孙周王发，将有大正于商。今商王受无道。

自"底商之罪"以下至于"大赉于四海而万姓悦服"，其文当在"王朝步自周于征伐商"之下，"厥四月哉生明王来自商至于丰"之上，盖其所序述皆是武王未归周以前事，简编差舛，乃以属于"予小子其承厥志"之后，而武王所以祷于天地山川之言，遂与上文之称述后稷以来积德累功者相联，则类夫武王诵其所祷之辞，以告"庶邦冢君"者，故唐孔氏以谓自"曰惟有道曾孙周王发"至"无作神羞"，王自陈告之辞也。且谓"无作神羞"以下，惟告神其辞，不结文，又不成，非述作之体。且冢君百工初受周命，王当有以戒之，如《汤诰》之类，宜应说其除害与民更始，惩以为恶之祸，劝以行道之福，不得大聚百官，惟诵祷辞而已。欲征则殷勤誓众，既克则空诵祷辞，圣人有作，理必不尔。窃谓，"神羞"之下，更合有言，简编脱落，经失其本，所以辞不次耳。孔氏虽能疑其简编断绝，经辞不次，而遂信以祷神之辞为武王对庶邦冢君百工诵之，殊不知追王之辞，盖尽于"予小子其承厥志"。而"底商之罪"以下，自是史家记述武王既往伐商，祷于上下神祇之辞。简编失次，误载于"其承厥志"之下耳。故王氏、刘氏、程氏诸家，以属于"王朝步自周，于征伐商"

之下，盖得之矣。但王氏以"乃反商政，政由旧，释箕子囚"以下属于"归周"之后，则失其次。夫"释箕子囚，封比干墓，式商容闾"，散财发粟，此盖既克商之事，岂至周而后有事于此邪。故刘氏自"底商之罪"至"万姓悦服"，悉以加于"厥四月，哉生明，王来自商，至于丰"之前，此则胜于王氏所次远甚。程氏亦以释囚、封墓以下依刘氏所次，而移"乃反商政，政由旧"于"列爵惟五"之上，谓自此以下方是"政由旧"，亦各就其所见如此。然《武成》既非今书，亦未可以其见存之文为必然不易之论也。武王既兴义兵，为天下除残去贼，其所以伐纣为此举者，盖所以奉天地神祇之意，而非所以徇一人之私欲也。故其兵之既动，则致商纣之所以获罪于天地神祇之意，以告皇天、后土与夫师之所过名山、大川。名山，华岳；大川，河也。自丰镐而往朝歌，则必过华岳涉河。华与河，在五岳、四渎之数，故知其为名山大川也。告于皇天、后土，则《泰誓》所谓"类于上帝，宜于冢土"也。告于天地、山川，其礼不必同时，而祷祠同，故并而载之曰"底商之罪，告于皇天、后土，所过名山、大川"，明其祷祠皆云尔，非是以天地、山川并为祭也。《泰誓》曰"予小子受命文考，类于上帝，宜于冢土，以尔有众，底天之罚"，武王之所以伐商，而告于天地神祇者，盖受命于文考，而非己之所敢专也。故其祷辞必称"有道曾孙"，本其父祖，言己乃有道之人曾孙也。唐孔氏以武王自称"有道"，且谓，圣人至公，为民除害，以纣为无道，言"有道"，以告神求助，不得饰以谦辞。此说不然。鬼神害盈而福谦，谓告神求助，不得饰以谦辞，岂有是理哉？武王之誓师曰"予克受，非予武，惟朕文考无罪；受克予，非朕文考有罪，惟予小子无良"，此盖武王之心也。岂有自称己之"有道"，以求神之福。其曰"有道曾孙"云者，亦犹曰"惟朕文考无罪"也。"惟有道曾孙周王发，将有大正于商"，言己凭我文祖之"有道"，将往大征商纣，以大正其罪也。当是时，始兴兵往伐商，未知克与不克，而纣犹在上为天子，遽称周王发，此殆是史官增加润色之辞，非必其祷神之言本如此也。《孟子》因咸丘蒙问"舜南面而立，尧率诸侯北面而朝之"之说，尝举孔子之言曰"天无二日，民无二王"。舜既为天子矣，又率天下诸侯以为尧三年丧，是二天子矣，天下之不可以有二王也。苟以武王称"周王发"，而继之以"今商王无道"，则是二王矣。《孟

729

子》于《武成》取二三策，则其所不取者，必此类也。《武王》所以本其文祖之有道，以有大正于商者，以商王受无道故也。《孟子》曰"桀纣之失天下者，失其民也。失其民者，失其心也。得天下有道，得其民，斯得天下矣；得其民有道，得其心，斯得民矣；得其心有道，所欲与之、聚之，所恶勿施尔也。民之归仁也，如水之就下，兽之走圹也。故为渊驱鱼者，獭也；为丛驱爵者，鹯也；为汤武驱民者，桀与纣也"。纣既无道，而周有道，则是纣驱其民，而使其归周矣，虽欲不亡不可得也。《泰誓》数纣之罪，其文谆复反复，陈其不善之迹，盖将以晓众庶，未谕之情不得不然。此祷于天地鬼神，不必历数其罪，故其文简而尽，此所以不同也。

4.（宋）史浩《尚书讲义》卷十一《周书·武成》

（按，此段讲义《永乐大典》原缺）

5.（宋）夏僎《尚书详解》卷十七《周书·武成》

底商之罪，告于皇天、后土，所过名山大川，曰，惟有道曾孙周王发，将有大正于商。今商王受无道，暴殄天物，害虐烝民，为天下逋逃主，萃渊薮。予小子既获仁人，敢祗承上帝，以遏乱略。华夏、蛮貊，罔不率俾，恭天成命。肆予东征，绥厥士女，惟其士女篚厥玄黄，昭我周王。天休震动，用附我大邑周。惟尔有神，尚克相予，以济兆民，无作神羞。

此亦武王举当时告神之辞，以告群后也。盖此篇自"王若曰"以下至"一戎衣"而"天下大定"，皆武王告群后之言。上既言我小子承文王之志而往伐纣，故此遂言我欲往伐，于是致商纣所以获罪于天神地祇之恶，以上则告于皇天，即《泰誓》所谓"类上帝"；以下则告于后土，即《泰誓》所谓"宜冢土"；以旁则告于所过名山大川。汉孔氏谓，名山是华山；大川，是河。盖自丰镐往朝歌，必道华、岳，涉河。华与河在五岳、四渎之数，故知其为名山大川也。武王告天地山川，必自言"予有道曾孙周王发"者，盖谓我乃有道之人曾孙，本其父祖而言，且明今日之事，乃受命文考，非已敢专也。若夫"周王"二字，必是史官叙武成时所加必，非武王祷神时言本如此。盖当是时，纣犹在上，武王未必称王，如《泰誓》所谓文王，但言"文考"，未尝言"王"，惟柴望告成之后追王。太王、王季、文王，然后武成，始称太王、王季、文王，父祖尚不敢于未追王之前，先以王言之。况己未克商，乃敢遽称"周王"乎？此必不然者也。武王告神之意，盖谓我乃有道之人之曾孙，今将往伐商纣，而大正其罪。所以然者，以商纣无道，天生庶物，人君当取之有时，用之有节也。而纣乃以暴虐而殄绝之，使不得遂其生。天生烝民，而人君当怀之以仁恩也，而纣乃以刑法而虐害。惟其不仁如此，故小人之不仁者，皆归焉。凡有逋罪而逃亡者，皆往依纣，而纣则为之宗主，萃聚众恶，如渊而鱼聚，如薮而兽聚。即《泰誓》所谓"惟四方之多罪逋逃，是崇是长，是信是使，是以为大夫、卿士"也。纣所为既如此，则立朝皆小人，所谓"不有君子，其能国乎"者是也。小人既在朝，则君子必不容。所谓仁人者，必相率而归周，故武王于是言，我小子既获仁人，则此所谓仁人，盖指商之仁人，但不知为谁，亦不知其几何人。孔氏乃谓，为太公、周、召之徒。夫太公归周，在文王之世，非武王所获。周、召，武王之懿亲，不可谓之获。获者，自外而来也。至王氏则又谓，为微子之徒。夫微子归周，乃武王克商之后，若未克商而微子归之，则微子于宗周，颠覆略无不忍之意，岂所谓仁人哉？余故曰，仁人，必是自商而来，但不知其为谁也。仁人既为周之所得，则商皆小人，周皆君子，故武王于是敢敬承上帝之命，以遏绝商纣为乱之谋略。武王既承上帝以伐商，故当时之民，内而华夏，外而蛮貊，无不相率以为己使，而恭敬天之成命也。若不期而会者八百诸侯，则蛮夏率俾可知有庸、蜀、羌、髳、微、卢、彭、濮人之类，则蛮貊率俾可知。惟夷、夏同归如此，故我兴师自丰镐，西来以东征，而安慰士女。则凡为士女者，皆喜周师之来，尽盛其玄黄之币于筐篚之中，以逆我师，且昭明我有周，当有天下。所以然者。以天道福善祸淫，常有休祥者见，以震动此华夏蛮貊之众，使之归附我大邑周。此士女所以皆筐玄黄而逆我师也。武王所以自侈大。其言如此者，其意盖谓，今日之事，民心归附于此，则尔天地山川之神祇，庶几相于我，使我克商，而拯救斯民于涂炭，不可弃而不保，而自取败衄，以为尔神之羞也，故曰"惟尔有神，尚克相予，以济兆民，无作神羞"。

6. （宋）时澜《增修东莱书说》卷十六《周书·武成第五》

底商之罪，告于皇天、后土，所过名山大川。

圣人心，与天地神明为一，莫非一理，在上则为天，在下则为地。其流通，则为川；其停峙，则为山；其宣聪明，则为君，实一理耳。故默与天地、神明相为宾主，相为酬酢。

7. （宋）黄度《尚书说》卷四《周书·武成》

（归善斋按，见"予小子其承厥志"）

8. （宋）袁燮《絜斋家塾书钞》卷八《周书·武成》

底商之罪，告于皇天、后土，所过名山大川，曰，惟有道曾孙周王发，将有大正于商。今商王受无道，暴殄天物，害虐烝民，为天下逋逃主，萃渊薮。予小子，既获仁人，敢祗承上帝，以遏乱略。华夏、蛮貊，罔不率俾，恭天成命。肆予东征，绥厥士女。惟其士女，篚厥玄黄，昭我周王。天休震动，用附我大邑周。惟尔有神，尚克相予，以济兆民，无作神羞。

大抵圣人之举事，苟无歉于吾心，则质之天地、鬼神，而不愧不怍。且如后世之用兵者，皆只是贪其土地，利其人民，以为己私尔。既有此心，却如何可以对越上帝。汤之伐夏也，曰"予小子履敢用玄牡，敢昭告于上天神后，请罪有夏"。武王之伐商也，亦遍告皇天后土，名山大川。使圣人有一毫私意，则如何敢对天地鬼神言之无愧。学者观此，可以知汤、武用兵，果非有富天下之心矣。"华夏蛮貊罔不率俾"与夫"惟其士女篚厥玄黄"，此皆非后世所有之事，且以武王之为是举，不期而会孟津者八百国，虽庸、蜀、羌、髳、微、卢、彭、濮，遐方小国，莫不毕至。后世用兵，有此事乎？虽有从者，皆只是强迫胁之，然亦岂能使华夏、蛮貊无不率俾。独汉高帝之起，北貉、燕人来致枭骑助。汉犹有古意，自时厥后，则无有矣。耀兵以临人之国都，宜其惊惶失措，奔走逃避之不暇，而篚厥玄黄以昭我周王之德，所谓民之望之，若大旱之望雨也。

箪食壶浆，以迎王师，后世用兵有此事乎？独汉高帝宽仁大度，父老争持牛酒，献享军士。自此以后，则又无矣。观"华夏、蛮貊罔不率俾"，"惟其士女篚厥玄黄，"这方是天讨，方是王师。夫人心之服，至于如此，可谓至矣。常人于此，谁不有侈然自大之心，而武王方且不敢以为足。曰"惟尔有神，尚克相予，以济兆民，无作神羞"，以为我今告天地神祇而行，我若不胜神亦预有辱焉，兢兢然若有所不足者。详味此处，便可以见圣人之心。若有一毫侈然自大之念，非圣人之心也。此一段与前所言归马、放牛之事，若不相类，然此乃武王告群后之时，述其前日用兵之事，以为吾前日所以告天地山川之辞如此，而说《书》者以其不类从，而移易焉，失之矣。

9.（宋）蔡沈《书经集传》卷四《周书·武成》

底商之罪，告于皇天、后土，所过名山大川，曰，惟有道曾孙周王发，将有大正于商。今商王受无道，暴殄天物，害虐烝民，为天下逋逃主，萃渊薮。予小子既获仁人，敢祇承上帝，以遏乱略。华夏、蛮貊罔不率俾。

底，至也。后土，社也，勾龙为后土。《周礼·大祝》云，王过大山川则用事焉。孔氏曰，名山，谓华；大川，谓河。盖自丰镐往朝歌，必道华涉河也。"曰"者，举武王告神之语。有道，指其父祖而言。"周王"二字，史臣追增之也。"正"，即《汤誓》"不敢不正"之"正"。萃，聚也。纣殄物害民，为天下逋逃罪人之主，如鱼之聚渊，如兽之聚薮也。仁人，孔氏曰，太公、周、召之徒。略，谋略也。俾，《广韵》曰"从"也。仁人既得，则可以敬陈上帝，而遏绝乱谋。内而华夏，外而蛮貊，无不率从矣。或曰，太公归周在文王之世，周、召，周之懿亲，不可谓之获。此盖仁人，自商而来者。愚谓，获者得之云尔，即《泰誓》之所谓"仁人"，非必自外来也。不然经传岂无传乎。此当在"于征伐商"之下。

10.（宋）黄伦《尚书精义》卷二十七《周书·武成》

底商之罪，告于皇天、后土，所过名山大川，曰惟有道曾孙周王发将，有大正于商。

无垢曰，武王伐商，以商之罪告于皇天、后土，所过名山大川者，言今日之伐，非为一己之私，以致天地山川之意也。有道者之曾孙，能不坠故家所传，固可以正无道者之罪矣。

张氏曰，对皇祖而言之，则谓之曾孙。称周王而曰有道曾孙者，以明周之有道，非一日也。

吕氏曰，铺陈商纣之罪，告于皇天、后土，所过名山大川，盖武王与天地、神明同一理，高明在上，则曰天；厚载无疆，则曰地。融结，则曰山；流通，则曰川；聪明时乂，则曰君，实一理耳。故默与天地、神明相为宾主，相为酬酢。"惟有道曾孙周王发"，此一句亦见武王不敢自居之意，皆归于祖宗故，自说为有道而已。承祖宗之意，将已大正于商。

11.（宋）陈经《尚书详解》卷二十三《周书·武成》

底商之罪，告于皇天、后土，所过名山大川，曰惟有道曾孙周王发，将有大正于商。今商王受无道，暴殄天物，害虐烝民，为天下逋逃主，萃渊薮。予小子，既获仁人，敢祗承上帝，以遏乱略。华夏、蛮貊罔不率俾，恭天成命。肆予东征，绥厥士女。惟其士女，篚厥玄黄，昭我周王。天休震动，用附我大邑周。惟尔有神，尚克相予，以济兆民，无作神羞。

此章乃将伐纣之时，告于天地山川、鬼神也。名山，如华岳也。大川，河也，乃所经历之山川。武王致商纣之罪，以告皇天、后土与所过之山川。其辞"曰，惟有道曾孙"，言有道者之孙，见武王不自居其功，归功于祖宗也。"将有大正于商"，以兵正商之罪。"今商王受无道"，则所为皆不顺理故也。武王以有道，正商之无道，谓其"暴殄天物，害虐烝民"故也。惟天地万物之父母，人又为万物之灵，纣不能承天之畀付，以养万物，爱斯民，方以暴虐，而殄绝其天所生之物；为害以虐斯民。人主，乃天地万物之主。人主道乱于上，则禽兽草木皆不得其生，即暴殄也。人，亦物也，以其为物之灵，故又言生民。为天下逋走逃亡有罪者之主，如渊之聚鱼，薮之聚鸟兽。然君子恶居下流，天下之恶皆归焉故也。"予小子既获仁人敢祗承上帝"，上帝高远，不可得而见，仁人即上帝也。盖贤者之心，与天同。《大诰》以十夫，迪知上；《立政》以吁俊尊上帝，则仁人既获，岂非祗承上帝，在此而不在彼乎？仁人，谓当时闳散、太公之徒也。"以遏乱略"者，正奸人之邪谋也。华夏，中国也。蛮貊，戎狄也。罔不相率，为我之使，如八百诸侯与庸、蜀、羌、髳是也。恭天成命，即人心之皆归，以敬奉上天之成命。成命者，一定而不可易，决于伐纣也。武王于此二处，卜天理其一，即获仁人其一，即得民心。使仁人不来归，民心离散，方且自以为承上帝，恭成命可乎？学者欲观圣人之得天，亦于此二者观之。

（归善斋按，另见"予小子其承厥志"）

12.（宋）钱时《融堂书解》卷九《周书·武成》

底商之罪，告于皇天、后土，所过名山大川，曰，惟有道曾孙周王发，将有大正于商。今商王受无道，暴殄天物，害虐烝民，为天下逋逃主，萃渊薮。予小子，既获仁人，敢祗承上帝，以遏乱略。华夏、蛮貊，罔不率俾，恭天成命。肆予东征，绥厥士女。惟其士女，篚厥玄黄，昭我周王。天休震动，用附我大邑周。惟尔有神，尚克相予，以济兆民，无作神羞。

此一节武王告群后，以伐商之时，所告天地山川之辞也。

13.（宋）魏了翁《尚书要义》卷十《周书·泰誓至武成》

四十、后土，是社；所过山川，谓河、华。

礼，天子出征，必类帝，宜社。此告皇天、后土，即《泰誓》上篇"类于上帝，宜于冢土"，故云"后土，社也"。昭二十九年，《左传》称句龙为后土。后土，为社是也。僖十五年《左传》云"戴皇天而履后土，彼晋大夫要秦伯"，故以地神后土而言之，与此异也。自周适商，路过河、华，故知所过名山华、岳，大川，河也。

14.（宋）陈大猷《书集传或问》卷下《周书·武成》

（归善斋按，未解）

15. (宋)胡士行《尚书详解》卷六《周书·武成第五》

底（致）商之罪，告于皇天、后土，所过（师所过）名（大）山大川（神）。曰惟有道（归道于祖）曾孙周王（史追书）发（武王名），将有大正（正其不正）于商。今商王受无道，暴（虐）殄（绝）天物（天所生之物），害虐烝（众）民，为天下逋逃主（宗主），萃（聚）渊（如渊聚鱼）薮（如薮聚兽）。予小子既获（得）仁人，敢祗承上帝，以遏（止）乱略（为乱之谋略）。华夏（中国）蛮貊（夷狄），罔（无）不率（相率），俾（使）恭天成（定）命。肆（故）予东征（自西土东征），绥厥（商）士女。惟其士女篚（盛）厥玄黄（币），昭（明）我周王（当为王），天休（美）震（惊）动（民），用附（归）我大邑周，惟尔有神，尚（庶）克相予，以济（拯救）兆民，无作神羞。

济民，一念对越神明。

16. (元)吴澄《书纂言》卷四下

（归善斋按，无此篇）

17. (元)陈栎《书集传纂疏》卷四上《朱子订定蔡氏集传·周书·武成》

底商之罪，告于皇天、后土，所过名山大川，曰，惟有道曾孙周王发，将有大正于商。今商王受无道，暴殄天物，害虐烝民，为天下逋逃主，萃渊薮。予小子，既获仁人，敢祗承上帝，以遏乱略。华夏、蛮貊，罔不率俾。

底，至也。后，土社也，勾龙为后土。《周礼·大祝》云，王过大山川，则用事焉。孔氏曰，名山谓华，大川谓河。盖自丰镐往朝歌，必道华涉河也。"曰"者，举武王告神之语。有道，指其父祖而言。"周王"二字，史臣追增之也。"正"，即《汤誓》"不敢不正"之"正"。萃，聚也。纣殄物害民，为天下逋逃罪人之主，如鱼之聚渊，如兽之聚薮也。仁人，孔氏曰，太公、周、召之徒。略，谋略也。俾，《广韵》曰"从也"。仁人既得，则可以敬承上帝，而遏绝乱谋。内而华夏，外而蛮貊，无不率从矣。或曰，太公归周，在文王之世；周、召，周之懿亲，不可谓之获。此盖仁人自商而来者。愚谓，获者，得之云尔，即《泰誓》之所谓仁人，非必自外来也，不然经传岂无传乎。此当在"于征伐商"之下。

纂疏：

复斋董氏曰，曾孙，主祭者之称。《曲礼》外事曰曾孙某侯某。《诗·甫田》曰"曾孙不怒"，《左传》蒯聩战祷，亦称"曾孙"。

夏氏曰，俾，使也，无不相率以为己使。

18．（元）许谦《读书丛说》卷六

原缺。

19．（元）董鼎《书传辑录纂注》卷四《周书·武成》

底商之罪，告于皇天、后土，所过名山大川，曰，惟有道曾孙周王发，将有大正于商。今商王受无道，暴殄天物，害虐烝民，为天下逋逃主，萃渊薮。予小子，既获仁人，敢祗承上帝，以遏乱略。华夏、蛮貊，罔不率俾。

底，至也。后土，社也，勾龙为后土。《周礼·大祝》云，王过大山川，则用事焉。孔氏曰，名山谓华；大川谓河，盖自丰镐往朝歌，必道华涉河也。"曰"者，举武王告神之语。有道，指其父祖而言。"周王"二字，史臣追增之也。正，即《汤誓》"不敢不正"之"正"。萃，聚也。纣殄物害民，为天下逋逃罪人之主，如鱼之聚渊，如兽之聚薮也。仁人，孔氏曰，太公、周、召之徒。略，谋略也。俾，《广韵》曰"从也"。仁人既得，则可以敬承上帝，而遏绝乱谋，内而华夏，外而蛮貊，无不率从矣。或曰，太公归周，在文王之世；周、召，周之懿亲，不可谓之获。此盖仁人，自商而来者。愚谓，获者，得之云尔，即《泰誓》之所谓仁人，非必自外来也。不然经传岂无传乎。此当在"于征伐商"之下。

纂注：

林氏曰，称有道曾孙，本其祖父而言，言己乃有道之人之曾孙，明周之世世修德，有道非一世也。

复斋董氏曰，下言受无道，故于此言有道，亦对称之辞。曾孙，主祭

737

者之称。《曲礼》外事曰曾孙某侯某。《诗·甫田》曰"曾孙不怒",《左》哀二年,蒯聩临战祷辞,亦称"曾孙"。

叶氏曰,汤伐桀,曰"聿求元圣";武王伐纣,曰"既获仁人"。

夏氏曰,俾,使也,无不相率以为己使。

20.（元）朱祖义《尚书句解》卷五《周书·武成第五》

底商之罪（致商纣之罪恶）,告于皇天、后土（以告天神地祇）,所过名山大川（与所过名山大川之鬼神）。

21.（明）王樵《尚书日记》卷九《周书·武成》

底商之罪,告于皇天、后土,所过名山大川,曰,惟有道曾孙周王发,将有大正于商。今商王受无道,暴殄天物,害虐烝民,为天下逋逃主,萃渊薮。予小子,既获仁人,敢祇承上帝,以遏乱略。华夏、蛮貊,罔不率俾。惟尔有神,尚克相予,以济兆民,无作神羞。

孔氏曰,致商之罪,告天地、山川之神。后土,社也（蔡传,谓勾龙为后土。按,勾龙人鬼。古者,祭社,以勾龙配,非勾龙即社也）。名山,华、岳;大川,河。大正,以兵征之也。"暴殄天物",言逆天也。逆天害民,所以为无道。逋,亡也。天下罪人逃亡者,纣为魁主。

《微子》言"民窃攘神祇之牺牷牲",而《泰誓》言"夷居弗事上帝神祇,牺牲粢盛,既于凶盗";《微子》言"凡有辜罪乃罔恒获",而《武成》言"为天下逋逃主",可互相明。

杜预曰,萃,集也。天下逋逃,悉以纣为渊薮,集而归之。按,杜解此三字佳,宜入传。

孔氏曰,仁人,谓太公、周、召之徒。略,路也,言诛纣敬承天意,以绝乱路。按,蔡解"略"为"谋"。

正义曰,将伐纣,告天乃发,故文在"所过"之上。自周适商,路过河、华,故知名山华、岳;大川,河也。山川大,乃有名,名、大,互言之尔。自称"有道"者,圣人至公为民除害,以纣无道,对言己有道,所以告神求助,不得饰以谦辞也。称"曾孙"者,《曲礼》说诸侯自称之辞,云临祭祀,内事曰孝子某侯某;外事曰曾孙某侯某。《甫田》诗曰

"曾孙不怒"，《左》哀二年，蒯聩临战祷神，亦称"曾孙"，今蔡传，谓有道，指其父祖而言，并存之。"声名""文物"曰"华"。《说文》，夏，中国之人也。又"大"也，四时之"夏"亦取"大"义。

22. （清）库勒纳等撰《日讲书经解义》卷六《周书·武成》

（归善斋按，见"惟一月壬辰，旁死魄"）

（元）陈师凯《蔡氏传旁通》卷四《武成》

后土，社也。勾龙为后土。

《左传》昭公二十九年，蔡墨曰，土正曰后土。又曰，共工氏有子曰勾龙，为后土，后土为社。疏云，即类于上帝，宜于冢土，故云，后土社也。

《太祝》云，王过大山川则用事。

《周礼》注云，用事，亦用祭事告行也。

曰，惟有道曾孙周王发，将有大正于商

1. （汉）孔氏传、（唐）陆德明音义、孔颖达疏《尚书注疏》卷十《周书·武成》

曰，惟有道曾孙周王发，将有大正于商。

传，告天、社、山、川之辞。大正，以兵征之也。

疏，正义曰，自称有道者，圣人至公，为民除害，以纣无道，言己有道，所以告神求助，不得饰以谦辞也。称"曾孙"者，《曲礼》说诸侯自称之辞，云临祭祀，内事曰孝子某侯某，外事曰曾孙某侯某。哀二年《左传》蒯聩祷祖亦自称曾孙，皆是言己承藉上祖奠享之意。

739

2.（宋）苏轼《书传》卷九《周书·武成第五》

(归善斋按，另见"予小子其承厥志")

将有大正于商，今商王受无道，暴殄天物，害虐烝民，为天下逋逃主，萃渊薮。

天下有罪而逃归纣者，纣皆主之藏，如渊薮之聚鸟兽也。

3.（宋）林之奇《尚书全解》卷二十三《周书·武成》

(归善斋按，见"底商之罪，告于皇天后土，所过名山大川")

4.（宋）史浩《尚书讲义》卷十一《周书·武成》

(按，此段讲义《永乐大典》原缺)

5.（宋）夏僎《尚书详解》卷十七《周书·武成》

(归善斋按，见"底商之罪，告于皇天后土，所过名山大川")

6.（宋）时澜《增修东莱书说》卷十六《周书·武成第五》

曰，惟有道曾孙周王发，将有大正于商。

武王不敢自居，皆归于祖，故自称有道曾孙，承祖宗之志，将以大正商之不正。

7.（宋）黄度《尚书说》卷四《周书·武成》

(归善斋按，见"予小子其承厥志")

8.（宋）袁燮《絜斋家塾书钞》卷八《周书·武成》

(归善斋按，见"底商之罪，告于皇天、后土，所过名山大川")

9.（宋）蔡沈《书经集传》卷四《周书·武成》

(归善斋按，见"底商之罪，告于皇天、后土，所过名山大川")

10. （宋）黄伦《尚书精义》卷二十七《周书·武成》

(归善斋按，见"底商之罪，告于皇天、后土，所过名山大川")

11. （宋）陈经《尚书详解》卷二十三《周书·武成》

(归善斋按，见"底商之罪，告于皇天、后土，所过名山大川")

12. （宋）钱时《融堂书解》卷九《周书·武成》

(归善斋按，见"底商之罪，告于皇天、后土，所过名山大川")

13. （宋）魏了翁《尚书要义》卷十《周书·泰誓至武成》

四一、曾孙，诸侯自称之辞

曰，惟有道曾孙周王发，将有大正于商，告天、社、山川之辞，大正以兵征之也。正义曰，言己有道，所以告神求助，不得饰以谦辞也。称"曾孙"者，《曲礼》说诸侯自称之辞，云临祭祀，内事，曰孝子某侯某；外事，曰曾孙某侯某。哀二年《左传》蒯聩祷祖，亦自称"曾孙"，皆是言己承藉上祖奠享之意。

14. （宋）陈大猷《书集传或问》卷下《周书·武成》

薛氏曰，桀、纣罪有浅深。汤、武之放弑，应乎天而顺乎人，非汤、武所能为也。荀卿谓"纣卒易向而弑纣"。贾谊书曰，纣将与武王战，陈其卒，左亿右亿，鼓之不进，皆还其刃向纣，纣走还寝庙，斗死弃其尸于王门之外，民皆进蹙之，武王使帷而守之，观者褰帷提尸投之者，犹未肯止。其言略与《书》合，最可信。观商人怨纣如此，虽欲如桀之放得乎？此说善。

15. （宋）胡士行《尚书详解》卷六《周书·武成第五》

(归善斋按，见"底商之罪，告于皇天、后土，所过名山大川")

16. （元）吴澄《书纂言》卷四下

(归善斋按，无此篇)

17. （元）陈栎《书集传纂疏》卷四上《朱子订定蔡氏集传·周书·武成》

(归善斋按，见"底商之罪，告于皇天、后土，所过名山大川")

18. （元）许谦《读书丛说》卷六

原缺。

19. （元）董鼎《书传辑录纂注》卷四《周书·武成》

(归善斋按，见"底商之罪，告于皇天、后土，所过名山大川")

20. （元）朱祖义《尚书句解》卷五《周书·武成第五》

曰惟有道曾孙周王发（惟有道之人曾孙周王发），将有大正于商（将大正商纣之罪而伐之）。

21. （明）王樵《尚书日记》卷九《周书·武成》

(归善斋按，见"底商之罪，告于皇天、后土，所过名山大川")

22. （清）库勒纳等撰《日讲书经解义》卷六《周书·武成》

(归善斋按，见"惟一月壬辰，旁死魄")

（明）马明衡《尚书疑义》卷四《周书·武成》

(归善斋按，见"惟九年大统未集")

今商王受无道

1.（汉）孔氏传、（唐）陆德明音义、孔颖达疏《尚书注疏》卷十《周书·武成》

今商王受无道

传，无道德。

2.（宋）苏轼《书传》卷九《周书·武成第五》

（归善斋按，未解）

3.（宋）林之奇《尚书全解》卷二十三《周书·武成》

（归善斋按，见"底商之罪，告于皇天、后土，所过名山大川"）

4.（宋）史浩《尚书讲义》卷十一《周书·武成》

（按，此段讲义《永乐大典》原缺）

5.（宋）夏僎《尚书详解》卷十七《周书·武成》

（归善斋按，见"底商之罪，告于皇天、后土，所过名山大川"）

6.（宋）时澜《增修东莱书说》卷十六《周书·武成第五》

今商王受无道，暴殄天物，害虐烝民，为天下逋逃主，萃渊薮。

辅，相，天地赞其化育抚摩人民，此君职也，纣则反是。天物当赞育也，而暴殄之；烝民当抚摩也，而害虐之，乃"为天下逋逃主，萃渊薮"，如言天下之恶，皆归焉。大抵水流湿，火就燥，纣为恶之主，故天下之恶皆于纣而聚。

7. (宋)黄度《尚书说》卷四《周书·武成》

(归善斋按,见"予小子其承厥志")

8. (宋)袁燮《絜斋家塾书钞》卷八《周书·武成》

(归善斋按,见"底商之罪,告于皇天、后土,所过名山大川")

9. (宋)蔡沈《书经集传》卷四《周书·武成》

(归善斋按,见"底商之罪,告于皇天、后土,所过名山大川")

10. (宋)黄伦《尚书精义》卷二十七《周书·武成》

今商王受无道,暴殄天物,害虐烝民,为天下逋逃主,萃渊薮。

无垢曰,帝王,天地神明万物之主。主为有道,则天地幽明,山川草木鸟兽鱼鳖,皆得其所。一或无道,则山川草木鸟兽鱼鳖,有至于暴殄,而不得其性矣。四海万方,含齿戴发,有至于害虐,而亦不得其矣。

又曰,为天下君而藏亡匿奸,其亦可怪也已。昔唐庄宗有天下,而好与优人为伍,自傅粉墨,与优人共戏于庭。优人谓之李天下。诸优出入宫掖,侮弄搢绅,群臣,愤疾莫敢出气。盖庄宗下俚之性,与优人合也。纣"为天下逋逃主,萃渊薮",其亦性与天下凶恶罪人合。

吕氏曰,人主当辅相于天,代天作子。凡上天所生之物,皆养育之;凡上天所生之民,皆爱惠之。今纣失其职,反养育为暴殄,易爱惠为害虐。其它常人,暴殄害虐犹可恕。纣受天之责,为暴殄害虐之事,而纣反蹈之正,所谓盟主自盗,纣负天下之罪,不亦深乎。

11. (宋)陈经《尚书详解》卷二十三《周书·武成》

(归善斋按,见"底商之罪,告于皇天、后土,所过名山大川")

12.（宋）钱时《融堂书解》卷九《周书·武成》

（归善斋按，见"底商之罪，告于皇天、后土，所过名山大川"）

13.（宋）魏了翁《尚书要义》卷十《周书·泰誓至武成》

（归善斋按，未引）

14.（宋）陈大猷《书集传或问》卷下《周书·武成》

（归善斋按，未解）

15.（宋）胡士行《尚书详解》卷六《周书·武成第五》

（归善斋按，见"底商之罪，告于皇天、后土，所过名山大川"）

16.（元）吴澄《书纂言》卷四下

（归善斋按，无此篇）

17.（元）陈栎《书集传纂疏》卷四上《朱子订定蔡氏集传·周书·武成》

（归善斋按，见"底商之罪，告于皇天、后土，所过名山大川"）

18.（元）许谦《读书丛说》卷六

原缺。

19.（元）董鼎《书传辑录纂注》卷四《周书·武成》

（归善斋按，见"底商之罪，告于皇天、后土，所过名山大川"）

20.（元）朱祖义《尚书句解》卷五《周书·武成第五》

今商王受无道，暴殄天物（纣无道，暴虐殄绝天所生之物，使不得遂其生），害虐烝民（以刑法虐害天所生众民）。

21. (明)王樵《尚书日记》卷九《周书·武成》

(归善斋按,见"厎商之罪,告于皇天、后土,所过名山大川")

22. (清)库勒纳等撰《日讲书经解义》卷六《周书·武成》

(归善斋按,见"惟一月壬辰,旁死魄")

(明)梅鷟《尚书考异》卷四《武成》

今商王受无道。

昭七年,芊尹无宇曰,昔武王数纣之罪,以告诸侯曰,纣为云云,故夫致死焉。

《史记》殷之末孙纣,殄废先王明德,侮蔑神祇不祀,昏弃商邑,百姓其彰显闻于皇天上帝,武王更大命,革殷受天明命。

暴殄天物,害虐烝民

1. (汉)孔氏传、(唐)陆德明音义、孔颖达疏《尚书注疏》卷十《周书·武成》

暴殄天物,害虐烝民。

传,暴绝天物,言逆天也。逆天害民,所以为无道。

音义,烝,之承反。

疏,正义曰,天物,语阔,人在其间,以人为贵,故别言害民,则天物之言,除人外,普谓天下百物鸟兽草木皆暴绝之。

2. (宋)苏轼《书传》卷九《周书·武成第五》

(归善斋按,未解)

3. (宋)林之奇《尚书全解》卷二十三《周书·武成》

暴殄天物，害虐烝民，为天下逋逃主萃渊薮。予小子既获仁人，敢祗承上帝，以遏乱略。华夏蛮貊，罔不率俾，恭天成命，肆予东征，绥厥士女。惟其士女，篚厥玄黄，昭我周王，天休震动，用附我大邑周。惟尔有神，尚克相予，以济兆民，无作神羞。

《泰誓》曰，"惟天地万物父母，惟人万物之灵，亶聪明作元后，元后作民父母"。盖天之生万物，惟人最灵。人者万物之主也，于人中，择其聪明者，而为之君。君者，人之主也。主而暴其民，则物亦不得其所矣。纣以不仁暴虐之资，居于民上，而播其恶于众，暴殄天物，而使天下万物，鸟兽草木，皆失其性。而其害虐于民尤甚，言暴于天物，则民亦在其中，以人尤重于万物，故别言之，与《泰誓》之意同也。"暴殄天物，害虐烝民"，则不仁甚矣。故小人之为不仁者，皆与之同恶相济，以肆其毒于四海，所谓天下之恶皆归焉者也，是以"为天下逋逃主，萃渊薮"。盖谓纣为众恶之所归，重复言之，甚之之辞，犹曰"是崇是长，是信是使，是以为大夫卿士"也。王氏曰，归之之谓主；萃之之谓聚；藏之之谓渊；养之之谓薮。其说是也。纣既为众小人之所归，不独赦其逋逃之罪，又以为大夫卿士，则是立其朝者，无非小人也。立朝皆小人，则君子无容足之地，故其仁人皆相率而归周。此称仁人，盖指商之仁人。其人则莫知其为谁也，亦未知其几何人也。孔氏以为太公、周、召之徒。太公归周在于文王之世，非武王之所获。周、召，武王之懿亲，不可谓之获。获者，自外来之辞也。王氏以为微子之徒，武王以微子之来归，而知纣之可伐，则是微子之亡其国，略无不忍之意，乌得以为仁哉？予故曰，仁人必是自商而来，而人则莫知其为谁也。仁人既已归周，则是空国无君子，立其朝者皆小人也。小人得志，君子相携而去，则民之弃殷，可以卜之于此矣。故谓"予小子既获仁人"，于是"敢祗承上帝"之命，以遏绝商纣为乱之略也。仁人自商来者，非欲必预伐纣之谋，盖武王以其获仁人，而又卜知商家之必亡，而为上帝之所断弃也。武王既祗承上帝以代商，而当时之民，内而华夏，外而蛮貊，无不相率以为己使，亦皆恭敬天之永命，以助国家也。蛮貊，若庸、蜀、羌、髳、微、卢、彭、濮人之类。惟夷夏之人,皆知敬天承命,故予之兴师,自丰镐西来以东征,盖所以慰安此士女之心也。予既东征,以安此士女之心,于是士女喜悦我周师之兴,咸实玄黄之币于筐篚之中,以迎我师,显我国家之当王天下也。玄黄,但谓其时所执之币有此色尔,非有他义。又薛氏之说,亦随句取义,非《书》之本意也。士女之所以筐篚玄黄,以昭我周王者,岂人力之所能致哉。盖天之休美,有以震动此华夏蛮貊之众,而使之归附我大邑周也。民既附我大邑周,故尔天地山川神祇,庶几能相助予伐纣克商,以拯斯民于昏垫之中,无使败衄为神之辱也。武王祷神之辞,盖尽于此。以《左氏春秋传》荀偃祷河、蒯聩祷其祖,"无作神羞"之下,皆更有语,遂亦谓此下更有未尽之辞,此盖不通变之论,未可以为然也。

4.（宋）史浩《尚书讲义》卷十一《周书·武成》

(按,此段讲义《永乐大典》原缺)

5.（宋）夏僎《尚书详解》卷十七《周书·武成》

(归善斋按,见"底商之罪,告于皇天、后土,所过名山大川")

6.（宋）时澜《增修东莱书说》卷十六《周书·武成第五》

(归善斋按,见"今商王受无道")

7.（宋）黄度《尚书说》卷四《周书·武成》

(归善斋按,见"予小子其承厥志")

8.（宋）袁燮《絜斋家塾书钞》卷八《周书·武成》

(归善斋按,见"底商之罪,告于皇天、后土,所过名山大川")

9.（宋）蔡沈《书经集传》卷四《周书·武成》

(归善斋按,见"底商之罪,告于皇天、后土,所过名山大川")

10.（宋）黄伦《尚书精义》卷二十七《周书·武成》

(归善斋按，见"今商王受无道")

11.（宋）陈经《尚书详解》卷二十三《周书·武成》

(归善斋按，见"底商之罪，告于皇天、后土，所过名山大川")

12.（宋）钱时《融堂书解》卷九《周书·武成》

(归善斋按，见"底商之罪，告于皇天、后土，所过名山大川")

13.（宋）魏了翁《尚书要义》卷十《周书·泰誓至武成》

(归善斋按，未引)

14.（宋）陈大猷《书集传或问》卷下《周书·武成》

(归善斋按，未解)

15.（宋）胡士行《尚书详解》卷六《周书·武成第五》

(归善斋按，见"底商之罪，告于皇天、后土，所过名山大川")

16.（元）吴澄《书纂言》卷四下

(归善斋按，无此篇)

17.（元）陈栎《书集传纂疏》卷四上《朱子订定蔡氏集传·周书·武成》

(归善斋按，见"底商之罪，告于皇天、后土，所过名山大川")

18.（元）许谦《读书丛说》卷六

原缺。

19. （元）董鼎《书传辑录纂注》卷四《周书·武成》

（归善斋按，见"底商之罪，告于皇天、后土，所过名山大川"）

20. （元）朱祖义《尚书句解》卷五《周书·武成第五》

（归善斋按，见"今商王受无道"）

21. （明）王樵《尚书日记》卷九《周书·武成》

（归善斋按，见"底商之罪，告于皇天、后土，所过名山大川"）

22. （清）库勒纳等撰《日讲书经解义》卷六《周书·武成》

（归善斋按，见"惟一月壬辰，旁死魄"）

为天下逋逃主，萃渊薮

1. （汉）孔氏传、（唐）陆德明音义、孔颖达疏《尚书注疏》卷十《周书·武成》

为天下逋逃主，萃渊薮。

传，逋，亡也。天下罪人逃亡者，而纣为魁主，窟聚渊府薮泽，言大奸。

音义，萃，在醉反。薮，素口反。魁，苦回反。窟，口忽反。

疏，传正义曰，逋，亦逃也，故以为亡罪人逃亡。"而纣为魁主"，魁，首也，言受用逃亡者与之为魁首，为主人。"萃"训"聚"也，言若虫之入窟，故云"窟聚"。水深谓之渊，藏物谓之府。史游《急就篇》云"司农少府国之渊"。"渊"，"府"类，故言"渊府"。水钟谓之泽，无水则名薮，"薮"，"泽"大同，故云"薮泽"。"萃"，"渊"，"薮"三者各为物室，言纣与亡人为主，亡人归人，若虫之窟聚，鱼归渊府，兽集薮泽，言纣为大奸也。据传意，"主"字下读为"便"。昭七年《左传》引此文，杜预云"萃，集也，天人逋逃，悉以纣为渊薮，集而归之"，与孔异也。

2. （宋）苏轼《书传》卷九《周书·武成第五》

（归善斋按，见"惟有道曾孙周王发，将有大正于商"）

3. （宋）林之奇《尚书全解》卷二十三《周书·武成》

（归善斋按，见"暴殄天物，害虐烝民"）

4. （宋）史浩《尚书讲义》卷十一《周书·武成》

（按，此段讲义《永乐大典》原缺）

5. （宋）夏僎《尚书详解》卷十七《周书·武成》

（归善斋按，见"厎商之罪，告于皇天、后土，所过名山大川"）

6. （宋）时澜《增修东莱书说》卷十六《周书·武成第五》

（归善斋按，见"今商王受无道"）

7. （宋）黄度《尚书说》卷四《周书·武成》

（归善斋按，见"予小子其承厥志"）

8. （宋）袁燮《絜斋家塾书钞》卷八《周书·武成》

（归善斋按，见"厎商之罪，告于皇天、后土，所过名山大川"）

9. （宋）蔡沈《书经集传》卷四《周书·武成》

（归善斋按，见"厎商之罪，告于皇天、后土，所过名山大川"）

10. （宋）黄伦《尚书精义》卷二十七《周书·武成》

（归善斋按，见"今商王受无道"）

11. （宋）陈经《尚书详解》卷二十三《周书·武成》

(归善斋按，见"底商之罪，告于皇天、后土，所过名山大川")

12. （宋）钱时《融堂书解》卷九《周书·武成》

(归善斋按，见"底商之罪，告于皇天、后土，所过名山大川")

13. （宋）魏了翁《尚书要义》卷十《周书·泰誓至武成》

四二、逋逃主、萃渊薮，据传意，"主"字下读，与杜异。

"为天下逋逃主，萃渊薮"，逋，亡也。天下罪人逃亡者，而纣为魁主，窟聚渊府薮泽，言大奸。正义曰，据传意，"主"字下读为便。昭七年《左传》引此文，杜预云，萃，集也。天下逋逃，悉以纣为渊薮，集而归之，与孔异也。

14. （宋）陈大猷《书集传或问》卷下《周书·武成》

(归善斋按，未解)

15. （宋）胡士行《尚书详解》卷六《周书·武成第五》

(归善斋按，见"底商之罪，告于皇天、后土，所过名山大川")

16. （元）吴澄《书纂言》卷四下

(归善斋按，无此篇)

17. （元）陈栎《书集传纂疏》卷四上《朱子订定蔡氏集传·周书·武成》

(归善斋按，见"底商之罪，告于皇天、后土，所过名山大川")

18. （元）许谦《读书丛说》卷六

原缺。

19. （元）董鼎《书传辑录纂注》卷四《周书·武成》

(归善斋按，见"底商之罪，告于皇天、后土，所过名山大川")

20. （元）朱祖义《尚书句解》卷五《周书·武成第五》

为天下逋逃主（凡有逋罪逃亡者，皆往依纣而纣则主之），萃渊薮（聚众恶，如渊聚鱼薮聚兽）。

21. （明）王樵《尚书日记》卷九《周书·武成》

(归善斋按，见"底商之罪，告于皇天、后土，所过名山大川")

22. （清）库勒纳等撰《日讲书经解义》卷六《周书·武成》

(归善斋按，见"惟一月壬辰，旁死魄")

（清）张英《书经衷论》卷三《周书·武成》

武王之数纣也，曰乃惟四方之多罪逋逃，是崇是长，是信是使；又曰为天下逋逃主萃渊薮，迹其行事，大约如后世吴王濞之所为者。纣既为天下主矣，所谓有罪逃匿之人，果何从来哉。愚窃意，四方诸侯之臣，有奸邪侧媚，贪暴无行，得罪于其国之君民，而皆以纣为渊薮，诸侯莫敢过而问之者，是以为大夫卿士，皆时必实有其人，实有其事，而后世无从考也。

予小子既获仁人，敢祇承上帝，以遏乱略

1. （汉）孔氏传、（唐）陆德明音义、孔颖达疏《尚书注疏》卷十《周书·武成》

予小子既获仁人，敢祇承上帝，以遏乱略。

传,仁人,谓太公、周、召之徒;略,路也,言诛纣敬承天意,以绝乱路。

音义,遏,乌末反。召,上照反,本又作邵。

2.(宋)苏轼《书传》卷九《周书·武成第五》

予小子既获仁人。

谓乱臣十人。

敢祗承上帝,以遏乱略。

3.(宋)林之奇《尚书全解》卷二十三《周书·武成》

(归善斋按,见"暴殄天物,害虐烝民")

4.(宋)史浩《尚书讲义》卷十一《周书·武成》

(按,此段讲义《永乐大典》原缺)

5.(宋)夏僎《尚书详解》卷十七《周书·武成》

(归善斋按,见"底商之罪,告于皇天、后土,所过名山大川")

6.(宋)时澜《增修东莱书说》卷十六《周书·武成第五》

予小子,既获仁人,敢祗承上帝,以遏乱略。华夏、蛮貊,罔不率俾,恭天成命。

命者,天地之心也。仁人,则尽天地之心者。惟其既获仁人,故敢敬承上帝之命,以遏绝暴乱之封略,谓伐纣也。"华夏蛮貊罔不率俾",俾者,使也。华夏蛮貊,庸、蜀、羌、髳之类也。"恭天成命",谓天已成诛纣之命。已成之命,言天断欲诛纣也。

7.(宋)黄度《尚书说》卷四《周书·武成》

(归善斋按,见"予小子其承厥志")

8.（宋）袁燮《絜斋家塾书钞》卷八《周书·武成》

(归善斋按，见"底商之罪，告于皇天、后土，所过名山大川")

9.（宋）蔡沈《书经集传》卷四《周书·武成》

(归善斋按，见"底商之罪，告于皇天、后土，所过名山大川")

10.（宋）黄伦《尚书精义》卷二十七《周书·武成》

予小子，既获仁人，敢祗承上帝，以遏乱略。华夏、蛮貊，罔不率俾，恭天成命。

无垢曰，仁人之心，即上帝之心，天下大乱，非仁人，其谁救之。于大乱时，而有仁人，此即天将已天下之乱也。然则，武王获仁人，即是获上帝也。以仁人遏乱人之谋，又何难乎？略，谋也。明主自有明主之略，乱主自有乱主之略。遏乱主之略，而以仁人是以治易乱也。秦之乱，汉高祖入关，约法三章以遏之；隋之乱，唐高祖入关，不戮一人以遏之。《孟子》曰"如有不嗜杀人者能一之"，信哉。然则获仁人以遏乱略，岂非祗承上帝乎？

张氏曰，当是时也，天下归周者众，内而华夏，外而蛮貊，莫不相率为我所使，则其得人心可知矣。观《牧誓》之友邦冢君与千夫长、百夫长，则华夏之率俾可知矣。其称庸、蜀、羌、髳、微、卢、彭、濮人，则蛮貊之率俾可知矣。"恭天成命"者，谓其伐纣之命也。终于无亏，谓之成天命。文王作周于始，命武王继伐于终，此成命也。

11.（宋）陈经《尚书详解》卷二十三《周书·武成》

(归善斋按，见"底商之罪，告于皇天、后土，所过名山大川")

12.（宋）钱时《融堂书解》卷九《周书·武成》

(归善斋按，见"底商之罪，告于皇天、后土，所过名山大川")

13.（宋）魏了翁《尚书要义》卷十《周书·泰誓至武成》

(归善斋按，未引)

14. (宋) 陈大猷《书集传或问》卷下《周书·武成》

(归善斋按，未解)

15. (宋) 胡士行《尚书详解》卷六《周书·武成第五》

(归善斋按，见"底商之罪，告于皇天、后土，所过名山大川")

16. (元) 吴澄《书纂言》卷四下

(归善斋按，无此篇)

17. (元) 陈栎《书集传纂疏》卷四上《朱子订定蔡氏集传·周书·武成》

(归善斋按，见"底商之罪，告于皇天、后土，所过名山大川")

18. (元) 许谦《读书丛说》卷六

原缺。

19. (元) 董鼎《书传辑录纂注》卷四《周书·武成》

(归善斋按，见"底商之罪，告于皇天、后土，所过名山大川")

20. (元) 朱祖义《尚书句解》卷五《周书·武成第五》

予小子，既获仁人（我小子既得仁人而用之），敢祗承上帝（敢祗承上帝之命），以遏乱略（以遏绝商纣为乱之谋略）。

21. (明) 王樵《尚书日记》卷九《周书·武成》

(归善斋按，见"底商之罪，告于皇天、后土，所过名山大川")

22. (清) 库勒纳等撰《日讲书经解义》卷六《周书·武成》

(归善斋按，见"惟一月壬辰，旁死魄")

（清）朱鹤龄《尚书埤传》卷九《周书·武成》

予小子既获仁人。

孔传，仁人太公周召（音邵）之徒。

愚按，《诗》"维师尚父，时维鹰扬"。尊之曰"尚父"，盖武王伐纣时，太公年已耄矣。宋玉九辨曰，太公九十乃显荣；《说苑》曰，太公年七十而相周，九十而封齐；《淮南子》曰，吕望年七十始学兵，九十佐武王伐纣，皆可证也。其遇文王之岁，经典无明文。《荀子》，文王举太公于州人，行年七十有二。《周书·雒师谋》注云，文王既诛崇侯，得吕望于磻溪之厓，是在伐崇之年。《书大传》云，散宜生、南宫括、闳夭学于太公望，望曰，西伯贤君也。四人遂见西伯于羑里（陶潜《圣贤群辅录》同。《齐世家》以散宜生、闳夭、招吕尚，同求美女奇物献之纣，以赎西伯，与此小异）是在被囚之年。《齐世家》云，西伯断虞、芮之讼，伐崇，大作丰邑，天下三分归二，太公之谋居多。则太公归周，又在断虞、芮之前也。

（清）张英《书经衷论》卷三《周书·武成》

汤之放桀曰"聿求元圣，与之戮力"；武之伐纣曰"予小子既获仁人敢祇承上帝以遏乱略"，何其言之合辙也。二君将举非常之事，犯千古不韪之名，非得贤人君子以为之辅，则上无以取信于天，中无以自决于己，下无以固结于民。故汤得伊尹而兴，武王得太公望而王业成。《纲目书》张良归汉，诸葛亮从先主，皆以为受命之所自有以哉。

华夏蛮貊，罔不率，俾恭天成命

1. （汉）孔氏传、（唐）陆德明音义、孔颖达疏《尚书注疏》卷十《周书·武成》

华夏蛮貊，罔不率，俾恭天成命。

传，冕服采章曰华，大国曰夏，及四夷皆相率，而使奉天成命。

音义，貊，亡白反。俾，必尔反。

疏，传正义曰，"冕服采章"对"被发左衽"，则为有光华也。《释诂》云，夏，大也，故"大国曰夏"。华夏，谓中国也。言"蛮""貊"，则"戎""夷"可知。王言华夏及四夷，皆相率而充己，使奉天成命，欲其共伐纣也。

2. （宋）苏轼《书传》卷九《周书·武成第五》

华夏蛮貊，罔不率俾，恭天成命。肆予东征，绥厥士女惟其士女。篚厥玄黄，昭我周王。天休震动，用附我大邑周。惟尔有神，尚克相予，以济兆民，无作神羞。既戊午，师渡孟津；癸亥，陈于商郊，俟天休命。甲子昧爽，受率其旅若林，会于牧野，罔有敌于我师。前徒倒戈，攻于后以北，血流漂杵。

纣师自相攻，至血流漂杵，非武王之罪。然孟子不取者，谓其应兵也，恶其以此自多而言之也。

3. （宋）林之奇《尚书全解》卷二十三《周书·武成》

（归善斋按，见"暴殄天物，害虐烝民"）

4. （宋）史浩《尚书讲义》卷十一《周书·武成》

（按，此段讲义《永乐大典》原缺）

5. （宋）夏僎《尚书详解》卷十七《周书·武成》

（归善斋按，见"底商之罪，告于皇天、后土，所过名山大川"）

6. （宋）时澜《增修东莱书说》卷十六《周书·武成第五》

（归善斋按，见"予小子既获仁人"）

7.（宋）黄度《尚书说》卷四《周书·武成》

（归善斋按，见"予小子其承厥志"）

8.（宋）袁燮《絜斋家塾书钞》卷八《周书·武成》

（归善斋按，见"底商之罪，告于皇天、后土，所过名山大川"）

9.（宋）蔡沈《书经集传》卷四《周书·武成》

（归善斋按，另见"底商之罪，告于皇天、后土，所过名山大川"）

恭天成命，肆予东征，绥厥士女。惟其士女，篚厥玄黄，昭我周王。天休震动，用附我大邑周。

成命，黜商之定命也。篚，竹器；玄黄，色币也。敬奉天之定命，故我东征，安其士女。士女喜周之来，篚篚盛其玄黄之币，明我周王之德者，是盖天休之所震动，故民"用归附我大邑周"也。或曰，玄黄，天地之色。"篚厥玄黄"者，明我周王有天地之德也。此当在"其承厥志"之下。

10.（宋）黄伦《尚书精义》卷二十七《周书·武成》

（归善斋按，见"予小子既获仁人"）

11.（宋）陈经《尚书详解》卷二十三《周书·武成》

（归善斋按，见"底商之罪，告于皇天、后土，所过名山大川"）

12.（宋）钱时《融堂书解》卷九《周书·武成》

（归善斋按，见"底商之罪，告于皇天、后土，所过名山大川"）

13.（宋）魏了翁《尚书要义》卷十《周书·泰誓至武成》

（归善斋按，未引）

14. （宋）陈大猷《书集传或问》卷下《周书·武成》

（归善斋按，未解）

15. （宋）胡士行《尚书详解》卷六《周书·武成第五》

（归善斋按，见"底商之罪，告于皇天、后土，所过名山大川"）

16. （元）吴澄《书纂言》卷四下

（归善斋按，无此篇）

17. （元）陈栎《书集传纂疏》卷四上《朱子订定蔡氏集传·周书·武成》

（归善斋按，另见"底商之罪，告于皇天、后土，所过名山大川"）

恭天成命，肆予东征，绥厥士女。惟其士女，筐厥玄黄，昭我周王。天休震动，用附我大邑周。

成命，黜商之定命也。筐，竹器；玄黄，色币也。敬奉天之定命，故我东征，安其士女。士女喜周之来，筐筐盛其玄黄之币，明我周王之德者，是盖天休之所震动，故民"用归附我大邑周"也。或曰，玄、黄，天地之色。"筐厥玄黄"者，明我周王有天地之德也。此当在"其承厥志"之下。

纂疏：商人而曰我周王，犹夏人曰"徯我后"。

陈氏经曰，武王为西伯，纣都在东，故曰东征。

愚谓，玄、黄，天地之德之说，当刊。

18. （元）许谦《读书丛说》卷六

原缺。

19. （元）董鼎《书传辑录纂注》卷四《周书·武成》

（归善斋按，另见"底商之罪，告于皇天、后土，所过名山大川"）

恭天成命，肆予东征，绥厥士女。惟其士女，筐厥玄黄，昭我周王。

天休震动,用附我大邑周。

　　成命,黜商之定命也。筐,竹器;玄,黄色币也。敬奉天之定命,故我东征,安其士女。士女喜周之来,筐筐盛其玄黄之币,明我周王之德者,是盖天休之所震动,故民"用归附我大邑周"也。或曰,玄黄,天地之色。"筐厥玄黄"者,明我周王有天地之德也。此当在"其承厥志"之下。

　　辑录:

　　商人而曰"我周王",犹《商书》所谓"我后"也。孟注。

　　纂注:

　　陈氏曰,成命,一定不易,决于伐商也。肆,遂也。武王为西伯,纣在东,故曰东征。士女,犹曰男女。《诗》中"士"多连"女"言之。

　　新安胡氏曰,传采"或曰玄黄"之说,非也。

20. (元)朱祖义《尚书句解》卷五《周书·武成第五》

　　华夏、蛮貊(内而华夏之民,外而蛮貊之邦),罔不率俾(无不相率以为己使),恭天成命(而敬上天一定不可易之命,以决伐纣之举)。

21. (明)王樵《尚书日记》卷九《周书·武成》

　　(归善斋按,另见"底商之罪,告于皇天、后土,所过名山大川")

　　"恭天成命"至"用附我大邑周"。

　　成命,只武王当日,纣恶既稔,天命已绝,便是不带文王说。《孟子》曰"其君子实玄黄于筐,以迎其君子;其小人箪食壶浆,以迎其小人。救民于水火之中,取其残而已矣"。"昭我周王",盖执筐者之致辞。辞曰,明我周王之救民于水火也。孔氏曰,天之美,应震动民心,故用依附我。

　　按,此篇多错简,幸日之甲乙可考,语脉可寻。惟其阙文,则不可知矣。此节之后,语意未终,盖武王新受命,与诸侯正始,当有交相儆戒之辞。略如《汤诰》之意,不应止自序其功而已也。

22.（清）库勒纳等撰《日讲书经解义》卷六《周书·武成》

（归善斋按，另见"惟一月壬辰，旁死魄"）

恭天成命，肆予东征，绥厥士女。惟其士女，篚厥玄黄，昭我周王。天休震动，用附我大邑周。

此一节书，是见武王伐商之事。上承天命，下顺人心也。成命，黜商之定命也。肆，解作"遂"，绥，安也。士女，男女也。篚，竹器；元黄，色币也。附，归附也。武王又曰，天心厌商，命我文考除之，虽大统未集，固已一成而不可易矣。故我敬顺上天成命，遂举东征之师，以安定商之士女。商之士女，喜周之来，皆用篚筐之器，盛元黄之币，迎接周师，以明我周王有吊民伐罪之德。夫商之民喜周之来，非周有求于民，而民有私于周也。盖上天眷顾我周之休命，默有以鼓舞乎斯民，故民皆相率以归附我大周之国，而奉币以昭德，自不容已耳，是归周者，民；而所以使之归者，天也。至是，则大统已集，而文王之志亦于是乎成矣。我周之有天下，实由祖宗缔造有素，而天命攸归，岂我之功哉？

（明）梅鷟《尚书考异》卷四《武成》

华夏蛮貊，罔不率俾。

襄三十年，北宫文子曰，蛮夷帅服。

肆予东征，绥厥士女

1.（汉）孔氏传、（唐）陆德明音义、孔颖达疏《尚书注疏》卷十《周书·武成》

肆予东征，绥厥士女。

传，此谓十一年会孟津还时。

2.（宋）苏轼《书传》卷九《周书·武成第五》

（归善斋按，未解）

3.（宋）林之奇《尚书全解》卷二十三《周书·武成》

（归善斋按，见"暴殄天物，害虐烝民"）

4.（宋）史浩《尚书讲义》卷十一《周书·武成》

（按，此段讲义《永乐大典》原缺）

5.（宋）夏僎《尚书详解》卷十七《周书·武成》

（归善斋按，见"底商之罪，告于皇天、后土，所过名山大川"）

6.（宋）时澜《增修东莱书说》卷十六《周书·武成第五》

肆予东征，绥厥士女。惟其士女，篚厥玄黄，昭我周王。天休震动，用附我大邑周。

武王既以此安士女之心，士女亦以此昭武王之心。上言祭祀，此言民归。人君，民神之主。民归，神亦归也。"天休震动，用附我大邑周"，"其士女篚厥玄黄"，即天休之震动也。

7.（宋）黄度《尚书说》卷四《周书·武成》

（归善斋按，见"予小子其承厥志"）

8.（宋）袁燮《絜斋家塾书钞》卷八《周书·武成》

（归善斋按，见"底商之罪，告于皇天、后土，所过名山大川"）

9.（宋）蔡沈《书经集传》卷四《周书·武成》

（归善斋按，见"华夏蛮貊，罔不率俾，恭天成命"）

10. (宋) 黄伦《尚书精义》卷二十七《周书·武成》

肆予东征，绥厥士女。惟其士女，篚厥玄黄，昭我周王。天休震动，用附我大邑周。惟尔有神，尚克相予，以济兆民，无作神羞。

无垢曰，武王东征，岂以富有天下为心哉？安此万民而已。智可以欺王公，不可以欺豚鱼；力可以得天下，不可以得匹夫、匹妇之心。惟武王之心，心在安民，诚诸中，形诸外，此所以致士女之有玄黄之迎也。夫士女之心，岂可以智力收之哉？今民心如此，欲识王者之道，昭昭然可见矣。

又曰，古人求天于民，而后人求天于天。求天于天，则人事不修，或至于乱；求天于民，则以德抚民，以谓民心归之，是天归之也。今士女篚厥玄黄，以迎武王，则"天休震动"，可即民心而见之矣。民心归周，是天附我大邑周也。

又曰，天地山川之神，惟德是与。武王将为民除害，民安，则天地山川亦安矣。使武王之举不济，则神亦可羞矣。

11. (宋) 陈经《尚书详解》卷二十三《周书·武成》

(归善斋按，见"底商之罪，告于皇天、后土，所过名山大川"，另见"既戊午，师逾孟津；癸亥，陈于商郊，俟天休命")

12. (宋) 钱时《融堂书解》卷九《周书·武成》

(归善斋按，见"底商之罪，告于皇天、后土，所过名山大川")

13. (宋) 魏了翁《尚书要义》卷十《周书·泰誓至武成》

(归善斋按，未引)

14. (宋) 陈大猷《书集传或问》卷下《周书·武成》

愚曰，告天地山川，非同一祭，亦非同时。举其大要，总述之耳。"肆予东征"，"士女篚厥玄黄"，当是告山川之辞。盖起兵东征，未至纣都，路人已迎降如此，若告天地，乃是未举兵之初告而后行，安得预言士女迎降之事乎？或以为是指戡黎之时言之，亦未可知。

15.（宋）胡士行《尚书详解》卷六《周书·武成第五》

（归善斋按，见"底商之罪，告于皇天、后土，所过名山大川"）

16.（元）吴澄《书纂言》卷四下

（归善斋按，无此篇）

17.（元）陈栎《书集传纂疏》卷四上《朱子订定蔡氏集传·周书·武成》

（归善斋按，见"华夏蛮貊，罔不率俾，恭天成命"）

18.（元）许谦《读书丛说》卷六

原缺。

19.（元）董鼎《书传辑录纂注》卷四《周书·武成》

（归善斋按，见"华夏蛮貊，罔不率俾，恭天成命"）

20.（元）朱祖义《尚书句解》卷五《周书·武成第五》

肆予东征（故我兴师，自丰镐西来以东征），绥厥士女（安慰天下士女罹纣之恶者）。

21.（明）王樵《尚书日记》卷九《周书·武成》

（归善斋按，见"华夏蛮貊，罔不率俾，恭天成命"）

22.（清）库勒纳等撰《日讲书经解义》卷六《周书·武成》

（归善斋按，见"华夏蛮貊，罔不率俾，恭天成命"）

765

惟其士女，篚厥玄黄，昭我周王

1.（汉）孔氏传、（唐）陆德明音义、孔颖达疏《尚书注疏》卷十《周书·武成》

惟其士女，篚厥玄黄，昭我周王。

传，言东国士女，筐篚盛其丝帛，奉迎道次，明我周王为之除害。

音义，篚，音匪。为，于伪反。

2.（宋）苏轼《书传》卷九《周书·武成第五》

(归善斋按，未解)

3.（宋）林之奇《尚书全解》卷二十三《周书·武成》

(归善斋按，见"暴殄天物，害虐烝民")

4.（宋）史浩《尚书讲义》卷十一《周书·武成》

(按，此段讲义《永乐大典》原缺)

5.（宋）夏僎《尚书详解》卷十七《周书·武成》

(归善斋按，见"底商之罪，告于皇天、后土，所过名山大川")

6.（宋）时澜《增修东莱书说》卷十六《周书·武成第五》

(归善斋按，见"肆予东征，绥厥士女")

7.（宋）黄度《尚书说》卷四《周书·武成》

(归善斋按，见"予小子其承厥志")

8.（宋）袁燮《絜斋家塾书钞》卷八《周书·武成》

（归善斋按，见"底商之罪，告于皇天后土，所过名山大川"）

9.（宋）蔡沈《书经集传》卷四《周书·武成》

（归善斋按，见"华夏蛮貊，罔不率俾恭天成命"）

10.（宋）黄伦《尚书精义》卷二十七《周书·武成》

（归善斋按，见"肆予东征，绥厥士女"）

11.（宋）陈经《尚书详解》卷二十三《周书·武成》

（归善斋按，见"底商之罪，告于皇天、后土，所过名山大川"，另见"既戊午，师逾孟津；癸亥，陈于商郊，俟天休命"）

12.（宋）钱时《融堂书解》卷九《周书·武成》

（归善斋按，见"底商之罪，告于皇天、后土，所过名山大川"）

13.（宋）魏了翁《尚书要义》卷十《周书·泰誓至武成》

（归善斋按，未引）

14.（宋）陈大猷《书集传或问》卷下《周书·武成》

（归善斋按，未解）

15.（宋）胡士行《尚书详解》卷六《周书·武成第五》

（归善斋按，见"底商之罪，告于皇天、后土，所过名山大川"）

16.（元）吴澄《书纂言》卷四下

（归善斋按，无此篇）

17.（元）陈栎《书集传纂疏》卷四上《朱子订定蔡氏集传·周书·武成》

(归善斋按，见"华夏蛮貊，罔不率俾恭天成命")

18.（元）许谦《读书丛说》卷六

原缺。

19.（元）董鼎《书传辑录纂注》卷四《周书·武成》

(归善斋按，见"华夏蛮貊，罔不率俾，恭天成命")

20.（元）朱祖义《尚书句解》卷五《周书·武成第五》

惟其士女（惟其士女见周师之来），篚厥玄黄（所以尽盛玄黄之币于筐篚中以迎我师），昭我周王（且昭显我有周当为天下主者）。

21.（明）王樵《尚书日记》卷九《周书·武成》

(归善斋按，见"华夏蛮貊，罔不率俾，恭天成命")

22.（清）库勒纳等撰《日讲书经解义》卷六《周书·武成》

(归善斋按，见"华夏蛮貊，罔不率俾，恭天成命")

（明）马明衡《尚书疑义》卷四《周书·武成》

(归善斋按，见"惟九年大统未集")

（清）朱鹤龄《尚书埤传》卷九《周书·武成》

篚厥玄黄。

邹季友曰，蔡传，筐篚盛玄黄，或据《说文》。筐，饭器，筥属。篚，似箧，引书"实玄黄于篚"，二字兼用为失。按《鹿鸣》诗云"承筐是将",则筐篚不妨兼用。

天休震动,用附我大邑周

1.（汉）孔氏传、（唐）陆德明音义、孔颖达疏《尚书注疏》卷十《周书·武成》

天休震动,用附我大邑周。
传,天之美,应震动民心,故用依附我。
音义,应,应对之应。

2.（宋）苏轼《书传》卷九《周书·武成第五》

(归善斋按,未解)

3.（宋）林之奇《尚书全解》卷二十三《周书·武成》

(归善斋按,见"暴殄天物,害虐烝民")

4.（宋）史浩《尚书讲义》卷十一《周书·武成》

(按,此段讲义《永乐大典》原缺)

5.（宋）夏僎《尚书详解》卷十七《周书·武成》

(归善斋按,见"底商之罪,告于皇天、后土,所过名山大川")

6.（宋）时澜《增修东莱书说》卷十六《周书·武成第五》

(归善斋按,见"肆予东征,绥厥士女")

7.（宋）黄度《尚书说》卷四《周书·武成》

(归善斋按,见"予小子其承厥志")

8. （宋）袁燮《絜斋家塾书钞》卷八《周书·武成》

（归善斋按，见"底商之罪，告于皇天、后土，所过名山大川"）

9. （宋）蔡沈《书经集传》卷四《周书·武成》

（归善斋按，见"华夏蛮貊，罔不率俾，恭天成命"）

10. （宋）黄伦《尚书精义》卷二十七《周书·武成》

（归善斋按，见"肆予东征，绥厥士女"）

11. （宋）陈经《尚书详解》卷二十三《周书·武成》

（归善斋按，见"底商之罪，告于皇天、后土，所过名山大川"，另见"既戊午，师逾孟津；癸亥，陈于商郊，俟天休命"）

12. （宋）钱时《融堂书解》卷九《周书·武成》

（归善斋按，见"底商之罪，告于皇天、后土，所过名山大川"）

13. （宋）魏了翁《尚书要义》卷十《周书·泰誓至武成》

（归善斋按，未引）

14. （宋）陈大猷《书集传或问》卷下《周书·武成》

（归善斋按，未解）

15. （宋）胡士行《尚书详解》卷六《周书·武成第五》

（归善斋按，见"底商之罪，告于皇天、后土，所过名山大川"）

16. （元）吴澄《书纂言》卷四下

（归善斋按，无此篇）

17. （元）陈栎《书集传纂疏》卷四上《朱子订定蔡氏集传·周书·武成》

（归善斋按，见"华夏蛮貊，罔不率，俾恭天成命"）

18. （元）许谦《读书丛说》卷六

原缺。

19. （元）董鼎《书传辑录纂注》卷四《周书·武成》

（归善斋按，见"华夏蛮貊，罔不率俾，恭天成命"）

20. （元）朱祖义《尚书句解》卷五《周书·武成第五》

天休震动（以天常有休祥，着见震动华夏、蛮貊之众），用附我大邑周（使之归附我大邑周）。

21. （明）王樵《尚书日记》卷九《周书·武成》

（归善斋按，见"华夏蛮貊，罔不率俾，恭天成命"）

22. （清）库勒纳等撰《日讲书经解义》卷六《周书·武成》

（归善斋按，见"华夏蛮貊，罔不率俾，恭天成命"）

惟尔有神，尚克相予，以济兆民，无作神羞

1. （汉）孔氏传、（唐）陆德明音义、孔颖达疏《尚书注疏》卷十《周书·武成》

惟尔有神，尚克相予，以济兆民，无作神羞
传，神庶几助我，渡民危害，无为神羞辱。

音义，相，息亮反。

2. （宋）苏轼《书传》卷九《周书·武成第五》

(归善斋按，未解)

3. （宋）林之奇《尚书全解》卷二十三《周书·武成》

(归善斋按，见"暴殄天物，害虐烝民")

4. （宋）史浩《尚书讲义》卷十一《周书·武成》

(按，此段讲义《永乐大典》原缺)

5. （宋）夏僎《尚书详解》卷十七《周书·武成》

(归善斋按，见"底商之罪，告于皇天、后土，所过名山大川")

6. （宋）时澜《增修东莱书说》卷十六《周书·武成第五》

惟尔有神，尚克相予，以济兆民，无作神羞。

圣人与神明贯通，故临之若在上，质之若同体。言"以济兆民"，见武王伐纣，我无与焉，可以见武王之心也。

7. （宋）黄度《尚书说》卷四《周书·武成》

(归善斋按，见"予小子其承厥志")

8. （宋）袁燮《絜斋家塾书钞》卷八《周书·武成》

(归善斋按，见"底商之罪，告于皇天、后土，所过名山大川")

9. （宋）蔡沈《书经集传》卷四《周书·武成》

惟尔有神，尚克相予，以济兆民，无作神羞。既戊午，师逾孟津；癸亥，陈于商郊，俟天休命；甲子昧爽，受率其旅若林，会于牧野，罔有敌于我师，前徒倒戈，攻于后以北，血流漂杵。一戎衣，天下大定，乃反商政，政由旧。释箕子囚，封比干墓，式商容闾，散鹿台之财，发钜桥之粟，大赉于四海，而万姓悦服。

散，先谏反。休命，胜商之命也。武王顿兵商郊，雍容不迫，以待纣师之至而克之，史臣谓之"俟天休命"，可谓善形容者矣。"若林"，即《诗》所谓"其会如林"者。纣众虽有如林之盛，然皆无有肯敌我师之志。纣之前徒倒戈，反攻其在后之众，以走自相屠戮，遂至"血流漂杵"。史臣指其实而言之。盖纣众离心离德，特劫于势而未敢动耳。一旦因武王吊伐之师，始乘机投隙，奋其怨怒，反戈相戮，其酷烈遂至如此，亦足以见纣积怨于民，若是其甚。而武王之兵，则盖不待血刃也。此所以一被兵甲，而天下遂大定乎？乃者，继事之辞，反纣之虐政，由商先王之旧政也。式，车前横木，有所敬，则俯而凭之。商容，商之贤人。闾，族居里门也。赉，予也。武王除残去暴，显忠遂良，赈穷赒乏，泽及天下，天下之人皆心悦而诚服之。《帝王世纪》云，殷民言，王之于仁人也，死者犹封其墓，况生者乎？王之于贤人也，亡者犹表其闾，况存者乎？王之于财也，聚者犹散之，况其复籍之乎？唐孔氏曰，是为悦服之事。此当在"罔不率俾"之下。

10．（宋）黄伦《尚书精义》卷二十七《周书·武成》

（归善斋按，见"肆予东征，绥厥士女"）

11．（宋）陈经《尚书详解》卷二十三《周书·武成》

（归善斋按，见"底商之罪，告于皇天、后土，所过名山大川"）

12．（宋）钱时《融堂书解》卷九《周书·武成》

（归善斋按，见"底商之罪，告于皇天、后土，所过名山大川"）

13．（宋）魏了翁《尚书要义》卷十《周书·泰誓至武成》

（归善斋按，未引）

14.（宋）陈大猷《书集传或问》卷下《周书·武成》

（归善斋按，未解）

15.（宋）胡士行《尚书详解》卷六《周书·武成第五》

（归善斋按，见"厎商之罪，告于皇天、后土，所过名山大川"）

16.（元）吴澄《书纂言》卷四下

（归善斋按，无此篇）

17.（元）陈栎《书集传纂疏》卷四上《朱子订定蔡氏集传·周书·武成》

惟尔有神，尚克相予，以济兆民，无作神羞。既戊午，师逾孟津；癸亥，陈于商郊，俟天休命；甲子昧爽，受率其旅若林，会于牧野，罔有敌于我师。前徒倒戈，攻于后以北，血流漂杵。一戎衣，天下大定，乃反商政，政由旧。释箕子囚，封比干墓，式商容闾，散鹿台之财，发钜桥之粟，大赉于四海，而万姓悦服。

休命，胜商之命也。武王顿兵商郊，雍容不迫，以待纣师之至而克之。史臣谓之"俟天休命"，可谓善形容者矣。若林，即《诗》所谓"其会如林"者，纣众虽有如林之盛，然皆无有肯敌我师之志。纣之前徒，倒戈反攻其在后之众，以走自相屠戮，遂至"血流漂杵"。史臣指其实而言之。盖纣众离心离德，特劫于势而未敢动耳。一旦因武王吊伐之师，始乘机投隙，奋其怨怒，反戈相戮。其酷烈，遂至如此，亦足以见纣积怨于民，若是其甚。而武王之兵，则盖不待血刃也。此所以一被兵甲，而天下遂大定乎。"乃"者，继事之辞，反纣之虐政，由商先王之旧政也。式，车前横木，有所敬则俯而凭之。商容，商之贤人；闾，族居里门也。赉，予也。武王除残去暴，显忠遂良，赈穷赒乏，泽及天下。天下之人，皆心悦而诚服之。《帝王世纪》云，殷民言王之于仁人也，死者犹封其墓，况生者乎？王之于贤人也，亡者犹表其闾，况存者乎？王之于财也，聚者犹散之，况其复籍之乎。唐孔氏曰，是为悦服之事。此当在"罔不率俾"

之下。

纂疏：

《孟子》缘当时战斗残戮，恐人以此为口实，故说此。然看上文不是武王杀他，乃纣之人自蹂践相杀。《荀子》云，杀之者非周人，商人也。武王兴兵初，无意于杀人，观不愆于"六伐七伐，乃止，齐焉"，武王之心可见矣。杵，或作卤，楯也。孟注孔氏曰，"待天休命"谓夜雨止毕陈，"血流漂杵"，甚之言。

蔡氏元度曰，《诗》云"肆伐大商，会朝清明"，谓雨止清明也。

林氏曰，雨止毕陈，过论也。周师未血刃，而商众自相屠，人心叛商归周如此，是即天命去商佑周之验也。"天之休命"，岂不昭然在此哉。

陈氏曰，先驱，商之平民；阵后，纣之恶党，怨之素深，因此易向反攻之。

愚谓，"万姓悦服"，总结"乃反商政"以下数句，释箕子至赉四海，皆反商政之大者。《大学·平天下》章，不过好恶、财用二者，与天下为公而已。"释箕子"以下，好恶与民为公也。散财以下，财用与民为公也。民之悦服，岂徒悦，其散财发粟哉。

18. （元）许谦《读书丛说》卷六

原缺。

19. （元）董鼎《书传辑录纂注》卷四《周书·武成》

惟尔有神，尚克相予，以济兆民，无作神羞。既戊午，师逾孟津。癸亥，陈于商郊，俟天休命。甲子昧爽，受率其旅若林，会于牧野，罔有敌于我师。前徒倒戈，攻于后以北，血流漂杵，一戎衣天下大定。乃反商政，政由旧。释箕子囚，封比干墓，式商容闾，散鹿台之财，发钜桥之粟，大赉于四海，而万姓悦服。

休命，胜商之命也。武王顿兵商郊，雍容不迫，以待纣师之至而克之。史臣谓之"俟天休命"，可谓善形容者矣。若林，即《诗》所谓"其会如林"者。纣众虽有如林之盛，然皆无有肯敌我师之志。纣之前徒倒戈，反攻其在后之众，以走自相屠戮，遂至"血流漂杵"。史臣指其实而言之。盖纣众离心离德，特劫于势而未敢动耳。一旦因武王吊伐之师，始乘机投隙，奋其怨怒，反戈相戮。其酷烈，遂至如此，亦足以见纣积怨于民，若是其甚。而武王之兵，则盖不待血刃也。此所以一被兵甲而天下遂大定乎。"乃"者，继事之辞。反纣之虐政，由商先王之旧政也。式，车前横木，有所敬则俯而凭之。商容，商之贤人；闾，族居里门也。赉，予也。武王除残去暴，显忠遂良，赈穷赒乏，泽及天下。天下之人皆心悦而诚服之。《帝王世纪》云，殷民言，王之于仁人也，死者犹封其墓，况生者乎？王之于贤人也，亡者犹表其闾，况存者乎？王之于财也，聚者犹散之，况其复籍之乎。唐孔氏曰，是为"悦服"之事。此当在"罔不率俾"之下。

辑录：

"血流漂杵"，《孟子》说"尽信书不如无书"者，只缘当时恁地战斗残戮，恐当时人以此为口实，故说此。然看上文自说前徒倒戈，攻于后以北，不是武王杀他，乃纣之人自蹂践相杀。《荀子》曰，所以杀之者，非周人也，商人也。《书》说，观武王兴兵，初无意于杀人，所谓今日之事，不愆于六伐七伐，乃止齐焉，是也。武王之心，非好杀也。卓。

杵，或作卤，楯也。孟注《中庸》"一戎衣"，解作殪戎殷，亦是汉人，不见今《武成》"一戎衣"之文义。刚。

"一戎衣"，言一着戎衣，以伐纣也。《中庸章句》。

纂注：

孔氏曰，自河至朝歌，出四百里，五日而至，赴敌宜速。待天休命，谓夜雨止毕陈。血流漂舂杵已甚之言。

唐孔氏曰，《帝王世纪》云，王军至鲔水，纣使胶鬲候周师，曰何日至。王曰以甲子。胶鬲去，而雨甚，王遂行曰，吾雨而行，所以救胶鬲之死也。然则，本期甲子故速行也。《周语》曰，王以二月癸亥，夜陈未毕而雨，是雨止毕陈。

蔡氏元度曰，《诗》云"肆伐大商会朝清明"，盖谓雨止清明也。

林氏曰，武王临战不敢以胜，自必待天之佑，已而胜之，此谓俟天之休命。先儒雨止毕陈，盖过论也。周师未尝血刃，而纣众自相屠戮。人心之叛商归周如此，是即天命去商佑周之验也。天之休命岂不昭然在此哉？

陈氏曰，先驱，商之平民；陈后，乃纣之恶党。民怨之深，遂因此易向反攻之。

李氏曰，汤伐夏曰"缵禹旧服"，武王伐商曰"反商政，政由旧"，禹、汤所行，桀、纣弃之，汤、武复之，适所以为之资耳。

新安陈氏曰，"万姓悦服"，实总结"乃反商政"以下数句。《大学·平天下》一章，不过好恶、财用二者，与天下为公而已。释箕子，至发粟赉四海，皆反商政之大者。"释箕子"以下，好恶与民为公也。散财以下，财用与民为公也。

愚谓，汉高入关，除苛解娆，与父老约法三章，得武王反商政之意，独不能由旧袭用秦法，所以周不愧商，而汉有愧于周也。

20.（元）朱祖义《尚书句解》卷五《周书·武成第五》

惟尔有神（惟尔天地山川神只），尚克相予（庶防相助于我），以济兆民（使我克商而拯济兆民于涂炭），无作神羞（不可弃我而不保取败衄以为神羞）。

21.（明）王樵《尚书日记》卷九《周书·武成》

（归善斋按，见"底商之罪，告于皇天、后土，所过名山大川"）

22.（清）库勒纳等撰《日讲书经解义》卷六《周书·武成》

（归善斋按，见"惟一月壬辰，旁死魄"）

既戊午，师逾孟津；癸亥，陈于商郊，俟天休命

1.（汉）孔氏传、（唐）陆德明音义、孔颖达疏《尚书注疏》卷十《周书·武成》

既戊午，师逾孟津；癸亥，陈于商郊，俟天休命。

777

传，自河至朝歌，出四百里，五日而至，赴敌宜速。"待天休命"，谓夜雨止毕。

音义，逾，亦作逾。陈，直刃反，注同，徐音尘。

疏，正义曰，自此以下皆史辞也。其上阙绝失其本经，故文无次第，必是王言既终，史乃更叙战事，于文次当承自"周于征伐商"之下。此句次之，故云"既戊午"也。

传正义曰，"出四百里"，验地为然。戊午明日犹誓于河朔，癸亥已陈于商郊，凡经五日，日行八十里。所以疾者，赴敌宜速也。《帝王世纪》云，军至鲔水，纣使胶鬲候周师，见王问曰，西伯将焉之？王曰，将攻薛也。胶鬲曰，然愿西伯无我欺。王曰，不子欺也。将之殷，胶鬲曰，何日至？王曰，以甲子日，以是报矣。胶鬲去而报命于纣。而雨甚，军卒皆谏王曰，卒病请休之。王曰，吾已令胶鬲以甲子报其主矣。吾雨而行，所以救胶鬲之死也，遂行甲子至于商郊，然则本期甲子，故速行也。《周语》云"王以二月癸亥夜，陈未毕而雨"，是雨止毕陈也。待天休命，雨是天之美命也。韦昭云，雨者，天地神人和同之应也。天地气和，乃有雨降，是雨为和同之应也。

《尚书注疏》卷十《考证》

"既戊午，师逾孟津；癸亥，陈于商郊，俟天休命"疏"于文次当承自'周于征伐商'之下"。

臣召南按，《武成》本非完书，其脱简既无可考，错简尤先后不伦。孔颖达此疏已开宋儒考定之先矣。刘敞、王安石、程子，各有订正。至朱子以汉志日辰及经文前后细推，移"四月既生魄"于"丁未祀周庙"之前，"惟臣附我大邑周"之下，义始通顺。蔡沈作传，爰载考《定武》成一篇，然后儒犹未惬也。今略载刘敞、蔡沈及后儒之说于左。

刘敞曰，"惟一月壬辰"至"于征伐商"，此下当次以"底商之罪"至"万姓悦服"，皆在纣都所行之事也。次以"厥四月，哉生明"云云，又次以"丁未祀于周庙"云云至"其承厥志"，此下武王之诰未终，当有百工受命之诏，计脱五六简矣。然后次以"偃武修文"云云，又次以"列爵惟五"云云。

蔡沈考定《武成》自"惟一月"至"于征伐商"，次以"底商之罪"

至"罔不率俾",次以"惟尔有神"至"无作神羞",次以"既戊午"至"万姓悦服",次以"厥四月,哉生明"至"示天下弗服",次以"既生魄"至"受命于周",次以"丁未祀于周庙"至"大告武成",次以"王若曰"至"其承厥志",次以"恭天成命"至"用附我大邑周",次以"列爵惟五"至"垂拱而天下治"。

归有光曰,余所考定《武成》,只移"厥四月"以下一段,文势既顺,亦无阙文。

汪玉卿尝疑甲子失序,盖先儒以汉志推此年置闰在二月,故四月有丁未、庚戌,本无可疑也。自"惟一月壬辰"至"于征伐商",次以"王若曰"至"万姓悦服",次以"厥四月哉生明"至"受命于周",次以"列爵惟五"至"垂拱而天下治"。

李光地考定《武成》,"惟一月壬辰"至"于征伐商",次以"既生魄"至"万姓悦服",次以"厥四月哉生明"至"大告武成",次以"列爵惟五"至"垂拱而天下治"。

2. (宋)苏轼《书传》卷九《周书·武成第五》

(归善斋按,未解)

3. (宋)林之奇《尚书全解》卷二十三《周书·武成》

既戊午,师逾孟津,癸亥,陈于商郊,俟天休命。甲子昧爽,受率其旅若林,会于牧野。罔有敌于我师,前徒倒戈,攻于后以北,血流漂杵,一戎衣,天下大定。乃反商政,政由旧。释箕子囚,封比干墓,式商容闾,散鹿台之财,发钜桥之粟,大赉于四海,而万姓悦服。列爵惟五,分土惟三。

武王既"底商之罪",以祷于天地山川神祇矣,于是以戊午日,渡河而北。汉孔氏曰,自河至朝歌,出四百里,五日而至,赴敌宜速。此说甚不然。夫汤武仁义之师,盖为应天顺人而起,岂为诈谋奇计速于赴敌,以出敌人之不意哉?然自河至朝歌,五日而至,经实有明文。意其所载时日,必有误也。"俟天休命"者,非是待天之有祯祥而后进兵,盖武王之将进而与纣战,以决生民之命于商周之胜负,不敢以胜负自必也,必待天之佑我周家而能胜之，此谓"俟天休命"而已。先儒以谓夜雨止毕陈，盖过论也。武王既以癸亥之日陈于商郊。纣遂以明日甲子之诘朝，帅其多罪逋逃之人，其多若林木之盛，会于牧野。是时周师未动，而纣多罪逋逃之众，其徒之居于前者，自相攻击以走，故反倒其戈，以攻其在后者，以致血流漂杵，言杀人之多也。虽杀人之多，皆纣之师旅自相屠戮。自周师而言之，实未尝血刃也。周师未尝血刃也，而纣之众自相屠戮灭亡，岂武王实使之然哉。盖由其多罪逋逃之人，同恶相济，其罪恶贯盈，天道之所不容，故使之至于此极也。而《孟子》则以谓"尽信《书》，则不如无《书》，吾于《武成》取二三策而已"，"以至仁，伐至不仁，何其血之流杵也"，审如《孟子》之说，则是"血流漂杵"之言，盖深疑之也。予尝深原《孟子》之意，盖恐学者传之失真，以谓武王牧野之战，其杀人诚如是之多，故其后世嗜杀人之主，必将指武王以为口实，故为此拔本塞源之论。此《孟子》所以有功于武王也。然而"血流漂杵"之言，则是纣之众自相攻击，其血流之多，盖有此理。后世未可以《孟子》之说疑之，而遂谓无其事也。武王之伐商，纣之众自相攻击，以至于此，则其得天下可谓易矣。故继之以"一戎衣"而"天下大定"，盖言一著戎衣，而天下遂定，以见其取之之易也。既克商而有天下，于是与天下更始，反商之虐政，由汤之旧政。盖商家贤圣之君六七作，其所传之政，莫非创业垂统为万世可继之道者，惟纣不能率由旧章，遂至于亡。武王既反纣之虐政，则其施于有政者，岂可以他求，惟取商家之旧政而用之，则其政将不可胜用矣。"反商政，政由旧"，即如下文所载是也。箕子、比干、商容，皆商之贤者，纣惟不能用，故遂亡其国。武王既反纣之旧政，则其所不用之贤者，必致其礼待之意。其为纣所囚于囹圄之中者，则释之；其见杀而既葬者，则于是封其墓；其存而去于闾阎之中者，则过而式其闾。非特此也，纣之聚财于鹿台，积粟于钜桥，必为己私者，则皆散而发之，以大赉于四海之困穷而无告者，而万姓悦服。盖"释箕子囚，封比干墓，式商容闾"，则君子贤其贤，而亲其亲；"散鹿台之财，发钜桥之粟，大赉于四海"，则小人乐其乐，而利其利。于此时，若出于涂炭而登春台之乐，熙熙然，安能不悦哉。自"释箕子囚"至于"万姓悦服"，皆是"反商政"。未归国之初也，有此善政及民，自此之后，当继之以"厥四月，哉生明，王来自商，乃偃武修文"，盖于是始归国，橐弓矢，散马牛，与天下休息。而孔氏本文以属于归周之后。夫箕子之囚，比干之墓，商容之闾，必在殷之国都，而鹿台、钜桥亦在近郊之地，皆是既克之后，岂得为既归周已后之事乎？既归于周，偃武修文，与天下更始，而又率庶邦冢君暨百工祀于周庙，以追王其先世，遂柴、望，大告武成矣，则其所以施设者，莫先于疆理天下，以封建勋戚，故继之曰"列爵惟五，分土惟三"。按，《乐记》曰，武王既克商，未下车，而先封黄帝之后于蓟；封帝尧之后于祝；封帝舜之后于陈。既下车，而封夏后氏之后于杞，封殷之后于宋。盖先封帝王之后，然后及于功臣子弟，以与会于牧野之诸侯，犬牙相错，为王室之藩屏。"列爵惟五"者，谓封建诸侯列为五等之爵，即公、侯、伯、子、男是也。"分土惟三"者，谓爵各有等而所分之，地则有三等。盖公、侯皆方百里，伯七十里，子、男五十里是也。周家封建之法盖尽于此二言矣。故《王制》《孟子》云封建诸侯，其说皆本于此。及《周礼·大司徒》所载，则与此不同。其说曰，诸公之地封疆五百里，侯四百里，伯三百里，子二百里，男一百里。信如《周礼》之所载，则是列爵惟五等，而分土亦有五等，与此篇所载异矣。故唐孔氏以为，周室既衰，诸侯相并，自以国土宽大，并皆违礼，乃除去本经，妄为说尔。此说甚好。至郑康成之徒，必欲以此二书所载附会而为此说，所以为武王时大国百里，周公攘戎狄，斥大封域，增而广之，故大国实五百里。或又谓公之地百里而已，五百里者，并与附庸言之。此言迂陋不通之论。二苏兄弟皆详辨其失，而李直讲以为《大司徒》所载诸公封疆五百里，其食者半；诸侯封疆方四百里，诸伯之地三百里，其食者三之一；诸子之地二百里，诸男之地一百里，其食者四之一。其曰五百里、四百里，以至百里者，所谓"列爵惟五"也；而其所谓其食者半、其食者三之一，其食者四之一，即所谓"分土惟三"也。此说虽善，然尚有可疑者，四百里，其食者三之一，则是所食者百三十三里有奇；三百里，其食者三之一，则是所食者百里二百里；其食者四之一，则是所食者五十里；百里者，其食者四之一，则是所食者二十五里，是亦分土为五等，不谓之三等也，此亦难于折衷姑用之。

4. (宋)史浩《尚书讲义》卷十一《周书·武成》

既戊午,师逾孟津;癸亥,陈于商郊,俟天休命;甲子昧爽,受率其旅若林,会于牧野,罔有敌于我师,前徒倒戈,攻于后以北,血流漂杵。一戎衣,天下大定。乃反商政,政由旧。释箕子囚,封比干墓,式商容闾,散鹿台之财,发钜桥之粟,大赉于四海,而万姓悦服。列爵惟五,分土惟三,建官惟贤,位事惟能。重民五教,惟食、丧、祭,惇信、明义,崇德报功,垂拱而天下治。

此则史氏纪用武之终始,以表其成,而卒识其政事也。俟命之泰意,《泰誓》已详。成功之际,是谓大定。"血流漂杵",《孟子》不取,不喜其佳兵也,明武王之师不得已而用。用是修文以告其成。夫前徒倒戈,容或有漂杵之理,不足为武王道也。孟子其亦知武王之心矣。商政之不善。不能率由旧章也。反商之政宜乎?由旧也。夫所宝之贤为足重,故释囚、封墓、式闾,以惇信;不义之物为足弃,故散财、发粟、大赉四海,以明义。列爵、分土,并用贤能,以崇德;尊重彝伦,归本反始,以报功。政事之要,无出于此。武王至是,夫何为哉,恭已正南面而已。天下安有不治者哉。其曰"武成",亶其然乎。盖尝论武王之功,成于武成。而其要,则在于"惇信、明义、崇德、报功"。惟此八字,可引以为武王之徽号,以其所纪之实也。呜呼!此其所以垂拱无为而治定也。

5. (宋)夏僎《尚书详解》卷十七《周书·武成》

既戊午,师逾孟津;癸亥,陈于商郊,俟天休命;甲子昧爽,受率其旅若林,会于牧野,罔有敌于我师。前徒倒戈,攻于后以北,血流漂杵。一戎衣,天下大定。

此亦武王告群后之辞。盖武王既举告神之辞,故此,遂言我既告天地山川,于是以戊午日率兵以逾过孟津,次于河北。至癸亥,则至于商郊牧野。分布行阵以待天之休命。所谓待天休命者,非是待天有祯祥而后进兵也。盖武王将与纣战,以决生民之命于商周之胜负,不敢以胜负自必,故言我必待天之佑,我国家乃能胜之,故谓之"俟天休命",而诸儒乃以陈而夜雨,会朝清明,为天之休命,此过论也。武王既以癸亥日陈于商郊,故纣遂以明日甲子，欲明未明之时，帅其多罪逋逃之人，以来拒周。其多若林木之盛，会于牧野。是时，周师未动，而纣之徒众，居前者皆自倒其戈，而反以攻其在后之人，而奔北以走，自相屠戮，遂至"血流漂杵"。虽曰"漂杵"，乃纣众自相屠戮，而周师实未尝血刃。此武王所以能一着戎衣，而天下遂至大定也。

林少颖谓，"血流漂杵"，虽杀人之多，皆纣师徒自相屠戮，而周师实未尝血刃。此岂武王使之然哉，盖纣罪恶贯盈，天所不容，所以至此极也。然《孟子》必谓"尽信书不如无书"，盖深疑以"至仁伐至不仁"，必无"血流漂杵"之事也。其意盖恐学者传之失真，以武王牧野之战，其杀人诚如是之多，后世嗜杀之主必将指武王以为口实，故为此拔本塞源之论。此孟子所以有功于武王也。要之，"血流漂杵"，实是纣众自相攻击，故流血至多，当时必有此理，未可以孟子之说，而疑其无是事也。此说有理故存之。

6.（宋）时澜《增修东莱书说》卷十六《周书·武成第五》

既戊午师，逾孟津；癸亥，陈于商郊，俟天休命；甲子昧爽，受率其旅若林，会于牧野。

先时、后时，皆非"俟天休命"，必"甲子昧爽，纣率其旅若林，会于牧野"，然后往伐，所谓"俟天休命"也。若先时而动，乃武王私意之动耳。

7.（宋）黄度《尚书说》卷四《周书·武成》

既戊午，师逾孟津；癸亥，陈于商郊，俟天休命；甲子昧爽，受率其旅若林，会于牧野。罔有敌于我师。前徒倒戈，攻于后以北，血流漂杵。一戎衣，天下大定。

《大明》曰"会朝清明"。伶州鸠曰，王以癸亥夜陈未毕而雨。故孔氏曰，待天休命，谓夜雨止毕陈。要之，战胜不胜，虽人事，必有天意焉。纣师"前徒倒戈，攻于后以北"则为佑周之休命也。商亡周兴，在此一战。圣人岂敢自谓人力能致此哉？《史记》，牧野诸侯兵会者，车四千乘。纣亦发兵七十万人距武王，诸侯皆畔矣，是殆郊兵欤。卒乃前攻其后以北，是则无一人不畔，岂非独夫欤。《孟子》于《武成》取二三策，盖谓以至仁伐不仁，何至杀人"血流漂杵"。孟子以仁义说齐梁之君，抑扬其辞如此。七十万之众，前攻其后，奔逐崩溃，安得无蹂践杀伤，故史不没其实，以见征伐之不如禅让，圣人之所深愧也。一服戎衣而灭纣，天下遂定。

8. （宋）袁燮《絜斋家塾书钞》卷八《周书·武成》

既戊午，师逾孟津；癸亥，陈于商郊，俟天休命；甲子昧爽，受率其旅若林，会于牧野，罔有敌于我师。前徒倒戈，攻于后以北，血流漂杵。一戎衣，天下大定。

自"无作神羞"以上，是述当时告天地山川之辞。自此以下，是说当时用兵之事。"陈于商郊"，在国都之外也。武王陈兵于商郊，受帅如林之旅，来牧野会战，无有与武王敌者，反倒戈自攻其后。《孟子》所谓"信能行此五者，则邻国之民仰之若父母矣。帅其子弟，攻其父母，自生民以来，未有能济者也"。纣之众视纣如仇雠，而视武王如父母，天下岂有帅其子弟攻其父母者乎？此其所以"前徒倒戈，攻于后以北"也；此其所以"血流漂杵"也。《孟子》曰"尽信书则不如无书吾于武成取二三策而已"，"以至仁伐至不仁而何其血之流杵也"。若是三代用兵。断无此事、但此书所言，非武王之师攻纣，乃纣之众自倒戈，而致此也。孟子之意，深恐人把作武王看了，所以如此说。若把作武王看，则此书断不可信。既是纣之众自倒戈以攻，则确然可信也。夫用兵以征伐，而能使敌人自攻真王者之师哉。武王誓师之辞曰，受有人亿万，惟亿万心；予有人三千，惟一心。又曰，受有亿兆夷人，离心离德；予有乱臣十人，同心同德。纣帅如林之旅，可谓众矣。然眼前虽看见如此之众，其实人各有心，既是心腹肾肠，各自不同，却如何可用。学者须当看武王何故能使天下为一心；纣何故致得人各有心。此无他，只缘武王做得是，纣做得不是。理义人心之所同然，吾之所为合于理义，则感得天下理义之心，可使之为一在我者。无理无义，而何以一天下之心哉。此处当精思武王先为观兵之举，后复与纣战。而曰"一戎衣天下大定"者，盖其始虽观兵，实未尝用；后方与纣战于牧野，此所谓"一戎衣"也。

9.（宋）蔡沈《书经集传》卷四《周书·武成》

（归善斋按，见"惟尔有神，尚克相予，以济兆民，无作神羞"）

10.（宋）黄伦《尚书精义》卷二十七《周书·武成》

既戊午，师逾孟津；癸亥，陈于商郊，俟天休命。

无垢曰，考武王一月壬辰，步自周，于征伐商，而戊午，师逾孟津，是正月三日离周，至二十八日至孟津，凡二十五日。周至孟津，一千里，以日计之，是日行四十里也。自孟津至商郊三百里，戊午逾孟津，癸亥至商郊，是日行八十里也。向何其缓，今何其速也。盖自周至孟津，此正兵也；渡孟津至商郊，此奇计也。然而"俟天休命"，以师行而雨也。冒雨而行师，俟霁而征伐，此"俟天休命"也。说者谓雨者，天、地、神、人和同之应，休命之意，或出于此。

萧氏曰，"俟天休命"，俟，战也。战则胜，胜则见天之休命。

陈氏曰，武王之圣，其以甲子日兴，而纣以甲子日亡，必有前知之祥，以其日，而告武王者矣。武王由河朔，经朝歌，历六日而行四百里，盖将以赴甲子之休命，不敢缓也。且其于甲子之前，期陈师以俟之，所谓见乎梦卜，协于休祥是也。

吕氏曰，"戊午师逾孟津"，正前所谓一日。戊午师渡孟津，要看武王虽兵到商郊，已是成列了。若先动时，乃是武王自动，非天之动，所以俟之者，当动而动，便是"俟天休命"也。至于甲子纣率其旅若林，此乃武王当动之时也。

11.（宋）陈经《尚书详解》卷二十三《周书·武成》

既戊午，师逾孟津；癸亥，陈于商郊，俟天休命；甲子昧爽受，率其旅若林，会于牧野，罔有敌于我师。前徒倒戈，攻于后以北。

自此以下，乃作史者述武王与纣战之事。"既戊午"，即《泰誓》"一月戊午"之日也。"师逾孟津"过孟津之渡，次于河朔之时也。癸亥，即二月初二日也。正月二十八日渡河，初二日陈于商郊，凡五日而至。"俟天休命",先儒谓其夜有雨,"俟天休命",待有雨至也。雨者,天、地、神、人和同之应也。"甲子昧爽",即次日也,于昧爽之时,受率其众如林之盛,会于牧野,以与武王战。"罔有敌于我师"。"仁人无敌于天下,以至仁伐至不仁",则武王父母也。彼之民,犹子弟也。率其子弟以攻父母,安有此理哉。彼之民,方欢迎武王之来,安敢与我为敌。既不敢与武王为敌,则武王之兵,皆为之不动,所以杀人之多,"血流漂杵"者,皆彼之前徒,自倒戈以攻其后以北。所以倒戈自攻其后者,必其中有与纣为恶之人,民怨之入于骨髓,故因此反攻之,杀人之多,理所宜然,非武王杀之也。

武王在西,纣在东,故曰东征。王者之事兴兵吊民,而讨有罪,所过秋毫不扰,凡以安彼士民而已。惟其士女,筐篚实其玄黄之币帛,以昭明我周王,能为之除害,即箪食壶浆迎王师之意。"天休震动,用附我大邑",周天之美命,何自而见,盖其震动民心,使士女来迎,以归附我者,即"天休"也。惟尔山川之神,庶几助我以康兆民,勿为神之羞而已,言此举,苟不能成功,岂特为我之羞,亦为神之羞,神、人本一理也。

观此章,武王所以告神之言,初非矫举以祭媚神以邀福,即其实事而言之,谓既获仁人如此,既得华夏、蛮貊与夫士女之心如此,人不能违,则天不能违天不能违,鬼神其能违乎?鬼神即理也,武王有此理,天有此理,仁人有此理,民心亦有此理,初无二理故也。

12.（宋）钱时《融堂书解》卷九《周书·武成》

既戊午,师逾孟津;癸亥,陈于商郊,俟天休命;甲子昧爽,受率其旅若林,会于牧野,罔有敌于我师。前徒倒戈,攻于后以北,血流漂杵。一戎衣,天下大定。

上文既述所告天地山川之辞,此节告群后,以既渡孟津会战之事也。周至孟津,一千里;孟津至朝歌,四百里。武王自癸巳至戊午,凡二十六日而渡孟津,一日行四十里,甚缓;自戊午至癸亥,凡五日,而至商郊一日,行八十里,甚速。先儒以为此奇计也,恐未安。或者渡河之先,如告名山大川,会诸侯之类;至渡河之后,浸迫商郊,其势又当有不容缓者。若以为出奇掩其不备,如何却又陈于商郊,而待天之休命也。《孟子》谓

"仁人无敌于天下，何其血之流杵也"，此乃战国救敝之言，或者遂疑此书，真有不可信者，则诬圣甚矣。

13. （宋）魏了翁《尚书要义》卷十《周书·泰誓至武成》

四三、逾孟津，陈商郊，五日，行四百里。

既戊午，师逾孟津；癸亥，陈于商郊，俟天休命。

自河至朝歌，出四百里，五日而至，赴敌宜速。待天休命，谓夜雨止毕陈。

四四、"既戊午"以下，史辞，当承"于征伐商"之文。

"既戊午"至"我师"，正义曰，自此以下，皆史辞也。其上阙绝，失其本经，故文无次第，必是王言既终，史乃更叙战事于文次，当承自"周于征伐商"之下，此句次之，故云"既戊午"也。史官叙事得言，罔有敌于我师，称"我"者，犹如自汉至今，文章之士，虽民论国事，莫不称"我"。

四五、据《世纪》，则武王本期甲子，故速行。

正义曰，出四百里，验地为然。戊午明日，犹誓于河朔；癸亥已陈于商郊，凡经五日，日行八十里，所以疾者，赴敌宜速也。《帝王世纪》云，王军至鲔水，纣使胶鬲候周师，见王问曰，西伯将焉之？王曰，将攻薛也。胶鬲曰，愿西伯无我欺。王曰，不子欺也。将之殷，胶鬲曰，何日至？王曰，以甲子日，以是报矣。胶鬲去而报命于纣，而雨甚，军卒皆谏王曰，卒病请休之。王曰，吾已令胶鬲以甲子报其主矣，吾雨而行，所以救胶鬲之死也，遂行，甲子至于商郊，然则，本期甲子，故速行也。

14. （宋）陈大猷《书集传或问》卷下《周书·武成》

吴才老曰，汤武之师，顺乎人而应乎天者，盖无一而不听于天也。师出自周，逾月而后至。既陈商郊，俟天休命，彼果于致伐者，不必若是矣。使纣于是时，下罪己之诏，取平日恶党而戮之，见诸侯而谢其不德，愿徼福于成汤、高宗以无乏其祀，彼八百诸侯，或有为之动心者，武王未必致伐也。今乃率离心之人，犯同德之师，一矢未加，而前徒已倒戈矣。

天之休命，遂集于周，而武王亦顺而受之。呜呼！汤、武之有天下，岂有心为之耶。

15. （宋）胡士行《尚书详解》卷六《周书·武成第五》

既戊午，师逾（过）孟津。癸亥，陈于商郊，俟天休（美）命。甲子昧爽，受率其旅若林，会于牧野，罔有敌于我（周）师。前（居前）徒（徒众）倒（回）戈，攻于后以北，血流漂杵。一戎衣，天下大定（戎衣，一衣，天下即定），乃反（还）商（汤）政，政由（用）旧（不改旧法）。释（放）箕子囚（纣所囚），封（高）比干（纣所杀之）墓，式（凭式敬之）商容（贤人纣所贬）之闾（门），散鹿台之财，发钜桥之粟（鹿台、钜桥，纣厚敛所聚之地），大赉（予）于四海，而万姓悦服。列爵惟五（公、侯、伯、子、男），分土惟三（公侯百里，伯七十里，子男五十里），建官惟贤，位事惟能（贤之事，有能有不能，居位任事，必各随其能），重（不轻）民五教（五常之教），惟食（衣食足而后知礼节）、丧（谨终）、祭（追远），惇（厚）信（有信者）明（显）义（有义者），崇（重）德（有德者）报（答）功（有功者），垂（衣）拱（手）而天下治（无为而治）。

此天地重开之气象也。释囚，封墓，式闾，则君子贤其贤，而亲其亲；散财，发粟，大赉，则小人乐其乐而利其利。此未归周时政事也。列爵，分土，封诸侯也。建官位事，任百官也。教食丧祭，厚民生也。惇明崇报，励风俗也。此归周后政事也。其文理密察之政行乎公平广大之中，物付物，事付事，各得其所，垂拱无为，天下自治。唐虞之治，恍然若存于千载之下也。

16. （元）吴澄《书纂言》卷四下

（归善斋按，无此篇）

17. （元）陈栎《书集传纂疏》卷四上《朱子订定蔡氏集传·周书·武成》

（归善斋按，见"惟尔有神，尚克相予，以济兆民，无作神羞"）

18.（元）许谦《读书丛说》卷六

原缺。

19.（元）董鼎《书传辑录纂注》卷四《周书·武成》

(归善斋按，见"惟尔有神，尚克相予，以济兆民，无作神羞")

20.（元）朱祖义《尚书句解》卷五《周书·武成第五》

既戊午（于是十有三年正月二十八日戊午），师逾孟津（王兵以过孟津）；癸亥（自正月十九日己未，离河北至二月三日癸亥，凡五日，行四百里至朝歌，赴敌其速也），陈于商郊（遂分布行阵于商郊牧野），俟天休命（时天行雨至。雨者，天、地、神、人和同之应，即为"休命"也）。

21.（明）王樵《尚书日记》卷九《周书·武成》

"既戊午师逾孟津"至"大赉于四海，而万姓悦服"。

项氏曰，自周至洛，九百里，凡三十日而后至，人力不劳，兵势不急。纣恃其兵力，与大河之固，安坐而未出也。"既戊午"渡河，三誓师，明日复誓遂行，自孟津至朝歌，四百余里，凡五日而至。

孔氏曰，待天休命，谓夜雨止毕陈。正义曰，《周语》云，王以二月癸亥夜陈未毕而雨，是雨止毕陈也。

蔡氏元度曰，《诗》云"肆伐大商会朝清明"，盖谓雨止清明也。按，孔传有所本，而蔡元度证以《诗》，语尤明。但订传不用，曰"休命胜商之命"也。今并存之。

商人离心离德久矣，特劫于纣威耳。先驱，盖商之平民；陈后，乃纣党。至是易向反攻，"血流漂杵"，后者为前徒所杀也。周师弗迓克奔，则固未尝血刃也。杵，孔氏曰，舂杵，或作卤楯也。戎衣，甲胄之属。一者，不再之辞。"反商政"，谓尽除其苛虐紊乱之事。"旧"者，商先王之旧服，封益其土也。商容，商贤人，过其闾而式之。钜桥，鹿台纣私积处，散发以赈贫民。"大赉于四海"，谓施恩惠，非一事。《论语》曰"周有大赉，善人是富"。

22.（清）库勒纳等撰《日讲书经解义》卷六《周书·武成》

既戊午师，渡孟津；癸亥，陈于商郊，俟天休命；甲子昧爽，受率其旅若林，会于牧野，罔有敌于我师。前徒倒戈，攻于后以北，血流漂杵。一戎衣，天下大定。乃反商政，政由旧。释箕子囚，封比干墓，式商容闾，散鹿台之财，发钜桥之粟，大赉于四海，而万姓悦服。

此一节书，是记武王克商之节次，与夫定商之规模也。"陈"字，与"阵"字通用。"休命"。上天休美之命也。若林，人众如树林也。北，败走也。杵，是木杵。箕子，谏纣不听，佯狂为奴，身被囚系。比干，强谏剖心而死。商容，贤臣为纣所废。式，谓在车上俯身凭轼，以致敬也。闾，族居里门也。鹿台、钜桥，纣藏积钱粮之所。大赉，普施恩泽也。史臣曰，武王率伐商之师，于戊午日东渡孟津河；癸亥日，列陈于商郊，顿兵少息，以待天之美命。甲子日，黎明之时，商受率其军旅，众多如林，与武王会战于牧野之地。然受兵虽多，无向前与我周师为敌者。其前列卒徒，反颠倒其戈，自攻在后之人。受之兵，遂至于大败奔走踩践，自相屠戮，血流遍野，虽木杵在地，亦因而漂起。所以武王之兵，但一被甲而天下遂已大定，无事于再举之劳。盖"以至仁伐至不仁"，其易如此。于是改革商受所行虐政，其政皆由商先王之旧。释太师箕子之囚，封少师比干之墓。过贤人商容之闾，则式而敬之；鹿台之财，则散之，以赒贫乏；钜桥之粟，则发之，以赈饥民。大施恩泽于四海，而万姓之众，无不心悦诚服，爱戴武王，愿其长为生民之主也。

（明）梅鷟《尚书考异》卷四《武成》

既戊午，师逾孟津；癸亥，陈于商郊，俟天休命；甲子昧爽，受率其旅若林，会于牧野，罔有敌于我师，前徒倒戈，攻于后以北，血流漂杵。

《周语》伶州鸠曰"王以二月癸亥夜陈，未毕而雨，以夷则之，上宫毕之"，则戊午者，一月也。又曰"王以黄钟之下官，布戎于牧之野"。《牧誓》曰"时甲子昧爽，王朝至于商郊牧野"。《诗》曰"殷商之旅，其会如林，矢于牧野，维予侯兴"。《史记》陈师牧野纣闻武王来，亦发兵七十万人至，武王使师尚父与百夫致师，以大率驰帝纣师。纣师虽众，皆无敌之心，欲武王亟入，纣师皆倒兵，以战以开，武王驰之，纣兵皆崩叛。

（清）朱鹤龄《尚书埤传》卷九《周书·武成》

陈于商郊俟天休命；血流漂杵；式商容庐；鹿台。

孔传，自河至朝歌，出四百里，五日而至。赴敌宜速，待天休命，谓夜雨止毕。陈，疏云，《周语》王以二月癸亥夜陈未毕而雨是雨止毕，陈也，待天休命，雨是天之美命。韦昭云，雨者，天、地、人和同之应也。蔡元度曰，《诗》云"肆伐大商，会朝清明"，盖谓雨止清明也。

蔡清曰，朱子孟注，杵，舂杵也。兵间安得有舂杵，曰，此正兵间所宜用也。凡古人行兵，人各携畚锸版杵之属，为营堑备，又有罗锅之类，行以为罗，爨以为锅。

孔疏，《帝王世纪》云，商容及殷民，观周师之入，见毕公至，殷民曰，是吾新君也。容曰，非也。观其为人，虎踞而鹰趾，当敌将众威怒自倍见利，即前不顾其后。见周公至，民曰，是吾新君也。容曰，非也，视其为人忻忻休休，志在除贼，是非天子，则周之相国。见武王至，民曰是吾新君也。容曰，然，圣人为海内讨恶，见恶不怒，见善不喜，颜色相副。是以知之是商容之事也。按《周本纪》云，命召公释箕子之囚，命闳夭封比干之墓，命毕公表商容之庐，然则武王亲式其闾又表之也。又按，蔡传引《帝王世纪》云，亡者犹表其闾，况存者乎？商容不应言亡。孔疏谓，纣所贬退，处于私室。

《新序》，鹿台，其大三里，其高千尺。《周本纪》，命南宫括散鹿台之钱。《帝王世纪》，王命归施鹿台之珠玉，及倾宫之女于诸侯，殷民咸喜（《括地志》，鹿台在卫县西南二十二里）。

甲子昧爽，受率其旅若林，会于牧野

1.（汉）孔氏传、（唐）陆德明音义、孔颖达疏《尚书注疏》卷十《周书·武成》

甲子昧爽，受率其旅若林，会于牧野。

传，旅，众也。如林，言盛多。会，逆距战。

传正义曰，旅，众，《释诂》文。《诗》亦云"其会如林"言盛多也。《本纪》云，纣发兵七十万人，以距武王。纣兵虽则众多，不得有七十万人，是史官美其能破强敌，虚言之耳。

2.（宋）苏轼《书传》卷九《周书·武成第五》

(归善斋按，未解)

3.（宋）林之奇《尚书全解》卷二十三《周书·武成》

(归善斋按，见"既戊午，师逾孟津，癸亥，陈于商郊，俟天休命")

4.（宋）史浩《尚书讲义》卷十一《周书·武成》

(归善斋按，见"既戊午，师逾孟津，癸亥，陈于商郊，俟天休命")

5.（宋）夏僎《尚书详解》卷十七《周书·武成》

(归善斋按，见"既戊午，师逾孟津，癸亥，陈于商郊，俟天休命")

6.（宋）时澜《增修东莱书说》卷十六《周书·武成第五》

(归善斋按，见"既戊午，师逾孟津，癸亥，陈于商郊，俟天休命")

7. (宋)黄度《尚书说》卷四《周书·武成》

(归善斋按,见"既戊午,师逾孟津,癸亥,陈于商郊,俟天休命")

8. (宋)袁燮《絜斋家塾书钞》卷八《周书·武成》

(归善斋按,见"既戊午,师逾孟津,癸亥,陈于商郊,俟天休命")

9. (宋)蔡沈《书经集传》卷四《周书·武成》

(归善斋按,见"惟尔有神,尚克相予,以济兆民,无作神羞")

10. (宋)黄伦《尚书精义》卷二十七《周书·武成》

甲子昧爽,受率其旅若林,会于牧野,罔有敌于我师。前徒倒戈,攻于后以北,血流漂杵。一戎衣,天下大定。

无垢曰,受率其旅若林,会于牧野,是纣亲征也。其来如林,岂民之心哉?刑诛驱之耳。"其旅若林",而"罔有敌于我师"者,是商之民心,日徯武王之来伐,今乃得其所欲也,不然视商王如父母,视周师如仇雠,有进无退,有死无生,如林之师,何可当哉?"前徒倒戈,攻于后以北",是一日之间,商民尽变为周民,商师尽变为周师,协心同力,意欲攻纣,以快平昔之愤怒。"攻于后以北",意盖在此。呜呼!民亦可畏哉,平时,纣尊如天,民卑如地,岂谓一朝之变,民心遽至于此。夫纣失民心,非始于牧野时也。当其沉酗肆虐,焚炙忠良,贼虐谏辅时,天下之心已去久矣。特因牧野,以发泄之耳。为人君者,其可挟恃有天下而不知畏哉?

顾氏曰,夫书者,犹史也,有辞有实。夫"前徒倒戈攻于后以北"者,谓之实;"血流漂杵"者,谓之辞也。

黄敏曰,仁者无敌于天下,以至仁伐至不仁,何其血之流杵者,不仁之党自杀者也。岂非至不仁者之明且验也哉。武王之兵不战而胜,故云"一戎衣"而"天下大定"。"乃反商政,政由旧",但一服戎衣,不战而天下大定,明矣。

张氏曰,"一戎衣"而"天下大定"者,言王师之不劳而可以致天下于安静。《孟子》曰"武王亦一怒而安天下之民",亦以此矣。

吕氏曰,若林之众非不多,盖纣之所多者,虚名而已。武之兵未到时,商众且虚名相逐于行列之间,武王兵既到,斯民皆见其父母,是以"罔有敌于我师",若林之旅,皆倒戈攻后者,何故?盖斯民无有不怨纣,所与纣亲者,皆四方多罪逋人,平日害虐良民者,民至此,自然倒戈杀之。"血流漂杵",言其战之大也。戎衣一着,天下如何便会大定,盖当纣时,商人多自杀,武王兵竟不动。渠魁既歼,自然大定。尝观《孟子》谓"至仁伐不仁",不信"血流漂杵"之言,以谓"吾于《武成》取二三策而已",此盖有说也。孟子所以不信其言者甚严,盖战国之时,杀人盈地,孟子盖欲杜绝其言,培养生意,不得不发,为之说,恐当此时藉此恣杀人也。

11. (宋)陈经《尚书详解》卷二十三《周书·武成》

(归善斋按,见"既戊午,师逾孟津,癸亥,陈于商郊,俟天休命")

12. (宋)钱时《融堂书解》卷九《周书·武成》

(归善斋按,见"既戊午,师逾孟津,癸亥,陈于商郊,俟天休命")

13. (宋)魏了翁《尚书要义》卷十《周书·泰誓至武成》

(归善斋按,未引)

14. (宋)陈大猷《书集传或问》卷下《周书·武成》

(归善斋按,未解)

15. (宋)胡士行《尚书详解》卷六《周书·武成第五》

(归善斋按,见"既戊午,师逾孟津,癸亥,陈于商郊,俟天休命")

16. （元）吴澄《书纂言》卷四下

（归善斋按，无此篇）（归善斋按，见"惟尔有神，尚克相予，以济兆民，无作神羞"）

17. （元）陈栎《书集传纂疏》卷四上《朱子订定蔡氏集传·周书·武成》

（归善斋按，见"惟尔有神，尚克相予，以济兆民，无作神羞"）

18. （元）许谦《读书丛说》卷六

原缺。

19. （元）董鼎《书传辑录纂注》卷四《周书·武成》

（归善斋按，见"惟尔有神，尚克相予，以济兆民，无作神羞"）

20. （元）朱祖义《尚书句解》卷五《周书·武成第五》

甲子昧爽（明日甲子明暗未分之时，欲明未明之际），受率其旅若林（纣率众来，多若林木之盛），会于牧野（会聚牧野，与武王战）。

21. （明）王樵《尚书日记》卷九《周书·武成》

（归善斋按，见"既戊午，师逾孟津，癸亥，陈于商郊，俟天休命"）

22. （清）库勒纳等撰《日讲书经解义》卷六《周书·武成》

（归善斋按，见"既戊午，师逾孟津，癸亥，陈于商郊，俟天休命"）

（明）梅鷟《尚书考异》卷四《武成》

（归善斋按，见"既戊午，师逾孟津，癸亥，陈于商郊，俟天休命"）

罔有敌于我师，前徒倒戈，攻于后以北，血流漂杵

1.（汉）孔氏传、（唐）陆德明音义、孔颖达疏《尚书注疏》卷十《周书·武成》

罔有敌于我师，前徒倒戈，攻于后以北，血流漂杵。

传，纣众服周仁政，无有战心。前徒倒戈自攻于后，以北走，血流漂舂杵，甚之言。

音义，倒，丁老反。漂，匹妙反，徐□妙反，又匹消反。杵，昌吕反。

疏，正义曰，史官叙事，得言"罔有敌于我师"，称我者，犹如自汉至今，文章之士，虽民论国事，莫不称"我"，皆云"我大随"，以心体国，故称"我"耳，非要王言乃称"我"也。

传正义曰，"罔有敌于我师"，言纣众虽多，皆无有敌我之心，故自攻于后，以北走自攻其后，必杀人不多。"流血漂舂杵，甚之言也"，《孟子》云"信《书》不如无《书》，吾于《武成》取二三策而已。仁者无敌于天下，以至仁伐不仁，如何其血流漂杵也"，是言不实也。《易·系辞》云"断木为杵，掘地为臼"，是杵为舂器也。

2.（宋）苏轼《书传》卷九《周书·武成第五》

（归善斋按，见"华夏蛮貊，罔不率俾，恭天成命"）

3.（宋）林之奇《尚书全解》卷二十三《周书·武成》

（归善斋按，见"既戊午，师逾孟津，癸亥，陈于商郊，俟天休命"）

4. (宋)史浩《尚书讲义》卷十一《周书·武成》

(归善斋按,见"既戊午,师逾孟津,癸亥,陈于商郊,俟天休命")

5. (宋)夏僎《尚书详解》卷十七《周书·武成》

(归善斋按,见"既戊午,师逾孟津,癸亥,陈于商郊,俟天休命")

6. (宋)时澜《增修东莱书说》卷十六《周书·武成第五》

罔有敌于我师,前徒倒戈,攻于后以北,血流漂杵。

所谓出乎尔者,反乎尔者也。夫民今而后得反之也。当时,止逋逃之人与纣俱生死耳,其余人心皆归武王,故前徒倒戈,攻于后以北。纣之兵,前自杀其后逋逃之人。"血流漂杵",《孟子》言,"吾于《武成》取二三策而已。仁人无敌于天下,何其血之流杵也"。孔子定书而存此语,圣人于《书》达观大义,不谓有此一语,能害天地,曰生之大德,而当时实事,亦不可没也。如春阳时,和气周遍,间有雨雹,岂害其为春。《孟子》当杀人盈城,杀人盈野之时,恐时君或以借口,故于其原而止遏之。

7. (宋)黄度《尚书说》卷四《周书·武成》

(归善斋按,见"既戊午,师逾孟津,癸亥,陈于商郊,俟天休命")

8. (宋)袁燮《絜斋家塾书钞》卷八《周书·武成》

(归善斋按,见"既戊午,师逾孟津,癸亥,陈于商郊,俟天休命")

9. (宋) 蔡沈《书经集传》卷四《周书·武成》

(归善斋按,见"惟尔有神,尚克相予,以济兆民,无作神羞")

10. (宋) 黄伦《尚书精义》卷二十七《周书·武成》

(归善斋按,见"甲子昧爽,受率其旅若林,会于牧野")

11. (宋) 陈经《尚书详解》卷二十三《周书·武成》

(归善斋按,另见"既戊午,师逾孟津,癸亥,陈于商郊,俟天休命")

血流漂杵,一戎衣,天下大定。

孔子定书而取之,孟子"取二三策",何哉?圣贤之意,各有在也。夫子取之也,记其实也;孟子不取者,所以救战国用兵之祸也。"一戎衣"而"天下大定",戎衣一着,而天下遂大定,不劳再举,盖人心和同,成功之易如此。

12. (宋) 钱时《融堂书解》卷九《周书·武成》

(归善斋按,见"既戊午,师逾孟津,癸亥,陈于商郊,俟天休命")

13. (宋) 魏了翁《尚书要义》卷十《周书·泰誓至武成》

四六、《史记》纣军七十万,及此"血流漂杵"皆虚言。

《诗》亦云"其会如林",言盛多也。《本纪》云,纣发兵七十万人,以距武王。纣兵虽则众多,不得有七十万人。是史官美其能破强敌,虚言之耳。自攻于后以北走,自攻其后,必杀人不多,血流漂舂杵,甚之言也。《孟子》云"信书不如无书,吾于武成取二三策而已,仁者无敌于天下,以至仁伐不仁,如何其血流漂杵",是言不实也。

14.（宋）陈大猷《书集传或问》卷下《周书·武成》

或问，孟子言"尽信《书》不如无《书》"，《书》其有不足信者乎？东阳马氏曰，六经经秦火，又汉儒私相传授，诚难尽信。然"血流漂杵"，却不用疑。盖史官纪其成功，则为之辞，以侈其事而已，安用致疑而立议论乎？或曰，然则，《孟子》非乎？曰，《孟子》又几曾错？史官大而言之，亦不妨；孟子疑之，亦不妨。凡读《书》须自有活法，如"浩浩滔天"，天高如此，其可漫之乎？此"血流漂杵"之比并也。晦庵曰，孟子之设是言，惧后世之惑，且长不仁之心耳。

15.（宋）胡士行《尚书详解》卷六《周书·武成第五》

（归善斋按，见"既戊午，师逾孟津，癸亥，陈于商郊，俟天休命"）

16.（元）吴澄《书纂言》卷四下

（归善斋按，无此篇）（归善斋按，见"惟尔有神，尚克相予，以济兆民，无作神羞"）

17.（元）陈栎《书集传纂疏》卷四上《朱子订定蔡氏集传·周书·武成》

（归善斋按，见"惟尔有神，尚克相予，以济兆民，无作神羞"）

18.（元）许谦《读书丛说》卷六

原缺。

19.（元）董鼎《书传辑录纂注》卷四《周书·武成》

（归善斋按，见"惟尔有神，尚克相予，以济兆民，无作神羞"）

20.（元）朱祖义《尚书句解》卷五《周书·武成第五》

罔有敌于我师（无有足以敌于我师），前徒倒戈（纣之徒众，居前者皆自倒其戈），攻于后以北（反以攻其在后之人，奔北以走，自相屠戮），血流漂杵（遂至"血流漂杵"。虽杀人多，皆纣师自相屠戮，而周师实未尝血刃。此岂武王使之然哉。纣罪恶贯盈，天所不容，故至此极。《孟子》所谓"尽信《书》不如无《书》"，深疑"以至仁伐至不仁"，必无"血流漂杵"之事。其意恐学者传之失真，以武王牧野之战杀人诚如是之多，后世嗜杀人之主，必指武王为口实，故为此拔本塞源之论。孟子诚有功于武王也。要之，"血流漂杵"，实是纣众自相攻击也，故血流至多。当时必有此理，未可以孟子之说而疑其无是事也）。

21.（明）王樵《尚书日记》卷九《周书·武成》

(归善斋按，见"既戊午，师逾孟津，癸亥，陈于商郊，俟天休命"）

22.（清）库勒纳等撰《日讲书经解义》卷六《周书·武成》

(归善斋按，见"既戊午，师逾孟津，癸亥，陈于商郊，俟天休命"）

（元）陈师凯《蔡氏传旁通》卷四《武成》

自相屠戮，遂至血流漂杵。

朱子《书说》云，血流漂杵，《孟子》说尽信《书》则不如无《书》者。只缘当时恁地战斗残戮，恐当时人以此为口实，故说此。然看上文，自说"前徒倒戈，攻于后以北"，不是武王杀他，乃纣之人自蹂践相杀。《荀子》云，所以杀之者，非周人也，商人也。

（明）梅鷟《尚书考异》卷四《武成》

(归善斋按，见"既戊午，师逾孟津，癸亥，陈于商郊，俟天休命"）

（明）陈第《尚书疏衍》卷四《周书·武成》

前徒倒戈，攻于后以北，血流漂杵。

愚谓，前徒者，武王之前行也；倒戈者，乘胜而奋，若山之崩倒不可御也。攻于后以北者，纣之前距散败，故攻其后，后亦奔北矣。此破竹之势也。夫兵，凶器也，不交则已，交有不伤者乎？血流漂杵，纪其实也。儒者为之说，曰纣众服周，无有战心，前徒倒戈反攻，其在后之众，以走自相屠戮，遂至血流漂杵耳。信斯言也，是纣之前徒，虽背商以归周。纣之后徒，实操戈以敌忾，且为周，且为商，半疾降，半疾战，斩馘溅血，皆纣之士自为之，而于周无与也。则尚父不劳于鹰扬，武王无待于肆伐矣，岂理也哉？夫纣之虐，尚不及秦。秦民之欲得贤君，亦大旱望雨也，然章邯辈出关东，逐周章，破杀项梁、陈胜。且以武庚败亡之余，犹能使周公缺斨破斧，况以其全盛之兵，岂不能效，力一战乎？惟武王之众奉，义伐罪，勇气自倍耳。吾故曰，武王之前徒倒戈也此亦何害于武成乎？或曰，孟子不信血流漂杵，何也？曰，孟子欲明仁者之无敌，故抑扬其词，以厉世主耳。如曰可使制挺，以挞秦楚之坚甲利兵。夫自有兵以来，未有制挺而可施于行陈，亦得意忘言可矣。不然几何不为宋襄之仁义也哉。

（清）朱鹤龄《尚书埤传》卷九《周书·武成》

（归善斋按，见"既戊午，师逾孟津，癸亥，陈于商郊，俟天休命"）

（清）王夫之《尚书稗疏》卷四上《周书·武成》

攻于后以北血流漂杵。

北，背也，背叛也，北之正训，本为背叛。北方向阴，而背阳，阳非所宜背者，故借北为坎位之方名。殷都虽在牧野之北，而奔溃之卒，势将四散，知"以北"之非以方言也。攻于后以北，犹春秋书"入于戚以叛"，谓背纣而为周用也。朱子以为自相践踏，则败军奔逃，方自求免之，不暇践人者，既仓皇而幸于得脱。为人践者，业已仆而不能攻人，漂杵之血何从而有。陈氏谓，先临商之平民，陈后纣之恶党，民怨之深，遂因此反攻之。其说是已。漂杵，本或作"卤楯"也。军中无杵臼之用，当以漂楯为正。"杵"字从午得声，古或与卤通。漂者，血溅而漂之，如风吹雨之所漂及。先儒谓漂浮而动之说，太不经。虽亿万人之血亦必散洒于亿万人所仆之地，安能成渠而浮物耶？

一戎衣，天下大定

1. （汉）孔氏传、（唐）陆德明音义、孔颖达疏《尚书注疏》卷十《周书·武成》

一戎衣，天下大定。

传，衣，服也，一著戎服而灭纣，言与众同心，动有成功。

音义，著，张略反。

2. （宋）苏轼《书传》卷九《周书·武成第五》

一戎衣，天下大定，乃反商政，政由旧。释箕子囚，封比干墓，式商容闾。

商容，贤者而纣不用。车过其间，式以礼之。

3. （宋）林之奇《尚书全解》卷二十三《周书·武成》

(归善斋按，见"既戊午，师逾孟津，癸亥，陈于商郊，俟天休命")

4. （宋）史浩《尚书讲义》卷十一《周书·武成》

(归善斋按，见"既戊午，师逾孟津，癸亥，陈于商郊，俟天休命")

5. （宋）夏僎《尚书详解》卷十七《周书·武成》

(归善斋按，见"既戊午，师逾孟津，癸亥，陈于商郊，俟天休命"）

6.（宋）时澜《增修东莱书说》卷十六《周书·武成第五》

一戎衣，天下大定。

戎衣一衣，天下即定矣。

7.（宋）黄度《尚书说》卷四《周书·武成》

（归善斋按，见"既戊午，师逾孟津，癸亥，陈于商郊，俟天休命"）

8.（宋）袁燮《絜斋家塾书钞》卷八《周书·武成》

（归善斋按，见"既戊午，师逾孟津，癸亥，陈于商郊，俟天休命"）

9.（宋）蔡沈《书经集传》卷四《周书·武成》

（归善斋按，见"惟尔有神，尚克相予，以济兆民，无作神羞"）

10.（宋）黄伦《尚书精义》卷二十七《周书·武成》

（归善斋按，见"甲子昧爽，受率其旅若林，会于牧野"）

11.（宋）陈经《尚书详解》卷二十三《周书·武成》

（归善斋按，见"罔有敌于我师，前徒倒戈，攻于后以北，血流漂杵"）

12.（宋）钱时《融堂书解》卷九《周书·武成》

（归善斋按，见"既戊午，师逾孟津，癸亥，陈于商郊，俟天休命"）

13.（宋）魏了翁《尚书要义》卷十《周书·泰誓至武成》

（归善斋按，未引）

14.（宋）陈大猷《书集传或问》卷下《周书·武成》

（归善斋按，未解）

15.（宋）胡士行《尚书详解》卷六《周书·武成第五》

（归善斋按，见"既戊午，师逾孟津，癸亥，陈于商郊，俟天休命"）

16.（元）吴澄《书纂言》卷四下

（归善斋按，无此篇）

17.（元）陈栎《书集传纂疏》卷四上《朱子订定蔡氏集传·周书·武成》

（归善斋按，见"惟尔有神，尚克相予，以济兆民，无作神羞"）

18.（元）许谦《读书丛说》卷六

原缺。

19.（元）董鼎《书传辑录纂注》卷四《周书·武成》

（归善斋按，见"惟尔有神，尚克相予，以济兆民，无作神羞"）

20.（元）朱祖义《尚书句解》卷五《周书·武成第五》

一戎衣，天下大定（武王所以能一着戎衣，而天下遂至大定）。

21.（明）王樵《尚书日记》卷九《周书·武成》

（归善斋按，见"既戊午，师逾孟津，癸亥，陈于商郊，俟天休命"）

22.（清）库勒纳等撰《日讲书经解义》卷六《周书·武成》

（归善斋按，见"既戊午，师逾孟津，癸亥，陈于商郊，俟天休命"）

乃反商政，政由旧

1.（汉）孔氏传、（唐）陆德明音义、孔颖达疏《尚书注疏》卷十《周书·武成》

乃反商政，政由旧。
传，反纣恶政，用商先王善政。

2.（宋）苏轼《书传》卷九《周书·武成第五》

（归善斋按，未解）

3.（宋）林之奇《尚书全解》卷二十三《周书·武成》

（归善斋按，见"既戊午，师逾孟津，癸亥，陈于商郊，俟天休命"）

4.（宋）史浩《尚书讲义》卷十一《周书·武成》

（归善斋按，见"既戊午，师逾孟津，癸亥，陈于商郊，俟天休命"）

5.（宋）夏僎《尚书详解》卷十七《周书·武成》

乃反商政，政由旧。释箕子囚，封比干墓，式商容闾，散鹿台之财，发钜桥之粟，大赉于四海，而万姓悦服。列爵惟五，分土惟三，建官惟贤，位事惟能，重民五教，惟食、丧、祭、惇信、明义，崇德报功，垂拱而天下治。

此又史官记武王胜商之后，所行之政事也。乃者，继事之辞，盖上既记武王告群君之言，故下遂继言其所行之政事也。盖武王克商，既有天下，欲与天下更始，于是反商纣之虐政，用成汤之旧政，所以然者，商家贤圣之君六七作，所传之政，莫非良法美意，纣不能守之，遂至灭亡。此周武王所以必反商政而由旧者，即下文所载是也。箕子、比干、商容，皆商之贤者。箕子，纣则囚而使之为奴隶，武王则反其所为，而释放之。比干忠谏，纣怒而杀其身，时既已葬，故武王则反其所为，而增封之。商容为纣所贬，退处于私室。武王则反其所为，过容门闾，则凭式而敬之。式，车上横木，男子立乘，有所敬则俯而凭式也。鹿台、钜桥，皆纣厚敛于民，所有钱财谷粟，皆积于此。故武王则反其所为，于鹿台所聚之财，则散布之；于钜桥所闭之粟，则开放之，所以发散者，初不为己利，尽赉于四海之穷民。此百姓所以悦服者，非心革而面从也，盖中心悦而诚服也。

林少颖谓，"释箕子囚，封比干墓，式商容闾"，则君子贤其贤，而亲其亲；"散鹿台之财，发钜桥之粟"，则小人乐其乐，而利其利。于此时若出涂炭，而登春台，安能不悦哉？此说尽之。凡此皆未归周时，所行政事也。

"列爵惟五，分土惟三"，则封诸侯也。"建官惟贤，位事惟能"，则任百官也。"重民五教，惟食、丧、祭"，则厚民生也；"惇信明义，崇德报功"，则厉风俗也。凡此又归周之后所行之政事也。史官序此篇首，既载伐商之终始，又载既即攻，告群臣之言，故于其终，则备录在商归周所行之政事也。"列爵惟五"，则公、侯、伯、子、男五等之爵也。"分土惟三"，则公、侯百里，伯七十里，子、男五十里，凡三等也。此盖周家封建之法。《王制》《孟子》皆本此。及《周礼·大司徒》所载，乃谓公五百，侯四百，伯三百，子二百，男一百，凡五等。与此不同者，郑康成则附会其说，谓《周礼》并附庸而言。世岂有公地居一，而附庸乃居其四者哉？故唐孔氏谓此乃周室既衰，诸侯相并，自以国土宽大并皆违礼，乃除去本经，而妄为说耳。此说极然。"建官惟贤，位事惟能"者，盖谓居是官，莫不欲得贤而任之。然贤之于事，有能有不能。因贤者之有是能，则使之任是事，故谓之"建官惟贤，位事惟能"，五常之教，与食、丧、祭之三者，皆民生之最重，故武王所以重五教，与食、丧、祭也。然此必言"重民五教，惟食丧祭"者，惟因上之辞。如《禹贡》言"羽毛齿革，惟金三品"。武王所重，则五教与食、丧、祭也。"惇信、明义"，则大明信义而揭示天下，所以美教化而移风俗也。"崇德报功"，谓有德者则崇以高位，使之致君泽民；至于有功之人，则特报以厚赏，未必使之居位也。自"释箕子囚"至此，皆所谓以不忍人之心，行不忍人之政也。惟其有不忍人之心，根本于未得天下之初；不忍人之政，着见于已得天下之后，则治天下，可运于掌上，此所以能垂衣拱手，不言不为，而天下自治也。此史官所以终之曰"垂拱而天下治"也。

6. （宋）时澜《增修东莱书说》卷十六《周书·武成第五》

乃反商政政由旧。

武王不别创为周政也，止反商之旧政使天下复见六七作之君之政令而已。

7. （宋）黄度《尚书说》卷四《周书·武成》

乃反商政，政由旧

反纣暴虐荒乱之政，尽用汤、太甲、祖乙、盘庚、高宗旧政。

8. （宋）袁燮《絜斋家塾书钞》卷八《周书·武成》

乃反商政，政由旧。释箕子囚，封比干墓，式商容闾，散鹿台之财，发钜桥之粟，大赉于四海，而万姓悦服。列爵惟五，分土惟三，建官惟贤，位事惟能。重民五教，惟食、丧、祭，惇信明义，崇德报功，垂拱而天下治。

武王既灭商，初未尝自为政事，但只去纣之政，反而复归商先王之善政而已。盖商先王之政，即尧舜之政也，纣悖而违之，武王反而复之，夫何求哉？自"释箕子囚"以下，所谓商之旧政，不过如此。贤者所当尊用，纣或囚之，或杀之，或弃之，武王则释其囚，封其墓，式其闾。货财

807

所当与天下共者，纠敛而藏之，以奉一己；武王则散之、发之，皆所以反商政，而由其旧也。散财发粟之事，当时固尝散发矣，然所散发止及其近者，何以及远？当时必是于租赋蠲除了，蠲除租赋，固所以予之也，观"大赉于四海"一句可见。若是只散发得国都之内，如何能赉四海。

公、侯、伯、子、男五等之爵；百里、七十里、五十里，三者封国之制也。"建官惟贤，位事惟能"，即孟子所谓"尊贤使能"，"贤者在位，能者在职"，《周礼》所谓"使民兴贤，出使长之；使民兴能，入使治之"。古者贤能严其辨，盖天下贤有德之人，未必能办事；而才能足以集事者，又未必皆有德，所以古人两者兼用，未尝偏废焉。后世人才难得，皆此处错了，只求其正当，而有才能者未必用；或只取其才能，而正当者又弃而不录，皆失之矣。五教，即君臣、父子、夫妇、朋友，人之所以为人，以其有是伦也。人伦一日不明，则与禽兽无异，所以武王重之。食与丧祭，亦其所重者也。民以食为命，丧以谨终，祭以追远，乌可不重。大抵天下之所轻重，视朝廷如何。朝廷以为重，则天下亦以为重；朝廷以为轻，则天下亦以为轻。"惇信"者，凡朝廷政令之类，皆欲其有信，故须当厚之。"义"是正当道理，凡事岂可不合道理？吾能使之皆合道理，显然昭着于天下，民皆目击心喻，是之谓"明"。有德者，虽未必能有功，然朝廷倚以为重，故当尊崇之。有功者，则随其大小而报答之，此皆是商政，武王遵而勿易，所以垂衣拱手，不动声色而措天下于大治也。

今观"前徒倒戈攻于后以北"，须思量何故能如此；观"垂拱而天下治"，又须思量何故能如此此，皆非后世所有之事。后世用兵，帅其人民驱之锋镝之下，皆是出于勉强，安有敌国之人，自倒戈以相攻者乎？后世治天下者，劳其筋骨，役其心智，犹日不给，况能垂衣拱手而天下自治乎？然古人所以如此，亦非有他术，只如"释箕子囚"以下，苟能行此，则天下自然归于治，岂复劳余力。尊礼贤者，散发财粟。布于九服之内者，皆贤；诸侯列于百执事者，皆有才有德，而又重民五教与食丧祭，信义则惇明之，功德则崇报之，天下虽欲不治得乎？学者读此可以观武王之初政矣。后世人主诚能力行此道，天下亦何患不治。尧、舜之恭己，正南面，无为而天下治，亦不过此理而已矣。

9. （宋）蔡沈《书经集传》卷四《周书·武成》

（归善斋按，见"惟尔有神，尚克相予，以济兆民，无作神羞"）

10. （宋）黄伦《尚书精义》卷二十八《周书·武成》

乃反商政，政由旧。释箕子囚，封比干墓，式商容闾，散鹿台之财，发钜桥之粟，大赉于四海而万姓悦服。

无垢曰，纣反先王之政，而天下乱；武王反纣之政，而天下治。反纣之政，岂用武王私意哉，一由商之旧政耳。商之旧政，民心在焉。政一由旧，则民心归矣。又曰，纣以箕子为有罪而囚之，以比干为有罪而杀之，又以商容为有罪而绌之。夫此三人者，商民之所归心也。纣乃囚之，杀之，绌之，则民心去矣。今武王一入商邑，解释箕子之囚，增封比干之墓，式敬商容之闾，民心欢欣，当如何哉，皆知武王之心与民心同矣。武王知民心在此，其入商邑，未及一话一言，首为此举，而民皆悦之。八百年基业自此立矣，于乎盛哉。

老泉曰，武王以天命诛独夫纣，揭天下大义而行，夫何恤天下之人，而其发粟散财，何如此之汲汲也。意者，虽武王亦不能以徒义加天下也。《乾文言》曰"利者义之和"，又曰"利物足以和义"，呜呼！尽之矣。君子之耻言利，亦耻言夫徒利而已。

东坡曰，实者所以信其名，而名者所以求其实也。有名而无实，则其名不行；有实而无名，则其实不长。凡今儒者之所论，皆其名也。昔武王既克商，散财发粟，使天下知其不贪；礼下贤俊，使天下知其不骄；封先圣之后，使天下知其仁，诛飞廉之恶，使天下知其义，如此则其教化天下之实，固已立矣。天下耸然，皆有忠信廉耻之心，然后文之以礼乐，教之以学校，观之以射御，而谨之以冠昏丧祭，民是以目击，而心喻安行而自得也。

张氏曰，继治世者，其道同；继乱世者，其道变。武王之伐商，则继乱世而已，故反商纣之恶政，而"政由旧"也。如汤之伐桀，所谓"缵乃旧服"同义。"释箕子囚，封比干墓，式商容闾"，所以礼君子也；"散鹿台之财，发钜桥之粟"，所以恤小民也；"大赉于四海"，所以锡予善人也。盖武王于建万国，亲诸侯，而大封之，将以与之共治也。惟其如此，此万姓之所以悦服。

吕氏曰，武王与成汤合德同心。纣之所以亡者，缘其尽变旧政。武王伐之，岂有他哉，欲尽还天下之旧，使天下再见汤、太甲六七贤君也。圣人同心同道如此。箕子，贤人也，前日囚之，吾今日则释之；比干，亦贤人也，前日杀之，吾今日则封之；商容，亦贤人也，前日贬之，吾今日则式而礼之。此都是天地重开，日月还明之气象也。纣之利己不利人，不知天之生财生粟，本欲要养天下之人，是人人有分也。下之供上，如九赋九贡，固自有常数也。纣欲敛天下之财粟而为己有，聚之于鹿台、钜桥，夺天生养民之具，自归于己，是以聚天下之怨。武王一发散之，解其前日之怨，还合当有分之物，万姓自然悦服。后世以私心看武王，乃谓武王收天下之心。以纣敛天下之怨，使武王欲收天下之心，是亦一纣也，武王岂有此意哉，武王循天理而已。

11.（宋）陈经《尚书详解》卷二十三《周书·武成》

乃反商政，政由旧。释箕子囚，封比干墓，式商容闾，散鹿台之财，发钜桥之粟，大赉于四海，而万姓悦服。列爵惟五，分土惟三，建官惟贤，位事惟能。重民五教，惟食、丧、祭，惇信明义，崇德报功，垂拱而天下治。

武王创业垂统之规模，尽见于此章。"反商之政"，而复还先王之旧政。盖纣之政，即虐政，非先王之旧也。武王于此，岂容以私智创为新法，以耸天下哉？亦由旧而已。秦人破坏三代之政，而别立秦人之政。汉承秦后，亦当还复三代之政可也，又更立汉家之政，此不知由旧之意也。箕子为纣所囚，至此则释之；比干为纣所杀，至此则封其墓；商容为纣所贬退，至此则式其闾。式，敬也。纣聚财于鹿台，藏粟于钜桥，且天下贡赋，自有常制，安得有余。苟有余于上，必有所不足于下。鹿台、钜桥乃纣于常赋外，掊取以纵欲者也。至此则散之，发之于民，万姓悦服，岂不宜然。所谓爵赏不必遍加乎天下，而天下自服者也。以贤者，民之望也；财与粟者，民之所以为生者也。纣弃绝乎民之望，夺其民之所以为生，民安得而服。武王因民之望而释之，封之，式之；即其民之所以为生者，散之，发之，民安得而不服。武王即举直错枉，理之所当然者也。说者谓，武王以此收天下之心，武王何用收天下之心哉，理所当然，吾不得不然。若有意于收天下之心，则非武王矣。

"列爵惟五，分土惟三，建官惟贤，位事惟能"，自"释箕子囚"以下，乃入商纣之都所行之政也。"列爵惟五"以下，乃"归自商，至于丰"所行之政也。列爵分土，所以封建于外；建官位事，所以正百官于内。五等之爵，公、侯、伯、子、男；"分土惟三"，即公、侯百里，伯七十里，子、男五十里。爵以五，而土以三者。轻与人以利，重与人以名也。《王制》所载与《孟子》所言皆与此经合。至于《周礼》则云，诸公之地方五百里，诸侯之地方四百里。先儒求其说而不得，则以为周公斥大九州岛，不若以经，与《王制》《孟子》之言为正。周礼非圣人之全书，故也。建官，如三公三孤之任，则当取其贤，而有德者不专取其才也。位事，则若百执事之列，则当取其才之所长，随才受任，谓某人长于治兵，某人长于治财也。贤者未必无其能，盖建官则以贤为主；能者未必不贤，位事则以能为主。内而正百官，外而封建。

法制既备举矣，于是有教化行焉。所重者在乎民也，五教也，食也，丧也，祭也。民者，天地之心；五教者，人道之常；食者，民之天；丧者，所以笃于孝；祭者，所以报本反始。凡此，皆在所重。谓之重，则皆在所不敢忽也。天下之有众信者，从而加厚之；凡天下之有义士，从而显明之。有德者崇而尊之，有功者禄而报之，使天下之人，皆知信义之可尚，德与功之可慕，则教化于是乎行矣。法度既举，教化既行，武王创业垂统，尽在是矣，夫何为哉？垂衣拱手，而天下自治。然则自其初而观之，释囚，封墓，式商容闾，散财发粟，至于列爵分土，建官位事，与夫重民也，五教也，食也，丧也，祭也，惇信明义，崇德报功，亦多事矣，何以谓之"垂拱而天下治"，知圣人之所有为者，又当知圣人之所不为者，圣人循乎天理之当然者应之，则虽有为也，实未尝为也，与舜恭己同意历也。

12. （宋）钱时《融堂书解》卷九《周书·武成》

乃反商政，政由旧。释箕子囚，封比干墓，式商容闾，散鹿台之财，

811

发钜桥之粟,大赉于四海,而万姓悦服。

此一节,又告克商之后,所以反商政之事也。"乃"字,正承上文而言。

13.（宋）魏了翁《尚书要义》卷十《周书·泰誓至武成》

(归善斋按,未引)

14.（宋）陈大猷《书集传或问》卷下《周书·武成》

(归善斋按,未解)

15.（宋）胡士行《尚书详解》卷六《周书·武成第五》

(归善斋按,见"既戊午,师逾孟津,癸亥,陈于商郊,俟天休命")

16.（元）吴澄《书纂言》卷四下

(归善斋按,无此篇)

17.（元）陈栎《书集传纂疏》卷四上《朱子订定蔡氏集传·周书·武成》

(归善斋按,见"惟尔有神,尚克相予,以济兆民,无作神羞")

18.（元）许谦《读书丛说》卷六

原缺。

19.（元）董鼎《书传辑录纂注》卷四《周书·武成》

(归善斋按,见"惟尔有神,尚克相予,以济兆民,无作神羞")

20.（元）朱祖义《尚书句解》卷五《周书·武成第五》

乃反商政（乃反商纣虐政）,政由旧（用成汤之旧政）。

21.（明）王樵《尚书日记》卷九《周书·武成》

（归善斋按，见"既戊午，师逾孟津，癸亥，陈于商郊，俟天休命"）

22.（清）库勒纳等撰《日讲书经解义》卷六《周书·武成》

（归善斋按，见"既戊午，师逾孟津，癸亥，陈于商郊，俟天休命"）

释箕子囚，封比干墓，式商容闾

1.（汉）孔氏传、（唐）陆德明音义、孔颖达疏《尚书注疏》卷十《周书·武成》

释箕子囚，封比干墓，式商容闾。

传，皆武王反纣政。囚，奴，徒隶。封，益其土。商容，贤人，纣所贬退，式其闾巷，以礼贤。

疏，传正义曰，纣囚其人而放释之，纣杀其身而增封其墓。纣退其人而式其门闾，皆是武王反纣政也。下句散其财粟，亦是反纣。于此须有所解，因言之耳。上篇云，囚奴正士，《论语》云"箕子为之奴"，是纣囚之又为奴役之。《周礼·司厉职》云"其奴，男子入于罪隶"，郑玄云"为之奴者系于罪隶之官"，是因为奴，以徒隶役之也。商容，贤人之姓名，纣所贬退，处于私室。式者，车上之横木，男子立乘，有所敬则俯而凭式，遂以式为敬名。《说文》云"闾，族居里门也"。武王过其闾，而式之，言此内有贤人，式之，礼贤也。《帝王世纪》云"商容及殷民观周军之入，见毕公至，殷民曰'是吾新君也'，容曰'非也，视其为人严乎，将有急色，故君子临事而惧'。见太公至，民曰'是吾新君也'。容曰'非也视其为人，虎据而鹰趾，当敌将众威怒自倍，见利即前不顾其后，故君子临众果于进退'。见周公至，民曰'是吾新君也'。容曰'非也，视其为人忻忻休休，志在除贼，是非天子，则周之相国也，故圣人临众知之'。见武王至，民曰'是吾新君也'。容曰'然，圣人为海内计恶，见恶不怒，见善不喜，颜色相副'"，是以知之是说商容之事也。

2.（宋）苏轼《书传》卷九《周书·武成第五》

(归善斋按，见"释箕子囚，封比干墓，式商容闾")

3.（宋）林之奇《尚书全解》卷二十三《周书·武成》

(归善斋按，见"既戊午，师逾孟津，癸亥，陈于商郊，俟天休命")

4.（宋）史浩《尚书讲义》卷十一《周书·武成》

(归善斋按，见"既戊午，师逾孟津，癸亥，陈于商郊，俟天休命")

5.（宋）夏僎《尚书详解》卷十七《周书·武成》

(归善斋按，见"乃反商政，政由旧")

6.（宋）时澜《增修东莱书说》卷十六《周书·武成第五》

释箕子囚，封比干墓，式商容闾。

此天地重开之意也。箕子之贤，纣反囚之，武王则与之释；比干之忠，纣反杀之，武王则封其墓。商容亦贤人也，表其闾巷以旌之。

7.（宋）黄度《尚书说》卷四《周书·武成》

释箕子囚，封比干墓，式商容闾。

囚，奴徒隶。商容，纣所废贤者。闾，里门。

8.（宋）袁燮《絜斋家塾书钞》卷八《周书·武成》

（归善斋按，见"乃反商政，政由旧"）

9.（宋）蔡沈《书经集传》卷四《周书·武成》

（归善斋按，见"惟尔有神，尚克相予，以济兆民，无作神羞"）

10.（宋）黄伦《尚书精义》卷二十八《周书·武成》

（归善斋按，见"乃反商政，政由旧"）

11.（宋）陈经《尚书详解》卷二十三《周书·武成》

（归善斋按，见"乃反商政，政由旧"）

12.（宋）钱时《融堂书解》卷九《周书·武成》

（归善斋按，见"乃反商政，政由旧"）

13.（宋）魏了翁《尚书要义》卷十《周书·泰誓至武成》

（归善斋按，未引）

14.（宋）陈大猷《书集传或问》卷下《周书·武成》

（归善斋按，未解）

15.（宋）胡士行《尚书详解》卷六《周书·武成第五》

（归善斋按，见"既戊午，师逾孟津，癸亥，陈于商郊，俟天休命"）

16.（元）吴澄《书纂言》卷四下

（归善斋按，无此篇）

17. （元）陈栎《书集传纂疏》卷四上《朱子订定蔡氏集传·周书·武成》

(归善斋按，见"惟尔有神，尚克相予，以济兆民，无作神羞")

18. （元）许谦《读书丛说》卷六

原缺。

19. （元）董鼎《书传辑录纂注》卷四《周书·武成》

(归善斋按，见"惟尔有神，尚克相予，以济兆民，无作神羞")

20. （元）朱祖义《尚书句解》卷五《周书·武成第五》

释箕子囚（纣囚箕子为奴隶，武王反其所为，释放之），封比干墓（比干忠谏，纣怒而杀之，武王反其所为，而礼封其墓），式商容闾（式，车上横木，男子立乘，有所敬，则俯而凭式。商容为纣所贬退，处私室，武王反其所为，过容门闾，凭式而敬之）。

21. （明）王樵《尚书日记》卷九《周书·武成》

(归善斋按，见"既戊午，师逾孟津，癸亥，陈于商郊，俟天休命")

22. （清）库勒纳等撰《日讲书经解义》卷六《周书·武成》

(归善斋按，见"既戊午，师逾孟津，癸亥，陈于商郊，俟天休命")

（元）陈师凯《蔡氏传旁通》卷四《武成》

封比干墓。

《寰宇记》在汲县北十里。后魏孝文太和中，亲幸其坟，刊石曰"殷大夫比干之墓"。薛尚功《古文法帖》云，唐开元四年，游子武于偃师耕耘，获一铜盘，上有文云"左林右泉，后冈前道，万世之宁，兹焉是宝"。人以为武王时物也，考之即比干之墓。

商容，商之贤人。

疏引《帝王世纪》云，商容及殷民观周军之入，见毕公至，殷民曰，是吾新君也，容曰，非也；见太公至，民曰是吾新君也，容曰，非也；见周公至，民曰，是吾新君也，容曰，非也。见武王至，民曰，是吾新君也，容曰，然，圣人为海内讨恶，见恶不怒，见善不喜，颜色相副，是以知之。

式，车前横木，有所敬则俯而凭之。

疏云，男子立乘，有所敬，则俯而凭式，遂以式为敬名。

（明）梅鷟《尚书考异》卷四《武成》

释箕子囚，封比干墓，式商容闾，散鹿台之财，发钜桥之粟，大赉于四海而万姓悦服。

《史记》"命召公释箕子之囚；命毕公释百姓之囚，表商容之闾；命南宫括散鹿台之财，发钜桥之粟，以振贫弱萌隶；命闳夭封比干之墓；命宗祝享祠于军，乃罢兵西归，行狩记政事，作《武成》"。襄十八年荀偃祷曰，齐环"弃好背盟，凌虐神主，曾臣彪率诸侯以讨焉，其官臣偃实先后之，苟捷有功，毋作神羞，官臣偃毋敢复济，惟尔有神裁之"。《尚书注疏》此篇叙事多，而王言少云云。《周语》伶州鸠曰，王以二月癸亥夜陈，未毕而雨云云，至所以优柔容民也。

（清）朱鹤龄《尚书埤传》卷九《周书·武成》

（归善斋按，见"既戊午，师逾孟津，癸亥，陈于商郊，俟天休命"）

（清）张英《书经衷论》卷三《周书·武成》

人君之失人心，莫大于戕害正人，聚敛民财二者，纣皆为之，民怨亦已深矣。武王初得天下恩泽未及于商民，急急焉惟此二者为先务。盖崇贤礼忠，以快小民是非之正；散财发粟，以救小民剥肤之灾，但即纣之所行而反之。彼之所以失，即我之所以得。如秦民最苦苛法，而汉高首除之，关中之基，实定于此。以楚之强，终不能与之争得民心故也。究之治天下，守天下之大端，亦不出此数事而已。

（清）蒋廷锡《尚书地理今释·周书·武成》

比干墓，在今河南卫辉府汲县北十里。

散鹿台之财，发钜桥之粟

1.（汉）孔氏传、（唐）陆德明音义、孔颖达疏《尚书注疏》卷十《周书·武成》

散鹿台之财，发钜桥之粟。

传，纣所积之府仓，皆散发以赈贫民。

音义，散，西旦反。

疏，传正义曰，藏财为府，藏粟为仓，故言纣所积之府仓也，名曰鹿台。钜桥，则其义未闻。散者，言其分布发者，言其间出互相见也。《周本纪》云，"命召公释箕子之囚；命毕公释百姓之囚，表商容之闾；命闳夭封比干之墓；命南宫适散鹿台之钱，发钜桥之粟，以赈贫弱也"。然则，武王亲式商容之闾，又表之也。《新序》云，"鹿台其大三里，其高千尺"，则容物多矣。此言"鹿台之财"，则非一物也。《史记》作"钱"，后世追论，以钱为主耳。《周礼》有泉府之官；《周语》称景王铸大钱，是周时已名"泉"为"钱"也。

2.（宋）苏轼《书传》卷九《周书·武成第五》

散鹿台之财，发钜桥之粟，大赉于四海，而万姓悦服。

非独以惠民，亦以示不复用兵也。

3. (宋)林之奇《尚书全解》卷二十三《周书·武成》

(归善斋按,见"既戊午,师逾孟津,癸亥,陈于商郊,俟天休命")

4. (宋)史浩《尚书讲义》卷十一《周书·武成》

(归善斋按,见"既戊午,师逾孟津,癸亥,陈于商郊,俟天休命")

5. (宋)夏僎《尚书详解》卷十七《周书·武成》

(归善斋按,见"乃反商政,政由旧")

6. (宋)时澜《增修东莱书说》卷十六《周书·武成第五》

散鹿台之财,发钜桥之粟,大赉于四海,而万姓悦服。

财在天下,本流通之物;粟在天下,本养人之具。下之供上,九贡九职,自有常数。纣私为己有,聚之于鹿台,积之于钜桥。武王散之,发之,使流通养人者,各复其当然耳。先儒或谓,武王以此结天下之心,是以利心,量武王也。利者天下之利,纣以私意聚之。武王以公心散之,"大赉于四海,而万姓悦服",自然之理也。

7. (宋)黄度《尚书说》卷四《周书·武成》

散鹿台之财,发钜桥之粟,大赉于四海,而万姓悦服。

散财发粟,以代天下之贡赋。鹿台,在朝歌城中,《新序》曰,大三里,高千尺。钜桥,在洺州曲周县。纣之亡,岂为无贮积邪?贤者,民望;财粟,民命,故反商政,以礼贤为首,而赈发次之。

8. (宋)袁燮《絜斋家塾书钞》卷八《周书·武成》

(归善斋按,见"乃反商政,政由旧")

9. (宋)蔡沈《书经集传》卷四《周书·武成》

(归善斋按,见"惟尔有神,尚克相予,以济兆民,无作神羞")

10. (宋)黄伦《尚书精义》卷二十八《周书·武成》

(归善斋按,见"乃反商政,政由旧")

11. (宋)陈经《尚书详解》卷二十三《周书·武成》

(归善斋按,见"乃反商政,政由旧")

12. (宋)钱时《融堂书解》卷九《周书·武成》

(归善斋按,见"乃反商政,政由旧")

13. (宋)魏了翁《尚书要义》卷十《周书·泰誓至武成》

四七、《史记》作"鹿台之钱"。周时已名泉为钱。

《新序》云,鹿台,其大三里,其高千尺,则容物多矣。此言鹿台之财,则非一物也。《史记》作"钱",后世追论以钱为主耳。《周礼》有泉府之官,《周语》称景王铸大钱,是周时已名"泉"为"钱"也。

14. (宋)陈大猷《书集传或问》卷下《周书·武成》

(归善斋按,未解)

15. (宋)胡士行《尚书详解》卷六《周书·武成第五》

(归善斋按,见"既戊午,师逾孟津,癸亥,陈于商郊,俟天休命")

16. (元)吴澄《书纂言》卷四下

(归善斋按,无此篇)

17.（元）陈栎《书集传纂疏》卷四上《朱子订定蔡氏集传·周书·武成》

（归善斋按，见"惟尔有神，尚克相予，以济兆民，无作神羞"）

18.（元）许谦《读书丛说》卷六

原缺。

19.（元）董鼎《书传辑录纂注》卷四《周书·武成》

（归善斋按，见"惟尔有神，尚克相予，以济兆民，无作神羞"）

20.（元）朱祖义《尚书句解》卷五《周书·武成第五》

散鹿台之财（鹿台货财，纣敛于民也，武王反其所为，而散布之），发钜桥之粟（钜桥谷粟，纣取于民也，武王反其所为，而发之）。

21.（明）王樵《尚书日记》卷九《周书·武成》

（归善斋按，见"既戊午，师逾孟津，癸亥，陈于商郊，俟天休命"）

22.（清）库勒纳等撰《日讲书经解义》卷六《周书·武成》

（归善斋按，见"既戊午，师逾孟津，癸亥，陈于商郊，俟天休命"）

（元）陈师凯《蔡氏传旁通》卷四《武成》

（归善斋按，另见"释箕子囚，封比干墓，式商容闾"）

赉，予也，武王赈穷赒乏。

疏云，纣所积之府，仓名曰鹿台、钜桥，其义未闻。《寰宇记》云，鹿台在卫州卫县西二十里。《帝王世纪》云，纣造，饰以美玉七年而成，大三里，高千仞，余址宛然，卫县，今废。

（清）朱鹤龄《尚书埤传》卷九《周书·武成》

（归善斋按，见"既戊午，师逾孟津，癸亥，陈于商郊，俟天休命"）

（清）蒋廷锡《尚书地理今释·周书·武成》

鹿台，亦名南单台，在今卫辉府淇县。《括地志》云，鹿台在卫县西南二十二里是也。

钜桥，在今直隶广平府曲周县东北。《通典》云，洺州曲周县，纣巨桥仓在此，今河南卫辉府淇县东北十五里，亦有钜桥，非也。

大赉于四海，而万姓悦服

1. （汉）孔氏传、（唐）陆德明音义、孔颖达疏《尚书注疏》卷十《周书·武成》

大赉于四海，而万姓悦服。

传，施舍已责，救乏赒无，所谓周有大赉，天下皆悦仁服德。

音义，赉，力代反，徐音来。已，音以。责，侧界反。赒，音周，本亦作周。

疏，传正义曰，《左传》成十八年，晋悼公初立施舍已责。成二年，楚将起师，已责救乏。定五年，归粟于蔡，以赒急矜无资也。杜预以为，施恩惠，舍劳役也。已责，止逋责也，皆是恤民之事，故传引之，以证"大赉"。"所谓周有大赉"，《论语》文。孔安国解《尧曰》之篇，有二帝三王之事，"周有大赉"，正指此事，故言"所谓"也。悦，是欢喜；服，谓听从。感恩则悦，见义则服，故"天下皆悦仁服德"也。《帝王世纪》云"王命封墓释囚，又归施鹿台之珠玉，及倾宫之女于诸侯，殷民咸喜曰，王之于仁人也。死者犹封其墓，况生者乎？王之于贤人也，亡者犹表其闾，况存者乎？王之于财也，聚者犹散之，况其复籍之乎？王之于色也,见在者犹归其父母,况其复征之乎?",是悦服之事也。

2. (宋)苏轼《书传》卷九《周书·武成第五》

(归善斋按,见"散鹿台之财,发钜桥之粟")

3. (宋)林之奇《尚书全解》卷二十三《周书·武成》

(归善斋按,见"既戊午,师逾孟津,癸亥,陈于商郊,俟天休命")

4. (宋)史浩《尚书讲义》卷十一《周书·武成》

(归善斋按,见"既戊午,师逾孟津,癸亥,陈于商郊,俟天休命")

5. (宋)夏僎《尚书详解》卷十七《周书·武成》

(归善斋按,见"乃反商政,政由旧")

6. (宋)时澜《增修东莱书说》卷十六《周书·武成第五》

(归善斋按,见"散鹿台之财,发钜桥之粟")

7. (宋)黄度《尚书说》卷四《周书·武成》

(归善斋按,见"散鹿台之财,发钜桥之粟")

8. (宋)袁燮《絜斋家塾书钞》卷八《周书·武成》

(归善斋按,见"乃反商政,政由旧")

9. (宋)蔡沈《书经集传》卷四《周书·武成》

(归善斋按,见"惟尔有神,尚克相予,以济兆民,无作神羞")

10. (宋)黄伦《尚书精义》卷二十八《周书·武成》

(归善斋按,见"乃反商政,政由旧")

11. (宋)陈经《尚书详解》卷二十三《周书·武成》

(归善斋按,见"乃反商政,政由旧")

12. (宋)钱时《融堂书解》卷九《周书·武成》

(归善斋按,见"乃反商政,政由旧")

13. (宋)魏了翁《尚书要义》卷十《周书·泰誓至武成》

四八、孔以大赉为施舍已责,救乏赒无。

施舍已责,救乏赒无,所谓周有大赉。正义曰,《传》成十八年晋悼公初立施舍已责,成二年楚将起师已责救乏,定五年归粟于蔡,以赒急矜无资也。杜预以为施恩惠,舍劳役也。已责,止逋责也,皆是恤民之事。故传引之。

14. (宋)陈大猷《书集传或问》卷下《周书·武成》

(归善斋按,未解)

15. (宋)胡士行《尚书详解》卷六《周书·武成第五》

(归善斋按,见"既戊午,师逾孟津,癸亥,陈于商郊,俟天休命")

16. (元)吴澄《书纂言》卷四下

(归善斋按,无此篇)

17. (元)陈栎《书集传纂疏》卷四上《朱子订定蔡氏集传·周书·武成》

(归善斋按,见"惟尔有神,尚克相予,以济兆民,无作神羞")

18.（元）许谦《读书丛说》卷六

原缺。

19.（元）董鼎《书传辑录纂注》卷四《周书·武成》

(归善斋按，见"惟尔有神，尚克相予，以济兆民，无作神羞")

20.（元）朱祖义《尚书句解》卷五《周书·武成第五》

大赉于四海，而万姓悦服（以之大赉于四海之民，而万姓所以心悦诚服）。

21.（明）王樵《尚书日记》卷九《周书·武成》

(归善斋按，见"既戊午，师逾孟津，癸亥，陈于商郊，俟天休命")

22.（清）库勒纳等撰《日讲书经解义》卷六《周书·武成》

(归善斋按，见"既戊午，师逾孟津，癸亥，陈于商郊，俟天休命")

列爵惟五

1.（汉）孔氏传、（唐）陆德明音义、孔颖达疏《尚书注疏》卷十《周书·武成》

列爵惟五。

传，即所识政事而法之，爵五等，公、侯、伯、子、男。

疏，传正义曰，爵五等，地三品，武王于三，既从服法，未知周公制礼，亦然以否。《孟子》曰，"北宫锜问于孟子曰，周之班爵禄如何？孟

825

子曰，其详不可得闻矣。尝闻其略天子之制，地方千里，公、侯方百里，伯七十里，子、男五十里"。《汉书·地理志》亦云"周爵五等，其土三等也。公侯百里，伯七十里，子、男五十里"。汉世儒者多以为然。包咸注《论语》云，千乘之国，百里之国也，谓大国惟百里耳。《周礼·大司徒》云，"诸公之地，封疆方五百里；侯，四百里；伯，三百里，子，二百里；男，一百里"。盖是周室既衰，诸侯相并，自以国土宽大，皆违礼文，乃除去本经，妄为说耳。郑玄之徒以为，武王时大国百里；周公制礼，大国五百里。《王制》之注具矣。

2. （宋）苏轼《书传》卷九《周书·武成第五》

列爵惟五。
公、侯、伯、子、男。

3. （宋）林之奇《尚书全解》卷二十三《周书·武成》

(归善斋按，见"既戊午，师逾孟津，癸亥，陈于商郊，俟天休命")

4. （宋）史浩《尚书讲义》卷十一《周书·武成》

(归善斋按，见"既戊午，师逾孟津，癸亥，陈于商郊，俟天休命")

5. （宋）夏僎《尚书详解》卷十七《周书·武成》

(归善斋按，见"乃反商政，政由旧")

6. （宋）时澜《增修东莱书说》卷十六《周书·武成第五》

列爵惟五，分土惟三。

公、侯、伯、子、男五等之爵也。武王建万国，亲诸侯，使小大相维，在外之政也。三代以前，疆理之政，明一夫受田百亩，小大贵贱，各有定分，不可兼并。聚敛掊克，止纣一人控天下之枢，故其恶，炽自阼陌。既开强家大族，自相吞夺，始田侯田，宅侯宅，天下不知其几，纣矣。

7.（宋）黄度《尚书说》卷四《周书·武成》

列爵惟五，分土惟三，建官惟贤，位事惟能。

爵，公、侯、伯、子、男；土，公、侯百里，伯七十里，子、男五十里。纣昵比罪人，崇长逋逃，列爵、分土、建官、位事，岂复遵用典章哉？于此悉反之于先王之旧。

8.（宋）袁燮《絜斋家塾书钞》卷八《周书·武成》

（归善斋按，见"乃反商政，政由旧"）

9.（宋）蔡沈《书经集传》卷四《周书·武成》

列爵惟五，分土惟三，建官惟贤，位事惟能。重民五教，惟食、丧、祭，惇信明义，崇德报功，垂拱而天下治。

"列爵惟五"，公、侯、伯、子、男也。"分土惟三"，公、侯百里、伯七十里，子、男五十里之三等也。"建官惟贤"，不肖者不得进；"位事惟能"，不才者不得任。五教，君臣、父子、夫妇、兄弟、长幼，五典之教也。食，以养生；丧，以送死；祭，以追远。五教三事，所以立人纪，而厚风俗，圣人之所甚重焉者。惇，厚也，厚其信，明其义。信义立，而天下无不励之俗。有德者尊之以官，有功者报之以赏。官赏行，而天下无不劝之善。夫分封有法，官使有要，五教修而三事举，信义立而官赏行，武王于此复何为哉？垂衣拱手而天下自治矣。史臣述武王政治之本末，言约而事博也，如此哉。此当在"大邑周"之下，而上犹有缺文。

10.（宋）黄伦《尚书精义》卷二十八《周书·武成》

列爵惟五，分土惟三。

胡氏曰，"列爵惟五"者，《孟子》谓五等，附庸在其间也。其列爵也，公、侯、伯、子、男凡五等。其分土也。公、侯百里，伯七十里，子、男五十里，凡三等。"庶邦冢君暨百工受命于周"，故其制，则"列

827

爵惟五"。"分土惟三"而异乎商之制也。《王制》言，公、侯、伯、子、男，凡五等，此"列爵惟五"也。公、侯百里，伯七十里，子男五十里，此"分土惟三"也。《周官》言，诸公之地，封疆五百里，侯四百里，伯三百里，子二百里，男百里。其制与此不同者，盖《武成》《孟子》《王制》言其封之实，而《周官》之制，兼附庸而言之。德不倍者，不异其爵；功不倍者，不异其土。以德异爵，此公、侯、伯、子、男所以别之以五也。以功异土，此公、侯百里，伯七十里，子、男五十里，所以分之为三也。

11. （宋）陈经《尚书详解》卷二十三《周书·武成》

（归善斋按，见"乃反商政，政由旧"）

12. （宋）钱时《融堂书解》卷九《周书·武成》

列爵惟五，分土惟三，建官惟贤，位事惟能，重民五教，惟食、丧、祭，惇信明义，崇德报功，垂拱而天下治。

此一节，却是告群后以今日施设规模，正所谓"受命于周"也。"惟食丧祭"，此一"惟"字，当连上下作一句看，犹言所重者，断断乎惟在乎民之五教，与食与丧祭也。此皆武王自言今日之规模，所与群后纲维斯世者在此。夫如是，复何为哉？恭己正南面而已，故曰"垂拱而天下治"，言规模一定，我但垂衣拱手，而听天下之自治也。或者不察，以此末句为武王极治之功，遂谓"乃反商政"而下，皆史氏所记。且自"王若曰"以后，历历皆武王之言，略无间隔，安知其为史氏所记哉？"一戎衣"，而"天下大定"，则是结上文伐商之事。"大赉四海而万姓悦服"，则是结上文"反商政"之事。"垂拱而天下治"，则是结上文告群后以今日施设之事，辞旨甚明，初无可疑者。若谓末句为武王极治之功，则作《武成》时，安得便记此语，其不然明矣，熟玩而后得之。

按，《武成》一篇，先儒以为有错简，自刘敞、王安石、程子、朱子，各有订正。蔡沈作传，载考定新本，而谓"列爵惟五"之上，犹有阙文此。钱时所解，仍从注疏原本，谓"受命于周"以上，史官记事之文；"王若曰"以下，述武王所告群后之言。至"垂拱而天下治"，略无间隔，尽辟阙文错简之疑，足补注疏所未备。

13.（宋）魏了翁《尚书要义》卷十《周书·泰誓至武成》

四九、爵五等，地三等，武王从殷法。

"列爵惟五"，即所识政事而法之。爵五等，公、侯、伯、子、男。"分土惟三"，列地封国，公、侯方百里，伯七十里，子、男五十里，为三品。正义曰，爵五等，地三品，武王于此既从殷法，未知周公制礼亦然与否？《孟子》云，北宫锜问于孟子曰，周之班爵禄如何？孟子曰，其详不可得闻矣。尝闻其略，天子之制地方千里，公、侯方百里，伯七十里，子、男五十里。《汉书·地理志》亦云，周爵五等，其土三等也。公、侯百里，伯七十里，子、男五十里。汉世儒者，多以为然。包咸注《论语》云，千乘之国，百里之国也，谓大国惟百里耳。《周礼·大司徒》云，诸公之地，封疆方五百里，侯四百里，伯三百里，子二百里，男一百里，盖是周室既衰，诸侯相并，自以国土宽大，皆违礼文，乃除去本经，妄为说耳。郑玄之徒，以为武王时大国百里，周公制礼，大国五百里。《王制》之注具矣。

14.（宋）陈大猷《书集传或问》卷下《周书·武成》

（归善斋按，未解）

15.（宋）胡士行《尚书详解》卷六《周书·武成第五》

（归善斋按，见"既戊午，师逾孟津，癸亥，陈于商郊，俟天休命"）

16.（元）吴澄《书纂言》卷四下

（归善斋按，无此篇）

17.（元）陈栎《书集传纂疏》卷四上《朱子订定蔡氏集传·周书·武成》

列爵惟五，分土惟三，建官惟贤，位事惟能。重民五教，惟食、丧、

829

祭，惇信明义，崇德报功，垂拱而天下治。

"列爵惟五"，公、侯、伯、子、男也。"分土惟三"，公、侯百里，伯七十里，子、男五十里之三等也。"建言惟贤"，不肖者不得进；"位事惟能"，不才者不得任。五教，君臣、父子、夫妇、兄弟、长幼，五典之教也。食以养生，丧以送死，祭以追远。五教三事，所以立人纪，而厚风俗，圣人之所甚重焉者。惇，厚也。厚其信，明其义，信义立，而天下无不励之俗。有德者尊之以官，有功者报之以赏。官赏行，而天下无不劝之善。夫分封有法，官使有要，五教修而三事举，信义立而官赏行，武王于此复何为哉？垂衣拱手而天下自治矣。史臣述武王政治之本末，言约而事博也如此哉。此当在"大邑周"之下，而上犹有缺文。案，此篇编简错乱，先后失序，今考正其文于后。

纂疏：

祖道曰，汤、武也自别，如汤放桀归来，犹做工夫，如从谏弗咈，改过不吝，昧爽丕显，旁求俊彦，刻盘铭，修人纪，如此之类，不敢少纵。武王伐纣归来，建国、分土、散财、发粟后，便只垂拱了，且如西旅之獒，费了太保许多气，以此见武王做工夫，不及汤远甚。先生曰然。

王氏曰，厚其信，使人不趋于诈；显其义，使人不徇于利。

林氏曰，有德者，尊以高位；有功者，报以赏而已。

愚谓，所重民、食、丧、祭，证以《尧曰》，可见重五教，而次以食，则日用饮食，遍为尔德。否则君不君，臣不臣。虽有粟，吾得而食。诸食足矣，则继以慎终之丧，报本之祭，皆所以感发人之良心，维持天下之教化也。

今考定《武成》：

惟一月壬辰，旁死魄，越翼日癸巳，王朝步自周，于征伐商。厎商之罪，告于皇天、后土，所过名山大川，曰，惟有道曾孙周王发，将有大正于商。今商王受无道，暴殄天物，害虐烝民，为天下逋逃主，萃渊薮。予小子，既获仁人，敢祗承上帝，以遏乱略。华夏、蛮貊罔不率俾。惟尔有神，尚克相予，以济兆民，无作神羞。既戊午，师逾孟津；癸亥，陈于商郊，俟天休命。甲子昧爽，受率其旅若林，会于牧野，罔有敌于我师。前徒倒戈，攻于后以北，血流漂杵。一戎衣，天下大定。乃反商政，政由旧。释箕子囚，封比干墓，式商容闾，散鹿台之财，发钜桥之粟，大赉于四海，而万姓悦服。厥四月，哉生明，王来自商，至于丰，乃偃武修文，归马于华山之阳，放牛于桃林之野，示天下弗服。既生魄，庶邦冢君暨百工，受命于周。丁未，祀于周庙，邦甸、侯、卫骏奔走，执豆笾。越三日庚戌，柴望，大告武成。王若曰，呜呼！群后，惟先王建邦启土，公刘克笃前烈，至于太王肇基王迹；王季其勤王家，我文考文王克成厥勋，诞膺天命，以抚方夏。大邦畏其力，小邦怀其德。惟九年大统未集。予小子，其承厥志，恭天成命，肆予东征，绥厥士女。惟其士女，篚厥玄黄，昭我周王。天休震动，用附我大邑周。列爵惟五，分土惟三，建官惟贤，位事惟能，重民五教，惟食、丧、祭，惇信明义，崇德报功，垂拱而天下治。

案，刘氏、王氏、程子，皆有改正次序。今参考定，读如此大略，集诸家所长。独四月生魄，丁未庚戌一节，今以上文及《汉志》日辰推之，其序当如此耳。疑先儒以"王若曰"宜系"受命于周"之下，故以"生魄"在丁未、庚戌之后，盖不知生魄之日，诸侯百工虽来请命，而武王以未祭祖宗，未告天地，未敢发命，故且命以助祭，乃以丁未、庚戌祀于郊庙，大告武功之成，而后始告诸侯，上下之交，神人之序，固如此也。刘氏谓，"予小子，其承厥志"之下，当有缺文。以今考之，固所宜有。而程子从"恭天成命"以下三十四字，属于其下，则已得其一节。而"用附我大邑周"之下，刘氏所谓缺文，犹当有十数语也。盖武王革命之初，抚有区夏，宜有退托之辞，以示不敢遽当天命，而求助于诸侯，且以致其交相警敕之意，略如《汤诰》之文，不应但止自序其功而已也。"列爵惟五"以下，又史官之词，非武王之语，读者详之。

18.（元）许谦《读书丛说》卷六

原缺。

19.（元）董鼎《书传辑录纂注》卷四《周书·武成》

列爵惟五，分土惟三，建官惟贤，位事惟能。重民五教，惟食、丧、祭，惇信明义，崇德报功，垂拱而天下治。

"列爵惟五"，公、侯、伯、子、男也。"分土惟三"，公、侯百里，伯七十里，子、男五十里之三等也。"建官惟贤"，不肖者不得进；"位事惟能"，不才者不得任。五教，君臣、父子、夫妇、兄弟、长幼，五典之教也。食以养生，丧以送死，祭以追远。五教三事，所以立人纪，而厚风俗，圣人之所甚重焉者。惇，厚也。厚其信，明其义。信义立，而天下无不励之俗。有德者尊之以官，有功者报之以赏。官赏行，而天下无不劝之善。夫分封有法，官使有要。五教修，而三事举，信义立，而官赏行。武王于此复何为哉？垂衣拱手，而天下自治矣。史臣述武王政治之本末，言约而事博也如此哉。此当在"大邑周"之下，而上犹有阙文。案此篇编简错乱，先后失序，今考正其文于后。

辑录：

祖道曰，看来汤、武也自别，如汤自放桀归来，犹做工夫，且如从谏弗咈，改过不吝，昧爽丕显，旁求后彦，刻盘铭，修人纪如此之类，不敢少纵。武王自伐纣归来，建国分土，散财发粟之后，便只垂拱了，且如西旅之獒，费了太保许多气，以此见得武王做工夫，不及汤远甚。先生所谓，观诗书可见者。愚窃以为如此。先生笑曰，然，某之意正如此。

纂注：

新安陈氏曰，所重教、食、丧、祭四者，证以《尧曰》，可见重五教，而次以食，则斯民日用饮食遍为尔德，否则，君不君，臣不臣。虽有粟，吾得而食。诸食足矣，即继以慎终之丧，报本之祭，皆所以感发斯人之良心，而维持天下之教化也。

王氏曰，惇厚其信，使天下不趋于诈；显明其义，使天下不徇于利。崇德，使人知所以尚贤；报功，使人知所以劝忠。

吕氏曰，武王至此夫何为哉？无为而天下自治，可见武王能还唐虞风俗于千载之下。《武成》与尧舜气象不同矣。终篇一语，尧舜无为之治乃恍然若存焉。

唐孔氏曰，此篇体裁异于余篇，简编断绝，经失其本，所以辞不次耳。

今考定《武成》：

惟一月壬辰，旁死魄，越翼日，癸巳，王朝步自周，于征伐商。底商之罪，告于皇天、后土，所过名山大川，曰，惟有道曾孙周王发，将有大正于商。今商王受无道，暴殄天物，害虐烝民，为天下逋逃主，萃渊薮。予小子，既获仁人，敢祗承上帝，以遏乱略。华夏、蛮貊，罔不率俾。惟尔有神，尚克相予，以济兆民，无作神羞。既戊午，师逾孟津；癸亥，陈于商郊，俟天休命。甲子昧爽，受率其旅若林，回于牧野，罔有敌于我师。前徒倒戈，攻于后以北，血流漂杵。一戎衣，天下大定。乃反商政，政由旧。释箕子囚，封比干墓，式商容闾，散鹿台之财，发钜桥之粟，大赉于四海，而万姓悦服。厥四月，哉生明，王来自商，至于丰，乃偃武修文，归马于华山之阳，放牛于桃林之野，示天下弗服。既生魄，庶邦冢君暨百工，受命于周。丁未，祀于周庙，邦甸、侯、卫骏奔走，执豆笾。越三日庚戌，柴望，大告武成。王若曰，呜呼！群后，惟先王建邦启土，公刘克笃前烈，至于太王肇基王迹，王季其勤王家，我文考文王克成厥勋，诞膺天命，以抚方夏。大邦畏其力，小邦怀其德。惟九年，大统未集。予小子其承厥志，恭天成命，肆予东征，绥厥士女。惟其士女，篚厥玄黄，昭我周王，天休震动，用附我大邑周。列爵惟五，分土惟三，建官惟贤，位事惟能，重民五教，惟食、丧、祭，惇信明义，崇德报功，垂拱而天下治。

　　案，刘氏、王氏、程子，皆有改正次序，今参考定，读如此大略，集诸家所长。独四月生魄，丁未、庚戌一节，今以上文及《汉志》日辰推之，其序当如此耳。疑先儒以"王若曰"宜系"受命于周"之下，故以生魄在丁未、庚戌之后，盖不知生魄之日，诸侯百工虽来请命，而武王以未祭祖宗，未告天地，未敢发命，故且命以助祭，乃以丁未、庚戌祀于郊庙，大告武功之成而后，始告诸侯，上下之交，神人之序，固如此也。刘氏谓，"予小子其承厥志"之下，当有阙文。以今考之，固所宜有。而程子从"恭天成命"以下三十四字，属于其下，则已得其一节。而"用附我大邑周"之下，刘氏所谓阙文，犹当有十数语也。盖武王革命之初，抚有区夏，宜有退托之辞，以示不敢遽当天命，而求助于诸侯，且以致其交相警敕之意，略如《汤诰》之文，不应但止自序其功，而已也。"列爵惟五"以下，又史官之辞，非武王之语，读者详之。

　　辑录：

　　《武成》月日谱：

一月，以孔注推当是辛卯朔，壬辰旁死魄。孔注云，二日越翼日癸巳，王朝步自周，三日。戊午，师逾孟津，二十八日。

二月，若前月小尽，则是庚申朔，大尽则是辛酉朔。"癸亥陈于商郊"，庚申朔，则是四日；辛酉朔，则是三日。甲子胜商杀纣，或五日，或四日。《汉志》云，既死霸，越五日，甲子，即是六日，或七日，日辰不相应。闰月，李挍书说是岁闰二月，盖以一月壬辰旁死魄推之，若不置闰，则下文四月无丁未、庚戌矣。其说是也。若前两月俱小，则此月己丑朔；一大一小，则庚寅朔；俱大，则辛卯朔。

三月，若前三月俱小，则戊午朔；一大二小，则己未朔；二大一小，则庚申朔；俱大则辛酉朔。然闰月小大计，必无辛酉也。

四月，若前四月俱小，则丁亥朔；一大三小，则戊子朔；二大二小，则己丑朔；一小三大，则庚寅朔。哉生明，王来自商，三日。既生魄，诸侯受命于周，十六日，或壬寅，或癸卯，或甲辰，或乙巳，经文在庚戌，《后汉志》在丁未前，恐经误。丁未祀于周庙，或十九日，或二十日，或二十四日，或二十五。庚戌柴望大告武成，或二十二日，或二十三日，或二十四日，或二十五日。

右以孔注《汉志》参考，大抵多同。但《汉志》二月既死霸，越五日，甲子为差速，而四月既生霸，与丁未、庚戌小不同耳。盖以上文一月壬辰旁死魄，推之，则二月之死魄，后五日且当为辛酉，或壬戌，而未得为甲子。此《汉志》之误也。又以一月壬辰，二月甲子并闰推之，则《汉志》言四月既生霸，越六日庚戌，当为二十二日，而经以生魄，居丁未、庚戌之后，则恐经文倒也。历法虽无四月俱小之理，然亦不过先后一二日耳，不应所差如此之多也。宗庙内事日用，丁巳。《汉志》乃无丁未，而以庚戌燎于周庙，则为刚日，非所当用。而"燎"又非宗庙之礼，且以翼日辛亥祀于天位，而粤五日乙卯又祀馘于周庙，则六日之间，三举大祭，礼数而烦，近于不敬，抑亦经文所无有，不知刘歆何所据也。颜注以为今文《尚书》则伏生今文二十八篇中本无此篇。颜氏之云又未知其何所据也。案，张霸伪书有《武成》篇刘歆误以为古文，说见书序疏中。考定《武成》次序"惟一月壬辰"止。读者详之，并见传。《书说》。

篆注：

愚按，近岁括苍鲍氏，复有定本，谓古竹简一行十有三字，偶当句断处差互，四月至丰一节，以《武成》一篇，每行十三字，写该三十五行少一字，掇"王若曰"止"万姓悦服"，一十三行，在"厥四月"止"受命于周"六行之前，或以为然，姑备一说。

20. （元）朱祖义《尚书句解》卷五《周书·武成第五》

列爵惟五（列诸侯之爵，为公、侯、伯、子、男之五等封建）。

21. （明）王樵《尚书日记》卷九《周书·武成》

"列爵惟五"至"垂拱而天下治"。

"列爵惟五"，公、侯、伯、子、男也。"分土惟三"，《孟子》曰"天子之制，地方千里，公、侯方百里，伯七十里，子、男五十里"。孟子之言，武王之制也。《汉书·地理志》亦云，周爵五等，其土三等，说与《孟子》同。乃若《周礼》《王制》之不同，则程子所谓，传会难尽信者也。爵土传世，以待功德；官职任事，以待贤能；五教，说见《虞书》。民无教，虽有粟可得而食。诸食者，民之天，而丧、祭，皆民德所关，圣人重之。夫列爵分土，建官位事，所以为民，而其所重者在此，可以知先王之政矣。"惇信明义，崇德报功"，皆王者所以励世之道，与任贤使能，五教三事之意，相维而不可失者。"垂拱而天下治"言武王所修，皆是所任得人，恭己于上，而天下自治矣。封建之来久矣，其上世皆有功德于民，子孙世其土地，圣人因而为之制。列爵有等，分土有限，而不可逾，而又使之建官必以贤，位事必以能，所谓建邦设都，树以君公，承以大夫、师长者也。其维持之意深矣。自王纲解纽，诸侯兼并，土地逾制，而大夫世官，于是争乱相寻，至于战国而其祸极矣。此非封建之弊，乃王制不行之咎也。官惟贤，位事惟能，上自王朝，外则州牧侯伯，下至侯国之卿大夫士，皆官也，非贤能不任，则安有败事。位事就在建官中，使能治赋者治赋，能治财者治财，能治礼乐者治礼乐。有此官则有此事，未有无事之官。贤者之中，因能而任，故曰"位事惟能"，非谓官事不相通，而贤能为二途也。民功曰庸，五教修而三事举，可谓庸矣。意者，三代课吏之条目与。丧慎终，祭报本，古人以为重事。世之衰也，乃有忽略

835

于丧、祭，而背死忘生者多。故曾子叹之曰，"慎终追远，民德归厚矣"，而《孟子》则以使民养生丧死无憾，为王道之始。曾子之言，为上者自知所重感化之本也。孟子之言，为上者重民之所重处置之道也。信者，人之所难守而易渝，故曰"惇"；义者，人之所难明而易昧，故曰"明"。惇之自上，使天下之不薄；明之自上，使天下之不昧。信立于天下，则无相欺相背；义晰于天下，则无苟得苟免，故无不励之俗。官赏，所以劝善也，崇德报功，则无不劝之善。

吕氏曰，武王至此，夫何为哉？无为而天下自治，以见武王能还唐虞风俗于千载之下，《武成》与尧舜气象不同矣。终篇一语，尧舜无为之治，乃恍然若存焉。

此篇事多而辞少，体独异于诸篇。

22.（清）库勒纳等撰《日讲书经解义》卷六《周书·武成》

列爵惟五，分土惟三，建官惟贤，位事惟能。重民五教，惟食、丧、祭，惇信明义，崇德报功，垂拱而天下治。

此一节书，是记武王致治之本末也。垂拱，是垂衣端拱，无为之意。史臣曰，武王克商之后，偃武修文之事，不可悉数，略举其大者言之，其列爵以五等，公、侯、伯、子、男是也。其分土以三等，公、侯百里，伯七十里，子、男五十里是也。其建立庶官，则惟贤者用之，而不贤者不得预也；其居位任事，则惟能者使之，而无才者不得滥也。其所最重者，君臣、父子、夫妇、兄弟、朋友，五伦之教，与夫力田足食，死丧祭祀之礼也。凡出一令，必守之以信，而始终不渝；凡行一事，必裁之以义，而动无过举。有德者，则尊显之，不敢蔽人之德；有功者，则酬报之，不敢负人之功。武王经理天下，其弘纲大要，尽善如此，故不必有所作为，但垂衣南面，而天下自治矣。武王致治之本末如此，武王虽以征诛得天下，然治定功成之后，文德雍容，亦自有唐虞间气象。观史臣所记，端拱可见矣。盖治法详于有为，治化享于无为。以天下爵土官赏予天下贤才功德，以天下同然，秉彝励天下人心风俗。尧舜无为之治，不恍乎若睹哉。

（元）陈师凯《蔡氏传旁通》卷四《武成》

列爵惟五，公、侯、伯、子、男也。

愚按，此列于邦国之爵也，若朝廷之爵，则公、孤、卿、大夫、士亦五等也。

（元）王充耘《读书管见》卷下《周书·武成》

列爵惟五。

列爵、分土，是定制度。法既定，须人以守之，故任贤使能，得其人，使之如何为政，曰重教化，使民知礼义；重食丧祭，使民养生丧死无憾而已。惇信明义，是以身率之于其先；崇德报功，是以劝赏激厉之于其后。如此而天下可不劳而治矣。其言不一，而其间自有次序。

（元）陈悦道《书义断法》卷四《周书·武成》

列爵惟五，分土惟三，建官惟贤，位事惟能，重民五教，惟食丧祭，惇信明义，崇德报功，垂拱而天下治。

圣人之兴，不爱爵土官职，以待天下之贤能。修学五教三事，以正天下之风俗。然其于风俗，益惇明乎信义。于贤才，益崇报其德功。教化愈深，爵赏愈厚，庶官有所激劝，而方民无不从化。此其所以垂拱无为，而天下治。人见其一戎衣，而天下大定，垂衣拱手，坐享成功，而不知其纪纲之布置，意气之感发，有自来。史臣纪武王无为之治，惟其致此者，以终《武成》之书旨哉。

分土惟三

1.（汉）孔氏传、（唐）陆德明音义、孔颖达疏《尚书注疏》卷十《周书·武成》

分土惟三。

传,列地封国,公、侯方百里,伯七十里,子、男五十里,为三品。疏,(归善斋按,见"列爵惟五")。

2.（宋）苏轼《书传》卷九《周书·武成第五》

分土惟三。

公、侯百里,伯七十里,子、男五十里。自《孟子》《王制》皆云尔。此周制也。郑子产言,列国一同。今大国数圻,若无侵小,何以至焉。而《周礼》乃曰公之地五百里,侯四百里,伯三百里,子二百里,男百里,凡五等。《礼》曰"封周公于曲阜,地方七百里",皆妄也。先儒以谓周衰,诸侯相并,自以国过大违礼,乃除灭旧文,而为此说。独郑玄之,徒以谓周初因商三等,其后周公攘戎狄,斥广中国,大封诸侯。夫攘戎斥地,能拓边耳。自荒服以内诸侯,固自如也。周公得地于边,而增封于内,非动移诸侯,迁其城郭庙社,安能增封乎,知玄之妄也。而近岁学者,必欲实《周礼》之言,则为之说曰,公之地百里而已,五百里者并附庸言之。夫以五百里之地,公居其一,而附庸居其四,岂有此理哉。予专以《书》《孟子》《王制》及郑子产之言考之,知《周礼》非圣人之全书明矣。

3.（宋）林之奇《尚书全解》卷二十三《周书·武成》

(归善斋按,见"既戊午,师逾孟津,癸亥,陈于商郊,俟天休命")

4.（宋）史浩《尚书讲义》卷十一《周书·武成》

(归善斋按,见"既戊午,师逾孟津,癸亥,陈于商郊,俟天休命")

5.（宋）夏僎《尚书详解》卷十七《周书·武成》

(归善斋按,见"乃反商政,政由旧")

6.（宋）时澜《增修东莱书说》卷十六《周书·武成第五》

(归善斋按,见"列爵惟五")

7.（宋）黄度《尚书说》卷四《周书·武成》

（归善斋按,见"列爵惟五"）

8.（宋）袁燮《絜斋家塾书钞》卷八《周书·武成》

（归善斋按,见"乃反商政,政由旧"）

9.（宋）蔡沈《书经集传》卷四《周书·武成》

（归善斋按,见"列爵惟五"）

10.（宋）黄伦《尚书精义》卷二十八《周书·武成》

（归善斋按,见"列爵惟五"）

11.（宋）陈经《尚书详解》卷二十三《周书·武成》

（归善斋按,见"乃反商政,政由旧"）

12.（宋）钱时《融堂书解》卷九《周书·武成》

（归善斋按,见"列爵惟五"）

13.（宋）魏了翁《尚书要义》卷十《周书·泰誓至武成》

（归善斋按,未引）

14.（宋）陈大猷《书集传或问》卷下《周书·武成》

（归善斋按,未解）

15.（宋）胡士行《尚书详解》卷六《周书·武成第五》

（归善斋按,见"既戊午,师逾孟津,癸亥,陈于商郊,俟天休命"）

16. （元）吴澄《书纂言》卷四下

（归善斋按，无此篇）

17. （元）陈栎《书集传纂疏》卷四上《朱子订定蔡氏集传·周书·武成》

（归善斋按，见"列爵惟五"）

18. （元）许谦《读书丛说》卷六

原缺。

19. （元）董鼎《书传辑录纂注》卷四《周书·武成》

（归善斋按，见"列爵惟五"）

20. （元）朱祖义《尚书句解》卷五《周书·武成第五》

分土惟三（分诸侯之土为三等，公、侯百里，伯七十里，子、男五十里）。

21. （明）王樵《尚书日记》卷九《周书·武成》

（归善斋按，见"列爵惟五"）

22. （清）库勒纳等撰《日讲书经解义》卷六《周书·武成》

（归善斋按，见"列爵惟五"）

（元）陈师凯《蔡氏传旁通》卷四《武成》

分土惟三，公侯百里，伯七十里，子男五十里之三等也。

愚按，此亦颁于邦国之地也。《孟子》云"天子之卿受地视侯，大夫受地视伯，元士受地视子男"，亦三等也，谓之内诸侯。《王制》曰，内诸侯禄也，外诸侯嗣也。又尝考之孟子论诸侯地方之制，虽诸家之通论，而《周礼·大司徒》独异焉，曰诸公之地封疆方五百里，其食者半。诸侯之地封疆方四百里，其食者参之一。诸伯之地封疆方三百里，其食者参之一。诸子之地封疆方二百里，其食者四之一。诸男之地封疆方百里，其食者四之一。郑司农云，其食者半，所食租税得其半耳。其半，皆附庸小国也，属天子，参之一亦然。故《鲁颂》曰"锡之山川，土田附庸，奄有龟蒙，遂荒大东，至于海邦"。《论语》季氏将伐颛臾，孔子曰"先王以为东蒙主，且在邦域之中矣"，是社稷之臣也，此非百里之所能容。然则，方五百里，四百里，合于《鲁颂》《论语》之言。诸男食者四之一，适方五十里，独此与诸家说合耳。愚按，《周礼》成于武王崩后，恐周公具此制度，而未见之于施行也。《孟子》又言，周公之封于鲁也，为方百里也。伯禽既为侯爵，合受百里。《费誓》亦言，鲁人三郊、三遂，计七万五千家，合百里、万井之数。然以理推之，方里而井，井占八家，百里万井，占八万家，岂鲁国百里之地，皆为田井，而略无山川，城郭，陂池，园囿之所侵乎？如以三分去一除之，则又不满万井之数，而无以容三郊三遂之民，而况可容泰山、龟蒙之大乎？其实田与地不同，田则以百里七十里、五十里为限，而地之封域，则当如《大司徒》之制也。《王制》曰天子之田，方千里；公侯，田方百里；伯七十里；子男五十里，是专以田为率。夫田，非有千百里之地，如棋枰之可布也，但以田井计之耳。八家共一井，而为方一里，为田九百亩也。八百家，共百井，而为方十里，为田九万亩也。八万家共万井而为方百里，为田九百万亩也。十井八十家，出车一乘，百井出车十乘，千井出车百乘，万井出车千乘，故公侯皆谓之千乘之国，是盖百里之田，提封万井也。大国三军、三乡、三遂。三乡为正军，三遂为副军。每乡万二千五百家，家出一人，故一军万二千五百人也。其次国二军，小国一军，皆仿此。愚故谓蔡氏所释分土惟三者，以田论也。论其疆域，所包者不止此也。

（元）王充耘《读书管见》卷下《周书·武成》

（归善斋按，见"列爵惟五"）

(元) 陈悦道《书义断法》卷四《周书·武成》

(归善斋按,见"列爵惟五")

(清) 朱鹤龄《尚书埤传》卷九《周书·武成》

分土惟三;五教。

苏传,公侯百里,伯七十里,子男五十里。《孟子》《王制》皆云然。此周制也。《左传》子产言,列国一同,今大国数圻,若无侵小何以至焉。而《周礼》乃曰公之地五百里,侯四百里,伯三百里,子二百里,男百里,凡五等。《明堂位》,封周公于曲阜,地方七百里,皆妄也。先儒谓,周衰,诸侯相并,自以国过大违礼,乃除灭旧文,而为此说。独郑玄之徒谓,周初因商三等,其后周公攘戎狄,斥广中国,大封诸侯。夫攘戎斥地,能拓边耳。荒服以内诸侯,固自如也。周公得地于边,而增封于内,非动移诸侯,迁其城郭庙社,安能增封乎?知玄之妄也。而近来学者必欲实《周礼》之言,则为之说,曰公之地百里而已,五百里者并附庸言之。夫以五百里之地,公居其一,附庸居其四,岂有此理哉?予专以《尚书》《孟子》《王制》及子产之言考之,《周礼》非圣人之全书明矣(此论似为王荆公发,然《周礼》实不可信)。

邹季友曰,按《舜典》五典五品;《皋陶谟》《周官》《君牙》五典,蔡氏所释并同,而此五教之目,有兄弟而阙朋友;言兄弟,则可该长幼矣。

建官惟贤

1. (汉) 孔氏传、(唐) 陆德明音义、孔颖达疏《尚书注疏》卷十《周书·武成》

建官惟贤。

传,立官,以官贤才。

2. （宋）苏轼《书传》卷九《周书·武成第五》

建官惟贤，位事惟能，重民五教，惟食、丧、祭，惇信明义，崇德报功，垂拱而天下治。

3. （宋）林之奇《尚书全解》卷二十三《周书·武成》

建官惟贤，位事惟能，重民五教，惟食、丧、祭。惇信明义，崇德报功，垂拱而天下治。

此则为王朝公、卿、大夫也。盖居是官者，莫不欲得贤人而任之。然贤者之于事，有能有不能。因贤者之有是能，则使之任是事，治教、礼刑、政事，莫不随其才而因任之。而其人则皆天下之贤人也。既外而封建诸侯，得其尊卑小大之制，而使贤能，又皆得夫俊杰之才，则民治于是乎举矣。故继之以"重民五教，惟食、丧、祭"，盖五典之教与食、丧、祭之三者，民之最重者也。曰"惟食、丧、祭"者，如《禹贡》言"羽毛齿革惟金三品"，"齿革羽毛惟木"，皆因上之辞也。"惇信明义"，盖谓大明信义，揭示天下所以美教化，移风俗也。"崇德报功"者，犹汤之"德懋懋官，功懋懋赏"，盖有德者则宜崇之以高爵厚禄，使之在高位，以致君泽民。至于有功者，则但报之以厚赏，而不居之于位，各适其当而已。《孟子》曰"人皆有不忍人之心"，"斯有不忍人之政矣。以不忍人之心，行不忍人之政，治天下可运于掌上"。武王兴义兵，称干戈，率天下诸侯以伐纣，而天下之人从之而不少有疑于其间者，盖其恻隐之心充实于其中，不忍天下之民陷于涂炭，而不能以自出，故应天顺人，拯斯民于万死之余。既克商而有天下，则其所施设者，无非不忍人之政。自"释箕子之囚""崇德报功"，莫非不忍人之政也。惟其不忍人之心，根本于未得天下之初，其不忍人之政著见于已得天下之后，则其治天下可运于掌上，此所以垂衣拱手，而天下治也。周之社稷，所以能绵绵延延，至于卜世三十，卜年七百者，其源流盖如此。

4. （宋）史浩《尚书讲义》卷十一《周书·武成》

（归善斋按，见"既戊午，师逾孟津，癸亥，陈于商郊，俟天休

843

命"）

5.（宋）夏僎《尚书详解》卷十七《周书·武成》

(归善斋按,见"乃反商政,政由旧")

6.（宋）时澜《增修东莱书说》卷十六《周书·武成第五》

建官惟贤位事惟能。

此在内之政也。用人当尽用贤者,盖天工人代非贤安可至于位事？则各随其能,大抵贤人不比圣人,事事能之,或有能此而不能彼者必因其有是,能则任以是职。

7.（宋）黄度《尚书说》卷四《周书·武成》

(归善斋按,见"列爵惟五")

8.（宋）袁燮《絜斋家塾书钞》卷八《周书·武成》

(归善斋按,见"乃反商政,政由旧")

9.（宋）蔡沈《书经集传》卷四《周书·武成》

(归善斋按,见"列爵惟五")

10.（宋）黄伦《尚书精义》卷二十八《周书·武成》

建官惟贤,位事惟能。重民五教,惟食、丧、祭,惇信明义,崇德报功,垂拱而天下治。

无垢曰,建官非贤,其何以成朝廷治事；非能,其何以济度庶物。官若公孤之属,非大有德行,不可以居此位事。若六卿之属,非大有才智,亦不可以居此位。然则德者,责以才智乎？才智其有德行乎？曰是何言也。公孤位重,才智为不足道尔。六卿,群司之长,使无德行,亦岂能在朝廷。第公孤以德行为任,故称"贤"；六卿以才智为大,故称"能"。武王新得天下,岂容有无德无才者居公卿之位乎,此可以意会也。民者,邦之本；五教者，人之大伦；食者，民之天；丧者，人之送终；祭者，人之报本。此五事者，皆有天下者之所当尊敬也。重然诺者，其言可法，故当厚待之。惇者，厚待之也。谨践履者，其行可师故当显扬之。明者，显扬之也。德，为天下所尊，故当崇。功之在人，有不可忘者，故当"报"。此皆百王之所同，千圣之所传也，岂为过分也哉。夫使人主厚待然诺之人，显扬践履之士，尊德行而报功劳，此岂非太平之主乎？武王一得天下，其所施为，皆当人心。呜呼！其盛哉。

又曰，谓"垂拱而天下治"，何也？天下之理，顺而行之，则其心，初无为，其废其兴，一于理而已矣。夫武王之伐商，岂于天地之外有一毫私心哉。商匀当伐，纣自当死，箕子自当释，比干自当封，商容自当式，鹿台自当散，钜桥自当发，四海自当贡，诸侯自当受命，庙自当祀，天自当郊，武自当偃，文自当修，以至信自当惇，义自当明，德自当崇，功自当报。此天理也，武王垂衣拱手坐，观众理而行之，岂有一毫私心以为之哉。

吕氏曰，建官位事，在内之政。官不贤，不可居其官，所以天工人其代之，须与天相似，便是贤。位事者，各随其能。重民五教，王者之事，不过教养而已。重之者，非强使之重。五教于食丧祭之中，非食丧祭之外，别有五教而已。所谓衣食足，然后知礼节。惇信明义，崇德报功，武王各因其所当然。有信则惇之，有义则明之，德则崇，功则报，万物各得其所，自然垂拱无为，而天下治。与舜优游南面，垂拱无为，而天下治太平无异也。

11. （宋）陈经《尚书详解》卷二十三《周书·武成》

（归善斋按，见"乃反商政，政由旧"）

12. （宋）钱时《融堂书解》卷九《周书·武成》

（归善斋按，见"列爵惟五"）

13. （宋）魏了翁《尚书要义》卷十《周书·泰誓至武成》

（归善斋按，未引）

845

14. （宋）陈大猷《书集传或问》卷下《周书·武成》

或问，微子，帝乙元子，而有贤德，武王克商之后，宜奉微子以继商，返二分之天下而退，就诸侯之位，则当与尧舜并而汤不足追矣。曰，殷周之时，世变已降，非复隆古之比。纣之死，殷人实杀之，使武王欲以天下逊微子，一时殷人，及八百诸侯，能自安乎？夫益佐禹治水，功德岂在启之下，况禹又荐益于天，然朝觐讴歌不之益，而之启，虽禹之治命不能遏。微子虽贤，不及武王之圣。微子事纣，施泽未必洽于民。而周世世积行累功，三分天下有其二，人心之归久矣。使武王欲以天下与微子，亦不能夺诸侯天下之心。《易》曰"汤、武革命，应乎天而顺乎人"，盖汤、武处世变之极，不过能为顺人之事而已。而尧舜不可几及也。

或问，建官惟用贤人，然官各有事，贤人各有所能。如舜九官，皆官也，而官所职之事，则有守司徒、司空、作士、作稷之异。禹、皋、稷、契，皆贤也，而其能则有治水、明刑、播种、敷教之殊。故建官以贤，又必随其人之所能，以位其事也。愚按，此说虽欠才德并用之意，然分别官与事，亦不可不知也，故附于此。

15. （宋）胡士行《尚书详解》卷六《周书·武成第五》

(归善斋按，见"既戊午，师逾孟津，癸亥，陈于商郊，俟天休命")

16. （元）吴澄《书纂言》卷四下

(归善斋按，无此篇)

17. （元）陈栎《书集传纂疏》卷四上《朱子订定蔡氏集传·周书·武成》

(归善斋按，见"列爵惟五")

18. （元）许谦《读书丛说》卷六

原缺。

19.（元）董鼎《书传辑录纂注》卷四《周书·武成》

（归善斋按，见"列爵惟五"）

20.（元）朱祖义《尚书句解》卷五《周书·武成第五》

建官惟贤（建官，如三公三孤之任，则取其贤而有德者）。

21.（明）王樵《尚书日记》卷九《周书·武成》

（归善斋按，见"列爵惟五"）

22.（清）库勒纳等撰《日讲书经解义》卷六《周书·武成》

（归善斋按，见"列爵惟五"）

（元）王充耘《读书管见》卷下《周书·武成》

（归善斋按，见"列爵惟五"）

（元）陈悦道《书义断法》卷四《周书·武成》

（归善斋按，见"列爵惟五"）

位事惟能

1.（汉）孔氏传、（唐）陆德明音义、孔颖达疏《尚书注疏》卷十《周书·武成》

位事惟能。
传，居位理事，必任能事。

2.（宋）苏轼《书传》卷九《周书·武成第五》

（归善斋按，未解）

3.（宋）林之奇《尚书全解》卷二十三《周书·武成》

(归善斋按，见"建官惟贤")

4.（宋）史浩《尚书讲义》卷十一《周书·武成》

(归善斋按，见"既戊午，师逾孟津，癸亥，陈于商郊，俟天休命")

5.（宋）夏僎《尚书详解》卷十七《周书·武成》

(归善斋按，见"乃反商政，政由旧")

6.（宋）时澜《增修东莱书说》卷十六《周书·武成第五》

(归善斋按，见"建官惟贤")

7.（宋）黄度《尚书说》卷四《周书·武成》

(归善斋按，见"列爵惟五")

8.（宋）袁燮《絜斋家塾书钞》卷八《周书·武成》

(归善斋按，见"乃反商政，政由旧")

9.（宋）蔡沈《书经集传》卷四《周书·武成》

(归善斋按，见"列爵惟五")

10.（宋）黄伦《尚书精义》卷二十八《周书·武成》

(归善斋按，见"建官惟贤")

11.（宋）陈经《尚书详解》卷二十三《周书·武成》

(归善斋按，见"乃反商政，政由旧")

12. （宋）钱时《融堂书解》卷九《周书·武成》

(归善斋按，见"列爵惟五")

13. （宋）魏了翁《尚书要义》卷十《周书·泰誓至武成》

(归善斋按，未引)

14. （宋）陈大猷《书集传或问》卷下《周书·武成》

(归善斋按，未解)

15. （宋）胡士行《尚书详解》卷六《周书·武成第五》

(归善斋按，见"既戊午，师逾孟津，癸亥，陈于商郊，俟天休命")

16. （元）吴澄《书纂言》卷四下

(归善斋按，无此篇)

17. （元）陈栎《书集传纂疏》卷四上《朱子订定蔡氏集传·周书·武成》

(归善斋按，见"列爵惟五")

18. （元）许谦《读书丛说》卷六

原缺。

19. （元）董鼎《书传辑录纂注》卷四《周书·武成》

(归善斋按，见"列爵惟五")

20. （元）朱祖义《尚书句解》卷五《周书·武成第五》

位事惟能（位如百执事之列，则取其能而有才者）。

21. （明）王樵《尚书日记》卷九《周书·武成》

(归善斋按，见"列爵惟五")

22. （清）库勒纳等撰《日讲书经解义》卷六《周书·武成》

(归善斋按，见"列爵惟五")

（元）王充耘《读书管见》卷下《周书·武成》

(归善斋按，见"列爵惟五")

（元）陈悦道《书义断法》卷四《周书·武成》

(归善斋按，见"列爵惟五")

重民五教

1. （汉）孔氏传、（唐）陆德明音义、孔颖达疏《尚书注疏》卷十《周书·武成》

重民五教。

传，所重在民，及五常之教。

疏，正义曰，以重总下五事，民与五教、食、丧、祭也。五教所以教民，故与民同句。下句食与丧、祭三者，各为一事，相类而别，故以惟目之，言此皆圣王所重也。《论语》云，"所重民食丧祭"。以《论语》，即是此事，而彼无五教，录《论语》者自略之耳。

2. （宋）苏轼《书传》卷九《周书·武成第五》

(归善斋按，未解)

3.（宋）林之奇《尚书全解》卷二十三《周书·武成》

(归善斋按，见"建官惟贤")

4.（宋）史浩《尚书讲义》卷十一《周书·武成》

(归善斋按，见"既戊午，师逾孟津，癸亥，陈于商郊，俟天休命")

5.（宋）夏僎《尚书详解》卷十七《周书·武成》

(归善斋按，见"乃反商政，政由旧")

6.（宋）时澜《增修东莱书说》卷十六《周书·武成第五》

重民五教，惟食、丧、祭，惇信明义，崇德报功，垂拱而天下治。

五教者，五常之教也。食者，衣食足而后知礼节也。丧者，慎终追远之义也。祭者，报本反始之义也。惟于此三事教之者，皆良心之所自发也。王者之治，不过教养而已。武王至此，夫何为哉？有信者，则惇之；有义者，则明之；有德者，则崇之；有功者，则报之，使万物各得其所，垂拱而天下自治，可以见武王能还唐虞风俗于千载之下。夫相去既数百年气象不同矣，而终篇一语，尧舜无为之治，乃恍然而若存耶。

7.（宋）黄度《尚书说》卷四《周书·武成》

重民五教，惟食、丧、祭（五教，五典，食养生，丧送死，祭追远，皆人纪也），惇信明义，崇德报功。

上好信，则民莫敢不用情；上好义，则民莫敢不服。封神农之后于焦，黄帝之后于祝，帝尧之后于蓟，帝舜之后于陈，大禹之后于杞，崇德也。封功臣，师尚父为首封。封尚父于营丘，曰齐；封弟周公旦于曲阜，曰鲁；封召公奭于燕，封弟叔鲜于管，弟叔度于蔡，余各以次受封，报功也。

8. (宋)袁燮《絜斋家塾书钞》卷八《周书·武成》

(归善斋按,见"乃反商政,政由旧")

9. (宋)蔡沈《书经集传》卷四《周书·武成》

(归善斋按,见"列爵惟五")

10. (宋)黄伦《尚书精义》卷二十八《周书·武成》

(归善斋按,见"建官惟贤")

11. (宋)陈经《尚书详解》卷二十三《周书·武成》

(归善斋按,见"乃反商政,政由旧")

12. (宋)钱时《融堂书解》卷九《周书·武成》

(归善斋按,见"列爵惟五")

13. (宋)魏了翁《尚书要义》卷十《周书·泰誓至武成》

(归善斋按,未引)

14. (宋)陈大猷《书集传或问》卷下《周书·武成》

(归善斋按,未解)

15. (宋)胡士行《尚书详解》卷六《周书·武成第五》

(归善斋按,见"既戊午,师逾孟津,癸亥,陈于商郊,俟天休命")

16. (元)吴澄《书纂言》卷四下

(归善斋按,无此篇)

17.（元）陈栎《书集传纂疏》卷四上《朱子订定蔡氏集传·周书·武成》

（归善斋按，见"列爵惟五"）

18.（元）许谦《读书丛说》卷六

原缺。

19.（元）董鼎《书传辑录纂注》卷四《周书·武成》

（归善斋按，见"列爵惟五"）

20.（元）朱祖义《尚书句解》卷五《周书·武成第五》

重民五教（重民，君臣、父子、兄弟、夫妇、朋友，五教施之，而不敢轻）。

21.（明）王樵《尚书日记》卷九《周书·武成》

（归善斋按，见"列爵惟五"）

22.（清）库勒纳等撰《日讲书经解义》卷六《周书·武成》

（元）陈师凯《蔡氏传旁通》卷四《武成》

五教，君臣、父子、夫妇、兄弟、长幼，五典之教也。
愚按，长幼，即兄弟，误重书，而遗朋友当改正。

（元）王充耘《读书管见》卷下《周书·武成》

（归善斋按，见"列爵惟五"）

（元）陈悦道《书义断法》卷四《周书·武成》

(归善斋按，见"列爵惟五")

（清）朱鹤龄《尚书埤传》卷九《周书·武成》

(归善斋按，见"分土惟三")

惟食、丧、祭

1. （汉）孔氏传、（唐）陆德明音义、孔颖达疏《尚书注疏》卷十《周书·武成》

惟食、丧、祭。

传，民以食为命；丧，礼笃亲爱；祭，祀崇孝养，皆圣王所重。

音义，养，羊亮反。

2. （宋）苏轼《书传》卷九《周书·武成第五》

(归善斋按，未解)

3. （宋）林之奇《尚书全解》卷二十三《周书·武成》

(归善斋按，见"建官惟贤")

4. （宋）史浩《尚书讲义》卷十一《周书·武成》

(归善斋按，见"既戊午，师逾孟津，癸亥，陈于商郊，俟天休命")

5. （宋）夏僎《尚书详解》卷十七《周书·武成》

(归善斋按，见"乃反商政，政由旧")

6.（宋）时澜《增修东莱书说》卷十六《周书·武成第五》

（归善斋按，见"重民五教"）

7.（宋）黄度《尚书说》卷四《周书·武成》

（归善斋按，见"重民五教"）

8.（宋）袁燮《絜斋家塾书钞》卷八《周书·武成》

（归善斋按，见"乃反商政，政由旧"）

9.（宋）蔡沈《书经集传》卷四《周书·武成》

（归善斋按，见"列爵惟五"）

10.（宋）黄伦《尚书精义》卷二十八《周书·武成》

（归善斋按，见"建官惟贤"）

11.（宋）陈经《尚书详解》卷二十三《周书·武成》

（归善斋按，见"乃反商政，政由旧"）

12.（宋）钱时《融堂书解》卷九《周书·武成》

（归善斋按，见"列爵惟五"）

13.（宋）魏了翁《尚书要义》卷十《周书·泰誓至武成》

（归善斋按，未引）

14.（宋）陈大猷《书集传或问》卷下《周书·武成》

（归善斋按，未解）

15. （宋）胡士行《尚书详解》卷六《周书·武成第五》

（归善斋按，见"既戊午，师逾孟津，癸亥，陈于商郊，俟天休命"）

16. （元）吴澄《书纂言》卷四下

（归善斋按，无此篇）

17. （元）陈栎《书集传纂疏》卷四上《朱子订定蔡氏集传·周书·武成》

（归善斋按，见"列爵惟五"）

18. （元）许谦《读书丛说》卷六

原缺。

19. （元）董鼎《书传辑录纂注》卷四《周书·武成》

（归善斋按，见"列爵惟五"）

20. （元）朱祖义《尚书句解》卷五《周书·武成第五》

惟食丧祭（食者，民之天；丧，以笃于孝；祭，以报本反始，莫不重之而不敢忽）。

21. （明）王樵《尚书日记》卷九《周书·武成》

（归善斋按，见"列爵惟五"）

22. （清）库勒纳等撰《日讲书经解义》卷六《周书·武成》

（归善斋按，见"列爵惟五"）

（元）陈师凯《蔡氏传旁通》卷四《武成》

丧以送死，祭以追远。

《中庸》云，父为大夫，子为士，葬以大夫，祭以士。父为士，子为大夫，葬以士，祭以大夫。期之丧达乎大夫，三年之丧达乎天子。父母之丧，无贵贱一也。此武王、周公之事，而重民丧祭之验也。

（元）王充耘《读书管见》卷下《周书·武成》

(归善斋按，见"列爵惟五")

（元）陈悦道《书义断法》卷四《周书·武成》

(归善斋按，见"列爵惟五")

惇信明义

1.（汉）孔氏传、（唐）陆德明音义、孔颖达疏《尚书注疏》卷十《周书·武成》

惇信明义。

传，使天下厚行信，显忠义。

2.（宋）苏轼《书传》卷九《周书·武成第五》

(归善斋按，未解)

3.（宋）林之奇《尚书全解》卷二十三《周书·武成》

(归善斋按，见"建官惟贤")

4.（宋）史浩《尚书讲义》卷十一《周书·武成》

(归善斋按，见"既戊午，师逾孟津，癸亥，陈于商郊，俟天休

857

命")

5.（宋）夏僎《尚书详解》卷十七《周书·武成》

(归善斋按，见"乃反商政，政由旧")

6.（宋）时澜《增修东莱书说》卷十六《周书·武成第五》

(归善斋按，见"重民五教")

7.（宋）黄度《尚书说》卷四《周书·武成》

(归善斋按，见"重民五教")

8.（宋）袁燮《絜斋家塾书钞》卷八《周书·武成》

(归善斋按，见"乃反商政，政由旧")

9.（宋）蔡沈《书经集传》卷四《周书·武成》

(归善斋按，见"列爵惟五")

10.（宋）黄伦《尚书精义》卷二十八《周书·武成》

(归善斋按，见"建官惟贤")

11.（宋）陈经《尚书详解》卷二十三《周书·武成》

(归善斋按，见"乃反商政，政由旧")

12.（宋）钱时《融堂书解》卷九《周书·武成》

(归善斋按，见"列爵惟五")

13.（宋）魏了翁《尚书要义》卷十《周书·泰誓至武成》

(归善斋按，未引)

14. （宋）陈大猷《书集传或问》卷下《周书·武成》

（归善斋按，未解）

15. （宋）胡士行《尚书详解》卷六《周书·武成第五》

（归善斋按，见"既戊午，师逾孟津，癸亥，陈于商郊，俟天休命"）

16. （元）吴澄《书纂言》卷四下

（归善斋按，无此篇）

17. （元）陈栎《书集传纂疏》卷四上《朱子订定蔡氏集传·周书·武成》

（归善斋按，见"列爵惟五"）

18. （元）许谦《读书丛说》卷六

原缺。

19. （元）董鼎《书传辑录纂注》卷四《周书·武成》

（归善斋按，见"列爵惟五"）

20. （元）朱祖义《尚书句解》卷五《周书·武成第五》

惇信明义（天下有忠信者，从而惇崇之；有义士者从而显明之）。

21. （明）王樵《尚书日记》卷九《周书·武成》

（归善斋按，见"列爵惟五"）

22. （清）库勒纳等撰《日讲书经解义》卷六《周书·武成》

（归善斋按，见"列爵惟五"）

（元）王充耘《读书管见》卷下《周书·武成》

(归善斋按,见"列爵惟五")

（元）陈悦道《书义断法》卷四《周书·武成》

(归善斋按,见"列爵惟五")

崇德报功

1.（汉）孔氏传、（唐）陆德明音义、孔颖达疏《尚书注疏》卷十《周书·武成》

崇德报功。
传,有德,尊以爵;有功报以禄。

2.（宋）苏轼《书传》卷九《周书·武成第五》

(归善斋按,未解)

3.（宋）林之奇《尚书全解》卷二十三《周书·武成》

(归善斋按,见"建官惟贤")

4.（宋）史浩《尚书讲义》卷十一《周书·武成》

(归善斋按,见"既戊午,师逾孟津,癸亥,陈于商郊,俟天休命")

5.（宋）夏僎《尚书详解》卷十七《周书·武成》

(归善斋按,见"乃反商政,政由旧")

6.（宋）时澜《增修东莱书说》卷十六《周书·武成第五》

（归善斋按，见"重民五教"）

7.（宋）黄度《尚书说》卷四《周书·武成》

（归善斋按，见"重民五教"）

8.（宋）袁燮《絜斋家塾书钞》卷八《周书·武成》

（归善斋按，见"乃反商政，政由旧"）

9.（宋）蔡沈《书经集传》卷四《周书·武成》

（归善斋按，见"列爵惟五"）

10.（宋）黄伦《尚书精义》卷二十八《周书·武成》

（归善斋按，见"建官惟贤"）

11.（宋）陈经《尚书详解》卷二十三《周书·武成》

（归善斋按，见"乃反商政，政由旧"）

12.（宋）钱时《融堂书解》卷九《周书·武成》

（归善斋按，见"列爵惟五"）

13.（宋）魏了翁《尚书要义》卷十《周书·泰誓至武成》

（归善斋按，未引）

14.（宋）陈大猷《书集传或问》卷下《周书·武成》

（归善斋按，未解）

15. (宋)胡士行《尚书详解》卷六《周书·武成第五》

(归善斋按,见"既戊午,师逾孟津,癸亥,陈于商郊,俟天休命")

16. (元)吴澄《书纂言》卷四下

(归善斋按,无此篇)

17. (元)陈栎《书集传纂疏》卷四上《朱子订定蔡氏集传·周书·武成》

(归善斋按,见"列爵惟五")

18. (元)许谦《读书丛说》卷六

原缺。

19. (元)董鼎《书传辑录纂注》卷四《周书·武成》

(归善斋按,见"列爵惟五")

20. (元)朱祖义《尚书句解》卷五《周书·武成第五》

崇德报功(有德者,崇而尊之;有功者禄而报之)。

21. (明)王樵《尚书日记》卷九《周书·武成》

(归善斋按,见"列爵惟五")

22. (清)库勒纳等撰《日讲书经解义》卷六《周书·武成》

(归善斋按,见"列爵惟五")

(元)王充耘《读书管见》卷下《周书·武成》

(归善斋按,见"列爵惟五")

垂拱而天下治

1.（汉）孔氏传、（唐）陆德明音义、孔颖达疏《尚书注疏》卷十《周书·武成》

垂拱而天下治。传，言武王所修，皆是所任得人，故垂拱而天下治。音义，拱，居勇反。任，而鸩反。治，直吏反。

疏，正义曰，《说文》云，拱，敛手也。"垂拱而天下治"，谓所任得人，人皆称职，手无所营，下垂其拱，故美其"垂拱而天下治"也。

2.（宋）苏轼《书传》卷九《周书·武成第五》

（归善斋按，未解）

3.（宋）林之奇《尚书全解》卷二十三《周书·武成》

（归善斋按，见"建官惟贤"）

4.（宋）史浩《尚书讲义》卷十一《周书·武成》

（归善斋按，见"既戊午，师逾孟津，癸亥，陈于商郊，俟天休命"）

5.（宋）夏僎《尚书详解》卷十七《周书·武成》

（归善斋按，见"乃反商政，政由旧"）

6.（宋）时澜《增修东莱书说》卷十六《周书·武成第五》

（归善斋按，见"重民五教"）

863

7. (宋) 黄度《尚书说》卷四《周书·武成》

垂拱而天下治。

夫是以谓之"武成",周人八百年规模尽在此。

8. (宋) 袁燮《絜斋家塾书钞》卷八《周书·武成》

(归善斋按,见"乃反商政,政由旧")

9. (宋) 蔡沈《书经集传》卷四《周书·武成》

(归善斋按,见"列爵惟五")

按,此篇编简错乱,先后失序,今考正其文于后:

今考定《武成》:

惟一月壬辰,旁死魄,越翼日,癸巳,王朝步自周,于征伐商。

一月建寅之月,不曰正,而曰一者,商建丑,以十二月为正朔,故曰一月也。详见《太甲》《泰誓》篇。壬辰,以《泰誓》戊午推之,当是一月二日死魄,朔也,二日,故曰"旁死魄"。翼,明也,先记"壬辰,旁死魄",然后言癸巳,伐商者,犹后世言某日,必先言某朔也。周,镐京也,在京兆鄠县上林,即今长安县昆明池北镐陂是也。

底商之罪,告于皇天、后土,所过名山、大川,曰,惟有道曾孙周王发,将有大正于商。今商王受无道,暴殄天物,害虐烝民,为天下逋逃主,萃渊薮。予小子,既获仁人,敢祗承上帝,以遏乱略。华夏,蛮貊,罔不率俾。

底,至也。后,土社也,勾龙为后土,《周礼大祝》云,王过大山川,则用事焉。孔氏曰,名山谓华。大川谓河。盖自丰镐往朝歌,必道华涉河也。"曰"者,举武王告神之语。有道,指其父祖而言。"周王"二字,史臣追增之也。正,即《汤誓》"不敢不正"之正。萃,聚也。纣殄物害民,为天下逋逃罪人之主,如鱼之聚渊,如兽之聚薮也。仁人,孔氏曰,太公、周、召之徒。略,谋略也。俾,《广韵》曰,从也。仁人既得,则可以敬承上帝,而遏绝乱谋。内而华夏,外而蛮貊,无不率从矣。或曰太公归周在文王之世,周、召,周之懿亲,不可谓之获,此盖仁人自商而来者，愚谓，获者，得之云尔。即《泰誓》之所谓仁人，非必自外来也，不然经传岂无传乎。正当在"于征伐商"之下也。

惟尔有神，尚克相予，以济兆民，无作神羞。既戊午，师逾孟津；癸亥，陈于商郊，俟天休命。甲子昧爽，受率其旅若林，会于牧野，罔有敌于我师。前徒倒戈，攻于后以北，血流漂杵。一戎衣，天下大定。乃反商政，政由旧。释箕子囚，封比干墓，式商容闾，散鹿台之财，发钜桥之粟，大赉于四海而万姓悦服。

散，先旰反。休命，胜商之命也。武王顿兵商郊，雍容不迫，以待纣师之至而克之。史臣谓之"俟天休命"，可谓善形容者矣。若林，即诗所谓"其会如林"者。纣众，虽有如林之盛，然皆无有肯敌我师之志。纣之前徒倒戈，反攻其在后之众，以走自相屠戮，遂至"血流漂杵"。史臣指其实而言之。盖纣众离心离德，特劫于势而未敢动耳。一旦因武王吊伐之师，始乘机投隙，奋其怨怒，反戈相戮，其酷烈遂至如此，亦足以见纣积怨于民若是其甚。而武王之兵，则盖不待血刃也。此所以一被兵甲，而天下遂大定乎。"乃"者，继事之辞。反纣之虐政，由商先王之旧政也。式，车前横木，有所敬则俯而凭之。商容，商之贤人；闾，族居里门也。赉，予也。武王除残去暴，显忠遂良，赈穷赒乏，泽及天下，天下之人皆心悦而诚服之。《帝王世纪》云，殷民言王之于仁人也，死者犹封其墓，况生者乎？王之于贤人也，亡者犹表其闾，况存者乎？王之于财也，聚者犹散之，况其复籍之乎？唐孔氏曰，是为"悦服"之事。正当在"罔不率俾"之下。

厥四月，哉生明，王来自商，至于丰，乃偃武修文，归马于华山之阳，放牛于桃林之野，示天下弗服。

哉，始也，始生明，月三日也。丰，文王旧都也，在京兆鄠县，即今长安县西北灵台丰水之上，周先王庙在焉。山南，曰阳。桃林，今华阴县潼关也。《乐记》曰，武王胜商，渡河而西，马散之华山之阳而弗复乘；牛放之桃林之野，而弗复服；车甲衅而藏之府库，倒载干戈，包以虎皮，天下知武王之不复用兵也。正当在"万姓悦服"之下。

既生魄，庶邦冢君暨百工，受命于周。

生魄，望后也。四方诸侯及百官，皆于周受命。盖武王新即位，诸侯百官皆朝见新君，所以正始也。正当在"示天下弗服"之下。

丁未，祀于周庙，邦甸、侯、卫骏奔走、执豆笾。越三日庚戌，柴望，大告武成。

骏，《尔雅》曰，速也。周庙，周祖庙也。武王以克商之事，祭告祖庙。近而邦甸，远而侯、卫，皆骏奔走执事以助祭祀。豆，木豆；笾，竹豆，祭器也。既告祖庙，燔柴祭天，望祀山川，以告武功之成。由近而远，由亲而尊也。正当在"百工受命于周"之下。

王若曰，呜呼！群后，惟先王建邦启土，公刘克笃前烈，至于大王肇基王迹，王季其勤王家，我文考文王克成厥勋，诞膺天命，以抚方夏。大邦畏其力，小邦怀其德。惟九年大统未集，予小子其承厥志。

群后，诸侯也。先王，后稷，武王追尊之也。后稷，始封于邰，故曰建邦启土。公刘，后稷之曾孙，《史记》云，能修后稷之业。大王，古公亶父也，避狄去邠居岐，邠人仁之，从之者如归市。《诗》曰"居岐之阳，实始翦商"。大王虽未始有翦商之志，然大王始得民心，王业之成，实基于此。王季能勤以继其业。至于文王克成厥功，大受天命，以抚安方夏。大邦畏其威而不敢肆；小邦怀其德而得自立。自为西伯，专征而威德益着于天下。凡九年崩大统未集者，非文王之德不足以受天下。是时，纣之恶未至于亡天下也。文王以安天下为心，故予小子，亦以安天下为心。正当在"大告武成"之下。

恭天成命，肆予东征，绥厥士女。惟其士女，篚厥玄黄，昭我周王，天休震动，用附我大邑周。

成命，黜商之定命也。篚，竹器；玄黄，色币也。敬奉天之定命，故我东征，安其士女。士女喜周之来，篚篚盛其玄黄之币，明我周王之德者，是盖天休之所震动，故民用归附我大邑周也。或曰，玄黄，天地之色。篚厥玄黄者，明我周王有天地之德也。正当在"其承厥志"之下。

列爵惟五，分土惟三，建官惟贤，位事惟能。重民五教，惟食、丧、祭，惇信明义，崇德报功，垂拱而天下治。

"列爵惟五"，公、侯、伯、子、男也。"分土惟三"，公、侯百里，伯七十里，子、男五十里之三等也。"建官惟贤"，不肖者不得进；"位事惟能"，不才者不得任。五教，君臣、父子、夫妇、兄弟、长幼，五典之教也。食以养生，丧以送死，祭以追远，五教三事，所以立人纪，而厚风俗。圣人之所甚重焉者。惇，厚也，厚其信，明其义。信义立，而天下无不励之俗。有德者，尊之以官；有功者，报之以赏。官赏行，而天下无不劝之善。夫分封有法，官使有要，五教修而三事举，信义立而官赏行，武王于此，复何为哉？垂衣拱手而天下自治矣。史臣述武王政治之本末，言约而事博也如此哉。正当在"大邑周"之下。而上犹有缺文，按此篇，编简错乱，刘氏、王氏、程子，皆有改正，次序今参考定如右，独"既生魄"、丁未二节，以上文及《汉志》日辰推之，其序当如此耳。疑先儒以"王若曰"宜系"受命于周"下，故以生魄在丁未之后，不知生魄之日，诸侯百工，虽来请命，武王以未祭祖宗，未告天地，未敢发命，乃以丁未、庚戌祀于郊庙，大告武成之后，始告诸侯，上下之交，神、人之序，固如此也，读者详之。

10.（宋）黄伦《尚书精义》卷二十八《周书·武成》

（归善斋按，见"建官惟贤"）

11.（宋）陈经《尚书详解》卷二十三《周书·武成》

（归善斋按，见"乃反商政，政由旧"）

12.（宋）钱时《融堂书解》卷九《周书·武成》

（归善斋按，见"列爵惟五"）

13.（宋）魏了翁《尚书要义》卷十《周书·泰誓至武成》

（归善斋按，未引）

14.（宋）陈大猷《书集传或问》卷下《周书·武成》

（归善斋按，未解）

867

15. （宋）胡士行《尚书详解》卷六《周书·武成第五》

(归善斋按，见"既戊午，师逾孟津，癸亥，陈于商郊，俟天休命")

16. （元）吴澄《书纂言》卷四下

(归善斋按，无此篇)

17. （元）陈栎《书集传纂疏》卷四上《朱子订定蔡氏集传·周书·武成》

(归善斋按，见"列爵惟五")

18. （元）许谦《读书丛说》卷六

原缺。

19. （元）董鼎《书传辑录纂注》卷四《周书·武成》

(归善斋按，见"列爵惟五")

20. （元）朱祖义《尚书句解》卷五《周书·武成第五》

垂拱而天下治（武王创业垂统，尽在是矣，夫何为哉？垂衣拱手而天下自治也）。

21. （明）王樵《尚书日记》卷九《周书·武成》

(归善斋按，见"列爵惟五")

22. （清）库勒纳等撰《日讲书经解义》卷六《周书·武成》

(归善斋按，见"列爵惟五")

（元）王充耘《读书管见》卷下《周书·武成》

（归善斋按，见"列爵惟五"）

（元）陈悦道《书义断法》卷四《周书·武成》

（归善斋按，见"列爵惟五"）

（明）梅鷟《尚书考异》卷四《武成》

垂拱仰成。

见后《汉书·孝章八子传》曰，清河王废，日仰恃明主，垂拱受成。又卫彪傒曰，后稷勤周。

《汉书》王褒曰，雍容垂拱，永永万年。

（元）陈师凯《蔡氏传旁通》卷四《武成》

按刘氏、王氏、程子，皆有改正次序。

刘氏，原父贡父。王氏，介甫。《朱子语录》云，问先生近定《武成》新本。先生曰，前辈定本更差一节。"王若曰"一段或接"于征伐商之下"以为誓师之辞，或连"受命于周"之下，以为命诸侯之辞。以为誓师固是错，以为命诸侯之辞者，此去祭日只争一两日，无缘有先诰命之理。某看却诸侯来便教他助祭，此是祭毕临遣之辞，当在"大告武成"之下。比前辈只差此一节。《辑纂》云，近岁括苍鲍氏复有定本，谓古竹简一行十有三字，偶当句断处差互，"四月"至"丰"一节，掇"王若曰"至"万姓悦服"，在"厥四月，哉生明"之前，或以为然。愚按，此说甚善，惜先儒不及见也。

（清）朱鹤龄《尚书埤传》卷九《周书·武成》

归氏考定《武成》：

惟一月壬辰，旁死魄，越翼日癸巳，王朝步自周，于征伐商。王若曰，呜呼！群后，惟先王建邦启土，公刘克笃前烈，至于太王肇基王迹，王季其勤王家。我文考文王，克承厥勋诞膺天命，以抚方夏。大邦畏其力，小邦怀其德。惟九年，大统未集。予小子其承厥志（以上告群后），底商之罪，告于皇天后土，所过名山大川，曰，惟有道曾孙周王发，将有大正于商。今商王受无道，暴殄天物，害虐烝民，为天下逋逃主萃渊薮。予小子既获仁人，敢祗承上帝，以遏乱略。华夏蛮貊，罔不率俾，恭承天命。肆予东征，绥厥士女。惟其士女，篚厥玄黄，昭我周王，天休震动，用附我大邑周。惟尔有神，尚克相予，以济兆民，无作神羞（以上告群神。自"王若曰，呜呼"至"无作神羞"古本相连如此）。既戊午，师逾孟津，癸亥陈于商郊，俟天休命。甲子昧爽，受率其旅若林，会于牧野，罔有敌于我师。前徒倒戈，攻于后以北，血流漂杵。一戎衣，天下大定。乃反商政，政由旧。释箕子囚，封比干墓，式商容闾，散鹿台之财，发钜桥之粟，大赉于四海，而万姓悦服。厥四月哉生明，王来自商，至于丰，乃偃武修文，归马于华山之阳，放牛于桃林之野，示天下弗服。丁未祀于周庙。邦甸、侯、卫，骏奔走，执豆笾。越三日庚戌，柴、望，大告武成。既生魄庶邦冢君暨百工，受命于周。列爵惟五，分土惟三，建官惟贤，位事惟能。重民五教，惟食、丧、祭，惇信明义，崇德报功，垂拱而天下治。

　　归有光曰，予所考定如此，只移"厥四月哉生明"至"受命于周"一段，文势既顺，亦无阙文矣。汪玉卿尝疑甲子失序，盖先儒以《汉志》推此年置闰在二月，故四月有丁未、庚戌，本无可疑也。